APUNTES DOCUMENTADOS DE LA LUCHA POR LA LIBERTAD DE CUBA

COLECCIÓN CUBA Y SUS JUECES

EDICIONES UNIVERSAL, Miami, Florida, 1997

Alberto Gutiérrez de la Solana

APUNTES DOCUMENTADOS DE LA LUCHA POR LA LIBERTAD DE CUBA

Copyright © 1997 by herederos de Alberto Gutiérrez de la Solana

Primera edición, 1997

EDICIONES UNIVERSAL
P.O. Box 450353 (Shenandoah Station)
Miami, FL 33245-0353. USA
Tel: (305) 642-3234 Fax: (305) 642-7978
e-mail: ediciones@kampung.net

Library of Congress Catalog Card No.: 97-80112
I.S.B.N.: 0-89729-851-9

Todos los derechos
son reservados. Ninguna parte de
este libro puede ser reproducida o transmitida
en ninguna forma o por ningún medio electrónico o mecánico,
incluyendo fotocopiadoras, grabadoras o sistemas computarizados,
sin el permiso por escrito del autor, excepto en el caso de
breves citas incorporadas en artículos críticos o en
revistas. Para obtener información diríjase a
Ediciones Universal.

APUNTES DOCUMENTADOS DE LA LUCHA POR LA LIBERTAD DE CUBA

ALBERTO GUTIÉRREZ DE LA SOLANA

Dedico estos apuntes y sus documentos corroboradores

A las cuatro generaciones de cubanos víctimas del tirano Fidel Castro. Y en especial a las juventudes a quienes éste les ha "lavado" el cerebro y les ha destruido el espíritu de esfuerzo, de lucha individual y de fe en la libertad durante cuatro décadas de obscurantismo intelectual e ideológico mediante un falso indoctrinamiento con el único fin de mantener incólume su terrorismo de estado y su sangriento despotismo individual.

A la memoria de los miles de cubanos inocentes asesinados por Fidel Castro y de los miles de héroes que han muerto en desigual combate por la libertad y en contra de la tiranía castrista.

A mis hijos, Gustavo y Alberto Gutiérrez de la Solana y Porta, y a los miles de hombres y mujeres jóvenes que igual que ellos forman parte de una generación seria, honrada, útil y trabajadora de cubanos que producen riqueza en los Estados Unidos, y cuyos sanos esfuerzos Cuba ha perdido por el destierro a que los forzó Castro.

A mis nietos, Alberto y Casey McDevitt Solana, otra generación que Castro ha impedido que se asiente en Cuba para producir riqueza y honradez en la isla.

Reconocimientos:

Rubén Darío escribió: "La vida es dura y pesa." Es verdad, pero también nos dona bienes que a veces no nos merecemos. Son muchísimas mis deudas de amor en mi larga vida. He aquí unas pocas. En mi desolado destierro, he tenido a mi esposa, Esther María Porta y del Pino, compañera que me ha ayudado siempre en tiempos benignos y difíciles con un amor que no tengo palabras para describirlo. Y a mis mencionados hijos, que siempre me han ofrecido respeto y cariño, y a mis nietos, fuentes juveniles de respeto, amor y alegría que me llenan de fe en el futuro. Y a Margaret McDevitt, una hija queridísima que el destierro me ha regalado.

ÍNDICE

EXPLICACIÓN LIMINAR. 9
TRES ACLARACIONES PERTINENTES 12
CAPÍTULO 1. Cuba empieza a hundirse, Castro se la roba y la destruye 13
CAPÍTULO 2. La afrenta pública 36
CAPÍTULO 3. *Bohemia Libre.* Jorge Saralegui. Miguel Ángel Quevedo. La lucha por la libertad
    mediante la palabra pública escrita 38
CAPÍTULO 4. Organizaciones de oposición y lucha contra Castro por la libertad de Cuba 43
CAPÍTULO 5. El Comité de Abogados Cubanos de New York. La lucha patriótica profesional.
    Gustavo A. Porta. José A. Mestre. Silvio Sanabria 94
CAPÍTULO 6. Manifestaciones, piquetes y actos en New York City contra la tiranía 121
CAPÍTULO 7. Lucha por la estatua de José Martí en el Parque Central de Manhattan. Profesor José García-Mazás 136
CAPÍTULO 8. Círculo de Cultura Panamericano. Lucha intelectual patriótica.
    Carlos M. Raggi. Elio Alba Buffill. Esther Sánchez-Grey 139
CAPÍTULO 9. Los asesinatos. El genocidio. El paredón de fusilamiento. Rafael del Pino y Siero.
    Domingo Trueba y Varona. Carmelina Barraqué y Montalvo 149
CAPÍTULO 10. 17 de abril de 1961 192
CAPÍTULO 11. Misiles atómicos en Cuba 195
CAPÍTULO 12. Cubanos voluntarios del exilio luchando en África contra Ernesto Guevara y los comunistas.
    Luis F. Ardois. El mito del "che" guerrillero 196
CAPÍTULO 13. Guerrillas de patriotas 202
CAPÍTULO 14. La prensa y la televisión. Los medios de información. Los profesores de Harvard University.
    Contestaciones del Consejo Revolucionario de Cuba y de los profesores universitarios cubanos. El profesor
    C. Wright Mills de Columbia University. El profesor Jorge I. Domínguez de Harvard University y el
    escritor Carlos Alberto Montaner 206
CAPÍTULO 15. La prostitución 239
CAPÍTULO 16. La economía. La explotación de los trabajadores. Los pioneros: José A. Mestre.
    Luis V. Manrara. Serafín G. Menocal. José R. Álvarez Díaz 241
CAPÍTULO 17. Los negros. La discriminación racial. Estudio de Ariel Remos 244
CAPÍTULO 18. Los que huyen de Cuba. Juan y Acelia Gutiérrez de la Solana 248
CAPÍTULO 19. La iglesia 253
CAPÍTULO 20. El pensamiento, expulsado de Cuba, florece en el destierro y combate a Castro con la pluma
    y el verbo 284
CAPÍTULO 21. Paralelo. Mambises y gusanos. Real Decreto de la Reina María Cristina de España de
    1º de junio de 1898 315
CAPÍTULO 22. Pasan los años 318
ULTÍLOGO 340

EXPLICACIÓN LIMINAR

En el verano de 1995, Juan Gutiérrez y Aragón me invitó a una reunión donde había más de cien personas.

Juan Gutiérrez tiene ahora unos cuarenta años y es un excelente ejemplo de la desastrosa pérdida para Cuba de su juventud útil provocada por Fidel Castro. Cuba no ha podido aprovechar cuatro generaciones de cubanos como consecuencia de la tiranía de Castro. Juan Gutiérrez tuvo que salir al destierro a los 13 años de edad, cursó estudios de ingeniería en los Estados Unidos y ha fundado y preside una gran empresa que se llama Northeast Construction Inc. que construye puentes, carreteras, alcantarillados, etc. La revista *Hispanic Business* publica periódicamente una lista de los 500 negocios más grandes de hispanos en los Estados Unidos. El número 142 es la compañía de Juan Gutiérrez, fundada en 1978, que emplea gran número de trabajadores y en el año 1991 tuvo operaciones por valor de 14 millones y medio de dólares (V 14, Nº 6, p. 56, June 1992). Juan Gutiérrez ha recibido el honor de ser presidente de la asociación profesional titulada Utilities and Transportation Constructors Association of New Jersey. El proscripto sin dinero de 13 años se ha convertido en una fuente económica creadora de riqueza y de empleos en el estado de New Jersey. Además, es un gran patriota cubano que a pesar de haber llegado a tan temprana edad trabaja continuamente por la causa de la liberación de Cuba, oprimida por una tiranía de casi 40 años, la más larga de las Américas.

Juan me preguntó: "¿quieres conocer a una cubana que acaba de llegar de la isla?" Entusiasmado, contesté afirmativamente. La joven mujer me pareció que estaría entre los 25 y los 30 años. Me informó que se había graduado en la Universidad de la Habana en estudios de contabilidad. Sufrí una gran decepción. Cuando, diplomáticamente, la interrogué sobre la ausencia de rebeldía aparente en la isla, me contestó en un tono que me pareció algo agresivo: "porque los ricos se fueron sin pelear." Durante largo rato, con calma y gentileza, traté de explicarle que se ha batallado contra Castro continuamente, sin descanso, ricos y pobres, blancos y negros, dentro y fuera de Cuba, y con todos los medios posibles. Le recomendé que comprara libros sobre la materia, entre ellos, *Guerra en Cuba,* escrito por Enrique Encinosa (Miami, Florida: El Fondo de Estudios Cubanos de la Fundación Nacional Cubano Americana, 1994). Durante nuestra conversación me dijo: "la diferencia entre el comunismo y el capitalismo es que en el capitalismo hay que trabajar." Esta mujer es inteligente, y dicha observación refleja una verdad: el castrismo le regala a todos un sueldo de miseria sin trabajar. La mayoría del pueblo holgazanea y se ha acostumbrado a esa pitanza de hambre y teme perderla en un sistema capitalista competitivo. Con el control absolutista de Castro, que no estimula el progreso por medio del esfuerzo y la inventiva individual, el espíritu de empresa desaparece y el hombre se convierte en un esclavo de la gleba que no se atreve a perder sus escasas raciones de comida porque, habiendo perdido la iniciativa individual, teme que si el estado no le proporciona techo y comida quedaría en desamparo total.

Esta conversación me dio mucho pesar. ¡Qué tragedia la de la juventud cubana que vive en Cuba! Tiene el cerebro "lavado" por el régimen castrista. Una joven inteligente y con estudios universitarios específicos, como mi interlocutora, pero que no ha podido conocer más que lo que sus maestros comunistas le han inculcado desde la infancia, tiene un cerebro con una visión incompleta de la vida y de la situación cubana, y no puede juzgar imparcialmente. Por supuesto, este hecho sólo revela una mente, pero explica una actitud bastante generalizada. Esta mujer, al final, me insistió en que le consiguiera un trabajo.

Conozco a otra joven que se llama Janett Camps (caso opuesto al anterior) que ha escrito un libro iluminador titulado *Dolor Cubano* (Miami, Florida: Editorial Interamericana, s.f.) donde explica cómo fue descubriendo las mentiras (el "lavado" cerebral) y las injusticias del gobierno comunista, razón por la cual despertó a la verdad y huyó de Cuba. Janett Camps ha prosperado en los Estados Unidos trabajando mucho e inteligentemente, y ya tiene su negocio propio. Otro ejemplo de juventud capacitada y productiva perdida para Cuba.

Otro día conocí a un joven que me declaró que agradecía su educación a Castro, y que por eso apoyaba al gobierno comunista. Otra vez, falta de información por el "lavado cerebral." En la Cuba anterior a Castro, toda la educación, desde el primer grado hasta el bachillerato, era gratis. Y los estudios universitarios en la famosa bicentenaria Universidad de la Habana sólo costaban cincuenta pesos por el año escolar completo, desde septiembre hasta junio del año siguiente. Si el estudiante no podía pagar esa matrícula, con sólo solicitarlo se le otorgaba "matrícula gratis." Yo obtuve mi diploma de Bachiller en Ciencias y Letras en el Instituto de Segunda Enseñanza de la Habana sin pagar un centavo. En la Universidad de la Habana estudié cuatro años y me gradué de Doctor en Leyes (los nombres de los títulos han cambiado) y pagué doscientos pesos en total, por los cuatro años. El que quería estudiar en la Cuba anterior a Castro podía hacerlo sin obstáculos insalvables. Una noche que iba a presentar a la doctora Rosario Rexach como disertante, le consulté si prefería que enfatizara algún aspecto esencial de su vida intelectual en vista de que los elogios que podría hacer de sus méritos profesionales eran largos. Ella me contestó: "que soy producto de la educación pública gratis en la época anterior a Castro." ¿Se necesita mejor prueba?

Esa falta de información, me ha impulsado a publicar este libro para los jóvenes cubanos que han padecido la revolución, a quienes les han "lavado" el cerebro en Cuba desde la más tierna edad, que no han tenido oportunidad de enterarse de cómo sucedieron los acontecimientos que nos han llevado a la presente tragedia cubana, y que no conocen cómo funcionan la democracia y la libre empresa en un régimen de libertades plenas.

Lo que en este libro relato y documento lo he vivido y sufrido, soy un testigo o un protagonista, según el caso. He padecido cerca de cuarenta años de destierro en New York y en New Jersey, en los Estados Unidos. Nada es ficción, todos son apuntes verídicos de los hechos de muchos buenos y valientes cubanos. Y de la permanente historia de la lucha para reconquistar la libertad y la democracia para la República de Cuba y el pueblo cubano, meta que todavía no se ha alcanzado, pero que indubitablemente se logrará. La batalla de estos interminables años que aquí relato, según la he vivido y conocido yo, ha sido en New York y New Jersey, desde finales de 1960 hasta el presente, y se ha desarrollado en todos los campos, desde el de las armas hasta el de la intelectualidad y la cultura, en Cuba y en el destierro.

Luis Aguilar León, un pensador de claridad meridiana y profundidad meditativa, analiza acertadamente la situación aquí apuntada y la llama "muro invisible." En su libro intitulado *Reflexiones sobre Cuba y su futuro* (Miami: Ediciones Universal, 1992, 2ª ed.), afirma:

> Los cubanos deberían también dedicar tiempo a aprender cómo ajustar las perspectivas para no caer en eso de "esta gente no luce cubana", o de sorprenderse con la diferente visión que tienen los "hermanos de allá".
> .....Para muchos cubanos de la Isla, incluso para aquellos que quieren liberarse del régimen, los exiliados son compatriotas que se fugaron al extranjero y evadieron el peso de la miseria y la represión (99).

Por tanto, el objetivo máximo del libro que el lector tiene en sus manos es aportar la información documentada fidedigna de que yo tengo conocimiento, con la esperanza de que ayude a agrietar y romper el "muro invisible," y que la verdad resplandezca. El "muro invisible" es más peligroso que el que separaba al Berlín libre y democrático del Berlín comunista. Es imprescindible destruirlo con la verdad. No se relata aquí todo lo sucedido, sólo parte de aquello que he vivido y me consta. Lo que aquí apunto únicamente se refiere a la región donde yo he vivido y trabajado. Por tanto, es una mínima parte (pudiese decir, una millonésima) de los hechos de la batalla permanente de los exiliados cubanos. Es una pequeña muestra.

En todas partes del orbe, los cubanos exiliados han luchado contra Castro con hechos similares, y en especial en Miami, donde vive en la actualidad el mayor número de desterrados. En New York y New Jersey también somos muchos. La concentración de proscriptos cubanos en New Jersey sólo es inferior a la de la Florida. En todas partes, los desterrados cubanos han traído honradez, laboriosidad, iniciativa, inventiva y fidelidad al ideal martiano de paz, libertad, justicia y democracia con todos y para el bien de todos, y nunca han olvidado el deber de luchar sin tregua por la liberación de la patria. Y después de casi 40 años de tiranía de Castro, siguen luchando con el mismo vigor, el mismo entusiasmo y la misma fe. No han huido de su deber (como me apuntó la cubana citada), ni ricos ni pobres, ni blancos ni negros, ni intelectuales ni obreros, ni jóvenes ni viejos, ni saludables ni enfermos, ni fuertes ni débiles, ni mujeres ni hombres, ni católicos, protestantes, masones o agnósticos, ni ágiles ni lisiados. Ser cubano honrado es ser luchador por la libertad y la democracia en Cuba, y la extirpación total y permanente de la semilla y fuente de la tiranía: Fidel Castro. El ideal no se ha olvidado ni se olvidará jamás. Muchos han muerto en la lucha, ya sea guerrera o cívica, otros hemos envejecido, pero inmediatamente las filas se reponen con la juventud, como es el caso de mis amigos Juan Gutiérrez y su hermano 9 años más joven, Jorge, que podrían ser mis hijos, y el de mis propios hijos. La semilla de libertad está sembrada y florece y se renueva vigorosa, y el decrépito septuagenario Castro no podrá resistir el paso de la historia, el tiempo, y el impulso arrollador de los viejos robles y de los pinos nuevos de corazón limpio y democrático que lo destruirán para siempre. Su genocidio y su ambición de loco no tienen salvación. Castro es sólo un borrón sangriento de la historia de Cuba.

* * *

Juan Gutiérrez y Aragón

TRES ACLARACIONES PERTINENTES

1.— Hace muchos años, fui editor de un libro donde aparecían muchas fotografías y documentos antiguos que no se veían nítidamente. La razón era obvia. Los habíamos xerografiado de viejos periódicos y revistas existentes en la Biblioteca Pública de New York City y otras bibliotecas especializadas. La reproducción de fotografías y documentos de amarillentas y a punto de pulverizarse páginas de papel de la baja calidad que se usa en los periódicos, nunca es perfecta. Pero es mejor la prueba ocular algo borrosa a la palabra indocumentada. En aquella ocasión, inmediatamente un profesor crítico afirmo que el libro era bueno pero muchas fotos pésimas. Por supuesto, los originales habían desaparecido o estaban en la Cuba de Castro y no se podían conseguir. Aquel profesor, queriendo demostrar su aguda brillantez, mostró su pequeñez mental y su falta de perspicacia. Por tanto, me "pongo el parche antes de que me salga el grano." El lector encontrará aquí fotocopias que no están muy nítidas, pero es lo mejor que poseo o que pude obtener. Además, he reproducido páginas enteras del *Diario de la Marina* de 1917, de *The New York Times* de 1961 y de otras publicaciones reduciéndolas muchísimo para que quepan dentro de una página de libro. Incluyo todo eso en el libro porque no he querido sólo hablar de la lucha permanente contra la tiranía, sino de probar mis afirmaciones con la documentación que la corrobore.

2.— También algún crítico ilustre piense que documento muchos hechos con mi persona. No es egolatría, sino que, como testigo verídico de lo que expongo, no me queda más remedio que dejar constancia ocular de la verdad. La simple palabra puede servir para mentir mucho, como lo hace Fidel Castro, pero la prueba documental es irrebatible. Busco la convicción de los jóvenes falsamente indoctrinados tras el "muro invisible." Las palabras son un excelente medio de convencer, pero las pruebas visibles y palpables producen mejor la convicción que yo busco en este libro. Ralph Waldo Emerson escribió: "It makes a great difference in the force of a sentence whether a man be behind it or not." Por eso, en muchas ocasiones en este libro, presento documentación que me concierne sólo para respaldar mi palabra. Finalmente, recordemos que si aparezco con alguna frecuencia es porque, como dijo Henrik Ibsen, "A thousand words will not leave so deep an impression as one deed." Además, recordemos aquella forma coloquial popular de la Cuba libre que decía: "Papelitos hablan."

3.— Como presento tanta prueba documental, la he numerado separadamente por capítulos para facilitar la localización del documento que se quiera examinar. Es decir, que en cada capítulo, comienzo la numeración documental del capítulo desde el número uno, con el número del capítulo primero.

CAPÍTULO 1

CUBA EMPIEZA A HUNDIRSE: CASTRO SE LA ROBA Y LA DESTRUYE

CASO 1. LA LEY. EL RÉGIMEN DE DERECHO.

En 1959, Fidel Castro ordenó la formación de un tribunal revolucionario compuesto de sus propios guerrilleros para juzgar a pilotos y operarios de la fuerza aérea del dictador Fulgencio Batista que había huido de Cuba. Dicho tribunal revolucionario *no condenó a los acusados*. Este fallo jurídico produjo la *santidad de la cosa juzgada* y los acusados tenían el derecho a la libertad. Pero, ¡increíble! Castro no aceptó la sentencia de su propio tribunal militar revolucionario y manifestó públicamente, ante las cámaras de televisión de todo el país (yo fui testigo de esto) que esa absolución judicial era inaceptable y declaró inválida la sentencia y formó otro tribunal militar revolucionario con otros de sus guerrilleros para que *juzgaran por segunda vez a los mismos acusados por los mismos cargos*. Es decir, Castro manifestó públicamete que quería que aquellos acusados por él fuesen forzosamente penalizados. La situación creada por Castro era tan grave que el comandante que presidió el primer tribunal, Félix Lugerio Peña, fue encontrado muerto dentro de su automóvil con el corazón traspasado por una bala de calibre .45. Castro dijo que se había suicidado. La voz del pueblo afirmó que Castro lo había asesinado. Conforme a lo ordenado por el tirano, el segundo tribunal de Castro condenó a los acusados—no podía fallar de otra manera, tenía que obedecer la voz del naciente amo de Cuba.

Éste fue un acto antijurídico que el Colegio de Abogados de la Habana (del cual yo era miembro en Cuba y sigo siéndolo en el exilio) no podía tolerar sin levantar su voz de protesta ante ese tortuoso proceso castrista. Con ese desafuero, la seguridad de la cosa juzgada, la tranquilidad que produce un fallo jurídico, quedó destruida por Fidel Castro al principio mismo de su comienzo como dueño absoluto de todo en Cuba. Era un arbitrario abuso de poder basado en la fuerza de los rifles de sus guerrilleros. El Dr. Alberto Blanco y el Dr. Enrique Llansó me llamaron, se convocó una junta para expresar nuestra oposición a aquella situación de ausencia de garantías jurídicas y constitucionales. Comenzó una lucha interna en el Colegio de Abogados de la Habana. Los abogados fidelistas que apoyaban a Castro querían posesionarse del Colegio. Desde aquel momento, el Colegio quedó señalado por Castro para destruirlo y convertirlo en una pantalla que sirviera a sus propósitos, sin respeto a la ley.

El 5 de julio de 1960, el Colegio fue asaltado; los secuaces de Castro entraron a la fuerza y ocuparon ilegalmente sus oficinas y se posesionaron de todos los documentos y archivos. Al día siguiente, dicho grupo de abogados fidelistas publicó un manifiesto dirigido a la junta directiva del colegio demandando que ésta declarara "traidor" al Dr. José Miró Cardona (que había sido presidente del colegio y el primer Primer Ministro del primer gabinete del nuevo gobierno revolucionario) bajo amenazas de que si no se cumplía esta orden se tomarían las medidas necesarias. El 8 de julio, los abogados milicianos publicaron otra declaración por medio de la cual disolvieron la junta directiva legal del colegio y se posesionaron de la administración y dirección de éste. El 18 de agosto, el mismo grupo de abogados fidelistas convocó a una asamblea para estructurar el colegio conforme a los mandatos de Castro. Esta convocatoria estaba firmada por los abogados Alberto Suárez Ortega y Andrés Silva Valdés. El presidente del colegio, Dr. Silvio Sanabria, y la junta directiva tuvieron que sesionar clandestinamente en lugares secretos para evitar la persecución castrista. Quedó demostrado que la única ley era la omnímoda voluntad de Castro. Él no permitiría una institución con voz propia.

En aquellos años 1959 y 1960, los abogados no dábamos a basto para defender a nuestros clientes. En el Ministerio del Trabajo, bajo la tutela de Manuel Fernández, las juntas entre patronos y obreros para resolver demandas laborales eran después de la medianoche, y los funcionarios del Ministerio que las presidían en vez de propiciar acuerdos armónicos trataban de impedir que las partes llegaran a pactos conciliatorios. Yo participé en representación de Minas de Matahambre, S.A.

y de la Asociación Médico Quirúrgica el Sagrado Corazón en este tipo de farsa en el Ministerio del Trabajo. El objetivo de aquellos funcionarios revolucionarios no era propiciar convenios justos para ambas partes sino provocar discordias para confiscar los negocios e industrias. Al terminar, yo partía para mi casa, dormía unas pocas horas y salía otra vez para nuevas juntas o visitas en otras oficinas gubernamentales que trabajaban con la misma desorganización. Aquellos funcionarios revolucionarios dormían y se refocilaban por el día y aparentaban trabajar mucho por la noche. No había eficiencia, toda esa simulación de trabajo continuo era una farsa.

En aquella época, prendieron y condenaron a mi primo el Dr. José Enrique Bringuier y Pérez, a mi amigo el Dr. Jorge Herrera y Morales, ambos abogados. Más tarde, en 1963, condenaron y fusilaron al Dr. Alberto Fernández Medrano mi compañero de curso en la Escuela de Derecho de la Universidad de la Habana. Ninguno fue juzgado conforme a preceptos de derecho sino en juicios que eran una farsa, una pantomima sin juridicidad de ninguna clase. En los dos primeros juicios mencionados, los guerrilleros revolucionarios que formaban el tribunal se reían y tomaban cerveza mientras se celebraba la comedia de la vista.

El régimen de derecho había dejado de existir desde el mismo comienzo del autoritarismo de Fidel Castro. Roberto Agramonte, José Miró Cardona, Rufo López Fresquet, Andrés Valdespino y otros hombres honrados que formaron el primer gabinete del gobierno revolucionario fueron utilizados por Castro (sin ellos imaginárselo) como pantalla inicial para no levantar sospechas de sus intenciones hasta haber él consolidado su dominio absoluto. Esos hombres eran dignos e íntegros, descubrieron la mentira, y renunciaron prontamente a sus cargos. Pero al pueblo en general, menos preparado, Castro lo siguió indoctrinando hasta crear el "muro invisible," y a los niños sólo les enseñó lo que él quería y se han convertido en hombres con el cerebro "lavado."

Amplísima documetación fehaciente sobre esta materia se puede encontrar en el libro *Cuba and the Rule of Law* publicado por la International Commission of Jurists, de Ginebra, Suiza, en 1962. En resumen, desapareció el régimen de derecho. Los abogados no pueden ejercer libremente y se han convertido en subordinados del régimen de Castro. En la Tercera Disposición Transitoria de la Ley N° 1,189 de 25 de abril de 1966 se ordenó la *inscripción obligatoria de todos los abogados* como *marionetas* dóciles del teatro del absurdo de Fidel Castro. Reproduzco como **DOCUMENTO N° 1-1**, el "Aviso Oficial" de dicha inscripción forzosa ineludible de todos los abogados publicado en la prensa castrista. Como **DOCUMENTO 1-2** presento 2 páginas de la *Gaceta de la República de Cuba* de fecha 8 de febrero de 1963 donde se publica la Resolución N° 36 del Ministro de Justicia, Alfredo Yabur, mediante la cual aprueba nuevos estatutos para el Colegio de Abogados de la Habana. En la segunda página (1458) de las dos que aquí fotocopio, en la esquina superior izquierda, se observará que la tarea principal de los abogados, como empleados del estado comunista, es transformar el antiguo derecho en derecho socialista, y cambiar el derecho privado en derecho público. ¿Qué significa esto? Que se acabó la justicia individual y el libre albedrío de los abogados. Los abogados perdieron su condición de tales. Ya no hay abogados libres en Cuba, sólo títeres manejados por Castro.

CASO 2. MINAS DE MATAHAMBRE S.A. en PINAR DEL RÍO.

La susodicha empresa minera era cliente de nuestro bufete de abogados. El presidente era el Dr. Ernesto Romagosa, quien se sentía optimista creyendo que Castro iba a convocar a elecciones (como había prometido), sería electo y gobernaría legalmente como un presidente democrático nacionalista. A propuesta del Dr. Romagosa, la compañía le regaló al gobierno revolucionario un tractor para la agricultura (muchas empresas estaban haciendo lo mismo). Poco tiempo le duró la esperanza al Dr. Romagosa, pues el Departamento de Recuperación de Bienes Malversados empezó a perseguir a la compañía. Se le facilitaron a los inspectores todos los informes que pedían. Todas las operaciones de la compañía eran legales, todo estaba en orden, todos los impuestos estaban pagados a cabalidad, pero todo era en balde, el próposito era robarse las minas por medio de la confiscación. Otros presidentes de empresas ya estaban presos sin causa justa. El Dr. Romagosa comenzó a ponerse muy nervioso, no era un hombre joven, temía por su vida. Me había dicho a mí que si a él lo encarcelaban en los castillos del Morro o de La Cabaña (vetustas fortalezas de la época colonial) allí moriría.

Una noche como a las ocho me llamó por teléfono aterrorizada su esposa, la señora Amparo Díaz de Romagosa. Me informó que la policía acababa de llevarse de su hogar, en Miramar, Marianao, a Romagosa, y me pidió, llorando, que lo salvara. Salí inmediatamente hacia la jefatura de la policía en la Habana vieja, donde estaban las oficinas del jefe de la policía, el comandante guerrillero Efigenio Ameijeiras. En dicha jefatura empezaron por mentir negando que allí estuviera preso el Dr. Romagosa. Yo afirmé que no me iría hasta que no hablara con él. Pasaron horas, yo insistía. Al fin el comandante Ameijeiras permitió a las cuatro de la mañana que el Dr. Romagosa saliera conmigo bajo mi palabra de abogado de que yo compareceríamos con él posteriormente. Así lo hicimos al día siguiente sin más problemas porque no pudieron presentar cargos contra él. El único inconveniente para mí fue que cuando dejé al Dr. Romagosa en su casa junto a su esposa, la policía me esperaba fuera de la casa de Romagosa y me declararon preso. Pernocté toda la noche sentado en un banquillo de piedra en una celda enrejada junto a un vulgar criminal. Como no podían presentar cargos contra mí (mi único delito había sido impedir que el comandante Ameijeiras enviara para la fortaleza de la Cabaña al Dr. Romagosa), al fin logré que me dejaran libre. El objetivo era aterrorizarme para que no defendiera al Dr. Romagos ni a las Minas de Matahambre. Pero aquellos guerrilleros casi analfabetos no conocían que el fondo rojo del escudo del Colegio de Abogados de la Habana simboliza la sangre vertida por los abogados en la consecución de la justicia. Y que el abogado Ignacio Agramonte, que cayó peleando con el rango de general por la independencia y la libertad de Cuba en la Guerra de los Diez Años, es nuestro guía espiritual.

Una tarde, a las tres, estábamos en una sesión de la junta directiva de las Minas de Matahambre S. A. en la oficina de la Habana, en la Avenida de las Misiones número 25. Presidía el Dr. Romagosa. Un empleado entró corriendo para avisarnos que habían llegado unos hombres que venían a prender al Dr. Romagosa. Éste escapó por otra puerta. Yo, como asesor legal de la compañía, les expliqué que podíamos darles toda la información que necesitaran porque el Dr. Romagosa se había ausentado por no sentirse bien de salud. Se retiraron sin molestarnos. Mientras tanto, el Dr. Romagosa huyó y pidió asilo en la iglesia de San Antonio, en Miramar, Marianao. Allí estuvo refugiado muchos días sin que la policía supiese su paradero hasta que se consiguió asilo para él en la embajada de Venezuela. Los funcionarios del Departamento de Recuperación de Bienes Malversados me preguntaban todos los días por él. Yo les contestaba que estaba, igual que ellos, buscándolo porque no conocía su paradero. El día en que Romagosa iba a salir de la iglesia para ir a la embajada, se puso una sotana y salió acompañado por un sacerdote para montar en el automóvil que lo esperaba. Ya dentro del coche, el policía que estaba en la esquina paró el automóvil. Romagosa se puso lívido. El policía se acercó al auto por la parte donde estaba sentado Romagosa y le dijo: "Padre, la sotana se le ha quedado trabada en la puerta." Romagosa abrió la puerta, recogió su sotana y le dio las gracias. El susto que recibió en aquellos breves momentos con aquel policía le produjo una erupción roja en todo el cuerpo que demoró mucho tiempo en desaparecer mientras estuvo asilado en la embajada. Al fin, la embajada obtuvo un salvoconducto para él y pudo salir de Cuba y salvarse de morir en la prisión, como él temía.

El gobierno fidelista no tuvo más tácticas dilatorias. Una noche, empleados del Departamento de Recuperacion de Bienes Malversados (diabólico invento de Castro) entraron por la fuerza en la citada oficina de la empresa en la Habana; los asaltantes gubernamentales rompieron las cerraduras de todos los archivos con patas de cabra de hierro y revolvieron todos los documentos. Al día siguiente, cuando yo fui a quejarme, me explicaron que había sido un error. Todo eran mentiras. El 5 de julio de 1960, dicho Departamento de Recuperación de Bienes Malversados, del Ministerio de Hacienda, dictó la "Resolucion 55" mediante la cual se intervino (en puridad se confiscó) la compañía nombrándose un interventor con facultades omnímodas. Este documento está firmado por Rolando Díaz Astaraín, Capitán de Corbeta, del citado Departamento de Recuperación de Bienes Malversados, Gilberto Díaz, Interventor Designado, del Ministerio de Agricultura, Departamento de Minas y Petroleo, y el Dr. Sebastián Arcos Bergnes, Subsecretario del Ministerio de Hacienda. Acompaño dicha Resolución 55 como **DOCUMENTO Nº 1-3**. Léase con detenimiento esa Resolución 55 y se verá que no se alega ningún hecho cierto y concreto que obligue a la intervención del gobierno castrista, y que toda la argumentación justificativa consiste de vaguedades insustanciales. Esa resolución es sólo un transparente velo para tratar de ocultar el robo a mano armada—venía respaldado por la cárcel y el fusilamiento, recursos de fuerza mayor que Castro utilizaba continuamente y sigue empleando en la actualidad con éxito.

Castro acababa de robarse las Minas de Matahambre, una empresa totalmente cubana. Todos los accionistas eran cubanos, todos los funcionarios y empleados eran cubanos, allí trabajaban cerca de 1500 cubanos que ganaban muy buenos sueldos y allí tenían sus hogares con electricidad y toda clase de servicios facilitados por la empresa. El administrador general en las Minas era el ingeniero de minas Enrique (Harry) Ruiz Williams, cubano joven, íntegro y muy capacitado, que luego fué uno de los héroes que peleó por la libertad de Cuba en la Invasión de Bahía de Cochinos, fue herido y quedó prisionero de Fidel Castro. Cuando el Dr. Romagosa se asiló, fue electo presidente el ingeniero químico Guillermo Martínez Díaz en sesión de la Junta Directiva de 17 de junio de 1960. El ingeniero Martínez, hombre joven y muy competente, ocupó el cargo con probidad y eficiencia hasta que tuvo que huir a los Estados Unidos. El Dr. Romagosa falleció en Dallas, Texas, el ingeniero Guillermo Martínez Díaz murió en New York City y el ingeniero Enrique Ruiz Williams acaba de ser enterrado en Miami, en la Florida, en 1996. Todos murieron desterrados, añorando a la patria perdida, víctimas de Castro.

Las Minas de Matahambre fueron descubiertas por el Dr. Alfredo Porta y Rojas, que había sido delegado de José Martí en la Guerra de Independencia de 1895 en la ciudad capital de Pinar del Río, donde ejercía como doctor en farmacia y era propietario de la botica Santa Rita. El Dr. Porta había inscrito las minas y obtenido las concesiones mineras legalmente. Para explotar el negocio se asoció con don Manuel Luciano Díaz, que había sido ministro del gabinete del primer presidente de la República de Cuba, don Tomás Estrada Palma. Éste era un negocio netamente cubano que había comenzado casi al mismo tiempo que la novel república libre. Acompaño como **DOCUMENTO Nº 1-4** una fotografía de una página del *Diario de la Marina* de sólo 15 años después de fundada la República, el 18 de julio de 1917, donde se relata la historia de las Minas de Matahambre y de los iniciadores de esta gran industria cubana, el Dr. Porta y el señor Díaz, con fotos de ambos.

A la oficina de la Habana, en Avenida de las Misiones N° 25, el castrismo envió como interventor a un joven revolucionario llamado José Latour Mena que nada sabía de la industria de extracción, procesamiento y exportación de minerales y que redactaba bastante "macarrónicamente" sus escritos. Él vio en una pared de aquella oficina un pequeño cuadro con un pensamiento martiano que estaba allí hacía muchísimos años. Con su atosigamiento de ideas marxistas, interpretó aquel pensamiento del Apostol como una forma de engaño mental de la "empresa explotadora." Sin dilación escribió una réplica y la pegó en la pared al lado del pensamiento de Martí. Acompaño aquí su escrito como **DOCUMENTO N° 1-5**. Léase su mal pergueñada interpretación, que revela la incapacidad de aquel hombre, el indoctrinamiento marxista-leninista a través del cual interpretaba todo, y el feroz odio que tenía contra los que no pensaban como él. Conservo el original firmado que aquí reproduzco. ¿Cómo es esto posible? Porque yo sabía que sobre mi cabeza pendía una espada de Damocles y había aprendido a arriesgarme pero con las mayores precauciones posibles. Un día que el susodicho interventor no estaba en la oficina, su diatriba fue arrancada, y la guardo como prueba de la ignorancia y la incompetencia de los funcionarios castristas que yo he conocido.

El secretario general del sindicato de obreros de Minas de Matahambre, con quien yo tenía que estudiar y pactar los contratos laborales, así como resolver las llamadas "reivindicaciones laborales" que el sindicato presentaba, era Adriano Morales, capacitado joven trabajador dedicado honradamente a los mineros que representaba. El interventor castrista lo expulsó y tuvo que huir de Cuba. Me visitó en mi oficina de *Bohemia Libre* muchas veces en New York City, pues aunque teníamos que luchar a brazo partido en defensa cada uno de los intereses que representábamos en las minas, éramos dos cubanos libres y demócratas víctimas de la furia comunista, y no éramos enemigos. Es decir, Castro no respetó ni a los patronos ni a los obreros. Su ambición abarcaba y sigue englobando todo.

CASO 3. SAN VICENTE DE LOS BAÑOS en VIÑALES, PINAR DEL RÍO.

Castro destruía por todos lados. Nada quedaba en pie. Vino la Ley de la Reforma Agraria. Esta ley sólo autorizaba la confiscación de las fincas mayores de un cierto número de caballerías. El Dr. Gustavo Porta y Capote (hijo del descubridor de las Minas de Matahambre) era el dueño de la finca "San Vicente de los Baños," en Viñales, Pinar del Río. La pequeña extensión de dicha finca la excluía de la reforma agraria. Por tanto, no existía fundamento legal para confiscarle su finca al Dr. Porta. Pero cada vez que él pasaba por el pueblo de Viñales, en camino a San Vicente de los Baños, la policía lo prendía y lo encerraba en la cárcel de Viñales. La policía fidelista trataba de aterrorizarlo. Su hija, Esther María Porta y del Pino, que es muy valiente, decidió resolver el asunto de una vez en la Delegacion en la ciudad de Pinar del Río del Instituto Nacional de la Reforma Agraria. Se presentó allí con toda la documentación que probaba el derecho de su padre, y un escrito de protesta de los reiterados encarcelamientos sin causa que sufría su padre cada vez que pasaba por Viñales. El joven revolucionario sucio y peludo al frente de aquella oficina, después de oír sus extensos razonamientos lógicos y jurídicos, se echó a reír despectivamente y le dijo descaradamente: "olvídese de esa finca, es la niña bonita de esta zona y se la vamos a quitar a su padre de todas maneras, gústele a usted o no le guste." Pero ella no se dio por vencida, entonces reiteró sus gestiones legales ante el alto funcionario Alberto Salazar, que estaba a cargo de estos asuntos revolucionarios en la ciudad de la Habana. Salazar la recibió (limpio y bien afeitado) cortésmente porque no era un mal educado como el casi analfabeto de la oficina de Pinar del Río, pero, sin dilación, le informó que sus esfuerzos eran inútiles porque el gobierno revolucionario de Castro confiscaría irremisiblemente la propiedad de su padre. En definitiva, Salazar también tuvo que huir de Cuba. Años después, su hijo del mismo nombre llegó a ganar el maratón de la ciudad de New York.

Véase como **DOCUMENTO N° 1-6** la Resolución del Capitán José A. Arteaga Hernández, Delegado Zda. Pr.-1 Instituto Nacional de la Reforma Agraria de fecha 11 de septiembre de 1959 por la que se le arrebata la finca al Dr. Porta mediante intervención (que era una confiscación). En San Vicente de los Baños, el Dr. Porta cultivaba tabaco (es una zona tabacalera), sembraba caña y criaba puercos. Además, tenía un balneario de aguas sulfurosas medicinales, con casas con pequeños estanques para baños medicinales, dos hoteles y una gran piscina para recreo de los visitantes, y una cabaña con garage para su uso personal. Todo estaba en plena producción. En la citada resolución, lo único que se alega es que el propietario no "pensaba" cultivar suficiente caña ese año, lo cual era una suposición infundada y falsa. El Dr. Porta falleció desterrado en New York City el 31 de mayo de 1967. Su esposa, Paula del Pino y Soldevilla, falleció en la misma ciudad el 24 de abril de 1990.

CASO 4. JORGE SARALEGUI. MIGUEL ANGEL QUEVEDO. ANDRÉS VALDESPINO. LA LIBERTAD DE EXPRESIÓN: BOHEMIA.

Uno de mis más grandes y sinceros amigos es Jorge Saralegui y Álvarez. Otro de mis buenos amigos era el Dr. Andrés

Valdespino y Gutiérrez, abogado a los 23 años, profesor de Derecho Penal de la Universidad de la Habana a los 26, y colaborador de la revista *Bohemia* a los 29 años. Andrés y yo éramos miembros del Movimiento Familiar Cristiano en la Habana. Él fue el secretario de dicha organización hasta que renunció por exceso de trabajo por haber sido nombrado Subsecretario de Hacienda por el ministro Rufo López Fresquet, en el primer gabinete del gobierno revolucionario. Yo lo sustituí como secretario de aquella asociación católica. Andrés Valdespino era un hombre íntegro, honrado y buen católico. Tenía un temperamento rápido que lo hacía saltar enfurecido ante cualquier opinión que le pareciera insultante o injusta. Esto lo pude constatar en diversas ocasiones públicas.

Por fidelidad a sus rectos principios, Valdespino se enfrascó en una dura polémica en las páginas de la revista *Bohemia* (la de mayor circulación en Cuba y en Hispanoamérica en aquel momento) con el viejo comunista Carlos Rafael Rodríguez, político marxista-estalinista que había colaborado con el dictador Fulgencio Batista, que había sido ministro de su gobierno, que aprovechaba cualquier ocasión de medrar, y que, como buen oportunista, había pasado a ser revolucionario fidelista a última hora, cuando ya era inevitable el fracaso de Batista. Aquella batalla de letras y pensamientos entre el honrado Valdespino y el deleznable estalinista Rodríguez disgustó extremadamente al castrismo. Valdespino recibió muchas amenazas. Todos los días Hilda, su esposa, al contestar el teléfono recibía insultos y advertencias de muerte para ella, su marido y sus pequeños hijos. Valdespino no se dejó aterrorizar y siguió expresando honradamente sus ideas en *Bohemia*. Pero la libertad de prensa desaparecía. Miguel Ángel Quevedo, el director y propietario de la revista *Bohemia,* donde escribían Valdespino, Jorge Mañach, Lino Novás Calvo y otros escritores de renombre, se percató de la situación, su revista no podría seguir siendo un órgano de libre expresión. Él no podía transformarse en un silencioso y sumiso siervo de Castro. Decidió escapar de la cárcel en que se había convertido la isla, pero era vigilado por las fuerzas armadas de Castro.

La solución era pedir asilo en una embajada. Una mañana muy temprano, me visitó en mi bufete Jorge Saralegui (su padre, don Francisco Saralegui y Arrizubieta, era el administrador de las revistas de Quevedo, *Bohemia, Carteles y Vanidades*). Muy secretamente me informó que Quevedo iba a asilarse ese día, y me entregó un ejemplar de un manifiesto de Quevedo para que lo entregara al Cardenal Arteaga tan pronto Saralegui me confirmara que Quevedo ya estaba asilado. En dicho manifiesto, Quevedo explicaba a la opinión pública la tiranía totalitaria en que estaba Cuba, la censura de la prensa, y su necesidad imperiosa de huir. Saralegui también me encomendó que informara a Andrés Valdespino que se protegiera porque el gobierno prendería a todos los escritores de las revistas que no fuesen castristas incondicionales. Recibí la corroboración de Saralegui. Quevedo había logrado entrar en la Embajada de Venezuela. Era el 17 de julio de 1960. Valdespino era vigilado, esa noche fui a su casa, en el Vedado, en la Habana, le informé todo. Se tramitó su asilo en la embajada del Perú. Al día siguiente fui al palacio cardenalicio, hablé largo rato con monseñor Evelio Cía y le entregué el ejemplar del manifiesto de Quevedo para su eminencia el Cardenal Arteaga. Quevedo había hecho varios ejemplares del mismo manifiesto con el fin de que aunque Castro tratara de ocultar las causas de su huida, la verdad llegara a conocerse. Saralegui no podía seguir administrando *Bohemia, Carteles y Vanidades* aherrojadas y sin voz propia. Toda la familia Saralegui tuvo que salir al destierro. Véase como **DOCUMENTO Nº 1-7** el manifiesto de Quevedo, que fue publicado en el exilio en New York en *Bohemia Libre* en la página 23 del Nº 1 en octubre 9 de 1960 (Se volvió a publicar en la página 50 del Nº 63 del 17 de diciembre de 1961). Presento como **DOCUMENTO Nº 1-8** fotografía de la portada del primer ejemplar de *Bohemia Libre* de 1960.

CASO 5. ASOCIACIÓN MÉDICO QUIRÚRGICA EL SAGRADO CORAZÓN. CLÍNICA VARELA ZEQUEIRA en la HABANA. DR. ROBERTO VARELA ZEQUEIRA.

La Asociación Médico-Quirúrgica El Sagrado Corazón fue fundada en 1927 por el Dr. Roberto Varela Zequeira, ilustre profesor de medicina de la Universidad de la Habana. Después, en 1929, creó la Clínica Varela Zequeira, a la que puso dicho nombre en honor de su padre, el Dr. José Varela Zequeira, eminente médico y profesor de la Universidad de la Habana que había promovido la independencia de Cuba durante la época colonial y había sido uno de los hombres de letras del siglo XIX que formaron el grupo literario denominado Arpas Amigas. La clínica fue establecida para dar asistencia de hospitalización a los socios del Sagrado Corazón. El servicio médico y hospitalario era tan excelente y tan económico que el negocio prosperó extraordinariamente hasta llegar a tener un edificio propio de siete pisos que se comunicaba con otros adyacentes y estacionamiento de autos para los clientes. Los asociados pagaban la modesta suma de $2.50 al mes y tenían derecho a ser atendidos por médicos especializados en todas las ramas del saber de la medicina y a recibir todo tratamiento que fuese necesario, inclusive las más costosas operaciones quirúrgicas. Era una organización científica que rendía un servicio social utilísimo a toda la población. Los más pobres recibían allí el mismo servicio que los más ricos. Allí yo fui operado dos veces por el fundador, el Dr. Roberto Varela Zequeira, y allí nacieron mis dos hijos bajo el cuidado del Dr. Guillermo Vautrin. Todo el personal era cubano. No había explotación laboral, el número de asociados ascendía a más de treinta mil, y no existía ninguna queja contra esta asociación civil voluntaria de ciudadanos libres. Cualquiera podía hacerse miembro de la asociación, bastaba pagar la cuota mensual de $2.50. No existe en los Estados Unidos ni en ningún lugar del mundo una organización que proporcione beneficios médicos científicos totales por un precio tan económico como aquella Asociación el Sagrado Corazón.

Pero el 2 de mayo de 1962, el Dr. Varela Zequeira y los doctores Armando Fernández e Ignacio Calvo Tarafa fueron citados al Ministerio de Salubridad para informarles que aunque aquella asociación científica era una institución modelo en el sistema capitalista, no podía seguir en el régimen comunista y que el gobierno castrista la dejaba confiscada en aquel instante. No se trataba de una explotación industrial, ni de un latifundio rural, ni de abogados que abogaran por la justicia y el derecho, sólo se impartía salud, cura de dolencias físicas o mentales, pero Fidel Castro tenía que robársela para destruirla, porque no podía permitir que una empresa capitalista científica fuese ejemplo de eficiencia y bienestar social para el pueblo.

Después de confiscada, en aquella institución la asistencia médica decayó notablemente. Allí llevaron con un ataque al corazón a mi amigo el padre del ingeniero Guillermo Martínez (presidente de las Minas de Matahambre antes citado) y por no poder ponerlo en cámara de oxígeno (como recomendó su médico) porque los comunistas habían roto el sistema y no lo habían reparado, el paciente Martínez falleció por falta de oxígeno, una víctima más de Castro. Este tipo de muerte (asesinato por omisión y descuido) por causa de Castro no se contabiliza en las estadísticas de sus crímenes. Acompaño como **DOCUMENTO 1-9** una carta del fundador, Dr. Roberto Varela Zequeira, que relata brevemente lo dicho. El Dr. Varela Zequeira vive exiliado en New Orleans, donde ejerció como profesor en la New Orleans University, tiene 97 años y goza de una mente perfecta. Incluyo una foto suya de 1962, de la época de la confiscación de su clínica-hospital en la Habana, y una foto del edificio de la institución en la Calle 21 entre las Calles 4 y 6 del barrio del Vedado, en la Habana.

El 2 de mayo de 1962 Castro se robó la referida institución médica (nacionalizada, según el argot castrista). Inmediatamente, los que comenzaron a regirla a nombre del gobierno castrista, empezaron a abusar de su poder sin límites y a restringir todos los derechos de los trabajadores y a amenazarlos. Aquí presento una orden del 21 de junio de 1962, a poco más de mes y medio de confiscada (**DOCUMENTO 1-10**). Léase en el último párrafo de las "correcciones disciplinarias" (párrafo 5to.) la amenaza de "trasladar" a otro centro de trabajo a cualquier empleado. Es decir, los trabajadores pasaron a ser simples peones de un tablero de ajedrez gubernamental en el cual los obreros podían ser cambiados de centro de trabajo de acuerdo con la voluntad omnímoda de los revolucionarios castristas. Los antiguos dueños no tenían ese derecho a violar los derechos ciudadanos de sus empleados, que eran inamovibles conforme a la ley, la cual exigía trámites complejos para poder despedir a un trabajador, y sólo por causas legales debidamente probadas. Ese derecho se perdió en el "paraíso de los trabajadores" de Castro.

También acompaño otra orden de 18 de julio de 1962, dos meses y medio después de la "nacionalización," sobre "adicionales correcciones disciplinarias," **DOCUMENTO Nº 1-11**. En ésta he marcado con un círculo en el párrafo 8, el error de escribir con una innecesaria "h" "ha realizar." Los iletrados querían demostrar su cultura con "h." Y en el párrafo 3 he marcado el verbo "merodar," inventado por ellos. Y en el párrafo 4 he puesto el círculo alrededor de "sino," que debería ser "si no." Emplearon la conjunción adversativa "sino," con la cual se contrapone a un concepto negativo otro afirmativo, en vez de emplear la conjunción "si" separada del adverbio de negación "no" para formar una expresión elíptica equivalente a "en caso contrario," "en caso diverso." Además, obsérvese la violación de los derechos ciudadanos de los trabajadores en los párrafos 3 y 6. En el 3 se da de baja como socios de la Asociación Médico-Quirúrgica el Sagrado Corazón a los empleados que hayan decidido no trabajar en ella. En el 6, a las enfermeras que hubiesen optado por no ser empleadas se les prohibe ejercer su profesión privadamente atendiendo casos individuales. ¿Qué es esto? "Venganza revolucionaria," obligación de sometimiento sin posible apelación. Pérdida de los derechos de trasladarse de trabajo o de trabajar profesionalmente por cuenta propia. Sólo existe la voluntad inapelable de los nuevos "dueños revolucionarios."

Ambas circulares están firmadas por los "nuevos jefes revolucionarios" impuestos por Castro, el "Director Técnico" (un médico), el "Administrador," el "Secretario General," y el "Jefe de Personal." Ninguno descubrió las faltas de ortografía, ni el abuso de autoridad, sólo pensaban en disfrutar su nuevo poderío, al que habían llegado, sin méritos, por órdenes del "Máximo Líder." El que firma como "administrador," Adolfo Catalá, no permaneció mucho tiempo en el cargo, fue desplazado por otro castrista más violento, un viajante de medicina (vendedor de medicinas que visita los médicos para anunciarlas) de apellido Luaces, que no tenía la experiencia ni los conocimientos técnicos para administrar una institución médico-científica tan grande y compleja como aquélla, y que proclamaba que a todos los "contrarevolucionarios" había que pegarles "4 tiros." Por eso le decían (a escondidas) el mote de "4 tiros."

CASO 6. TOMÁS AGÜERO AREJULA, PINTOR.

Tomás Agüero Arejula era un pintor bien conocido, graduado en la Escuela de San Alejandro. Llegó la revolución castrista y le incautaron su modesto taller de pintura. No era un negocio lucrativo, no se explotaba a ningún obrero en aquel taller porque no había operarios, no se abusaba de nadie porque todo lo que allí se producía provenía del cerebro y la mano del pintor. Aquel taller no estaba incluido en la Ley de Reforma Urbana, ni en la de Reforma Agraria, ni en ninguna ley. Pero al artista Agüero le robaron su lugar de trabajar. Un caso típico del delirio revolucionario de destruir todo, de apoderarse de todo. Agüero se volvió casi loco yendo de oficina en oficina, de tribunal en tribunal, rogando que le dejaran pintar, proclamando que con su arte él no tiranizaba a nadie ni hacía daño o perjuicio a nadie, ni le robaba el dinero a nadie, es decir, no existía posible "explotación" de nadie ni de nada. Dura lucha. Al fin, un denominado "Tribunal Popular de Luyanó" (Luyanó es un barrio de la Habana) lo autorizó a seguir haciendo sus trabajos de pintura a creyón en su taller y ordenó que le entregaran las llaves de su pequeño estudio, situado en Santa Felicia Nº 417 entre Melones y Rosa Enríquez, en Luyanó. Y para constancia, expidió un certificado el 29 de marzo de 1968 una mujer que firma Elsa Gómez y que dice ser Presidente de la Zona Nº 8 del Tribunal Popular de Luyanó, sito en Municipio Nº 452 esquina a Reforma. ¿Puede darse mejor ejemplo de la estulticia del gobierno revolucionario de Fidel Castro? ¿No es éste el mejor y más simple paradigma de cómo Castro ha llevado a Cuba a la ruina total, a la bancarrota? Acompaño como **DOCUMENTO Nº 1-12** dicha autorización del citado "tribunal." El original obra en mi poder porque yo soy amigo de la familia de Agüero y me lo han facilitado para presentarlo aquí. Tomás Agüero murió en el exilio en New Jersey, otra víctima más de Castro.

He expuesto 6 casos muy diferentes. Conozco muy bien los cinco primeros porque tuve que participar en ellos, no así en el del pintor Agüero. Son un buen ejemplo de que Castro sólo tenía el propósito de robarse todo en la isla de Cuba para convertirse en el amo y dueño absoluto de la nación. **Lo mismo sucedió a todo lo ancho y largo de la isla.** El marxismo-leninismo que Castro proclama no es más que un pretexto para tiranizar, es el membrete político que él utiliza para justificar su tiranía individual totalitaria que ha desangrado a Cuba en hombres, ideas, producción, economía, industrias, comercio, alimentación, construcciones, agricultura, minería, cultura y felicidad por casi 40 años. Si el nazismo de Hitler hubiese triunfado y el comunismo hubiera sido derrotado en la Segunda Guerra Mundial, Castro se habría declarado nazista en vez de comunista para justificar su tiranía con una ideología totalitaria que le permitiera permanecer indefinidamente en el poder. Todo está en sus manos, y todo lo ha destruido. Castro no sabe crear, sólo sabe destruir lo hecho por los hacedores, por los hombres de trabajo.

José Martí ya lo había afirmado:

Los hombres van en dos bandos: los que aman y fundan, los que odian y deshacen. Y la pelea del mundo viene a ser la de la dualidad hindú: bien contra mal

La juventud cubana no debe dejarse confundir por Castro. La pelea cubana es entre la libertad y la democracia (el bien) y Castro (el mal). Martí no estaba equivocado y nosotros los proscriptos tampoco estamos desacertados.

GOBIERNO REVOLUCIONARIO

MINISTERIO DE JUSTICIA

AVISO

INSCRIPCION DE ABOGADOS

La inscripción de los abogados en el Ministerio de Justicia, conforme a lo dispuesto en la Tercera Disposición Transitoria de la Ley No. 1,189 de 25 de abril de 1966, empezará a realizarse en las oficinas que se relacionan en este Aviso, a partir del próximo lunes día 30 del presente mes. El período para practicar la inscripción —que constituye requisito indispensable para ejercer profesión— se extenderá hasta el día 28, inclusive, del próximo mes de junio.

Los abogados que prestan sus servicios en los organismos centrales podrán practicar la inscripción en el Departamento Legal de los mismos. Los miembros la Administración de Justicia la practicarán ante los propios Tribunales.

Al momento de llenar el modelo de inscripción el abogado deberá identificarse con un carnet o documento expedido por un organismo estatal u organización política o de masas; acompañar dos fotografías tamaño 1 x 1 y recoger la constancia provisional de la inscripción que deberá entregarle el funcionario ante el cual practique la misma.

La inscripción se hará mediante el modelo confeccionado por el Ministerio de Justicia, debiendo los abogados facilitar los datos siguientes:

1. —Datos personales, incluyendo el número de inscripción en el Servicio Militar Obligatorio.
2. —Estudios adicionales realizados, tengan o no éstos relación con el Derecho.
3. —Trabajos jurídicos realizados (obras publicadas o inéditas, traducciones y conferencias).
4. —Otros idiomas que se hablen, escriban o lean.
5. —Experiencia obtenida (Enseñanzas impartidas; ejercicio ante los Tribunales; cargos desempeñados en el Estado; bufetes donde se ha trabajado; práctica en la elaboración de leyes y otros cuerpos jurídicos).
6. —Ramas del Derecho en que se han especializado.
7. —Organizaciones a que pertenecen.
8. —Ingresos mensuales que se perciban en el ejercicio de la profesión por el desempeño de un cargo de abogado en el Estado y como abogado, notario, registrador o archivero general de protocolos, indicando en cada una de estas actividades del sector privado el número de inscripción como contribuyente.
9. —Ingresos mensuales que se perciban por otros conceptos (desempeño de un cargo en el Estado, que no requiera la condición de abogado o en el sector privado; jubilaciones, subsidios, actividades empresariales, etc.).
10. —Relación de empleados fijos que prestan sus servicios como dependientes del abogado, indicando la edad de los mismos, el trabajo que realizan, la fecha de ingreso en el cargo y salario neto mensual que devengan.

RELACION DE OFICINAS HABILITADAS

PINAR DEL RIO

Pinar del Río	Registro del Estado Civil
San Juan y Martínez	Registro del Estado Civil
Artemisa	Registro del Estado Civil
Guanajay	Registro del Estado Civil
Consolación del Sur	Registro del Estado Civil
San Cristóbal	Registro del Estado Civil

HABANA

Habana Metropolitana	Ministerio de Justicia
Güines	Registro del Estado Civil
San Antonio de los Baños	Seccional Reforma Urbana

MATANZAS

Matanzas	Delegación Prov. Ref. Urbana
Colón	Seccional Reforma Urbana

LAS VILLAS

Santa Clara	Delegación Prov. Ref. Urbana
Cienfuegos	Seccional Reforma Urbana
Sagua	Seccional Reforma Urbana
Sancti Spíritus	Seccional Reforma Urbana
Trinidad	Seccional Reforma Urbana
Caibarién	Seccional Reforma Urbana

CAMAGUEY

Camagüey	Delegación Prov. Ref. Urbana
Ciego de Avila	Seccional Reforma Urbana
Nuevitas	Seccional Reforma Urbana
Morón	Seccional Reforma Urbana

ORIENTE

Santiago de Cuba	Registro del Estado Civil
Holguín	Registro del Estado Civil
Baracoa	Seccional Reforma Urbana
Bayamo	Seccional Reforma Urbana
Banes	Seccional Reforma Urbana
Guantánamo	Seccional Reforma Urbana
Manzanillo	Seccional Reforma Urbana
Victoria de las Tunas	Seccional Reforma Urbana

Horario: Ministerio de Justicia; Días laborables, de 5 a 10 p.m.
Otras oficinas; Días laborables, durante la jornada de trabajo.

MINISTERIO DE JUSTICIA

DOC. 1-2A

GACETA OFICIAL
DE LA REPUBLICA DE CUBA
"AÑO DE LA ORGANIZACION"

DIRECCION Y ADMINISTRACION: ZANJA N° 352 — TELEFONOS: 7-1669 y 7-3849

PRIMERA SECCION	LA HABANA, VIERNES 8 DE FEBRERO DE 1963	AÑO LXI
Tomo Quincenal Número III	Número Anual 27	2 SECCIONES	Página 1457

PODER EJECUTIVO — MINISTERIOS

JUSTICIA

RESOLUCION NUMERO 36

Por cuanto: El Colegio de Abogados de La Habana sometió a este Ministerio para su consideración los Estatutos que han de regir al mismo, según acuerdo de la Asamblea General de Colegiados, efectuada el día 11 de mayo de 1962 previa convocatoria conforme a Derecho.

Por cuanto: Procede la aprobación de dichos Estatutos por ajustarse a las prescripciones legales vigentes y ser este Ministerio el organismo del Estado competente para su consideración.

Por tanto: En uso de las facultades que me están conferidas por la Ley,

Resuelvo:

Aprobar los Estatutos del Colegio de Abogados de La Habana, acordados en la Asamblea General de Colegiados efectuada el día 11 de mayo de 1962.

Publíquese esta Resolución y los Estatutos aprobados en la GACETA OFICIAL de la República.

Dada en el Ministerio de Justicia, a primero de febrero de mil novecientos sesenta y tres.

Alfredo Yabur
Ministro de Justicia
100406

COLEGIO DE ABOGADOS DE LA HABANA

Doctor Alberto Suárez Ortega, Secretario del Colegio de Abogados de La Habana.

Certifico: Que en la sesión Extraordinaria celebrada por la Junta General de Colegiados, en segunda convocatoria, el día once de mayo de mil novecientos sesenta y dos, que fué publicada convenientemente en la GACETA OFICIAL de la República, de fecha treinta de abril de mil novecientos sesenta y dos, en los periódicos "Hoy" y "Revolución", de veintinueve de abril y dos de mayo del corriente año, respectivamente, y por citación especial enviada a los colegiados a sus respectivos domicilios, con la siguiente Orden del día:

"Colegio de Abogados de La Habana. — Junta de Gobierno Superior. — Convocatoria a Junta General Extraordinaria de Colegiados. De acuerdo con lo que determinan los Estatutos vigentes, y por haberlo acordado la Junta de Gobierno Superior en su sesión ordinaria del pasado día seis de abril del año en curso se cita y convoca, por este medio, en cumplimiento de lo ordenado en los artículos veintidós, veintitrés y veinticinco de los citados Estatutos, a todos y cada uno de los abogados inscriptos en el Colegio de Abogados de La Habana, para la Junta General Extraordinaria de Colegiados, que deberá celebrarse el día once de mayo del corriente año, en el local de este Colegio, sito en la calle Lamparilla número ciento catorce esquina a Cuba, para las cinco de la tarde, en Primera Convocatoria y para las seis de la tarde en Segunda Convocatoria, haciendo la advertencia de que en segunda convocatoria la sesión se celebrará con cualquier número de colegiados asistentes a la misma, debiendo tratarse el siguiente: Orden del Día: Primero y Unico: Conocer, aprobar o modificar el Proyecto de Estatutos elaborados por la Junta Superior de Gobierno, cumpliendo lo dispuesto en el Artículo número 2 de la Ley de Reforma Constitucional de primero de agosto de mil novecientos sesenta y uno, que caso de ser aprobado reemplazaría los Estatutos en vigor. La Habana, 13 de abril de 1962. "Año de la Planificación". — Doctor Alberto Suárez Ortega, Secretario. — Visto Bueno: Doctor Andrés Silva Díaz, Decano."

Se aprobaron los Estatutos del Colegio de Abogados de La Habana que se insertan a continuación:

ESTATUTOS
DEL COLEGIO DE ABOGADOS DE LA HABANA

CAPITULO PRIMERO

Denominación, Objetivos y Fines

Artículo Primero: Se crea, con domicilio en la ciudad de La Habana una comunidad de profesionales universitarios que se denominará Colegio de Abogados de La Habana, la que estará integrada por los abogados que se inscriban en la misma.

Artículo Segundo: El Colegio de Abogados de La Habana se constituye al amparo de lo dispuesto en el Artículo 70 de la Ley Fundamental, tal como quedó redactado conforme a lo dispuesto en el Artículo dos de la Ley de Reforma Constitucional de primero de agosto de mil novecientos sesenta y uno.

Artículo Tercero: La Comunidad que constituye el Colegio de Abogados de La Habana, se dedicará a investigaciones relacionadas con la Ciencia de la profesión de sus integrantes, al intercambio de experiencias entre los mismos y a otras actividades de desarrollo científico, cultural o técnico.

Artículo Cuarto: Conforme a lo dispuesto en el artículo anterior el Colegio de Abogados de La Habana, a los fines de su desarrollo Científico y Técnico, tendrá como tareas principales, las siguientes:

a) Contribuir con su esfuerzo en la definitiva transformación de nuestro antiguo derecho de clase en derecho socialista.
b) Propiciar la transformación cada vez más acusada del derecho privado en derecho público.
c) Contribuir a realzar la importancia que modernamente tiene el derecho internacional.

Artículo Quinto: La actividad del Colegio de Abogados de La Habana que se prescribe en la letra a) del Artículo anterior, tiene como base el proceso de desarrollo hacia el Socialismo en nuestro país, lo que significa la desaparición de las clases sociales con el consiguiente avance del derecho, que debe organizarse sobre principios de justicia Socialista, en que el Estado representa a toda la Sociedad y no solamente a parte de ella, y la propiedad se destina a satisfacción de las necesidades materiales y espirituales mejorando y dignificando la condición humana.

La actividad dispuesta en el párrafo anterior, traerá como resultado la transformación, o sustitución de nuestro derecho clasista, y parcial en derecho socialista, lo que favorece los fines esenciales de la Paz, el Orden Social y la realización de la Justicia.

Artículo Sexto: La actividad del Colegio de Abogados de La Habana, que se prescribe en la letra b) del artículo cuarto, se encaminará a lograr la modificación de la naturaleza del derecho privado en función de interés social. Con lo dispuesto en el párrafo anterior, se ampliará el campo de acción del derecho socialista, que organiza la sociedad sobre la base de relaciones socialistas de producción, restringiendo el ámbito de la propiedad individual a los bienes personales.

Artículo Séptimo: La actividad del Colegio de Abogados de La Habana, que se prescribe en la letra c) del Artículo Cuarto, se encaminará a lograr un mayor relieve al Derecho Internacional, mediante normas jurídicas derivadas de la coexistencia de los sistemas socialistas y capitalistas, que ordena sus relaciones sobre la base de la paz, y de la libertad y autodeterminación de los pueblos a escoger su organización social y gobierno como expresión de su soberanía.

Artículo Octavo: Los objetivos del Colegio de Abogados de La Habana, determinados en los Artículos Tercero, Cuarto, Quinto, Sexto y Séptimo, se declaran de interés nacional, y por tanto, constituyen la razón principal de la existencia del Colegio y la obligación primordial de sus miembros o integrantes.

Artículo Noveno: Sin perjuicio de lo dispuesto en el Artículo anterior y para la mejor realización, de los objetivos y fines del Colegio de Abogados de La Habana, sus miembros o colegiados tendrán, aparte de otros deberes, las siguientes obligaciones insoslayables:

1.—Ser un activo militante al servicio de la justicia socialista, aun por encima del derecho antiguo cuando éste resulte injusto.
2.—Ser un promotor de principios generales del derecho y de normas jurídicas, que correspondan a la realidad social que se desarrolle en nuestro país.
3.—Luchar por la coexistencia pacífica de los sistemas sociales contemporáneos, como presupuesto indispensable para lograr la Paz de la Humanidad, y defender con ella la subsistencia de la especie humana.
4.—Luchar por el respeto a la soberanía de los Estados y el derecho de autodeterminación de los pueblos y por la destrucción del colonialismo y del semi-colonialismo; y
5.—Ser un enérgico defensor de los derechos humanos.

CAPITULO SEGUNDO

De la Constitución Orgánica del Colegio

Artículo Décimo: El Colegio de Abogados de La Habana tendrá los siguientes Organismos funcionales:
A.—La Asamblea General de Colegiados.
B.—El Consejo de Gobierno.
C.—La Secretaría General.
D.—La Tesorería.
E.—Los Departamentos de Trabajo.

CAPITULO TERCERO

De los Colegiados

Artículo Décimoprimero: Podrán ingresar como miembros del Colegio, todos los graduados de las Escuelas de Derecho o de Ciencias Jurídicas de las Universidades Oficiales cubanas y los juristas extranjeros que por sus méritos científicos o por servicios eminentes prestados al progreso pacífico de la humanidad o al Colegio en sí, sean nombrados Miembros de Honor del mismo.

Artículo Décimosegundo: El ingreso como Colegiado se hará mediante solicitud que el interesado presentará acompañada de los documentos que acrediten la condición exigida en el Artículo anterior, en la Secretaría General, la que, con un informe de recomendación, los elevará al Consejo de Gobierno para su aceptación o rechazo. Los ingresos aprobados se comunicarán por el Presidente del Consejo de Gobierno al o los Organismos Oficiales que corresponda, de acuerdo con las leyes, a las cuales se le dará cuenta siempre de las altas y bajas que se produzcan.

La condición de Colegiado de Honor, será conferida por la Asamblea General de Colegiados a propuesta del Consejo de Gobierno, que previamente lo acordará a instancia de cualquiera de los departamentos de trabajo y previo el informe favorable de los jefes de dichos departamentos.

Los Colegiados de Honor recibirán un Diploma acreditativo de tal condición, del que se tomará razón en la Secretaría y no estarán sujetos al pago de ninguna cuota o erogación.

Artículo Décimotercero: Los Colegiados tendrán los siguientes derechos:

a) Utilizar el local del Colegio individual o colectivamente, para actos culturales, obteniendo para ello con la debida anticipación el permiso del departamento que corresponda.
b) Utilizar todas las pertenencias del Colegio de acuerdo con lo que autorizan estos Estatutos y los Reglamentos o instrucciones que acuerde el Consejo de Gobierno.
c) Utilizar los libros y documentos de la Biblioteca con sujeción a su reglamento o bases de funcionamiento.
d) Obtener, previo el pago de los gastos que origine, copias y certificaciones de la Biblioteca y Archivos del Colegio.
e) Presentar a la consideración de los Departamentos de Trabajo, los estudios, informes, proyectos y trabajos científicos que considere de utilidad para el desarrollo de la ciencia jurídica.
f) Formular al Consejo de Gobierno las quejas o recomendaciones que estimaren procedentes para subsanar deficiencias o producir mejoras en la consecución de los propósitos del Colegio.
g) Comparecer ante la Asamblea General, el Consejo de Gobierno y los Departamentos de Trabajo en todo caso que se trate de un asunto que les afecte de una manera directa o personal o mejor convenga a los propósitos del Colegio.
h) Intervenir con voz y voto en las Asambleas Generales de Colegiados.
i) Ser elector y elegible para todos los cargos electivos del Colegio, y seleccionable para los cargos de los Departamentos de Trabajo. Los Colegiados de Honor no disfrutarán de estos derechos.
j) Usar la credencial y el distintivo que lo acredita como miembro del Colegio.

Artículo Décimocuarto: Los Colegiados tendrán los siguientes deberes:

a) Acatar y cumplir los Estatutos del Colegio y los acuerdos de la Asamblea General de Colegiados, del Consejo de Gobierno y de los Departamentos de Trabajo, sin perjuicio de recurrir contra los de los dos últimos organismos ante la Asamblea General de Colegiados.

REPÚBLICA DE CUBA
MINISTERIO DE HACIENDA
DEPARTAMENTO DE RECUPERACIÓN
DE BIENES MALVERSADOS

DOC. 1-3A

"R E S O L U C I Ó N   55"

POR CUANTO: De acuerdo con la Ley No. 78 promulgada en la Gaceta Oficial de 19 de febrero de 1959, modificada por la Ley No. 689 de 23 de diciembre de 1959, el Ministerio de Recuperación de Bienes Malversados es el organismo idóneo del Poder Ejecutivo destinado a recuperar los bienes de cualquier clase sustraídos al Patrimonio Nacional y lograr el reintegro total del producto de los enriquecimientos ilícitos obtenidos al amparo del Poder Público o la confiscación total o parcial de los bienes en su caso.

POR TANTO: A los fines de la presente Ley la acción del Ministerio comprende:

a) A los funcionarios y empleados públicos y de organismos y corporaciones autónomos y los relacionados en el Artículo 154 de la Ley Orgánica del Tribunal de Cuentas. En caso de que la persona responsable hubiere fallecido, la acción del Ministerio comprenderá y se hará efectiva sobre los bienes dejados como herencia a su fallecimiento, aún cuando hubieren pasado a herederos o sucesores, ya lo sean por herencia o legado.

b) A las personas naturales o jurídicas privadas que en cualquier forma hubieren intervenido en los negocios objeto de investigaciones y cuya conducta haya producido una lesión al Patrimonio Nacional y un enriquecimiento en beneficio de esas personas obtenido al amparo del Poder Público.

c) A las personas naturales o jurídicas que, como consecuencia de las investigaciones realizadas se demuestre que aparecen simuladamente como propietarias de bienes y titulares de derechos que en realidad pertenecen a la persona objeto del expediente, y en ese caso podrá seguirse contra aquellas la acción de reintegro que por la presente Ley se regula.

POR CUANTO: De los antecedentes que obran en poder del Gobierno, aparece que Minas de Matahambre, S.A., sita en Edif. en Ave. de las Misiones, se halla comprendido en los POR CUANTO anteriores debiendo, en consecuencia, llegarse a determinar de manera indubitada esa presunción.

POR CUANTO: Para la obtención de los propósitos antes mencionados se hace necesario decretar la intervención de Minas de Matahambre, S.A., sita en Edif. en Ave. de las Misiones con todas sus oficinas, dependencias, bienes tangibles e intangibles, así como su activo y pasivo bancario, con el fin de, a la mayor brevedad, reanudar su funcionamiento y servicio, para lo cual deberán quedar igualmente sus funcionarios y empleados bajo el control administrativo del Interventor que se dirá, el cual podrá remover o sustituir a los mismos libremente.

POR TANTO: En uso de las facultades que me están conferidas en el Artículo 3 de la citada Ley:

"R E S U E L V O"

PRIMERO: Decretar la intervención de Minas de Matahambre, S.A., sita en Edif. en Ave. de las Misiones, con todas sus oficinas, dependencias, bienes tangibles e intangibles, así como su activo y pasivo bancario, quedando igualmente sus funcionarios y empleados bajo el control administrativo del Interventor.

SEGUNDO: DESIGNAR al Ministerio de Agricultura, Dpto. de Minas y Petróleo

Cuya firma aparece al pie, como Interventor de Minas de Matahambre, S.A.

y quien quedará investido de cuantas facultades y atribuciones fueren necesarias para normalizar la operación y funcionamiento de dicha Compañía y sus dependencias, pudiendo contratar judicialmente y realizar cualquier tipo de operación mercantil o bancaria para el ejercicio de dichas facultades y atribuciones, las cuales podrá delegar discrecionalmente en otras personas, y además, queda investi-

DOC. 1-3B

3

do de facultades para remover, suspender y nombrar al personal para el mejor desenvolvimiento de la misión al mismo encomendada, informando, a la mayor brevedad, a este Ministerio de las gestiones encomendadas. - - - - - - -- -

TERCERO: El Interventor designado queda facultado para ordenar la descongelación de cualquier cuenta bancaria que esté abierta a nombre de la entidad intervenida.

"AÑO DE LA REFORMA AGRARIA"

La Habana, 5 de julio de 1960. -

          Rolando Diaz Aztaraín
          Capitán de Corbeta
          Ministerio de Hacienda
      Departamento de Recuperación de
          Bienes Malversados

(fdo) Gilberto Diaz	(fdo) Dr. S. Arcos
Interventor Designado	DR. SEBASTIAN ARCOS BERGNES.
MINISTERIO DE AGRICULTURA DPTO. DE MINAS Y PETROLEO	SUBSECRETARIO
(Sello)	(Sello)

MINISTERIO DE HACIENDA-
DPTO. RECUPERACION DE B. MALVERSADOS
7 JUL 1960
Registro de SALIDA 82. -

DIARIO DE LA MARINA en Provincias
PRESTIGIOS Y PROGRESOS DE LA ISLA
PINAR DEL RIO MINERO, Por Muecín de Magherit

Diario de la Marina, Julio 8 de 1917

INSTANTANEAS

Prosiguiendo la labor informativa de los progresos de la Isla, comenzada recientemente con la recopilación en diversas páginas de las actividades pinareñas en los órdenes docente, fabril y comercial, labor que, como diversas veces hemos dicho, tiene por finalidad divulgar los adelantos del país para enaltecimiento de éste y estímulo de sus componentes, damos hoy una amplia y detallada información minera de la propia región.

No hacerlo, después de nuestras repetidas y gratas excursiones por Pinar del Río y sus aledaños, hubiera sido omisión inexcusable. El interés por todo cuanto concierne a ministros, flora en el ambiente de la simpática "Cenicienta." Hay más que interés. Existe en ella la verdadera fiebre minera, que se manifiesta en múltiples detalles que el forastero, a poco observador que sea, nota en las conversaciones, cuyo tópico preferente es el de las minas; en las cifras repetidas que unos y otros hacen a ellas y a los terrenos aparentemente mineralógicos; en las muestras de mineral que en establecimientos públicos, en residencias particulares, en todas partes, saltan a la vista. Pinar del Río vive pendiente de las minas, en ellas cree y confía, de ellas espera venturas y hartazgos, y su deseo es más vehemente por no haber cosechado hasta ahora con otra fuente de riqueza que la no muy sólida de su tabaco universalmente afamado, pero sujeto a las veleidades de la naturaleza y a las fluctuaciones no siempre favorables del mercado.

En Vuelta Abajo se aspira unánimemente a que la producción de cobre se halle en breve al mismo nivel que la de tabaco y aún la supere, esa aspiración ferrida y fundamentada en conceptos laudables, se fundamenta en lo ocurrido en Matahambre y en la creencia general, y científicamente basada, de que fácilmente como los enormes y valiosísimos del que en tan grande escala explotan los señores Porta y Díaz, tiene que haber varios en la comarca. Así lo han aseverado reiteradamente geólogos eminentes y expertos Ingenieros de minas egresados de las más renombradas escuelas de Norte América y de Europa, contestes todos en dictaminar tan autorizada y halagüeñamente después de examinar reiteradamente la constitución geológica del territorio y las capas filonianas de Matahambre, maravillosas por la cantidad y calidad de cobre nativo y carbonatos cupríferos.

Hay, pues, la convicción científica de la existencia del mineral de Matahambre y son legión los que pretenden descubrirlas, estimulados recientemente por las perspectivas risueñas que se les han ido presentando a distintas compañías que, en estos últimos tiempos, en escala más o menos grande, han comenzado explotaciones, cuya reseña hacemos en estas planas de todas o algunas de sus pertenencias.

Las denuncias de minas, para su correspondiente inscripción en el registro, se multiplican en la Jefatura de Montes y Minas, cuyo titular —facultativo competente y funcionario probo y laborioso— encuentran todos los interesados benévola acogida y alentadoras orientaciones.

Esperanzas las más risueñas tienen los pinareños en sus minas. Son legítimas y fundadas. Nosotros las compartimos y hacemos votos porque en plazo breve sean ciertas las Matahambres que sobre la pintoresca comarca vueltabajera desparramen el bienestar y la abundancia.

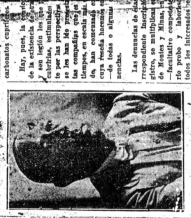

Señor Ramón Gastón, Ingeniero Jefe de Montes y Minas.

LAS MINAS DE MATAHAMBRE

LEYENDA AUREA

Desde que la explotación de las minas de Matahambre comenzó a regularizarse y a tomar incremento, hace poco más de tres años, ¡cuántas leyendas no se han forjado entre el vulgo de abajo y el de en medio y el de arriba— que vulgo existe en todas las clases de la sociedad— acerca de los tesoros aprisionados en las entrañas fecundas de la tierra vueltabajera! Y la leyenda sigue tejiendo sus maravillosos encajes de sutiles hebras áureas y sedeñas sobre la riqueza de Matahambre, siempre generosa, pródiga a raudales, y se extravían muchas imaginaciones haciendo cálculos que arrojan cifras casi imponderables sobre lo que Matahambre llegará a producir.

No haremos aquí lo mismo, no obstante ser el fantasear sobre Matahambre más seguro que el mentir de las estrellas ya que no es difícil que

SITUACION DE LAS MINAS

Las minas de Matahambre se encuentran en la provincia de Pinar del Río, a unas 95 millas de la Habana, en un lugar de la cadena de montañas conocida con el nombre de cordillera de los Organos, la que corre desde el distrito de Guanajay, al Este, hasta el cabo de San Antonio, en el extremo occidental de la Isla.

EL MINERAL

La producción consiste en mineral de cobre con alguna cantidad de plata y vestigios de oro. El mineral, en los trabajos hasta ahora verificados, se presenta en forma de carbonatos malaquitas y azuritas y sulfuros de calcopirita, bornita y calcocina, encastrados en pizarras y cuarzos.

EXTENSION SUPERFICIAL

le de la certeza de sus convicciones. Fué todo en vano. Como siempre ha ocurrido, como ocurrirá siempre a cuantos han tenido, y tengan la facultad de ver más lejos que sus semejantes, Porta, al manifestar su creencia firme en las riquezas del subsuelo vueltabajero y al vaticinar para la región días de prosperidad cuando se hicieran tangibles esas riquezas; no consiguió otra cosa que verse tachado de iluso, de soñador, de visionario. No cejó, empero, en sus propósitos, denunció las minas en las que él creía, con creencia de vidente, y, tuvo la suprema sabiduría de saber esperar.

SURGE EL HOMBRE.

Surgió al fin quien creyera en Porta. Fué el señor Manuel Luciano Díaz, figura de suficiente notoriedad en la vida nacional para que vayamos creerlo todo: construir caminos y puentes; levante el campamento y la ensenada de Santa Lucía, muelles y realizar lugar, adquirir lanchas y remolcadores para poder dar el mineral a los vapores de travesía que por la poca profundidad del agua, no pueden anclar a menos de cuatro millas de la costa; edificar casas para una población de más de 150 habitantes, donde antes no existía ni un mísero bohío de guano. Y todo esto para empezar, que después vinieron los desembolsos más cuantiosos para la instalación de plantas modernas, con el fin de hacer lo más económicamente posible la extracción del mineral.

EL PRIMER EMBARQUE

El 7 de Noviembre del mismo año de 1913, el primer cargamento, consistente en 1,482,372 libras de mineral, ya nombrada United States Metals Refining Co.

VALORIZANDO EL PRODUCTO

Hay expuestas miles de toneladas de mineral de baja ley cuya exportación, en la forma en que hoy se encuentra, no rendiría beneficio alguno. Solamente existe un medio de beneficiar ese mineral, y es concentrándolo para convertir cada tonelada en una cantidad menor pero de ley más alta, y comprendiéndolo así, el señor Díaz se dispuso a instalar una planta de concentración para que la innovación resultase, como él gustaba de hacer las cosas, lo más acabada y perfecta posible, empezó por trasladarse a los Estados Unidos, deseoso de estudiar personalmente el mejor sistema de planta, de esa índole, y no regresó sin dejar contratada toda la complicada y costosa maquinaria que exige una planta de tal naturaleza.

En estos momentos esa planta se halla en muy adelantado proceso de

Señores Doctor Alfredo Porta y Manuel Luciano Díaz, poseedores de las famosas minas de Matahambre.

EL TRIUNFO DE DOS VOLUNTADES.

Varias singularidades presenta Matahambre, pero quizá la que más se destaca es la de que el negocio de tan enorme magnitud se debe al solo esfuerzo y tesón de dos personas: el Dr. Alfredo Porta, que denunció las minas y no se dejó vencer por las inclemencias de terreno inhospitalario, y el señor Manuel Luciano Díaz.

ocupan en las labores mineras propiamente dichas, y los que se dedican a otras faenas complementarias de aquéllas, se encuentran trabajando en la actualidad unos 1.500 hombres número que irá teniendo paulatinamente aumentos, en proporción, como es natural, con la intensidad de las labores, la que continuamente va creciendo.

PINAR DEL RIO MINERO

DIARIO DE LA MAÑANA — Julio 8 de 1917

AÑO LXXXV — DOC 1-4B

LAS MINAS DE MATAHAMBRE

(Continuación de la página anterior.)

Tolvas de Matahambre.

Planta de concentración, en Matahambre.

LO QUE REPRESENTA MATAHAMBRE

En orden a las actividades económicas constituye Matahambre un esfuerzo digno de toda loa, tanto más cuanto que él se ha debido, como ya hemos dicho, a la decisión de dos fuertes voluntades, armónicamente aunadas con el plausible móvil de incrementar la riqueza patria. Pero Matahambre representa más, ya que supone la iniciación de un idolo minero que llegará a reportar al país beneficios inmensos y nunca suñados.

También Matahambre, por la explotación tan científicamente metodizada de que está siendo objeto, bajo la supervisión de inteligencias cubanas y con capital y músculo cubanos, representa un legítimo timbre de garantía y bondad de su minería por los métodos a que la subordinada, pues del mismo se halla subordinada, puede parangonearse, sin demérito alguno, con las grandes explotaciones de igual índole existentes en el extranjero.

LA COMPAÑIA UNION MINERA

Al finalizar el año 1916 y por escritura pública otorgada ante el notario de la capital, Dr. Arturo Galletti, se constituyó legalmente la sociedad anónima denominada "Unión Minera", con el objeto de dedicarse a la exploración, explotación y fomento de pertenencias mineras dentro del territorio nacional, sin limitación de zonas o provincias determinadas.

El capital social de la Compañía es de 2.500,000 pesos oro nacional, representado por 10,000 acciones preferidas de 100 pesos cada una, repartidas también en cuatro series de 2,500 acciones cada una, y por 10,000 acciones comunes de 100 pesos cada una, repartidas también en cuatro series de 2,500 acciones cada una. Del...

Gutiérrez, Gerente de "Mestre y Martinica"; Sr. Manuel Villar Galleta, Gerente de "Mestre y Martinica"; Sr. Eleuterio Arguelles y Pozo, Propietario; Sr. Antonio S. de Bustamante, Jr. Abogado; Sr. José Martínez y Díaz, Gerente de Sobrinos de Quesada; Sr. Eugenio Galbán y Guerra, Gerente de Galbán y Ca.; Sr. Francisco Pego Pita, Gerente de la Fábrica de tabacos "Partagás"; Sr. Enrique Gancedo y Toca, Gerente de Gancedo, Toca y Ca.; Sr. Marino Díaz Blanco, Ingeniero Civil; Consultor Técnico: R. P. José Alonso, S.J. Profesor de Química del Colegio de Belén; Secretario "General y Abogado Consultor, Dr. Cristóbal Bidegaray y Erbiti; Ingeniero director, Sr. Torcuato Hevia Álvarez, de la Escuela de Minas de Madrid...

Coto "Francisco Gramales", "Enriqueta", "María Joaquina", "Santa Isabel", "San Pedro", "C. Iglesias".

Coto "Asiento Viejo", "San Dámaso" y "Otero del Rey".

Coto "Cabezas de Horcacio", "Juana Gómez" y "Eugenia Gutiérrez".

Coto "Inés de Pinos", "María Josefa".

Coto "San José".

"El Pilar", "Herrera", "Pepe Pantia", "Perico", "Fortuna"...

Comité y Vélez

En precedente número... señores Comité y Vélez, personas de significación en la política pinareña...

Desde 1916... Compañía mancomunada... minería, laborando negocios de... favorecedor...

Ya doble dirección selecta... singular favoritos... esta región, grupo selecciona de seis minerales... Dichos minerales son... selección del producto se...

ZONA DE PINAMBRE.—"Encarnación", de 31'; "Jesús Sacramentado", de 31'; "Rosita", "La Preventiva", de 40'; "Santa Cristina", de 31'; "Eladio", de 31'; "Unánimo"...

ZONA DE MAJES.—"La Propandia", de 40; "Salomé", de 31', y "Ornofal", de 70.

ZONA DE SIENTO VIEJO.—"San Antonio", de 10 hectáreas, "Santa Rosa", de 3, y conocida "La mina La...".

ZONA DE KAVOL.—"Manjuarí", de hectáreas, "Tortuga", de 100.

ZONA DE VALES.—"San Luis Gonzaga", de 30.

ZONA DE SAN JOSÉ.—"Tuna, San Kay", de 10 hectáreas, "Iola" y "Luisita", de 30.

MINA DE PETROLEO EN LA ESPERANZA.—También... de 83 hectáreas...

Minas Guaicanamar y La Prudente

En 30 de septiembre de 1916 se hizo, adecuadamente a la población obrera, el Consejo de Administración. La Sociedad está constituido por las siguientes firmas, todas bien conocidas en el mundo de los negocios:

Presidente, señor Narciso Maciá Domenech, gerente de la razón social Barraqué, Maciá y Ca.; Vicepresidente 1º, señor Manuel Llerandi y García, gerente de la razón social Llerandi y Ca.; Vicepresidente 2º, señor Facundo García González, gerente de la razón social González, García y Co., y Tesorero, señor José Barraqué Adué, gerente de la razón social Maciá y Co.; Vicetesorero, señor Alberto R. Langwith Raimond, propietario y comerciante; Angel Cobo, gerente de Cobo, Basoa y Ca., y señora Isabel Rodríguez Morejón, viuda de Sobrado.

Vocales: señores Ricardo Veloso, propietario y comerciante; Silvestre Álvarez Rodríguez, comerciante y propietario; Francisco Pérez Suárez, comerciante; Ramón Blanco Fuentes, Propietario y comerciante; Francisco Pons Bagur, gerente de Pons y Co.; Santiago Barraqué Adué, propietario y comerciante; Adolfo González Llano, gerente de Rodríguez, González y Co.; Esteban Muñiz Cifuentes, comerciante; Joaquín Suárez Alonso, gerente de Suárez y Hno.; José Fernández González, comerciante; Juan E. Langwith Raimond, propietario y comerciante; Silvano Levin, comerciante; José F. Barraqué Baguer, gerente de Barraqué, Maciá y Co.; Tomás Cano Ortiz, propietario y comerciante; Néstor Cano Lage, comerciante y propietario; Manuel Flores, propietario y comerciante; Juan Pérez Suárez, propietario y comerciante; Angel Cobo, gerente de Cobo, Basoa y Ca., y señora Isabel Rodríguez Morejón, viuda de Sobrado.

Las oficinas centrales de las minas "Guaicanamar" y "La Prudente" se hallan instaladas en la calle Oficios, 48, altos.

Compañía Minera de Cobre de Pinar del Río y San Juan

En Enero de 1916, y por escritura pública otorgada ante el notario de la Habana señor Julián Sánchez Víctores, se constituyó esta sociedad anónima, siendo su capital de 500,000 pesos, representado por 50,000 acciones de 10 pesos cada una, del cual van desembolsados 100,000 pesos, pero no gastados, ya que, según balance de ellos, 95,000 pesos, están depositados en los Bancos Español y del Canadá.

La Compañía es propietaria de las minas "La Fe", situada a una legua de San Juan y Martínez, de 200 hectáreas y cuyo mineral ha dado un análisis de 11.87, valor comercial, en cobre.

"La Esperanza", de 200 hectáreas, también en San Juan y Martínez, con análisis de 8.34 en cobre.

"La Caridad", de 200 hectáreas, como las anteriores, en San Juan y Martínez.

De los análisis de estas minas, realizados por químicos reputados, se desprende que en explotación presentan excelentes perspectivas.

"La Jacobo", de 150 hectáreas, en el coto de Asiento Viejo y muy cerca de la mina, ya en explotación satisfactoria, "Celia Gregoria", de la que también nos ocupamos en estas páginas.

"La Carmelina", y su ampliación, con 74 hectáreas, en el coto de Matahambre, y muy próxima a la que con tan magníficos resultados vienen explotando los señores Alfredo Porta y Manuel Luciano Díaz.

"La Arcángel y Carmelina", en el barrio de Guamá, a inmediaciones de la capital.

Para realizar trabajos en estas minas, las que presentan el mejor aspecto, hay hechos pedidos de maquinaria, con el fin de explotarlas, con la misma intensidad que se viene desplegando en la "Jacobo", en la que se ejecutan importantes trabajos dirigidos por el competente señor Carlos Rojas, ingeniero de la Compañía.

El Consejo de Administración de ésta lo forman los siguientes distinguidos señores: Presidente: Bernardo Solís, gerente de la razón social Solís Entrialgo y Ca., "El Encanto"; Vicepresidente: Ldo. Jacobo González Govantes, casa "El Encanto".

SINDICATO MINERO ASIENTO VIEJO

La sociedad anónima de este nombre se constituyó al fusionarse las dos compañías que explotaban las minas "Celia Gregorio" y "Alda Rosa", las...

Presidente, señor Francisco Basoa Marsella, gerente de la razón social Cobo, Basoa y Ca.; Vicepresidente González y Ca.; Tesorero, Angel Cobo y López, gerente de la razón social Cobo, Basoa y Ca.; Vicetesorero, Al...

vantes, abogado y notario en Pinar del Río; Secretario y miembro de la razón social Rodríguez, Dr. Pedro Pablo Kholy; Administrador, Pedro González Mendive, propietario.

Vocales, señores Dr. Gabriel Casuso Roque, propietario y Rector de la Universidad Nacional; Francisco García Navelro, comerciante, propietario del Café "La Isla"; Isidro Olivares Martínez, propietario y presidente de la Bolsa Privada de la Habana; Santiago Barraqué Adué, comerciante y propietario del Central "Manatí"; Baltasar Moyas Miyaya, propietario; Andrés García Bodega, comerciante y propietario del central "Julio"; José Fernández Rocha, propietario y miembro de la razón social J. F. Rocha y Ca.; Rogelio Menéndez Palacio, propietario y comerciante; Luis Sáiz Calleja, comerciante y propietario en San Juan y Martínez; José Alvarez Delgado, propietario y comerciante; Antero Prieto, gerente de Sobrinos de Antero González y Ca.; y Facundo Guanche, ingeniero y propietario.

La Compañía se halla domiciliada en la Habana, teniendo las oficinas en la calle de Obispo, 57, altos.

DOC 1-4C

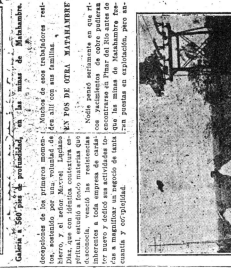

Cable aéreo de Matahambre

Un aspecto de las labores en Matahambre.

Muelle de Santa Lucía, por el que se embarca el mineral que se extrae de Matahambre.

Vista panorámica de las lomas donde se hallan las minas de Matahambre.

---

ascender a éstas en busca de la verdad, es bucear en las capas geológicas, donde el mineral, consciente de los apetitos ciegos que inspira, se esconde recatadamente.

Agradable sería bordar sobre Matahambre una linda fábula milenonochesca, pero no respondería al propósito único que con éstas informaciones se persigue: el de exponer y propagar públicamente todas las manifestaciones de valía de la Isla, siendo hoy esa exposición de la riqueza minera de Vuelta Abajo, como ayer lo fué de las escuelas y de las industrias de su capital, como mañana lo será de la vitalidad rural de la misma región.

De otra parte, al ocuparnos de Matahambre, huelgan las adjetivaciones encomiásticas, las loanzas fútiles, las lisonjas vanas, ya que

"esto, Inés, ello se alaba, no es menester alaballo".

Por tanto, "relata ferro", que dijera el pedante bárbaro.

Las pertenencias mineras de Matahambre comprenden una extensión de dos mil doscientos cincuenta acres.

LA GENESIS DE MATAHAMBRE

El doctor Porta, facultativo distinguido y personalidad que siempre tuvo acentuado relieve en la sociedad y la política pinareñas, sintió desde sus mocedades marcada afición por los estudios geológicos, y fué impulsado por esa afición decidida, por lo que hizo innumerables excursiones por los terrenos vueltabajeros de más aparente condición mineralógica.

El gusto por esa clase de exploraciones, por coleccionar muestras de mineral, por someter éstas, personalmente, a análisis repetidos y por discutir sus propiedades llegó en el Dr. Porta a constituir una verdadera manía. Él estaba convencido de que, en determinados lugares de Matahambre, existía mineral de gran riqueza cuprífera, pero falto de medios para acometer las exploraciones necesarias, se esforzaba en persuadir a quienes él creía que podían ayudar

a caer en la redundancia de exponer aquí sus altamente avalorados merecimientos.

Don Manuel Luciano Díaz desconocía en absoluto las cuestiones mineras cuando Porta fué a él, pero tuvo fe en éste, creyó en la existencia de los filones y se dispuso a obtener la evidencia. Sin fijarse en gastos, hizo venir de los Estados Unidos geólogos e ingenieros, y, ante el dictamen favorable de ellos, se decidió a emprender la explotación de Matahambre, firmando previamente un contrato social con el doctor Porta, comprometiéndose a exportar todo el capital que fuera necesario para poner en producción las minas, reservándose la gerencia del negocio y dando a Porta un determinado tanto por ciento de los beneficios líquidos.

LOS PRIMEROS TRABAJOS

Los trabajos de exploración dieron comienzo en Enero de 1913, en un distrito completamente desierto, sin vías de comunicación y estando el campamento a más de doce millas de la costa; al norte de la loma. Fué necesario que don Porta Arnhoy destinadas a la

ral de cobre, fué tomado, por el vapor "América", en Santa Lucía, y conducido a Fort Amboy, N. J., con-

construcción, en el más elevado sitio de Matahambre.

OTRAS MEJORAS

También se encuentra en proceso de construcción, en el puerto de Santa Lucía, una gran planta generadora de fuerza motriz, a base de petróleo, la que rendirá múltiples beneficios.

La construcción de un tranvía aéreo es otra mejora de grandísima importancia, ya que permitirá transportar el mineral directamente del pozo maestro, en Matahambre, a los depósitos, en Santa Lucía, y de éstos a las chalanas. La construcción de dicho tranvía se empezó hace un año, aproximadamente, y está ya casi listo para su funcionamiento. Su extensión es de 11 kilómetros en línea recta de la mina a Santa Lucía.

ΩΩΩΩ

COMITE DE PROPAGANDA CUBANA

CORPORACION COOPERATIVA ESTATUIDA BAJO ESTE LEMA: "DIFUNDIR, ANTE GRANDES Y EXTRAÑOS, LOS PRESTIGIOS Y PROGRESOS DE LA ISLA; COMO MEDIO EL MAS EFICAZ DE AFIRMAR Y ENALTECER LA NACIONALIDAD."

LA CORRESPONDENCIA AL SECRETARIO: LAMPARILLA, 22. HABANA

ΩΩΩΩ

---

signado a la United States Metals Refining Co. El rendimiento en cobre puro fué de 306,107 libras, lo que supone una ley de 22 por 100. Desde entonces hasta la fecha se han remitido a los Estados Unidos 30,000 toneladas, con una ley comprendida entre e. 4.54 por ciento, como mínimo y el 22 por 100, como máximo, de cobre puro. Estos porcentajes constituyen el promedio, ya que ha habido parcelas en algunos cargamentos que han rendido el 40 y hasta el 45 por 100 de cobre. También se ha obtenido alguna plata, siendo la cantidad de este metal embarcada hasta la fecha de 38,000 onzas, en cifra redonda.

EL PROMEDIO DE PRODUCCION

La producción de Matahambre arroja un promedio mensual de 6,000 toneladas de mineral de cobre, que con toda regularidad se vienen embarcando por Porth Arnhoy destinadas a la

---

decepciones de los primeros momentos, sostenido por una voluntad de hierro, y el señor Manuel Luciano Díaz, que con idéntica contextura espiritual, estudió a fondo materias que desconocía, venció las resistencias inherentes a toda empresa de carácter nuevo y dedicó sus actividades todas a magnificar un negocio de tanta cuantía y complejidad.

Nadie pensó seriamente en que ricos yacimientos de cobre pudieran encontrarse en Pinar del Río antes de que las minas de Matahambre fueran puestas en explotación, pero an-

---

Galería a 560 pies de profundidad, en las minas de Matahambre.

EN POS DE OTRA MATAHAMBRE

Muchos de esos trabajadores residen allí con sus familias.

---

te el éxito obtenido por los señores Porta y Díaz, empezaron a llover denuncias de minas y a constituirse entidades para explotarlas. Es evidente que todas van buscando la repetición del caso de Matahambre, y no dudamos que algunas lo conseguirán, por las razones que exponemos en otro lugar de estas planas.

(Pasa a la página siguiente)

EL PAN CUPRIFERO

Las minas de Matahambre proveen el sustento de un número considerable de personas. Entre los que se

EL DIARIO DE LA MARINA es el periódico de mayor circulación de la República.

MINAS DE MATAHAMBRE, S. A.
MATAHAMBRE
PROVINCIA DE PINAR DEL RIO
CUBA

Como conocemos que el hecho de que este pensamiento de nuestro Apóstol se encuentre en este lugar no obedece a una mera casualidad, sino que tiene el objeto de criticar la defensa y apoyo que la Revolución presta a las clases mas humildes y necesitadas de nuestro país en contraposición a una indiferencia absoluta por los explotadores reaccionarios que los rigieron, hemos decidido dejar esclarecido que no nos confunden.

Por otra parte, si Martí pudiera haber observado lo que sucedió en nuestra patria durante casi 60 años (despojos, vientres infantiles repletos de parásitos, plan de machete sobre la espalda del explotado y palmaditas en el hombro del explotador) nos aplaudiría al vernos y se daría cuenta que la actual posición obrera mundial no es mas que la consecuencia directa de la explotación en que estuvo sumida durante muchas generaciones.

V E N C E R E M O S

José Latour Mena

DOC. 1-6

OFICINA:
MARTI 112 (O)
TELEF. 894
PINAR DEL RIO

REPUBLICA DE CUBA
INSTITUTO NACIONAL DE LA REFORMA AGRARIA
ZONA DE DESARROLLO AGRARIO PR-1
DELEGACION

MUNICIPIOS:
P. DEL RIO
C. DEL NORTE
C. DEL SUR
VIÑALES

RESOLUCION

POR CUANTO: El Presidente del Instituto Nacional de la Reforma Agraria Dr. Fidel Castro Ruz, me ha designado Delegado de dicho Organismo en la Zona de Desarrollo Agrario PR-1 que comprende los Términos Municipales de Pinar del Río, Consolación del Sur, Consolación del Norte y Viñales, con las facultades determinadas en la Ley de Reforma Agraria.

POR CUANTO: La Ley de Reforma Agraria dada en la Plata, Sierra Maestra a los diecisiete días del mes de mayo de mil novecientos cincuenta y nueve Año de la Liberación, publicada en la Gaceta Oficial de la República creó el Instituto Nacional de la Reforma Agraria cuyo Organismo es el encargado de ejecutar y aplicar esta Ley.

POR CUANTO: La FINCA SAN VICENTE que dice ser propietario el señor Gustavo Porta posee una colonia de caña y vegas a las que no atiende ni asiste pues los datos oficiales tomados en el Central Niágara demuestran que en la Zafra 1958/59 tuvo una molienda de 162,588 arrobas y para la próxima según los técnicos y peritos del Central Niágara no llegará a las 100,000 arrobas por el casi total abandono de la Colonia.

POR CUANTO: La Colonia de Caña y las Vegas de la FINCA SAN VICENTE necesitan de urgente atención y facilitación de recursos al campesinado.

POR CUANTO: Es interés fundamental del Instituto Nacional de la Reforma Agraria mantener e incrementar la producción agrícola del país para el mayor desarrollo económico de la población cubana desposeída y sin trabajo.

POR CUANTO: Las tierras productivas abandonadas no representan ninguna utilidad para el desarrollo económico de la Nación estando dentro de las facultades conferidas al Instituto Nacional de la Reforma Agraria constituir las Zonas de Desarrollo Agrario.

POR TANTO: En uso de las facultades que me están conferidas,

RESUELVO

Designar al Sr. SEVERO GONZALEZ LADRON DE GUEVARA con el carácter de Interventor Administrador de la Finca San Vicente en las Vegas y Colonias de Cañas a las que deberá de asistir para su mejoramiento y que disponga de los equipos motorizados y conjunto de unidad agrícola para el cumplimiento de lo dispuesto y que interese a través del Jefe de Puesto del Ejército Rebelde de Viñales del Escuadrón 61 investigación sobre las propiedades instaladas en las zonas turísticas de todo lo cual informará a esta Delegación.

-----Comuníquese la presente Resolución al SR/ SEVERO GONZALEZ LADRON DE GUEVARA, al Sr. Gustavo Porta o su Encargado y archívese copia en la Delegación.

Dada en Pinar del Río a los once días del mes de septiembre de mil novecientos cincuenta y nueve.-

Cap. José M. Arteaga Hernández,
Delegado Zda. Pr.-1 Instituto Nacional de
la Reforma Agraria.-

AL PUEBLO DE CUBA Y A LOS PUEBLOS DE AMERICA

> *El director de BOHEMIA, Miguel Angel Quevedo, denunció con este documento la traición revolucionaria del fidelismo y su sumisión al imperialismo soviético. Entonces, —18 de julio— no pudo publicarse por disposición del déspota y su camarilla roja, viéndose forzado nuestro director a acogerse al asilo generoso de la Embajada de Venezuela en La Habana. Esa noche el títere se presentó ante las cámaras de televisión a justificar lo injustificable, a injuriar y a mentir. Y para aparentar su cacareada "libertad de prensa" sin derecho a discrepar, leyó con prisa, —para que no se le entendiera— los párrafos de este editorial que prohibía se publicase en BOHEMIA. A su pesar, circuló profusamente de mano en mano por canales clandestinos, pero para que toda América lo conozca BOHEMIA LIBRE lo publica ahora íntegramente.*

A través de 52 años desde los albores mismos de la República, BOHEMIA ha compartido con el pueblo de Cuba, inquietudes y afanes, esfuerzos y esperanzas. Ha estado junto a él en los momentos luminosos y en las horas sombrías.

Los ideales de este pueblo, sufrido, maltratado y engañado como pocos, pero también como pocos luchador, generoso y valiente, han sido los ideales mismos de BOHEMIA. Desde sus páginas se han condenado con toda valentía y sin reservas los atropellos, los abusos y las injusticias. Y desde ellas se ha abogado sin tregua por los derechos humanos, por la dignidad del trabajador, por la redención del campesino, por la protección del humilde. Combatiendo también sin tregua a los monopolios y consorcios nacionales y extranjeros. En demanda constante de reformas sustanciales para nuestra República, BOHEMIA combatió a los gobiernos que, en mayor o menor grado se mostraron incapaces de satisfacer esas aspiraciones. Y cuando el 1ro. de Enero de 1959 llegó al poder una Revolución que representaba para nuestro pueblo la gran esperanza de liberación definitiva, BOHEMIA se situó junto a ella como lo había estado en los días trágicos, pero heroicos de la etapa insurreccional, sirviendo a la noble causa de esos jóvenes que reeditaban con heroísmo sin par, en las sierras y en la resistencia las hazañas de nuestros mayores, ofrendando generosamente sus vidas. Por todo ello desde los primeros momentos BOHEMIA estuvo junto al Gobierno Revolucionario. Ni se avergüenza de ello. Ni mucho menos se arrepiente. BOHEMIA estuvo junto a la Revolución como lo estuvo todo el pueblo de Cuba. Y se mantuvo a su lado mientras creyó en la sinceridad de sus dirigentes y en la honestidad de sus propósitos. Era mucha la fe que todo un pueblo había depositado en esa revolución para admitir fácilmente que se le hubiera engañado. Aún hoy muchos cubanos se resisten a la idea de que, tras la hermosa realidad que se les había prometido, se escondía un tenebroso plan encaminado a convertir a nuestra Patria en un satélite del más implacable de los totalitarismos que han asolado la faz de la tierra. Era demasiado cruel la verdad para aceptarla sin vacilaciones. Demasiado monstruoso el engaño para admitirlo sin oponerle reparos. Y aún cuando desde hacía algún tiempo se advertían síntomas alarmantes, BOHEMIA, como una gran parte de nuestro pueblo, se aferraba tenazmente a la esperanza de una oportuna rectificación capaz de salvar la Revolución y a la República de los peligros que las amenazaban.

Pero, con dolor profundo BOHEMIA reconoce que ya no hay alimentar siquiera esa remota esperanza. La Revolución ha sido traicionada. La República, vilmente entregada a los intereses nefastos del comunismo internacional. Lo que muchos justificaban como táctica política para afianzar nuestra soberanía, no resultó más que un diabólico plan, hábilmente proyectado y progresivamente desenvuelto, para instaurar en medio del continente americano un régimen comunista organizado bajo la dirección y estrecha vigilancia de Moscú. De eso no cabe ya duda después de las declaraciones de Nikita Khrushchev, dándonos, en el plano internacional, el tratamiento de un país sometido a la influencia política de la URSS; y después de las afirmaciones reveladas en el acto frente a Palacio de que Cuba es una pequeña nación protegida por los cohetes de "la primera potencia militar del mundo" y después de la solidaridad expresada por el propio Fidel Castro, con la Unión Soviética y los países "socialistas". El engaño ha quedado descubierto. No es esa la Revolución por la que murieron más de veinte mil cubanos. Para hacer una Revolución genuinamente nacionalista no era necesario someter a nuestro pueblo al oprobioso vasallaje ruso.

Para hacer una profunda revolución social no era necesario implantar un sistema que degrada al hombre a la condición de siervo del Estado borrando todo vestigio de libertad y dignidad. Eso no es la revolución verdadera. Esa es la revolución traicionada. Mantenerse ya junto a ella es contribuir a la traición y a la esclavitud. Y ese no puede ser el papel de BOHEMIA. Estas líneas debían haber parecido en las páginas de BOHEMIA. Pero no ha sido posible. Impedido su Director de publicarlas en su propia revista y consciente de la responsabilidad que tiene con su pueblo para el que BOHEMIA ha sido siempre vocero fiel y honesto, ha adoptado la única decisión que cabe en estos momentos: denunciar a través de estas líneas la triste verdad cubana. Y marchar al exilio.

Sé que por ello y ya al final de mi vida seré despojado de todos los bienes materiales que he conseguido reunir con mi trabajo honrado. Sé que incluso tratará de robársame por todos los medios, lo que más quiere todo hombre honesto: su patrimonio moral. No me importa. Esperemos, puesta nuestra confianza en Dios; en los valores cristianos de nuestro pueblo y en el probado amor a la libertad de sus hijos, que pronto se disipen las densas tinieblas que hoy cubren la República y se establezcan en la Patria Libre los principios democráticos y de justicia social por los que tanta sangre generosa se ha derramado entre nosotros. Entonces, y sólo entonces volverá a circular la BOHEMIA de siempre, la que durante 52 años sin una sola vacilación, ha compartido con el pueblo de Cuba sus afanes, esfuerzos y esperanzas, confeccionado por un grupo de verdaderos amigos y compañeros, redactores, empleados y obreros, que desde sus distintos departamentos e identificados con la empresa en todo, han sido el alma de la misma y no la BOHEMIA espuria e ilegítima que, posiblemente, después de conocerse la decisión de su Director, pretendan continuar publicando los traidores de la revolución a sueldo de los gobernantes.

El dilema no es con la Patria, o contra la Patria, como han querido hacerlo aparecer por la voluntad totalitaria de los hombres que nos gobiernan. El dilema es de comunismo contra democracia y nosotros siempre hemos estado y estaremos con la democracia a la que no traicionaremos jamás".

DOC. 1-8

DOC. 1-9

2 de octubre de 1995.

Dr. Alberto G. de la Solana
New Jersey

Querido Alberto:

El día 3 de mayo de 1962 se me citó, junto con los doctores Armando Fernández e Ignacio Calvo Tarafa, al Ministerio de Salubridad donde se nos informó que se iba la Asociación El Sagrado Corazón podía considerarse como modelo de institución capitalista, no podía existir en un régimen socialista. Por lo tanto, sería nacionalizada al día siguiente. De nos brindó trabajo en otras instituciones. Yo pedí que se me diera permiso para visitar a mis hijas que residían en los Estados Unidos.

La Asociación Médico-Quirúrgica El Sagrado Corazón, S.A. y la Clínica Varela Zequeira, así nombrada en honor de mi padre, el Dr. José Varela Zequeira, poseía un edificio de siete pisos en la calle 21 entre 4 y 6, en el barrio del Vedado, que comunicaba con otro edificio en 19 entre 4 y 6, en 4 entre 19 y 21 y en 6 entre 19 y 21. Este último fue demolido en parte y el terreno dedicado a parqueo. La institución ofrecía servicios de pensionistas en departamentos de cirugía, servicios de pediatría y de maternidad, en departamentos

-2-

apropiados, y además admitía asociados individuales y familiares que recibían visitas domiciliarias y consultas por un médico llamado médico de zona, que atendía a asociados que vivían en distintas partes de la ciudad. Estos asociados tenían derecho a ser atendidos por los especialistas y recibir todo tratamiento que fuera necesario de la institución. El número de asociados en el momento de la intervención era mayor de treinta mil.

Con afecto,
R. Varela

CIRCULAR GENERAL

A TODOS LOS EMPLEADOS DE ESTA INSTITUCION CON LA UNICA EXCEPCION DE LOS SEÑORES MEDICOS

COMPAÑEROS:

Cumpliendo acuerdo del Consejo de Dirección se hace saber a todos los empleados de esta Clínica, con excepción de los Sres. Médicos, las siguientes disposiciones que tendrán vigencia a partir de esta fecha.

1ro.- Queda prohibida la concesión de días por asuntos propios, ya que todos disfrutan de dos días libres cada semana, los que deberán de utilizar para resolver sus problemas personales.

2do.- Todo empleado que avise no poder concurrir por enfermedad, dejará bien claro la Dirección donde se encuentre enfermo, a fin de que el Médico que hemos habilitado a tales fines se persone, para comprobar la veracidad de la misma.

3ro.- Todo empleado que injustificadamente faltare a su trabajo, por la primera vez se le descontará el día de haber, por la segunda vez se le iniciará expediente de separación.

4to.- En todo caso que se vea impedido de concurrir a su labor, (siempre que no sean casos de urgencia justificados) esta en la obligación de avisar con no menos de 6 horas de anticipación al comienzo de su labor.

5to.- Se hace saber que entre las correcciones disciplinarias enumeradas, tenemos la potestad de aplicar también al que incurra en alguna de estas faltas, el traslado de esta Institución a otra similar.

La Habana, Junio 21 de 1962
AÑO DE LA PLANIFICACION

Jorge Hernández
Jefe de Personal

Adolfo Catalá-Arias
Administrador

DOC. 1-11

CLINICA "EL SAGRADO CORAZON"
NACIONALIZADA

C I R C U L A R

A TODOS LOS EMPLEADOS DE ESTA INSTITUCION

Cumpliendo acuerdo del Consejo de Dirección y a su vez de la Asamblea General celebrada el pasado día 16 de los corrientes, a continuación transcribimos las disposiciones de obligatorio cumplimiento que tendrán vigencia a partir de esta fecha, y que son como siguen:

1.- Se prohibe terminantemente la entrada de los empleados a la Institución después de haber terminado sus labores a no ser por autorización de la Administración o compañeros que vengan a realizar trabajos atrasados en los Departamentos de Oficina

2.- Se prohibe terminantemente la subida a los pisos de enfermos después de las 9 de la noche, sólo podrá hacerlo el acompañante autorizado mediante la presentación del modelo que lo acredite como tal.

3.- Los empleados que han renunciado a trabajar en nuestra Institución serán dados de baja como socios y no podrán venir al Centro de Trabajo, ni merodear por los alrededores de la misma. Si esto sucediere se procederá a su detención.

4.- El portero de guardia tiene la responsabilidad de no permitir la entrada de los empleados que hayan renunciado, en caso de que no pueda prohibirlo físicamente está en la obligación de comunicarlo a cualquier compañero del Consejo de Dirección, sino lo hace será responsable de cualquier hecho que acontezca en este Centro de Trabajo.

5.- Queda prohibido terminantemente que los empleados que esten trabajando en un piso o departamento abandone su trabajo para ir a merodear o conversar a otros pisos o departamentos, siendo responsables los Jefes.

6.- Las enfermeras que han renunciado a esta Institución no pueden hacer casos particulares en la misma.

7.- Queda terminantemente prohibido la visita de familiares ó amistades que en horas de trabajo se presenten en los distintos pisos ó departamentos, en todo lo que se refiera a empleados.

8.- Los empleados que tengan que hacer turnos extras, tienen que comunicarlo a la enfermera y ésta a su vez comunicarlo a la Administración, especificando nombre y apellidos del empleado, habitación en que se encuentre el enfermo, y turno que realizará dicho empleado. Quedando bien aclarado que el empleado que venga ha realizar dicho turno, debe cuidar al enfermo y no andar por los pasillos, ni por los ...

Dr. Orlando Ponce de León 　Adolfo Catalá Arias 　Antonio Rodríguez
Director Técnico 　　　　　Administrador 　　　　Secretario General

PATRIA O MUERTE
VENCEREMOS

La Habana, 18 de Julio de 1962
AÑO DE LA PLANIFICACION

Habana 29 de marzo de 1968
"Año del Guerrillero Heroico"

A quien pueda interesar:

Por la presente, el Tribunal Popular de Luyanó sito en Municipio #452 esq. Reforma autoriza al ciudadano Tomás Aguero Arejula a seguir realizando los trabajos de pintura a creyón que el venía realizando hasta el momento, por no estar este tipo de actividad regulado.
Por tanto pueden serle entregadas las llaves del local sito en Santa Felicia #117 entre Melones y Rosa Enriquez, Luyanó.
Y para que así conste se expide la presente a los 29 días del mes de marzo de 1968.

Presidente
Tribunal Popular Luyanó
Municipio #452 esq. Reforma

CAPÍTULO 2

LA AFRENTA PÚBLICA

Castro conoció en México a un vagabundo ocioso y falto de pulcritud llamado Ernesto Guevara. Era un argentino a quien llamaban "che." Che es una interjección argentina corriente, vulgar, con la cual se llama o se le pide atención a alguien. Es lo mismo que gritar "jey," "oiga" u otra exclamación similar para atraer la atención de alguien. No es un nombre. No significa nada. No tiene valor legal. Aquel argentino a quien llamaban "che," dicen que era médico, pero no me consta, no he visto fotografiado su título de doctor en medicina. En México, no ejercía la medicina ni trabajaba en algo productivo. Guevara nunca laboró organizadamente. Su profesión era "revolucionario comunista." Guevara era un mal educado, no tenía aseo personal, y despreciaba a los cubanos. Fidel Castro tampoco nunca ha trabajado regularmente. Castro se graduó de abogado, pero nunca ejerció la abogacía. Jamás ha laborado metódicamente en nada constructivo. Castro fue un gánster revolucionario en la Universidad de la Habana. Castro nunca se ha ganado el sustento, su padre y su suegro lo mantuvieron siempre, aun después de casado. Castro y Guevara, dos holgazanes inútiles, improductivos, hicieron amistad en México porque ninguno de los dos sabía trabajar en nada fijo y eran "revolucionarios." Ninguno de los dos sabía ganarse la comida.

Guevara no conocía nada de economía ni de banca, pero Castro lo nombró Presidente del Banco Nacional de Cuba después de la usurpación del poder. Ese nombramiento fue una afrenta pública de Castro a todos los cubanos porque aquel extranjero no tenía capacidad ni especialización para ocupar tan alto puesto ni era un cubano nativo que amara a la patria. El primer presidente del Banco Nacional de Cuba que Castro nombró fue Felipe Pazos, un economista de renombre internacional, un hombre de inmaculada reputación, un especialista en la materia que daba prestigio y esplendor a tan alta posición. Pazos, al igual que todas las altas personalidades inicialmente nombradas por Castro para obnubilar al pueblo, cesó prontamente en el cargo. Castro no quería a nadie responsable, ni gente capacitada y de pundonor. Castro necesitaba gente ruin, baja, despreciable, canallas que hicieran lo que él quería para rebajar al pueblo cubano a la condición de serviles autómatas de sus ucases totalitarios personales (que él denominaba "revolucionarios").

Guevara era este tipo de hombre sin principios éticos. Castro y Guevara querían desairar a los economistas, reírse de ellos, pues el plan de ambos era eliminar el sistema capitalista e implantar el comunismo como órgano eficaz para la tiranía personal indefinida, permanente, de Castro. De ahí nació el nombramiento de un extranjero como presidente de la institución bancaria más alta de Cuba. Guevara no tenía modales decentes. Llegaba al banco después de las doce del día. A veces, recibía a los visitantes con los pies sobre la mesa y sin zapatos. Los economistas, financieros, banqueros, industriales, empresarios y letrados que venían a tratar altos asuntos de beneficio para la economía nacional tenían que sufrir el agravio de hablar con Guevara en esas condiciones deprimentes.

Para llevar al colmo el desprecio que Guevara y Castro sentían por todas las instituciones que representaban la República libre, democrática y de libertad de empresa de Cuba, emitieron nuevos billetes de papel que Guevara firmó sólo con la interjección "che." Como "che" no significa nada, era el equivalente de emitir papel moneda sin la firma del presidente del Banco Nacional de Cuba, es decir, papel moneda nulo. Como prueba fehaciente de esta ignominia, acompaño como **DOCUMENTO N° 2-1** tres diferentes billetes firmados "che," que es lo mismo que si estuviesen firmados con la interjección "ey" u otra cualquiera similar. Obsérvese que Guevara firma "che" sin mayúscula, como simple interjección. Esto fue una afrenta, una vergüenza, un deshonor nacional e internacional a la dignidad de todos los cubanos, y a las instituciones de crédito.

DOC. 2-1

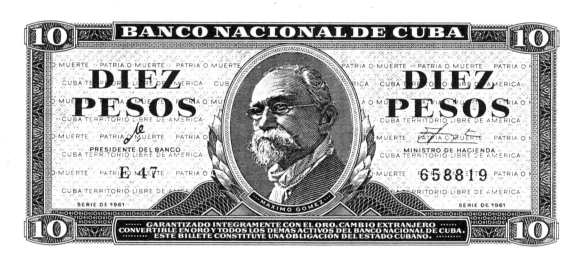

CAPÍTULO 3

BOHEMIA LIBRE. JORGE SARALEGUI. MIGUEL ÁNGEL QUEVEDO. LA LUCHA POR LA LIBERTAD MEDIANTE LA PALABRA PÚBLICA ESCRITA

Jorge Saralegui y Álvarez se exilió en la ciudad de New York. Su hermano Francisco (el padre de Cristina, la famosa empresaria de la televisión en los Estados Unidos) se radicó en Miami, en la Florida. El padre de ambos, Francisco Saralegui y Arrizubieta, que estaba algo enfermo, fue a Vizcaya. Yo seguí batallando un poco más de tiempo en la Habana, cada vez con más dificultades y peligros. Una tarde me llamó el Dr. Nestor Moreno, que era subsecretario del Ministerio de Obras Públicas y amigo del ministro, el ingeniero Manuel Ray ¿Qué quería? Que firmara un documento de los abogados denunciando otro de los actos antijurídicos de Castro. Por supuesto, lo firmé. Así estaba la situación. Un alto funcionario del gobierno que era un jurista honrado me pedía la firma para mostrar una injusticia gubernamental. Ninguna persona de rectos principios que amara la justicia podía vivir tranquilo dentro de aquel huracán que arrasaba con el régimen de derecho, la patria y la vida. Poco después, el Dr. Moreno tuvo que huir.

Cuba empezaba a perder a sus mejores hombres, unos fusilados o asesinados, otros condenados a sentencias de prisión de dos décadas, un cuarto de siglo o más, otros desterrados. Y transcurrió el tiempo y empecé a ver como, por causa de Castro, caían mis amigos también en el exilio. Comenzaron los entierros en el destierro. Los proscriptos cubanos sepultados en tierras no cubanas. Don Francisco Saralegui y Arrizubieta murió en Vizcaya y allí reposan sus huesos junto a los de su esposa, Amalia Álvarez. El Dr. Nestor Moreno falleció en Columbus, South Carolina. El Dr. Miguel Ángel Quevedo en Venezuela. Lino Novás Calvo murió en New York. El Dr. Andrés Valdespino falleció en New York y también su esposa, Hilda. Y Castro no se moría ni lo mataban.

Tuve que intervenir en otros muchos asuntos de leyes y de justicia, pero todas las batallas se perdían, no se nos quería conceder el derecho en nada, y sufrí la impotencia de aquella estéril lucha. Vi el sufrimiento, la desesperación, la carcel y los fusilamientos por todos lados. Y tuve que huir también, junto con mi esposa, Esther María Porta y del Pino. Pocos meses antes había enviado a mis dos hijos, Gustavo y Alberto, (menores de edad) a los Estados Unidos. Vine directamente a New York City. Aquí estaban dos de mis más entrañables amigos, Jorge Saralegui y Álvarez y el Dr. José Antonio Mestre y Sirvén. Colaboré con ellos a los efectos de la estructura legal de las empresas que publicarían y distribuirían la revista *Bohemia Libre*, impresa en New York City. Sólo se necesitaba que pudiese salir de la embajada con salvoconducto el Dr. Miguel Ángel Quevedo, que sería el director, igual que en Cuba.

A fines de 1960, ya Quevedo estaba con nosotros en New York, y salió el primer ejemplar de la que, para diferenciarla de la que Castro se había robado y publicaba en Cuba, se llamó *Bohemia Libre*. ¡Qué alegría! Ya teníamos un órgano libre anticastrista donde proclamar al mundo la verdad de los horrores del comunismo de Castro. Los periodistas decentes partidarios de la libertad de *Bohemia* en Cuba fueron llegando al exilio. Alquilamos oficinas en el Lincoln Building, en 60 East 42nd Street, en New York City.

Bohemia Libre tenía como Director a Quevedo; Subdirectores: Antonio Ortega y Lino Novás Calvo; Jefe de Información: Carlos M. Castañeda; Jefe de Redacción: Francisco Parés; Asistente del Director: Bernardo Viera Trejo; Jefe de Producción: José (Pepe) García Parada; Director Artístico: Antonio Moreno Peñalver; Administrador: Jorge Saralegui (su padre estaba en Vizcaya); Jefe de Circulación con oficinas en Miami: Francisco (Bebo) Saralegui y Álvarez; Jefe de Relaciones Públicas: Pablo González Villagra. El cuerpo de periodistas era excelente: los de Cuba que habían huido y seguido a Quevedo. Entre ellos recuerdo, además de los mencionados, a Agustín Tamargo, Andrés Valdespino, Jorge Quintana, Rogelio Caparrós, Delio Valdés, Rodolfo Rodríguez Zaldívar, Pedro A. Yanes, Eduardo Hernández (Guayo), Ramón Arroyo, el gran caricaturista "Arroyito," (que en *Bohemia* Libre empezó a firmar "Arroyito Libre"), "Silvio," otro caricaturista de fama, José Sobrino

Diéguez y René Jordán. Entre tantos compañeros valiosos que teníamos en *Bohemia Libre* me vienen a la memoria también los queridos amigos Guido Álvarez Lima, Miguel Suárez, José Antonio Mestre, asesor legal, y Rafael Martínez Conill, a cargo del departamento de anuncios. El Dr. Gustavo Porta Capote era corrector de pruebas. Gracias al Dr. Porta, gran gramático y hombre de amplísima cultura, la revista se publicaba con una perfección lingüística excepcional. Todos los mencionados trabajaban en New York. En la oficina de Miami estaban los buenos amigos Francisco (Bebo) Saralegui y José Luis Massó, gran periodista y autor de dos libros sobre la tragedia castrista cuyas portadas fotocopio más adelante.

También nos ayudaban valiosos colaboradores que no eran empleados fijos, como Mario Llerena, Humberto Medrano, Rubén Darío Rumbaut, Sergio Carbó, Manuel H. Hernández, que había sido Presidente de la Audiencia de la Habana, el también antiguo magistrado Elio R. Álvarez, Pablo F. Lavín, que había sido expulsado de profesor de la Universidad de la Habana por Fidel Castro, Gastón Baquero, José Ignacio Rasco, Enrique Huertas, Emma Pérez, Herminio Portell Vilá, Agustín del Real, Emeterio S. Santovenia y otros. Algunos, como Llerena, Carbó y Medrano nos remitían artículos con indeterminada regularidad, otros lo hacían esporádicamente, como el magistrado Hernández. A Rosario Rexach se le publicó un artículo titulado "Mañach se ha ido" con motivo del deceso de Jorge Mañach desterrado en Puerto Rico, el cual vio la luz el 30 de julio de 1961, y le pagué $50.00, que era lo habitual por ese tipo de colaboraciones.

En 1961, Rodolfo Rodríguez Zaldívar publicó una serie de seis extensos trabajos sobre la derrota del ejército de Batista, según se lo relató el ex-coronel del ejército de Batista Pedro A. Barreras Pérez, los cuales constituyen un documento testimonial histórico. Barreras rememora y cuenta hechos de aquel ejército. El ex-coronel José M. Rego Rubido refutó a Barreras en una extensa carta aclaratoria de su conducta, y al hacerlo señala nuevos hechos. Dicha carta se publicó íntegra en *Bohemia Libre* de octubre 8 de 1961, número 53, p. 29 y 80. Las declaraciones de Rego Rubido son un memorial adicional del fracaso de Batista y su inútil ejército. Ambas atestaciones conciernen a un ejército que no merecía ese nombre. Esto explica por qué Castro y Guevara pudieron crear tan fácilmente sus respectivos mitos de "feroces" guerrilleros. Castro y Guevara no se enfrentaron a un ejército capaz y dispuesto a pelear, sino a una fuerza armada inoperante por culpa de Batista y algunos de sus corruptos colaboradores.

Teníamos muchas secciones fijas, como la de "Gotas de saber," las de noticias de Washington y del mundo, la de grafología, cosmología y misterios, a cargo del profesor Antonio García Copado, la de la farándula, la de deportes, a cargo de Jess Losada (el padre), y otras. Además, artículos de escritores extranjeros, como Salvador de Madariaga, Jaime de Aldeaseca, Alberto Baeza Flores, Germán Arciniegas y otros muchos. También publicábamos cuentos de autores extranjeros.

Bohemia Libre fue desde su inicio un órgano valientemente anticastrista y anticomunista, repleto de información sobre Cuba, pero, además, una gran revista de interés general. Su posición verticalmente anticastrista y antimarxista fue el gran obstáculo que la destruyó: los anunciantes tenían miedo de que los castristas y los comunistas atacaran sus negocios, y no se atrevían a anunciar—el castrismo estaba en su apogeo. La debacle sucedió a pesar de que la circulación era muy buena y la revista se vendía en los Estados Unidos, Puerto Rico, México, Jamaica y toda la América española. Acompaño como **DOCUMENTO Nº 3-1** un cuadro gráfico que acredita que la tirada del número 28 de la revista fue de 120,000 ejemplares. Pero sin anuncios no puede sobrevivir ninguna revista. *Bohemia Libre* vio la luz hasta enero de 1963. Una empresa de Caracas, Venezuela, se quedó con el negocio y lo trasladó para la capital venezolana. *Bohemia Libre* dejó de ser cubana y se convirtió en otro tipo de revista. Miguel Ángel Quevedo dejó de ser su director poco tiempo después. En Caracas, Quevedo no pudo resistir más los sufrimientos de la patria perdida y la pérdida de la revista fundada por su padre al nacer la república cubana, y allí se suicidó. Castro le había robado su orgullo, su aliciente y su fuente de inspiración en la vida. Allí fallecieron también los compañeros Francisco Parés, Jorge Quintana, Antonio Ortega y otros de los periodistas que acompañaron a Quevedo en el riesgoso negocio de la publicación de la revista por extranjeros en Venezuela.

La revista *Bohemia* había sido fundada en Cuba por Miguel Ángel Quevedo, el padre, en 1908, y su hijo, del mismo nombre, la había conducido a ser la de mayor circulación en Cuba y de renombre en toda la América española. Quevedo, hombre generoso y gentil, me invitó a seguirlo a Caracas. Yo opté por quedarme desterrado en los Estados Unidos y presenté mi renuncia en enero 31 de 1963. Acompaño como **DOCUMENTO 3-2** cartas que prueban este hecho, que cambió mi destino en el exilio.

Desde que se inició en New York City en 1960 hasta que cesó en 1963, *Bohemia Libre* se imprimió siempre en Carlos López Press, gran imprenta situada en 22-14 Fortieth Avenue en Long Island City, New York, propiedad de una cordial familia de origen hispánico que cooperó con nosotros con gran amabilidad y eficiencia. Gracias a su pericia y honradez, la revista salió siempre puntualmente. En el **DOCUMENTO 3-1** muestro el papel timbrado de aquella valiosa imprenta.

Las oficinas de *Bohemia Libre* en New York fueron siempre un oasis de cubanía, de ánimo para los exiliados que llegaban tristes, sin un centavo, sin orientación y sin relaciones en la gran ciudad, y de compañerismo y fraternidad que allí brindábamos a todos nuestros compatriotas. Era un cálido centro cubano en Manhattan, donde en invierno es de noche a las 4PM y el frío congela los huesos tropicales. Fue muy triste perder a *Bohemia Libre* y separarnos de tantos buenos compañeros periodistas y amigos. Yo fungía de presidente de Foreign Publications, Inc., que era la compañia que distribuía *Bohemia Libre*. También era el pagador.

Como todos nosotros no teníamos nada, Castro nos había despojado de todo, vivíamos de lo que recibíamos por nuestro trabajo en *Bohemia Libre*. Por eso, yo pagaba semanalmente. Preparaba todos los viernes un sobre para cada uno con su emolumento en dinero en efectivo. Esto lo hice largo tiempo hasta que un hombre asaltó nuestra oficina para robarnos un viernes en que yo acababa de traer el dinero del banco para llenar los sobres correspondientes. No pudo robarme el dinero porque yo cerré con llave mi oficina al darme cuenta del violento atraco. El asaltante acorraló a un grupo de periodistas a la entrada y disparó su revólver porque exigía el dinero en inglés y los cubanos no entendían y hablaban en español. Entonces fue a la oficina de Lino Novás Calvo. Éste, valientemente, lo increpó y el bandido lo hirió en la cabeza. Mientras tanto, yo llamaba a la policía. Novás Calvo fue llevado al hospital con una herida leve.

En la oficina contigua, de abogados, el ladrón robó a todos dinero y joyas. Nosotros, los desterrados, no perdimos nada porque nada teníamos, por el enredo lingüístico que se formó y porque era temprano y yo no había iniciado el pago. Después de aquel percance, comencé a pagar con cheques. Había descubierto que los bandoleros a mano armada no eran solamente los comunistas castristas, aunque, por supuesto, había una gran diferencia, Castro se había robado una isla completa, mientras que la minúscula Manhattan seguía prosperando con el capitalismo y la libre empresa aunque tuviese unos pocos bandidos vulgares. Castro era y es un criminal mucho peor que aquél que nos asaltó, con la disimilitud que Castro se disfraza de redentor y de hombre providencial.

La colección de *Bohemia Libre* es un inapreciable documento histórico de aquellos primeros años de castrismo y de lucha anticastrista en Cuba y en el destierro. Todos los artículos de carácter político son ejemplo de sano patriotismo, de voluntad de lucha, y de recto pensamiento democrático ante una América española y lusitana que coqueteaba con el castrismo (y sigue coqueteando).Todos eran de plumas que no tenían miedo de proclamar la verdad al mundo. Desde la vertiente de la literatura pura, lo de más valor permanente es el hecho del renacimiento de Lino Novás Calvo como cuentista. Novás Calvo había cesado de escribir cuentos en Cuba por el exceso de trabajo que tenía en *Bohemia* y como profesor de la Escuela Normal. En el destierro en New York City, ante las atrocidades y crímenes de los castristas, su inspiración creadora renació y comenzó la segunda etapa de Novás Calvo como narrador. Por eso, en mi libro *Maneras de Narrar: Contraste de Lino Novás Calvo y Alfonso Hernández Catá* (New York: Eliseo Torres and Sons, 1972) yo dividí su actividad narrativa en dos épocas: antes y después del destierro provocado por Castro. En *Bohemia Libre* vieron la luz los cuentos "Un buchito de café," "El milagro," "Fernández al paredón," "La abuela Reina y el sobrino Delfín," y "El hombre araña." Después de aquel despertar en *Bohemia Libre*, Novás Calvo publicó cuentos en la *Revista de Occidente*, en *Exilio*, en *Papeles de son Armadans* y otras revistas, y dio a las prensas un nuevo libro titulado *Maneras de contar*. La caída de esta segunda *Bohemia* de Quevedo fue otro golpe contra la democracia y la libertad de prensa en la América de raíces españolas.

DOC. 3-1

120,100 copies in the twenty-eighth ISSUE

	Circ.	%
UNITED STATES		
N. York	15.000	
Florida	10.000	22.77
Others	2.350	
LATIN AMERICA		
Aruba	625	0.52
Argentina	4.100	3.41
Bolivia	1.000	0.84
Colombia	6.500	5.41
Costa Rica	4.500	3.74
Cuba	— —	— —
Curazao	425	0.35
Chile	1.600	1.33
Dominican Rep.	— —	— —
Ecuador	2.500	2.16
El Salvador	7.500	6.24
Guatemala	4.800	3.99
Haití	100	0.08
Honduras	4.800	3.99
Jamaica	100	0.08
México	9.000	7.49
Nicaragua	2.000	1.66
Panamá	8.000	6.66
Paraguay	1.500	1.24
Perú	3.100	2.58
Puerto Rico	10.000	8.32
Uruguay	2.100	1.74
Venezuela	18.500	15.40
	120.100	100%

Cost Per M $5.495 (Page Black & White)

U.S. REPRESENTATIVES:
FOREIGN PUBLICATIONS, Inc.
60 E. 42nd. St. Lincoln Building, Suite 405 New York 17, N.Y. Telephone YUkon 6-1050

Bohemia Libre

EDITORA BOHEMIA LIBRE INTERNACIONAL, C.A.   CARACAS, VENEZUELA

REPRESENTANTES:
REIGN PUBLICATIONS, INC.
60 EAST 42 ST., SUITE 405
NEW YORK 17, N.Y.
YUKON 6-1050

New York, January 31, 1963

Mr. Jorge Saralegui
Foreign Publications, Inc.
60 E. 42nd. St. Room 405
New York, 17, N.Y.

Dear Mr. Saralegui:

Hereby is my resignation as President of "Foreign Publications, Inc." as of January 31, 1963.

Very sincerely yours,

Alberto Gutiérrez de la Solana.

Bohemia Libre

EDITORA BOHEMIA LIBRE INTERNACIONAL, C.A.   CARACAS, VENEZUELA

REPRESENTANTES:
REIGN PUBLICATIONS, INC.
60 EAST 42 ST., SUITE 405
NEW YORK 17, N.Y.
YUKON 6-1050

TO WHOM IT MAY CONCERN

Mr. Alberto Gutiérrez de la Solana, former President of "FOREIGN PUBLICATIONS INC.," who resigned as of January 31, 1963, has never had any financial interest in said Corporation.

New York, February 11, 1963

FOREIGN PUBLICATIONS INC.

Jorge Saralegui
Treasurer

CAPÍTULO 4

ORGANIZACIONES DE OPOSICIÓN Y LUCHA CONTRA CASTRO POR LA LIBERTAD DE CUBA

El Dr. Manuel Artime y Buesa, médico, había luchado contra Batista. Tenía el rango de capitán de las fuerzas revolucionarias al huir Batista. Era católico y miembro de la Agrupación Católica Universitaria. Artime fue designado para trabajar en la reforma agraria. Pronto descubrió que el castrismo era ateo y comunista y que la susodicha reforma no era tal cosa sino el robo de todas las propiedades mediante el recurso de la intervención, que en puridad era una confiscación arbitraria e ilegal. Se separó del gobierno revolucionario, empezó a luchar en contra de Castro y fue de los iniciadores del Movimiento de Recuperación Revolucionaria (MRR). El Dr. José Antonio Mestre y Sirvén (abogado) era compañero de Artime de la Agrupación Católica Universitaria e ingresó en el movimiento de Artime para tratar de salvar la democracia y la libertad en Cuba. Este movimiento era celular. El Dr. Mestre me invitó a formar parte de su célula. Pero la lucha era tan desigual, que ambos, Artime y Mestre, tuvieron que escapar de Cuba. Yo huí de Cuba después, a finales de 1960. En New York City, el Dr. Mestre y yo trabajamos unidos como miembros del Movimiento de Recuperación Revolucionaria. Estábamos en contacto con Artime y los otros cubanos que en diferentes asociaciones luchaban contra Castro. Tuvimos muchas reuniones. Al fin, se constituyó el Consejo Revolucionario de Cuba que agrupó a todas las organizaciones principales para respaldar la lucha armada contra Castro. De esa época en que vivíamos con la ilusión de que triunfaríamos en la guerra contra Castro, conservo muchas fotos. Aquí presento algunas, todas tomadas por el gran amigo y excelente fotógrafo de *Bohemia Libre* Delio Valdés, y mi carnet de miembro del MRR. Véanse los **DOCUMENTOS 4-1 al 3**.

ORGANIZACIONES EN NEW YORK A PRINCIPIOS DE LA DÉCADA DE 1960.

No puedo recordar todas las organizaciones y sus representantes en Manhattan, New York, en 1960, 1961 y 1962. Tengo notas de las siguientes. Ruego perdón por cualquier omisión, téngase en cuenta que me estoy refiriendo a hechos de hace cerca de cuarenta años.

DIRECTORIO REVOLUCIONARIO ESTUDIANTIL (DRE). Representantes: Miguel Lasa, Julio Hernández Miyares.
MOVIMIENTO DEMÓCRATA CRISTIANO (MDC). Representantes: Enrique Abascal, Armando Quintana, César Madrid.
MOVIMIENTO DE RECUPERACIÓN REVOLUCIONARIA (MRR). Representantes: José Antonio Mestre, Gustavo Porta Capote, Alberto Gutiérrez de la Solana.
JUVENTUD ANTICOMUNISTA REVOLUCIONARIA (JAR). Representante: José Ramón Valdespino.
PARTIDO REVOLUCIONARIO CUBANO (PRC). Representante: Carlos M. Torres.
TRIPLE "A" (AAA). Representantes: Fernando Melo, Alomá Kessell.
FUERZAS ARMADAS CONSTITUCIONALES DE CUBA EN EL EXILIO—"DIVISIÓN NORTE". Representantes: Luis Martínez Arbona, Manuel Márquez.
JUNTA REVOLUCIONARIA (JURE). Representante: Antonio de la Carrera.
PARTIDO DEL PUEBLO LIBRE. Representante: Carlos Márquez Sterling.
EJÉRCITO LIBERTADOR CUBANO. Representante: Carlos Quijano.
RESCATE DEMOCRÁTICO REVOLUCIONARIO. Representantes: Sergio Aparicio, Hilario González.
ORGANIZACIÓN "PORFIRIO RAMÍREZ". Representantes: Gaspar del Valle, Luis Martínez, David Isa.
FRENTE OBRERO REVOLUCIONARIO DEMOCRÁTICO DE CUBA (FORDC). Representante: Enrique Estrada.
AGRUPACIÓN MONTECRISTI. Representante: González Argüelles (no tengo el primer nombre).

MOVIMIENTO 30 DE NOVIEMBRE. Representantes: José Girón, Justo Luis Quintero, Daniel Castro.
SEGUNDO FRENTE DEL ESCAMBRAY. Representantes: Humberto Argüelles, Armando Fleites.
MOVIMIENTO REVOLUCIONARIO DEL PUEBLO (MRP). Representantes: Arquímides del Risco, Emilio Mayor, Joaquín Núñez, Ramiro Bertot.
ASOCIACIÓN NACIONALISTA CUBANA (Felipe Rivero era el jefe). Representantes: Santiago González, Ignacio Novo.
PRO-UNIDAD CUBANA. Representantes: Carlos Duquesne, Julio Forcade.
ALIANZA PARA EL REGRESO. Representantes: Gerardo Abay, José Miranda.

Sólo he relacionado aquí las organizaciones de aquellas lejanas fechas representadas en New York de las que conservo datos o recuerdos. No obstante, el número es excesivo. Muchas han desaparecido. Han surgido nuevas agrupaciones. Ése ha sido y sigue siendo una debilidad de la oposición a Castro, estamos divididos en demasiadas asociaciones políticas que aunque todas busquen el mismo fin patriótico carecen de la fuerza que podríamos tener si formáramos una unidad monolítica, como la que logró José Martí en el siglo XIX. Pero, al mismo tiempo, demuestra que el espíritu de combate anticastrista se mantiene vigoroso y vibrante a pesar del peso que lógicamente debería habernos aplastado de 37 años de destierro, traiciones y desilusiones. Castro pensó que al expulsarnos de Cuba nos convertiríamos en mansos corderos desterrados y hambrientos sólo dedicados a ganar el pan diario y olvidados de la isla. Se equivoco el tirano, nuestro poder crece y nuestro espíritu de traer la felicidad a la patria aumenta con las vicisitudes y con la lucha. No hemos alcanzado la victoria, pero no tenemos dudas de que cada día está más cerca.. El derrocamiento de Castro es inevitable. *Alea jacta es*

MOVIMIENTO DE RECUPERACIÓN REVOLUCIONARIA (MRR).

Como he dicho, el Dr. José Antonio Mestre me llevó a su célula del MRR. Allí conocí a Artime y a otros de los héroes de esta agrupación de patriotas muy jóvenes que no eran antiguos políticos, sino hombres que al comenzar la vida adulta se enfrentaron con una inesperada tragedia nacional. Todos fueron forzados por las circunstancias a convertirse en hombres de acción, de guerra, no de asambleas de leguleyos, ni de transacciones con el tirano, ni de ambiciones espúreas por cargos políticos. Arrostraron todo y dieron la vida con una sinceridad de principios y un desprendimiento ejemplares. Aquí presento como **DOCUMENTO Nº 4-4** una breve semblanza de 4 de esos héroes y mártires. El nombre entre paréntesis era el que tenían en sus actividades secretas de patriotas, recordemos que el MRR era un movimiento celular, y salvo en la pequeña célula, nadie conoce la identidad verdadera de los otros. En el citado documento aparecen: Ingeniero Rogelio González Corzo ("Francisco"), Jorge Fundora ("Patricio"), Carlos Rodríguez Santana ("Carlay") y Felipe Rodón Caminero. Si tenemos ciudadanos como éstos después de la derrota de Castro, el futuro feliz de la Cuba Libre estará garantizado. El **DOCUMENTO 4-5** recoge unas concisas pinceladas de Manuel Guillot Castellanos ("Monty"), y un fragmento de versos que le dedicó su amigo y compañero Manuel Artime, y un cablegrama que envió José Antonio Mestre en el esfuerzo que se hizo por salvarle la vida. De Manolito Guillot tengo un recuerdo imborrable y tristísimo. Él volvía a Cuba. Iba a entrar infiltrado nuevamente. Mestre nos avisó el hecho a Jorge Saralegui y a mí, y volamos a Miami a despedirlo. Hablamos mucho, almorzamos juntos. Guillot tenía perfecta serenidad, y un aspecto tan juvenil y candoroso que me parecía como un hijo de 18 años que se iba. Pero poseía el coraje de un león.

En **DOCUMENTO 4-6** he agrupado a un pequeñísimo número de los muchos héroes y mártires de esta tragedia cubana. También he agregado a tres de los asesinos que ya pertenecen al fango inmundo de la historia.

En el **DOCUMENTO 4-7** presento la destrucción de la mejor y más grande tienda por departamentos de la Habana: El Encanto. He insertado una noticia en inglés publicada en *New York Journal American* de abril 17 de 1961, y la versión (a mi entender demasiado simplista para un acto tan riesgoso y difícil) que se recibió y se publicó en *Bohemia Libre* de 16 de julio de 1961, número 41, p. 40. ¿Quién se atrevía a atacar a la tiranía en el corazón de la capital de Cuba o en cualquier lugar? Hombres como Manolito Guillot, que lo arriesgaban todo sin dudar, con fe en la próxima patria buena. Todos esos jóvenes están en el cielo ahora porque eran patriotas tan puros como José Martí, sin ambiciones personales.

FRENTE REVOLUCIONARIO DEMOCRÁTICO. CONSEJO REVOLUCIONARIO DE CUBA.

El 22 de junio de 1960 se reunieron en México cinco organizaciones que se oponían a la tiranía de Castro y formaron un haz que se llamó Frente Revolucionario Democrático. Su Comité Ejecutivo fue: Manuel Artime Buesa, por el Movimiento de Recuperación Revolucionaria, Manuel A. de Varona Loredo, por Rescate Democrático Revolucionario, José Ignacio Rasco Bermúdez, por el Movimiento Demócrata Cristiano, Aureliano Sánchez Arango, por el Frente Nacional Democrático Triple A, y Justo Carrillo Hernández por la Agrupación Revolucionaria Montecristi. El **DOCUMENTO Nº 4-8** es una foto de aquella coordinación histórica. (Menos José Ignaio Rasco, todos esos patriotas han fallecido en el destierro). Posteriormente, Aureliano Sánchez Arango renunció e ingresó el Bloque de Organizaciones Anticomunistas, cuyo personero era el Dr. Ricardo Sardiña. Esta solidificación de la oposición a Castro no era exclusivista, y fue un buen paso de avance para preparar la guerra unidos todos. Después, en 1961, el Frente se transformó en Consejo Revolucionario de Cuba. Este Consejo respaldó la invasión de playa Girón. José Miró Cardona era su presidente.

Miró sufrió el dolor de ver caer prisionero a su hijo en la fallida invasión, y el bochorno de la derrota, producto de la pusilanimidad del presidente Kennedy. No obstante, Miró siguió batallando en favor de la causa de la libertad de Cuba después del fracaso de la invasión. Pero, al no conseguir apoyo del presidente Kennedy para reiniciar la guerra, y quedar convencido de que dicho presidente no estaba resuelto a continuar la lucha como se lo habá prometido, renunció a la presidencia del Consejo el 9 de abril de 1963, y dio al público sus explicaciones en un extenso documento. Diez días después, el 19 de abril de 1963, se publicó en *The New York Times* el texto completo de su renuncia traducida perfectamente al inglés, que ocupó toda una página. El Departamento de Estado estadounidense reiteró que el documento de Miró Cardona "was a distortion," y agregó:

> This Government shares with Cubans and others in the hemisphere the desire for a return of freedom to Cuba, but the issue of war or peace in this hemisphere, where it involves the United States, will be decided by the American Government. (publicado en la misma página junto al documento de Miró Cardona).

Poco después, dicho Consejo se disolvió. Nestor Carbonell Cortina ha relatado con gran exactitud esta tragedia del Consejo y de Miró en dos excelentes libros que deben consultarse: *And the Russians Stayed* (New York: William Morrow & Co., 1989) y *Por la Libertad de Cuba. Una Historia Inconclusa* (Miami: Editorial Universal, 1996).

JUNTA PATRIÓTICA CUBANA. TONY VARONA.

La desaparición del Consejo Revolucionario Cubano después de la renuncia de Miró Cardona, más las ambivalencias del presidente Kennedy, rompieron la unidad que nos había servido para hacer la invasión y estimularon el nacimiento de muchas organizaciones anticastristas dispuestas a luchar independientemente, sin ayuda estadounidense. Antonio (Tony) Varona creó la Junta Patriótica Cubana en 1980 para continuar la batalla, la cual dirigió hasta su fallecimiento en el exilio. La susodicha Junta ha seguido vigente, dirigida por otros patriotas. En la zona nordeste de los Estados Unidos (New York, New Jersey), la Junta Patriótica Cubana trabaja vigorosamente. En la llamada zona sur, en New Jersey, está presidida por Camilo Fernández y Freire, que labora incansablemente en todo empeño patriótico para alcanzar la libertad de Cuba, y que también fundó y dirige la asociación Pro-Cuba.

LOS ESTUDIANTES. ATAQUE NAVAL AL HOTEL ROSITA DE HORNEDO (SIERRA MAESTRA). JUAN MANUEL SALVAT.

Los estudiantes cubanos siempre han sido idealistas y patrióticos. Fracasada la invasión y disuelta la unidad que la había respaldado, muchos patriotas intentaron los ataques por mar. El 24 de agosto de 1962, un grupo de jóvenes estudiantes se llenaron de gloria atacando por mar el antiguo Hotel Rosita de Hornedo, que la tiranía había bautizado con la denominación de Sierra Maestra. Dicho hotel está situado en la costa, a pocos metros del mar. Los atacantes utilizaron dos embarcaciones. Llevaban el armamento adecuado para el ataque, un cañón de 20 mm., un mortero 60, rifles FAL, carabinas M1, M2 y ametralladoras Thompson. Los rusos y extranjeros comunistas que estaban en el hotel salieron despavoridos cuando las armas de fuego de los estudiantes cubanos libres agujerearon las paredes y produjeron fuegos. Los jóvenes regresaron ilesos a su base. Después vinieron a New York. En *Bohemia Libre,* en New York, los recibimos llenos de orgullo, y publicamos la información del ataque en la p. 39 del número 101 del 9 de septiembre de 1962, que aquí reproduzco como **DOCUMENTO 4-9**.

ALPHA 66. GUERRILLAS MARINAS.

"Alpha 66" fue organizada sólo con propósitos guerreros, atacar a Castro en Cuba. Nació después del fracaso de la invasión y antes de la crisis de los misiles. Antonio Veciana Blanch vino a New York y conferenció con nosotros sobre los propósitos y fines definitivamente guerreros de la proyectada nueva empresa bélica. Yo organicé el núcleo de New York y recaudé dinero para contribuir a comprar armas y barcos. Alpha 66 trabajó eficientemente. Yo era el delegado en New York. Se hostigó a Castro por mar. El 10 de septiembre de 1962, Alpha 66 atacó en Cayo Francés dos buques-tanques cubanos, el "San Pascual" y el "San Blas," y el buque de bandera inglesa "New Lane." Esta acción naval la publicamos en *Bohemia Libre* de septiembre 30 de 1962, número 104, p. 42-43 y 65, que aquí reproduzco como **DOCUMENTO 4-10**. Alpha 66 atacó también el barco ruso *Lgov* anclado en el puerto de Isabela de Sagua, Cuba. Rusia protestó, *The New York Times* se opuso a "nuestra guerra" porque impedíamos la navegación en el *Spanish Main*. Esto nos ayudó a recoger más dinero para proseguir. Alpha 66 cumplía lo que se había prometido a los que nos ayudaban.

El presidente Kennedy dio órdenes de no permitir estas acciones de guerra de los cubanos. En octubre de 1962 *The New York Times* protestó enérgicamente en un editorial de estas actividades navales anticastristas y se quejó de que las acciones de Alpha 66 violaban el derecho a la libre navegación en alta mar (*Spanish Main*, fue el término empleado por dicho periódico). Después de la crisis de los cohetes atómicos en Cuba, y nuevas directrices restrictivas del presidente Kennedy, Alpha 66 se vio restringida por las autoridades estadounidenses.

No obstante, Alpha 66 ha continuado su afán de guerra a Castro sin cesar, pero sin éxito porque tiene las manos atadas. Los cubanos tienen que combatir contra Castro y contra la herencia de Kennedy. Andrés Nazario Sargent ha envejecido en esta desigual brega, pero sigue con el mismo espíritu indomable de mambí que no se rinde. Su hermano Aurelio, también combatiente anticastrista, que fue miembro directivo de la Asociación de Cosecheros de Tabaco de Cuba en representación de la Provincia de Las Villas en la Cuba libre; viejo y buen amigo mío desde Cuba, murió en el exilio en Miami, Florida, entristecido de ver como se nos impedía guerrear.

Presento aquí varios documentos que acreditan la enérgica actividad de Alpha 66 y la pulcritud con que se contabilizaban las recaudaciones, supervisadas por la Asociación de Contadores Públicos y Privados de Cuba en el Exilio. En la fotocopia de una hoja de la contabilidad puede verse en el número 15 una contribución de Andrés Valdespino de $10.00 el 2 de julio de 1962 (**DOCUMENTO Nº 4-11**). Es necesario recordar que en 1962 el tren subterráneo de New York costaba diez centavos, y un periódico cinco centavos, por tanto, la contribución de $10.00 de Valdespino era un sacrifico sustancioso para él, que vivía y mantenía una numerosa familia con lo que le pagábamos en *Bohemia Libre* y clases que daba los viernes y sábados en Vassar College, en Poughkeepsie, a 75 millas al norte de New York City, a donde tenía que ir en tren. Muchos compatriotas y ciudadanos de otras nacionalidades nos donaban $1.00. Presento, de entre los abundantes documentos que guardo de Alpha 66, los **DOCUMENTOS 4-12 a 16**.

Crear organizaciones de guerra como Alpha 66 y Comandos L, no era una labor fácil. Primero, teníamos que pedir y obtener dinero de los compatriotas y amigos, y la recaudación tenía que alcanzar muchos miles de dólares, $20,000.00, $30,000.00 etc. Segundo, había que comprar ametralladoras, cañones pequeños, balas, gasolina, etc., todo a escondidas, huyendo de la vigilancia de las autoridades, y sin informar de dónde partían las incursiones. Y para conseguir ambos objetivos teníamos que divulgar los fines de guerra y evitar la continua vigilancia. Durante mucho tiempo, la prensa y la radio de New York supo que yo representaba a Alpha 66 en New York, y me pedían información y me visitaban, pero me prometieron, y siempre lo cumplieron, que nunca revelarían que yo era su fuente de información. Así, podíamos revelar las audacias guerreras manteniendo el secreto personal. *The New York Times* atacó a Alpha 66, pero no mencionó nombre de personeros de la organización. Lo mismo sucedió con Comandos L. Yo me separé de Alpha 66 en 1963 por las mismas causas de los otros compatriotas que al abandonar aquella organización fundaron Comandos L. Así es que Comandos L nace de un rompimiento en Alpha 66.

COMANDOS L 66. COMANDOS L. GUERRA EN EL MAR.

"Comandos L" surgió con motivo del cisma que escindió a Alpha 66. De los 66 miembros de acción que fundaron Alpha 66, sesenta y tres la abandonaron y siguieron la misma lucha con el nombre de Comandos L 66. No me gustó emplear el número 66, que originaba dudas y confusiones y pedí que se eliminara. Prontamente el nombre cambió al que se hizo famoso: Comandos L ("L" de libertad). Comandos L guerreó con éxito con barcos y armas. Su capitán era Tony Cuesta (fallecido), valiente líder de gran audacia que dirigió el ataque contra el barco de carga ruso *Baku* dentro del puerto de Caibarién, Cuba, abriéndole un agujero de 13 pies en un costado. Andrew St. Gorge, periodista y fotógrafo de la revista *Life,* acompañó a los cubanos (lo había hecho anteriormente con Alpha 66) y escribió la crónica con fotografías de esta atrevida operación militar.

Rusia denunció el ataque como provocación de los Estados Unidos y violación del Pacto Kennedy-Kruschev. El presidente Kennedy estaba muy disgustado. Ordenó a los departamentos de Justicia y de Estado que les apretaran las clavijas a los cubanos para impedirles continuar la guerra anticastrista. Las autoridades estadounidenses confiscaron todo, barcos y armas. Desde marzo 29 de 1963 hasta marzo 17 de 1964, los funcionarios federales realizaron siete confiscaciones a Comandos L. La tercera confiscación ascendió a un valor de $26,846.00 (véase Luis V. Manrara. *Betrayal Opened the Door to Russian Missiles in Red Cuba*. Miami: 1968 2ª edición p.22). Otra consecuencia de ese fatal pacto Kennedy Krushchev consistió en que los refugiados cubanos fueron notificados que no podrían salir del territorio donde pidieron asilo político en los Estados Unidos. Además, los Estados Unidos solicitaron la cooperación del gobierno británico para evitar ataques de los cubanos contra Castro desde las posesiones inglesas del Caribe. La Cuba de Castro se convirtió en una tiranía protegida por los Estados Unidos. Ésta es una de las circunstancias que ha permitido a Castro continuar su dominio absoluto sin ser molestado. Los Estados Unidos prohiben e impiden guerrear a los cubanos, los vigilan, y ponen en prisión a los que intentan libertar a la isla en lucha bélica iniciada desde las playas norteamericanas, o desde las posesiones británicas, y confiscan barcos y armamentos. Véanse los **DOCUMENTOS 4-17 a 21.**

De aquellos principios de Comandos L 66 y Comandos L recuerdo con el más alto respeto la labor incansable y desinteresada de patriotas como Pedro Muiña, Jorge Machado y Ramón y Bernardo Pérez Daple. No podemos olvidar que todos teníamos que trabajar para mantener nuestras respectivas familias, que laborábamos para las organizaciones de guerra en horas y días que les robábamos a la familia y al descanso, que nada ganábamos y, por el contrario, contribuíamos con dinero, viajes, llamadas de larga distancia y gestiones mil a la obra de ayudar a que los hombres de acción hicieran la guerra. Para que los guerreros pudieran hacerse a la mar bien apertrechados, se necesitaba una estructura civil que cubriera gastos y facilitara todo. En Puerto Rico y en Miami trabajaron con gran fe los compatriotas citados y otros muchos. No puedo citar a tantos patriotas que pusieron su fe y sus mejores esfuerzos para ayudar a los combatientes marinos. Como he dicho, vienen a mi mente los arriba referidos y otros como Jerónimo Estévez Jr., a quién conocí de niño en Cuba porque sus excelentes padres y mi esposa y yo éramos miembros del mismo grupo del Movimiento Familiar Cristiano (otro ejemplo más de juventud valiosa proscripta que Cuba no ha podido aprovechar). Los Estévez han triunfado plenamente en Puerto Rico, y sus hijos se han casado y formado familia en aquella acogedora isla, hermana de Cuba de acuerdo con la poesía de Dolores Tió. Yo no pude ayudar a Comandos L como hubiese querido, por circunstancias que no agregarían nada a esta relación.

FUNDACIÓN NACIONAL CUBANO-AMERICANA. JORGE MÁS CANOSA.

Hace quince años, surgió la Fundación Nacional Cubano-Americana. Esta fundación, dirigida admirablemente por Jorge Más Canosa, adoptó un sistema estadounidense que consiste en hacer contacto directo con los miembros del congreso de los Estados Unidos y proponerle leyes y medidas que ayuden a traer la destitución de Castro y la libertad, la democracia y la libre empresa a Cuba. Éste es el sistema que siguen Israel, Grecia, Japón y todas las naciones que desean conseguir algún tipo de cooperación de los Estados Unidos. No es una forma de "plattismo" como aseveran algunos equivocados o mal intencionados. Es un sistema democrático legal ampliamente utilizado en los Estados Unidos.

Los esfuerzos de esta Fundación consiguieron que el congreso aprobara y el presidente firmara la legislación correspondiente a Radio Martí y Televisión Martí, que trasmiten a Cuba y el mundo. Consecuentemente, los cubanos de la isla pueden oír ahora noticias fidedignas que antes no podían conocer por la total y estricta censura de Castro. Éste es un gran aporte a la lucha contra Castro. Esa Fundación se mantiene en persistente contacto con los hombres de este país y del mundo que pueden cooperar con los cubanos para derrocar la tiranía de Castro. La Fundación también publica excelentes libros y folletos que ilustran fehacientemente sobre la tragedia cubana. Como demostración de la perenne actividad de dicha Fundación en todas partes, presento aquí el **DOCUMENTO Nº 4-22**, correspondiente a un acto patriótico de la Fundación en New Jersey el 11 de noviembre de 1995. La perenne labor de la susodicha Fundación con los legisladores y los más altos funcionarios estadounidenses y los mandatarios mundiales, y su amplia divulgación fidedigna de los crímenes y atrocidades de Castro, mantienen ante los ojos y los oídos del orbe la causa de la libertad cubana, que nuestros enemigos intentan opacar para ayudar a la tiranía. Esta Fundación también ha ayudado a traer a a los Estados Unidos a cubanos que han huido de Cuba, así como a mantenerlos y relocalizarlos.

En el combate sin tregua de las organizaciones de lucha del destierro, hemos tenido a favor de nuestra causa la rectitud de principios de legisladores del Congreso de los Estados Unidos que se han destacado en la tarea legislativa por la libertad en Cuba, a quienes debemos agradecimiento eterno y honraremos en Cuba libre. Entre ellos, sobresalen los congresistas Robert (Bob)Torricelli y Roberto (Bob) Menéndez (ambos de New Jersey), Lincoln Díaz Balart e Ileana Ros-Lehtinen (ambos de la Florida) y Dan Burton (de Indiana), y el senador Jesse Helms, de North Carolina, valiente gladiador de todas las causas por la libertad. Como enemigos de la libertad cubana y favorecedores del tirano, se han destacado en los debates parlamentarios, oponiéndose a las iniciativas apoyadas por los legisladores citados y proponiendo medidas que ayudarían a Castro dos congresistas de New York: Charles Rangel y José Serrano. Y Charles Rangel acompañó a Castro en 1995 en actos públicos en la ciudad de New York que fueron divulgados por todos los medios de comunicación, uno de ellos en una iglesia en el barrio de Harlem. Siempre ha sido así, hemos tenido admirables amigos y detestabbles enemigos en todas partes del mundo y en los Estados Unidos. Es un fenómeno casi increíble en países que son decididamente democráticos, como la nación de Washington, Jefferson y Lincoln.

La Fundación Nacional Cubano-Americana, la Junta Patriótica, Alpha 66, Pro-Cuba, el Colegio Nacional de Periodistas, el Colegio Nacional de Abogados, Hermanos al Rescate y casi todas las organizaciones del destierro estiman firmemente que Castro se aferra al poder y quiere mantener su omnímoda tiranía terrorista, y que es totalmente imposible tratar de negociar con él. Mi opinión es que ésta es la posición que tendrían Jose Martí y Félix Varela hoy. José Martí no cedió nunca en su criterio de que no era aceptable ni el autonomismo, ni el reformismo ni el anexionismo ni ninguna fórmula contemporizadora que permitiera que el colonialismo siguiera en Cuba. Y España era una potencia que parecía invencible, con la cual muchos aconsejaban pactar como necesidad irremediable. El concepto martiano es el correcto. Castro es el nudo gordiano. Sin Castro no existe problema. Por tanto, es imperativo cortar el nudo gordiano eliminando a Castro de una vez y para siempre.

Pero muchos medios de comunicación, escritores, profesores e intelectuales de izquierda, mercaderes aprovechados, "tontos útiles," filocomunistas y fidelistas velados llaman a los que así piensan "intransigentes de extrema derecha." Así hubiesen tenido que calificar a José Martí, que nunca se rindió ante el despotismo colonial, lo cual prueba que están equivocados. Los que no claudican ni se arrodillan ante Castro son denominados *extreme right wing*. A Jorge Mas Canosa, a la Fundación Nacional Cubano Americana, y a los que no ven posibilidad de paz y pacificación con Castro, le endilgan ese insulto, pero esa afirmación es totalmente injusta. La historia, el tiempo, la integridad moral y José Martí y Félix Varela están de nuestro lado, y se obtendrá la libertad plena, sin cortapisas.

Siguiendo dicha equivocada línea de pensamiento, todos los que se opusieron a Adolfo Hitler serían *extreme right wing* y Charles Lindbergh, el famoso aviador que hizo el primer vuelo solitario en "The Spirit of St. Louis" el 20 de mayo de 1927, sería el acertado porque se opuso públicamente a que los Estados Unidos entraran en la guerra en contra de Hitler. Lindbergh estimaba que Hitler era invencible. Los enemigos de la susodicha Fundación consideran que Castro es invencible y Mas Canosa un obstinado.

Asimismo, Charles De Gaulle sería *extreme right wing* porque se enfrentó al héroe y famoso defensor de Verdun en 1916, el mariscal francés Henri Philippe Pétain, cuando éste claudicó ante Hitler y estableció el régimen colaboracionista de Vichy en 1940 durante la Segunda Guerra Mundial. Recordemos que después de vencido Hitler, Pétain fue juzgado por traidor y condenado a cadena perpetua. Y se salvó de la pena de muerte porque era un anciano glorioso que había luchado por Francia anteriormente. El viejo mariscal se equivocó al fallar por flaqueza moral en la observancia de los principios cívicos, morales y patrióticos innegociables ante la aparente invencibilidad de Hitler. A los escasos cubanos y grupos que piensan como el Petain colaboracionista que se doblegó ante Hitler, el doctor y profesor José Sánchez-Boudy los llama "dialogueros."

THE TRUTH ABOUT CUBA COMMITTEE. LUIS V. MANRARA.

Una organización diferente de singular significación fue The Truth About Cuba Committee, de la cual fue alma y motor Luis V. Manrara. Este comité tuvo por fin principal aportar datos fehacientes sobre la Cuba que Castro destruyó, la verdad de la realidad cubana, y las falsedades de Castro y los que lo apoyan. Existe tanta mentira, confusión y propaganda divulgada por Castro, sus adláteres y sus sirvientes, que The Truth About Cuba Committee rindió una necesaria y valiosísima labor diseminando la luz de la verdad. Era un trabajo titánico que complementaba las acciones de guerra. La lucha contra Castro se ha mantenido con las armas y con el esclarecimiento de los hechos tergiversados y falsificados por Castro y sus amigos en Cuba y en el extranjero. . Esta obra recaía sobre los hombros de Manrara y los buenos cubanos que lo ayudaban. Luis V. Manrara comenzó su cruzada en 1961 y pudo mantener su ingente labor por más de una década, sin dinero, con las escasas contribuciones de los cubanos. Ninguna de las grandes instituciones que malgastan el dinero en tantos proyectos inútiles aportó sus donaciones a esta fuente de información fidedigna. The Truth About Cuba Committee tenía altísimo prestigio y muchas personas y organizaciones solicitaban su información. Fue una desgracia para nuestra causa que Manrara no pudiera continuar su espléndido trabajo. Véase **DOCUMENTO 4-23**.

OF HUMAN RIGHTS. ELENA MEDEROS. FRANK CALZÓN. HERMINIO PORTELL VILÁ EN FREEDOM HOUSE.

Otra organización que realiza una continua labor por los derechos humanos en Cuba, y que denuncia eficientemente las crueldades y crímenes de Castro con los miles de presos políticos que aherroja en las muchas cárceles y campos de concentración por él creados, es Of Human Rights. Elena Mederos González la fundó en 1974. Desde su fallecimiento en el exilio, la dirige con gran habilidad y vigor Frank Calzón. Of Human Rights divulga los horrores castristas y pide y demanda la libertad de los presos políticos. Ha salvado vidas y ha rescatado prisioneros logrando su libertad y su salida de Cuba.

Frank Calzón es también el director de Free Cuba Center of Freedom House. Freedom House es una organización de derechos humanos fundada por Eleanor Roosevelt en 1941 para oponerse al fascismo cuyo fin primordial es fortalecer las instituciones democráticas. Freedom House ha estado siempre a favor de la causa de la libertad y la democracia en Cuba.

En los salones de Freedom House de New York City, los proscriptos cubanos hemos tenido muchos actos en contra de la tiranía castrista. En el capítulo siguiente citaré dos de los que el Comité de Abogados de New York ofreció el 8 de junio de 1961 y de 1962 en tan benemérita organización estadounidense que siempre defiende las causas de la verdadera libertad. También dimos un gran acto por la libertad cubana en Freedom House en New York en 1962 en el que participó como orador principal el gran historiador Herminio Portell Vilá, quien vino expresamente desde Washington D. C. Véase el **DOCUMENTO 4-24.**

ABDALA. GUSTAVO MARÍN.

Los estudiantes cubanos han luchado incesantemete. Estudiantes de New York y New Jersey formaron una agrupación con el nombre Abdala, tomado de la obra dramática de José Marti. Participé con esa juventud en actos de afirmación patriótica y de divulgación cultural. Di conferencias sobre Cuba y escribí en el periódico de ellos, que se llamaba *Abdala* . El entusiasmo y la fe de estos jóvenes, hombres y mujeres, era admirable. Ellos acostumbraban ir a los actos preparados por los castristas en New York e interpelarlos, y cuando los castristas los atacaban físicamente, ellos respondían con vigor inusitado. Nunca perdieron una de estas escaramuzas. Recuerdo que interrumpieron, entre otros casos, conferencias de Alarcón, cuando éste era delegado de Castro en New York City y era invitado por establecimientos académicos para que infiltrara su veneno castro-comunista a los jóvenes. El presidente de Abdala era Gustavo Marín. El periódico de estos jovenes era excelente y salía con regularidad, su lema era "El futuro será nuestro." El Dr. Humberto Piñera, colega mío en New York University, pronunció conferencias patrióticas ante estos jóvenes en repetidas ocasiones. Ellos lo admiraban mucho, y él les daba toda su sabiduría. El profesor Piñera falleció en el exilio en Texas, sin lograr su deseo de ver libre a su patria. Combatió a Castro con la palabra y la pluma siempre que tuvo una oportunidad, y a menudo ante los estudiantes de Abdala.

Abdala realizó varios actos espectaculares en New York que sirvieron para que la causa de Cuba libre se divulgara extensamente. Uno de ellos consistió en que varios de estos estudiantes se encadenaron a los asientos del Consejo de Seguridad de la Naciones Unidas. Encadenados estuvieron horas. Cundió el pánico en el amplio anfiteatro, que fue desalojado. Las fuerzas de seguridad de la ONU tuvieron que separarlos de los asientos rompiendo los candados. **DOCUMENTO 4-25.**

MOVIMIENTO NACIONALISTA CUBANO. FELIPE RIVERO. GUILLERMO NOVO. IGNACIO NOVO. ALVIN ROSS.

El Movimiento Nacionalista Cubano luchó con éxito contra Castro dentro de los Estados Unidos. Realizó actos espectaculares en tierras estadounidenses, y sus hombres fueron perseguidos, juzgados y encarcelados en los Estado Unidos. Recuerdo con admiración a dos pinareños de arrojo extraordinario, los hermanos Guillermo e Ignacio Novo y Sampol, e igualmente a Alvin Ross, condenado a cadena perpetua. La batalla legal de estos patriotas ha sido larga y extraordinaria, y han sufrido prolongadas prisiones en las cárceles estadounidenses. Afortunadamente, en virtud de apelaciones judiciales que tuvieron éxito, se encuentran ahora en libertad. Presento aquí una página de *El Nacionalista* de julio de 1979, el periódico de ese movimiento, con fotos de esos héroes. **DOCUMENTO 4-26**

El jefe de esta asociación patriótica, Felipe Rivero y Díaz, cayó preso en la Invasión de Bahía de Cochinos. Tuvo que sufrir los interrogatorios espectaculares por televisión que montó Castro contra aquellos bravos guerreros capturados. Felipe Rivero, respondió con gallardía en aquel teatro castrista, en público, ante las cámaras de la televisión de Castro, sin asustarse, con valentía y agudeza mental. Por la agresividad del Movimiento Nacionalista Cubano, su líder ideológico, Felipe Rivero, ha estado sujeto a una fiscalización especial por las autoridades estadounidenses.

ORLANDO BOSCH. LA GUERRA POR LOS CAMINOS DEL MUNDO.

El Dr. Orlando Bosch (médico) es otro patriota que, al igual que los hermanos Novo y Alvin Ross, ha pasado la mayor parte de su exilio preso en los Estados Unidos o en Venezuela. Ha tenido que ser defendido en los tribunales venezolanos o estadounidenses continuamente. Y ha tenido que vivir con prisión domiciliaria y amenaza constante de ir a la cárcel en los Estados Unidos. Ha sido un luchador que ha ideado acciones riesgosas y ha colaborado para su ejecución. En su oportunidad se podrá contar con detalles en un libro lo que este combatiente y otros patriotas cubanos han realizado y sufrido. Será parte de la historia heroica de la lucha contra el tirano. El Dr. Bosch fue creador del concepto de la "Guerra por los caminos del mundo." Este tipo de guerra contra Castro tuvo éxitos indubitables, pero llevó a la cárcel al Dr. Bosch y a otros patriotas. El **DOCUMENTO 4-27** es fotocopia de la primera página de un extenso escrito del Dr. Bosch enviado desde su prisión en el Cuartel San Carlos de Caracas, Venezuela, de fecha enero de 1980, donde reconoce el derecho de los cubanos a la beligerancia, y se defiende de las imputaciones de terrorista. Estoy de acuerdo con el Dr. Bosch, no es terrorismo, es guerra contra la tiranía de casi cuarenta años de Castro.

PATRIOTAS QUE LUCHAN CON VIGOR SEMEJANTE AL DE LAS ORGANIZACIONES. GUSTAVO A. PORTA Y CAPOTE.

He mencionado brevemente la incesante batalla que han desarrollado algunas de las organizaciones de lucha en el exilio, pero los proscriptos, individualmente, también han mantenido una constante contienda escribiendo a los periódicos, a los gobernantes, al congreso de los Estados Unidos, a los intelectuales, etc, y disertando en toda clase de foros. Es imposible mencionar en este libro toda esa guerra de ideas efectuada aisladamente por los cubanos exiliados en todas partes del mundo. He aquí dos ejemplos de 1960 y 1961.El Dr. Gustavo A. Porta y Capote, después que llegaba de su trabajo como corrector de pruebas de *Bohemia Libre,* como dominaba el inglés perfectamente, escribía largas horas por la noche tratando de "desfacer entuertos" de los comunistas y los filocomunistas. Los **DOCUMENTOS 4-28 al 30** presentan prueba de una disertación suya en contra de Castro que ofreció en 1960 ante los miembros del Rotary Club de Woodstock, Virginia. El **DOCUMENTO 4-31** es una carta al *New York Herald Tribune* publicada el 8 de abril de 1961 donde defiende la honradez y moralidad de Tony Varona. También redactó una pormenorizada y muy extensa contestación en inglés al profesor C. Wright Mills de Columbia University, autor de *Listen Yankee!* Nunca cesó en esa lucha individual por la verdad y la libertad hasta que falleció en New York.

CAMILO FERNÁNDEZ Y FREIRE.

Al igual que el Dr. Porta, miles de cubanos patrióticos que tienen la preparación necesaria para hablar y escribir han mantenido y siguen desarrollando una campaña continua individual para que resplandezca la verdad sobre la tragedia cubana. Podría mencionar miles de casos de semejantes compatriotas. Sólo voy a relacionar un ejemplo más. Doy un brinco extraordinario en el tiempo y el espacio (para demostrar la persistencia y la continuidad) y paso del año 1961 con el Dr. Porta al año 1993 para presentar aquí los **DOCUMENTOS 4-32 y 33** que prueban mi aserto. Camilo Fernández y Freyre, residente en New Jersey, viaja a España y proclama en Lugo, la traición de Fraga Iribarne de ayudar a Castro, y exige el cese de esa colaboración gallega con el tirano. ¿Y contra quién tiene que esgrimir la lanza de su pluma Camilo Fernández? Contra el Presidente de la Junta de Gobierno Autónomo de Galicia, Manuel Fraga Iribarne, que se supone que es un conservador, no comunista. Pero este jefe máximo del gobierno gallego fue a la Habana a agasajar a Castro acompañado de empresarios, comerciantes e industriales de Galicia para que establezcan negocios con el tirano, quién lo declaró "Huesped Ilustre de la Ciudad de la Habana." Y para que su amistad con Castro fuese bien conocida, el presidente gallego llevó a 63 periodistas españoles. Tenemos que combatir contra Castro y contra quienes deberían ser nuestros aliados.

PUNTA DEL ESTE, URUGUAY. JOSÉ IGNACIO RASCO. FRANK DÍAZ SILVEIRA. MAX AZICRY-LEVY.

Son innumerables los casos en que los cubanos, individualmente, han arremetido contra Castro o sus guerrilleros detentadores del poder. En 1961, se celebró una conferencia continental para discutir el Plan Kennedy en la playa de Punta del Este en Uruguay. Allí estuvieron todos los gobiernos de Hispanoamérica. Castro mandó al argentino Ernesto Guevara en representación de Cuba.Una afrenta. Pero, entre otros cubanos libres, estaban José Ignacio Rasco, Frank Díaz y Max Azicry-Levy, que se habían concertado para increpar al argentino Guevara desde distintos lugares del hemiciclo de la conferencia para producir el escándalo necesario. Fue un éxito. Guevara estaba asustado, a pesar de sus 40 guardaespaldas y un gran grupo de infiltrados comunistas. Véase una breve relación en el **DOCUMENTO 4-34 A-B,** que son las páginas 7 y 58 del periódico *Avance* de septiembre 1, de 1961.

CÉLULA FANTASMA.

En aquellos lejanos años, se inventó la "Célula Fantasma," una fórmula de combate que no triunfó porque no tuvimos maneras de divulgarla ampliamente dentro de Cuba, y por el pánico de la población aterrorizada por Castro. Es una idea excelente. Si ahora pudiésemos llenar la isla con el mismo mensaje, el fin de Castro se precipitaría. En vez de remitir regalitos y dinero a Cuba, se debería enviar hojas sueltas de la "Célula Fantasma." Once millones, para que no quede cubano que no la conozca, y despierte del letargo de ser alimentado por los proscriptos. **DOCUMENTOS 4-35 y 36.**

HERMANOS AL RESCATE ASESINADOS EN EL AIRE.

Las organizaciones y los patriotas individuales que luchan por la libertad incondicional del aherrojado pueblo cubano y que, por tanto, se oponen frontalmente a Castro, han batallado en el campo de las ideas, de las letras, de la filosofía, de la cultura, de los fundamentos legales y constitucionales y de las armas contra enemigos poderosos y amigos que no nos ayudan y que nos obstaculizan. Esta batalla jamás se ha interrumpido. Véase el **DOCUMENTO 4-37** donde aparecen dos partes periodísticos de **enero de 1996**, uno concerniente a los vuelos de Hermanos al Rescate sobre Cuba y otro relativo a la incautación de una embarcación y armas de unos cubanos cerca de Cayo Maraton, Florida, y las declaraciones de Miriam Regalado de "sistemática persecución de los cubanos libres que luchan contra el comunismo y por la liberación de su patria." Esto viene sucediendo desde el Pacto Kennedy-Kruschev hasta el presente, cerca de 4 decadas.

DOC. 4-1

DOC. 4-2

DOC 4-3

DOC. 4-4

"FRANCISCO", Ing. Rogelio González Corzo. Fundador del Movimiento de Recuperación Revolucionaria (MRR). Coordinador Nacional del mismo. Llega a ser Coordinador General del Frente Revolucionario Democrático y jefe supremo del clandestinaje antes de la Invasión de Playa Girón. Es capturado por los sicarios rojos y fusilado el 20 de Abril de 1961, en la Fortaleza Militar de La Cabaña. Tenía sólo 28 años en el momento de su muerte.

"FRANCISCO"

"PATRICIO." Jorge Fundora. Jefe de abastecimiento del Movimiento de Recuperación Revolucionaria en la Isla de Cuba en el clandestinaje. Organiza el lugar por donde entraron la mayor parte de las armas que usó el clandestinaje en su lucha contra la Tiranía Roja antes de la Invasión a Playa Girón. Por ese lugar entraron los grupos especiales de acción de la Brigada de Asalto 2506, sin una sola baja. Fundora fue quien los recibió. Capturado por los cuerpos represivos del Régimen Comunista, fue fusilado en la Ciudad de Matanzas el día 12 de Octubre de 1961. Tenía al morir 32 años de edad.

EL PUNTO FUNDORA

"CARLAY". Carlos Rodriguez Santana. No. 2506 de la Brigada. Fundador del Movimiento de Recuperación Revolucionaria y primer Coordinador Territorial del mismo. Fundador de los Campamentos de la Brigada de Asalto que desembarcó en Cuba el 17 de Abril de 1961. Muere en los Campos de Entrenamiento, el 7 de Septiembre de 1960. En su honor la Brigada se llama BRIGADA DE ASALTO 2506. Tenía 24 años al morir.

MAYOR CARLAY

Felipe Rodón Caminero, mártir de la Brigada de Asalto 2506, Miembro del Bon. 2 de Infantería. Pierde la vida luchando heroicamente en Playa Larga contra un tanque soviético, el 17 de Abril de 1961. Tenía al morir 19 años.

FELIPITO RODON

DOC. 4-5

WESTERN UNION

INTERNATIONAL COMMUNICATIONS

CABLEGRAM

W. P. MARSHALL, PRESIDENT

ALL AROUND THE WORLD

1251 (3-58)

CLASS OF SERVICE	
FULL RATE	
CABLE LETTER (LT)	
PRESS	
FULL RATE WILL APPLY UNLESS OTHERWISE INDICATED	

S
S
E

NO. WDS.-CL. OF SVC.	CASH NO.	CHARGE TO THE ACCOUNT OF	TIME FILED
		FOREIGN PUBLICATIONS INC 60 East 42nd. St.	

SENDER MUST SPECIFY ROUTE
MARK "W. U. CABLES" HERE

To ENRIQUE TOUS
Avenida Juan Antonio 20
Madrid, Spain

Julio 25 19 62

Via

FAVOR MOVER DIPLOMATICOS SURAMERICANOS Y EUROPEOS TRATAR EVITAR FUSILAMIENTOS
ESTUDIANTES CUBANOS MANUEL GUILLOT MANUEL REYES JUAN FALCON ARTURO MUGARRA ENRIQUE CEPERO
IMPRESCINDIBLE PRESIONAR GOBIERNO CASTRO URGENTEMENTE

JOSE A MESTRE

Sender's telephone number
with the Federal Communications Commission.

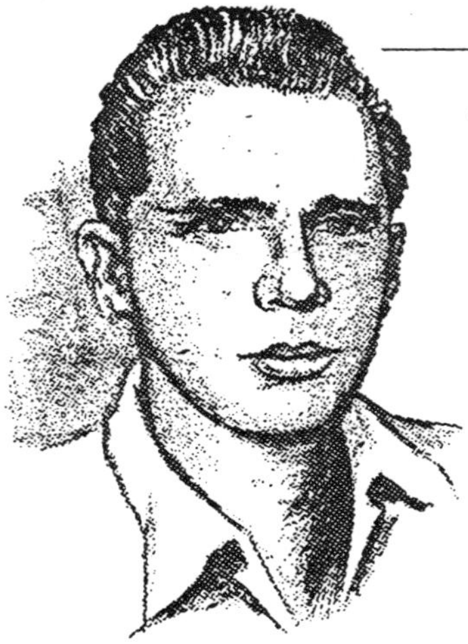

"MONTY", Manuel Guillot Castellanos, Jefe Nacional del M.R.R. en el clandestinaje, después de la Invasión de Bahia de Cochinos. Miembro fundador de esta Organización. Lleva la responsabilidad de la lucha clandestina después de la muerte de Francisco. Sale de la Isla para buscar recursos y al regresar, sabiendo lo difícil que era para él la situación, pues los Cuerpos Represivos del Comunismo habían circulado sus características personales por toda la Isla, prefiere cumplir con su deber a su seguridad personal y es apresado por la Tiranía, siendo fusilado el día 30 de Agosto de 1962, a los 25 años de edad.

DIALOGO CON DIOS

Ven, Manolo Guillot.
Ven acá, Monty,
y explícame despacio;
háblame de las sombras que te cubren,
háblame de la Patria que te trajo,
háblame de la cruz que tengo en Cuba.
La que tú me cargaste hasta lo amargo.

Manuel Artime

DOC. 4-6

HÉROES Y MÁRTIRES

VIRGILIO CAMPANERIA, 22, Law student, executed.

NORBERTO CAMACHO, 19, studied at the High School Institute of Remedios, executed.

JULIO ANTONIO YEBRA, 25, Medical Student, executed at the Cabañas Fortress.

LUIS GUEVARA, 19, studied at the Institute of Remedios, executed.

JUAN PEREIRA VARELA, 21, student in the School of Architecture, U. of Havana. Murdered in Pinar del Rio by Castro's militia.

PORFIRIO REMBERTO RAMIREZ, Member of the Cuban Student Directorate (D.R.E.), Captain of the Rebel Army that fought against the Batista regime. President of the Student Federation of the University of Las Villas. Executed by Castro's militia.

ALBERTO TAPIA RUANO, 23, student of Architecture, executed.

LA RASTRA

ASESINOS

Osmani Cienfuegos. Ahogó a once prisioneros en un camión hermético.

Julio Tarrau. Responsable directo de centenares de crímenes y abusos cometidos en las prisiones.

Julio García Olivera. Dinamitó el presidio.

COMO SE HIZO EL SABOTAJE DE "EL ENCANTO"

EL AMASIJO de hierros y escombros de "El Encanto" en el mismo corazón habanero, constituye un exponente silencioso de la resistencia popular a la imposición comunista.

El incendio devorador de la tarde del 5 de abril, conmovía las mismas entrañas del régimen. Pues la voladura de la maciza construcción de siete pisos, emplazada en una céntrica manzana de terreno, hablaba bien a las claras de la audacia de los terroristas de la libertad y de la complicidad colectiva de la empleomanía.

El siniestro de "El Encanto", con pérdidas por más de $10.000.000, es la acción más trascendental en la batalla popular contra el fidelato. No solamente por el impacto psicológico ocasionado en el momento sino por la resonancia exterior, donde la afamada tienda por departamentos tenía mucho prestigio.

El entonces corresponsal en La Habana de la Prensa Asociada, Harold Milks, explicaba la ocurrencia en un despacho en estos términos:

— El sabotaje de "El Encanto" es tan importante, como si a la tienda "Macy" de New York, le hubieran dado candela.

¿COMO SE HIZO el sabotaje de "El Encanto"?

A tres meses de la valerosa intentona, sus ejecutores contaban por primera vez a un hombre de BOHEMIA LIBRE en Cuba Roja:

— Para volar "El Encanto" se usaron 36 bombas incendiarias de las conocidas como "punto blanco", que tienen una "zona de seguridad" de una hora y 25 minutos, que es el tiempo que toman sus componentes químicos en producir sus efectos incendiarios.

La colocación de las bombas se hizo tras un minucioso chequeo de varias semanas y en sitios seleccionados en un plano de la tienda. A las 5:30 p.m., — media hora antes del cierre de las puertas — se procedió a colocar los artefactos. Y minutos más tarde, todos los participantes en la acción salían en la ola de clientes.

A 800 metros de "El Encanto", en el parque de la Fraternidad, se reunían los complotados para cerciorarse de que todos estaban a salvo. Y exactamente a las 6:55 p.m. veían nublarse el cielo con una columna espesa de humo y fuego.

— Las personas arrestadas posteriormente, son inocentes. Los verdaderos participantes en el sabotaje de "El Encanto" no hemos sido molestados, ni tan siquiera en la redada que coincidió con la invasión de playa Girón, — cuentan a BOHEMIA LIBRE.

...exponente de la resistencia popular...

Esa tarde, los intrépidos terroristas celebraban la ocasión con un discreto café de tres centavos a la sombra de la frondosa ceiba de la fraternidad americana. Y con los primeras voces de alarma, uno de los saboteadores propuso a sus compañeros de aventura:

— ¿Qué les parece si nos unimos a las milicias para ayudar a apagar el fuego?

New York Journal-American ★★★★ Mon., April 17, 1961

REPRISAL... Havana's $7,000,000 department store, El Encanto, lies in ruins following a series of fires set by the anti-Castro underground last Thursday night. Were the flames a pre-arranged signal for the counter-revolutionary onslaught which was taking place in Cuba today?
Wirephoto from AP

DOC. 4-8

MANIFIESTO DE CONSTITUCION
DEL
FRENTE REVOLUCIONARIO DEMOCRATICO

Dr. Manuel Artime Buesa. Dr. Manuel A. de Varona Loredo. Dr. José Ignacio Rasco Bermúdez. Dr. Aureliano Sánchez Arango. Dr. Justo Carrillo Hernández

EN CUBA ROJA

ATAQUE NAVAL

...contra los "técnicos" militares soviéticos que ocupan la isla...

LAS AGUAS del Estrecho de la Florida estaban furiosas la noche del 24 de agosto. Las crestas de las olas se empinaban hacia el cielo obscuro como si quisieran tocarlo. Las ondas abrían profundos camellones que los relámpagos de la tormenta iluminaban.

Un chubasco roció con agua dulce los rostros imberbes de un grupo de veintipico muchachones sobre las cubiertas de dos veloces lanchas surcando el mar proa al sureste.

Objetivo: la patria invadida por tropas militares del imperialismo soviético.

La veloz lancha "Moppy", artillada con un cañón de 20 mm. y un mortero 60, llevaba a bordo a ocho estudiantes armados con carabinas M-1, M-2, rifles "Fal", y ametralladoras "Thompson".

A pocos nudos de distancia, sobre la estela de las aguas cortadas, una rápida P.T. tripulada por otros quince estudiantes. Los calibres 30 y 50 de proa y popa oteando la obscuridad.

Misión: escoltar la nave de vanguardia. Contener al enemigo durante la acción. Detectar con el radar los guardacostas y las lanchas de vigilancia, persecución y ametrallamiento a los fugitivos del infierno rojo en el Caribe. Y cubrir la retirada.

a 200 metros

Unas millas antes de entrar en la zona de detección del radar de la Fortaleza del Morro — faro de la bahía de La Habana —, la lancha P.T. redujo la velocidad y se desvió de la ruta rumbo al punto establecido previamente.

La "Moppy", más aplastada e invisible, burló las ondas hertzianas del radar en acecho. Fué bordeando las costas erizadas de cañones y antiaéreas de las milicias comunistas. Pasó frente al Castillo de la Punta.

Los patriotas del Directorio Revolucionario Estudiantil que participaron en la acción. En primer plano, centro, Juan Manuel Salvat.

Atravesó la rada de la desembocadura del río Almendares, desafiando las baterías emplazadas en la Puntilla. Trazó un compás frente al litoral hasta situarse a sólo 200 metros del objetivo, proa a la ruta del retorno.

El joven capitán, **Isidro Borjas**, timón en mano, advirtió, señalando a ambos lados de la lancha:

— **Estamos situados entre dos guardacostas. La operación hay que hacerla en unos minutos. Si nos demoramos demasiado pueden bloquearnos la salida.**

A lo lejos, abrigada por la obscuridad de la noche, la P.T. se mecía sobre el fuerte oleaje proa también hacia el norte. Nada indicaba que los milicianos atrincherados, y los distantes guardacostas de la Marina de Guerra, hubieran descubierto la presencia de los patriotas anticomunistas.

el objetivo

Frente por frente a la popa artillada de la lancha "Moppy", en el litoral del suburbio de Miramar, se levantaba el lujoso hotel Rosita de Hornedo, recién bautizado con el nombre de Sierra Maestra, destinado ahora al alojamiento y al placer burgués de un contingente de "técnicos" militares de la Brigada Internacional Comunista que ha invadido la isla de Cuba en barcos procedentes de la Unión Soviética.

EL COMISARIO CRIOLLO

Por Silvio

LOS HOMBRES DEL ATAQUE A CAYO FRANCES: QUIENES SON, QUE SE PROPONEN, COMO TRABAJAN

ALPHA 66:
OPERACIONES-COMANDO EN LA GUERRA DE LIBERACION de CUBA

(Un reportaje de Bohemia Libre)

Lunes 10 de Septiembre. 2:30 de la madrugada. Es noche cerrada. Sin luna. Y apenas puede divisarse nada a sólo unos metros de distancia. En el cayo llamado "Francés" cercano al puerto de Caibarién, en la costa Norte de Cuba, un grupo de barcos anclados se pierde en la oscuridad. Entre ellos hay dos buques-tanques cubanos, el "San Pascual" y el "San Blas", y un buque de bandera inglesa, el "New Lane". Todo está en silencio. Pero un oído bien afinado podría percibir algo extraño. Como el movimiento de una embarcación que se aproxima a los buques anclados. No es una embarcación pequeña. Tiene más de 40 pies. Está movida por motores marinos de alta velocidad, y provista de cañones de 57 milímetros y ametralladoras antiaéreas calibre 50. En su interior van cinco hombres. La embarcación se arrima a uno de los buques, el "San Pascual". Cuatro de los hombres saltan a bordo, mientras el quinto queda en el control de la misteriosa nave. Ya en el interior del "San Pascual" los audaces "visitantes" se mueven sigilosamente y colocan varias bombas de tiempo en diversos lugares del buque-tanque. Terminada la peligrosa tarea, regresan a su embarcación y se separan del buque abordado.

Unos minutos más tarde se quiebra el silencio con el ruido de la explosión de las bombas en el interior del "San Pascual". Los temerarios atacantes disparan desde la embarcación contra el buque-tanque. Enfilan entonces los cañones contra el barco inglés "New Lane". Disparan contra el mismo. Y se disponen a emprender la retirada. Antes de escapar divisan el otro buque-tanque cubano, el "San Blas". Lo cañonean. Y ponen proa mar afuera, a gran velocidad. Ya en alta mar, fuera de las aguas jurisdiccionales de Cuba, es alcanzada la embarcación por dos helicópteros de la fuerza aérea de Castro.

Las ametralladoras antiaéreas entran en acción. Y ante la violencia del ataque, los helicópteros se dan precipitadamente a la fuga. Son las 3:20 de la mañana. La operación ha durado exactamente 50 minutos.

Poco después, la embarcación llega a su base, en un lugar del Caribe. Los cinco tripulantes saltan a tierra. Y dirigiéndose al encuentro de otro grupo que allí los espera, dan cuenta de la acción ejecutada, rubricando la hazaña con esta sencilla frase: *"Misión cumplida"*.

A las pocas horas, los cables de las agencias informativas relataban el suceso identificando a sus autores: los cinco hombres que, desafiando al Régimen comunista de Castro, llevaron a cabo ese acto de heroica temeridad, eran cinco patriotas cubanos pertenecientes al grupo denominado "Operación Alpha 66".

EL ORIGEN DE "ALPHA 66"

¿Qué es la "Operación Alpha 66"? ¿Por qué ese nombre y ese número? ¿Quiénes son los hombres que integran esa organización? ¿Qué se proponen? ¿Cómo trabajan?

Para contestar estas preguntas es preci-

DOC. 4-10B

so remontarse a unos meses atrás. A los días en que estaba a punto de cumplirse el primer aniversario de la fracasada invasión del 17 de Abril. Hacía un año que aquel intento — heroico, pero infructuoso — de derrocar al Régimen de Castro, se había producido, y la tiranía comunista continuaba inconmovible. Después de aquella acción, nada en grande se había intentado para estremecer, al menos, al Gobierno castrista. Era cierto que la valerosa labor de los movimientos clandestinos y las acciones de grupos alzados en diversos lugares de la Isla no daban al Régimen tregua ni reposo. Pero frente a un sistema de fuerza y terror organizado como el implantado en Cuba sería indispensable producir acciones militares de cierta envergadura, capaces de desencadenar la guerra necesaria.

Entre quienes así pensaban había un grupo de exilados cubanos vinculados entre sí por antecedentes revolucionarios. Casi todos eran jóvenes profesionales —contadores públicos, ingenieros, arquitectos, abogados, etc. — con larga experiencia en las luchas clandestinas, primero contra la dictadura de Batista y más tarde contra la traición de Castro. Algunos habían participado en un atentado contra el propio Castro, descubierto por las fuerzas del Régimen. Muchos de ellos habían tenido que salir de Cuba en frágiles embarcaciones

PRIMERA ACCION - COMANDO DE LA "OPERACION ALPHA 66"
FECHA: 10 de Septiembre de 1962.
HORA: 2:30 de la madrugada.
LUGAR: Cayo Francés, puerto de Caibarién, costa Norte de la Provincia de las Villas, Cuba.
TIPO DE ACCION: Ataque desde una embarcación a los buques-tanques cubanos "San Pascual" y "San Blas" y al buque de bandera inglesa "New Lane".
ARMAS EMPLEADAS: Cañones de 57 milímetros, ametralladoras calibre 50 y bombas de tiempo colocadas en el interior del buque-tanque "San Pascual".
TIEMPO DE DURACION DE LA ACCION: 50 minutos.
NUMERO DE HOMBRES QUE PARTICIPARON EN LA MISMA: 5.
BASE DE SALIDA DE LA EMBARCACION: Un lugar no revelado del Caribe.
RESULTADO DE LA ACCION: Destrozos ocasionados en el buque-tanque "San Pascual" por la acción de las bombas de tiempo y los cañonazos; daños de gran consideración causados al buque-tanque "San Blas" y al buque de bandera inglesa "New Lane", al ser cañoneados y ametrallados.

"OPERACION ALPHA"
DECLARACION DE PRINCIPIOS PARA LA GUERRA

El 10 de Septiembre de 1962 con el ataque naval a Cayo Francés-Puerto Caibarién, se inició la etapa final de la guerra de liberación que sostiene el pueblo cubano en su propósito por romper las cadenas de esclavitud que le atan a la Internacional Comunista. Anunciamos al mundo que a esta primera acción militar, seguirán otras muchas y que no desmayaremos hasta obtener la victoria final que permitirá reconquistar nuestra independencia política y económica.

En esta oportunidad e iniciada la lucha armada, los patriotas cubanos decididos a vencer o morir, hacemos la siguiente declaración de principios para la guerra:

Primero: Exhortamos a todos los cubanos desterrados, especialmente a los de posición económica desahogada, para que aporten los recursos financieros necesarios para llevar adelante esta guerra justa en contra del régimen comunista que oprime nuestra Patria. El cubano que olvide a la sociedad en donde convivió, olvida a la familia que aún queda en Cuba, olvida a los presos que sufren en las mazmorras, olvida a los innumerables mártires y olvida a la Patria, traiciona a la sociedad, traiciona a la familia, traiciona a los presos, traiciona a los mártires y traiciona a la Patria.

Segundo: Solicitamos de los gobiernos de los países de México, Brasil, Chile y Bolivia rectifiquen su política de cooperación indirecta y apoyo moral al régimen comunista castrista, advirtiéndoles que de no variar esta política contraria a los principios por la que lucharon Simón Bolívar, Benito Juárez, Bernardo O'Higgins, José Martí e innumerables próceres de la gesta redentora americana, les retiramos simbólica y públicamente el calificativo de "Hermanos Latinoamericanos". Hermanos son los que ayudan en los momentos difíciles, no los que con pretextos amañados y leguleyescos lucran a costa de la sangre y el sufrimiento de nuestro pueblo. Pedimos a los pueblos de estos países que se movilicen y obliguen a sus respectivos gobiernos a sumarse sin vacilación ni cobardía a la causa democrática de América.

Tercero: Advertimos a la marinería de los barcos bajo bandera de naciones occidentales, que en suelo cubano se libra una batalla a muerte. De una parte el pueblo cubano defensor de los postulados cristianos, democráticos y occidentales y de otro lado el régimen castrista sostenido a la fuerza por la Internacional Comunista representando los principios anticristianos dictatoriales y antioccidentales. El ametrallamiento del navío inglés *"New Lane"* realizado el 10 de Septiembre fue sólo un aviso. En lo adelante los patriotas cubanos consideraremos objetivo militar a los barcos que aprovisionen y avitualen el régimen comunista.

Cuarto: Exhortamos a la Organización de Estados Americanos para que a tenor de los principios democráticos que constituyen el basamento que da razón de ser a esta organización, active por los medios a su alcance el bloqueo comercial y militar a que viene obligado con motivo de la intervención extracontinental que padece nuestra Patria. A nombre del pueblo democrático cubano que suscribió oportunamente el "Tratado de Defensa Hemisférico" firmado en Río de Janeiro por los países del continente americano solicitamos la ayuda militar necesaria para la guerra que sostenemos en contra de la intervención extracontinental y comunista que oprime a la República de Cuba.

Septiembre 12, 1962.
PRIMERO MUERTOS QUE ESCLAVOS
OPERACION ALPHA.

para escapar de la persecución comunista. Y todos estaban decididos a continuar desde el exilio la lucha iniciada en el suelo mismo de la Patria.

Después de prolongados cambios de impresiones y de analizar exhaustivamente la situación de Cuba y del exilio, ese grupo de hombres llegó a una decisión: había que preparar y poner en práctica un plan encaminado a producir acciones militares concretas y factibles, que tuvieran como objetivos principales:

A) — Conmover en sus cimientos la estructura económica y militar del Régimen castrista, causando al mismo daños considerables por su cuantía y consecuencia.
B) — Desencadenar por medio de esas acciones la guerra necesaria contra el comunismo.
C) — Levantar la moral de combate del exilio.
D) — Llevar un mensaje de solidaridad, efectivo y positivo, a las organizaciones clandestinas que luchan dentro de Cuba, y
E) — Demostrar al mundo que los cubanos pueden, mediante acciones decisivas, estremecer al Régimen de Castro e iniciar la lucha para producir su derrocamiento.

Así surgió la idea de la "Operación Alpha 66". Pero, ¿por qué el nombre de "Alpha 66?"

EL NOMBRE

"*Alpha*", explica uno de los integrantes del grupo, "*es, como se sabe, la primera letra del alfabeto griego. Alpha equivale a principio. Aspiramos a que nuestra operación sea el 'principio del fin' del Régimen de Castro. Además, nuestro objetivo es esencialmente militar, no político. No nos hemos organizado para la política, sino para la guerra. No aspiramos a convertirnos en Partido Político ni a ser Gobierno en la Cuba post-castrista. Nuestra única finalidad es contribuir en forma de-*
Continúa en la página 65

ALPHA 66...
Continuación

cisiva al derrocamiento del comunismo. Por eso no hemos dado a nuestra operación nombre alguno que pueda en el futuro convertirse en el nombre de una organización política. A nadie se le ocurriría llamar "Alpha 66" a un Partido Político".

Pero, ¿por qué el 66?

Para la "Operación Alpha" el 66 tiene un doble significado. Es una cifra que hace referencia tanto a los recursos económicos necesarios para llevar a cabo las primeras acciones proyectadas, como al número de hombres que hace falta para realizarlas. Alpha ha proyectado, de inicio, cinco acciones. La cantidad presupuestada para las mismas es de $66,000. Y el número de hombres — ya entrenados — para ejecutarlas: 66.

66 hombres parecen pocos para una empresa de esa índole. Pero los planeadores de la "Operación" explican: *"No hacen falta más. Las acciones proyectadas no requieren mucha gente. Por el contrario, gran parte del éxito de las mismas depende de que sea pequeño el número de los que las efectúen. Son acciones de sorpresa, al estilo de las acciones-comando que tan importante papel jugaron en la II Guerra Mundial. El ataque naval del 10 de Septiembre contra Cayo Francés es un buen ejemplo de este tipo de acción. Pero esta ha sido sólo la primera, y como a manera de prueba. Pronto se realizarán otras, de mayor importancia. Hemos estudiado bien los detalles y podemos asegurar que con pocos hombres pueden causarse daños gigantescos a los objetivos fundamentales del enemigo, a los lugares estratégicos que constituyen centros vitales para el mantenimiento del Régimen. Además, los 66 hombres son los que realizan las acciones desde el exterior, pero "Alpha" tiene contactos estrechos con los movimientos clandestinos que operan dentro de Cuba".*

LAS DOS CARAS DE ALPHA

¿Quiénes son los hombres de "Alpha"? Ellos mismos explican que la "Operación" tiene dos caras: una "visible" y la otra "invisible". Esta última está compuesta por los que se han comprometido a realizar las acciones de guerra. Sus nombres, por razones obvias, se mantienen en secreto. Cada uno de ellos sabe que la empresa en que están empeñados está erizada de riesgos y peligros. Y que en ella pueden dejar fácilmente la vida.

La cara "visible" está formada por los encargados de recaudar los fondos necesarios para realizar las acciones proyectadas, contabilizar las aportaciones, emitir los acuses de recibo, auditar mediante contadores públicos el proceso de recaudación, ingresar los fondos en la cuenta bancaria y ocuparse de la propaganda y la publicidad de la organización.

"La Operación está organizada con las características de una empresa comercial o industrial", explica uno de los hombres del grupo. Y continúa: *"Tenemos cuatro Departamentos: el de Contabilidad (con libros y contadores), el de Auditoría (con auditores que fiscalizan la recaudación), el de Caja (con una cuenta bancaria con cuatro firmas de solvencia) y el de Producción (encargado de planear, proyectar y producir los hechos militares o acciones de guerra). Todos los fondos que se recaudan son depositados bajo la firma de dos miembros de la organización en una cuenta bancaria a nombre de "Operación Alpha 66". Esos fondos son fiscalizados por la "Asociación de Contadores Públicos y Privados de Cuba en el exilio.*

LOS RECURSOS

"Alpha" cuenta, básicamente, con las aportaciones de los propios cubanos. *"El éxito de nuestra empresa depende de lo que aporten los exilados cubanos"*, declara uno de los miembros de la organización. *"Al principio costó trabajo recaudar. Muchos cubanos querían ver acciones concretas antes de contribuir. De todas maneras, se recaudó lo necesario para las acciones iniciales. Y ahora estamos seguros de que después de haberse producido el primer hecho aumentarán las aportaciones. A nadie exigimos que se afilie a la organización o que llene planillas. A todos los cubanos les decíamos simplemente: Esperen los hechos. Y empeñamos nuestra palabra de que si se recaudaba lo suficiente los hechos se producirían. Llegamos a señalar una fecha tope para el inicio de las acciones el 22 de Septiembre. Algunos pensaron que no podríamos hacerlo. Y, sin embargo, lo hicimos. La primera acción tuvo lugar el 10 de Septiembre, doce días antes de la fecha señalada. Los que creyeron en nosotros y nos ayudaron económicamente con sus aportaciones no se han visto defraudados. Alpha ha demostrado que no pide por gusto. Esperamos que todos los cubanos del exilio respondan en lo que puedan, ahora que se ha visto que cumplimos nuestra promesa".*

"ALPHA" Y LAS DEMAS ORGANIZACIONES ANTI-CASTRISTAS

En el exilio existen numerosas organizaciones anti-castristas. Cada una de ellas tiene su Programa. Cuando a los hombres de "Alpha" se le pregunta cuál es su Programa, responden: *"Hacer la guerra a Castro y al comunismo".*

¿Significa ésto que a esos hombres no les interesa el aspecto ideológico de la Cuba del futuro? Desde luego que *sí* les interesa. La mayoría de ellos luchó contra la dictadura de Batista y se enfrentó al Régimen de Castro al comprobar la traición consumada contra los ideales democráticos. Son, pues, cubanos, de firmes convicciones ideológicas. Pero insisten en que su misión actualmente es de tipo militar, no político. *"La forma de organizar el futuro Gobierno de Cuba sobre bases democráticas y justas es tarea de otras organizaciones"*, aclaran, *"Alpha se ha constituído exclusivamente para realizar acciones de guerra que contribuyan decisivamente al derrocamiento del régimen comunista en Cuba".*

Pero al mismo tiempo, a los hombres de "Alpha 66" les interesa subrayar que esa organización no ha surgido para obstaculizar la tarea de ningún grupo o movimiento anti-castrista. *"No venimos a dividir ni a restar"*, afirman, *"sino a sumar fuerzas en la batalla por la liberación de Cuba. Nuestro objetivo es contribuir con nuestras acciones a adelantar la guerra necesaria para recuperar las libertades secuestradas en nuestra Patria. No somos obstáculo para los planes de nadie. Cooperaremos con todos los que estén dispuestos a llevar la guerra a Cuba en defensa de los postulados cristianos, democráticos y occidentales frente al Régimen castrista sostenido por la Internacional comunista".*

Así se expresan los hombres de "Alpha 66". Hasta hace poco sus palabras tenían sólo el valor de una promesa. Ahora tienen, además, la autoridad de los hechos. El ataque naval a Cayo Francés demostró a los escépticos que era posible hacer lo que "Alpha" prometió. Pero esa ha sido sólo la primera de las acciones proyectadas. "Esperen los hechos", decían los hombres de "Alpha" al pedir la ayuda de los cubanos. El primero de esos hechos se ha producido. Ahora dicen: *"Vendrán otros, y pronto".* Y añaden: *"No olviden que nos llamamos "Alpha". "Alpha es principio. El principio del fin del comunismo en Cuba".*

PATSY'S
"Rancho Grande"

108 West 44th St. entre Broadway y Ave. de las Américas New York

COMIDAS CRIOLLAS Y MEXICANAS
Abierto de 11 A.M. a 4 A.M.

Teléfono CO 5-9877

ENTERTAINMENTS: 8:30 P.M. a 3.00 A.M.
VINOS Y LICORES IMPORTADOS

RESPUESTAS A ¿SABE USTED?

1. Jamaica, Trinidad-Tobago, Rwanda y Burundi. Pero no ha recomendado todavía la admisión de Argelia.
2. El 14 de septiembre fue trasladada a Bangkok, capital de Thailandia.
3. La cuestión de su sucesión. De Gaulle quiere que el sucesor sea nombrado mediante sufragio universal — y para ello es indispensable la reforma de la Constitución..
4. El primero de octubre de este año.
5. A treinta mil víctimas, entre muertos y heridos.
6. Atlas F.
7. La Unión Sudafricana.
8. Las llamadas "dependencias de la Guadalupe": San Martín, San Bartolomé, La Deseada y María Galante.

DOC. 4-11   New York, October 19, 1962

United States Post Office Department
Grand Central Station
Lexington Avenue
New York, N.Y

Re: Post Office No.1911

Dear Sirs:

This will confirm our conversation of yesterday in which I explained to you that I have authorized mail to be addressed in care of the above post office box to an organization known as "Alpha 66" Such mail is not received by me in any official capacity with such organization. Although I am a contributor and supporter of such organization I do not hold any office or official title. Such mail when received at my post office box is retransmitted by me to the headquarters of the group in Puerto Rico.

Unless there is some official objection thereto I should like to request that you permit this arrangement to continue. Otherwise please advise me and I shall endeavor to arrange for the discontinuance of this use of my post office box. In the meantime, however, I would appreciate if you would release to me such correspondence as is received in care of my box addressed to "Alpha 66"

Very truly yours,

A. G. Solana

DOC. 4-12

U.S. Eyes Puerto Rico Base Of Alpha 66 As Ships Move Out

Anti-Castro Commando Unit Is Under Surveillance As Blockade Resumes

By JOHN R. KING
(Staff Writer)

San Juan, P. R.—Alpha 66, the not-so-secret anti-Castro commandos based in Puerto Rico, was ... 'er light surveillance by U.... States warning slipped out of this Caribbean stronghold to resume the arms blockade of Cuba.

Despite mounting sympathy for these militant Cubans, some United States officials fear one of their adventurous raids will upset the delicate war of nerves between the United States and the Soviets.

In the classic tradition of Latin revolutionaries, Alpha 66 is a dramatic group of ... mer who have found a cause. Prone to issuing official war communiques, to say nothing of a warning to the British Empire, Alpha 66 sends tiny highly-armed craft rampaging along the Cuban coast taking pot shots at targets of opportunity, which means anything th...

Ou...oken front man for Alpha 66 is wiry, 34-year-old Antonio Veciana who fled Cuba last year after an abortive plot to kill Fidel Castro. A former accountant, Veciana is the recognized spokesman for this counterrevolutionary movement although other leaders like Antonio Fernandez, Perez Hierro, and Geronimo Esteves Jr. operate openly in San Juan.

A... first Alpha 66 cheered President Kennedy's blockade, hoping it was simply a prelude to invasion, the avowed aim of virtually every Cuban exile movement. They had hoped the United States Navy squadrons operating in the Bahamas Channel, north of Cuba, would serve as an umbrella of steel under which they could renew their forays against Cuba.

the Miami-Cuba-Puerto Rico mainlanders.

This faction boasts a war chest of $100,000 and 300 armed-trained Commandos. Many young students and boosters patriots, who resent being held in check while one of their leaky boats remains afloat.

Actually their raids have done (Continued on page 16, column 1)

While operating freely in San Juan, Alpha 66 maintains strict secrecy about its forward base of operations which may be any one of the hundreds of islands that dot the Caribbean north of ...

CUBANS IN SAN JUAN: Alpha 66 leaders address Cuban exiles in San Juan following announcement that the U. S. would resume the blockade. Shown here are Manolo Fernandez and Geronimo Esteves Jr., of the semisecret force which has been sending raiding parties to the very doorstep of Castro's capital.

U.S. Eyes Puerto Rico Base Of Alpha 66 As Ships Move Out

(Continued from page 1)

nothing but infuriate Castro, but they serve as means of dramatizing the counterrevolutionary cause. Old Cuba hands recall that Castro's first skirmishes in Oriente Province served no better purpose than that.

MARTYRS READY

There is a saying among Latin American revolutionaries that one good martyr is worth a thousand rifles, and a thousand rifles are often badly timed and ineffective in a military sense, they lack none of the derring-do so dear to the hearts of Latins everywhere.

RAIDERS LAND

Recently two tiny raiding boats, equipped only with machine guns, foundered in the Bahama Channel. The 15 crewmen somehow managed to reach the Cuban coast where they commandeered a fishing boat and made their way to safety waving a couple of Cuban flags as war trophies.

It is episodes like this that keep the fires of passion burning in the otherwise sleepy Latin American breast. And what Cuban exile does not rally to the Alpha 66 battle cry, Primero Muertos Que Esclavos, which means Death Before Slavery.

That's the way they fight their wars south of the border.

San Juan had an air of expectancy and drama yesterday as the sleek missile cruiser U. S. S. Newport News and her destroyer

between the two extremes — will screen returned to blockade stations to fight and fairly well. Alpha 66 was silent, perequipped and organized. While haps preoccupied with its attempts to link up with another exile force known as the Second Front of Escambray, based in Florida.

TENSION FELT

Puerto Ricans, who have accepted an estimated 15,000 Cuban exiles, went about their business preparing for the expected onrush of tourists, but there was no mistaking the tense feeling generated by the new blockade. The general idea is that Puerto Rico is not a prime nuclear target although it has five major military and naval installations.

There was no sign of scare food-buying or shelter fever although government authorities are keeping a close watch on food reserves, realizing an attack on East Coast ports would virtually seal off all supplies from the mainland. And Puerto Rico, like most Caribbean islands, is not self supporting.

But the atmosphere is charged with the expectation of dramatic events.

Alpha 66 stands somewhere be-

Miami, Agosto 10 de 1962

Estimado Alberto:

Sólo dos líneas para saludarte e informarte de lo siguiente:

1) Los planes para la primera acción están terminados y esperamos que muy pronto se lleve a cabo la primera acción proyectada. Quiera Dios que el éxito corone tanto sacrificio y esfuerzo.

2) Confío que el entusiasmo haya prendido y el grupo que inicialmente pareció interesado continúe laborando.

3) Debes de remitir semanalmente los cheques que se hayan recogido al centro financiero de Puerto Rico. Pues continuamente hace falta aplicar fondos a la compra de equipos etc., para realizar las acciones proyectadas en el tiempo prometido.

4) Crees posible que ustedes puedan reunir para el 20 o 25 la meta que permita adquirir el equipo cuyo catálogo se halla en tu poder? Sería una gran cosa......

Saludos para todos y tu recibe un abrazo,

Antonio Veciana Blanch

WNEW Radio

565 FIFTH AVENUE, NEW YORK 17, NEW YORK. YUKON 6-7000   A METROPOLITAN BROADCASTING STATION

DOC. 4-13

October 12, 1962

Alpha 66
PO Box 1911
Grand Central Station
New York, New York

Gentlemen:

As a newsman, I have observed the Cuban situation with more than casual interest.

I am vitally concerned in the work of your organization... both from a professional and personal standpoint.

This concern has grown steadily since I covered the arrival of the first contingent of Cuban war prisoners in Miami last April.

Aside from covering that story from the spot-news angle, I did a half-hour documentary...plus numerous commentaries which were more than sympathetic toward the plight of the Bay of Pigs prisoners.

In my position here as an executive of the largest independent radio station in the nation, I feel that a personal interview with a designated member of your organization could be of the greatest mutual advantage to both of us.

Our corporation also owns and operates WRUL, World Wide Broadcasting, which is beamed by shortwave throughout Latin America.

I trust you will hold this letter in the strictest confidence.

Sincerely,

Richard D. Merson
Assistant Director,
News and Special Events

DECLARACION DE PRINCIPIOS PARA LA GUERRA

El 10 de Septiembre de 1962 con el ataque naval a Cayo Francés-Puerto Caibarién, se inició la etapa final de la guerra de liberación que sostiene el pueblo cubano en su propósito por romper las cadenas de esclavitud que le atan a la Internacional Comunista. Anunciamos al mundo que a esta primera acción militar, seguirán otras muchas y que no desmayaremos hasta obtener la victoria final que permitirá reconquistar nuestra independencia política y económica.

En esta oportunidad e iniciada la lucha armada, los patriotas cubanos decididos a vencer o morir, hacemos la siguiente declaración de principios para la guerra:

Primero: Exhortamos a todos los cubanos desterrados, especialmente a los de posición económica desahogada, para que aporten los recursos financieros necesarios para llevar adelante esta guerra justa en contra del régimen comunista que oprime nuestra Patria. El cubano que olvide a la sociedad en donde convivió, olvide a la familia que aun queda en Cuba, olvide a los presos que sufren en las mazmorras, olvide a los innumerables mártires y olvide a la Patria, traiciona a la sociedad, traiciona a la familia, traiciona a los presos, traiciona a los mártires y traiciona a la Patria.

Segundo: Solicitamos de los gobiernos de los países de México, Brasil, Chile y Bolivia rectifiquen su política de cooperación indirecta y apoyo moral al régimen comunista castrista, advirtiéndoles de no variar esta política contraria a los principios por la que lucharon Simón Bolivar, Benito Juárez, Bernardo O'Higgins, José Martí e innumerables próceres de la gesta redentora americana, les retiraremos simbólica y públicamente el calificativo de "Hermanos Latinoamericanos". Hermanos son los que ayudan en los momentos difíciles, no los que con pretextos amañados y leguleyescos lucran a costa de la sangre y el sufrimiento de nuestro pueblo. Pedimos a los pueblos de estos países que se movilicen y obliguen a sus respectivos gobiernos a sumarse sin vacilación ni cobardía a la causa democrática de América.

Tercero: Advertimos a la marinería de los barcos bajo bandera de naciones occidentales, que en suelo cubano se libra una batalla a muerte. De una parte el pueblo cubano defensor de los postulados cristianos, democráticos y occidentales y de otro lado el régimen castrista sostenido a la fuerza por la Internacional Comunista representando los principios anticristianos dictatoriales y antioccidentales. El ametrallamiento del navío inglés "New Lane" realizado el 10 de Septiembre fué solo un aviso. En lo adelante los patriotas cubanos consideraremos objetivo militar a los barcos que aprovisionen y avituallen el régimen comunista.

Cuarto: Exhortamos a la Organización de Estados Americanos para que a tenor de los principios democráticos que constituyen el basamento que da la razón de ser a esta organización, active por los medios a su alcance el bloqueo comercial y militar a que viene obligado con motivo de la intervención extracontinental que padece nuestra Patria. A nombre del pueblo democrático cubano que suscribió oportunamente el "Tratado de Defensa Hemisférico" firmado en Río de Janeiro por los países del continente americano solicitamos la ayuda militar necesaria para la guerra que sostenemos en contra de la intervención extracontinental y comunista que oprime a la República de Cuba.

Puerto Rico, Septiembre 12, 1962

PRIMERO MUERTOS QUE ESCLAVOS

OPERACION ALPHA 66

DOC. 4-14

New York, Octubre 11, 1962

Sr. Antonio Veciana
Apartado 9191
Santurce,
Puerto Rico

Estimado Antonio:

El Viernes 12 de esta semana, o el Martes próximo te visitará el periodista Petor Mann, de North American Newspaper Alliance, quien, desea entrevistarte ahora; y además quiere ir en la próxima acción de guerra.

Tanto con él como con cualquier otro periodista o persona, te recuerdo la necesidad de la mayor discreción, pues nadie sabe quien puede cometer una indiscreción, o quien es de alguna organización de Fidel infiltrado en otros movimientos, o quien es del CIA.

Para cualquier llamada o asunto desde mañana hasta el Lunes 8 A.M. puedes localizarme en mi casa - KI-6-5288;

Un abrazo de,

México, D. F., Agosto 25/62.

"OPERACION ALPHA 66",
P.O. Box 1911
Grand Central Station
New York
U. S. A.

Queridos Compatriotas:

Por medio de uno de tantos hermanos radicando ahora en los Estados Unidos, recibí su circular.

La reducida cantidad que envío, no solo es el aporte del que suscribe sino también contiene humildes contribuciones de compañeros de trabajo mexicanos.

Créanme que es mucho lo que siento el no poderles enviar más para una causa tan justa y a la que estamos obligados todos los cubanos en el destierro.

Mucho éxito y que Dios los proteja.

Ing. José M. del Cueto.

P.D.: Envío Giro Postal por $ 251.00 M.N., No. 223393
Por Correo Aéreo.

DOC. 4-15

Estado "A"

Operación Alpha 66
Estado de Ingresos y Desembolsos
Desde Mayo 14 hasta Agosto 31 de 1962

Anexo		Importe	%
	Contribuciones	$19,767.71	100.00
	Desembolsos:		
"A-2"	Militares	19,000.00	96.11
"A-3"	Financieros	425.73	2.15
	Total Desembolsos	19,425.73	98.26
	Fondos Disponibles en Agosto 31 de 1962	341.98	1.74
	Fondos en efectivo para pagos menores	174.27	0.88
	Fondos en el Banco, según certificación adjunta	167.71	0.86
		$ 341.98	1.74

Anexo "A-1"

Contribuciones
Desde Mayo 14 hasta Agosto 31 de 1962

Países	Contribuciones	Importe	Promedio	Máxima	Mínima
Puerto Rico	786	$12,690.69	16.14	1,000.00	0.50
Estados Unidos	673	5,935.61	8.82	500.00	0.25
España	10	415.00	41.50	300.00	1.67
México	25	213.00	8.52	50.00	1.00
Panamá	12	72.00	6.00	20.00	1.00
Chile	13	69.96	5.38	8.25	1.66
Argentina	1	61.45	61.45	61.45	61.45
Venezuela	4	60.00	15.00	20.00	10.00
Brasil	1	50.00	50.00	50.00	50.00
Costa Rica	1	50.00	50.00	50.00	50.00
Perú	1	50.00	50.00	50.00	50.00
República Dominicana	1	50.00	50.00	50.00	50.00
Colombia	2	25.00	12.50	20.00	5.00
Italia	1	15.00	15.00	15.00	15.00
Trinidad, B.W.I.	1	10.00	10.00	10.00	10.00
	1,532	19,767.71	12.90	1,000.00	0.25

Escalas						
De $ 0.01 a $ 1.00	231	223.59	0.97	1.00	0.25
1.01 5.00	709	2,932.77	4.14	5.00	1.14
5.01 10.00	299	2,911.79	9.74	10.00	5.70
10.01 25.00	210	4,276.81	20.37	25.00	11.00
25.01 50.00	46	2,061.00	44.80	50.00	29.00
50.01 100.00	24	2,160.95	90.04	100.00	57.00
100.01 500.00	12	4,200.80	350.07	500.00	150.00
500.01 1,000.00	1	1,000.00	1,000.00	1,000.00	1000.00
	1,532	$19,767.71	12.90	1,000.00	0.25

Nota: Las contribuciones hasta Septiembre 12 de 1962 ascendían a $ 20,202.78

Anexo "A-2"

Desembolsos Militares
Desde Mayo 14 hasta Agosto 31 de 1962

Acción "Ponce" - Ejecutada en Septiembre 10 de 1962

Capítulo	Presupuestado	Desembolsado	Faltante
1	$2,100.00	2,326.39	226.39
2	350.00	353.50	3.50
3	900.00	1,010.00	110.00
4	250.00	2,135.16	1,885.16
	$3,600.00	5,825.05	2,225.05

Acciones en Proceso de Ejecución Actualmente

Acción "Antonieta"

Capítulo	Presupuestado	Desembolsado
1	$1,300.00	1,273.66
2	1,700.00	1,727.25
3	2,500.00	2,500.00
4	600.00	1,175.00
5	800.00	-
6	2,000.00	2,000.00
7	400.00	-
8	1,300.00	1,150.00
9	150.00	150.00
10	750.00	2,500.00
	$11,500.00	12,475.91

Acción "Carmen"

Capítulo	Presupuestado	Desembolsado
1	$2,500.00	-
2	4,000.00	-
3	2,000.00	-
4	2,000.00	499.04
5	500.00	-
6	1,500.00	-
7	500.00	200.00
	$13,000.00	699.04

Acción	Presupuestado	Desembolsado
Ponce	$ 3,600.00	5,825.05
Antonieta	11,500.00	12,475.91
Carmen	13,000.00	699.04
	$28,100.00	19,000.00

Notas:
1. Los patriotas que participaron en la Acción "Ponce" cedieron gratuitamente equipo valorado en $ 5,000.00 aproximadamente el cual fué utilizado en dicha Acción y no representó desembolso de efectivo.
2. Por razones militares no se describen los capítulos presupuestales, sin embargo, algunos de los desembolsos efectuados pueden capitalizarse debido a la naturaleza de los mismos.

Anexo "A-3"

Desembolsos Financieros
Desde Mayo 14 hasta Agosto 31 de 1962

Concepto	Importe	% sobre las Contribuciones
Franqueo	$ 208.04	1.05
Impresos y Efectos de Oficina	150.08	0.76
Gastos para Vender Terreno Cedido	29.70	0.15
Cables y Telefonemas	24.16	0.12
Servicio Bancario	13.75	0.07
	$ 425.73	2.15

DOC. 4-16

UN AUDAZ PERO MALOGRADO GOLPE EN LA LUCHA CLANDESTINA CONTRA CASTRO

Incursión a Cuba con Una Guerrilla del Alfa 66

por ANDREW ST. GORGE

Mientras los estadistas del mundo estudiaban los grandes problemas que planteaba Cuba, y la paz mundial se tambaleaba en peligroso equilibrio, proseguía con todo encono la guerra en pequeño que libran contra Castro los cubanos en el exilio. El fotógrafo Andrew St. George, que en otra época hizo la historia gráfica de la carrera de Castro, desde que éste empezó a luchar en la Sierra Maestra hasta la toma de La Habana, acompañó recientemente a los expedicionarios del grupo anticastrista clandestino Alfa 66 en una incursión a la costa de Cuba. Volvió con el extraordinario relato que publicamos aquí, el primero que se conoce sobre las actividades de los audaces guerrilleros marítimos.

Somos tres, este domingo, en el bote que se mece suavemente—un regordete violinista cubano de un club nocturno de Miami, un enjuto marinero cubano que fuma silenciosamente mientras los otros dos pescamos con largas cañas. Es cerca de la medianoche, y a menos de una milla, por estribor, parpadea la costa de oro de la playa de Miami con sus pupilas de neón. Es un tranquilo cuadro, pero las cañas no tienen sedal ni anzuelo. Lo que esperamos pescar es otra cosa. Bien pasada la medianoche llega por fin, con ronco fragor.

De la obscuridad se desprenden las negras siluetas de dos veloces lanchas a motor. Giran en torno a nosotros y luego se detienen abruptamente para que nuestra chalupa se les acerque. Desde la primera nave hombres encapuchados y protegidos por capotes impermeables alargan las manos para recoger mi pesada impedimenta. A medias ayudado y levantado en vilo entro de cabeza en el bote. Ruge otra vez el motor y al enfilar hacia mar abierto me doy cuenta de que no sólo me alejo de la playa de Miami sino que penetro en un mundo nuevo y sombrío, tan diferente de la vida ordinaria de los EE.UU. como el lado ignoto y sombrío de la Luna.

Pero este domingo, minutos después de las 6, tras días de espera, el coupé Chevrolet más corriente del mundo me recogió y me llevó a través del azuloso crepúsculo de Coral Gables, rumbo al norte, hasta un muelle de pescadores en Bal Harbor. Cuando llegamos, el violinista del club nocturno bajaba al agua el pequeño esquife desde un remolque provisto de cuanta placa y lamparilla exige la ley. Cargué con mis bultos y subí; el marinero flaco saltó a la proa, el violinista le dio un tirón a la cuerda de arranque del motor y nos hicimos al mar pasando por debajo del puente de la Harbor House.

Paramos frente a una configuración de luces de neón que, era evidente, servían de señal para fijar nuestro punto de reunión. El violinista tomó dos largas varas de bambú que había a popa, me dio una, alargó la otra, y nuestras sombras adquirieron la forma que suelen tener el domingo por la noche todos los respetuosos de la ley en la playa de Miami.

Calladamente esperamos mientras corrían los minutos y las horas, mecidos suavemente por el oleaje, hablando muy poco. Comenzaba el violinista a preguntar si no sería bueno volver a la playa, a ver qué pasaba, cuando, cortando la obscuridad, llegaron las lanchas automóviles hasta nosotros. Caí dentro de la primera y me puse luego de pie, tambaleante. Pude ver al pequeño violinista que pasaba unos bultos del esquife a la otra lancha, que también se engulló al larguirucho marinero. La mía aceleraba rápidamente y apenas si pude agitar la mano despidiéndome. Instantes después se perdía de vista el botecito desapareciendo en la obscuridad.

Es la mañana del lunes. Mientras las olas baten el casco y el agua salada salta a proa y me azota la cara, examino la lancha, que mide unos siete metros. No le queda sobre cubierta ni pizca de la superestructura, como si la hubieran limpiado a navaja. A popa tenemos dos máquinas de 140 H.P., al centro el depósito de gasolina más grande que fue posible conseguir, y sobre la rueda del timón un girocompás. Además llevamos amarrados, junto a la borda, cuatro barriles de gasolina. El hombre que empuña el timón viste camiseta y esa funda de goma que usan los buzos, pegada a la piel. Es un cubano alto, de unos 35 años, de anchos hombros y pelo rizado. Lo llamaremos Ricardo. Es el capitán del bote que va a la cabeza.

Forman la expedición el bote de Ricardo, el *Lola*, y el que nos sigue, el *Suzy*, que es exactamente igual. En cada lancha van cinco hombres; uno o dos están siempre ocupados cuidando de las máquinas o de las bombas.

La gente hace turnos en el timón. Uno es Joaquín, que no dice esta boca es mía. Es grueso, fuerte, y tiene la cara casi tapada por un casco de obrero metalúrgico. Policarpo es un pescador de poca talla, piel obscura y arrugada. Hay dos más que trabajan a popa: un estudiante delgado y ansioso a quien llamaremos Paco y un impasible ex fusilero de la fuerza rebelde de Castro apodado Universo.

En toda aquella noche del domingo ninguno de ellos durmió más de una hora o dos, apretujado a proa, bajo

COMANDOS "L-66"

P.O. BOX 66
RIVERSIDE STATION
MIAMI, FLORIDA

MIAMI, FLORIDA
DICIEMBRE 12 DE 1962.

SR. A. G. SOLANA
3555 OXFORD AVE.
APT 5 J
N Y 63, N. Y.

ESTIMADO AMIGO GUTIERREZ DE LA SOLANA:

EN EL DÍA DE HOY RECIBÍ TU EXTENSA CARTA, AGRADECIÉNDOTE SINCERAMENTE LA PREOCUPACIÓN TUYA POR CONOCER TODOS LOS ANTECEDENTES RELACIONADOS CON COMANDOS "L-66". DE LA ÚNICA MANERA QUE PODRAS PRESTARLE A ESTA CAUSA LA DEDICACIÓN Y EL ENTUSIASMO QUE TUVISTE CON ALPHA 66 SERA SI SABES A CIENCIA CIERTA A DONDE VAS Y CON QUIEN ESTAS ASOCIADO EN ESTA LUCHA.

DEBO EMPEZAR POR DECIRTE QUE TAL COMO ERA EN ALPHA 66, NUESTRA ORGANIZACIÓN ESTA DIVIDIDA EN DOS SECTORES: EL SECTOR MILITAR Y EL SECTOR CIVIL. EN CUANTO AL SECTOR MILITAR DEBO ACLARARTE QUE CONTINUA TRABAJANDO EN LA MISMA FORMA QUE LO HIZO BAJO EL NOMBRE DE ALPHA Y CON LA PREPARACIÓN NECESARIA PARA LA REALIZACIÓN DE LA PRIMERA ACCIÓN. DE ACUERDO CON LOS INFORMES QUE YO TENGO SE ENCUENTRA ACELERADA.

COMENZAMOS COMANDOS L-66 CON $2,700 QUE TENÍAMOS EN CAJA DE ALPHA 66, SIN BARCOS PORQUE LOS DOS QUE TENÍAMOS LOS PERDIMOS EN LA ACCIÓN DEL 24 DE OCTUBRE. TANTO EN PUERTO RICO COMO EN MIAMI NO HEMOS COMENZADO AUN LAS GESTIONES RECAUDATORIAS, AUNQUE ESPERAMOS COMENZARLAS DE UN MOMENTO A OTRO.

CON LOS $2,700, MÁS $2,000 QUE CONSEGUIMOS PRESTADOS HEMOS ECHADO A ANDAR NUESTRA PRÓXIMA OPERACIÓN MILITAR Y EL PRESUPUESTO DE LA MISMA EXIGE ALREDEDOR DE $1,500 ADICIONALES. ESPERAMOS QUE DIOS MEDIANTE YA SEA PRESTADO O RECAUDÁNDOLO ENTRE LOS SIMPATIZANTES QUE TENEMOS EN ALPHA 66 EN UN TÉRMINO MUY BREVE PODAMOS COMPLETAR A LA PARTE MILITAR LA CANTIDAD REQUERIDA.

EN LA PARTE CIVIL QUIERO SIGNIFICARTE QUE NOS ESTAMOS ORGANIZANDO MEJOR QUE NUNCA Y ESTAMOS DEDICÁNDOLE Y LE HEMOS DEDICADO MUCHAS HORAS EN LA ESTRUCTURACIÓN DE LO QUE DEBE SER COMANDOS "L-66".

ADJUNTO TE ESTOY REMITIENDO:

A) CONSTITUCIÓN DE COMANDOS L-66 LA QUE CON PEQUEÑAS MODIFICACIONES HA SIDO ACEPTADA POR PUERTO RICO. TAN PRONTO RECIBA DE ELLOS DICHAS MODIFICACIONES TE ENVIARE UNA COPIA. MIENTRAS TANTO Y AUNQUE NO DEBES DARLE PUBLICIDAD A ESTE DOCUMENTO, PUEDES UTILIZARLO PARA QUE CONOZCAN TANTO TU COMO LOS DEMAS COLABORADORES QUE TUVO ALPHA 66 EN ESA CIUDAD EL CONTENIDO DE NUESTRA CONSTITUCIÓN.

B) ESTATUTOS - ESTOS ESTATUTOS FUERON PREPARADOS POR MIAMI Y REMITIDOS A PUERTO RICO PARA QUE LOS MISMOS ACEPTARAN O MODIFICARAN SU

PATRIA Y LIBERTAD

DOC. 4-17

COMANDOS "L-66"

P.O. BOX 66
RIVERSIDE STATION
MIAMI, FLORIDA

- 2 -

SR. A. G. SOLANA   DIC. 12, 1962.

CONTENIDO SOMETIÉNDOLO DE NUEVO A NOSOTROS PARA SU DISCUSIÓN Y APROBACION.

C) REGLAMENTO - ESTE, DE ACUERDO CON LOS ESTATUTOS, QUEDA EN LIBERTAD CADA JUNTA DE CONFECCIONARLO AJUSTÁNDOSE A SUS NECESIDADES SIEMPRE Y CUANDO EN NINGÚN MOMENTO SE CONTRAVENGA LO DISPUESTO TANTO EN LA CONSTITUCIÓN COMO EN LOS ESTATUTOS DE LA ORGANIZACIÓN.

- - - - - - -

TE MERECES UNA EXPLICACIÓN EN EL SENTIDO DEL POR QUÉ NO TE HABÍA REMITIDO ESTA DOCUMENTACIÓN A TI. COMO PUERTO RICO SIEMPRE FUE LA CENTRAL PENSÉ QUE EN TODO MOMENTO TE ENVIARÍAN ESTA DOCUMENTACIÓN PARA QUE TU CONOCIERAS LO QUE ESTÁBAMOS PREPARANDO Y OPINARAS SOBRE EL PARTICULAR.

EN VISTA DE QUE PUERTO RICO NO LO HA HECHO ANTERIORMENTE, TE PROMETO TENERTE INFORMADO DE TODO LO QUE VAYA OCURRIENDO.

- - - - - - -

EN TU CARTA ME HABLAS DE UNAS DECLARACIONES HECHAS POR EL SR. BLANCO LO CUAL DESCONOCÍA Y TE RUEGO QUE SI TIENES UN RECORTE DEL PERIÓDICO QUE SALIÓ EN NEW YORK ME HAGAS UNA COPIA DEL MISMO Y ME LO REMITAS.

- - - - - - -

ADJUNTO TE ESTOY REMITIENDO ALGUNOS DE LOS NOMBRES DE LAS PERSONAS QUE CONSTITUYEN LA JUNTA DE MIAMI. ESTO LO HICIMOS CON MIRAS PUBLICITARIA PORQUE COMO OBSERVARAS EN EL REGLAMENTO NOS QUEDA PROHIBIDO EN EL ARTÍCULO XIII USAR NUESTRO NOMBRE EN FORMA PUBLICA PERO NECESITÁBAMOS DARLE ESA INFORMACIÓN AL PERIODISTA ANDRE ST. GEORGE QUIEN ESCRIBIÓ EL ARTÍCULO QUE APARECIÓ EN LA REVISTA LIFE EN ESPAÑOL EN SU NÚMERO DE 10 DE DICIEMBRE DE 1962, COPIA DEL CUAL TE ESTOY REMITIENDO.

- - - - - - -

COMO VERÁS POR LOS ESTATUTOS, LA JUNTA DE MIAMI TENDRÁ A SU CARGO TODAS LAS DELEGACIONES QUE SE CONSTITUYAN EN LOS ESTADOS UNIDOS. ESTO MERECERÍA UNA ACLARACIÓN POR CUANTO SERÁ NECESARIO QUE MIAMI Y NEW YORK TRABAJEN COORDINADOS EN EL CONTROL DE LAS DELEGACIONES EN EL SENTIDO DE QUE PUEDE SER QUE POR DISTANCIA O CUALQUIER OTRA SITUACIÓN SEA MÁS CONVENIENTE QUE NEW YORK CONTROLE UNA DELEGACIÓN DETERMINADA Y EN LA PRACTICA ASÍ LO HAREMOS COMO POR EJEMPLO, PUEDE SUCEDER QUE TENGAMOS QUE NOMBRAR UN DELEGADO EN NEW JERSEY Y SERÍA DE GENERO TONTO Y CONTRARIO A LOS INTERESES

PATRIA Y LIBERTAD

COMANDOS "L-66"

P.O. BOX 66
RIVERSIDE STATION
MIAMI, FLORIDA

(CARTA DE FECHA DIC. 12, MEMORANDUN No. 2)

MEMORANDUM - No. 3

-A: NEW YORK   AT. DR. A G DE LA SOLANA
DE: MIAMI

ADJUNTO TENEMOS EL GUSTO DE ENVIARLE COPIA DE LA CONSTITUCIÓN QUE ACABAMOS DE RECIBIR DE PUERTO RICO.

COMO LE INFORMABAMOS EN NUESTRO MEMO No. 2 LAS MODIFICACIONES QUE L5 HICIERON CON RESPECTO A LA COPIA QUE OBRA EN PODER DE UD., SON MÍNIMAS.

ATENTAMENTE,

PEDRO MUIÑA.

ADJ.

Esta Constitución es ya la definitiva aprobada por Puerto Rico y Miami. Espero nota de tu aceptación. Si no la fuera, te agradeceré me hagas los comentarios.

DOC. 4-18

PATRIA Y LIBERTAD

COMANDOS "L-66"

- 3 -

DIC. 12, 1962

SR. A. G. SOLANA

DE LA ORGANIZACIÓN QUE MIAMI PRETENDIERA TENER ESA DELEGACIÓN BAJO SU JURISDICCIÓN EN EL CASO DE QUE NEW YORK ESTÉ EN CONDICIONES DE CONTROLARLA Y DISPUESTO A HACERLO ASÍ. POR ESO EL ÚLTIMO PÁRRAFO DEL ARTÍCULO XI DE LOS ESTATUTOS DEJA LAS PUERTAS ABIERTAS PARA RENUNCIAR A LA RESPONSABILIDAD TERRITORIAL.

ADJUNTO TAMBIÉN TE ESTOY REMITIENDO UN ESCRITO QUE SE TITULA ORIGEN Y FORMACIÓN DE COMANDOS "L-66" CONFECCIONADO POR LA JUNTA DE MIAMI EL CUAL VAMOS A UTILIZAR CONJUNTAMENTE CON LA CONSTITUCIÓN, EL REGLAMENTO Y EL ARTÍCULO DE LIFE PARA FORMAR UNA ESPECIE DE KIT EL CUAL REMITIREMOS (CON UNA NOTA ACLARATORIA EN CUANTO AL ARTÍCULO DE LIFE QUE LOS COMBATIENTES QUE TOMARON PARTE EN LA ACCIÓN A QUE SE REFIERE EL ARTÍCULO SON LOS MISMOS QUE CONTINÚAN EN COMANDOS "L-66") A TODOS LOS QUE ESTÉN DISPUESTOS A TRABAJAR CON NOSOTROS EN LAS DISTINTAS CIUDADES, EXPLICATIVO ESTE DE TODOS LOS ANTECEDENTES Y CONTENIDO DE COMANDOS "L-66".

QUIERO SIGNIFICARTE, Y ASÍ LO COMPROBARÁS DESPUÉS QUE LEAS TODO LA DOCUMENTACIÓN QUE TE ESTOY REMITIENDO QUE AQUÍ NO EXISTEN LEADERS NI VOLVEREMOS A COMETER JAMÁS EL ERROR ANTERIOR DE DEPOSITAR NUESTRA CONFIANZA EN UNA PERSONA QUE EN LA MISMA FORMA QUE CREÓ ALPHA 66, LA DESTRUYÓ. TODOS LOS MIEMBROS TIENEN DERECHO A OPINAR EN COMANDOS L-66 Y LAS DECISIONES SE TOMARÁN SIEMPRE POR VOTACIÓN DEMOCRÁTICA.

CONFÍO HABER DADO DEBIDA CONTESTACIÓN A TU CARTA Y ESPERANDO TU GRATA RESPUESTA, TE SALUDA

MUY AFECTUOSAMENTE,

PEDRO MUIÑA.
ADJS. VARIOS.

PATRIA Y LIBERTAD

COMANDOS "L"

Miami, Florida
Abril 14, 1963.

Dr. Alberto Gutierrez de la Solana
Sr. Ramon Perez Daple
New York.

Estimados Alberto y Ramon:

Podrán imaginarse los deseos que tengo de sentarme a escribirles con calma dándoles las impresiones que les ha causado a todos en ésta mis conversaciones con Uds. así como las impresiones de los nuevos acontecimientos que me he encontrado a mi llegada. Esto lo haré a mediados de semana pues ahora sólo quiero enviarles las declaraciones adjuntas que daremos a las emisoras de radio locales en Miami y al Diario de las Americas. Nos gustaria que Uds. en esa las transmitieran a la UP y demás agencias cablegraficas. Como habrán notado nos hemos abstenido de hacer declaraciones publicas pero las insistencias que estas no nos quedan más remedio que hacerlas.

Quiero adelantarles que todo lo he encontrado muy bien. Los muchachos más animados que nunca y midiendo con serenidad en busca de seguridad cada uno de sus pasos. No crean Uds. que el leon es tan fiero como se ve desde New York.- Muchas organizaciones que se proponian actuar en forma similar a la nuestra se nos estan acercando ofreciendonos "todo tipo" de cooperacion con el solo interes de facilitarnos el camino. Las recaudaciones han mejorado en comparación con lo que eran antes de la accion. Distan aún mucho de ser lo que aspiramos.- Puerto Rico tuvo un acto al que enviamos a Humberto Medrano. Tenemos informes que ha sido uno de los actos mejores que se han dado en Puerto Rico. Aun desconocemos el montante de la recaudacion.

Para tu informacion, PD, pude por fin conseguirle reservacion a Julio para regresar esta noche a New York. Cuando lo supo me llamó y me dijo lo esperaba hoy a las 5. Nos entrevistaremos Tony, Roberto, Pedro y yo. Se que les causara muy buena impresion lo que le tenemos preparado informarle.

Como van las gestiones de Uds? Espero volver a New York para fines de mes. Que les parece si para esa fecha podemos escoger un fin de semana y aprovecharlo en la siguiente forma: 1) Viernes por la noche, acto en el que reunamos la mayor cantidad de amigos "de primera linea" en el Freedom House muchos de los cuales ya hayan Uds. ido preparando de antemano. 2) Sabado por la noche, acto (meeting) en algun local de exilados cubanos en New Jersey para informar de que queda constituida la delegacion de Comandos "L" en ese Estado y, 3) Domingo al mediodia, acto en el Manhattan Center o local similar para informar tambien la constitucion, en este caso, Junta de Comandos "L" en la ciudad de New York. Los tres actos los aprovechariamos para recaudar. Yo, o quien la Junta de Miami designe,

PATRIA Y LIBERTAD

- 2 -

nos trasladariamos a esa unos dias antes para coordinar todo lo concerniente a estos actos.- Les sugeririamos igualmente que como uno de los oradores de estos actos incluyeramos a Humberto Medrano quien nos ha ofrecido su cooperacion y ha resultado, ademas de la gran pluma que es, un gran orador.

En fin, Alberto y Ramon, como antes les digo para mediados de semana me extendere mas en todas estas consideraciones. Mediten no obstante sobre esto ultimo que les digo de los actos y si lo estiman conveniente llamennos por telefono para cambiar impresiones, inclusive en conferencia telefonica, con Pedro y Roberto.

Nada mas por hoy. Saludos a sus respectivas señoras y Uds. reciban un fuerte abrazo de,

COMANDOS "L"

COMANDOS "L"

P.O. Box 66
RIVERSIDE STATION
MIAMI, FLORIDA

Mayo 9, 1963

Dr. Alberto Gutierrez de la Solana
3555 Oxford Ave. Apt. 5-J
New York 63, N. Y.

Estimado Alberto:

Acuso recibo de tu carta de fecha 30 de Abril, en la que me adjuntas cuatro cheques dirigidos a nombre de Alpha 66. El de New York University lo estamos cobrando, no así el de Alberto Quadreny que es un giro con vencimiento a los 90 dias de expedido. El de David Steinberg se lo estamos devolviendo por ser un cheque personal, asi como el de Sergio Sobredo a Venezuela. El senor Sobredo a mediados de Abril nos envio un cheque por $20.00 y nos preguntaba que por que no habiamos cobrado uno de $10.00 que nos habia enviado en Octubre. Al devolverle el cheque le hacemos la explicacion del caso.

Espero hayas seguido mejorando y que pronto puedas estar en tus labores habituales.-

Como nos dices que nos escribiras para fines de semana, aguardo futuros comentarios hasta el recibo de tu carta. Te adelanto que nuestro entusiasmo sigue siendo el mismo de siempre.

Reconozco lo que me dices sobre el nombre de COMANDOS, pero ya es muy tarde para cambiarlo. Confiamos que la "L" sea insustituible ya que ninguna letra del alfabeto puede reemplazar a la "L" dado el significado que para los cubanos hoy en dia tiene o sea, LIBERTAD.

Un abrazo,

Jorge Machado

c/c Ramon Perez Daple

PATRIA Y LIBERTAD

COMANDOS "L"

DECLARACIONES DE COMANDOS "L"

COMANDOS "L" en respuesta a las innumerables cartas recibidas solicitando aclararemos nuestra posicion ante la crisis producida con motivo del ataque realizado por nuestras fuerzas al buque ruso "BAKU" en el puerto de Caibarien, el pasado 27 de Marzo, exponemos lo siguiente:

1ro - Que hoy mas que nunca, los cubanos debemos tener fe en nuestro destino de que SOLOS alcanzaremos la liberacion de nuestra Patria.

2do - Que es requisito indispensable para la consecucion de este fin, la canalizacion de estos esfuerzos, a traves de la militancia de todos los cubanos, SIN EXCEPCION, en las organizaciones capaces de lograr este objetivo.

3ro - Que COMANDOS "L" renueva su promesa de guerra total a la tirania comunista que esclaviza a Cuba.

4to - Que COMANDOS "L" mantendra identica postura a la asumida hasta ahora, considerando que es nuestra obligacion trabajar en silencio, dejando que los hechos hablen por nosotros.

C O M A N D O S "L"

San Juan, Puerto Rico - Miami, Florida
New York, N. Y.

Abril 15, 1963.

PATRIA Y LIBERTAD

DOC. 4-21

LIFE En Inglés Nov. 16-1962

LIFE EN ESPAÑOL Dic. 10-1962

FOTO DE LOS COMANDOS, CUYAS HAZAÑAS SE RELATAN EN LAS EDICIONES DE "LIFE" EN COMPAÑIA DE MR. ST. GORGE.

¿LEYO USTED EL REPORTAJE DE ANDREW ST. GORGE EN LAS EDICIONES DE "LIFE"?

SABE USTED QUE ESOS COMPATRIOTAS OPERAN AHORA BAJO EL NOMBRE DE

COMANDOS L-66.

Si usted lo sabe, lo suponemos debidamente informado. Si no lo sabía, nos place informarle que esos compatriotas fueron los que llevaron a cabo la gloriosa acción de Caibarién el 10 de Setiembre y también la que se relata en las páginas de "Life". Los que se vieron obligados por cuestiones legalistas a cambiar el nombre de Alpha 66 por el de

Comandos L-66

ACLARACION: - Deseamos informar que nos hemos visto precisados a circular ésta información, incluyendo la foto de los compatriotas y en contra de nuestra política, única y exclusivamente con la intención de esclarecer un confusionismo existente. Principalmente en aquellas personas que nos han honrado con su confianza y contribuyeron para realizar las operaciones señaladas.

Corte éste talón y envíelo a:

COMANDOS L.66
BOX 1104
HATO REY. P.RICO.

Diga si su contribución es mensual o por una sola vez.

Nombre:_____

Dirección:_____

Deseo contribuir a "COMANDOS L. 66" con la cantidad de:_____

DOC. 4-22

FUNDACION

DIVISION NORDESTE
Schuetzen Park
North Bergen, New Jersey
SABADO, NOVIEMBRE 11, 1995

POR UNA CUBA LIBRE Y DEMOCRATICA

DOC. 4-23

CUBA: prison island

CASUALTY REPORT FROM RED CUBA AS OF OCTOBER, 1970*

Population of Cuba	7,500,000
Cubans In Exile	773,000
Cubans Who Have Applied to Leave Cuba	1,700,000
Cubans Killed by Castro Regime 1959-70	22,000
Cubans In Concentration Camps & Prisons	138,231
Cubans in Cuba Who Have Lost Civil Rights	400,000

*Reporter: Mario Rivadulla, Cuban Journalist Who Spent Seven Years In Castro Prison

Sources: UNIDAD, official bulletin of Telephone Workers Association; MEDICO, bulletin of Colegio Medico Cubano In Exile; and CONFERENCE of former Spanish Press Attache to Havana held at Centro Cubano, Madrid, Spain

Delivered: By Mr. Rivadulla at October, 1970 Annual Convention of Inter-American Press Association, Mexico City

EXPLANATION:
- PRISONS FOR MEN
- PRISONS AND DUNGEONS OF THE REPRESSIVE POLITICAL POLICE FORCE.
- PRISONS FOR WOMEN.
- CONCENTRATION CAMPS FOR MEN.
- CONCENTRATION CAMPS FOR WOMEN.
- STATE REHABILITATION FARMS.

PINAR DEL RIO PROVINCE
1. Provincial Prison
2. Guanajay Prison (women)
3. Pinar del Rio Jail
4. G-2 Jail in San Julian
5. Sorca Prison

HAVANA PROVINCE
1. Penitentiary of Isle of Pines (south of Havana province)
2. Military prison in La Cabaña fortress
3. Military prison in El Morro Castle
4. Military prison in Atares Castle
5. G-2 Jail in Güines
6. G-2 Jail in Arroyo Apolo
7. City Prison in Principe Castle
8. Guanabacoa prison (women)
9. G-2 Jail in Miramar
10. G-2 Jail in Vedado
11. G-2 Jail in La Vibora
12. G-2 Jail in La Coronela
13. G-2 Jail in Santos Suarez
14. G-2 Jail in La Corona farm
15. Jaruco Prison
16. San Antonio de los Baños prison

MATANZAS PROVINCE
1. Military Prison in San Severino Castle
2. G-2 provincial jail
3. Colon jail
4. Pedro Betancourt prison
5. G-2 jail in Alacranes

LAS VILLAS PROVINCE
1. Santa Clara prison
2. Cienfuegos prison
3. Topes de Collantes prison
4. Trinidad prison
5. Sagua la Grande prison
6. G-2 jail in Cienfuegos
7. G-2 jail in Santa Clara
8. G-2 jail in Trinidad

CAMAGÜEY PROVINCE
1. Provincial prison of Camagüey
2. Moron prison
3. Ciego de Avila prison
4. Florida prison
5. G-2 jail in Camagüey
6. G-2 jail in Ciego de Avila
7. Santa Cruz del Sur prison

ORIENTE PROVINCE
1. Penitentiary in Puerto Boniato
2. Holguin prison
3. Bayamo prison
4. Manzanillo prison
5. Guantanamo prison
6. Puerto Padre prison
7. G-2 jail in Holguin
8. G-2 jail in Bayamo
9. G-2 jail in Santiago de Cuba
10. G-2 jail in Manzanillo
11. Baracoa prison
12. G-2 jail in Guantanamo
13. G-2 jail in Baracoa
14. Alto Songo jail

CONCENTRATION CAMPS IN KEYS OFF THE SOUTHERN COAST OF CUBA
1. Cayo Largo del Sur
2. Cayo Siete Tumbas
3. Cayo Rosado
4. Cayo Diego Perez
5. Cayo Sinverguenza
6. Cayo Blanco del Sur
7. Cayo del Rosario
8. Cayo Piedras

CONCENTRATION CAMPS INSIDE CUBA

PINAR DEL RIO PROVINCE
1. Peninsula de Guanahacabibes

HAVANA PROVINCE
1. Catalina de Güines
2. Campo Florido

MATANZAS PROVINCE
1. Alacranes
2. Ceiba Mocha

LAS VILLAS PROVINCE
1. Condado
2. Yaguajay
3. Cienaga de Zapata
4. La Campana

CAMAGÜEY PROVINCE
1. Agramonte
2. San Andres farm (Barrio Ecuador)
3. Santa Catalina

ORIENTE PROVINCE
1. Las Mercedes
2. Minas del Frio
3. Baitiquiri
4. Baracoa

MAP: COURTESY OF THE TRUTH ABOUT CUBA COMMITTEE INC. OF MIAMI, FLORIDA

76

DOC. 4-24

DOC. 4-25A

Por una Cuba Definitivamente Libre
POR QUE FUE A LA ONU LA AGRUPACION ABDALA

Organizacion Estudiantil Revolucionaria

ABDALA
El Futuro Será Nuestro

CUBA PRIMERO
CUBA SIEMPRE

PAGINA 3

Mensajes de Angustia Desde las Cárceles Castristas (Vea Editorial, Pag. 3)

La UNESCO concede a Cuba una ayuda de Cinco millones de Dolares para programas Tecnicos.

En Ginebra se reune la Comisión de Derechos Humanos de las Naciones Unidas, pero se ignora la situación de los presos políticos Cubanos.

El Papa Pablo VI intercede cerca del Gobierno Español por la vida de los seis prisioneros vascos condenados a muerte y se les conmuta la sentencia, pero Pablo VI ignora que en el Caribe hay una Isla en la cual cerca de 85,000 presos políticos se encuentran en condiciones infrahumanas.

El Nuncio Apostólico de Su Santidad en Cuba, Monseñor Zachi declara: "Fidel es un Cristiano etico" pero en Cuba no se respeta la Dignidad de la Persona Humana. El Presidente Nixon envia hombres a pelear contra el Comunismo, pero la marina de guerra norteamericana cuida las costas de Cuba para que los Cubanos no peleen contra el comunismo en su propio País.

Los Estados Unidos mantienen el Bloqueo Comercial para que el pueblo de Cuba se muera de hambre y tenga que luchar contra el Régimen de Fidel Castro, pero son los mismos Estados Unidos los que capturan los embarques de armas para que ese pueblo pueda pelear y liberarse.

El Presidente Nixon ordena libertar con condiciones al Teniente Calley condenado a prisión perpetua por matar civiles en la Guerra de Vietnam. Pero sin embargo el propio Presidente Nixon está ocupado y no puede contestar la carta del hijo del Dr. Orlando Bosch, muriendose en huelga de hambre y al cual se le podia suspender la sentencia.

Por eso, por la dignidad, decoro y coraje de una juventud nacida en Cuba, que lleva a Cuba
Pasa a la página 7

Así trató a los combatientes de ABDALA la policia de la ONU

POR QUE FUE... Viene de la 1ra.

en lo más profundo de su alma y considera que "ver un crimen en silencio equivale a cometerlo" es por lo que 16 estudiantes pertenecientes al grupo "Abdala" conmovimos las Naciones Unidas el 13 de Marzo, esposandonos a los asientos de la Camara de Sesiones de Consejo de Seguridad y haciendo que evacuaran el edificio. Era una mañana fria como tantas en este New York del exilio. Pero el calor de la acción planeada daba energias a nuestras mentes juveniles.

A la 1.05 p.m. en tres grupos de turistas, luego de haber pagado nuestros Tickets correspondientes, ingresamos en las Naciones Unidas. La Guia nos iba explicando en Inglés todo lo concerniente al local. Cuando el primer grupo llegó al Salón de Sesiones del Consejo de Seguridad, lugar escogido para la acción de protesta se encontró con que faltaban los otros dos grupos. Haciendo mil preguntas a la Guia demoraron el grupo hasta los otros dos grupos faltantes. Ya todos unidos, cuando la Guia preguntó en el más perfecto Inglés: Hay alguna otra pregunta? El Grupo entero contestó: SI. Y una voz fuerte, serena, conciente dijo en Inglés: "Nosotros somos Estudiantes Cubanos y en nombre del Pueblo de Cuba tomamos el recinto del Consejo de Seguridad de las Naciones Unidas y demandamos ver a un Funcionario Diplomatico a quien entregarle un Documento".

Saltamos todos ante el estupor de los presentes y nos esposamos a los asientos de los Representantes Miembros del Consejo.

Los Policias que cuidan el local de la O.N.U. cerraron las puertas y no permitieron el paso a nadie más, expulsando y tratando de quitarle las camaras a cuantos fotografos se acercaron en busca de noticias.

Todos esperaban una orden superior para actuar. Se quitaron todo cuanto pudiera identificarlo. Actuaban como los ordenados soldados de la Alemania de Hitler, atuomaticamente.

El tiempo transcurria y la moral nuestra lejos de decaer crecia frente a la acción que estabamos llevando a cabo.

Sabiamos que en la calle, frente al Edificio, centenares de compañeros nuestros "piqueteaban" y se declararian en Huelga de Hambre en el momento preciso.

Despues de dos horas y cuarenta minutos de espera, al fin vino la orden. El Coronel, canadiense, Jefe de las Fuerzas de Seguridad del Organismo mandó desalojarnos y quitarnos el documento. Y ahí comprobamos que se parecian a los Nazis de Hitler. Con una "pata de cabra" nos "liberaron" de las esposas cuyas llaves no teniamos. Las muñecas de muchos de nosotros todavía llevan puntos de sutura como recuerdos de la "heroica hazaña" del Cuerpo de Seguridad de la O.N.U.

Fuimos golpeados, vejados, humillados. Nos arrastraron por el suelo. No respetaron a las dos compañeras que iban con nosotros. Eramos criminales de la peor especie. Entonces nos vino a la mente las páginas del "Presidio Político en Cuba" y nos dimos cuenta que en el sacrificio entendiamos mejor el mensaje Martiano. Nos entregaron a la Policia de New York. Y al salir vimos a nuestros compañeros desafiando el frio, compactos, animosos, comenzando su huelga de hambre como una muda pero valiente señal de protesta. Nos sentiamos orgullosos de pertenecer a "Abdala" y quizás pensando en un futuro repetimos como en religioso murmullo las palabras finales de nuestro Himno Nacional: "No temais una muerte gloriosa que morir por la Patria es vivir".

La estancia en la Policia fué larga. Se pretendia dejarnos salir en libertad pendiente de juicio a los de New York y dejar presos hasta el día siguiente a los de New Jersey. Nos negamos, habiamos entrado todos juntos y teniamos que salir todos juntos. Aquello emocionaba. Eramos respetados dentro del Cuartel de Policia porque eramos combatientes por una causa justa. Al fin y tras gestiones de nuestro Abogado salimos todos a las 12.15 de la madrugada. De allí a la Plaza frente a las Naciones Unidas. Nuestros compañeros envueltos en frazadas unos, haciendo comentarios otros, cumplían su parte: la huelga de hambre acordada. El jubilo del encuentro se diluyó en las vibrantes notas del Himno Nacional cantado por todos. Y de nuevo el deber. Al día siguiente la asistencia al acto de Elizabeth Pro de la Libertad del compañero Orlando Bosch.

El 22 el juicio. El Representante de las Naciones Unidas subió los cargos contra nosotros. Eramos culpables del "horrendo delito de haber turbado la paz del recinto donde la voz de los fusilados o la sangre de los asesinados por luchar por la libertad no llega a los que mas tarde en medio de sonrisas aparecerán en los Diarios defendiendo la libertad ofendida en alguna parte del mundo.

Y ahora emplazados para el Juicio que fué fijado para el día 23 de Abril. Nos encontramos serenos, confiados que cualquiera que sea el resultado del mismo nada cambiará nuestro pensamiento.

Somos revolucionarios. Luchamos por una Patria esclava. Y en la lucha, estos incidentes son hitos que marcan la ruta definitiva.

El 13 de Marzo señala una fecha en nuestra historia como Grupo. La del día en que nos dimos cuenta que nuestro lema se convierte en realidad. Que nuestro grito de batalla es ya voz que se repiten todos los jovenes que dentro y fuera de la Isla estamos dispuestos a morir por Cuba.

Porque frente a la incomprensión de los de afuera y las condiciones de terror en que se vive en ese enorme Campo de Concentración que es Cuba, somos nosotros los llamados a alentar la vanguardia de la lucha.

Que no se quede nadie sin incorporar. Que todos ocupemos nuestros puestos. Por una Cuba definitivamente Libre.

"El futuro es nuestro".

ZORAIDA'S BEAUTY SALON

4600 Bergenline Ave.
Union City, New Jersey,
Telefono: 867-9422

LA FLOR Enterprises

850 - 7th. Ave.
New York, N.Y.
Telefono: 489-9160
Productores de Discos

TONY FOTO ESTUDIO

4602 Bergenline Ave.
Union City, New Jersey,
Teléfono: 865 - 4334

Métodos de violencia contra nuestros compatriotas que se aferraron a los asientos del Consejo de Seguridad de la ONU.

EL FUTURO SERA NUESTRO

EL NACIONALISTA

DOC. 4-26
JULIO 1979

ORGANO OFICIAL DEL MOVIMIENTO NACIONALISTA CUBANO — P.O. BOX 4392 UNION CITY, N.J. 07087

SUS VIDAS DEDICADAS A LA LIBERACION DE CUBA
SON
EJEMPLOS DE DIGNIDAD Y PATRIOTISMO

LOS MEDICOS CUBANOS
Página 13

UN RECADO URGENTE A LOS ARTISTAS CUBANOS
Página 15

GUILLERMO NOVO: HABLA ANTE JUEZ EN WASHINGTON, D.C.
Página 5

Palabras de Alvin Ross al ser Sentenciado a Perpetua
Página 2

LOS VIAJES A CUBA
Página 11

"A TODOS LOS EDITORES DE REVISTAS Y PERIODICOS DEL EXILIO"
Página 3

LA GUERRA POR LOS CAMINOS DEL MUNDO

TERRORISMO Y TERRORISTAS NO
BELIGERANCIA CUBANA SI

Por el DR. ORLANDO BOSCH

Después de estas históricas sentencias de tres grandes próceres de nuestra América y un insigne estadista contemporáneo, vayan las primeras líneas de este ensayo con la fraternal salutación y solidario mensaje para todos los combatientes cubanos por la libertad. Vaya también esta misiva exhortante y apercibida de alerta, con verdades incuestionables, de savia convincente en las raíces y trepidante en las conciencias, para aquellos compatriotas de buena fe, pero confundidos y desorientados que todavía no han tomado posición ni resolución, o que estuvieron equivocados y sienten la necesidad precautoria por temor a nuevas frustraciones, decepciones o fracasos. Para que todos con coraje y con conciencia en activa perspectiva de las realizaciones, obrando con cautela pero con indoblegable coraje y decisión, estemos en condiciones de enfrentar a los cobardes que no conocen ni han vivido la tragedia y el dolor cubano, a los timoratos nacionales y extranjeros analistas a distancia sin conocer del mismo sus luces y sus tinieblas, a los falseantes profetas pacifistas internacionales que nos acusan de "TERRORISTAS" con efluvio de fanatismo, y que con sus críticas persistentes pretenden falsear la dura realidad en forma torva, además de la conseja para la pausa y la calma en nuestras acciones beligerantes ajustadas al reto y crueldad ennoblecidas causas, sin olvidar que el asustadizo y cacareado pacifismo choca contra la verdad hirviente que sostenemos los cubanos libres.

Nuestro objetivo tiene por finalidad, dentro del insoslayable avatar cubano-internacional, enfrentar las canallescas características de una realidad negativa de "TERRORISTAS", que se nos quiere imponer frente a tanto dolor y sangre cubana derramada. Es propósito también de este ensayo, enarbolar la nobleza del empeño, así como cuanto hay de licitud, de razón y de justicia, de hambre de libertad y humanismo, en orden y con la finalidad de eliminar el estado de desesperación de un pueblo, además de ser la objetividad de todo aquello que conforma el alma y el destino de todos los justos movimientos revolucionarios. No es que hagamos exégesis, ni pretendamos caer en la apología de la violencia y el terror, pero la dolorosa realidad de que en la medida que el oprobio, el entendimiento de las grandes potencias y grandes sectores del destierro cubano se asimilan al consumismo y la sensual concupiscencia de la vida, en sentido general, los acontecimientos van dejando a las minorías que no desertan en sus principios, la única alternativa de arremeter contra los bastiones de la TIRANIA en el exterior.

Todo lo que evocaré, no serán meras fórmulas justificantes, ni inválida nostalgia o impotencia, sino para que sirvan esclarecedoramente dentro del momento crucial que vive Cuba, como

The Shenandoah Herald

Nearly Everybody Reads The Herald — Greater News Coverage in The County — Your Best Way to Advertise to County Folks!

Published Weekly • Read Daily
National Apple Week October 13 to 22
Number 42
Price: 5c Per Copy

YOUR HOME COUNTY NEWSPAPER FOR 143 YEARS
Published For The People Who Live In The Heart of Virginia's Famous Shenandoah Valley
"The Only Paper Published for Shenandoah County People Only!"

The County Seat Newspaper of Shenandoah County, Woodstock, Virginia, Thursday Morning, Oct. 20, 1960

Phone Number: GL 9-2521

Fire Co. Seeking $79,750 for New Hall

The citizens of Woodstock, Columbia Furnace, Wesley Chapel and Calvary, St. Luke, Saumsville, Fairview, Maurertown and surrounding communities will have an opportunity to contribute to a Fund Drive that is of vital interest to these communities.

The Woodstock Fire Department will endeavor to raise the sum of $79,750 between October 25 and November 5 to erect a modern two-story addition to the present Fire Hall on West Court Street, Woodstock.

The addition will be located on land adjacent to the present Fire Hall. The land has been purchased and is free of debt.

The building when completed will be more than a building to house fire trucks and a meeting place for the volunteer firemen.

It will be a community building, the second floor of which will contain a 35x86 assembly hall, a smaller 26x33 meeting room, a 21 x 26 kitchen, a serving room, also cloak rooms and restroom facilities for both men and women. These facilities will be available to any civic club, organization or group.

It is not necessary to call the attention of the citizens of these communities to the past record of the Woodstock Fire Department. It has been outstanding. With the new facilities it will be even more outstanding.

Teams of canvassers from the Woodstock Fire Department will visit every citizen, place of business and organization during the drive to solicit funds and pledges to make this building possible. The people of these communities have always responded at the call and it is hoped that the Fire Department will enjoy the same success in the coming drive.

Dr. Gustavo A. Porta Addresses Rotary Club

Dr. Gustavo A. Porta Cuban Corporation lawyer and former member of the Cuban Congress addressed the Woodstock Rotary Club at their weekly meeting yesterday.

Dr. Porta, a guest of Major Charles McLawhorn organized & was first Chairman of the Cuban National Association of Tobacco Growers. He organized and is Secretary of the Association for Winning Industries for Cuba. Presently he is attorney for the Democratic Revolutionary Front (An anti–Castro organization).

Dr. Porta spoke on the "Question of Cuba" (Its present plight under the Castro regime. How its economic course has turned from a highly industrialized and prosperous country to in the words of President Sukarno of Indonesia "This is not yet an underdeveloped country, but with the help of Castro's regime it will be very soon."

Editors Note:
Because of the quality of Dr. Porta's speech and the timely importance of it, The Herald will carry the speech in its entirety in next weeks issue.

W'stock Yule Decorating Unit Draws Up Plans

The Woodstock Christmas Decorating Committee at a meeting held in the office of the Chamber of Commerce last week, drew up plans for 1963.

Starting last fall, the Committee in cooperation with the Town of Woodstock, civic organizations and interested individuals, was able to purchase enough permanent type decorations to make a credible showing last Christmas. The decorations were installed north and south on Main St.

Attend Annual Virginia State Cancer Meeting

Those from this area attending the Virginia State Annual meeting

---

Letter from Commander Muhlenberg Post 199

Charles McLawhorn

Board of Supervisors
Shenandoah County
Woodstock, Virginia

Gentlemen:

On behalf of Muhlenberg Post No. 199 may I urge the Board to take whatever steps are necessary to insure that Shenandoah County will do her share in the observance of the Civil War Centennial beginning this winter.

This project means a great deal to Virginia and the South, and surely Shenandoah County, the scene of so much glorious Confederate history including the immortal "Stonewall" Jackson's Valley Campaign — surely we cannot afford to give less than wholehearted support.

Be assured that the people of Shenandoah County, who still tingle with pride over the illustrious deeds of her sons in The War Between the States, will appreciate your efforts to place this county at the forefront of this Centennial Observance.

County Court

Michael H. McPeak, Hiwassee, Va., $10 and costs, improper passing.

Sammie L. Armentrout, of New Market, $10 and costs, improper exhaust.

Robert J. Smith, of Winchester, $10 and costs, improper passing.

Quentin G. Cline, Weyers Cave, $15 and costs, speeding.

Gray D. Dove, Broadway, $10 and costs, speeding.

Teachers Guests of Triplett P.T.A.

A reception to teachers on Tuesday evening Oct. 11, marked the first meeting of the Triplett Elementary Parent Teachers Association for the new school year.

Mrs. Robert Bowers introduced the teachers and each was presented with a lovely corsage. The men received boutonnieres.

Mr. Preston Hamsberger gave the devotions.

Mr. James Thomas, president, opened the meeting. The minutes and treasurers reports were read and accepted.

Mrs. T. E. Martin's first grade won the room count for the month as her class had the highest percentage of parents attending the meeting.

Mr. C. C. Rosen reported on the P. T. A. Council meet which was held at the Central High School in Woodstock. Mr. Rosen represented Triplett Elementary P.T.A. The Executive committee will hold a cup cake sale on Thursday and Friday October 20 and 21 in the Triplett Hall. Grades taking part are third, six and Miss Landis second grade.

There was a nice group attending this first meeting and it is hoped that it will grow as the year continues. Mr. P. M. S. Bird III is in charge of the membership drive which will continue through the month of October. Enrollment at Triplett this year is 642.

District Women's Club Meeting at Woodstock Oct. 27

Mrs. J. York Welborn

Mrs. J. York Welborn of Arlington, President of the Virginia Federation of Women's Clubs will be the guest speaker at the Fall Meeting of the Shenandoah District VFWC to be held in Woodstock on October 27, in the Woodstock Christian Church, beginning at 10:30 a.m.

This will be Mrs. Welborn's official visit to the district. The subject of her talk will be "Challenges of the Soaring Sixties." The speaker will discuss the Departmental work which she plans to emphasize during her administration 1960-62.

Mrs. Welborn, who was born in Oklahoma, later to Colorado, attended her family to Colorado, attended Colorado State University, came to Arlington as a bride 28 years ago when her husband, a highway research engineer, came to work with the United States Bureau of Public Roads. They have two grown children, a son, Jerry, and a daughter, Mrs. Louis Jusement, Jr. and a small grandson.

Slide Talk by Dr. Miller at Edinburg Church

Dr. Harold Miller Sr. will speak and show slides on his recent trip to the Holy Land at Edinburg Christian Church Sunday, October 23 at 7:30 p.m. The public is cordially invited to attend.

FRED BEIDLER WINS VACATION IN HAWAII

Fred B. Beidler, president of the Beidler Furniture Store, Inc., Woodstock, has won an expense-paid vacation for two in Hawaii. Awarded by the General Electric Company, major appliance division, for "outstanding sales achievement," Mr. Beidler won the trip in a nation-wide competition among G-E major appliances and television dealers.

He will leave for Hawaii November 9 along with other area winners. At San Francisco he will board a jet flight for Honolulu and a week's vacation at the Royal Hawaiian hotel on Waikiki Beach. This is the latest in a long list awards won by Mr. Beidler In 1959 he was a guest in Miami and in 1958 he earned a vacation in Jamaica.

RETURNS FROM SERVICE

George R. Irvin, Jr. son of Mr. and Mrs. G. Robert Irvin of Edinburg received his honorable discharge at Ft. Benning, Ga., where he has been for 20 months.

He received boot training at Ft. Jackson, S. C., after 4 months there he transferred to Ft. Benning. He received his discharge on Oct. 7.

On his way home, he attended Homecoming at V. P. I. Blacksburg. He arrived home Sunday, the 9th. He is now associated with his father at Irving Candy Company.

Mmes. Logan, Hopkins on WSVA-TV Oct. 24

---

wonder is little Missy seems to say, — "It's too big for a candied apple on a stick — but it's just a Lot of Applesauce!". — She gazes longingly at Apple! do with it?". — She Photo by Morrison Studio

Received on Shenandoah Council of Churches Fund Drive

were received at the monthly meeting of oah County Council of which met last Friday odstock, that the annual drive is now under way and that $1,836.83 has been received thus far on a budget and chairman have announced

M.M.A. Homecoming Program Announced

Colonel Robert J. Benchoff, Headmaster of Massanutten Military Academy, has announced that the period Oct. 21-22 will be designated

NORTHERN VIRGINIA DAILY
The Shenandoah Valley's Outstanding Newspaper

THURSDAY, OCTOBER 20, 1960

Your Friendly Morning Newspaper In The Northern Valley Area

14 Pages—5c Per Copy

Upholds International
ont Royal Union Case

s Say Not Bonds

Poe

rd of Arbitration of the American Federation at Front Royal not be personal, in debentured Royal Academy. The decision local from any other amounts for bonds, the Board announced to be Front Royal Kerns, chairman on Arbitration.

Lynn of Front for the local, ting vote, an-cision became lock on Tuesday.

sion was given in of Philadelphia rbitrator, who of the Board.

pholds the Industry. A. in its position 371 should not vest $8,000 or of union funds. of Front Royal

nal Union was permitted to annually to a for advanced ol funds, it mited to gradusory Academy, supported as rding $500 anhip from funds provided that c willing to re-that graduates e three secondoperating in rible to apply further steps 371 to insure

CLEANED OUT—Retired broker Raoul Fernandez displays two empty drawers from the safe of his Los Angeles home. Police said loot valued at three million dollars and consisting of jewels and stocks was taken from the safe. Fernandez is the widower of Catherine Johnson Chandler Fernandez, whom officers described as an heiress to the Coca Cola fortune.

'Misstatements' Scored
Nixon Cites Civil Rights Progress

NEW YORK (AP) — Vice President Richard M. Nixon said "And it will not be," Nixon said.

Nixon Released From Subpoena

LITTLETON, N. H. (AP)—Republican presidential nominee Richard M. Nixon was released Wednesday from a subpoena which would have required him to be a witness in the tax evasion trial of an elderly wheelchair cripple.

The surprise subpoena calling on Nixon to testify for the defense was withdrawn after government lawyers agreed to permit introduction of an old letter in which the vice president complimented the defendant, Marc Granite, 78.

Sen. Norris Cotton, R-N.H., also subpoenaed by the defense, appeared in court and testified he had written Granite four letters praising the defendant's thinking on Republicanism.

But, Cotton said, he knew nothing of Granite's financial situation and met the defendant only once.

Castro Has Built Up Stockpiles

HAVANA (AP) — Shiploads of spare parts and other essential imports from the United States have been stockpiled by the Cuban government in an attempt to blunt the effect of the U. S. trade curb posted by Washington Wednesday.

Prime Minister Fidel Castro's government took full advantage of the drawn-out Washington debate on the economic embargo by building up the stockpiles.

Cuba also may find loopholes through Mexico and Canada.

Economic experts said that the spare parts, resulting from trips to the United States in the past few weeks, may help Cuban factories to operate and Cuban automobile wheels to turn until the Soviet Union can move in and take over.

Shipping manifests show the Cuban government anticipated the economic boycott, which covers everything but food and medical supplies, by heavy orders of automobile parts, plus oil refinery replacements and sugar mill supplies.

These and other imports have been flooding into government

TOWN OF FRONT ROYAL RECEIVES SIXTH PEDESTRIAN AWARD—Chief of Police Charles Menefee is shown looking over the Pedestrian Record for 1959, the sixth award to be presented to the town for no pedestrian deaths, which was received at the AAA luncheon in Arlington on Tuesday.

Reds Threaten Walkout
U. S. And Russia Clash Over Arms

UNITED NATIONS, N. Y. (AP)—The Soviet Union threatened Wednesday to walk out on U. S. disarmament debate. The United

they might do." Premier Khrushchev voiced such a threat in his presentation of the Soviet disarmament program but refused it in the General Assembly.

United States Shuts Off Exports To Cuba

U. S. Bans All Goods Except Medical Supplies And Food

WASHINGTON (AP)—The United States Wednesday took its toughest action yet against the Fidel Castro regime, banning exports of all U. S. goods to Cuba except medical supplies and food.

A U. S. spokesman billed the move "not economic reprisal" but rather a reluctantly undertaken action to defend American business against the discriminatory, aggressive and injurious economic policies of the Castro regime."

The State Department charged that the Havana government has deliberately failed to pay $150 million owed to U. S. business and has put a squeeze on U. S. goods, cutting the once-large U. S. trade by more than half.

The official embargo will make it easier for Americans not to go through with long-term commitments to ship goods to Cuba.

American shipments to Cuba, which have been running at the rate of $500 million a year, are expected to be cut by about two thirds by the move. The United States is Cuba's biggest supplier and in the past has provided about 75 per cent of that country's imports.

The economic impact of the embargo, measured in dollars, will go well beyond that of last summer's closedown on U. S. purchases of Cuban sugar.

However, the Castro government will not be hit as hard as it might have been.

Dispatches from Havana said the Cuban rulers, who have been anticipating what happened Wednesday, have been rushing in shiploads of U. S. automobile parts such as spark plugs, fuel pumps and carburetors, plus oil refinery replacements and sugar mill supplies.

The export ban was ordered by the Commerce Department under a law originally intended to restrict trade with the Communist countries.

In a companion action, the

Russia Backs Cuban Charge Against U. S.

UNITED NATIONS, N.Y. (AP)—The Soviet Union quickly supported a new Cuban charge in the U. N. General Assembly that the United States is planning a large-scale invasion of Fidel Castro's Caribbean country.

Soviet Deputy Foreign Minister Valerian A. Zorin, discussing disarmament in the assembly's Political Committee, said Wednesday a Cuban complaint submitted Tuesday night showed the United States was following a policy of "open military provocations against peace-loving states" and sending planes into the air space of other countries.

Cuban Foreign Minister Raul Roa told a reporter Cuba wanted the full 99nation assembly to consider the complaint directly rather than send it to a committee first.

The 21-nation Steering Committee was expected to meet early next week to recommend to the assembly whether it should take the complaint on its agenda and, if so, where the debate should first take place.

Manuel Bisbe, Cuba's ambassador to the United Nations, said

---

nern Okla-nhandle.
ern Illinois the autumn snow conday from vestern Ne-

rts of Tex-ieluge that Victoria avy Texas powerful into the n some re-

e southern ntral Gulf to the Ap-wers dam-Plains.

lear from except for he Pacific

ler ote

moke Col-ility voted r of Vice Nixon as ice over in a mock

t by stu-n and 114 Goldwater es. 5 - 7 for

anna Phouma premier of Laos, was ordered put under house arrest for 15 days, by the Premier. (AP Wirephoto)

White Jr., 25. They were sentenced each to five years for conspiracy to pose as federal officers, two years on

called the crime a contemptible one with three younger men depriving an elderly man of his life's savings.

Has Grandson At MMA
Woodstock Rotarians Hear Former Cuban Congressman Assail Castro

By J. Stuart Knode

Dr. G. A. Porta, a former member of the Cuban Congress, spoke out strongly against the Fidel Castro regime in Cuba in an address before the Woodstock Rotary Club yesterday.

Dr. Porta, a lawyer with wide mining interests in Cuba, chairman of the Association of Tobacco Growers and a member of the Havana Rotary Club, is no stranger to Woodstock. He has a grandson attending Massanutten Military Academy, and two other grandsons who have been campers at Camp Lupton for the past several years.

Introduced by Major Charles McLawhorn of Massanutten Military Academy, Dr. Porta stated that in spite of the many defects of the Batista regime, Cuba at the time of the Castro revolution, was enjoying a rapid industrial and economic expansion. Since Castro's rise to power there has been no regard for human life or rights,

and economically. Cuba has taken a nose dive. Porta continued by saying that he can not see any benefits arising from Castro's regime but that the regime will only double the unemployment figures and transform Cuba into an absorbent, despotic Leviathan in absolute control of agriculture, industry, business, banks and transportation facilities.

In the light of this drama that confronts Cuba, encouraged and directed by Russia and Red China, the peoples of the free world, traditional allies of the Cuban nation, cannot remain neutral and indifferent, he said. Cuba is today the roving ground where two systems, antagonistic and irreconcilable are waging a battle for the future of American and perhaps for the future of humanity.

When questioned as to what would happen to him if he (Porta) returned to Cuba, he replied "I would be in jail."

Major Guy Benchoff was inducted into the Club as its 60th member.

Rotarians Dave Mims, Luray; J. K. Robinson, R. Washington, Winchester; Yale Rubin, Milford, Conn.; Bob Logan, Luray; Bill Matthews, Front Royal and guests Gus Salona and Captain Raymond J. Phillips, Jr. were introduced and welcomed.

W&M Students Favor Kennedy

NORFOLK (AP) — The Democratic ticket of Sen. John F. Kennedy and Sen. Lyndon B. Johnson ran away with the mock election at the College of William and Mary in Norfolk Wednesday.

Kennedy got 268 votes for president to 183 for Henry Cabot Lodge. Voters could split their ballot and vote for a Democrat for one office and a republican for the other if they chose.

DOC. 4-30A

The Herald, Woodstock, Virginia Thursday Morning, Oct. 27, 1960

Dr. G.A. Porta's Speech to Rotary Club

Text of speech given to Woodstock Rotary Club by Dr. G. A. Porta, former member of Cuban Congress.

First of all, let me thank you: members of this Rotary Club of Woodstock and Major McLawhorn for this opportunity of exposing here the "question of Cuba," which for a period of 22 months has been a theme of controversial talk among many of you, but that it has been clarified recently by Fidel Castro himself in such a way, that I do not think there is any one in this country today that doubts Castro's designs and the end, his government is heading to.

But perhaps, some of you are not quite familiar with Cuba, what it represents to the U. S., being as it is at only 90 miles from your coasts and its importance and contribution to the economy of the western hemisphere. So, I think it would be fitting to give you a brief outline of Cuba's economy prior to January 1, 1959, so that it may be compared with our present situation.

Cuba has an approximate area of 44 thousand sq. miles and a population somewhat in excess of 6 million inhabitants. The country is mostly flat or gently rolling, but about 40 per cent of its area is mountainous, specially the eastern and western provinces of Oriente and Pinar del Rio. — Our wealth is drawn, mainly, from our fertile soils; and as one third or more of the national income is derived from agriculture, at least two fifths of the people are dependent on agricultural for its livelihood. — Sugar is our main product, to such an extent, that we became its largest producers of the world. Naturally this commodity dominates our economy in every way, for it is, or rather has been, our major source of income. — Cane, tho not a native Cuban plant, thrives naturally in the island's fertile soils, and we are the only country where cane is planted and more than five cuttings can be made o the sprouts of the same plant. For this reason and the ever rising prices and consumption of sugar we were induced to use more and more land and energy to produce sugar and to improve the industry. — In this way, we headed straight towards the cultivation and production only of sugar or in other words to monoculture and sometimes disaster. Disaster yes, because we consume less than 5 per cent of the sugar we produce but the bulk of our production depends solely on the world's demand for that commodity. And when demand drops down to certain levels it endangers our economy in such a way that it becomes a virtual disaster. We were aware of this fact as far back as the early twenties, just after the first world war, so as not to put all our eggs in one basket, we started to conceive means of evading the risks of monoculture. Our first move was the modification of the tariff then in effect which had been designed primarily for revenue and modeled more or less, after the one in force during the latter part of the Spanish regime. So to promote the country's industrial diversification and protect the growing domestic industries, a new tariff was enacted in 1927, during General Machado's government.

From that date on we started to produce many things that before we had to import, such as eggs, butter, condensed milk, shoes etc. But the crash of 1929 and the ensuing depression further awakened us to the risky position of our economy so to protect better our position in the U. S. market we negotiated with your government the Reciprocal Trade Agreement" (under the Trade Agreement Act of 1934) which reduced the duty rates of our sugar in the U. S. and increased the preferential margin already enjoyed by some items of the U. S. in the Cuban tariff. There is no doubt that Cuba was to be favored and was favored in the long run, by such agreement which raised the then prevailing prices of sugar. But this was a bilateral pact that Cuba signed of its own will and ratified later several times, so it cannot be affirmed, as the Argentinian, Communist, Che Guevara, head of the National Bank and Zar of the Cuban economy, is striving to make us believe that when the U. S. is paying Cuba two cents per pound above the worlds market price of sugar, Uncle Sam is performing an act of "imperialism." This appreciation is so idiotic that only a fool can swallow it. —

But your time is precious and I want to keep a promise I made to Major Mc Lawhorn that you could rest assured I would not follow the steps of the "tovarisch Fidel" and fatigue you with a 4 1-2 hour harangue; so (it is sufficient to say that by the years 1957 and 1958, though we had not come up to full industrial development we had attained a high degree of industrialization, as shown by our standard of living and high per capita income. At that moment (besides our enormous sugar industry, which counted with upwards of 160 mills, plus many other adjacent plants to utilize the by products of cane and sugar the sugar refineries, besides the mechanized cigarete industry, the partly mechanized cigar industries and the big hand made cigar factories which had made our tobacco famous all over the world) we had big foodstuffs and light consumer good industries; industrial raw materials plants, so as to supply rayon, fertilizer and detergent industries; cement, weaving and newsprint mills; paint, textile and printing and lithographing plants; petroleum refineries with a capacity for more than our present needs; acetate filament, spun rayon, glazed tile, auto tire, plywood, glass, paper, aluminum foil, dextran, copper-wire and copper tube plants, flour and cordage mills. In the mining industry, which I know well, there had been six new copper and zinc flotation plants and mills installed (1954-1956) serving different mines in which ore reserves for over 5 million tons of copper had been clocked out; and these mines were operating and shipping copper and zinc concentrates to the U. S.

All of these mines are shut-down today as are also those of chrome and managanese that with the former are Cuban investments; and the nickel and cobalt large enterprises of Nicaro and Moa Bay which belong to American interests.

So gradually but firmly we were becoming a highly industrialized and prosperous country, travelling on the high road to full employment if not to complete industrial development, notwithstanding the handicaps of Batista's regime, which lasted from 1952 to 1958.— We stood at that moment, ranking first in standard of living and per capita income in all Latin A.

Would it be then adequate to say, as Castro's propaganda leads us to believe that Cuba was an underdeveloped country the eve of January 1st, 1959? — Certainly not, but at the rate we are going, we will get there, positively. When President Sukarno of Indonesia, visited Havana last year, he was taken "Russian fashion," all over the island to show him the progress made by Cuba under the Castro government in one year; when he was leaving and was asked by foreign correspondents his impressions of the visit he answered: "This is not yet an underdeveloped country, but with the help of Castro's regime it will be very soon." —

This is exactly what is happening in Cuba today. Step by step, this gang in power is wiping out all our traditional economic structure, in a desperate effort to build another one, inspired in the sovietic example. — In that pursuit, they have supressed all private iniciative, nationalized the industry, collectivized all farms, wiped out all forms of bank credit and alined the Cuban economy to the Soviet block. And not content with all this, they have systematically destroyed the upper and middle classes, that won for them the revolution, without, on the other hand, raising the living standards of the laborers and farmers, to whom salaries and wages have been lowered. — In fact our very much publicized revolution has been turned into a revolution of rancor and hatred," crushing down the richer and middle classes to the most abject poverty without any benefits for laborers and peasants who are not in a position of complete dependence and under the strict discipline of the state; a sort of social slavery similar to the soviet's type. — So instead of creating new sources of wealth and centers of labor, they are now, in their hatred, nationalizing "poverty". — That is their aim: to destroy everything so as to build on the ashes of our economy a communistic "paradise." —

Politically, Cuba is today under a dictatorship. Not a nationalistic, constructive dictatorship of which we have some examples throughout the history of the universe. This is the bloody, terrorizing kind, that does not give a dam about human life and human rights. Castro's dictatorship goes from the known "no election - one only party (communistic) and brain washing type, thru psychological and physical terrorism, spionage in every house, in every block of every city, down to the states intervention of the most intimate personal sphere of each and every Cuban: A real police state. Castro has published this himself, so that nobody may deny and, at the same time everybody to know that He has established the first totalitarian government in America, in the face of a great world power, challenging its might, and setting an example to the rest of the sister democratic republics of America to follow. — In his dreams of grandeur he feels greater than Washington, than Bolivar, than Marti: his ego is satisfied.

Internationally, you are aware of the efforts made by Castro to export communism thru revolutionary moves and subversion to the rest of the continent; throwing away hundreds of millions of dollars of Cuba's treasury in these ventures, not only paying for arms and propaganda, but also supplying the communist parties of America with funds to promote subversion in the Latin American countries and even in the U. S. — Further as an example of the real purposes of Castro's government the different Cuban - Sovietic block alliances and the disgraceful, impudent and satelistic behaviour at the U. N. trailing behind the Russian Bear and paving the way to the strategic needs of the Soviets in the cold war. —

Summarizing: A. The land or agrarian reform consists of grabbing by military force all land without compensation, and collectivizing all farmwork without giving the peasants any land at all.

B. They have slowed down all industrial production and shut down plants without a single instance of any new construction of factories or plants. —

C. They have discontinued all trade with the west's democratic countries, starting commercial relations only with those behind the iron curtain that are suffering lack of dollars and will pay for Cuban products with products of their own, (in the bartering style of the communists) pricing them as they wish, but getting our sugar for instance, at set world's market price or lower. —

D. Complete state control of trade and production thru incompetent and uncapable management and personnel lacking any kind of technical training. —

In this way you may readily see that Castro's regime is doomed. We are doing our part to accelerate its down fall; nevertheless we need your support not so much materially as morally, spiritually; for in the face of this great tragedy, nobody may remain indifferent, this is a battle in a war waged not alone for Cuba, but for America, for mankind. —

In which way can you help in this campaign? It occurs to me the best way is to get in touch either personally or by mail with the members of Congress & all influential people you can.

1. To urge the government of the U. S. to exercise now such acts as:
a. embargo of all exports from this country to Cuba.
b. to break diplomatic relations with Castro's communistic regime.
c. to aid and recognize a Cuban government in arms formed by the union of all revolutionary forces now fighting against Castro.
d. to help openly with arms and other facilities (the Cubans will supply the men) necessary to established a firm stand in Cuban soil.

2. To ask the other Rotary Clubs of the U. S. to do likewise.

3. To publicise as much as possible in the local papers and thru them in the rest of the American press the truth about Cuba to influence the U. S. Government to act now without waiting the outcome of the next elections. — I do not think that this administration should just sit patiently awaiting for Castro to slam blow after blow to this great nation without making a single move. — It is necessary for President Eisenhower's administration to pave the way of next administration no matter whether it is Nixon or Kennedy the victor. — It is America's dignity and prestige which is at stake. And both candidates have talked clearly on the matter of Cuba. The time is ripe now, so please urge the government to make a move. All Cuba will thank you for it.

To conclude, I would like to remind you that Cuba is today the battlefield where the big battle for Democracy is being waged.

DOC. 4-31

Publicado el sábado, 8 de abril de 1961.

Thank you for your letter, which has been received at this office. It will be carefully read and considered.

The Editors

New York Herald Tribune
230 West 41st Street, New York 36, N. Y.

Cuba's Varona Defended

To the N. Y. Herald Tribune:

We have read the recent articles, "Cuba—S.S.R.?" written by Mr. Joseph Newman, your chief United Nations correspondent, "following four weeks on the island with the permission of the Castro government."

Let us commend your paper and Mr. Newman for the presentation to the American people of the "nearest to accurate" conditions existing today in Cuba. We say "nearest to accurate" because the errors and flaws of the information are minor ones, due probably to the fact that Mr. Newman, an honest man, takes in good faith any information supplied by people who really meant the opposite of what they expressed.

But there is something on which Mr. Newman and the Herald Tribune should be posted correctly. In the fourth article, dated March 22, in a paragraph entitled "We'll String Him Up," Mr. Newman states:

"At Camaguey, the *colored porter* at the hotel said: 'If Tony Varona ever returns here we'll drag him through the streets and string him up. And we'll do the same to Prio Socarras.' Asked why he felt so strongly about these men, he replied: 'They are the typical dirty old politicians who filled their pockets with money while they were in office. They made great promises and betrayed them. They shall never return.'"

Tony Varona was president of the Senate and Prime Minister in President Prio's Cabinet; but also, through him, the Communists were expelled from the Cuban Confederation of Labor, which was completely in their hands; the Communist party, the P.S.P., (the only one allowed now) was outlawed, the Commie newspaper "Hoy" was shut down, the 1.010 radio station was confiscated and Cuba broke diplomatic relations with Russia.

For these reasons you may see that no Communist in Cuba thinks of anything more appropriate for Mr. Varona than to "string him."

But there is something more to Mr. Varona. He was president of the Senate, Prime Minister and senator for some years in Cuba. He had the opportunity to graft and get rich, if he so desired, yet everybody in Cuba knows that he "crossed the swamp without getting soiled." And when in March, 1952, Prio's legitimate government was overthrown by Batista, Mr. Varona had to sell insurance and start to practice law because he did not have a nickel to his name.

DR. GUSTAVO PORTA
New York.

Dr. Gustavo Porta
27 West 72nd Street,
New York, N.Y.

DOC. 4-32

CARTA ABIERTA AL SEÑOR MANUEL FRAGA IRIBARNE, PRESIDENTE DE LA JUNTA DE GOBIERNO DE LA AUTONOMIA DE GALICIA, CON MOTIVO DE SU VIAJE A CUBA, DE CAMILO FERNANDEZ, PRESIDENTE DE LA JUNTA PATRIOTICA CUBANA, REGIONAL N.J. ZONA SUR Y DE LA ASOCIACION PRO-CUBA DE ELIZABETH, Y EXPRESIDENTE DEL CLUB DE LEONES CUBANOS DE ELIZABETH:
==
Octubre 6 de 1991

Exmo. Sr. Don Manuel Fraga Iribarne, Presidente
Junta de Gobierno Autónomo de Galicia,
Santiago de Compostela, España.

Distinguido "Huesped Ilustre de la Ciudad de La Habana":

Quienes tantos como yo le hemos admirado y apoyado durante tantos años por su aparente postura frontal contra el comunismo ateo y brutal, estamos apesadumbrados y perplejos al verle regodearse con el tirano Castro durante su reciente viaje a Cuba, nada menos que acompañado de numerosos empresarios, industriales y comerciantes de Galicia y la friolera de 63 periodistas.

Cuanta afrenta al noble pueblo cubano sojuzgado por la más cruel tiranía de 32 años de Castro y su camarilla. Que verguenza que un gallego de tan alto rango le haga el juego y convalide con su presencia los crímenes y despojos de la satrapía comunista, no solo a los cubanos, sino a sus propios paisanos, y acepte títulos y honores de quien aherroja la patria de Martí.

Mis padres, que en paz descansen, gallegos también, fueron a Cuba de muy jóvenes, y sin dejar de amar a Galicia, hicieron de Cuba su segunda patria. Lo que pudieron lograr en una vida ejemplar de esfuerzos, privaciones y sacrificios les fué brutalmente despojado por los comunistas castristas que ilegitimamente y a la fuerza desgobiernan a Cuba. Y en edad avanzada tuvieron que irse de Cuba a tierras de libertad, como más de un millón de dignos cubanos y españoles.

Que deplorable y lastimosa ha sido su actuación. En momentos en que Cuba vislumbra su libertad, en que vemos el absoluto deterioro del régimen y se acerca su desplome, vá Ud. a Cuba a sostener al sátrapa. Que pena que no se haya acordado antes de sus paisanos gallegos y de la tierra donde vivieron sus padres, a quienes no les tocó el infortunio de los mios. Bien pudo esperar a que Cuba fuera libre de nuevo y visitar la Isla con dignidad, en vez de prolongar la agonía de nuestro pueblo con su implícito respaldo al tirano.

Si lo hubiera hecho un socialista de izquierda, como Felipe González, no nos hubiera extrañado, pero que lo haya hecho Ud., el atildado conservador de derecha, es el colmo de la ignominia y del aventurismo politico. No comprendo como pudo Ud. abrazarse al verdugo de la libertad y la democracia en Cuba. Como pudo ofrecerle "queimadas" y sentarse a la mesa bien servida a comer opiparamente con Castro, cuando el pueblo de Cuba carece de todo. Como le pudo mirar a los ojos cargados de odio y desprecio a la humanidad. Como le pudo estrechar la mano ensangrentada por tantos crímenes. ¿No le extremeció el eco del paredón de fusilamiento, las cárceles llenas de presos políticos y la miseria y la opresión que sufre nuestro pueblo?

Nada puede justificar una acción que prolongue el sufrimiento del pueblo cubano. Yo que soy hijo de gallegos, a quienes venero, condeno su proceder. Ha herido Ud. en lo más profundo la sensibilidad de un pueblo generoso que siempre tuvo sus puertas abiertas, no sólo a los gallegos, sino a todos los españoles. Que distinta su actuación a la del ex-embajador de España, Don Juan Pablo de Lojendio. Valeriano Weyler si podría estar orgulloso de su hazaña. Creame que lo lamento, ya no le veré y saludaré con aquella simpatía y amistad en el San Ramón de Villalba.

Muy atentamente,

Camilo Fernández

ENTREVISTA

El tiempo pasa, pero la esperanza queda. Después de 34 años de régimen castrista en Cuba, Camilo Fernández Freire, exiliado en Estados Unidos, todavía sueña con volver a la isla. De orígenes chairegos, recuerda su llegada a Muimenta, en julio de 1961, cuando su tío lo recibió a la luz del candil con un expresivo saludo: "Ti é-lo fillo da Balbina". Castro aún no había llegado a la Terra Cha.

Camilo Fernández Freire, un cubano exiliado desde hace 31 años en EE.UU.

"La ayuda gallega a la isla prolonga la agonía de Cuba"

Subela Corbelle

Viven en New Jersey, en los Estados Unidos, pero todavía puede percibirse en su casa el olor del arroz con habichuelas. El matrimonio y sus tres hijos regentan la empresa familiar, una firma exportadora de material de escritorio, la A.M. Capen's Co. Incorporation.

Forman parte del colectivo de cubanos exiliados en los Estados Unidos, tras la llegada del régimen castrista el 1 de enero de 1959. Un auténtico "batacazo" para esta familia de orígenes chairegos.

"Cuando nos marchamos, sólo nos pudimos llevar lo puesto, pero mamá quedó allí siete años, hasta que en 1968 se marchó a Estados Unidos, después de confiscarle la casa, el coche, la cuenta del banco y todas sus pertenencias", comenta Camilo Fernández.

La madre de Camilo, Balbina Freire Corbelle, emigró a los 14 años a Cuba, desde su casa chairega en Muimenta.

"Se empleó en las tareas más humildes y mi padre, natural de Bande (Ourense) cortó caña y trabajó en la fábrica de carbón y en la construcción", recalca este empresario cubano en Estados Unidos.

Fueron años de epopeya, en los que no faltó ni el sudor ni las lágrimas, propios de los dramas más taquilleros, y la familia consiguió una fortuna modesta con casa y automóviles propios.

"El mayor anhelo de mamá era que estudiara. Recibí la primera enseñanza en el Centro Gallego de La Habana. A los 14 años, trabajaba durante el día de dependiente en la tienda de ropa 'La nueva isla' y, por la noche, estudiaba Secretariado Comercial como segunda enseñanza. Más tarde, ingresé en la Universidad donde hice contador público para, después, graduarme como doctor en Ciencias Empresariales", asegura.

En la tienda de ropa, conoció a la que iba a ser su mujer, María Julia, una cubana, con ascendencia asturiana que lo "sonsacaba mucho".

Contrajo matrimonio y se empleó como contador de la fábrica de tabacos 'H. Upmnn y Montecristo', la más grande de la isla caribeña. Luego, se estableció por su cuenta y tuvo dos hijos, pero en enero de 1959 llegó Fidel Castro.

"Al principio, gozaba del apoyo de la mayoría del pueblo cubano, se veía como algo renovador pero se fue declarando cada vez más marxista y leninista", declara.

El empresario cubano cuenta que Fidel Castro comenzó confiscando las propiedades extranjeras para después hacerse también con las nacionales.

"Se hizo con las gasolineras, los restaurantes, las tiendas, los puestos de los vendedores ambulantes, los taxis, las cuentas bancarias y sólo les dejaba las viviendas a sus moradores mientras permaneciesen allí. El Estado lo nacionalizó todo sin dar ningún tipo de indemnización ni explicación", cuenta Camilo Fernández.

Fueron tiempos difíciles en los que no faltaba "el terror, la persecución, los fusilamientos, la cárcel y el adoctrinamiento de los niños, por eso decidí marcharme con mi mujer y mis hijos a España, con el fin de conseguir el visado para emigrar a los Estados Unidos".

Llegaron a Muimenta en julio de 1961. Su tío Darío tardó unos instantes en reconocerlo hasta que, bajo la luz del candil, dijo: "Ti é-lo fillo da Balbina" y vivieron durante 10 meses en casa de este familiar, hasta que consiguieron el visado.

"Nos instalamos en el Bronx de Nueva York y empecé a trabajar para la empresa que hoy dirijo. Pasaba medio año fuera de casa. Fueron tiempos de estrechez económica en los que, además, tuvimos otra hija", señala Camilo.

'Aplatanados'

A pesar de su condición de hispanos, aseguran no haberse sentido discriminados en los Estados Unidos.

"Ahora vivimos bien, pero volveremos a Cuba cuando sea libre. Es un crimen lo que se está haciendo allí. Un país próspero está sumado ahora en la más absoluta miseria", afirma Camilo.

Aunque la situación es crítica, este empresario no apoya las ayudas que se están enviando a la isla.

"La libertad cuesta muy cara y hay que pagar su precio. Sacar a flote a Cuba sería perpetuar el régimen. Las ayudas que llegan de Galicia son un balón de oxígeno para prolongar la agonía del pueblo. El cáncer es Castro. De eliminarlo, Cuba renacería y eso estamos esperando millón y medio de exiliados", añade el empresario.

Ni Camilo ni su familia volvió a ver su casa, su gente, sus playas y "el ambiente feliz" de su juventud.

"No acabamos de ubicarnos en los Estados Unidos. Después de 34 años, todavía seguimos siendo cubanos. Y, por eso, le envié una carta a Fraga como protesta por haber recibido con honores el año pasado a Fidel Castro", manifiesta Camilo.

La tierra de promisión no consiguió llenar el vacío de sus raíces: primero, cubanas y, luego, gallegas.

"Nosotros, como exiliados, todavía nos sentimos extraños en los Estados Unidos pero los gallegos, como emigrantes, deseaban quedarse en Cuba y no añoraban nada a Galicia. Ya lo decía mi padre: 'Queremos a España, pero nos gusta tanto esta isla, que nos aplatanamos'", concluye.

Pepe Alvez

Camilo Fernández viene todos los años a Lugo

Tres cubanos Increparon al Ché en Punta del Este

Por JOSE ARROYO MALDONADO
Corresponsal de AVANCE en América Latina

Jamás gritos de "Viva Cuba Libre!" se han pronunciado con tanto fervor patriótico y ante un escenario tan apropiado como los vertidos en el "Edificio de las Américas", ubicado en la famosa playa uruguaya de Punta del Este, donde la representación de todo el continente estaba reunida para discutir el Plan Kennedy de "Alianza para el Progreso".

Esos gritos de "Viva Cuba Libre" y de "abajo los asesinos y traidores castristas" lanzados por patriotas cubanos ante las insolentes y mentirosas afirmaciones del régimen fidelista pronunciadas allí por el aventurero argentino "Ché" Guevara, fueron espontáneas y salidas como de la misma entraña del pueblo cubano, de ese pueblo que hoy no puede hablar en la patria de Martí, sojuzgada por el despótico imperialismo castro-chino-soviético.

El incidente, que los representantes americanos llevarán por mucho tiempo grabados en sus mentes, fue de muy corta duración.

El "Che" Guevara había terminado de consumir un turno de dos horas en el cual, con la mentira y la falacia, trató de presentar como bueno el régimen de sus consocios comunistas.

Apenas los cuarenta guardaespaldas y una veintena de infiltrados iniciaban los aplausos de congratulación a su amo, cuando de pronto surgió un patriota en un extremo del estrado presidencial dispuesto a arrostrar todas las consecuencias, pero listo para desenmascarar al farsante de la economía castrista. Era el Dr. José Ignacio Rasco, fundador del Frente Revolucionario Democrático.

Sus palabras fueron firmes y pronunciadas sin titubeos.

"Este hombre —el "Che"— no tiene moral ni derecho para hablar en nombre del pueblo de Cuba. Es un extranjero y un advenedizo que ha puesto la revolución cubana al servicio de la política comunista. Es un traidor y un impostor, que con la mentira y la amenaza quiere desacreditar el programa de Alianza para el Progreso".

Varios policías surgieron de detrás de los estrados y otros corrían por los pasillos para detener al Dr. Rasco. Ya se le encimaban, cuando del extremo opuesto del estrado presidencial surgió la figura joven de otro patriota, la del Dr. Frank Díaz Silveira, iniciando de inmediato una nueva serie de improperios contra el "Che", obligando a la policía a distraer su atención hacia él, mientras que por el centro del salón, de detrás de los grupos de prensa aparecía el patriota periodista Dr. Max Azicri-Levy dando gritos de "abajo los asesinos", "viva Cuba libre" y amagando con irle arriba al "Che", lo que hizo que la asamblea se convirtiera en una verdadera "cámara húngara".

Ya no era sólo la policía la que actuaba para acallar a los patriotas. Funcionarios civiles de la conferencia cooperaron también para silenciar la voz de los cubanos libres, y el Dr.

(Continúa en la pág. 58)

Policías y oficiales del Secretariado de la Conferencia sujetan al Dr. Azicri-Levy cuando increpaba al "Ché" y daba gritos de abajo los asesinos.

Rodeado de sus guardaespaldas, el "Ché" Guevara abandona el Edificio de las Américas después del incidente. No muy seguro de sí mismo, vuelve la cara a menudo hacia atrás.

AVANCE - Septiembre 1 - 1961

Tres cubanos...

(Viene de la pág. 7)

Azicri-Levy rodó por el suelo empujado por uno de éstos.

Fornidos policías aplicaron una "llave" al Dr. Rasco y se lo llevaron, pero el Dr. Díaz Silveira fue dejado "correr" por un policía comprensivo.

Mientras, los guarda-espaldas del "zar" de las finanzas cubanas rodeaban al "amo" temiendo que alguna agresión física pudiera alcanzarlo. Uno de ellos enarboló una bandera cubana para que el aventurero argentino se protegiera con ella. Voces de que sacaran el pabellón soviético se oyeron en el salón. Otro, que se encontraba fuera de la sala, trató de interceptar una de las puertas de entrada ocasionando la protesta de los delegados a quienes el "genízaro" trataba de coartar sus derechos.

El griterío y la confusión se extendió como reguero de pólvora al salón de prensa de donde unos cuatrocientos periodistas laboraban sus informaciones. Las agencias de noticias aceleraban sus trasmisiones dando cuenta del incidente, mientras el periodista y miembro de la SIP, Jules Dubois dejaba sentir su voz reclamando respeto para el derecho de libertad de prensa y de movimiento para los periodistas.

El Dr. Frank Díaz Silveira increpando al "Ché" Guevara al formarse la cámara húngara en la sesión de Punta del Este.

Se restablecía la calma cuando se vió salir bajo custodia policiaca al Dr. Rasco. El Dr. Díaz Silveira acudió en su ayuda para tratar de libertarlo, pero también fue detenido y ambos introducidos en un carro patrullero en el cual ya había otro detenido. Era uno de los guardaespaldas del "Ché" que sin éxito aparente trataba de alegar su condición de diplomático.

Momentos después la calma se rehizo en el "Edificio de las Américas", lo que aprovechó el "Che" para abandonar el salón, siempre rodeado de sus nerviosos esbirros que no dejaban de acariciar sus armas ocultas en los bolsillos de sus abrigos.

En el comisariado policíaco los patriotas fueron interrogados.

—¿Llevan armas?
—Nuestras armas son solamente la moral y el derecho.
—Buenas armas son esas, respondió el oficial policíaco.

Cuando se le hizo la pregunta al agente fidelista éste mostró una pistola checa que portaba, pero con ella también su pasaporte diplomático. Era la genuina representación de la "nueva Cuba". ¡Gangsters con credenciales diplomáticas!

Los patriotas fueron tratados con toda consideración y libertados inmediatamente, pero se les despojó de sus credenciales para seguir concurriendo a la conferencia.

De regreso a Montevideo conversamos con los protagonistas de este explosivo incidente. Solamente el Dr. Max Azicri-Levy había recibido algunos golpes en la refriega y mostraba su paletó completamente roto. Pero en el ánimo de todos estaba el seguir luchando para rechazar con todo vigor la presencia en Punta del Este de lo que ellos califican de "aventurero extranjero y de agente del comunismo internacional".

Momento en que un guardaespaldas del aventurero argentino "Ché" Guevara lo amparaba con una bandera cubana.

CONDENAN EL REGIMEN COMUNISTA DE CUBA

La III Conferencia Mundial de la Democracia Cristiana, en su sesión plenaria, llevada a cabo en el salón de sesiones del Palacio Legislativo de la nación chilena, con la presencia de los delegados de 30 países, la delegación cubana propuso, a viva voz, la condenación del régimen comunista de Cuba y la solidaridad con los cubanos que luchan inquebrantablemente por la libertad. La respuesta fué unánime. De pie, con aplausos, todos los delegados reunidos aclamaron la proposición de la delegación cubana.

Fué una respuesta enérgica a los comunistas y un aviso de alerta a los gobernantes vacilantes de nuestro hemisferio.

El Secreto Más Celosamente Guardado por el Régimen Comunista de Castro es éste:

Fidel Fracasó

A Pesar de todas las medidas represivas de Castro
A Pesar del implacable terror comunista
A Pesar de lo que Castro pueda alegar

LA REALIDAD HA SALIDO A LA SUPERFICIE::

FF — FIDEL FRACASÓ

1 — Ahora es más imprescindible tu acción.

Ahora es cuando se requiere un esfuerzo mayor de todos.

Ahora es cuando hay que **precipitar** la caída del monstruo y del odioso aparato comunista que lo apoya.

2 — TU has querido y quieres hacer algo por acercar el día luminoso de la LIBERTAD.

TU esfuerzo junto al de miles de cubanos como tú, con mínimo de riesgo, contribuirá a la destrucción del comunismo en nuestra Patria.

TU serás quien efectuarás tus propias acciones y de tu constacia dependerá el éxito.

3 — AQUI ESTA EL CAMINO • SE TRATA DE UNA PODEROSA ARMA SECRETA PARA QUE TU, JUNTO A MILES COMO TU, LA USEN CONTRA EL REGIMEN COMUNISTA • SE LLAMA:

CELULA FANTASMA

4 — SON FACILES DE ORGANIZAR — Tú solo puedes ser una **Célula Fantasma** pero con dos, tres o cuatro amigos de total confianza es aún más efectiva • **Nuncas más de Cinco (5) Personas en cada Célula Fantasma** • Las **Células Fantasmas** serán total y absolutamente independientes • No tendrán relación o conexión con partidos, grupos u organizaciones de ningún género • Si perteneces a algún grupo clandestino u organización anti-comunista, sigue laborando en el mismo sin mezclar tu **Célula Fantasma** con dichos grupos • Si perteneces a las milicias o trabajas en el gobierno utiliza esa posición contra el comunismo.

5 — MISION DE LA CELULA FANTASMA — Planear y llevar a cabo cada día o varias veces al día actos o acciones, grandes o pequeños contra el regimen • Un acto aparentemente pequeño puede ser decisivo cuando va acompañado de otras acciones hechas al mismo tiempo por otros • Haz algo aunque sea pequeño, pero HAZLO.

¿COMO? Rompiendo, paralizando, saboteando, confundiendo, perdiendo o afectando algo cada vez que tengas oportunidad • El acto más **insignificante** es importante • Al mismo tiempo miles de cubanos estarán llevando a cabo actos aparentemente pequeños.

¿DONDE? En los talleres, almacenes, industrias, comercios, oficinas, tiendas • En el campo, los cañaverales, los ingenios. • Desde tu propia casa • En los servicios públicos: guaguas, cines, restaurantes • Cuartel de las Milicias si perteneces a ellas • En las oficinas del gobierno en que te desenvuelvas tienes una posición ventajosísima para infligir daños como tarea de la **Célula Fantasma** • Recuerda que bajo el comunismo todo pertenece al odioso régimen.

Cuba es hoy una colmena de descontento • Un AGUIJONAZO de abeja es molesto, pero . . . . miles de AGUIJONAZOS de abejas al mismo tiempo sobre un mismo cuerpo matan con la efectividad de una bomba atómica • Esos miles de AGUIJONAZOS los darás tú, junto a miles como tú, actuando al mismo tiempo que tú • No olvides que tú no estás solo • Miles de pequeños actos de sabotaje, confusionismo, ocurriendo al mismo tiempo son tan importantes como un gran acto aislado de sabotaje.

CADA VEZ QUE PUEDAS, ASESTALE UN GOLPE AL REGIMEN

Destrúyele algo. Pierdele algo. Paralízale algo. Confúndele algo.

Y RECUERDA: No Corras Riesgos Innecesarios **CUIDATE** • No Pretendas Actos Superiores a tus Recursos • No Desestime Ninguna Acción por Pequeña que Pueda Parecerte • No Desestimes al Enemigo.

NOTA — Circula este mensaje escribiendo a CINCO personas para que formen la CADENA

CELULAS FANTASMAS

¿QUE PUEDEN HACER POR LA LIBERTAD DE CUBA?
¡MUCHO!...FACILMENTE...Y CON UN MINIMO DE RIESGO...POR EJEMPLO:

...Graba las iniciales "FF"... (significan Fidel Fracasó), en lugares públicos y en cuanto caiga al alcance de tu mano • Consume excesivamente todo lo que ocasione dificultades de abastecimiento (agua, electricidad, combustible, alimentos, medicinas, etc.) Haz todo lo contrario de las consignas del Régimen. Deja de hacer lo que te ordenen. Sabotéalas y confúndelas. **Una colilla encendida, tirada en un rincón puede ocasionar un incendio.** Busca el rincón y tira tu colilla. No asistas a concentraciones comunistas y, si asistes, confunde con informes falsos, desorienta y agita. **Confunde... Confunde** • Acapara moneda fraccionaria. Suando pases frente a una Iglesia, santíguate y evidencia así la presencia de Dios. Desprecia a los extranjeros comunistas, sabotéales el trabajo • Hazlos saltar.

EN TU CENTRO DE TRABAJO:
En la Oficina: Traspapela y destruye expendientes, papeles, escritos o notas manuscritas • Pierde llaves de archivos, escritorios, puertas. Desaparece notas taquigráficas, balances, etc. Trastorna los archivos. Corta las cintas de máquinas de escribir y joroba las teclas **Provoca Incendios.**

En las Tiendas: Desatiende al público. Consume más material del requerido. Tira colillas de cigarros encendidas al cesto de los papeles • Tómate más tiempo del requerido cuando salgas al café o al servicio • ¡Malgasta... Desperidicia...Destruye!

En los Talleres, Fábricas, Industrias: Dificulta el arreglo de piezas de repuesto. Inutiliza los motores de tu fábrica o taller. Si son eléctricos échales agua. Si son de gasolina échales azúcar o aserrín en el tanque o cárter. Si son de petróleo échales agua. Inutiliza las correas echándoles aceite lubricante. Pon agua en las calderas.

En el Almacén: Estropea la mercancía • Trata de corromper los alimentos • Paraliza los refrigeradores • Corta los sacos, las cajas • Destruye y traspapela vales, listas y documentos • Graba FF en todas partes • Provoca incendios • Trabaja lentamente • Corta los tejidos con navajitas.

En el Campo: Provoca la mayor cantidad de incendios en cañaverales (cualquier vela encendida entre paja seca puede iniciarlos) Destruye e inutiliza, las bombas, tractores y herramientas • Cómete lo que produzcas.

EN LA VIA PUBLICA: Si eres chofer: provoca tranques, abusa del claxón, confunde el tráfico • No corras, maneja lentamente. Descarga en sitios inadecuados para entorpecer el tráfico • Maltrata la mercancía • Incomoda a los clientes. **Discute, agita y confunde** Provoca choques • Rompe los faroles • **Provoca Incendios.** Rompe los frenos, muelles, gomas, carburador, bujías, etc.

EN LA CALLE (Vía Pública, colas, parques, restaurantes, tiendas, cines, guaguas, edificios, etc.): Trata de entorpecer la vía pública regando puntillas, vidrios rotos, piedras, aceite quemado de máquinas, escombros y tarecos • **En Las Colas:** protesta, da informes falsos, rueda bolas, inventa noticias y **Confunde... Confunde.** Corta gomas de automóviles y rompe cristales y faroles • **Provoca incendios. En Los Parques:** rompe bombillas eléctricas. Provoca apagones • No acudas a restaurantes. Si acudes, paga con billetes • Acapara el menudo • Forma confusión al ordenar la comida y discute por cualquier motivo. Quéjate de todo • **En las Tiendas:** paga con billetes • Estropea mercancías • Extravía talonarios de vales, tijeras. Demora al empleado simulando indecisiones • Corta con navajitas lo que puedas • No asistas a espectáculos públicos • No aplaudas la propaganda fidelista en los cines • Corta asientos. Tupe los inodoros • **Provoca Incendios.** Usa las guaguas por cualquier salida y escoge las esquinas más congestionadas y las horas de más movimiento • Monta la más llena • No pagues con menudo • Provoca paradas innecesarias, simulando confusión en direcciones y rutas • Protesta por todo • Provoca discusiones entre el personal y el pasaje • Corta vestiduras • **Provoca Incendios.** En los edificios: tupe inodoros públicos • Deja abiertas las pilas del agua • Deja luces encendidas • Paraliza elevadores. Obstrucciona equipos de aire acondicionado. **Provoca incendios con tu colilla de cigarro.** Si eres sirvienta coopera con la familia si no es comunista • **Provoca Incendios en las tiendas.**

EN LA CASA Y EN EL COLEGIO: No botes a la basura, botellas, envases de cristal (rómpelos), ni latas • Nada que el Régimen pueda aprovechar • Quema papeles • Corre la voz cuando sepas que chequean alguna persona o dirección • No hagas comentarios imprudentes • Abusa del telefon no. Déjalo descolgado • Si es público: llama a Casas de Socorro, Bomberos, dependencias del Estado, Cuarteles de Milicias, dando informes falsos y deja descolgado para inutilizar los traganíqueles • Insta a tus amistades de confianza a formar Celulas Fantasmas, Vigila y Aguijonea sin descanso.

SI ERES NIÑO: no hables en el colegio, ni con nadie, de lo que lo igas comentar a tus papás en tu casa • Reza y pídele a Dios por los que combaten el comunismo • No creas las mentiras de Fidel • Recuerda que el amor a tus padres y a la Patria lo manda Dios • Vive orgulloso de ser un buen cubano.

MILICIANOS — Procura aparecer siempre públicamente con tu aspecto más sucio • ROMPE el uniforme • Desprestigia con tus modales y lenguaje el papel de miliciano que te han impuesto • Confunde las órdenes que te dén, sembrando dudas en su interpretación o autenticidad. **Confunde... Confunde** • Lento en el cumplimiento de las órdenes • Hazlo todo al revés de como te lo han ordenado. Obstaculiza y confunde la labor de los otros milicianos. • No denuncies a ninguna persona o movimiento clandestino • Disimula, tolera, facilita la acción de las Células Fantasmas y de los grupos de resistencia y sabotaje • Entrega armas y parque a los que luchan por la libertad. • Haz desaparecer tu arma y denuncia que te la robaron • Inutiliza la tuya o la de los demás • **Provoca Incendios.**

CARLOS MANUEL DE CESPEDES INCENDIO BAYAMO EN 1868 PARA LIBERTAR A CUBA ...TU DEBER AHORA ES SEGUIR SU EJEMPLO Y DESTRUIR LO QUE ESTE A TU ALCANCE PARA ACABAR CON EL ENEMIGO COMUNISTA...YA SE CONSTRUIRA DE NUEVO.

"Hágase en cada momento, lo qu een cada momento sea necesario."

José Martí

DOC. 4-37

Cuba Denuncia Sobrevuelo Anticastrista

MEXICO, D.F., — (AP) — Cuba advirtió hoy que habrá de «tomar medidas necesarias» para dar alto a los vuelos sobre la isla por grupos con sede en EE.UU. opuestos al presidente Fidel Castro.

La advertencia publicada en el semanario Trabajadores dijo que pilotos procedentes de EE.UU. habían sobrevolado la isla el 9 y el 13 de enero y arrojado volantes «de caracter subversivo".

El grupo de exiliados cubanos Hermanos al Rescate dijo el sábado que había distribuido 500,000 volantes en La Habana el sábado para instar a la desobediencia civil.

Una version de la advertencia difundida por la agencia cubana Prensa Latina dijo que «Cuba tiene los medios necesarios para garantizar la integridad de su territorio nacional, así como para interrumpir vuelos no autorizados en su espacio aéreo». Dijo que el gobierno de la isla «nunca ha perdido la paciencia» ante previas violaciones de su espacio aéreo y aguas territoriales el año pasado. «Pero esta reiterada paciencia de Cuba no debe ser confundida con una disposición a admitir o reaccionar debilmente ante hechos que una vez más califica de inaceptables».

Enero 25 - Enero 31, 1996   *LA INFORMACION*

Capturan a Cubanos Anti-Castristas
Autoridades Aduaneras Ocupan Armamento y Explosivos a Bordo de Nave con Destino a Cuba
Por Carlos Kassel, Corresponsal de LA INFORMACION

Unidades del Servicio de Aduanas capturaron en las primeras horas de la mañana del 23 de enero a cinco exiliados cubanos en una embarcación pesquera rumbo sur frente a las costas de Cayo Maratón, en el archipiélago floridano. Una cantidad indeterminada de armamento y explosivos fue ocupada por las autoridades que arrestaron a Jorge Rodríguez, Ramón Cordero, Lázaro Paredes, Marcelo Crespo y Fernando Méndez, todos de Miami y miembros de Comandos de Liberación Unidos-CLU, organización paramilitar opositora al régimen de Castro.

Entrevistada para una emisora local, la señora Miriam Regalado, dirigente anti-castrista, acusó al gobierno de EE.UU. de «sistemática persecución de los cubanos libres que luchan contra el comunismo y liberación de su patria». Horas después de sus captura, los miembros de CLU fueron liberados pero las autoridades retuvieron la embarcación y el material bélico incautado. «La investigación prosigue», declaró a la prensa el portavoz del Servicio de Aduana.

Página 9

CAPÍTULO 5

EL COMITÉ DE ABOGADOS CUBANOS DE NEW YORK.
LA LUCHA PATRIÓTICA PROFESIONAL.
GUSTAVO A. PORTA. JOSÉ A. MESTRE. SILVIO SANABRIA.

A *Bohemia Libre* en New York llegaban todos los días desterrados cubanos que buscaban orientación. Yo establecí muy buenas relaciones con el International Rescue Committee, que era una organización de New York creada cuando empezaron a llegar a esta ciudad refugiados de Hungría con motivo de la cruenta intervención de la URSS en aquel país. Rusia aplastó violentamente el levantamiento del pueblo húngaro, que buscaba libertad y quería terminar la sangrienta opresión comunista. Sucedió en 1956. La URSS asesinó a innumerables húngaros e instaló a un monigote comunista a sus órdenes llamado János Kádar. Como en todos los regímenes comunistas (igual que en Cuba), la justicia desapareció y el crimen reinó. El aforismo del derecho romano *fiat justitia ruat caelum* huyó de las frías tierras húngaras al igual que lo hizo poco después de los cálidos paisajes cubanos (Estúdiese el libro de la International Commission of Jurists, The Hague, 1957, titulado *The Hungarian Situation and the Rule of Law)*.

Tres años después de aquella horripilante masacre húngara, comenzó a arribar a New York gran número de refugiados cubanos sin dinero y sin trabajo que huían del comunismo castrista. Entre ellos, muchos colegas abogados. A ellos y a otros cubanos que me visitaron en mi oficina de *Bohemia Libre*, les conseguí abrigos y ropas invernales para el frío de New York, y también trabajo, todo con la ayuda del International Rescue Committee y otras fuentes de empleo. Al mismo tiempo, mi esposa, Esther María Porta, la señora María de los Ángeles (Cuqui) del Pino de Mestre y otros cubanos recogían donaciones de ropa que entregaban al International Rescue Committee para su distribución entre los refugiados de todas las tiranías comunistas del mundo. Al International Rescue Committee le debemos eterna gratitud, nos dio orientación y asistencia cuando la necesitábamos. Allí trabajaban como voluntarios excelentes personas, magnífico ejemplo de la noble y verdadera caridad estadounidense, callada y eficiente.

Tantos abogados venían a verme a mi oficina, que el Dr. Gustavo A. Porta y Capote, el Dr. José A. Mestre y Sirvén, la Dra. Mercedes Alemán y yo decidimos crear un comité para poder asistir mejor a nuestros compañeros, que cada día llegaban en mayor número. Así nació el Comité de Abogados Cubanos de New York.

Convocamos a los compañeros a mi oficina (éramos unos treinta en aquel momento) y elegimos una directiva en la que tratamos que hubiese representación de todas las provincias de Cuba; quedó compuesta de la siguiente manera:

Dr. Gustavo A. Porta y Capote (Pinar del Río)
Dr. Ernesto de Aragón y Godoy (La Habana)
Dr. Francisco Casado y Remedios (La Habana)
Dr. Alberto Gutiérrez de la Solana y Pérez (La Habana)
Dr. Ramón Suárez del Campo (Matanzas)
Dr. Gilberto A. Campa Velis (Las Villas)
Dr. Rubén Alonso y Álvarez (Oriente)
Dra. Mercedes Alemán y García (no recuerdo de qué provincia era)

El excelente compañero fotógrafo de *Bohemia Libre,* Delio Valdés, tomó la foto de la primera sesiones que aquí presento como **DOCUMENTO 5-1.**

A propósito no le pusimos el nombre de Colegio de Abogados porque no queríamos interferir sino cooperar con el Colegio de Abogados de la Habana en el exilio y su decano, el Dr. Silvio Sanabria, (que era nuestro decano desde la Habana). La doctora Mercedes Alemán, muy trabajadora y eficiente, era la secretaria del comité y se ocupó de confeccionar la lista de todos nosotros. Continuamente llegaban nuevos abogados refugiados. Crecimos extraordinariamente, según se puede ver por la relación incompleta que aquí reproduzco, tomada del fichero hecho por la Dra. Alemán. Conservo estas tarjetas con los nombres y direcciones de los compañeros porque Mercedes Alemán falleció de cáncer en la columna vertebral en New York City en 1963. Al morir Mercedes, había planillas de inscripción que ella no había podido incorporar a su tarjetero. Omito la viejas direcciones y teléfonos.

Alemán y García, Mercedes Otilia (falleció)
Alonso Álvarez, RubénMedina Yanez, Ángel
Aportela Rodríguez, José Armando
Aragón y Godoy, Ernesto de
Ayala, Héctor (se fue a París)
Bango Castro, José Luis
Barinaga Mestre, Oscar
Bradman, Juan
Barreras Hernández, Julio O.
Campa, Concepción de la
Campa Lizama, Gilberto
Cañete García, Carlos
Capiro Planas, Rafael
Cartaya, Pedro J.
Casado Remedios, Francisco
Castellanos, Alfredo
Castellanos, René S.
Cervantes, Ángel Luis
Cruz, José de la
Cruz Menéndez, Rafael
Cuevas, José A.
Chardiet, Armando (falleció)
Darias, Alberto
Edreira Fit, Orlando
Elías Castillo, Eleodoro
Figueredo, Fernando
Figueroa, Carlos
García Bugallo, Guillermo M.
Gil de Gibaja, Leonidas
Gómez Estrade, Isabel
González, Eduardo
González, Demetrio
González Bravo, María
González y Hernández, Hilario
Gutiérrez de la Solana y Pérez, Alberto
Gutiérrez Sorí, Andrés
Hernández Clavereza, Amelia
Herrera Arango, Alejandro
Huerta, José R.
Iglesias Ruiz, Manuel
Izaguirre Hornedo, Jorge
Kid Rojas, Fernando
Lago Carbonell, Rinaldo
Loriet Bertot, Francisco
Madrid Villar, César
Martínez Alayón, Guillermo

Masiques Landeta, Felipe
Medina Yanez, Ängel
Mestre y Hernández, José Antonio, (falleció)
Mestre y Sirvén, José Antonio
Montoto Prats, Pedro Mario
Morales, Cristina
Morcate Castillo, José
Ocampo, Alberto
Orozco, Blas Andrés
Pérez Herrera, Jorge
Pino de Benet, Esther del
Pla, Norberto
Place Lago, Juan J:
Planos Agüero, Emilio
Porro, Raquel
Porta y Bolaños, Aníbal
Porta y Capote, Gustavo Alfredo (falleció)
Portuondo del Castillo, Joaquín
Portuondo de Castro, José (falleció)
Quintana del Valle de Diez, Nilka
Rafecas Perkins, Carlos A.
Ramírez Corredeira, Rigoberto
Ramírez Medina, María Teresa
Raggi y Ageo, Carlos (falleció)
Ravelo, Rosa
Rodríguez de Cárdenas, Marina
Rodríguez Iznaga, María del Carmen
Rojo, Miguel A.
Romney, Luis Arturo
Santiesteban Pérez Germán
Sera Vázquez, Eulalia
Silva Cárdenas, René
Socarrás y San Martín, Cayetano J. (falleció)
Suárez del Campo, Ramón
Suárez, Rodríguez, Fausto
Taracido, Carlos M.
Tomeu Adán, Gustavo A.
Torre Fernández, Francisco de la
Valdés Alba, Hernán
Valdés Llansó, Ulises (falleció)
Valdéz Rodríguez Villada, Antonio
Valdespino, Andrés (falleció)
Valeri Busto, Manuel
Valladares Manrique, Baldomero
Vallhonrat Villalonga, Francisco A.

Vega, Mario de la
Vega Penichet, Manuel (falleció)

    La junta directiva se reunía periódicamente para tomar acuerdos con el fin principal de ayudar a nuestros colegas en la busca de empleos y tratar temas patrióticos. Tuvimos una cooperación admirable de la American Bar Association, que formó un "Special Committee to Cooperate with Cuban Lawyers in Exile" compuesto por los eminentes abogados de New York City, Miguel A. deCapriles, de la School of Law de New York University, Stephen P. Duggan Jr., Thomas E. Monaghan, Samuel J. Powers, Jr., Vincent A. Rodriguez y Malcolm B. Bayliss, que era el secretario ejecutivo. Presento como **DOCUMENTO 5-2 AB** un "Progress Report" de dicho comité de fecha octubre 31, 1961. Los **DOCUMENTOS 5-3** y **5-4** conciernen a una petición dirigida a Time-Life por el abogado John Burton recabando ayuda para obtener empleos. El **DOCUMENTO 5-5** es un carta con el mismo propósito del presidente de la American Bar Association al presidente de la "Bar Association de Connecticut."

    Estábamos en contacto continuo con el Dr. Silvio Sanabria, Decano del Colegio de Abogados de la Habana en el exilio. Y tal fue el impulso beneficioso que tuvo nuestro comité de abogados exiliados en New York, que en el **DOCUMENTO 5-6** se verifica que el Dr. Sanabria nos enviaba nombres de abogados desterrados en Miami para conseguirles trabajo en New York, ciudad rica donde estaban los grandes bufetes y poderosas compañías de seguros, de aviación, etc. El **DOCUMENTO 5-7** muestra una gestión con una casa de traducciones. El **DOCUMENTO 5-8A - 5-8B** es una breve historia que redactamos y distribuimos en inglés para ilustrar a los posibles empleadores. Muchos abogados consiguieron ocupación en compañías de seguros, entre ellos, Carlos M. Raggi, Hilario González y Mario Zayas y Portela. Ésta era una de las funciones del Cuban Lawyers Committee (in exile) en New York.

    Otra labor ineludible fue batallar por la liberación de Cuba. Durante su corta vida, el Comité de Abogados Cubanos de New York convocó reuniones patrióticas y celebró el "Día del Abogado" de acuerdo con la tradición en Cuba libre y democrática, y se mantuvo muy activo en pro de la causa del derrocamiento de Castro y el restablecimiento del régimen de justicia y derecho en Cuba. Tuvimos una excelente conmemoración el 8 de junio de 1962 en el Auditorium de la Freedom House en New York City donde disertaron el ex-magistrado del Tribunal Supremo de Cuba Dr. José Morell Romero y el Dr. Andrés Valdespino, ex-profesor de la Universidad de la Habana. La concurrencia fue grande, con asistencia de letrados cubanos y norteamericanos. De esa rememoración guardo la foto hecha por Delio Valdés que acompaño como **DOCUMENTO 5-9**. En la misma se pueden ver, de izquierda a derecha al Dr. Andrés Valdespino, el ex-Magistrado Dr. Roa haciendo la presentación del ex-magistrado Dr. Morell Romero, que está sentado al lado, le siguen el Dr. Gustavo Porta, la Dra. Mercedes Alemán, el Dr. Hilario González, el Dr. Guillermo Martínez Márquez y el ex-magistrado Dr. Manuel Hernández. Estos actos los celebrábamos con toda la solemnidad correspondiente; aquí reproduzco también la tarjeta de invitación que se imprimió.

    Como **DOCUMENTO Nº 5-10** presento foto de la primera conmemoración, el 8 de junio de 1961, también en Freedom House, en que aparecemos, de izquierda a derecha el Dr. Alfredo Crucet (médico), el abogado puertorriqueño y neoyorkino Ralph Bosch, el Dr. Gustavo Porta, la Dra. Mercedes Alemán, el Dr. Rubén Alonso, el Dr. Alberto Gutiérrez de la Solana, el representante de la New York Bar Association Stephen A. Duggan Jr. y el Dr. Gilberto Campa. Los oradores principales de aquella noche fueron los doctores Porta y Crucet. También hablaron Vilis Masens, Ralph Bosch y Stephen A. Dugan. Primera vez que rememorábamos el Día del Abogado en el destierro, que triste fue.

    La prensa se hacía eco de las actividades profesionales y patrióticas del Comité de Abogados Cubanos de New York. Véase como **DOCUMENTO Nº 5-11** la página 9 del periódico *Avance* de Miami de junio 30 de 1961. El **DOCUMENTO Nº 5-12** comprende un recorte del periódico *La Prensa* de New York sobre reunión en casa del licenciado Ralph Bosch, y otro de *Avance* de marzo 31 de 1961 concerniente a dos sesiones del Comité. El **DOCUMENTO Nº 5-13** es un recorte de *The New York Times* en el cual se informa la ayuda de la American Bar Association y de la New York Bar Association, y una foto de sesión solemne donde le entregamos un diploma de agradecimiento a Ralph Bosch, miembro de la New York Bar Association. También estábamos en contacto con el alcalde de New York, Robert F. Wagner, y nombramos al compañero Dr. René S. Castellanos representante del Comité de Abogados en la alcaldía. Véanse carta y telegrama de dicho alcalde de 1962 como **DOCUMENTO Nº 5-14**.

    Teníamos buenas relaciones con el susodicho alcalde. Algunos abogados empezaron a trabajar para la ciudad de New York como *social workers* después de pasar un riguroso examen de entrada en inglés. La gran capacidad de los compañeros ayudaba a facilitar los estudios correspondientes al examen de ingreso. Los abogados proscriptos en New York City tuvimos una cálida acogida de los compañeros estadounidenses y de las autoridades. Se dice que New York City es una ciudad fría, sólo ocupada de ganar dinero, pero ésa es una apreciación exterior, superficial. En cuanto se entra en contacto personal, los neoyorkinos tienen la misma caridad y cordialidad propia de todos los estadounidenses. No creo que haya ningún otro pueblo más generoso que el de los Estados Unidos. En New York he vivido más de un tercio de siglo, en New York he adquirido amigos desinteresados y entrañables. Los neoyorkinos, igual que todos sus compatriotas, lo que desean es que la persona sea trabajadora y se gane la vida, no que venga a vivir de ellos. Por eso, los abogados no tuvimos problemas, sólo pedíamos trabajo, y aceptábamos cualquier oportunidad en las más disímiles ocupaciones. El alcalde Wagner era demócrata, fue electo varias veces y gozaba de gran poder político. Fue sustituido por John V. Lindsey, republicano joven y buen tipo que tenía aspiraciones presidenciales y pretendía emular al presidente Kennedy, pero fracasó, no fue reelecto, dejó la política y se dedicó a la abogacía.

Los **DOCUMENTOS 5-15 a 18** conciernen igualmente a la tarea de buscar empleos para los compañeros desterrados.. El **5-16** presenta una carta que acompañaba los expedientes de 27 compañeros para quienes buscábamos trabajo en septiembre de 1961, entre ellos los doctores Julio Hernández Miyares, Joaquín Portuondo del Castillo y Ela Rosa Gómez Quintero (que ahora son ilustres profesores universitarios en New York y New Jersey) y Carlos Figueroa, que profesó en New Jersey hasta que se jubiló En el mismo documento fotografío recortes de *The New York Times* en uno de los cuales se manifiesta que en **febrero de 1962 ya estaban trabajando unos 600 abogados** y todavía **quedaban unos 300 sin empleo**. En el **5-16** muestro, una vez más, nuestra estrecha colaboración con Silvio Sanabria, que estaba en Miami, en la búsqueda de empleos. El **5-17** es una lista de compañeros a quienes cité en mi oficina de *Bohemia Libre,* 60 East 42nd Street en New York, para laborar en una empresa de aviación; entre ellos, Julie Abreu, René Silva, Rosa Rabelo, Enrique Gastón, Juan Hernández Corujo y Cayetano (Chacho) Socarrás, magistrado de la Audiencia de la Habana expulsado por Castro que luego fue profesor en New Jersey donde falleció. En el **5-18,** la carta concierne a gestiones con el fin de empleos que hice con el Christian Family Movement, del cual yo había sido secretario en la Habana hasta que tuve que huir; y la tarjeta acredita nuestras buenas relaciones con el International Rescue Committee, que tanto nos ayudó.

Los **DOCUMENTOS 5-19 y 20** se refieren a gestiones del Comité de Abogados para salvarle la vida a Ciro Betancourt, Bob Guejas, José M. Mendiola y otros presos políticos encartados en la causa 232 mediante peticiones, entre otras, al presidente de Costa Rica y a la OEA El **21** fue la invitación para un café de honor al Dr. Manuel Prado, Presidente del Perú, quien fue buen amigo de nosotros en aquellos aciagos tiempos en que no teníamos muchos amigos valientes.

El Dr. Silvio Sanabria, decano en la Habana y en el exilio del Colegio de Abogados de la Habana, desplegaba toda su energía en pro de los abogados desempleados y de la causa de Cuba libre. Una de sus muchas gestiones fue su participación, junto con el compañero Dr. Juan Andrés Lliteras, en la Conferencia Continental de Abogados que se celebró en Costa Rica en junio de 1961 que tenía por título "La Paz Mundial Mediante el Imperio del Derecho." Ambos letrados proscriptos mantuvieron en alto el prestigio de los abogados cubanos libres con ponencias y proposiciones de resoluciones que dieron luz en la tiniebla de las mentiras de Castro. En los **DOCUMENTOS 5-22 y 23** presento fotos del periódico *La Prensa Libre* de San José, Costa Rica, de junio 13 y 15 de 1961, donde se reporta la actuación de la brillante delegación integrada por Sanabria y Lliteras.

DOC. 5-1

AMERICAN BAR ASSOCIATION

SPECIAL COMMITTEE TO COOPERATE WITH CUBAN LAWYERS IN EXILE
1961-1962

DOC. 5-2A

October 31, 1961

PROGRESS REPORT

To the Members of the Committee:

The program outlined in my memorandum of September 20, 1961 was approved in principle by our Committee at the meeting on October 3, 1961, and we are proceeding with our efforts to carry out the various steps in the program.

I have now written about 100 personal letters, of the general tenor described under item (1) of the September 20 memorandum, to the chief executives of leading U.S. corporations appealing to them to try to find a specified number of jobs within their organizations for our Cuban colleagues.

While answers have not yet been received in all cases, we have had favorable responses from such major corporations as the Equitable, Metropolitan and Prudential life insurance companies, IBM, the International Basic Economy Corporation, Deltec Corporation, American Airlines and Commerce Clearing House. All have hired or are in the process of hiring two or more of the Cuban lawyers, principally to do clerical work. In view of our

- 2 -

success to date, we will continue to pursue this approach.

Judge Bonsal and Stephen Duggan have contacted the larger New York law firms to ask them to survey their needs and see if they cannot place some of the Cubans as law clerks, librarians, file clerks, messengers or in some other capacity. A few have been placed, and we expect to make follow-up calls in about a week to the firms that have not responded.

Thomas Monaghan is appealing by personal letter to the 68 active members in the Association of General Counsel to try to find jobs for these men.

We have also gone ahead with our plan to enlist the aid of state and local bar association members as described in item (3) of the September 20 memorandum. A letter in the form attached, signed by President Satterfield, was mailed through the American Bar Center to the presidents and secretaries of all state bar associations and of those local bar associations having a membership over a specified number, a total of 244 bar associations in all. These letters have stirred up a great deal of interest, and replies are beginning to come in. If jobs are turned up through the bar associations, I think we will have to depend upon our three Committee members in Miami to work in that area with the voluntary agencies and the Cuban Refugee Emergency Center in selecting the most appropriate candidates.

Last week President Satterfield, William Shea and I visited a number of government offices in Washington and explored every possibility that has occurred to us up to now for employment of the Cuban lawyers in various government departments or programs. We met with officials of the State Department, including the United States Information Agency and the Agency for International Development, and of the Department of Health, Education and Welfare. Mr. Satterfield also discussed the matter briefly with Attorney General Kennedy, and Messrs. Satterfield and Shea later met with Mr. Richard Goodwin of the White House staff and with Drs. Mora and Fenwick of the Organization of American States. Mr. David Cottrell, who is chairman of the ABA Special Committee on Relations with Lawyers of Other Nations, participated in several of these conferences. Mr. Shea and I also visited the offices of several senators.

While in each case our appeals received a very sympathetic hearing in Washington, we were unable to uncover any immediate job openings or to obtain the promise of immediate funds to finance a program for employing even a small number of the Cuban lawyers.

On October 25 Mr. Satterfield met with Dean de Capriles and Dean Barnes and others to review the overall program and also to discuss further the long range value of the project to translate and publish selected American historical, literary and legal works for dissemination in Spanish-speaking areas. Mr. Satterfield is now endeavoring to ascertain whether funds may be available for such a project through the AID and the private foundations.

* * * * * * *

The foregoing is only a brief summary of our Committee efforts and modest accomplishments to date. Up to now our principal activities have necessarily been concentrated in the New York and Washington areas. However, I think we will find that as we get further into this matter an increasingly larger part of the Committee work will have to be carried out in the Miami area.

William Shea will follow up our leads in Washington and perhaps our Committee members in Miami can obtain some support through Senator Smathers or through their congressmen.

It is still my own view that if we are going to solve this problem we will have to do it by ourselves finding jobs for our Cuban colleagues in American businesses and law firms. I should, therefore, like once again to urge each member of the Committee to take any steps on his own that he con-

DOC. 5-3

REID & PRIEST
TWO RECTOR STREET
NEW YORK 6, N.Y.

WASHINGTON OFFICE
910 17TH ST. N.W.
WASHINGTON 6, D.C.

CABLE ADDRESS
REIDAPT

DI-4-4400

September 15, 1961

Dr. Alberto Gutierrez de la Solana
60 East 42 Street (Room 405)
New York, New York

Dear Dr. Gutierrez de la Solana:

I am enclosing a copy of a letter that I have written Mr. Henry Luce of the Time-Life organization with reference to our problem. I have also written a similar letter to a number of other corporate executives in this area and expect to write a great many more.

Let us hope that this will start the ball rolling.

Sincerely yours,

John R. Burton
Chairman
American Bar Association
Special Committee to Cooperate
with Cuban Lawyers in Exile

JRB/dds
Enclosure

- 5 -

siders appropriate and conducive to a solution of the task before us.

Sincerely,

John R. Burton
Chairman

To: Messrs. C. Clyde Atkins
William L. Shea
Jonathan E. Ammerman
William S. Barnes
Dudley B. Bonsal
Miguel A. de Capriles
Stephen P. Duggan, Jr.
Thomas E. Monaghan
Samuel J. Powers, Jr.
Vincent A. Rodriguez
Malcolm B. Bayliss

101

DOC. 5-4

September 14, 1961

Mr. Henry R. Luce
Time Inc.
Time & Life Building
Rockefeller Center
New York 20, New York

Dear Mr. Luce:

I am writing to ask you to find jobs in your organization for at least 10 of the more than 100,000 Cuban refugees in this country whose number and whose plight are increasing each day.

You know the tragic story of these people and why they are here much better than I could possibly relate it. They have been robbed, persecuted, and driven from their homes as a carefully executed step in the communist conspiracy to take over the world. Our government, and many serious and well-intentioned Americans actually applauded the early successes of the so-called Cuban revolution. However, I am sure that there are no longer any illusions about what has happened on our very doorstep.

The citizens of Miami and of the State of Florida have done a fine job in trying to receive these people in an orderly manner and to feed, clothe and house them. Our own national government has also provided them with emergency relief, which now amounts to $100 per month per family. Everyone seems interested in this situation is urging Washington to do more. But I wonder if the time has not come—I hope it has not passed—when we of

- 2 -

the American business and professional community, as the leading protagonists of freedom, must ourselves find work for these people in the private enterprise system that we proclaim so loudly.

Entirely apart from the humanitarian viewpoint, I believe it is in our own self interest to see to it that we do not send these people back to Cuba with bitterness in their hearts and a conviction that the American private enterprise system functions only for certain classes or indeed functions not at all.

I am particularly interested in the lawyers, judges and legal scholars included in this group because they were leaders in their communities and the day will come when they will again be leaders. They number over 700, of which about half are not only vegetating from lack of work but are in serious need of financial assistance. They are too proud to accept the monthly handout from our government. They are intelligent, educated and cultured people and are skilled technicians in the civil law. Many of them are completely bilingual English. I feel certain that these professional people can make substantial contributions to communities and businesses throughout the country. One is employed in my firm as a lawyer and another is a messenger, but they are equally thankful to be working.

They are willing to accept any kind of work.

If you can find within the Time organization 10 jobs for these people—whether of a literary, administrative, clerical, manual, or any other nature—please communicate with me as promptly as possible and I will send you worthwhile candidates.

Sincerely yours,

John R. Burton
Chairman
Special Committee to Cooperate
with Cuban Lawyers in Exile
of the American Bar Association

AMERICAN BAR ASSOCIATION

SPECIAL COMMITTEE TO COOPERATE WITH CUBAN LAWYERS IN EXILE

October 26, 1961

Mr. J. Ronald Regnier, President
State Bar Association of Connecticut
37 Lewis Street
Hartford 3, Connecticut

Dear Mr. Regnier:

Over the past two years more than 100,000 Cubans have taken refuge in this country from the Communist dominated Castro regime, and their number is increasing daily. Among them are more than 700 lawyers, judges and law professors. The citizens of Miami and of the State of Florida, and the voluntary agencies, are doing a fine job in receiving these exiles in an orderly manner and in feeding, clothing and housing them; and the federal government is providing them with emergency relief of up to $100 per month per family.

In spite of these efforts, the plight of many of our fellow lawyers from Cuba is extremely serious and is growing worse. Most of them are either unemployed or engaged in unskilled and unremunerative work. Many are in pressing need of financial assistance but are too proud to accept the monthly handout from our government.

The American Bar Association is becoming increasingly concerned about the personal and financial situation of these lawyers. A special committee was set up last spring to assist them in finding employment, and jobs have been found for a small number through the efforts of the committee with the cooperation of the governmental and charitable organizations operating in this field. However, over 300 remain whom the Committee has been unable to place. We are, therefore, calling upon local bar associations throughout the country, including your own, for assistance.

The Cuban lawyers are intelligent, educated and cultured people; and they are skilled technicians in the civil law. A substantial number have had experience in dealing with United States clients. A large percentage are completely bilingual and most of the remainder speak at least creditable English. Given the opportunity, these professionals can make worthwhile contributions to communities and businesses in this country.

If each state and local bar association to whom this letter is addressed will find an opening for at least one Cuban lawyer this

-2-

problem will be resolved. The Committee, invoking your members' loyalty to the profession, asks that your association sponsor and find employment in your area for at least one of these men. Will you, therefore, please bring this matter to the attention of all your members and ask them to survey their own needs and those of their clients to see what positions may be available?

These men naturally would prefer to be placed in law-related work, although of course they cannot practice law in this country. It has been our experience that they are particularly useful in positions such as advisers on Latin American legal matters, teachers of Spanish, insurance claims adjusters and investigators, correspondents for companies having business in Spanish speaking countries, bank clerks, brokerage clerks, researchers and translators. However, we have found that almost any kind of employment, even of a comparatively menial nature, is welcomed. A number are working as clerks in New York City law firms. Many will accept _any_ kind of work.

Some of our Cuban colleagues in exile unquestionably will be leaders in Cuba after the fall of the present Communist government. Thus, entirely apart from the humanitarian viewpoint, we are anxious that they return to Cuba with warm affection and regard for the American free enterprise system and the American Bar based upon our assistance to them in their time of need.

I have used the letterhead of the Special Committee to Cooperate with Cuban Lawyers in Exile in writing to you so you would know its members. My hope is you will inform the Chairman of the Committee, Mr. John R. Burton, 2 Rector Street, New York 6, New York, as soon as possible of openings which your members and their clients will make available. The Committee will suggest worthwhile candidates.

Sincerely yours,

/s/ John C. Satterfield

John C. Satterfield, President
American Bar Association

S:d

DOC. 5-5

DOC. 5-6

COLEGIO DE ABOGADOS DE LA HABANA
HAVANA BAR ASSOCIATION
(IN EXILE)
1209 HUNTINGTON MEDICAL BUILDING
168 SOUTH EAST FIRST STREET
MIAMI 32, FLORIDA

Miami, 26 de Junio de 1961.-

Dres. Alberto Gutierrez de la Solana y
Jose A. Mestre,-
c/o Bohemia Libre, Room 405,
60 East, 42 St.,
New York 17, N. Y. .-

Queridos amigos:-

De acuerdo con la llamada por telefono que nos hizo el Dr. Mestre, les estoy adjuntando una lista de Abogados residentes en Miami que pudieran ser empleados en las Compañias de Seguros .-

Hemos procurado comprobar sus conocimientos en Ingles que los haga aptos para esas posiciones.-

Agradeciendoles el interes y su contestacion, aprovecho para enviarles mis saludos.-

COLEGIO DE ABOGADOS DE LA HABANA.-
En el Exilio.-

Silvio Sanabria.
Decano.-

DOC. 5-7
Carta de Faraday Translations

FARADAY TRANSLATIONS
15 PARK ROW   NEW YORK 38   WO 4-1263
Scientific and Technical Consultants in All Languages

August 17, 1961

Mr. Alberto G. Solana
Cuban Lawyers Committee of New York
Lincoln Building
60 East 42nd St.
New York 17, N.Y.

Dear Mr. Solana:

With reference to your letter of August 10th, we shall continue to keep your organization very much in mind.

Our translation needs in the Spanish language, however, are only occasional at the present time.

Very truly yours,

M. Oberlander
Chief Editor

MO:lm

2,000 LAWYERS ARE DENIED OPPORTUNITY
TO PRACTICE THEIR PROFESSION

* A former Magistrate washes cars for a living.
* A District Attorney is an elevator operator in a New York hotel.
* An Undersecretary of Commerce -- trained in the law -- supports himself and his family as a waiter in a restaurant.
* A brilliant trial attorney now is a milkman.

"Maybe," you say, "but it's not possible here. Not in the United States." No? It *is* possible.

Not only is it possible, it's happening. Right here in the United States. Of course, these men and more than 2,000 like them are not U.S. attorneys. They are Cubans, refugees from the ruthless Castro regime which is strangling the Pearl of the Antilles in the Communist grip. Their number grows day by day as more of them escape from their homeland, a land in which the fires of freedom flicker low, in which respect for the law and the rights of the individual are being smashed into the all-obscuring ooze of Communist ideology.

These are educated, intelligent men, honest men who chose to work at menial tasks in a foreign land rather than betray their oath to uphold the law in their homeland.

There are many Cubans of other professions who have taken refuge in the United States -- doctors, engineers, mathematicians, dentists, accountants. Except for the language barrier, which is relatively slight, these professional men have managed to eke out a living in their chosen field of endeavor. Why, then, must attorneys be car washers, elevator operators, waiters, milkmen? Because while the language of numbers and formulas is universal, and scientists have an esperanto of their own, the attorney's field of learning is necessarily confined within the legislative framework of his own country. A Cuban appendix requires the same treatment as an American one; a denture is a denture whether its wearer speaks English or Spanish; a column of figures adds up the same in the United States as it does in Cuba; only the law is so entirely different that an attorney thrown upon any other national stage than his own is helpless.

He is in exactly the same situation as the refugee who completely lacks a professional career. Therefore, he must start at the bottom and learn the rights and obligations of other Codes, the interpretations and applications of other laws.

-2-

At best, these are not precisely the ones that had been taught in the Universities of Cuba. At worst, they are totally unfamiliar. But a man cannot learn unless he gets the opportunity to learn, to read and study the law. Unfortunately, openings for these attorneys in U.S. law offices have not only been slow in coming, they have been -- and still are -- virtually non-existent.

But although the plight of the 2,000 Cuban lawyers in the United States is painful, it is mild compared with their situation before they were able to leave Cuba, it is as nothing compared to the tragedy of the 8,000 attorneys who are unable to leave and who are compelled to live under the heel of the Communist boot worn by Fidel Castro.

Since Castro seized power in Cuba the law profession has been subjected to a series of indignities which are upsetting, high-handed, and unexplainable under any other form of government than a Communist dictatorship. Castro was a law graduate, as were President Urrutia and later, President Dorticos. It seemed logical, even after the trend of the government's philosophy was established, that these men would hold some esteem for members of their own profession. What were the reasons behind the hostility to the law as a profession and to the lawyers as individuals?

Contempt toward the profession of the law was one of the fundamental principles of Marxist-Leninist doctrine. Lenin, a failure as a lawyer, twisted an old Christian parable to illustrate this contempt: "A camel would sooner pass through the Eye of the Needle than a lawyer into the Marxist system." Historically, wherever Communism has taken power, the judicial system, especially in its applications on private property and the rights of individuals, has been destroyed. Naturally, this destruction included those in charge of application and interpretation of the law.

Here is what happened in Cuba.

First, the Board of Directors of the Bar Association in each of Cuba's six provinces was abolished. The associations, without leadership, foundered. Attorneys who protested or who tried to reorganize were imprisoned, executed or were forced to flee for their lives to foreign countries like the United States. Next, Ministeries and Departments of Cuban Government were swept clean of lawyers. Attorneys in the employ of the Government were simply told they were unemployed. Wholesale firings of attorneys became a daily spectacle.

DOC. 5-8B

-3-

References to the law profession and its members were couched by Government officials in the most despicable terms. Later, these pronouncements took on a tone of ridicule that alternated with condemnations of the law as a profession and of lawyers as individuals. It became obvious that to make a living in Cuba, an attorney would have to forget his profession and strike out in whatever field he could find employment. Blacklisted as a lawyer, this attempt usually proved futile.

In a short time, all 115 of the country's Judges and Magistrates were discharged. The Government charged them with taking advantage of their position, "practicing unworthy conduct under protection of their judicial gowns." Another excuse was that the old form of justice was not dynamic enough for the modern world -- Castro-style -- and that the Government was simply "guaranteeing that the justice be applied to the changed conditions in the country." A few Judges and Magistrates were reinstated after swearing to obey "the centralized justice of the Revolutionary State." This was a caricature of justice as practiced in free nations.

After the first year of the Castro regime, all pretense was thrown aside by those in charge of the country and Communism's ugly head began to poke through the haze of high-sounding prose that Castro used to disguise the true nature of his philosophy. The main judicial principles on which were founded the Constitution of 1940 were annulled. The social and economic structure of the nation was changed completely.

As the dismissal and replacement of Judges and attorneys went on, the militia and the mobs, whipped almost to a frenzy by Castro's ravings on his marathon television and personal appearances, took up the cry: "TO THE WALL -- EXECUTE THE TRAITORS."

The conquest of the law was complete. This was not entirely unexpected, since, as we said, destruction of judicial power is one of the fundamental principles of Marxist-Leninist doctrine. This was reflected in country after country, in which citizens' councils were set up to run the communes. These councils supposedly were made up of representatives of all professions and trades. Except lawyers. The law was considered a "marginal" profession,

-4-

secondary and limited only to be a simple "complement" service to the Soviets in making their judicial decisions.

And so it was -- and is -- in Cuba.

Lawyers who specialized in private property matters became superfluous because private property virtually disappeared. Private ownership of houses, industrial and commercial buildings, plantations, farms, firms, public service companies, ranches and livestock all came under direct regulation by the State. The State decides what is right and wrong, so there is no need for attorneys to represent clients in court. Court is a group of bearded, cigar-smoking revolutionaries, untrained in law and the rights of man.

Corporation law as a profession also virtually disappeared because the Government practically abolished free enterprise.

Remaining are criminal law and executive positions in national societies and institutions. In Cuba, these positions must be filled by attorneys. (There is no guarantee this law won't change, however).

As a result, more than 60 percent of legal activities in Cuba have ceased. Attorneys attempting to find employment in other fields of endeavor are met with contempt, ridicule and a complete lack of consideration. The respect with which other professions are endowed does not extend to the legal profession today in Cuba.

Almost all the Judiciary of Cuba has taken refuge in the United States to escape threats and insults heaped upon it at home. Most of these Judges and Magistrates live in Florida. Attorneys are scattered through the country.

In the United States, Cuban University professors work as servants in hotels and restaurants; attorneys are elevator operators, dishwashers, watchmen, truck drivers, garbage men. They pursue other jobs unrelated to the law. No other group pays such a high price for differing with the Communist tyrant, Fidel Castro.

These men need help. Your Bar Association members can give it. The Cuban Lawyers Committee located at Lincoln Building, 60 East 42nd Street, Suite 405, New York 17, N. Y. would appreciate your assistance.

June 30, 1961   # # # # #

DOC. 5-9 y DOC. 5-10

 Dr. Ralph Bush
 Dr. Vilis Masens
 Dr. J. Dugan
 Dr. Gustavo Porta

Conmemoran en New York, el "Día del Abogado"

(De la corresponsalía de AVANCE en New York)

Con motivo de la conmemoración de un aniversario más del natalicio del bayardo de la revolución cubana, Dr. Ignacio Agramonte y Loynaz; fecha en que la clase togada cubana celebraba el Día del Abogado, el Comité de Abogados Cubanos de Nueva York, adscripto al Colegio de La Habana en el exilio, efectuó un acto de carácter eminente patriótico en el Freedom House al que concurrieron representaciones de instituciones americanas de abogados y representativos de organizaciones profesionales, obreras y revolucionarias. En el acto se reafirmó una vez más el propósito de luchar por todos los medios hasta restablecer en Cuba los principios democráticos y el orden jurídico que garantice los derechos individuales y humanos con la expulsión del territorio cubano de las hordas comunistas que lo asuelan.

(Foto: Delio Valdés).

 Dr. Alberto Campa Lizama

En la parte superior aparece la presidencia del acto, y en la inferior puede observarse una vista parcial de la concurrencia a dicho acto.

Dr. Alfredo Crucet

AVANCE - junio 30, 1961.

AVANCE Viernes 31 de Marzo de 1961 Página 15

El Colegio de Abogados Cubanos en N. York

Los abogados cubanos exilados en Nueva York han constituido un Comité, en íntima unión con el Colegio de Abogados de La Habana, que ya está funcionando en Miami. En la foto superior se recoge el acto de la constitución del Comité Provisional, bajo la presidencia del Dr. Gustavo A. Cota, actuando como Secretaria la Dra. Mercedes Alemán. En la foto inferior, el Comité Ejecutivo en pleno, integrado por los doctores Gustavo Cota, por Pinar del Río; Ramón Suárez del Campo, por Matanzas; Ernesto Aragón, por La Habana; Antonio Gutiérrez de La Habana; Gilberto A. Campa Velis, por Las Villas; Rubén Alonso, por Oriente, y la Secretaria, Mercedes Alemán.—Este organismo profesional funcionará vinculado al Colegio de Miami.

REUNION DE ABOGADOS CUBANOS. — Por invitación del licenciado Rafael Bosch se reunieron en su residencia numerosos abogados cubanos anticomunistas para llevar a cabo planes orientados a ofrecer oportunidades de trabajo a los profesionales cubanos, acordes con sus conocimientos y experiencia. En la reunión tomaron parte, además, el presidente del Colegio Federal de Abogados de Nueva York, señor Theodore Jackson, el Vicepresidente de la Consullar Law Society, señor Leonard Diamond y el prestigioso abogado puertorriqueño Licenciado Raymond Suárez. En la foto, con los licenciados Bosch y Suárez, cambian impresiones los letrados cubanos doctores José Iglesias, Guillermo Sánchez, Alberto Solana, Hilario González, Gustavo Porta y Antonio Santurio. Foto LA PRENSA, ML)

DOC. 5-13

BAR APPOINTS GROUP TO AID CUBAN EXILES

Special to The New York Times.

CHICAGO, March 21 — The American Bar Association announced today the appointment of an eleven-member committee of lawyers, judges and law teachers to help find temporary employment for Cuban lawyers and judges in exile.

Whitney North Seymour, president of the association, named as chairman of the committee Stephen P. Duggan Jr. of New York. Mr. Duggan is a trustee of the Institute of International Education and of Vassar College.

About 300 lawyers and judges who have left Cuba in protest against the Castro government are in the United States, mostly in the Miami area.

The others on the committee are:

C. Clyde Atkins, president of the Florida Bar Association; Antonio J. Bennazar, representative of the Bar Association of Puerto Rico in the A. B. A. House of Delegates; Dudley B. Bonsal, New York; Federal Judge Frederick Bryan, Southern District of New York; Miguel A. deCapriles, Associate Dean of New York University Law School; the Rev. Robert F. Drinan, S. J., Dean of Boston College Law School; William Ray Forester, Dean of Tulane University School of Law; Nicholas Katzenbach, Assistant United States Attorney General; Samuel D. Thurman Jr., Dean of Stanford University Law School.

111

DOC. 5-14

CITY OF NEW YORK
OFFICE OF THE MAYOR
NEW YORK 7, N.Y.

June 14, 1962 d

Dr. Alberto Gutierrez de la Solana
Cuban Lawyers Committee of New York
60 East 42nd Street
New York 17, New York

Dear Dr. Gutierrez:

    Thank you very much for your letter of June 5th, introducing Dr. Rene S. Castellanos as representative of The Cuban Lawyers Committee of New York.

    You can be sure that I will do whatever I can toward sitting down with the Cuban Lawyers Committee. At this particular time my schedule is unusually crowded, but if I can clear time for this occasion I will be delighted to do so.

Sincerely,

Robert F Wagner

Mayor

WESTERN UNION TELEGRAM

CLASS OF SERVICE
This is a fast message unless its deferred character is indicated by the proper symbol.

SYMBOLS
DL=Day Letter
NL=Night Letter
LT=International Letter Telegram

SF-1201 (4-60)
W. P. MARSHALL, PRESIDENT

The filing time shown in the date line on domestic telegrams is LOCAL TIME at point of origin. Time of receipt is LOCAL TIME at point of destination.

AVA060 PE156   1962 JUN 8 PM 12 55
N VUA021 PD VU NEW YOR NY 8 1215P EDT
DR ALBERTO GUTIERREZ DE LA SOLANA
  DELIVER 8PM COMMITTEE OF CUBA LAWYERS OF NEW YORK CARE FREEDOM
HOUSE AUDITORIUM 20 WEST 40 ST NYK
  REGRET INVITATION CAME TOO LATE TO SCHEDULE FOR YOUR EVENT
TONIGHT BEST WISHES FOR A SUCCESSFUL EVENING
  ROBERT F WAGNER MAYOR CITY OF NEW YORK.

DOC. 5-15

New York, September 26, 1961

Mr. John R. Burton, Chairman
American Bar Association
Special Committee to Cooperate
with Cuban Lawyer in Exile.
Reid & Priest
Two Rector Street
New York, 6 N. Y.

Dear Mr. Burton:

Enclose please find thirty seven resumé of the following Cubans Lawyers in New York, who were not working when they sent those resumé.

Carlos Seigile Ferrer
Tomas Arguelles Lingoya
Ruben Arango Suarez
Edmundo F. Robaina Grasso
Antonio Waldo Perez Reyes
José Raul Miret Alvarez
José Iglesias
Angel Medina Yañez
Argelio Batista Sainz
Ruben Alonso Alvarez
José Ramon Melendes Bargillo
Antonio Martinez Fornaris
Juan Antonio Hernandez Corujo
Angel Gutierrez Hernandez
Dalka E. Gonzalez Sanchez
Carlos Sigueroa Miranda
Amelia Contreras Pozo
Juan A. Barreiro Hernandez
Francisco Aguero Aguero

Marta Zatarain Pinó
Lorenzo Tundidor Iglesias
Siouara Sanchez Guerra
Cosme Juan Sanchez Garcia
Pablo Schwiep Acosta
Maria Teresa Ramirez Medina
Antonio Madelat Valdivia
Joaquin Portuondo del Castillo
José A. Milanes Lopez
Fermin H. Lames
Raul Trelles del Portillo
Julio E. Hernandez Alvares
Fermin Rafael Gonzales Mendez
Elsa Rosa Gomes Quintero
Eliseo Gonzales Goozaln
Luis Raul Fleita Careaga
Gilberto A. Campa Vells
Alfonso Alvarez Valiente

As we have not more copies, we would appreciate very much if you send them back to us when you finish with them.

Sincerely yours,

CUBAN LAWYERS COMMITTEE OF NEW YORK
Dr. Alberto Gutierrez de la Solana.

THE NEW YORK TIMES, SUNDAY, FEBRUARY 18, 1962

600 CUBANS GET JOBS

Bar Committee Head Says 300 Lawyers Still Need Work

The head of an American Bar Association committee set up to find employment for exiled Cuban lawyers and judges said yesterday that two-thirds of the 900 Cubans now had jobs in this country.

The committee head, John R. Burton, said that 300 of the 900 legally trained Cubans in the United States still needed work.

Mr. Burton, whose office is at 2 Rector Street, said that the committee had placed 150 lawyers directly and indirectly assisted many more. He acknowledged that the jobs were predominantly outside the legal field.

A report on the committee's work was presented Friday to the American Bar Association in Chicago.

THE NEW YORK TIMES, THURSDAY, FEBRUARY 16, 1961

BAR GROUP OFFERS CUBAN EXILES AID

Board Would Help Find Jobs for Lawyers and Judges Who Fled Castro Regime

By AUSTIN C. WEHRWEIN
Special to The New York Times.

CHICAGO, Feb. 15 — The American Bar Association's board of governors today offered aid to refugee Cuban lawyers and judges now living in the United States.

The board, which opened the association's midyear seven-day meeting, suggested creation of a special committee to assist the refugee lawyers and judges in finding suitable employment. There are believed to be 300 of them in this country, mostly in Florida.

A resolution on the aid will go to the association's house of delegates, which will meet later during the midyear session. The house of delegates is the 258-member policy-making body of the A. B. A.

The resolution said:

"The Castro Government has sought to destroy the independent bench and bar of Cuba in the course of its establishment, of a Communist regime in that country, demonstrating a new that one of the first acts of dictatorship is to nullify the rule of law that protects the rights of individual citizens, and establishing so-called people's courts, which substitute mob action for the orderly processes of justice."

Dire Straits Found

It added that the A.B.A. recognized that many of the refugees were in dire straits and said it wanted sympathetically to help them find employment for which they were qualified.

Whitney North Seymour of New York, A.B.A. president, would name the eleven-member aid committee to develop the placement program if the resolution passes as expected.

Mr. Seymour brought the matter before the board of governors after receiving a letter from Dean James A. Burnes of the University of Miami Law School. The Dean called his attention to "a substantial number" of Cuban jurists who had "fled Cuban communism" and settled in Miami.

Mr. Seymour also brought to the meeting a letter from Dr. Silvio Sanabria, president of the Havana Bar Association in Exile.

In his letter to Mr. Seymour Dr. Sanabria said that the Havana Bar Association had opposed Fulgencio Batista but said that Fidel Castro was "the tool of international communism" that had chosen Cuba as a base from which to launch the total conquest of the continent.

"We Cubans," he said, "have..."

THE NEW YORK TIMES, THURSDAY, FEBRUARY 16, 1961

BAR GROUP TO AID CUBAN LAWYERS

11-Man Committee to Help Refugees—Jerseyan Wins Race for President-Elect

By AUSTIN C. WEHRWEIN
Special to The New York Times

CHICAGO, Feb. 21 — The American Bar Association's House of Delegates authorized today the creation of a special eleven-man committee to aid refugee Cuban lawyers and judges in the United States. There are said to be about 300, mostly in Miami, Fla.

The 258-member house, the association's policy-making body, approved the resolution unanimously at its midyear meeting in the Edgewater Beach Hotel.

The resolution was drafted by Whitney North Seymour of New York, who will set up the special committee.

His resolution said the Castro regime had sought to destroy the independent bench and bar in Cuba. Mr. Seymour's plan includes placing refugee lawyers in universities that stress Latin-American studies, including New York University.

Seeks Industry Posts

He also hopes to find jobs for the refugees in large corporations doing business with Latin America. He will name representatives to the committee from universities, large corporations, Florida, and the Justice Department.

Meanwhile, a caucus of state delegates nominated Sylvester C. Smith Jr., of West Orange, N.J., for the office of president-elect. Mr. Smith, who is 66 years old, is general counsel of the Prudential Insurance Company of America and a former president of the New Jersey State Bar Association.

He will be elected president-elect formally at the annual meeting in St. Louis next August, ascending to the presidency automatically in August, 1962.

The meeting just ended was confined largely to internal housekeeping, and only occasionally was there a hint of the controversy that has beset the organization in the past.

AP329
NUEVA YORK 9 (AP)-CONMEMORANDO EL DIA DE LOS ABOGADOS EN CUBA LA DIVISION DE NUEVA YORK DE LA ASOCIACION DE LA BARRA DE LA HABANA EN EL EXILIO EFECTUO UNA REUNION PATRIOTICA ANOCHE EN LA CASA DE LA LIBERTAD.
SE LEYO UN MENSAJE DEL ABOGADO SANABRIA, DECANO DE LA ASOCIACION DE LA BARRA DE LA HABANA ENCARCELADO EN CUBA, ABOGADOS QUE HAN SIDO ENCARCELADOS O ASESINADOS EN CUBA, POR ACTUAR COMO DEFENSORES DE PRISIONEROS POLITICOS. EL ULTIMO DE QUE SE TIENE NOTICIA DE HABER SIDO ASESINADO ES EL ABOGADO JOSE ORTEGA LARA.
TAMBIEN SE LEYERON MENSAJES QUE ROMULO GALLEGOS Y EL COMITE INTERAMERICANO DE DERECHOS HUMANOS ENVIARON EL PRESIDENTE DE CUBA OSVALDO DORTICOS PIDIENDO QUE TERMINE CON LAS EJECUCIONES.
DY1113PES

DOC. 5-16 y DOC. 5-17

COLEGIO DE ABOGADOS DE LA HABANA
HAVANA BAR ASSOCIATION
(IN EXILE)

1209 HUNTINGTON MEDICAL BUILDING
168 SOUTH EAST FIRST STREET
MIAMI 32, FLORIDA

Julio 17 de 1961.

Dres. Alberto Gutiérrez de la Solana y
José Antonio Mestre
60 E. 42 St. Suite 405
New York 17, N. Y.

Queridos amigos:

    Con el ruego de que, de ser posible, sea incluída en la lista de aspirantes en la de las Compañías de Seguros, les envío los datos del Dr. Francisco Diez Rivas, que así me lo ha solicitado.

    Les estoy incluyendo también una copia de la carta que envíe a Mr. Edward Love, Presidente del Illinois State Bar Association para que todos los Abogados de esa conozcan la exposición que se le hace.

    En carta anterior les mandé la copia de la que dirigí al Sr. Stevenson.

    Les agradeceré que de todo ello se informe a los Abogados residentes en esa.

    Esperando verlos pronto reciban un abrazo de su amigo,

SILVIO SANABRIA

adjs.
SS/tra

CITACION PARA EMPLEO EN COMPAÑIA DE AVIACION. Lista de compañeros citados, para mayo 14 de 1962.- 5 pm. 60 E. 42d St.
Imprescindible hablar inglés.-

Dr. Rene Castellanos
Dra. Raquel Miller

Dr. Rene Silva
Dr. Gilberto Campa

Dra. Julie Abreu
Dr. Enrique Gaston

Dr. Juan Morales
Dr. Carlos García Garbolena

Dr. Jose Pimentel
Dr. Cayetano Socarras

Dr. Ramiro Castellanos
Dra. Siomara Sanchez

Dr. Gustavo Duran
Dr. Jose Iglesias

Dr. Juan Hernaidez Corujo
Dr. Rene S. Castellanos

Dra. Rosa Robelo
Dr. Carlos Elgile

Dr. Ruben Arango
Dr. Eliseo Gonzales

Dr. Mario Castellanos
Dr. Luis R. Fleita

Dr. Julio Barreras
Dr. Juan Calvo

Dr. Pedro J. Renaud

Dr. Fco. Johanet Orphleses

DOC. 5-18

Coordinating Committee

Chaplain
Rt. Rev. Msgr. Reynold Hillenbrand

Secretaries
Pat and Patty Crowley

CHRISTIAN FAMILY MOVEMENT
1655 W. Jackson Blvd., Chicago 12, Ill.   829-6101

July 19, 1962

A. G. Solana
3555 Oxford Avenue, Apt. 5J
New York 63, New York

Dear Mr. Solana:

Thanks for your note indicating you are now located in New York. We were very pleased to hear from you and hope one of these days we will be able to get together. We are anxious to know how things are going. We've been doing a good deal of work here with the Cuban refugees.

We might suggest it would be good to get in touch with the New York CFM if you haven't already done so. The name is Mr. & Mrs. Gerald Fitzgerald, 3265 Fairmount Avenue, Bronx 65, New York.

Best wishes.

Sincerely in the Holy Family,

Pat & Patty Crowley

Pat & Patty Crowley

PFC:hb

INTERNATIONAL RESCUE COMMITTEE, Inc.
460 PARK AVENUE SOUTH (cor. 31st St.), NEW YORK 16, N.Y.   Tel. ORegon 9-0010

To Mr. Alberto Gutierrez de la Solana
Foreign Publications
60 East 42nd St. Room 405

This will introduce

Lina Millner

for whom we have made an appointment with you for

who wishes to discuss some translations with you

DOC. 5-19

CUBAN LAWYERS COMMITTEE OF NEW YORK
(Affiliated with the Bar Association of Havana in exile)

LINCOLN BUILDING
60 EAST 42nd ST., SUITE 405
NEW YORK 17, N.Y.
TEL. YUKON — 6-1050

Agosto 11, 1961

Honorable Señor
Mario Echandi
Palacio Presidencial
San José, Costa Rica

Muy Honorable Señor Presidente:

Ponemos en su conocimiento que el Gobierno de Fidel Castro está solicitando pena de muerte para los enjuiciados en la causa 232, entre los cuales se encuentran diversos abogados, entre ellos el compañero Eduardo Ciro Betancourt, Bob Guejas, José M. Mendivia, etc.

Igualmente se encuentran presos sin que se hayan establecido legalmente cargos contra ellos, otros compañeros abogados, tales como el Dr. Manuel Mariñas Carmona, Dr. Becalías, etc., cuyo único delito ha sido el de querer su protesión de abogados en defensa de ciudadanos acusados de contra-revolucionarios por la dictadura de Fidel Castro.

Tenemos igualmente conocimiento de que en forma secreta se están efectuando fusilamientos en Cuba, por lo que el peligro de muerte es inminente para cualquiera de los miles de prisioneros que se encuentran actualmente abarrotados en las cárceles cubanas.

Dada la inminencia del peligro de muerte para tantos cubanos inocentes y patriotas y especialmente para nuestros compañeros togados, cuyo único delito ha sido cumplir el sagrado deber de defender a los acusados por el régimen de Fidel Castro, rogamos a usted se sirva interceder ante el Gobierno de Fidel Castro y asimismo ante la ONU con el fin de impedir la ejecución de los prisioneros políticos que actualmente sufren presión en Cuba.

El mundo entero y especialmente los patriotas cubanos que luchan contra Fidel Castro no olvidan su promesa de romper relaciones

---

- 2 -

Honorable Señor 8/11/61
Mario Echandi
San José, Costa Rica

con la dictadura comunista del mismo tan pronto ésta volviera a fusilar a un cubano más.

Esperamos que su rápida y enérgica actuación en este asunto pueda constituir una clarinada que impida la ejecución de tantos infelices cubanos que actualmente esperan en las celdas cubanas para ser llevados al paredón de fusilamiento.

COMITE DE ABOGADOS CUBANOS EN NEW YORK

Dra. Mercedes Alemán   Dr. A. G. de la Solana
Secretaria

CUBAN LAWYERS COMMITTEE OF NEW YORK

(Affiliated with the Bar Association of Havana in exile)

LINCOLN BUILDING
60 EAST 42ND ST., SUITE 405
NEW YORK 17, N.Y.
TEL. YUKON-6-1050

Agosto 1, 1961

Señor Presidente
Organización de los Estados Americanos
Reunión Extraordinaria del
Consejo Interamericano Económico y Social
al Nivel Ministerial
Punta del Este
Uruguay

Distinguido señor Presidente:

Por su conducto ponemos en conocimiento de esa Magna Asamblea de Ministros de las Naciones Latinoamericanas y de los Estados Unidos de América el hecho de que el Gobierno de Fidel Castro está solicitando pena de muerte para los enjuiciados en la causa 232, entre los cuales se encuentran diversos abogados, entre ellos el compañero Eduardo Ciro Betancourt, Bob Guejas, José M. Mendiola, etc.

Igualmente se encuentran presos sin que se hayan establecido legalmente cargos contra ellos, otros compañeros abogados tales como el Dr. Manuel Marinas Carrasco, Dr. Escallao, etc., cuyo único delito ha sido el de tratar de ejercer su profesión de abogados en la defensa de ciudadanos acusados de contra-revolucionarios por la dictadura de Fidel Castro.

Tenemos igualmente conocimiento de que en forma secreta se están efectuando fusilamientos en Cuba, por lo que el peligro de muerte es inminente para cualquiera de los miles de prisioneros que se encuentran actualmente abarrotados en las cárceles cubanas.

Dado la inminencia del peligro de muerte para tantos cubanos inocentes y patriotas y especialmente para nuestros compañeros togados, cuyo único delito ha sido cumplir el sagrado deber de defender a los acusados por el régimen de Fidel Castro, rogamos a usted que se sirva hacer esta comunicación más que una magna Asamblea General, para que el mundo entero conozca la verdad de estos crímenes

---

- 2 -

Señor Presidente
Organización de los Estados Americanos
Punta del Este, Uruguay

8/1/61

y, de ser posible, se tomen los acuerdos pertinentes, entre ellos el de pedir al Gobierno de Fidel Castro que paralice la ejecución de los prisioneros políticos que actualmente sufren prisión en Cuba.

Tenga la seguridad, señor Presidente, que su pronta y eficaz acción en este asunto aunque se trate de una materia que no es económica, tal vez pueda constituir una clarinada que impida la ejecución de tantos inocentes cubanos que actualmente esperan en las celdas cubanas para ser llevados al paredón de fusilamiento.

COMITÉ DE ABOGADOS CUBANOS EN NEW YORK

Dr. Alberto Gutiérrez de la Solana

Dra. Mercedes Alemán
Secretaria

DOC. 5-20

WESTERN UNION
TELEGRAM
W. P. MARSHALL, PRESIDENT

SF-1201 (4-60)

1961 AUG 11 AM 4 10

NG124 PB105
AA029 A MZA041 NL PD MIAMI FLO 10
MIGUEL A QUEVEDO
60 EAST 42 ST SUITE 405 NYK

RECIBIDA NOTICIA COMIENZO FUSILAMIENTOS SOLICITADA BENAS MUERTE
ENCARTADOS CAUSA 232. RUEGOTE ESPECIAL INTERES POR ESTAR EN
ELLA EDUARDO CIRO BETANCOURT BOB GUEJAS JOSE M MENDIOLA AMIGOS
PERSONALES TRATA LOGRAR PROTASTA OFICIAL GOVIERNOS LATINOAMERICANOS.
AGRADESCO TU UNION A ESTA PROTESTA. FAVOR A LA CAUSA QUE CUBA
TE AGRAJECERA
CESAR.

DOC. 5-21

CUBAN LAWYERS COMMITTEE OF NEW YORK
(Affiliated with the Bar Association of Havana in exile)

LINCOLN BUILDING
60 EAST 42ND ST. SUITE 405
NEW YORK 17, N. Y.
TEL. YUKON — 6-1050

New York, Septiembre 25, 1961

Honorable Dr. Manuel Prado,
Presidente de la República de Perú
New York.

Muy Honorable, Señor Presidente:

A nombre y en representación del Comité de Abogados en New York, (en el exilio) ruego a Usted, se sirva indicarnos la oportunidad que estime más conveniente, durante su estancia en la ciudad de New York, para ofrecerle un café de honor y entregarle un escrito del ejecutivo de este Comité haciendo constar el profundo agradecimiento de todos los Abogados cubanos que nos encontramos en el exilio residiendo en la ciudad de New York, por sus valientes, cívicas e inmarcesibles declaraciones ante el Congreso de los Estados Unidos de América y a la opinion mundial, en el sentido de que los cubanos libres que luchan contra la dictadura comunista de Fidel Castro pueden contar con el apoyo de usted y de su gobierno para continuar esta lucha desde el suelo de la gran nación peruana si fuera necesario.

Así mismo para dejarle constancia del reconocimiento de todos nosotros por su elevada actitud en todo el proceso que se viene sufriendo en la América como consecuencia de la infiltración comunista perpetrada por el gobierno de Fidel Castro que asola a nuestra Patria en estos momentos.

El mundo necesita de estadistas con la visión, la alteza de miras, y la valentía de usted para enseñar al mundo la única manera de combatir el comunismo y de defender a vísera levantada la libertad y la democracia amenazadas globalmente por el comunismo internacional y muy especialmente en nuestra América por la actuación artera y traidora de Fidel Castro y el pequeño grupo de comunistas que tienen esclavizada nuestra Patria en estos momentos.

Para expresarle todo ello y nuestro agradecimiento profundo y sincero y pedirle que siga ayudando a la causa de la libertad en el mundo, en la América y en Cuba, es que respetuosamente solicitamos

---

CUBAN LAWYERS COMMITTEE OF NEW YORK
(Affiliated with the Bar Association of Havana in exile)

LINCOLN BUILDING
60 EAST 42ND ST. SUITE 405
NEW YORK 17, N. Y.
TEL. YUKON — 6-1050

Sept. 25, 1961

- 2 -

Hon. Dr. Manuel Prado

de Usted la oportunidad de brindarle un café de honor al que concurriremos todos los Abogados libres que nos encontramos ahora residiendo en el exilio en esta ciudad.

En nombre del ejecutivo del Comité de Abogados de New York, reciba usted nuestros respetos y el testimonio de nuestro más profundo agradecimiento,

Cuban Lawyers Committee of New York

Dr. Alberto Gutierrez de la Solana.

Protección hemisférica trata reunión abogadil

Uno de los Delegados de Cuba a la Conferencia Continental de Abogados que se celebra en estos momentos en San José, el Dr. Silvio Sanabria, presentó hoy a la Conferencia un proyecto de Resolución para proteger la Seguridad del Hemisferio Occidental.

Al discutirse en la sesión de esta mañana la tercera parte del trabajo, "las Naciones Unidas y las Organizaciones Regionales como factores que fomenten el Imperio Internacional del Derecho", el Dr. Sanabria introdujo a la consideración de las Delegaciones los dos puntos siguientes:

Primero: Que dentro del Sistema Interamericano los principios de respeto a la Soberanía y la autodeterminación de los pueblos americanos, en relación con el de No-Intervención, exigen como presupuesto básico, la existencia de un Gobierno democrático representativo, basado en el concepto de que la soberanía radica en el pueblo y de él dimanan todos los Poderes.

Segundo: Que habiéndose reunido esta Conferencia para procurar la Paz Mundial mediante el Imperio del Derecho, cumple su cometido no solo elaborando fórmulas que tienden a perfeccionar las estructuras mundiales actuales, sino también reclamando que se cumplan los Tratados, Acuerdos, Convenios y Resoluciones Interamericanos vigentes y, en especial, aquellos que tienden a proteger la Seguridad Hemisférica y a impedir que se pongan en peligro la Solidaridad y Seguridad Americanas, por considerar que el incumplimiento de esas obligaciones abre el camino y justifica la acción unilateral en ejercicio

—Pasa a la Pág. CUATRO

Protección...

Viene de la Pág. PRIMERA — del derecho de legítima defensa, lo que precisamnte trata de elo que precisamente trata de efectiva realización de las normas vigentes".

DISCUSION

La presentación por parte del Decano del Colegio de Abogados de La Habana en exilio Dr. Sanabria de esa Declaración de Principios de los Abogados del Hemisferio Occidental, dará lugar, sin duda alguna, posiblemente en la sesión de trabajo de esta tarde, a una discusión de gran interés.

PROPOSICION DEL DELEGADO DE NICARAGUA DR. GUANDIQUE QUE SE ESTUDIARA

Uno de los delegados de Nicaragua, el Dr. F. E. Guandique, presentó una proposición a la Conferencia para que se forme una Comisión de vida indefinida y que tenga a su cargo difundir y enseñar lo que son las Libertades Fundamentales y lo q' son los Derechos Humanos, la forma y modo como se ejercn y los medios por los cuales deben defenderse. Y también propone que se adopten las siguientes resoluciones:

1) Pedir a todas las Universidades de América que, ya sea directamente, cuando sea posible, o por medio de las autorizaciones que necesiten, según el caso, establezcan cursos sobre las Libertades Fundamentales y los Derechos Humanos a los cuales deban concurrir obligatoriamente los alumnos de todas las facultades.

2) Hacer igual petición a todos los Colegios, Institutos y Escuelas bajo administración privada.

3) Recomendar a los Gobiernos de América, que se incluya en todos los programas oficiales de Enseñanza cursos elementales o avanzados sobre el mismo tema de las Libertades Fundamentales y Derechos Humanos.

SE DESCONOCE A LA FEDERACION INTERNACIONAL DE ABOGADAS

La Doctora Isabel Siero, Secretaria General de la Federación Internacional de Abogados (FIDA), y quien asiste como Observadora, se dirigió esta mañana al Presidente del Comité Ejecutivo de la Conferencia, Sr. Charles S. Rhyne, manifestándole que ha visto con sorpresa que en el documento denominado de "Trabajo" no aparece la Federación Internacional de Abogadas que es una de las más prestigiosas Asociaciones internacionales de Abogados. La FIDA fue fundada en México en 1944, ha celebrado desde esa fecha conferencias bianuales en gran número de países de Europa, América y Asia, cuenta hoy con socias individuales de más de 50 países y forma parte de las Naciones Unidas entre los organismos no Gubernamentales. Pide la doctora Siero que se le dé una explicación acerca de las razones por las cuales la FIDA no aparece en el citado documento.

ESTA TARDE

En la sesión de esta tarde, de 3 a 6, la Conferencia discutirá el tema "Facilitación del Comercio Internacional y el Desarrollo Económico", y a las 6 de la tarde, en el Hotel Balmoral, la Corte Suprema de Justicia ofrecerá una recepción en honor de las Delegaciones.

# Fin a los rojos o acaba la unión hemisférica

Prevéela disolución de la Alianza Hemisférica si no se detiene el comunismo la Delegación de Cuba a la Conferencia Continental de Abogados que ayer se clausuró en esta capital. Mensaje del Presidente Betancourt.

El acta de la sesión de clausura, en la que figurará la Declaración de San José de los Abogados del Hemisferio Occidental asistentes a la Conferencia "La Paz Mundial Mediante el Imperio del Derecho" no pudo aprobarse ayer en forma definitiva porque los delegados cubanos Dr. Juan Andrés Lliteras y Silvio Sanabria presentaron dos proyectos de Resolución, exponiendo lo siguiente: "Los delegados cubanos hacen constar q' en cuanto al Apartado XIII del Acuerdo de San José, formulan voto particular considerando q' en lo que respecta a América, la conferencia debió incluir las siguientes disposiciones". Se cita el proyecto de Resolución, cuyo texto dio a conocer ayer LA PRENSA LIBRE, presentado por el Dr. Silvio Sanabria, Decano de la Facultad de Derecho de La Habana en exilio, para recomendar a la Secretaría de la OEA la preparación de un proyecto de Código Inter-Americano de Trabajo.

— Pasa a la Pág. SEIS

Acabar...

—Viene de la Pág. PRIMERA

PROPICIAR LA INTERVENCION EN CUBA

La moción del otro delegado de Cuba, Dr. Lliteras, para incluir en la declaración de San José, propicia la intervención en Cuba y dice así:

CONSIDERANDO:

1º) Que la libertad del hombre, la garantía de los derechos individuales, la democracia representativa, la soberanía efectiva, la independencia política de los pueblos de América son los intereses fundamentales que el Derecho Interamericano pretende tutelar.

2º) Que cuando esos intereses resulten en todo o en parte infringidos y no se ponga pronto remedio a su violación carecerá de contenido y de sentido el ordenamiento jurídico de este continente.

3º) Que la intervención extra continental en los asuntos hemisféricos es un peligro actual y temible cuya realidad nadie puede negar.

4º) Que esa intervención va enderezada a destruir las instituciones libres y tiene por propósito reconocido reducir a los pueblos americanos a una servidumbre totalitaria que contradice los fundamentos de su régimen de vida.

5º) Que todos los Estados de América tienen el derecho y el deber, por ley de supervivencia, a reaccionar individual o colectivamente contra el género de agresión, donde quiera que se produzca, por los medios que cada uno juzgue oportunos.

6º) Que el principio de auto protección y de legítima defensa está en los fundamentos mismos del Derecho Internacional, es inherente a la soberanía e independencia de los Estados y no ha sido negado ni renunciado por nación alguna, aun en el seno de las estructuras supranacionales recientes, como la ONU y OEA; al extremo que los Estados Unidos no han vacilado en afirmar la vigencia paralela a esos estatutos de la Doctrina de Monroe.

7º) Que ese principio de legítima defensa, por virtud de la solidaridad interamericana, se ha considerado siempre extensivo a todas las naciones del Continente, de suerte que la agresión o el peligro de agresión a una de ellas ha de entenderse que las afecta a todas.

8º) Que esto es especialmente cierto cuando se trata de una intervención extracontinental, como se declaró en la Segunda Reunión de Consulta de La Habana en 1940; y se ha ratificado, con referencia a los regímenes totalitarios, en el Acta de Chapultepec, la Carta de Bogotá, y las declaraciones de Santiago de Chile y San José de Costa Rica.

9º) Que no obstante las provisiones del derecho regional y las declaraciones y resoluciones de las conferencias americanas es un hecho cierto que el comunismo internacional ha logrado penetrar profundamente en nuestro hemisferio, al extremo de apoderarse del gobierno de una de las Repúblicas hermanas, la cual ha quedado incluida en la órbita política económica y militar del Soviet; y que la intervención comunista se hace sentir con presión creciente en las demás Repúblicas americanas, mediante la propaganda, la subversión, el espionaje y la incitación a la violencia, con el propósito de derrocar a los gobiernos democráticamente constituidos.

10º) Que este proceso amenazador de agresión y desintegración política ha sido expuesto y constatado de insospechable autoridad, tales como las actas y resoluciones de la Sétima Reunión de Consulta de San José, el Libro Blanco del Gobierno de los Estados Unidos, los boletines de la Comisión Internacional de Juristas de Ginebra, y las discusiones y acuerdos de la Conferencia Interamericana de Abogados, celebrada en Bogotá en enero último.

11º) Que, no obstante la gravedad y urgencia creciente de estos acontecimientos, que niegan la paz y el imperio del derecho en América, el derecho interamericano ha sido hasta ahora impotente para imponerles el valladar de un orden jurídico eficaz.

12º) Que el fracaso del derecho ante una emergencia de esta magnitud amenaza la integridad del sistema americano, y de no remediarse ha de conducir inevitablemente a la disolución de la alianza hemisférica y el colapso de la Organización de los Estados Americanos.

13º) Que aparte de ciertas debilidades de orden político, que los acontecimientos se han encargado de destacar, es evidente que la imprecisión interpretativa ha contribuido a agravar la indefensión jurídica y material de nuestros pueblos ante el ataque concertado de un enemigo exterior poderoso y resuelto.

14º) Que la interpretación equívoca e imprecisa del derecho americano gira en estos momentos en torno al concepto de la "intervención", que ha sido torcido y deformado caprichosamente, ignorándose al propio tiempo el alcance y significación del principio de la legítima defensa.

15º) Que la "Intervención" q' rechazan y condenan nuestros tratados no es en esencia otra cosa que la agresión ilícita de todas sus formas; y que no puede por consiguiente confundirse con los actos coercitivos dirigidos a asegurar la efectividad del derecho, ni mucho menos con los de legítima defensa, consistentes en repeler la agresión o expulsar a una potencia enemiga del territorio americano.

Los Abogados de América, reunidos en esta Conferencia, se consideran en el deber de declarar y

DECLARAN:

Que toda acción destinada a repeler o expulsar la intervención del comunismo internacional en un país americano constituye defensa, conforme con principio de solidaridad continental, y es lícita cualquiera que sea la forma que revista o el Estado que la emprenda.

Reunión esta mañana

Con objeto de redactar definitivamente la declaración de San José de la Conferencia por la Paz Mundial mediante el Imperio del Derecho, que congregó en nuestra capital, durante cuatro días, a eminentes jurisconsultos del Hemisferio Occidental, hubo esta mañana una reunión a la que asistieron el Presidente del Comité Ejecutivo de la Conferencia Sr. Charles Rhyne y otros delegados que todavía permanecen en el país.

MENSAJE DEL PRESIDENTE BETANCOURT

Licenciado Fernando Fournier
Presidente de la Conferencia sobre la Paz Mundial mediante el Imperio del Derecho
San José, Costa Rica

Envío un mensaje de estímulo y simpatía a esa Asamblea de Juristas en mi condición de demócrata y de Jefe de Estado bajo un régimen de derecho, aprecio como muy valioso todo esfuerzo que se realice para que sea bajo normas jurídicas la vida de relación nacional e internacional. Los tratados y convenios entre las naciones libremente pactados deben cumplirse para que la paz interna de los países y el desideratum de la paz mundial puedan ser alcanzados.

Formulo votos por el adecuado éxito de las deliberaciones de esa conferencia de destacados hombres de leyes.

Atentamente,
Rómulo Betancourt
Presidente de Venezuela

CAPÍTULO 6

MANIFESTACIONES, PIQUETES Y ACTOS EN MANHATTAN CONTRA LA TIRANÍA.

La lucha contra la tiranía de Castro se hacía en todos los frentes. Organizamos manifestaciones frente al edificio de las Naciones Unidas, frente al consulado de la Unión de Repúblicas Socialistas Soviéticas, frente al consulado de México (México siempre ha sido amigo de Castro y enemigo de los cubanos libres), frente a la sede de los representantes de Castro, frente a *The New York Times,* y en donde fuese necesario. Todo se hacia legalmente. Se obtenían los permisos de la policía, se obedecían las leyes, los policías nos rodeaban a pie y a caballo y ponían barreras para contenernos. Nuestras nutridas protestas contra Castro, Rusia y México se oían y veían en la ciudad de New York constantemente. Los cubanos a quienes avisábamos, venían a las manifestaciones con gran espíritu combativo, caminaban por horas, mostraban pasquines contra la tiranía, gritaban a voz en cuello y cantaban el himno nacional. Venían viejos y jóvenes, mujeres y hombres, cubanos de todas las razas. Existía fervor patriótico. Yo, apoyándome en mi bastón y sujetándome del brazo de algún compatriota, marchaba muchas horas con el mismo enardecimiento que los cubanos que no tenían mi dificultad de caminar. Me sentía feliz de poder caminar y protestar por Cuba rodeado de amigos y compatriotas. La Federación Obrera Revolucionaria Cubana (FORDC), que dirige el buen amigo Enrique Estrada, convocó a muchos actos de protesta y de petición en las calles de Manhattan. Los **DOCUMENTOS 6-1** al **6-11** muestran algunas de aquellas manifestaciones públicas de principios del exilio en New York durante los años 1961, 1962 y 1963.

En la manifestación en que aparecen carteles con un pez, la idea de confeccionar estas pancartas la apoyé con entusiasmo porque pensé que serviría para aquel acto y para trasmitir a Cuba el concepto de la necesidad de la lucha subterránea contra Castro, es decir, la lucha clandestina, ya que Castro había clausurado todas las vías de reclamar derechos a la luz pública y legalmente. En el **DOCUMENTO Nº 6-12** he pintado el pez con las letras griegas. Ese pez es un arcaico símbolo de Jesucristo. La inscripción griega impresa en el pez es un jeroglífico que significa lo siguiente:

> Jesús
> Cristo
> De Dios
> Hijo
> Salvador

Los primeros cristianos pintaron o grabaron este símbolo en las catacumbas de Roma, en las jambas de las puertas y, en general, para identificarse como seguidores de Jesucristo. Fidel Castro es la personificación de Satanás, y en mi concepto de esta lucha tenemos que oponerle la verdad, la libertad y la justicia de Jesucristo. El periodista Agustín Tamargo, compañero y excelente amigo de *Bohemia Libre*, infatigable batallador con la palabra y la pluma por la reconquista de la libertad y la democracia cubanas, nos acompañó siempre desde 1961 con su viril conducta de patriota sin claudicaciones. Véase el **DOCUMENTO Nº 6-12**, que es de la página 15 de *El Diario de Nueva York* de 6 de julio de 1962 donde se menciona el discurso de Tamargo en un acto público organizado por mí en el Parque Central de New York City.

La lucha se mantenía en todos los frentes, tanto en las calles como en instituciones culturales y profesionales. El ilustre profesor e historiador Herminio Portell Vilá estaba exiliado en Washington D.C. en aquellos años sesenta—falleció en Miami, Florida. Como era un valiente luchador por las libertades cubanas y colaborador de *Bohemia Libre*, lo invité varias veces para que viniese a New York y fuese el orador principal en actos patrióticos convocados por el Comité de Abogados de New York contra Castro. También lo invitó el Frente Obrero Revolucionario Democrático Cubano (FORDC). Portell Vilá, gran patriota, siempre acudía a nuestras llamadas. En el **DOCUMENTO Nº 4-24** del **Capítulo 4** presenté dos vistas de un acto en Freedom House, en New York donde estamos todos parados oyendo el himno nacional y después sentados mientras el Dr. Portell Vila disertaba. Identifico en la primera fila de izquierda a derecha a Eduardo López, Enrique Estrada, Erminia Rivero (ambos de FORDC), Leonardo Tariche, Portell Vilá, Gutiérrez de la Solana (traje de color claro), Eduardo González, y el embajador Thebaud, norteamericano del Departamento de Estado, que falleció hace unos años, y que nos acompañó siempre en nuestros ideales de lucha pora la libertad. En segunda fila, de izquierda a derecha, reconozco la tercera mujer, que es Margarita Martínez, la sexta, Alicia Camacho y la última, detrás de Eduardo González, que es mi entrañable amiga la Dra. Ana María Perera, que nunca faltaba a nuestros piquetes, y en la actualidad es Editora Asociada de la revista *Temas* de New York City. Después de más de un tercio de siglo, no logro identificar a otros asistentes de tan nutrido público que llenó el salón del Freedom House.

El Dr. José Miró Cardona venía a menudo a New York City en la lucha por la conquista de la libertad para la Cuba tiranizada. En el **DOCUMENTO 6-13** presento dos fotos del Presidente del Consejo Revolucionario de Cuba. La primera corresponde a su llegada al Aeropuerto Internacional Kennedy. En primera fila, de izquierda a derecha, Alberto Gutiérrez de la Solana, Gerardo Abay, Miró Cardona, Rosa Ravelo y Gustavo A. Porta. En segunda fila, entre Abay y Miro Cardona, reconozco a Sergio Aparicio La segunda fotografía es del momento en que acompañamos a Miró Cardona para hablar por una estación de radio. Reconozco en primera fila, detrás de Miró Cardona que está siendo entrevistado, de izquierda a derecha, a Gustavo A. Porta, Gerardo Abay, Alberto Gutiérrez de la Solana y Sergio Aparicio.

DOC. 6-1

Protesta en New York
CONTRA LOS FUSILAMIENTOS EN CUBA

Los doctores Solana, Abay, Eduardo González, José Mestre y Jorge Saralegui, dirigentes del F.R.D., cantan a coro el Himno Nacional.

Todos Respondieron Al Llamado De La "F.O.R.D.C."

Hombres, mujeres y niños patentizan su protesta por los fusilamientos.

Esta foto tomada desde la acera de la Misión Rusa ante la ONU, muestra a los dirigentes del FORDC gritando su protesta.

Los cubanos también protestaron frente a las oficinas de la Misión Rusa en la ONU.

Todas las ideologías tuvieron su representación en el desfile del FORDC.

AVANCE - Octubre 20 - 1961

Diversas organizaciones respondieron al llamado del "FORDC", para unirse al desfile de protesta.

AVANCE - Octubre 20 - 1961

Actos Anticomunistas en Nueva York

Los cubanos que en Nueva York mantienen viva la mas enérgica protesta contra el regimen comunista de Fidel Castro y sus secuaces, organizaron en dias pasados una poderosa demostracion de masas ante el edificio de las Naciones Unidas cuando el sub-desarrollado medio canciller Raul Roa planteaba por enésima vez una insustancial protesta contra las fanfásticas invasiones de los "Marines" a nuestro territorio. Hombres y mujeres que maldicen al comunismo y a Fidel Castro, se dieron cita en las avenidas aledañas al edificio de Naciones Unidas, portando cartelones alusivos, en los que se leian letreros consignando los motivos de la protesta anti-Castro. La policia neoyorkina situó barreras para contener el empuje de los manifestantes, pero ellos no cejaron en sus propositos y, en ordenada manifestación, recorrieron varias calles de la populosa urbe hasta detenerse frente al edificio del "The New York Times", ya que una de las protestas iba dirigida contra el editorialista de ese periódico Herbert Mathews. Allí estuvieron piqueteando durante varias horas, siempre bajo la vista de la policia y mereciendo el respeto y aplauso de los ciudadanos norteamericanos. Los carteles eran en repudio al pacto de Nikita con Fidel; condenando la sangrienta ocupación y esclavitud de la heróica Hungria; pidiendo el cese de los asesinatos por fusilamiento y pidiendo a Castro que se vaya de Cuba. Tambien tomaron parte, ademas de los miembros del "Frente Revolucionario Democratico" los del Frente Obrero y numerosas organizaciones radicadas en Nueva York.

DOC. 6-3

PIQUETE DEL FORDC EN EN LA ONU

FRENTE A LAS NACIONES UNIDAS aparece el compañero Secretario General del FORDC en New York, Enrique Estrada del Prado a la cabeza del piquete permanente que durante cuatro días mantuvo viva la protesta de nuestro organismo obrero rvolucionario contra la indeseable intervención en la ONU del títere Dorticós, el Presidente Cuchara de la "República Fantasma", alabardero, adulón y lacayo del imperialismo soviético y del Quisling criollo Fidel Castro. Fueron cuatro días de acción y lucha callejera, desde lanzarle huevos y verduras a Dorticós y a la "rata mojada" de Raúl Roa, hasta una batalla campal con los comunistas del traidor Castro en la que hubieron varios lesionados y detenidos, mientras en la Asamblea General de la ONU nuestras compañeras Ermina Rivero y Sára Prado, de la Sección Femenina Agrupación Montecristi, lanzaban panfleto y airados gritos de admonición y protesta en los momentos que Dorticós hablaba.

FUTURO — Diciembre, 1962

AL PIQUETE PERMANENTE QUE ESTABLECIO EL FORDC desde el 4 al 8 de Octubre frente a la sede internacional de las Naciones Unidas concurrieron numerosos amigos de nuestra organización en New York. En la presente foto podemos ver al querido doctor Gutiérrez de la Solana de la revista "Bohemia Libre", conversando, mientras caminaban, con el compañero Cándido Raúl Carballo, Secretario de Organización de nuestro aparato revolucionario.

EN LA MAGNA MANIFESTACION celebrada por el FORDC en New York. En la fotografía aparece en lugar destacado la famosa cantante cubana Zoraida Marrero y el señor Moreno así como otros artistas cubanos que dieron pruebas de su ferviente patriotismo.

DOC. 6-4

DOC. 6-5

DOC. 6-6

DOC. 6-7

DOC. 6-8

Action Pro and Anti-Castro

DAMAGED BY RAIDS ... This photo, appearing in the Cuban government newspaper Revolucion, carries a caption declaring it to show a Cubana de Aviacion airliner burning after being hit by rocket fired by Cuban exile raiders, at Santiago, Cuba. Meanwhile in ...

WASHINGTON ... And an anti-Castro demonstrator is arrested in the nation's capital as police halt a fracas during a monster rally in front of the Soviet Embassy. Some 200 college students battled Cuban refugees ...

NEW YORK ... Anti-Castroites hold lighted candles and kneel in the street to pray during rally in front of the Soviet UN delegation headquarters. About 1,000 persons picketed the building in protest against Russian intervention in Cuba ...

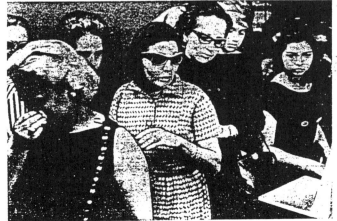

MIAMI ... Somber are the faces of these Cuban women in Miami as they study the first photos to come out of Cuba since the invasion for evidence of their loved ones fighting among the rebels. The pictures show some of the invaders being held prisoner by the troops of Premier Fidel Castro ...

NEW YORK ... → In another part of town, pickets march in front of St. Nicholas Arena, where some 4,000 persons met to protest the House Un-American Activities Committee. The pickets booed and chanted, "Reds get out!"

DOC. 6-10

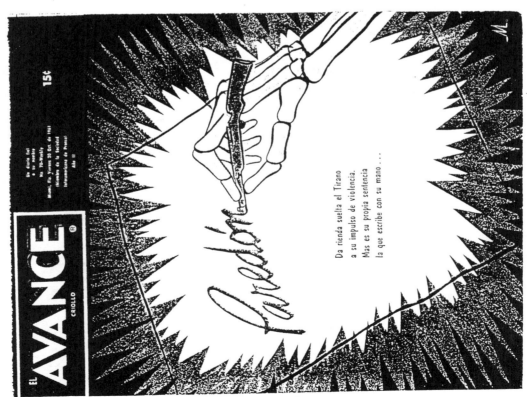

DOC. 6-11

FRENTE OBRERO REVOLUCIONARIO
DEMOCRATICO CUBANO

— Cuban Workers Revolutionary Democratic Front —

31 CARGO SHIPS LOADED WITH WEAPONS AND TROOPS HAVE ARRIVED IN CUBA FROM RUSSIA IN AUGUST.

DOES THE MEXICAN GOVERNMENT BELIEVE THAT THERE IS FREE DETERMINATION ON THE PART OF THE CUBAN PEOPLE WHEN THERE ARE FOREIGN TROOPS STATIONED IN CUBA? ISN'T THIS DIRECT INTERVENTION OF A FOREIGN POWER IN CUBA?

DURANTE EL MES DE AGOSTO 31 BARCOS DE CARGA RUSOS HAN ARRIBADO A CUBA TRANSPORTANDO TROPAS Y MATERIAL BELICO.

¿CREE EL GOBIERNO MEXICANO QUE EL ESTACIONAMIENTO DE TROPAS EXTRANJERAS EN CUBA ES LA DETERMINACION DE NUESTRO PUEBLO?

¿NO CONSTITUYE ESTO UNA INTERVENCION MANIFIESTA EXTRANJERA EN CUBA?

PEDIMOS AL HERMANO PUEBLO DE MEXICO EXIJA A SU GOBIERNO LA RUPTURA DE RELACIONES CON CUBA, EN RESPALDO DE SU POLITICA DE "NO INTERVENCION" Y LA AUTO DETERMINACION DE LOS PUEBLOS LIBRES DEL MUNDO.

F. O. R. D. C.

LA PRENSA, DOMINGO 19 DE FEBRERO DE 1961

CUBANO:—
El Frente Obrero Revolucionario Democrático
—: TE INVITA :—

Lugar:- *Riviera Terrace (Calle 53 y Broadway)*
Día:- *Domingo 19 de Febrero*
Hora:- *Una de la Tarde*

Hablarán:-
Enrique Estrada. César Lancís.
Marcos Hirigoyen. Pascasio Lineras.

Resumen:-
Dr. Justo Carrillo

ORGANIZACIONES ADHERIDAS:—
Sección Obrera del "Frente Anticomunista Cristiano"
Sección Obrera del "30 de Noviembre"

"POR LA UNIDAD OBRERA CON EL RIFLE EN LA MANO"

TENDEDERA
De Aquí y de Allá
Por Don Diego

Las opiniones expresadas en esta columna no necesariamente son las de EL DIARIO

COCTEL DE NOTICIAS. La orquesta de "Machito" con Mario Bauzá acabando por Japón... Un éxito formidable... Belisario López con contrato para las montañas por todo el verano... Fajardo con su orquesta por Long Island... Y después a Las Vegas... Bras con su homenaje el 28 de julio... Olga Guillot actuando con éxito por Ciudad México... Celia Cruz con la Sonora y Laserie, empaquetando para salir hacia Los Angeles... Los acompañará Pancho—cicatriz—Cristal... Bon voyage... El Dr. Márquez Sterling dando los últimos toques a su libro, que estará a la venta en breves días... ¿En El Escorial, Dr.?... Jorge Ignacio Vaillant portándose muy mal con los cubanos que trabajan para el Canal 13 de TV en Buenos Aires... ¿Lo sabía Goar Mestre?... ¿Testigos? Orlando Villegas y René Cabel... Pepe Reyes, el eterno acomplejado y Olga Valladares se dedican en Buenos Aires a enviar "chivatazos" a Cuba vía el G-2... Ojo, que están tratando de entrar aquí con contrato de artistas... Aviso a los señores agentes teatrales... Paul Díaz—un gran actor y un señor—labora intensamente en Miami para presentar una Sala pequeña teatral... Algo así como el Teatro de Bolsillo del exilio... Sería una gran idea... Y más Coctelito mañana...

* * *

Sabía usted que Mingacho Méndez —"Regalías El Cuño"— está tratando de levantar presión por España para sacar su marca cigarrera en la Florida. Pues sépalo.

* * *

Paquito Gómez Héctor ya perdió hasta la barriga en Miami... Sin tratamiento... Simplemente un "mal rato estomacal" y ya... Se le ve bien, don Paco... ¿Y del trago, qué? Votos por tu eterna juventud, compay... Y mira que tienes años...

* * *

Evelio García Serra—cuelloencopetado—recibió una gran ovación al elegirse a "Miss Cuba Libre" en Miami... Ya funciona—y bien por cierto—como manager de "Time of Havana"... Exitos...

* * *

El Dr. José Miró Cardona le dijo a un amigo—de la intimidad—que antes de terminar septiembre estábamos en Cuba... Buenoooooo... Pues a preparar maletas y hacerse socio del Club del Dr. Martínez Márquez: "La Cruz Roja de la Amistad"...

* * *

La Caperucita Roja del Caballo (léase Raulita Castro) fue recibida por el carnicero Nikita... Le fue a pedir ayuda y declaraciones... No los salva ni el Médico Chino... Pues Mao... "Sin betún"... No lo envía.

* * *

Marta Pérez en tratos con un tenor español que dicen es una maravilla... Y cuando Marta lo dice...

* * *

Agustín Tamargo pronunció un breve pero medular discurso en el acto ofrecido por el Dr. De la Solana en el Parque Central y la calle 59... ¿Se puede saber qué significan esos uniformes?

* * *

Cecilia Valdés en el "Carnegie Hall" el 8 de septiembre "Día de la Caridad del Cobre". La inmortal opereta cubana original de Gonzalo Roig y Agustín Rodríguez...

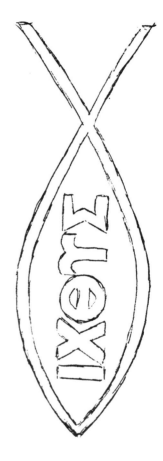

DOC. 6-13

CAPÍTULO 7

LUCHA POR LA ESTATUA DE JOSÉ MARTÍ EN EL PARQUE CENTRAL DE MANHATTAN. PROFESOR JOSÉ GARCÍA-MAZÁS

El profesor de New York University José García-Mazás me visitaba frecuentemente en mi oficina de *Bohemia Libre*. García-Mazás tenía amistad con la señora Anna Hyatt Huntignton, viuda del gran hispanista norteamericano Huntington, fundador de The Hispanic Society of America, situada en 613 West 155 Street, en New York City, en donde está una monumental estatua del Cid Campeador a caballo esculpida por ella. La señora Huntington era una excelente escultora que amaba a nuestra patria y que le había regalado a Cuba, antes de la época de Castro, una bella y vigorosa estatua ecuestre en bronce de un indio que estaba colocada en la Calle Paseo en el barrio del Vedado en la Habana.

En 1961, dicha escultora tenía terminada en su estudio una majestuosa estatua de José Martí herido y cayendo del caballo en Dos Ríos. El profesor José García-Mazás me instaba con el fin de que los exiliados participáramos en una grave ceremonia para develar dicha estatua en el Parque Central de New York, entre las dos ya existentes de Simón Bolívar y José de San Martín.

Pero existía un obstáculo, los cubanos libres desterrados en New York no aceptábamos que los miembros del gobierno del tirano en esta ciudad participaran en la ceremonia de develamiento de la magnífica escultura de la señora Huntington. Consecuentemente, nos opusimos al proyecto y la estatua de Martí no se emplazó en el Parque Central y estuvo guardada años. Al fin se instaló en el Parque Central, entre Bolívar y San Martín, pero sin la deshonra de la participación y los discursos de los representantes de Castro.

En *Bohemia Libre* de enero 28 de 1962, número 69, p. 37, se publicó información sobre el hecho, pero no se menciona la oposición de los proscriptos cubanos. Para dicho reportaje, el buen amigo y compañero Rogelio Caparrós sacó una expresiva foto del pedestal vacío que recibió las nieves de New York durante prolongados años. Véase el **DOCUMENTO 7-1**. Mis conversaciones con el profesor García-Mazás ayudaron a que la escultora tuviese paciencia y esperara el momento patriótico, sin los castristas.. Conservo gran agradecimiento por el admirable profesor García-Mazás, que nos ayudó mucho patrióticamente en los difíciles años 1961 y 1962. Su amistad con la hispanista Huntington nos fue útil para nuestros esfuerzos por la liberación de Cuba.

El **DOCUMENTO N° 7- 2** presenta dos fotos de dicha estatua en el Parque Central tomadas por el profesor Dr. Luis Villaverde y Alcalá Galiano quien las hizo para insertarlas en su excelente libro *Pensamientos y versos de José Martí* (edición bilingüe. New York: 1961).

DOC. 7-1

en Cuba Roja

CONCENTRACION
Contra la OEA

PRIMERO, el propio Fidel Castro lo había anunciado por la televisión:

—... Y para el próximo día 22 de enero reuniremos en La Habana la más grande concentración de nuestra historia para declarar nuestra respuesta a la Organización de Estados Americanos con la creación de la "organización de estados libres de América", formada por todos los líderes naturales de cada pueblo americano...

Después, cuando el Partido Comunista tomó cartas en el asunto, el plan de Castro fue renovado inteligentemente. Dijo Blas Roca:

— El 22 de enero no se conocerá aún la votación definitiva de todos los países. Aunque estamos seguros de quienes están vendidos al "imperialismo" y quienes mantendrán una actitud independiente, es mejor que esperemos algunos días para no incluir en nuestros ataques y consignas a aquellos gobernantes que votaron con la abstención que, al fin y al cabo, votaron en nuestro favor. Yo propongo que el acto nuestro se aplace para el día 28...

La idea fue aprobada. Unir los festejos al Apóstol José Martí —en quien el gobierno castro-comunista ha descubierto inexistentes facetas de marxista-leninista— con la mojiganga "made in Cuba" apoyada por Lázaro Cárdenas; el mequetrefe venezolano Fabricio Ojeda; el peninsular Icaza, de Ecuador; el ambicioso Allende, de Chile; el narcómano Arbenz y otros tres o cuatro "fellow travelers" y comunistas continentales.

López Mateos, por haber servido eficazmente a Castro en la OEA, se dió el lujo de "impedir" a Lázaro Cárdenas que estuviera presente en la payasada habanera preparada por Castro y el comunismo.

De todos modos, a Castro no le afectó sus planes esta ausencia. El Partido siempre tiene un muñeco de emergente en cualquier lugar. La mojiganga tenía asegurado el éxito que necesitaban los rojos cubanos por el escándalo.

...Y SIGUE VACIO EL PEDESTAL A NUESTRO APOSTOL

NUEVA YORK tiene más de 700 estatuas en sus parques y plazas. Desde los padres de la patria norteamericana hasta atletas de limitada categoría cuentan con el honor de poseer un monumento en la ciudad newyorkina.

Dos de los grandes de América Latina también tienen, en un hermoso rincón del Parque Central, sendos monumentos ecuestres: Simón Bolívar y José de San Martín.

Y, precisamente allí mismo, completando el tríptico de los grandes hombres de la América nuestra, entre el venezolano y el argentino, hace cuatro años que un pedestal espera por la estatua ecuestre de José Martí.

La escultora norteamericana — gran amiga de nuestro pueblo — señora Huntington, hizo y regaló la estatua, de considerables proporciones. En ella aparece el Apóstol en los momentos de caer por su Patria, en "Dos Ríos". La cabalgadura, en dos patas, simboliza — como todos los monumentos ecuestres — su muerte en pleno combate. Sugestivamente, la señora Huntington puso un libro debajo del brazo de José Martí. "Son sus ideas", ha dicho ella, "que nunca se desligaron de su acción".

Sin embargo, el pedestal sigue vacío. La estatua, cubierta por un frío paño blanco, descansa en el estudio de la artista. Muchos han sido los cubanos que han insistido

Foto: Rogelio Caparrós

en la culminación de este homenaje del pueblo americano al Apóstol de Cuba, pero siempre la negativa norteamericana va acompañada de diferentes razones. Cuando Batista — lógicamente — no podía develarse una estatua de Martí mientras su pueblo se debatía en una guerra civil. Y, ahora, con más de doscientos mil cubanos libres en el exilio, — cuando más sentido y hermoso y alentador hubiera resultado el gesto yanki — la negativa adquirió otras dimensiones: el alcalde de Nueva York quiso pero Washington se negó...

Martí, Apóstol, Maestro, no importa: el monumento a tí está levantado en el corazón bueno de cada cubano que ha preferido el destierro al sometimiento. Tú lo dijiste: "Para rendir tributo, ninguna voz es débil"...

EL COMISARIO CRIOLLO *Por Silvio*

37

DOC. 7-2

CAPÍTULO 8

CÍRCULO DE CULTURA PANAMERICANO.
LUCHA INTELECTUAL PATRIÓTICA.
CARLOS M. RAGGI. ELIO ALBA-BUFFILL. ESTHER SÁNCHEZ-GREY.

Los amigos abogados Carlos M. Raggi y Ageo e Hilario González y Hernández ya habían sido aceptados como vendedores de seguros de New York Life Insurance Co. Al Dr. González le compré una poliza dotal de vida porque yo nada tenía y era una buena precaución dejarle algo a la familia en caso de un inesperado deceso en el exilio. Tuve la suerte de poder cobrar esa póliza dotal completa al vencerse después de transcurridos veinte años. El Dr. Raggi y yo habíamos sido compañeros como letrados del Ministerio del Trabajo. En aquel Ministerio fuimos asesores legales, entre otros, de los ministros Carlos Prío Socarrás (después presidente de la república), José (Pepe) Suárez Rivas y Oscar Gans. Allí colaboré con el Dr. Raggi en la revista del trabajo de aquel ministerio que él dirigía. Raggi era un especialista en legislación obrera y yo también. El Dr. Domingo F. Camacho y yo creamos en la Habana *El Derecho Social al Día,* publicación de legislación y jurisprudencia obreras que salió ininterrumpidamente desde su fundación en 1941 hasta la debacle de Castro. El Dr. Raggi había publicado libros fundamentales, como *El Contrato de Trabajo,* que era el mejor estudio exhautivo teórico y práctico sobre la materia publicado en Cuba. Además, tenía una amplísima cultura general. Raggi y yo éramos viejos amigos y colegas.

En el exilio, Raggi y González me visitaban frecuentemente en *Bohemia Libre* después de las horas de oficina. Yo estaba totalmente involucrado en la lucha política y armada contra Castro. Raggi me insistía en que deberíamos establecer también un frente cultural patriótico cubano en New York. Raggi me sugería continuamente que estableciéramos una tertulia cultural en la Librería Las Américas (donde trabajaba Pedro A. Yanes, que también era periodista de *Bohemia Libre*) los viernes después de las horas de oficina. Lo intentamos, fue un fracaso porque vivíamos en lugares distantes y en invierno en New York es de noche a las cuatro o las cinco de la tarde y los colegas querían regresar a sus respectivos hogares lo más temprano posible, especialmente si había tormentas invernales. Entonces, Raggi me apuntó una gran idea, crear una asociación del tipo de la American Association of Teachers of Spanish and Portuguese y de la Modern Language Association of America, con una reunión anual y una publicación que nos mantuviera en contacto. Inicialmente, Raggi y yo trabajamos juntos en New York sobre el proyecto. Después, Raggi me encomendó redactar los estatutos porque él se mudaba para Troy, New York.

La situación cambió. Raggi empezó a enseñar como profesor en Russell College y yo en Columbia University. (En 1964 pasé a New York University, donde he enseñado por más de un cuarto de siglo). Terminamos el proyecto y nació el Círculo de Cultura Panamericano (CCP), entidad continental cultural que ha alcanzado a tener asociados en todos los Estados Unidos, Puerto Rico y otros países.

Carlos M. Raggi y Ageo fue el motor del Círculo de Cultura Panamericano desde la posición de Secretario-Ejecutivo durante doce años (1963-1975). Todos los años celebrábamos el congreso del Círculo de Cultura Pamericano en la misma ciudad donde lo tuviese la Modern Language Association of America para así ahorrarle dinero a nuestros socios, que casi en su totalidad eran proscriptos cubanos. Los asociados eran pocos, no teníamos dinero. Raggi aprovechó toda la cooperación que pudo obtener en Russell Sage College y tuvo la incansable e inestimable ayuda de su laboriosa, amable y culta esposa, Ana Hernández de Raggi, que a veces mecanografiaba todo. Y comenzamos a publicar dos revistas: una en prosa, *Círculo: Revista de Cultura,* y otra de poesía, *Círculo Poético,* que se siguen publicando . Si faltaba dinero, Raggi lo aportaba o yo se lo enviaba. Como Raggi no remitía avisos de cobro de la cuota anual, los socios se olvidaban y no pagaban.

Hace un cuarto de siglo, en 1971, fui electo presidente del Círculo de Cultura Panamericano. Para esa fecha, esta asociación ya tenía gran prestigio y muchos miembros, como lo prueba el **DOCUMENTO Nº 8-1** que es un recorte del periódico *El Diario-La Prensa* de New York del 10 de enero de 1971 donde se reseña mi elección a la presidencia. Los cuatro compañeros que me acompañan en dicha fotografía en la mesa presidencial, los profesores Dolores Martí de Cid, José Cid Pérez,

Calixto Masó y Carlos M. Raggi fallecieron en el exilio en los Estados Unidos, víctimas de Castro. De los escasos amigos que iniciamos el Círculo de Cultura Panamericano, todos han caído en este interminable destierro. El único fundador que queda para relatar esta historia de la lucha intelectual de esta organización contra Castro soy yo. La infatigable colaboradora del Dr. Raggi, su esposa Ana H. Raggi, acaba de fallecer en Miami, la Florida, en este año 1996. Hasta el momento de su deceso fue la directora de *Círculo Poético,* una de las dos revistas que publica el Círculo de Cultura Panamericano desde los inicios en tiempos de Raggi.

Al morir Raggi en 1975, el presidente, el Dr. Julio Hernández-Miyares, y yo tuvimos que enfrentarnos a la difícil tarea de buscarle un nuevo motor al CCP. Fue elegido el Dr. Elio Alba-Buffill. La selección fue inmejorable. El Dr. Alba ha trabajado sabia e incansablemente, se ha dedicado con todas sus fuerzas y su intelecto a la asociación, y los resultados son evidentes: el número de asociados ha crecido extraordinariamente, se ha implantado un sistema de avisos para el cobro de las cuotas que ha eliminado los olvidos anteriores de los socios, se convocan dos congresos de literatura y cultura al año, uno en el verano en el sur, en la ciudad de Miami y otro en otoño o invierno que se celebra en el norte, en New York o New Jersey. Las dos revistas del Círculo se han publicado ininterrumpidamente; en sus páginas brillan las mejores plumas de los desterrados cubanos partidarios de la libertad en Cuba así como las de escritores no cubanos también de pensamiento libre contrario al despotismo. El Dr. Alba-Buffill es el director de la revista en prosa. Los trabajos de crítica literaria de esta revista, *Círculo: Revista de Cultura,* son reportados competentemente en la bibliografía anual de la Modern Language Association (PMLA) que es la más completa y la de mayor prestigio del mundo. *Círculo: Revista de Cultura,* es miembro de la Conference of Editors of Learned Journals. En esta revista han escrito y escriben las mejores plumas de los desterrados cubanos. El CCP, como quería Raggi cuando me habló por primera vez del proyecto, se ha convertido en un bastión erudito de la lucha del cogitar libre contra la tiranía de Castro al mostrar al mundo que en Cuba no hay libertad de expresión ni de creación y que todos los intelectuales amantes de la libertad y la democracia se han visto forzados a huir del obscurantismo y el aherrojamiento del pensamiento y del arte en la Cuba de Castro.

Al nombrar al Dr. Alba-Buffill Secretario Ejecutivo del CCP, obtuvimos una joya adicional inesperada, la eficientísima colaboración de su esposa, la Dra. Esther Sánchez-Grey, que nos ayuda en todo con extraordinario entusiasmo y competencia. La Dra. Sánchez-Grey es Directora Asociada de la revista en prosa, *Círculo: Revista de Cultura.* Además, nos ilustra con magníficas conferencias de temática literaria, especialmente sobre teatro, que es una de sus especialidades.

Al principio, algunos estimaban que nuestro proyecto de asociación cultural cubana era una ilusión imposible de realizar de dos utopistas: Carlos Raggi y yo. Que era una entelequia de proscriptos que añoraban su cultura perdida en un mar de letras anglosajonas. Pero hemos sobrevivido en el destierro, cada día con más pujanza, durante un tercio de siglo. *Círculo: Revista de Cultura y Círculo Poético* son las únicas publicaciones creadas por exiliados cubanos en los principios de la década de los años sesenta que han sobrevivido todo este larguísimo destierro. Todos los otros periódicos y revistas de todo tipo de aquella época inicial han desaparecido por las incertidumbres económicas de fundar sin dinero, a pesar de haber estado orientados por sus inmejorables rectores en la Cuba anterior a Castro, como el *Diario de la Marina,* dirigido por José Ignacio Rivero, *Avance,* dirigido por Jorge Zayas, *Bohemia Libre,* dirigida por Miguel Ángel Quevedo, u otros encomiables esfuerzos del exilio, como la excelente *Revista Cubana,* iniciada en New York por Carlos Ripoll, y otros muchos que nacieron en este peregrinar provocado por la tiranía de Castro. Posiblemente, la razón ha sido que los que fundamos el CCP dedicamos el esfuerzo a la alta cultura sin fin comercial y, por tanto, hemos tenido la cooperación como suscriptores de profesores y bibliotecas universitarias. El CCP es una organización no lucrativa donde han podido colaborar los intelectuales expulsados, directa o indirectamente, de Cuba y los escritores amantes de la libertad y la democracia pluripartidista representantiva, sin distinción de origen.

Véase en el **DOCUMENTO 8-2**. la lista de los que han sido presidentes del Círculo de Cultura Panamericano, comprende a una mayoría extraordinaria de los más destacados intelectuales cubanos, todos en el destierro. La pregunta viene a la mente como un rayo, ¿qué hombres de letras famosos quedan en Cuba? Y recordemos que dicha relación sólo comprende a nuestros presidentes, escritores todos de cierta edad. Hay otros muchos en el exilio que no están comprendidos en este breve índice de presidentes, y entre ellos muchos maestros de la pluma más jóvenes que llenarían un libro, como Rosario Hiriart, Guillermo Cabrera Infante, Pablo Medina, Enildo A. García, Octavio de la Suaree, etc.

El **DOCUMENTO 8-3** es fotocopia de las carátulas del libro que publicó el CCP en 1976 en homenaje a su fundador y secretario que había fallecido el año anterior y el Documento 8-4 es fotocopia de las portadas de los dos libros de homenaje que el Círculo rindió a José Martí. Los documentos 8-5 al 8-8 son otras pruebas de la labor patriótica y cultural que el CCP ha llevado a cabo.

PRESIDENCIA DEL ACTO. — Intelectuales que presidieron la Octava Convención del Círculo de Cultura Panamericano. De derecha a izquierda, Carlos M. Raggi, Calixto Masó, Alberto Gutiérrez de la Solana, José Cid y Dolores Martí de Cid. (Foto EL DIARIO-LA PRENSA, por Tony Parajón.)

EL DIARIO-LA PRENSA, Domingo, 10 de Enero de 1971.

Eligen Cubano Presidente de Círculo Cultura Panamericano

Por CESAR A. MARIN

El profesor y escritor cubano Alberto Gutiérrez de la Solana fue electo presidente del Círculo de Cultura Panamericano en la Octava Convención Anual de la organización celebrada en esta ciudad. La organización está formada por profesores e intelectuales de los Estados Unidos y la América Latina.

Gutiérrez de la Solana, de 55 años y nativo de La Habana, publicó en la capital cubana de 1941 a 1960 el semanario "El Derecho Social al Día", dedicado a legislación obrera y jurisprudencia. Fue profesor del Instituto Preuniversitario de La Habana.

Durante la convención, celebrada en el Spanish Institute de la avenida Park, fueron ofrecidas varias conferencias por destacados intelectuales, entre ellas las de los doctores José Cid y Dolores Martí de Cid sobre "Personalidad y Personalidades del Teatro Hispano Americano", un enjundioso trabajo donde los conferenciantes destacaron las originalidades y características de nuestro teatro.

El profesor Gutiérrez de la Solana, de la New York University, leyó un trabajo titulado "Panorama del teatro profesional en las 13 colonias".

El secretario ejecutivo del Círculo, Dr. Carlos Raggi, profesor del Russell Sage College, presentó varias mociones en la asamblea general de la convención, entre ellas la tendiente a crear una editorial de libros en español.

Todas las mociones fueron aprobadas. El doctor Raggi es el editor de la revista Círculo, órgano oficial de la organización, que cada día se muestra más pujante en su lucha por el impulso y el auge de la cultura panamericana.

Yatista Solitario

DOC. 8-2

CÍRCULO : REVISTA DE CULTURA

This journal is a member of (CELJ) the Conference of Editors of Learned Journals

| Vol. XXIV | Publicación del Círculo de Cultura Panamericano | Año 1995 |

EDITOR

Elio Alba-Buffill
The City University of New York
Kingsborough C. College

EDITORES ASOCIADOS

Alberto Gutiérrez de la Solana
New York University

Esther Sánchez-Grey Alba
Montclair State University, N.J.

CONSEJO DE ASESORES

Prof. Roberto Agramonte
Armando Alvarez Bravo
Prof. Alberto Baeza Flores
Prof. Octavio R. Costa
Prof. Eugenio Florit
Prof. Mercedes Garcia Tuduri

Prof. Hilda G. Hernández
Prof. Julio Hernández-Miyares
Prof. José Olivio Jiménez
Prof. Luis Mario
Prof. Jorge Luis Martí
Prof. Aristides Sosa (

Prof. Juan Clemente Zamora

CIRCULO DE CULTURA PANAMERICANO
16 Malvern Place
Verona, NJ

CAPITULOS REGIONALES

Charlotte, N.C. Prof. René León
Chicago, Ill. Dra. Angelina Pedroso
Houston, TX. Dr. Rubén D. Rumbaut
Miami, Fl. Prof. Adalberto Alvarado
New Jersey, Dr. Octavio de la Suarée

Ex-Presidentes:

Dr. Florentino Martinez (1963)
Dra. Dolores Marti de Cid (1964)†
Dr. René Gómez Cortés (1965)†
Dr. José Cid Pérez (1966)†
Dr. Román de la Campa (1967)
Dr. Luis A. Baralt (1968)†
Dr. Calixto C. Masó (1969)†
Dr. Gastón Anido (1970)
Dr. Alberto Gutiérrez de la Solana (1971)
Dr. Jorge L. Martí (1972)
Dr. Edilberto Marbán (1973)†
Dr. Julio Hernández-Miyares (1974-1975)
Dr. José Sánchez-Boudy (1976-1977)
Dra. Mercedes Garcia Tuduri (1978-1979)
Dr. Humberto Piñera Llera (1980-1981)†
Enrique Labrador Ruiz (1982-1983)†
Dr. Roberto Agramonte (1984-1985)
Lydia Cabrera (1986-1987)†
Dr. Eugenio Florit (1988-1989)
Dr. José Olivio Jiménez (1990-1991)
Dra. Rosario Rexach (1992-1993)
Dr. Levi Marrero (1994-1995)✿

CÍRCULO : REVISTA DE CULTURA

Publicación
del
Círculo de Cultura Panamericano

Volumen XXIV   1995

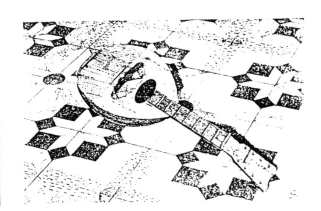

CÍRCULO POÉTICO

1994 - 1995

Publicación del
Círculo de Cultura Panamericano

DOC. 8-3

Caibarién, Cuba
Oct. 10 de 1910

Troy, New York
Abril 18 de 1975

*Hijo preclaro y noble de la patria,
exaltó en "Círculo", prosa y poesía,
y amante fervoroso de esa patria,
su corazón quebró la lejanía.*

RAQUEL FUNDORA DE RODRIGUEZ ARAGON

ESTUDIOS LITERARIOS SOBRE HISPANOAMÉRICA

(Homenaje a Carlos M. Raggi y Ageo)

VIGENCIA DEL PENSAMIENTO MARTIANO
ALBERTO GUTIÉRREZ DE LA SOLANA

EL SAINETE PORTEÑO Y EL TEATRO MENOR DE FLORENCIO SÁNCHEZ
NORA DE M. DE McNAIR

PANORÁMICA DEL TEATRO HISPANOAMERICANO CONTEMPORÁNEO
LUIS G. VILLAVERDE

LOVEIRA Y ZENO GANDÍA:
REPRESENTANTES DEL NATURALISMO EN LAS ANTILLAS
ELIO ALBA-BUFFILL

EL PROSAÍSMO EN LA LÍRICA ACTUAL:
¿DEFICIENCIA O VOLICIÓN?
OSCAR FERNÁNDEZ DE LA VEGA

TENDENCIAS EN LA POESÍA DE HOY: 1960-1975
CARLOS M. RAGGI Y AGEO

CIRCULO DE CULTURA PANAMERICANO
1976

DOC. 8-4

José Martí
En el centenario de su muerte

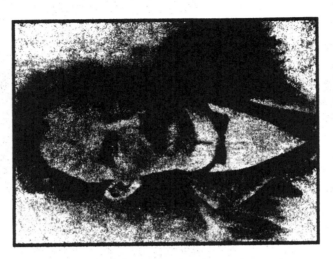

Memoria de los Congresos Martianos del Círculo de Cultura Panamericano en la Universidad de Miami, Florida y en the William Paterson College of New Jersey

CÍRCULO: REVISTA DE CULTURA
Número Extraordinario

Volumen XXV

1996

JOSÉ MARTÍ ANTE LA CRÍTICA ACTUAL

(En el centenario del *Ismaelillo*)

MEMORIA DEL II CONGRESO CULTURAL DE VERANO DEL CCP Y LA UNIVERSIDAD DE MIAMI.

UNA PUBLICACION DEL CIRCULO DE CULTURA PANAMERICANO CON LA COOPERACION DE LA ASOCIACION DE ESTUDIOS INTERNACIONALES

1983

DOC. 8-5

Círculo de Cultura Panamericano
****

Homenaje a los tres heroicos poetas cubanos, cantores de la libertad desde el presidio político, en el 89o aniversario de la muerte del Apóstol José Martí.

Con la colaboración del Capítulo de New Jersey del CCP.

Sábado 19 de mayo de 1984.
Hora: 7:00 p.m.

PROGRAMA

PALABRAS DE APERTURA POR EL SECRETARIO EJECUTIVO NACIONAL.

    Dr. Elio Alba Buffill
    City University of New York,
    Kingsborough.

"TRADICIÓN PATRIÓTICA EN LA POESÍA CUBANA: ARMANDO VALLADARES".

    Prof. Alberto Yannuzzi
    State University of New York, New Paltz.

"JORGE VALLS Y LOS PERROS JÍBAROS".

    Dr. Julio Fernández León.
    Hudson County Community College, N.J.

"EL HEROÍSMO INTELECTUAL: ANGEL CUADRA LANDROVE".

    Dr. Alberto Gutiérrez de la Solana
    New York University.

PALABRAS DE CLAUSURA POR LA PRESIDENTA DEL CAPÍTULO DE NEW JERSEY.

    Dra. Hilda G. de Hernández.
    Trenton State College.

Lugar: West New York Community Center.
       551 60th Street.
       West New York, N.J.

(Después de salir del "Lincoln Tunnel", tomar la salida de Kennedy Blvd. hasta la calle 60. Se puede llegar también por Bergenline Ave. El local está situado entre estas dos grandes avenidas).

DOC. 8-6

VI CONGRESO CULTURAL DE VERANO

EN CONMEMORACION DEL CENTENARIO DEL POETA NACIONAL DE CUBA AGUSTIN ACOSTA

Copatrocinado por la
Universidad de Miami
KOUBEK MEMORIAL CENTER
Escuela de Estudios
Continuados

Con la colaboración del
CAPITULO DE MIAMI

AGOSTO 1o, 2 y 3 de 1986

Koubek Memorial Center
Universidad de Miami
2705 S.W. 3rd Street
Miami, Florida

CIRCULO DE CULTURA PANAMERICANO

VIII CONGRESO
CULTURAL DE VERANO

Félix Varela Morales

Copatrocinado por la Universidad de Miami
KOUBEK MEMORIAL CENTER
Escuela de Estudios Continuados

Con la colaboración del CAPITULO DE MIAMI

JULIO 22, 23 y 24 de 1988

CIRCULO DE CULTURA PANAMERICANO XXVIII CONGRESO ANUAL

Hacia el Quinto Centenario del Descubrimiento de América

Copatrocinado por:

BERGEN COMMUNITY COLLEGE

ASOCIACION DE ESTUDIOS INTERNACIONALES

HISPANIC INSTITUTE FOR RESEARCH AND DEVELOPMENT

CON LA COLABORACION DEL CAPITULO DE N.J. DEL C.C.P.

BERGEN COMMUNITY COLLEGE
400 Paramus Road
Paramus, New Jersey 07652

RAMADA INN HOTEL
375 W. Passaic Street
Rochelle Park, New Jersey 07662

Noviembre 9, 10 y 11 de 1990

DOC. 8-7

CÍRCULO POÉTICO

ANO 96 Segunda Época Cuaderno XXI

Homenaje a Ana Raggi

Publicación del
Círculo de Cultura Panamericano

CIRCULO DE CULTURA PANAMERICANO

EXHIBICION DE LIBROS SOBRE JOSE MARTI

WILLIAM PATERSON COLLEGE LIBRARY LOBBY

300 Pompton Road, Wayne, N.J.

De Oct. 27 a Dic. 1o de 1995

CIRCULO DE CULTURA PANAMERICANO

XXI CONGRESO ANUAL

Viernes 11 de noviembre de 1983

PROGRAMA

Palabras de apertura en recordación de Lino Novás Calvo,
con motivo de su fallecimiento este año.
  Dr. Alberto Gutiérrez de la Solana
  New York University

"VISIÓN DE ENRIQUE JOSÉ VARONA: EDUCACIÓN Y EXCELENCIA".
(En conmemoración del cincuentenario de su muerte).
  Dra. Ángela Aguirre
  William Paterson College, N.J.

"TRASCENDENCIA DE HISPANOAMÉRICA".
  Dra. Dolores Martí de Cid
  Profesora Emérita de Purdue University, IN

Palabras de clausura del acto, en homenaje a Rafael Esténger,
recientemente fallecido.
  Don Enrique Labrador Ruiz,
  Presidente Nacional del CCP
  De las Academias Cubana y Norteamericana
  de la Lengua Española.

La presentación de los conferenciantes, a cargo del profesor
Alberto Yannuzzi, State University of New York, New Paltz.

Lugar: New York University, Meyer Hall, Salón #102,
  Washington Place 4-6 entre Broadway y Mercer St.
  (A dos cuadras de Washington Square East).

Hora: 6:00 p.m.

INFORMACIÓN SOBRE EL BANQUETE DE CONFRATERNIDAD, AL DORSO

CIRCULO · REVISTA DE CULTURA

NÚMERO ESPECIAL EN CONMEMORACIÓN
DEL VIGÉSIMO QUINTO ANIVERSARIO
DEL
CÍRCULO DE CULTURA PANAMERICANO

Volumen XVIII   1989

DOC. 8-8

CIRCULO DE CULTURA PANAMERICANO
XXXI Congreso Anual

En Conmemoración del Trigésimo Aniversario

Reservaciones de hotel. El Howard Johnson Plaza Hotel ha concedido el precio especial de $55.00 (más el 8% de impuesto) por un cuarto para una o dos personas, con derecho a estacionamiento. Este descuento es aplicable a los días anteriores y posteriores al 12, 13 y 14 de noviembre, fecha del congreso. La dirección del hotel es 129 Pehle Ave, Saddle Brook, N.J. 07662.

Para reservación: llamar al teléfono (201) 845-7-00, especificar la fecha de llegada al hotel e identificarse como asistente al congreso. Esto es importante para que se le aplique el precio especial antes mencionado. El hotel reservará las habitaciones para los socios del CCP hasta el 25 de Octubre. Para garantizar la reservación habrá que mandar $55.00 por cheque o giro postal o dar el número de su tarjeta de crédito al hacer la llamada de reservación. Este depósito es reembolsable en el supuesto caso de cancelación si ésta se hace con cuarenta y ocho horas de anticipación a la fecha de llegada que se había anunciado.

Reservaciones para las cenas de confraternidad del viernes y el sábado (sepárese y envíese por correo la parte correspondiente).

El precio de las cenas de confraternidad es de $30.00 si se asiste a las dos y de $20.00 si se asiste solamente a una de ellas. Para hacer las reservaciones, envíe el cupón que aparece más abajo, con el cheque o giro postal o a la orden del Círculo de Cultura Panamericano, al Tesorero Nacional o a la Tesorera del Capítulo de New Jersey, a las direcciones que más adelante se indican.

Deseo reservar ____ cubiertos a $30.00 c/u. Las dos cenas
Deseo reservar ____ cubiertos a $20.00 c/u. Cena del Viernes
Deseo reservar ____ cubiertos a $20.00 c/u. Cena del Sábado
COMEDOR: Salón de los Profesores de
Bergen Community College.

Nombre: _____

Dirección: _____

Por favor, envíe su reservación con el pago correspondiente a:
Dr. Alberto Gutiérrez de la Solana
45 Ocean Ave. Apt. 4-J
Monmouth Beach, New Jersey 07750
o a:
Dr. Susana Sánchez-Grey Gulnen
396-A Hystrix Plaza
Clearbrook, Cranbury, New Jersey 08512

Asistencia libre a los miembros y público en general a todas las sesiones académicas y actos de este congreso.

Para cualquier información adicional, pueden dirigirse al
Dr. Elio Alba Buffill,
Secretario Ejecutivo Nacional del CCP
16 Malvern Place, Verona, New Jersey 07044
o al
Dr. Octavio De La Suarée
Coordinador General del Congreso
14 Porter Terrace, Wayne, New Jersey 07470

XXXI CONGRESO ANUAL
EN CONMEMORACION DEL TRIGESIMO ANIVERSARIO

PROGRAMA

martes 12 de noviembre
Bergen Community College

6:00 p.m.
Período de inscripción.
Coordinadores: Lynda Icochea, Bergen Community College; Esther Sánchez-Grey Alba, Editora Asociada de Círculo; Rowland Bech, Vicetesorero del Capítulo de N.J.

Apertura de la EXPOSICION DE ESCULTURAS, DIBUJOS, Y GRAFICAS DE ROBERTO ESTOPIÑAN
Salón: C-111
Curador: Gustavo Valdés Jr.
(La participación de Roberto Estopiñán es una cortesía de Vorpal Gallery, SOHO, New York)

8:00 p.m.
SESIÓN DE APERTURA
Salón: A-104
Dedicada a conmemorar el trigésimo aniversario del C.C.P.
Coordinador: Julio Hernández Miyares
City University of New York, Kingsborough C. College.

Apertura del Congreso: José López-Isa
Presidente de Bergen Community College. N.J.

Ponencia de apertura:
"El Círculo de Cultura Panamericano y sus treinta años de servicio a la cultura hispánica."
Rosario Rexach
Presidenta del Círculo de Cultura Panamericano

Entrega de una placa de reconocimiento por su labor al frente del Capítulo de Charlotte al profesor René León.

Entrega del PREMIO INTERNACIONAL DE CUENTOS "ENRIQUE LABRADOR RUIZ" (1991).

8:15 a.m. RECESO

miércoles 13 de noviembre
Howard Johnson Plaza Hotel, Saddle Brook, NJ.
Salón de Conferencias

10:25 a.m. LITERATURA Y CULTURA CUBANA I
Coordinadora: María T. Tamayo
City University of New York, Hunter College

"El arte dramático de Yolanda Orral Miranda"
Ellen Lismore Leeder
Barry University, Fl.

"Eugenio Florit: la tridimensión de su penúltima poesía"
Orlando Saa
The William Paterson College of N.J.

"El desenfado y la burla en las Epístolas de Severo Sarduy"
(En memoria de Severo Sarduy, recientemente fallecido)
Lourdes Gil
Ollantay Center for the Arts. N.Y.

10:35 a.m. RECESO

12:00 m. LITERATURA HISPANOAMERICANA I
Coordinador: Jesse Fernández
State University of New York, College at Old Westbury

"El tema de la diosa Luna en El Neptuno Alegórico de Sor Juana Inés de la Cruz"
Magali Fernández
New York, N.Y.

"La poesía de Jorge Enrique Adoum"
Renée Sandoval
Upsala College, N.J.

La perspectiva del puente en Rayuela de Julio Cortázar
Niza Fabre
Ramapo College, N.J.

12:00 - 2:00 p.m. RECESO

2:00 - 2:50 p.m. LITERATURA Y CULTURA CUBANA II
Coordinador: Antonio A. Acosta
Emerson High School NJ.

"Hechos desconocidos sobre los estudiantes de medicina fusilados el 27 de noviembre de 1871".
Rene León
Presidente del Capítulo de Charlotte, N.C.

"Las Guías de Forasteros Cubanas. (1781-1853).
G. Alberto Yannuzzi
The Public Schools of the Tarrytowns, N.Y.

2:50 - 3:00 p.m. RECESO

3:00 - 3:50 p.m. LITERATURA Y CULTURA CUBANA III.
(En memoria de Ramón Sánchez Varona. 1888-1962)
Coordinador: Enrique Pujals
Rowan College of New Jersey

"El quehacer dramático de Ramón Sánchez Varona en las letras cubanas"
Esther Sánchez-Grey Alba
Montclair State College, N.J.

"En torno a la vida y a la obra dramática de mi padre"
Estela Piñera
New York, N.Y.

3:50 - 4:00 p.m. RECESO

4:00 - 5:30 p.m. LITERATURA ESPAÑOLA
Coordinadora: Noris Lorenzo
Suffolk County Community College. N.Y.

"El genio del lugar: un estudio comparado de El Greco o Toledo de Gregorio Marañón y El Greco o el secreto de Toledo de Maurice Barrés.
Walter de las Casas
Sarah J. Hale High School N.Y.

"Juan de Segovia y los orígenes del pacifismo humanista del Siglo XV"
Alfonso J. García Osuna
The City University of New York, Kingsborough C. College

"Feminismo y subversión en la Primera Parte de El Quijote"
Octavio de la Suarée
The William Paterson College, NJ.

7:00 - 10:00 p.m.
Bergen Community College

7:00 - 8:45 p.m. Buffet, Faculty Dining Room

9:00 - 10:00 p.m. Salón A-104
PRESENTACION TEATRAL
Programa del Grupo Prometeo bajo la dirección del Profesor Francisco Morín

de presentación: Julio Fernández León
City Community College. N.J.

"OBSA" (Obra en un acto) de Luigi Pirandello
Actores
Teresa Yunque   Radamés de la Campa
Hernán Acuña

jueves 14 de noviembre
Howard Johnson Plaza Hotel, Saddle Brook, N.J.
Salón de Conferencias

10:15 a.m. LITERATURA HISPANOAMERICANA II
Coordinador: Luis Villaverde
Fordham University, N.Y.

"Tarde de verano de Manuel Mejía Vallejo"
Clementina Tang Cuadrado
Fordham University, N.Y.

"La traducción de La Metamorfosis de Franz Kafka por Jorge Luis Borges"
Hannelore Hahn
Upsala College, N.J.

"Héroes y antihéroes en la historia y la literatura hispanoamericana"
Alberto Gutiérrez de la Solana
New York University

10:25 a.m. RECESO

11:15 a.m. LITERATURA Y CULTURA CUBANA IV
Coordinador: Aldo Forés
Fordham University, N.Y.

"Manuel Sanguily y su crítica de la literatura universal
Elio Alba Buffill
City University of New York, Kingsborough C. College

"Del Monte, Martí y los Estados Unidos"
Lydia A. Gordo
Saint Francis College, N.Y.

11:30 a.m. SESION DE CLAUSURA
(En memoria de nuestra Ex-Presidenta Nacional la
Dra. Dolores Martí de Cid)

Coordinadora: Zenaida Gutiérrez Vega
City University of New York, Hunter College

Palabras de homenaje a Dolores Martí de Cid:
Andrés Castellanos
New York, N.Y.

Manuel Gómez Reinoso
Dowling College, N.Y.

Antonio Radamés de la Campa
City University of New York, City College.

Ponencia de Clausura
"Dolores Martí de Cid, a Woman for all Seasons"
Marie A. Wellington Frederickburg, VA.

Palabras de clausura del Congreso
José Olivio Jiménez
Ex-presidente del CCP
City University of New York, Hunter College
& Graduate School

CAPÍTULO 9

LOS ASESINATOS. EL GENOCIDIO. EL PAREDÓN DE FUSILAMIENTOS. RAFAEL DEL PINO Y SIERO. DOMINGO TRUEBA Y VARONA. CARMEN (CARMELINA) BARRAQUÉ Y MONTALVO.

Al salir desterrado de Cuba a finales de 1960, yo conocía bien y tenía el dolor de los continuos asesinatos perpetrados por Fidel Castro, Raúl Castro, Guevara y los otros hombres sin compasión ni moral que los seguían. Bajo el pretexto de la justicia revolucionaria se fusilaba o se mataba por otros medios sin procesos legales a hombres que no eran criminales, que lo más que se les podía imputar era que defendían la libertad y la democracia o que no pensaban como Castro. A New York llegaban las noticias de los jóvenes que caían presos y que serían juzgados sumariamente, sin garantías jurídicas de ninguna clase. Desde mi oficina de *Bohemia* Libre (una publicación importante y de prestigio) yo hacía todo lo que estaba a mi alcance, sin éxito, porque Castro mentía sin vergüenza.

Por ejemplo, pedí ayuda a la Cruz Roja Internacional en Ginebra. Esta gran institución hizo reiterados esfuerzos para intervenir en Cuba en favor de las víctimas, pero Castro no le permitía entrar en Cuba. Véase en el **DOCUMENTO Nº 9-1** una carta de Ginebra de mayo 25 de 1961 en donde Roger Du Pasquier me informa la impotencia de esa benemerita organización internacional ante la negativa absoluta de Castro de permitirle visitar Cuba para dilucidar la situación de los miles de presos políticos.

En 1956, los húngaros habían sufrido la brutal represión del ejército de la Unión de Repúblicas Socialistas Soviéticas cuando se sublevaron valientemente contra el opresor gobierno comunista que los aherrojaba. Buscaban libertad y democracia. Pero las tropas rusas impusieron con su aplastante poderío un nuevo gobierno de dedo bajo su títere Jànos Kàdar. Aplastada la rebelión por los tanques de guerra rusos, muchos húngaros huyeron y pidieron asilo político en los Estados Unidos. Buen número de ellos estaba en New York cuando los desterrados cubanos comenzamos a llegar a principios de la década de los años sesenta. La situación de los húngaros y los cubanos era la misma. Sin dilación, el Dr. José A. Mestre y Sirvén y yo hicimos contacto con ellos. Y creció una cordial amistad de desterrados. Los húngaros venían a engrosar nuestras manifestaciones y piquetes, y nosotros íbamos a los actos de ellos.

Los húngaros habían creado una organización con otros desterrados de detrás de la "cortina de hierro" que se llamaba "Assembly of Captive European Nations" que tenía sus oficinas en 29 West 57th Street, en Manhattan. Dicha agrupación comprendía a los refugiados de las siguientes naciones: Albania, Bulgaria, Checoslovaquia, Estonia, Hungría, Latvia, Lituania, Polonia y Rumanía. La mayoría la constituían los húngaros que habían escapado en 1956, unos cuantos años antes que nosotros los cubanos. Los húngaros estimaban que la liberación de la Europa cautiva sería más tardía y difícil por la cercanía de la prepotente URSS, y que la de Cuba vendría antes por la proximidad a los Estados Unidos. Recuerdo bien nuestras conversaciones, ellos nos ayudaban y tenían la esperanza de que los cubanos, después de conquistada nuestra libertad, los apoyaríamos a ellos. Nosotros también creíamos que sería así. La realidad ha sido lo contrario: ellos están libres y nosotros seguimos esclavizados.

Para publicar en *Bohemia Libre* un artículo sobre la subyugación de las naciones europeas cautivas, encomendé a mi gran amigo el Dr. Andrés Valdespino que obtuviese todos los datos necesarios en la asociación de los húngaros. En noviembre 19 de 1961 se publicó el trabajo en *Bohemia Libre* y les envié 50 ejemplares de la revista a nuestros amigos húngaros. Aquí presento en el **DOCUMENTO 9-2** una carta de diciembre 1º de 1961 de Edmund Gaspar, que era el secretario general de la citada organización. Al divulgar los asesinatos en las naciones europeas cautivas por los comunistas, ayudábamos a confirmar la veracidad de nuestras acusaciones sobre los crímenes de Castro en Cuba. Era una ayuda mutua.

También colaboré con el Cuban Freedom Committee. Véase correspondencia con Mariada C. Arensberg en el **DOCUMENTO 9-3**. Yo conocía a Mariada (era estadounidense nativa) porque ella vivía en la Habana. Ella y yo éramos miembros de la Junta Directiva del "Centro de Rehabilitación para Lisiados Franklin D. Roosevelt." Arensberg se había visto forzada a salir de Cuba igual que todos nosotros. Ella ocupaba la importante posición de Secretaria Ejecutiva del Cuban Freedom Committee con sede en Washington, D. C. Este Comité trasmitía noticias fidedignas en español a Cuba por radio durante 9 horas diarias, rompiendo así la censura total que tenía impuesta Castro. Mariada ayudó muchísimo con sus trasmisiones radiales, pero este esfuerzo no sirvió para salvarle la vida a los cubanos que Castro asesinaba por fusilamintos u otros medios.

El Dr. Esteban Ferrer estaba al frente de The Latin American Information Committee, con oficinas en 120 East 56 Street, en New York. Ferrer luchaba por la liberación de Cuba desde el ámbito de Hispanoamérica. Su labor, siempre eficientísima, era la divulgación de la verdad de la cruenta tiranía de Castro para conocimiento de la América de habla española. Acompaño como **DOCUMENTO Nº 9-4** dos cartas del Dr. Ferrer, una de junio 26 de 1961 y otra de octubre 22 de 1962 sobre la materia, dirigidas, respectivamente, a Jorge Saralegui y a mí. Esteban Ferrer falleció en el destierro en Miami, Florida, en 1996.

Los fusilamientos (asesinatos) no cesaban. En puridad, nunca han cesado, recuérdese los del general Arnaldo Ochoa Sánchez, del comandante Amado Padrón Trujillo, del capitán Jorge Martínez Valdés y del coronel Antonio (Tony) De la Guardia en 1989. (Véase el libro de Andrés Oppenheimer *Castro Final Hour*. New York: Simon & Schuster, 1992). Castro elimina físicamente a todo el que él estime que puede hacerle sombra o atentar contra su poder. Esta característica lo identifica como un criminal que es amo absoluto de un país y un pueblo.

En abril 18 de 1961 Castro fusiló a Virgilio Campanería y a Alberto Tapia Ruano, ambos dirigentes del Directorio Revolucionario Estudiantil. Eran jóvenes, eran estudiantes, eran fervientes católicos, eran idealistas, eran hombres que sólo querían libertad, democracia y bienestar para los cubanos. Aquí presento una carta de puño y letra de cada uno de ellos escrita el día antes de ser fusilados gritando ¡Viva Cristo Rey! Hombres espirituales, honrados y valientes como estos dos jóvenes no abundan. Léanse en los **DOCUMENTOS 9-5 y 6**.

En julio de 1962 recibí en *Bohemia Libre* la noticia de que habían caído presos y serían fusilados sin juicio legal y sin compasión Manuel Guillot, Manuel Reyes, Juan Falcón, Arturo Mugarra y Enrique Cepero. Inmediatamente remití cablegramas a todos los presidentes de las repúblicas de Hispanoamérica, a las Naciones Unidas (ONU) y a la Organización de Estados Americanos (OEA) a nombre del Comité de Abogados Cubanos de New York y de la Asociación de Contadores Públicos de New York, que se unió a nosotros en este esfuerzo. Todavía guardo como triste recuerdo de aquel empeño frustrado algunos de aquellos cablegramas, que aquí presento como **DOCUMENTOS 9-7 y 8** dirigidos a Adolfo López Mateo, presidente de México, Joao Ghoulard, presidente de Brasil, Jorge Alessandre, presidente de Chile, Víctor Paz Estenssoro, presidente de Bolivia, U-Thant, secretario general de la ONU, y José Mora, secretario general de la OEA.

También cablegrafié a Héctor de Ayala en París, que había sido embajador de Cuba en Francia antes de Castro y mantenía excelentes relaciones allí con los diplomáticos suramericanos y europeos. Ayala trabajó rápida y activamente. Véanse los **DOCUMENTOS 9-9 y 9-10**. Obsérvese al final del primer párrafo de su carta de agosto 7 de 1962 (**DOCUMENTO 9-11**), referente a su gestión con la Nunciatura de Roma en París, que me escribe: "Para decirte la verdad, no me he llevado una muy buena impresión en cuanto a los resultados de mis gestiones en este medio." Esto me confirmó la conducta de la representación del Vaticano en Cuba, pues yo había visto en *The New York Times* o en la revista *Time* al Nuncio en una recepción de Castro en el antiguo Palacio Presidencial de la Habana, obsequiosamente doblado ante Castro al saludarlo, y escribí a Roma y no me contestaron.

Todos los presidentes me contestaron cortésmente por medio de representantes de sus embajadores o cónsules informando que habían recibido garantías del gobierno cubano de que los acusados serían juzgados legalmente. Todo fue inútil. Aquellos jóvenes fueron fusilados sin verdadero proceso legal. Se hizo un simulacro de juicio relampagueante y en 24 horas se les condenó, se les denegó la apelación e inmediatamente fueron fusilados. Fidel Castro se había reído de los presidentes de Hispanoamérica y de Brasil y les había mentido. Castro lleva 37 años despreciando a los mandatarios hispanoamericanos y del Brasil, pero la conducta de ellos no ha cambiado. Aparentan no darse cuenta de las falsedades de Castro.

Prueba visual fehaciente de los asesinatos del castrismo son los **DOCUMENTOS 9-12 y 13**, que son fotos de la prensa donde se puede ver a Raúl Castro en persona matando a un ciudadano con un disparo de revolver a la cabeza, y otros "fusilamientos revolucionarios." Obsérvese que esos homicidios violentos se hacen en cualquier lugar, en el campo, junto a un árbol, en la acera de una calle, junto a la ventana de una casa (**DOCUMENTO 9-14**), con cualquier arma de fuego, y que el sacerdote (cuando lo hay, como en el **9-14**)) tiene que prestar sus auxilios espirituales en la acera, a dos pies de los "jueces revolucionarios" que van a ejecutar a las víctimas.

Castro ha cultivado el odio para así poder asesinar colectivamente. Castro sembró animadversión, resentimiento, rencor, rabia, envidia y xenofobia desde el mismo momento que usurpó el poder. ¿Características previas de su esquizoide psicología llena de complejos? Luis Aguilar León explica el resentimiento antiyanqui de Castro en las págs. 49 y 50 de su libro *Reflexiones sobre Cuba y su Futuro*. Esto no había sucedido nunca en Cuba. Castro enfocó inicialmente su odio hacia los antiguos miembros del ejército del dictador Batista, y sin procedimientos legales fusiló indiscriminadamente, y el pueblo aplaudió sin pensar. Después lo extendió gradualmente a toda la población, especialmente a los que él llamaba "contrarevolucionarios," que eran los que no pensaban como él. Y el pueblo, con el "cerebro lavado," vociferaba: ¡paredón, paredón! El virus del odio ya había prendido en las masas. El dilema era: o Castro o nada. Todos éramos traidores criminales menos Castro.

Un compañero de nuestro bufete en la Habana era el Dr. José (Pepe) González, abogado inteligente. Fue a unas oposiciones, ganó una plaza de juez en la Villas y dejó de trabajar con nosotros. Desempeñando sus funciones de juez, se convirtió en revolucionario del partido de Castro, el 26 de Julio. Descubierto, tuvo que huir a los Estados Unidos. Al triunfo de la revolución regresó inmediatamente a la isla y fue directamente a reunirse con Castro en Santiago de Cuba, Oriente. Formó parte de la columna de Castro que avanzó triunfalmente hacia la Habana fusilando continuamente. Éramos buenos amigos. Tan pronto pudo vino a visitarme al bufete (Avenida de las Misiones N° 25, la Habana) a principios de 1959. Le pregunté, "Pepe, ¿cómo es posible que ustedes hayan fusilado tanta gente con esa rapidez, cómo han obtenido pruebas con tanta velocidad?" Muy sincero, me contestó, "Alberto, nosotros hemos fusilado sin pruebas." Y me aclaró, "nosotros fusilamos por convicción de quiénes son los que deben ser fusilados." Quedé pensativo, no conocía aquel aspecto nuevo de mi amigo. El triunfo de su revolución lo había transformado en un hombre sin compasión que había perdido su antigua imparcialidad jurídica. La vida humana no tenía ningún valor para él. Alrededor del mes de julio de 1960 volvió a visitarme, estaba muy feliz, Castro lo había designado magistrado del Tribunal Supremo de Justicia. Revolucionariamente, mi colega había llegado al ápice de su carrera como jurista. Si a un juicioso letrado como mi amigo, Castro podía robarle el cerebro tan fácilmente, ¿cómo no iba a poder hacerlo con los jóvenes inmaduros e iletrados? La joven que menciono en la "Explicación Liminar" de este libro recibió el "lavado cerebral" desde que nació por toda su vida. ¿Podré yo darle alguna luz con los hechos que apunto en este libro?

Yo he visto a multitudes en la Habana pedir estentóreamente ¡paredón, paredón! Castro supo llevarlas a ese frenesí. Por cualquier cosa que fuese contraria a los designios de Castro, la gente vociferaba que era "un crimen contrarrevolucionario" y pedía el fusilamiento ante el ¡paredón! Castro ha fusilado a miles de miles de hombres inocentes y ha declarado que hacía justicia revolucionaria y que cumplía su obligación para salvar a su revolución.

El remedio único que Castro ha aplicado a todos los cubanos desde 1959 hasta el presente es el ¡paredón! Nunca ha dejado de hacerlo. Es una amenaza permanente que pende sobre la cabeza de todos los cubanos como la espada de Damocles. El 13 de julio 1989 Castro fusiló al general Arnaldo Ochoa y sus amigos porque temía que ellos hubiesen adquirido demasiada fama, popularidad y poder en las fuerzas armadas. Castro temía un golpe de estado, pero los acusó de contrabando de drogas. Los que conocemos la Cuba de Castro sabemos a ciencia cierta que en Cuba no se puede mover ni un alfiler sin que Castro lo sepa. Aquellos hombres eran sus compinches, contrabandeaban para Castro, pero fueron fusilados por temor al golpe castrense. Castro ha sembrado durante 37 años un odio que todavía persiste. Y un terror de estado que lo mantiene en el poder. El espionaje y la denuncia corren secretamente desde el hogar hasta el mismo centro del poder castrista. El método de gobernar de Castro, su *ultima ratio* de dirimir las diferencias de opinión es el paredón de fusilamiento y, si se tiene suerte, la cárcel. ¿Qué podría justificar destruir en el aire dos avionetas civiles desarmadas de "Hermanos al Rescate" que estaban en espacio aéreo internacional en febrero de 1996 y matar a sus cuatro tripulantes? Nada. Fue su *última ratio*, un fusilamiento en el aire.

RAFAEL DEL PINO Y SIERO. ASESINADO EN LA PRISIÓN COMBINADO DEL ESTE.

Castro mata de muy diversas maneras. Veamos el caso de Rafael (Quique) del Pino y Siero. Conozco el problema de Rafael del Pino personalmente porque era primo hermano de mi esposa. Rafael del Pino era amigo de Castro, era revolucionario, había estado con Castro en Colombia cuando el "Bogotazo." Aquí presento como **DOCUMENTOS 9-15 y 16** dos cartas manuscritas originales de Fidel Castro a del Pino de febrero 6 de 1955 y enero 3 de 1956. Obsérvese que conciernen a la revolución que Castro preparaba desde México y de la cual Rafael era parte. Pero después del triunfo de la revolución, del Pino descubrió que Castro se convertía en comunista, y denunció este hecho públicamente organizando un piquete en Washington cuando Castro visitó dicha ciudad en 1959. Desde ese momento, Castro lo puso en su lista negra, y le preparó una emboscada en la que casi lo mata. Como del Pino había sido un viejo amigo revolucionario, Castro lo condenó a una larga prisión porque pensaba que como Rafael estaba muy mal herido moriría en la ergástula. Pero del Pino era joven y "duro" y sobrevivió operaciones y maltratos, y el 12 de agosto de 1977 (casi 20 años de prisión) llamó a su esposa, Delys, y a su hijo Rafael a Miami y les dijo que se sentía fuerte y que esperaba salir libre pronto para reunirse con ellos allí. Fue la última conversación. Diez (10) días después, el 22 de agosto, se recibió la noticia de que se había suicidado con una media de mujer. Su hijo quiso ir a Cuba a ver el cadáver y Castro no dio permiso.

¿De dónde iba a sacar del Pino, encerrado en una celda, una media de mujer para "suicidarse" si allí sólo había hombres? Si ya había resistido casi 20 años de prisión, y tenía tantas esperanzas de salir libre pronto cuando llamó a su familia el 12 de agosto, ¿por qué iba a suicidarse el 22? Yo he hecho el experimento de ponerme una media de mujer alrededor del cuello para ver si quedaba material para colgarse de algún lugar de altura suficiente, y me parece una operación imposible. Ramón B. Conte, que fue expedicionario de la Invasión de Playa Girón, y que como era antiguo compañero de Castro éste no lo "canjeó" y lo condenó a larga prisión, habló con del Pino en la cárcel no mucho antes de aparecer "ahorcado." Conte da su explicación del asesinato en su libro *Historia Oculta de los Crímenes de Fidel Castro*. Del Pino fue "suicidado" en la prisión denominada Combinado del Este. Este tipo de asesinatos de Castro no se cuenta en la lista de los fusilados, pero incrementa el genocidio. En general, los medios de comunicación universales, el mundo intelectual y académico, y los "cubanólogos" no se dan por enterados de este tipo de crimen, ellos aceptan la palabra sacrosanta de Castro: "suicidio" con una media femenina.

En el **DOCUMENTO 9-17,** aparece Rafael del Pino en el acto en que recibió la condecoración la Medalla de la Habana otorgada por el alcalde Castellanos por haber peleado en la Segunda Guerra Mundial (era ciudadano estadounidense). Este arcaico recuerdo lo publicó Fausto Miranda, excelente escritor que desentierra documentos interesantísimos en su famosa y siempre bien informada columna periodística en *Diario Las Américas (*Rafael es el cuarto, contando desde la derecha, en la primera fila, y está vestido de blanco). EL **DOCUMENTO 9-18** es un informe periodístico donde se puede ver a del Pino haciendo un piquete contra Castro en los Estados Unidos en 1959, y asimismo el estado en que quedó su avioneta cuando cayó en la trampa que le preparó su antiguo amigo Castro. El **DOCUMENTO 9-19** lo he fotocopiado de *Of Human Rights,* para que se vea a del Pino y a Castro juntos, antes de que Castro usara barba

DOMINGO TRUEBA Y VARONA, ASESINADO MEDIANTE UN FALSO JUICIO.

Domingo (Mingo) Trueba, Rogelio González Corzo, "Francisco," Rafael Díaz, "Rafael," Manuel (Ñongo) Puig y Humberto Sorí Marín fueron capturados juntos el día que tenían una reunión medular para organizar y coordinar un gran levantamiento general contra Castro. Nestor Carbonell Cortina ha relatado los hechos con minuciosidad, extensión y mano maestra en su admirable libro *And the Russians Stayed* (p.125-135). Él tiene información de primera clase porque "Ñongo" Puig estaba casado con su prima Ofelia Cortina, que cayó presa en la misma reunión junto con él y estuvo en prisión. Por tanto, el lector debe leer los hechos en el susodicho libro. Carbonell Cortina informa que los conspiradores fueron sorprendidos casualmente, un golpe de suerte para Castro. La noticia que yo recibí en New York en abril de 1961 era que habían sido delatados por una joven infiltrada que llevaba mensajes entre ellos.

Lo triste de esta historia es que todos fueron juzgados en un simulacro de juicio legal y fusilados (asesinados) sin misericordia el 20 de abril de 1961 a las 2 A.M. Todos eran jóvenes e idealistas. Se sacrificaban por Cuba libre al conspirar para derrocar la tiranía castrista. "Mingo" Trueba era un hombre de negocios, un organizador, un industrial, un creador de riqueza para beneficio de Cuba que se vio forzado a luchar por la libertad de su patria. Estaba casado con Marta Couce, que es prima de mi esposa y vive ahora en Miami, Florida, en unión de sus hijos y nietos. Por eso puedo ofrecer ahora al público por primera vez fotocopia de una carta de 4 de julio de 1961 que ella recibió de Linden Blue enviadas ambas desde Managua, Nicaragua. Linden Blue es un estadounidense que fue forzado a aterrizar en Cuba por un avión de guerra de Castro y estuvo preso junto con "Mingo" Trueba y "Ñongo" Puig, nueve días en el G2 desde marzo 24 hasta abril 2 de 1961. La personalidad de Trueba era tan atractiva, bondadosa y humana, que ese norteamericano que no lo conocía llegó a cobrarle un cariño de hermano y a reverenciarlo como a un "príncipe" en sólo 9 días. Véanse los **DOCUMENTOS 9-20 y 21.**

CARMEN (CARMELINA) BARRAQUÉ Y MONTALVO. CONDENADA A 9 AÑOS DE PRISIÓN EN UN SIMULACRO DE JUICIO.

Carmelina Barraqué y Montalvo es prima política de mi esposa. Fue acusada por Castro de ser miembro "importante" del F. R. D., de mantener estrecho contacto con Sorí Marín y Domingo Trueba (habían sido fusilados el 20 de abril de 1961), de transportar paquetes de armas, de ocultar a conspiradores en su hogar, etc. Quedó incluida en la causa incoada el 5 de agosto de 1961, número 295, junto con otros "conspiradores." No le pudieron probar nada, pero fue condenada a 9 años de prisión. El juez instructor no era un jurista sino un Segundo Teniente del Ejército Rebelde llamado Vicente Álvarez Crespo. Me imagino que Carmelina debe haber sido condenada por "convicción," como me explicó mi amigo José (Pepe) González. Es decir, si los castristas piensan que eres "contrarrevolucionario," ya estás condenado, ellos sólo necesitan metérselo en la cabeza, las pruebas jurídicas son un estorbo, no son necesarias. Justicia revolucionaria. El **DOCUMENTO 9-22A 9-22B** es fotocopia del auto de procesamiento. Condenada por la *ultima ratio* de Castro.

JAIME CALDEVILLA, CONSEJERO DE INFORMACIÓN DE LA EMBAJADA DE ESPAÑA EN CUBA. LOS PRESOS POLÍTICOS Y LOS FUSILADOS.

El **DOCUMENTO 9-23** está tomado de *La Gaceta del Norte* de Bilbao, España, de fecha 14 de junio de 1969, donde se resume una conferencia pronunciada por don Jaime Caldevilla, que fue Consejero de Información de la Embajada de España en la Habana. Obsérvese que da un total de 22,481 cubanos fusilados o matados en las cárceles a sólo nueve años y medio de la usurpación del poder por Castro.

Pero tal vez don Jaime Caldevilla y The Truth About Cuba Committee, como no estaban dentro del Partido Comunista, no llegaron a recibir toda la información y se quedaron cortos en sus estadísticas. Veamos lo que dice un español comunista inscrito en el partido que vivió en Cuba, que era amigo del comandante Bayo (famoso comunista en la Guerra Civil española), que estaba en Cuba ayudando a la revolución, y que por escribir cosas que no debían ser vistas por el G2 estuvo 5 meses incomunicado en sus mazmorras y sometido a interrogatorios diarios de interminables horas por el oficial investigador Padrón Ojeda (p.233). Lo citado y lo que sigue aparece en el libro *Cuba, el Comunismo y el Caos* (México: B. Costa-Amic Editor, 1971) escrito por el comunista que despertó ante la realidad cubana: Manuel Monreal Almela

> Más de medio millón de cubanos y cubanas abarrotan las cárceles y los campos de concentracción de la isla, siendo muchos de ellos, la mayor parte, establecidos en las granjas estatales, con régimen carcelario, vigilancia y trabajo, donde cumplen su condena, esperando todos la aparición de un milagro que los libere de su actual esclavitud para reintegrarse a los suyos y a la libertad.

> Más de de doscientos mil cubanos han sido fusilados por las huestes destructoras castro-comunistas, desde el 1º de enero de 1959, hasta finales de 1968, continuando éstos sin saber nadie cuándo pararán (208).

Termino presentando a continuación una colección de informes sobre el genocidio y las prisiones que se explican por sí mismos, es un mínimo que he selecionado para cerrar este capítulo lleno de tristeza y horrores. Ver los **DOCUMENTOS 9-24 a 34**.

COMITÉ INTERNATIONAL
DE LA
CROIX-ROUGE

Geneva, May 25, 1961

Dear Sir,

    We thank you for your letter of May 18 and wish to inform you that in reply to point 1, we are forwarding by airmail under separate cover the collection of the four Geneva Conventions of August 12, 1949. We would point out that Article 3 common to the four Conventions should be of particular interest to you. We have enclosed the invoice with this consignment.

    We have only one observation to make about point 2. Our institution has already made several representations to the Cuban Government with a view to our intervening on behalf of the victims of events. These have up to the present not yet achieved any success. We are, however, continuing our efforts and we have not completely given up hope of reaching positive results.

    Hoping that this will have answered your questions.

Yours faithfully,

for the International Committee
of the Red Cross

Roger Du Pasquier
Head of the Information Department

Albania
Bulgaria
Czechoslovakia
Estonia
Hungary
Latvia
Lithuania
Poland
Romania

Mr. Alberto G. Solana
President
Bohemia
Foreign Publications. Inc.
64, East 42, St. Suite 405
<u>NEW YORK 17. (NY)</u>

DOC. 9-2

ASSEMBLY OF CAPTIVE EUROPEAN NATIONS
29 WEST 57th STREET
New York 19, New York

PLaza 1-3850

New York, December 1, 1961

Albania

Bulgaria

Czechoslovakia

Estonia

Hungary

Latvia

Lithuania

Poland

Romania

Dear Mr. Solana:

Thank you very much for your letter of November 30, and for the fifty copies of Bohemia Libre, no. 59, dated November 19, 1961, which you were kind enough to send us free of charge. We highly appreciate this important contribution made by a magazine of the prestige and importance of Bohemia to familiarizing the Latin American area with the Captive European Nations.

As a matter of fact, the interview that Dr. Valdespina held with us resulted in a very comprehensive background survey on our countries' situation, and focused very well our ideas and aims. We are very grateful to him for having devoted so much time and energy to the preparation of this article on a topic thus far so little publicized in Spanish.

I sincerely regret not being able to thank him personally, having lost his address and telephone number. Would you be so kind as to convey to him my regards and wholehearted thanks for this cooperation.

Sincerely yours,

Edmund Gaspar
Deputy Secretary General

Mr. A.G. Solana, Editor
Bohemia Libre
Caracas, Venezuela
60 East 42nd St. Suite 405
New York 17, New York

CUBAN FREEDOM COMMITTEE

1737 H Street N.W.   Washington 6, D. C.

July 14, 1961

Dr. Alberto G. Solana
Foreign Publications, Inc.
60 East 42nd Street, Suite 405
New York 17, N. Y.

Dear Dr. Solana:

I wonder perhaps if you are the same person who was on the Board of the "Centro de Rehabilitación para Lisiados Franklin D. Roosevelt" in Havana. You may remember that I was the only "yankee" on the Board.

I am happy to enclose the information that you asked concerning the activities of the Cuban Freedom Committee.

We started broadcasting to Cuba in December 1960 and are now on the air a total of nine hours a day. Our programs consist of news, commentary and music. From Key West we broadcast from 12 to 6 in the morning, in which time we attempt to contest the lies of the communist propaganda that emanates daily from the Cuban radio.

We believe that our strongest weapon is the truth and we adhere strictly to the principal of broadcasting truthful news and commentary. We believe that possibly with a concentrated program of this kind we can create a doubt as to the veracity of the communist propaganda there and to restore in some measure the perspective of the Cuban people.

Letters from Cuba sent by our listeners testify to the fact that not only are we being heard but that our news is vital to them. Our broadcasts are all on standard wave lengths unlike the Voice of America, which broadcasts short wave only.

I presume that you are writing for BOHEMIA and wish to congratulate you and the magazine for the fine job.

I am sure that you feel, as do I, the magnitude of the task before us. I believe at last the people of the United States realize that they are at period in history when they must make a decision. This is the only good result of the ill-fated invasion.

July 14, 1961
2.

At present the Advertising Council of America is sponsoring a nation wide radio-TV fund raising campaign for us.

If there is any further information you would like, do not hesitate to write to me.

With best wishes for success.

Very truly yours,

(Mrs.) Mariada C. Arensberg
Executive Secretary

MCA:lr
encl.

DOC. 9-3

DOC. 9-4

THE LATIN AMERICAN INFORMATION COMMITTEE, INC.
ROOM 1510 - 120 EAST 56TH STREET
NEW YORK 22, NEW YORK

Octubre 22 de 1962.

Dr. Alberto Gutierrez de la Solana
Foreign Publications, Inc.
Fourth Floor
Lincoln Building, 60 East 42nd St.
New York.

Estimado amigo:-

Adjunto devuelvo sin utilizar las fotos que nos facilitaste en el dia de hoy. Solo he remitido a Urenda, con caracter devolutivo una fotografia con el tanque de Castro entrando en la Habana el dia 7 de Enero de 1959. Con ella nuestros amigos prepararan pasquines para la campaña sobre Cuba. En materia de dias espero poder devolverla.-

Aunque otras de las fotos resultan estupendas para el fin perseguido, el hecho de que procedan del cable las inutiliza a los efectos de su ampliacion.-

Una vez mas estamos agradecidos a ti y a Bohemia Libre por este aporte a la causa de la liberacion.

Un abrazo,

Esteban A. Ferrer

THE LATIN AMERICAN INFORMATION COMMITTEE, INC.
ROOM 1510 - 120 EAST 56TH STREET
NEW YORK 22, NEW YORK

Junio 26 de 1961.

Sr. Jorge Saralegui
Bohemia Magazine
60 East 42nd St.
New York, N.Y.

Querido Jorge:

La presente es para recordarte el ruego de que la edicion que Uds. envian al suscriptor

  Sociedad de Estudios Interamericanos
  Caixa Postal 21.085
  Sao Paulo, Brasil
  Sr. Wladimir Lodygensky

la remitan por correo aereo, ya que en la actualidad llegando por correo ordinario pierde mucho de su efectividad, i.e., en lo que sirve de pauta para las campañas democraticas que nuestro amigo Lodygensky conduce con tanto exito.

Thank you very much.

Dr. Esteban A. Ferrer

157

DOC. 9-5

[illegible] de 19[illegible]

[illegible] estudiantes y al pueblo de Cuba en g[illegible]

[illegible] momentos me encuentro esperando la sentencia [illegible]
[illegible] juicio
[illegible] no me preocupa, porque [illegible]
[illegible] mi patria. Mi muerte será otra [illegible]
[illegible] ahogar con sangre los anhelos de [illegible]
cubanos

No lo temo, que venga la muerte; yo voy feliz porque ya veo [illegible] Patria, ya veo como suben jubilosos mis hermanos la Colina, ya no habrá más odio entre hermanos, ya no habrá [illegible] que pidan paredón. Todo será amor entre cubanos, amor de hermanos, amor de cristianos.

Pobre Cuba, cuanto has sufrido, pero la Cuba nueva surge del odio para sembrar el amor, de la injusticia para sembrar justicia social, no demagogia engañadora de pueblo; una [illegible] porque ya conoce todos los engaños y a todos los [illegible] una Cuba para los cubanos y "Con todos y para el bien [illegible]"

[illegible] estudiante de Cuba esta gloria de liberar a la Patria y [illegible] una Cuba nueva.

¡Viva Emilio Rey! ¡VIVA CUBA Libre!

El Directorio Revolucionario Estudiantil

Virgilio Campaneria Angel

[signature]

La Cabaña 17 de Abril

Queridos viejos:

Acabo de recibir hace unos momentos la ratificación de la Pena de Muerte y es por eso ahora que ya estoy en el final, que les escriba estas líneas. No me creerán pero puedo asegurarles que nunca he tenido tanta tranquilidad espiritual como en éste momento, me siento con sinceridad muy contento presintiendo que dentro de poco estaré con Dios, esperando y rezando por Uds.

Hoy en el juicio vi a mis hermanos y padrinos llorando y eso porqué? No y mil veces No, sé que lo de hoy es doloroso para Uds. pero quiero que se sobrepongan y piensen que Dios en su infinita bondad me ha dado ésta gracia de ponerme a bien con El y todos deben agradecérselo.

Adiós viejucos, tengan mucha Fé en la Vida Eterna que yo intercederé por todos Uds.

Viva Cristo Rey.

Besos y abrazos, no lágrimas, a todos.
Adiós hermanos, padrinos y familia
Fé en Dios
Alberto

DOC. 9-7

WESTERN UNION
INTERNATIONAL COMMUNICATIONS
CABLEGRAM

CHARGE TO THE ACCOUNT OF: FOREIGN PUBLICATIONS INC, 60 East 42nd. St. New York.

Julio 24, 1962

To: Excelentisimo Sr. Adolfo Lopez Mateo
Presidente de Mexico.
Mexico City

Rogamos su urgente intervencion para salvar vidas Manuel Guillot, Manuel Reyes, Juan Falcon, Arturo Mugarra, Enrique Cepero, jovenes y estudiantes presos en Cuba cuyo unico delito politico es haber luchado por sus ideales Punto Equivocados o no, no merecen pena de muerte, y su intervencion puede salvarles. El mundo entero y la historia recordara siempre su oportuna gestion salvadora

Comite de Abogados Cubanos en New York
Asociacion Contadores Publicos en New York.

WESTERN UNION
INTERNATIONAL COMMUNICATIONS
CABLEGRAM

CHARGE TO THE ACCOUNT OF: Foreign Publications Inc. 60 East 42nd. St. New York.

Julio 24, 1962

To: Honorable Sr. U-Thant
Secretario General O.N.U.
42nd. St. and 1st. Avenue
New York

Rogamos su urgente intervencion para salvar vidas Manuel Guillot, Manuel Reyes, Juan Falcon, Arturo Mugarra, Enrique Cepero, jovenes y estudiantes presos en Cuba cuyo unico delito politico es haber luchado por sus ideales Punto Equivocados o no, no merecen pena de muerte y su intervencion puede salvarles El mundo entero y la historia recordara siempre su oportuna gestion salvadora

Comite de Abogados Cubanos en New York
Asociación de Contadores Cubanos en New York

DOC. 9-8

WESTERN UNION
INTERNATIONAL COMMUNICATIONS CABLEGRAM

CHARGE TO THE ACCOUNT OF: Foreign Publications Inc.
60 East 42nd. St. New York

To: Dr. Jose Mora
Secretario General Organization of America States
Pan American Building
Washington D. C.

Julio 24, 62

Rogamos su urgente intervención para salvar vidas Manuel Guillot, Manuel Reyes Juan Falcon, Arturo Mugarra, Enrique Cepero, jovenes y estudiantes presos en Cuba cuyo unico delito politico es haber luchado por sus ideales. Equivocados o no, no merecen pena de muerte y su intervención puede salvarles. El mundo entero y la historia recordara siempre su oportuna gestion salvadora

Comite de Abogados Cubanos en New York
Asociacion de Contadores Publicos en New York.

WESTERN UNION
INTERNATIONAL COMMUNICATIONS CABLEGRAM

CHARGE TO THE ACCOUNT OF: Foreign Publications Inc.
60 East 42nd. St. New York.

To: Excelentisimo Sr. Victor Paz Estenssoro
Presidente Bolivia
La Paz, Bolivia

Julio 24, 62

Rogamos su urgente intervencion para salvar vidas Manuel Guillot, Manuel Reyes, Juan Falcon, Arturo Mugarra, Enrique Cepero, jovenes y estudiantes presos en Cuba cuyo unico delito politico es haber luchado por sus ideales Punto Equivocados o no, no merecen pena de muerte y su intervención puede salvarles El mundo entero y la historia recordara siempre su oportuna gestion salvadora

Alberto Gutierrez de la Solana
Comite de Abogados Cubanos en New York
Asociación de Contadores Cubanos en New York.

DOC. 9-9

WESTERN UNION
INTERNATIONAL COMMUNICATIONS
CABLEGRAM

CHARGE TO THE ACCOUNT OF: FOREIGN PUBLICATIONS INC, 60 East 42nd. St.

To: HECTOR DE AYALA
26 Avenue Georges Mandel
Paris, France

Julio 25 1962

FAVOR MOVER DIPLOMATICOS SURAMERICANOS Y EUROPEOS TRATAR EVITAR FUSILAMENTOS ESTUDIANTES CUBANOS MANUEL GUILLOT MANUEL REYES JUAN FALCON ARTURO MUGARRA ENRIQUE CEPERO IMPRESCINDIBLE PRESIONAR GOBIERNO CASTRO URGENTEMENTE

ALBERTO GUTIERREZ DE LA SOLANA

T 378

PARIS 16 26 1745

ALBERTO GUTIERRIEZ DE LA SOLANA 3555 OXFORDAVE
APPRTEMENT 5J NEWYORK =

OCUPOME URGENTEMENTE ABRAZOS =
HECTOR DE AYALA +

COL 3555 5J +

DOC. 9-10

WESTERN UNION
TELEGRAM

E39CC 6R 27 PD INTL N PARIS VIA COMMERCIAL 2055
JUL 30 1962

LT ALBERTO GUTIERRIEZ DE LA SOLANA
XA 3555 OXFORDAVENUE APT 5J NEWYORK

HE LOGRADO EFECTUAR GESTIONES VALIOSAS RUEGOTE ME
INFORMES EVOLUCION STOP CARTA SIGUE ABRAZOS

HECTOR DE AYALA

319A JUL 31

WESTERN UNION
TELEGRAM

==XAA066 NBB420 CDU540
1962 AUG 6 PM 5
=DA348 RDF338 30 PD INTL FR CD PARIS VIA RCA 6 1953

=ALBERTO GUTIERREZ DE LA SOLANA =
3555 OXFORDAVE APT 5-J NY =

PERSONA QUE PODRIA SER MUY EFICAZ POR SU PRESTIGIO
NECESSITA =MAS AMPLIA INFORMACION PARA PODER ACTUAR
ABRAZOS =

HECTOR DE AYALA. =

DOC. 9-11

26, Avenue Georges-Mandel

el 7 de agosto de 1962

Querido Alberto,

En seguida que recibí tu tristísimo cable; te envié el siguiente :

"Ocúpome urgentemente - Abrazos".

Despues me trasladé a la Nunciatura para hablar con su Excelencia el Nuncio en su capacidad de Decano del Cuerpo Diplomatico ; pero, por desgracia, está de vacaciones. y tuvé que entrevistarme con el auditor encargado de negocios, Monseigneur Gravelli. Me prometió que iba a hacer todo lo posible para lograr una gestión de la Iglesia en los medios diplomaticos en favor de estos estudiantes desdichados. Estuvé en contacto con otros diplomaticos que también quedaron conmigo en hacer lo necesario. Para decirte la verdad, no me he llevado una muy buena impresión en cuanto a los resultados de mis gestiones en este medio. Pero ya veremos si logro tener algún eco del progreso de estos esfuerzos más adelante.

En lo que si he logrado un éxito completo, por lo menos en cuanto a la reacción y deseo caluroso de actuar, ha sido del Sr. Daniel Mayer que es Presidente de "La Ligue des Droits de l'Homme". No tengo que hablarte de la Ligue des Droits de l'Homme, tu sabes que es una organisación muy importante en Francia con alcance mundial en sus actuaciones. En este caso, si tengo muy grandes esperanzas ya que se que actuó imediatamente.

También he tenido contacto con associaciones estudiantiles de cuyo resultado todavia no puedo decirte nada.

He iniciado una gestión que si puede tener una gran repercusión, con una gran personalidad francesa del mundo de las letras, que está muy en contacto con el castrismo, lo que significa que puede ser que le escuchen.

.../

- 2 -

Despues de iniciar estas gestiones, te mandé el siguiente cable :

"He logrado efectuar gestiones valiosas ruégote me informes evolución Stop Carta sigue Abrazos".

Entretanto me han informado que esta personalidad francesa, de la cual acabo de hablar, necesita mayores detalles y datos para poder actuar con la mejor posibilidad de éxito. Al recibir esta comunicación, imediatamente te he mandado el cable siguiente :

"Persona que podría ser muy eficaz por su prestigio necesita más amplia información para poder actuar. Abrazos".

Te ruego cuanto antés me envíes los informes que necesito. No te olvides también de añadir algunos comentarios sobre la situación general.

No he dejado de la mano los otros asuntos de que me hablastes antés de mi regreso.

No te olvides de darles mis afectuosos recuerdos al Director Miguel Quevedo así como a todos nuestros amigos comunes de Bohemia, y para ti, con el deseo de volverte a ver muy pronto, un gran abrazo.

Dr. Alberto Gutierrez de la Solana
3555, Oxford Avenue
Apartment 5 J
New York City

.../

FIDEL CASTRO SAID...

Killing does not strengthen anybody. Killing has made them weak. Not killing makes us strong. Why do we not kill prisoners? Because only cowards and villains assassinate opponents that have surrendered. Because if in any war cruelty is stupid, it is much more so in a civil war, where those who fight among themselves will, someday, live together, and the executioners will dwell with the children, wives, and mothers of their victims.

FIDEL CASTRO
Sierra Maestra
July 1958

AND FIDEL CASTRO DID...

Until June 1961, the official number of executions given by the Cuban government was 802.

This sum does not include the innumerable executions that secretly take place in all of the Cuban prisons every night.

DIRECTORIO REVOLUCIONARIO ESTUDIANTIL
CUBAN STUDENT'S DIRECTORATE

(Reprinting is welcome)

DOC. 9-13

PUBLICADO POR LA
ASOCIACION DE FUNCIONARIOS DEL PODER JUDICIAL DE CUBA
(EN EL EXILIO)

Un informe sobre la Reforma Agraria y los fusilamientos de campesinos en Cuba, redactado por el Dr. Francisco Alabau Trelles, Ex-Magistrado del Tribunal Supremo de Cuba. Presidente de la Asociación de Funcionarios del Poder Judicial de Cuba y de la Comisión Cubana por los Derechos Humanos.

Castro, como todo déspota, no ha vacilado en ahogar en sangre la protesta campesina. El 25 de Mayo de 1963 dictó una ordenanza militar que viola los principios mas elementales de la civilización. La orden expedida dice textualmente: "cualquier campesino que sea visto fuera de su casa después de las ocho de la noche y antes de las cinco de la madrugada, será inmediatamente fusilado, sin celebrarle juicio, por el Oficial del Ejercito o de la Milicia, levantándose sólo un acta donde conste que el campesino estaba fuera de su casa en hora comprendida entre las mencionadas" A partir del mes de Junio, durante cinco meses, hasta Noviembre de 1963, han sido fusilados más de dos mil campesinos en Cuba, sin previa celebración de juicio.

"...EN QUINCE DIAS FUSILARON 345 CAMPESINOS..."

....LA LEY DEL TERROR EN CUBA....

En quince días (del 15 al 30 de Junio) fueron fusilados 18 campesinos en Pinar del Río, 21 en La Habana, 117 en Matanzas, 87 en Las Villas, 11 en Camaguey y 91 en Oriente. En total 345 fusilamientos.

DOC. 9-14

El Paredón de Fusilamiento

Esta fotografía de Andrew López, de la UPI, galardonada con un premio Pulitzer, fue la primera que comenzó a enseñar al mundo la cara a cara del nuevo régimen instaurado en Cuba. En la izquierda que condenado a muerte se arrodilla ante el sacerdote, mientras las armas homicidas en la mano, un grupo de soldados esperan el momento de fusilarlo. A la derecha el mismo condenado es atado contra la pared de una casa que serviría de "paredón" en el último momento de la víctima. Las fotos fueron tomadas por Andrew López, el 17 de enero de 1959 en alguna parte de Cuba.

DOC. 9-15

México, Febrero 6 de 1955.

Querido Pino:

He recibido todas tus cartas que no había contestado antes por exceso de trabajo.

Adjunto te envío copia de la carta que mandé a Orta para que la lea en una reunión del Club. En la misma está contenida la idea de que me hablaste en una ocasión de que cada militante comprase un arma. Lo que yo sugiero es la entrega de una cantidad de dinero, porque las armas debo adquirirlas yo en la forma que tengo estudiada. Te ruego calorices la idea en la reunión. Si trabajan duro pueden encontrar más de sesenta donantes.

Guarda la copia para ti, y que sea Orta quien presente la carta en la reunión.

Saludos a tu señora y recibe un fuerte abrazo de

Fidel

DOC. 9-16

México, Enero 2 de 1956

Querido Pino:

Hace más de dos semanas le escribí a Orta y también a Lino Elías, sin recibir respuesta alguna. No he tenido noticias de ningún compañero responsable del Club desde que me trasladé a ésta hace casi un mes.

Ruego te dirijas de mi parte a estos dos compañeros y le preguntes de mi parte si recibieron mis cartas y a qué se debe la falta de noticias. Adjunto va también una carta para que se la entregues a Lino Elías.

Por correo ordinario he mandado varios sobres con ejemplares del Manifiesto #2 para que sean distribuidos en esa; uno de los sobres va dirigido a ti; posiblemente mande varios más.

Por ahora no quiero añadir otra cosa. Dirige la correspondencia a esta dirección:
 Sra. Hilda Gadea
 Nápoles #40 Apto. 16
 Colonia Juárez
 México, D.F.

Saludos a tu esposa y un abrazo de tu amigo
 Fidel

DOC. 9-17

MIERCOLES
6 DE FEBRERO DE 1980
EL MIAMI HERALD /3

Acúsanlo de entregar a Del Pino

El avión aterrizó por la mañana temprano en un camino solitario de La Habana. Un hombre se quedó dentro del aparato, pero el otro agarró un manojo de llaves y se fue corriendo.

La policía de Fidel Castro comenzó a dispararle al aparato, que se incendió. El piloto, que se encontraba en el interior del avión, resultó quemado y herido y fue fácilmente apresado. El piloto, Rafael Del Pino, estuvo 18 años en prisión, hasta que se ahorcó en 1977.

El martes, el reverendo Manuel Espinosa, de Hialeah, acusó al operador de los viajes de los exiliados a Cuba de haberle entregado a Del Pino a las autoridades cubanas.

La esposa de Del Pino, Delys, también dice que la persona que entregó a su marido a la policía cubana fue Fernando Fuentes, operador de American Airways Charters. La Sra. del Pino asegura que Fuentes fue el que se llevó las llaves del avión y salió corriendo del mismo antes de que la policía abriera fuego contra el aparato.

La American Airways Charters Inc. es la otrora desconocida compañía de ambulancias aéreas que ahora se ocupa del negocio de $70,000,000 anuales generado por los viajes de los exiliados cubanos. AAC compró el contrato a Havanatur, la firma con base en Panamá que fue expulsada de Estados Unidos por ser agente del gobierno de Fidel Castro.

Espinosa no presentó documento alguno que respaldara su acusación. Aunque se hicieron repetidas llamadas a la casa y la oficina de Fuentes, éste no pudo ser localizado.

Del Pino, quien fue amigo de Fidel Castro, a quien denunció posteriormente como comunista, fue a Cuba, según se ha informado, para recoger a algunos cubanos anticastristas. Pero la policía de Castro lo estaba esperando y lo arrestó.

identificar al cliente.

LA FOTO DE HOY: Usted es viejo, pero viejo de verdad, si recuerda que muchos compatriotas estuvieron presentes peleando en la II Guerra Mundial...Y ésta que ofrecemos hoy es una buena prueba: aparecen veteranos criollos en el patio del Ayuntamiento de La Habana el día que el alcalde Castellanos otorgó la Medalla de La Habana a cada uno de los veteranos que vistieron el uniforme del Ejército de EU...En la foto aparecen en primera fila Eduardo Rodríguez, Calixto Sánchez, Vidal Morales, Adolfo San Pelayo, Orlando García, Rafael del Pino y José Duarte, y en segunda fila Adriano Blanzaco, Ricardo Rabel, Vicente del Valle, Orlando Mendoza, José M. Rabade, Luis O. Rodríguez, Rafael Rodríguez, Gonzalo Lobo y Bernardo Barker.

USTED ES VIEJO, PERO VIEJO DE VERDAD, SI..

FUENTES COVA ENTREGO AL VERDUGO A RAFAEL DEL PINO

DOC. 9-18

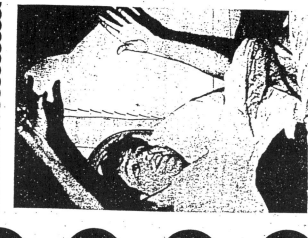

Esta es la avioneta de Rafael Del Pino tiroteada e incendiada, por esbirros castristas.

En esta foto vemos al patriota Del Pino en el Hospital donde fue ingresado con heridas y quemaduras en su cuerpo.

Como parte importantísima de las denuncias de Manuel Espinosa está relacionada con el patriota cubano Rafael Del Pino. En la conferencia de prensa, Genaro Pérez, manifestó que el Movimiento Insurreccional Martiano), había investigado la causa de la muerte de Rafael Del Pino y que podían afirmar que fue asesinado por el régimen de Cuba comunista. En la conferencia se encontraba un ex-preso político que se identificó y manifestó que él podía testificar sobre el asesinato de Rafael Del Pino.

Espinosa manifestó que el que había entregado al verdugo Castro a Rafael del Pino fue Fernando Fuentes Cova, el cual en la actualidad es uno de los colaboradores del "servicio de inteligencia de Cuba". Espinosa también denunció a Fuentes Cova, de violar las leyes sobre el bloqueo enviándole al régimen de Cuba distintos artículos y equipos eléctricos.

Hasta aquí lo denunciado por Espinosa y Genaro Pérez con relación a Fuentes Cova, despreciable sujeto, que todavía se pasea por las calles de Miami.

Ahora vamos a hacer un pequeño recuento del patriota ASESINADO en Cuba por no prestarse a ser cómplice de la entrega de nuestra patria al comunismo internacional. Queremos aclarar que de todo lo publicado en este ejemplar de LA VERDAD, tenemos fotos y copias fotostáticas, entregadas a nosotros por la esposa de Del Pino, que prueban su VERACIDAD.

El día 25 de Julio de 1959, salió de su casa en Miami, según su esposa nos manifestó, Rafael con su amigo de años Fernando Fuentes Cova, al día siguiente supo la noticia de que su esposo estaba herido y hospitalizado en Cuba. La versión INFAME COMUNISTA fue la siguiente: "Rafael del Pino fue capturado cuando venía de Manuel Espinosa a buscar criminales de guerra, los cuales se dieron a la fuga en un automóvil, cuando fue apresado Del Pino" y continuaban diciendo los comunistas: "Del Pino es un traidor y será juzgado con todo el peso de la "justicia revolucionaria".

Después de toda esta infamia, la familia de Rafael Del Pino logró verlo y su esposa que tenía su pequeño hijo Rafaelito y en estado de gestación de su hija, se trasladó a la Habana y logró conocer toda la verdad, su esposo Rafael le contó lo sucedido: "Fernando me rogó que hiciera un vuelo con él para recoger a unos familiares y cuando aterrizamos, se tiró de la avioneta gritando: "cójanlo, aquí lo tienen" inmediatamente traté de arrancar la avioneta de nuevo, pero Fernando me había quitado la llave antes de echarse a correr, entonces escuché que gritaron: Disparen, La avioneta se incendió, sufrí heridas y quemaduras" y estaba inconsciente". Después pude saber que uno de los milicianos me arrastró fuera de la avioneta". Y agregó Rafael a su esposa: "Fernando me TRAICIONO entregándome a Fidel".

De todos es bien conocido que Rafael Del Pino, era un revolucionario · honesto y laborioso, fue fundador del 26 de Julio y el verdugo Castro sabía que era un Hombre de ideales. "Cuando fue capturado y difamado, al verdugo se le olvidó que cuando Rafael le comunicó que no aceptaba la entrega de la revolución al comunismo, el verdugo le escribió una carta, de la cual tenemos copia, y que dice: "Pino: Espero no tengas tiempo de sobra para pensar lo irreflexiva que fue tu partida y que nunca en tu vida has actuado tan erróneamente como esa vez. Si prefieres dejar pasar tiempo por el medio, estoy en dis-

posición de enviarte un aviso de última hora para que te reúnas con nosotros, aunque esto solo en el caso de que vehemente reconozcas que has cometido un error y desees rectificar. Después de todo, cuando vengan las horas difíciles, estos problemas serán insignificantes. Recibe un saludo de tu amigo Fidel".

Esta carta de puño y letra del verdugo, demuestra que Rafael Del Pino se rebeló contra el verdugo. En esta misma página aparece Rafael piqueteando en Washington, con un cartel que dice: Fidel Castro es un títere rojo". Cuando, según su esposa, Rafael se sentía esperanzado, en volver a ser un hombre libre y conocer a su hija ... recibió la noticia de que se había ahorcado en su celda con sus medias. "La verdad es que Castro no podía permitir que Del Pino viniera al exilio, porque "SABIA DEMASIADO". Para colmo de inhumanidad y falta de piedad, en su soberbia por la integridad y patriotismo de Rafael Del Pino, el verdugo ordenó enterrarlo en una fosa donde habían tres tumbas más y las cuatro marcadas con el número 426427. Rafael fue capturado el 26 de Julio de 1959 y asesinado el 22 de Agosto de 1977. Rafael Del Pino era un idealista y fue traicionado por dos JUDAS, por el que entregó a Cuba a Rusia y por el que lo entregó a Castro sabía y por el que el verdugo "premiara" su TRAICION nombrándolo teniente. Hoy el Judas es presidente de la "American Airway" que tiene sus oficinas en el edificio "INA" en la calle 49 de Hialeah. La tumba del patriota asesinado, Rafael Del Pino, no tiene un número, nosotros tenemos la seguridad que ese número en la historia de la nueva Cuba, será símbolo de dignidad, y decoro. El que lo traicionó "no tendrá ni siquiera un número" solamente un estigma: "JUDAS".

Esta foto fue tomada en 1959, aparece el patriota Rafael Del Pino, piqueteando en Washington, denunciando a Castro como un "títere rojo".

Marcado con flechas, el traidor Fernando Fuentes Cova, junto al patriota Rafael Del Pino, al cual traicionó entregándolo al verdugo Castro, el 26 de Julio de 1959.

DOC. 9-19

U.S. To Check On Reported Suicide of Ex-Castro Friend in Cuban Prison

Rafael del Pino (Left) with young Fidel Castro.

One of the seven Americans being held for political reasons . . . If he is dead, it's because they killed him . . .

*Gloria Marina
The Miami Herald
August 30, 1977*

The State Department said Monday that it will try to find out whether Rafael del Pino—a one-time friend of Fidel Castro and one of several American political prisoners in Cuban jails—committed suicide as his wife and son here learned from relatives in Cuba.

"I'm not totally convinced that he's dead. I have my doubts. But if he is dead, it's because they killed him," said Rafael del Pino Jr., a car salesman who lives in West Palm Beach.

The elder Del Pino, 50, had been in jail since 1959. He was given a 30-year sentence after he was caught trying to fly three opponents of Castro out of the country.

HE WAS ONE of seven American citizens being held for political offenses for whom Sen. Frank Church, D-Idaho, sought to intercede in his recent conversations with Castro in Cuba. The talks had made relatives of the prisoners optimistic that they would be freed.

Members of the Del Pino family here received a phone call last week from relatives in Cuba saying that Del Pino had killed himself by hanging himself in his cell.

A State Department spokesman said that U.S. officials, who will open a special office in the Swiss embassy in Havana on Thursday, will try to find out whether Del Pino is dead, and if he is dead, whether he committed suicide.

Rafael del Pino Jr. said he's skeptical of the suicide story. He said his father called him from prison a few weeks ago and had said that he was optimistic that he would be freed soon.

THE YOUNGER Del Pino said he'd like to go to Cuba to find out more about the case or, at the very least, to identify the body. He said he would be able to identify him from the name "Magdalena"—a one-time girlfriend—tatooed on his left arm.

The elder Del Pino was a native of Cuba who came to the U.S. as a child and served in the U.S. Army in World War II. He became an American citizen in 1946.

He and Castro met when the two were students together at the University of Havana in the 1940s. They remained friends for several years after that. Castro once was a guest at Del Pino's home in Miami.

But the friendship ended, friends said, when Del Pino felt that Castro had become a Communist. Police were waiting for Del Pino when he flew to Cuba in a small plane in 1969 to try to evacuate the anti-Castroites.

11

DOC. 9-20

Domingo Trueba y Varona, juzgado en una pantomima de juicio y asesinado (fusilado) por Castro.

DOC. 9-21

HACIENDA TIERRA DORADA
HERMANOS BLUE, HAMM, SMITH & CIA. LTDA.
APARTADO 6 · MANAGUA, NICARAGUA · CABLE: BLUEBROS

4 July, 1961

Dear Mrs. Trueba,

I have only now been able to bring myself to believe the fate of Domingo. I send you and your family my deepest heart rending sympathy.

Though I only knew Domingo for the 9 days we were in G-2 headquarters together, March 24 to April 2, I came to revere him as a Prince and love him as a brother.

His loss is a wound to me that will never heal. I will never draw an unlabored breath until the things he fought for become reality.

I will keep in touch with you as the years pass in the hope that someday I might do something for you and your family.

With most profound personal regards for Domingo and his family, sincerely,

Linden S.

```
AUTO DEL JUEZ INSTRUCTOR  )
2do. Tte. ER VICENTE ALVA- )
REZ CRESPO.                )         DOC. 9-22A
```

La Cabaña, Habana, 5 de Agosto de 1961/.-

DADA CUENTA con el presente sumario de la causa número 295 de 1961; y,

RESULTANDO:- Que según aparece de lo actuado en el mismo los acusa----dos NEREIDA POLO MONTES DE OCA, CLODOVALDO PINO LOPEZ, JOSE MARIA DE LA SERNA GARCIA, LORENZO DORTA HERNANDEZ, ENRIQUE GOMEZ BOLAÑOS, ROLANDO ALVAREZ TORRES, MARIA SUAO DE LA GRANA, CARMEN BARRAQUE MONTALVO, ANTONIO DOMINGUEZ ERBELLA, RENE RUBI ECHEVARRIA, JULIO PEREZ LOPEZ, JOSE ANTONIO, digo, CORDOVAS RAMIRES, ARMANDO GARCIA VIDAL, ORLANDO FERNANDEZ LOPEZ, MATIAS ALONSO AQUINO, JOSE RAMON TANNUS AQUERES, JESUS POLO MONTES DE OCA, ASELA PIÑEIRO CONDE, DAVID CABEZAS BARCIA, que se encuentran detenidos al igual que TEOFILO CHIRINO IZQUIERDO, y FRANCISCO RAMIREZ GODOY que hasta el presente no ha sido habido, integraban una organización contrarrevolucionaria dedicada a la realización de actividades, como reuniones, trasiego de armas, ocultación y distribución de propaganda, etc., encaminadas a promover alzamientos armados con la pretensión de derrocar los Poderes del Estado Revolucionario; que este grupo que se encontraba estrechamente vinculado en sus actividades contrarrevolucionarias, a los traidores ex-Capitán Bernardo Corrales y ex-Comandante Humberto Sorí Marín, mantenía depósitos de armas, parque y otro material bélico, en la finca "Nina", situada en Arroyo Arenas, cuyo lugar, en el que habitaban los acusados hermanos Polo Montes de Oca, igualmente era utilizado como refugio para contrarrevolucionarios prófugos; que dentro de la organización del cuestionado grupo, sus integrantes tenían encomendadas la realización de diferentes actividades, y así Ramírez Godoy facilitaba su domicilio para las reuniones de tipo conspirativo del grupo, así como para ocultar prófugos; Pino López era el encargado de la propaganda subversiva, cuyo transporte realizaba Fernández López; Córdovas Ramírez y Pérez López, que pertenecían al grupo de Bernardo Corrales, se encontraban ocultos en el domicilio del también acusado FRUCTUOSO PIREZ UGALDE, que era centro conspirativo de los referidos Corrales y Sorí, y donde igualmente se ocultaban armas y elementos prófugos de la Justicia, y cuyos Córdovas y Pérez esperaban la llamada "hora cero" para realizar las actividades que les fueran encomendadas en los fines señalados; Alvarez Torres fungía como jefe de grupo del denominado "F.R.D.", dedicándose a trasportar armas, en lo que también utilizaba a otros miembros de su grupo; Suao de la Grana, fungía de contacto entre los integrantes de la agrupación, lo que igualmente efectuaba la Piñeiro Conde, que celebraba reuniones conspirativas en su domicilio; Barraqué Montalvo, miembro importante del citado "F.R.D.", mantenía estrecho contacto con los dirigentes de dicha agrupación subversiva, teniendo participación directa en las reuniones que se celebraban en su domicilio, así como en el transporte de armas, habiendo ocultado en una ocasión al prófugo Bernardo Corrales; Rubio Echevarría, entre otras actividades, realizaba trasiegos de paquetes con armas; Alonso Aquino ocultaba armas y otros efectos en su domicilio; el de la Serna García era hombre de confianza de los ya sancionados Humberto Sorí Marín y Domingo Trueba, y facilitaba dinero para actividades contrarrevolucionarias, sirviendo de contacto entre los distintos grupos organizados por el Trueba, en lo que era secundado por el Cabezas Barcia; y que el Chirino Izquierdo, miembro de las Fuerzas Armadas Revolucionarias, con el grado de Sargento, intervino en el alzamiento de seguidores de Bernardo Corrales, facilitándoles uniformes; que los restantes imputados tenían encomendadas otras actividades, para complementar las ya señaladas. ------------------

RESULTANDO:- Que al producirse la detención de los acusados, se ocupó: a los hermanos Polo Montes de Oca, seis rifles, carabinas "San Cristóbal" y M-1, ametralladoras de distintos tipos, dos metralletas, y otros efectos bélicos, así como documentos relativos a las actividades que desarrollaba este grupo; al Pino López, en su domicilio, propaganda y un himno contrarrevolucionarias, una insignia de los "marines" --

DOC. 9-22B

(2)

yankees, y varias cajas de cigarros, vacías, del tipo de "petacas"; en la ferretería de Dorta Hernández y Tannus Aqueres, una proclama subversiva; en la finca "El Tío", donde se hallaba el Alonso Aquino, debidamente ocultos dos rifles, dos cintas para balas calibre .50, un traje con insignias bordadas de capitán, una boina verde olivo, y gran cantidad de medicinas, todo lo que pertenecía a Bernardo Corrales.

RESULTANDO:- Que instruidos de cargos que fueron los acusados mencionados, los mismos manifestaron lo que tuvieron por conveniente, encontrándose detenidos en los respectivos Establecimientos penales; y que hasta el presente no han sido habidos Francisco Ramírez Godoy y Fructuoso Pírez Ugalde.

CONSIDERANDO:- Que los hechos relatados revisten los caracteres de un delito CONTRA LOS PODERES DEL ESTADO, previsto y sancionado en el artículo 148 del Código de Defensa Social, tal como quedó redactado por la Ley 425 de 7 de Julio de 1959; y de INFRACCION DEL ARTICULO DECIMOSEGUNDO de la propia Ley 425 de 1959; que de lo actuado existen indicios suficientes para considerar como responsables criminalmente de dichos delitos, en concepto de autores inmediatos, a los ya señalados acusados, por lo que es pertinente dirigir el procedimiento contra los mismos y declararles procesados; y que en atención a las circunstancias concurrentes en los hechos, procede decretar la prisión preventiva de los acusados, en los Establecimientos respectivos, hasta la oportunidad procesal correspondiente.

VISTOS los preceptos legales mencionados y demás de aplicación.

SE DECLARA PROCESADOS por esta causa y sujetos a sus resultas, por un delito CONTRA LOS PODERES DEL ESTADO y otro de INFRACCION DEL ARTICULO DECIMOSEGUNDO de la Ley 425 de 7 de Julio de 1959, a EREIDA POLO MONTES DE OCA, CLODOALDO PINO LOPEZ, JOSE MARIA DE LA SERNA GARCIA, LORENZO DORTA HERNANDEZ, ENRIQUE GOMEZ BOLAÑOS, ROLANDO ALVAREZ TORRES, MARIA SUSA LA GRANA, CARMEN BARRAQUE MONTANO, ANTONIO DOMINGUEZ ERBELLA, RENE RUBI ECHEVARRIA, JULIO PEREZ LOPEZ, JOSE CORDOVAS RAMIREZ, ARMANDO GARCIA VIDAL, ORLANDO FERNANDEZ LOPEZ, MATIAS ALONSO AQUINO, JOSE RAMON TANNUS AQUERES, JESUS POLO MONTES DE OCA, ASEL PIÑEIRO CONDE, DAVID CABEZAS BARCIA Y TEOFILO CHIRINO IZQUIERDO, que se encuentran detenidos; y a FRANCISCO RAMIREZ GODOY Y FRUCTUOSO PIREZ UGALDE, que hasta el presente no han sido habidos; Y SE DECRETA la prisión preventiva de dichos acusados en los respectivos establecimientos penales, hasta la oportunidad procesal pertinente.

NOTIFIQUESE íntegramente este auto a los procesados; y ELEVESE copia del mismo al Sr. Jefe del Dpto. Jurídico del MINFAR.

LIBRESE la oportuna requisitoria para la busca, captura y remisión a la Prisión Militar de La Cabaña, de los procesados Francisco Ramírez Godoy y Fructuoso Pírez Ugalde.- LO MANDO Y FIRMA el señor Juez Instructor, por ante mí que lo certifico.-

(ES COPIA)

"LA GACETA DEL NORTE" - Bilbao, 14 de junio de 1969

Conferencia de don Jaime Caldevilla sobre el tema de "Los presos políticos en Cuba"

Desde La Habana, y de un modo insistente, a partir del mes de enero de este año, por las emisoras de radio, cuya audiencia se extiende a toda América y España y lo mismo por los canales de televisión, se ha desatado una campaña de calumnias y ataques en los cuales se envuelven al Jefe del Estado español, a los generales y jefes del Ejército y de un modo especial a la Policía española, a quien se atribuyen atrocidades innumerables y groseras calumnias.

Realiza esta campaña la S. A. C. E. (Sociedad de Amistad Cubano Española), superorganismo comunista español, con sede en el antes "Centro Gallego de La Habana", del cual se ha apoderado, así como de todos los centros, casinos y entidades españolas en toda la isla.

Para hacer frente a dicha campaña, el que fue consejero de Información de la Embajada de Madrid en La Habana pronunció una importante conferencia en Madrid, en la cual dio a conocer datos y noticias, que han recorrido el mundo entero. Aquella conferencia, ampliada con nuevos datos y comentarios, es la que el señor Caldevilla ofreció ayer en el salón de la Diputación provincial, invitado por el Instituto Vascongado de Cultura Hispánica.

El tema de la conferencia fue "Los presos políticos en Cuba". Hoy se ha puesto de moda el tema de los presos políticos. Pero es asombroso advertir, dice el conferenciante, que este problema se agita a escalas nacionales y universales en las naciones en que el asunto en cuestión está tan localizado que no se puede afirmar que constituya un ente nacional; sin embargo, esta injusticia histórica que causa más que admiración y asombro asco y dolor, no hay referencias serias hacia aquellos Estados y hacia aquellos hombres que en su seno mantienen viva, palpitante, esta tragedia humana y en donde el número de presos y los tormentos a que están sometidos constituye uno de los hechos más vergonzosos, más sangrantes y más terribles de los que la Humanidad ha sufrido en el largo peregrinar de su historia.

El régimen de Cuba, afirmó el profesor Caldevilla, al entregar su suelo y todo su patrimonio de riqueza a la Unión Soviética, ha alterado el equilibrio de fuerzas internacionales; pues los Estados Unidos de Norteamérica, a sólo noventa millas de sus costas, tropiezan, ahora, con una plataforma militar enemiga que, además de minar su prestigio internacional, puede ser causa de episodios gravísimos en el orden militar y en muchos casos de carácter internacional.

Analiza a continuación los antecedentes y causas del actual presidio político cubano y saca a escena a dos personajes: Anastas Mikoyan y al embajador don Juan Pablo de Lojendio. "La visita de Anastas Mikoyan, vicepresidente del Gobierno de la U. R. S. S., selló el día 5 de febrero de 1960 la entrega a la Unión Soviética de la isla de Cuba. Hacia tan sólo quince días que España, estremecida de horror por la catástrofe que se avecinaba, había dado un grito de madre por boca del embajador don Juan Pablo de Lojendio, a quien tuve el orgullo de acompañar en el famoso suceso de enfrentarse, públicamente, pues público era el insulto, con aquél, que pretendía calumniar a nuestra patria.

El conferenciante ofreció una impresionante estadística, fruto de un trabajo concienzudo y hecho a través de muchos años y puesto al día con los últimos datos recibidos.

El famoso historiador inglés Hung Thomas escribió al consejero de Información que nos visita, rogándole su colaboración para fundamentar sus datos estadísticos, a lo que el profesor Caldevilla accedió contestándole con una carta que leyó en el transcurso de su disertación.

Después de la presentación de la estadística, que ha recorrido el mundo entero, Caldevilla hizo un canto a la mujer cubana, cautiva. Dio a conocer los doce procedimientos de tortura empleados en las cárceles y checas de Cuba y explicó en qué consistía el "Plan de Rehabilitación"; para despedirse finalmente con unas coplas, que puso en boca de los cautivos cubanos cuando agonizan al sol del Caribe, en las canteras y en las plantaciones de azúcar, concluyendo así su lección de historia y dando a conocer la tragedia en que hoy vive el pueblo todo de Cuba.

A continuación publicamos el estudio estadístico dado a conocer, por primera vez, por el profesor y consejero de Información señor Caldevilla G.-Villar.

Asombrosa estadística de la situación en Cuba

Total de habitantes en Cuba	7.000.000

NUMERO DE PRESOS

En prisiones edificio	7.020
En campos de concentración	23.895
En granjas penales	7.201
En las "checas" del G-2 (Policía secreta)	17.231
Total de presos en abril de 1969	55.347

NUMERO DE FUSILADOS O MUERTOS A CONSECUENCIA DE LAS TORTURAS EN LAS CHECAS

Estudiantes, entre ellos 17 jóvenes menores de edad	2.320
Obreros, campesinos, propietarios y profesionales	20.161
Total de fusilados o muertos por castigos en las "checas"	22.481

ABANDONARON LA ISLA

Por vía oficial	759.317 personas
Por vía clandestina	12.900 personas
Murieron al huir por mar	2.100 personas
Sufrieron prisión preventiva y están sujetos a vigilancia	628.000 personas
Perdieron su trabajo y los derechos de su retiro	400.000 obreros
Fueron despojados de sus fincas	600.000 (campesinos)
Perdieron sus conquistas laborales	2.590.000 (trabajadores)

Todos estos datos estadísticos se inician el día 1 de enero de 1959 y abarcan hasta el mes de abril del presente año, o sea, diez años y tres meses.

DOC. 9-24

¡SENSACIONAL! ¡EXCLUSIVO!
DENUNCIA ANTE EL MUNDO
LOS CRIMENES Y LOS HORRORES DE LAS CARCELES CASTROCOMUNISTAS!

MAS de 1.000.000 de DESEMPLEADOS
MAS de 80.000 PRESOS POLITICOS
MAS de 1.000 FUSILAMIENTOS
MAS de 180.000 EXILADOS

Bohemia LIBRE

DENTRO DE LAS MAZMORRAS DE "LA CABAÑA"

por Agustín Alles

El Directorio Revolucionario Estudiantil de Cuba

DENUNCIA
El maltrato a los estudiantes presos en Cuba

Smuggled Photos Show Cuba's Political Prisoners

A prison compound at La Cabaña fortress is shown in this photo, one of a group taken by a former officer in the Castro forces, Hiram Gonzalez. Señor Gonzalez escaped from the prison a few weeks ago, and took with him to the Argentine Embassy the 16-millimeter films of his tiny, secret camera. He is still in the embassy, but insisted that he be identified as source of the photos, which he managed to send to friends in the U. S.

United Press International

A prisoner sits outside cell at La Cabaña. Señor Gonzalez sent word that his cellmates had included three men who helped Fidel Castro organize his 26th of July Movement.

THE NEW YORK TIMES, TUESDAY, FEBRUARY 13, 1961

DOC. 9-25B

TORTURAS... esta desgarradora fotografía es similar a la de los campos de concentración del nazismo. El ser humano que agoniza fué salvajemente torturado por los milicianos y los "técnicos" enviados a Cuba Roja por los países comunistas para "elevar el nivel de vida del pueblo", "desarrollar la economía del país", "defender la autodeterminación y el principio de no intervención"...

Estas pruebas gráficas de los crímenes y horrores que se cometen en las cárceles del castrocomunismo, fueron captadas subrepticiamente en el interior de una de las muchas prisiones políticas de la Cuba Roja.

Constituyen por sí solas una demoledora acusación ante el mundo civilizado contra la sangrienta tiranía implantada en la isla del Caribe por los agentes del comunismo internacional, gracias a la traición de Fidel Castro.

El trabajo se debe al esfuerzo, tesón y coraje de los miembros del aparato clandestino que opera en Cuba del MOVIMIENTO REVOLUCIONARIO 30 DE NOVIEMBRE.

Las sensacionales fotografías las tomó, con el riesgo de su vida, el Teniente del Ejército Rebelde, Hiram González, en el interior de la fortaleza militar de "La Cabaña", frente a la bahía de La Habana, donde guardaba prisión desde el 31 de diciembre de 1960, acusado de anticomunista.

El mes pasado logró fugarse, después de dos intentos infructuosos, salvando las películas filmadas con una diminuta camarita alemana "Minox". No tenía la menor experiencia en el arte de la fotografía. Le faltó pericia para graduar el lente, pero le sobró valor para disparar el obturador desafiando la vigilancia de los carceleros.

Que se sepa, son las primeras fotografías que se logran sacar de una de las prisiones que abundan en los países comunistas.

Tienen el extraordinario valor de aportar un irrebatible documento acusatorio, ante el mundo, de los crímenes y los horrores de las prisiones del sistema comunista, cuyos hipócri-

férrea censura, los millones de cautivos que torturan y matan en las cárceles del bárbaro régimen marxista-leninista, donde como en Cuba — la más reciente conquista del imperialismo ruso—, los seres humanos son amenazados, encarcelados y fusilados secretamente sin que la autoridad judicial pueda intervenir para garantizar la aplicación del derecho procesal y la justicia.

La más reciente "ley" —988 de 29 de Noviembre de 1961—, del obediente Consejo de Ministros que preside el Embajador Soviético en La Habana, autoriza a los improvisados "tribunales revolucionarios" a detener, encarcelar y fusilar, a un opositor político, en el brevísimo plazo de 48 horas.

Esta espantosa disposición, sin embargo, constituye un "privilegio" que muy pocos disfrutan dentro de la "justicia" castrocomunista que se aplica actualmente en Cuba: que un "tribunal revolucionario", formado por milicianos analfabetos, dicten la sentencia de ejecución.

— Ante la reacción humanitaria de los pueblos latinoamericanos, y algunos de sus gobiernos, contra el paredón de Castro, ahora los fusilamientos se ejecutan secretamente. En distintas regiones rurales de la isla funciona el paredón "por la libre". Allí donde las montañas y la espesa vegetación son mudos testigos de la sangre que derraman los patriotas cubanos.

En las últimas semanas, las organizaciones clandestinas que operan dentro del territorio, han divulgado los partes mortuorios de profesionales, estudiantes, obreros y campesinos. El más reciente paredón, levantado por el Partido Comunista.

PRESOS POLITICOS... no caben en las infernales cárceles y los campos de concentración del castrocomunismo. Son almacenados como bestias. No tienen espacio para moverse y dormir. ¿Delito? Oponerse a la sangrienta tiranía que esclaviza al pueblo de Cuba...

BALANCE DE LA DICTADURA CASTROCOMUNISTA

EN 3 AÑOS: 1,000 fusilamientos oficiales; más de 200 fusilados en secreto; de 80,000 a 120,000 presos políticos; torturas físicas y mentales en calabozos acondicionados "científicamente"; 200,000 exilados; numerosas embarcaciones cargadas de familias fugitivas hundidas a cañonazos en las costas de la isla; robo "autorizado" de las casas, industrias, comercios, tierra de los legítimos propietarios; desalojos en masa de miles de humildes familias campesinas; supresión de la libertad de escribir, hablar, pensar; prohibición de la libre locomoción dentro del territorio nacional; lanzados a la miseria más de 1 millón de personas que perdieron sus propiedades y el derecho al trabajo; encarcelamiento y fusilamiento de profesionales, estudiantes, obreros y campesinos; régimen de esclavitud y terror para el pueblo; aniquilación hospitalaria; grave escasez de medicinas y alimentos esenciales; fracaso total del sistema "socialista" implantado con sangre, agustiendo al pie de la letra la doctrina marxista-leninista.

tas líderes denuncian, demagógicamente, a los gobiernos libres que aplican las leyes democráticas a los agentes y espías del comunismo internacional, mediante procedimientos estrictamente legales que garantizan el respeto de los derechos del hombre.

Pero estos mismos líderes comunistas ocultan, con una

GALERAS... e' piso húmedo y frío es la única cama que tienen los presos políticos en el bárbaro régimen "socialista". Periódicamente son sacados al patio central de la cárcel, despojados de las ropas, y sometidos a torturas masivas. En primer plano de esta acusadora prueba documental, se ve a un prisionero que languidece enfermo de tuberculosis pulmonar contraída en la horrible prisión...

42

DOC. 9-25C

EX CASTRISTAS... ellos también creyeron en las palabras y promesas de Fidel Castro, a quien acompañaron en los episodios del asalto al cuartel Moncada, en Santiago de Cuba, y en la expedición del "Gramma" desde México hasta la Sierra Maestra. Pelearon al lado del traidor a la Revolución. Ahora son sus prisioneros. De izquierda a derecha, Evan Rosales, Mario Echániz y Fernando Sánchez Amaya, fundadores del movimiento revolucionario "26 de Julio" que le dió el triunfo a Fidel Castro...

INTERROGATORIOS... los agentes de la Policía Política (G-2), pasan lista para llamar a los prisioneros que son sometidos a interrogatorios inhumanos en los calabozos acondicionados para el "lavado de cerebro". Los que se resisten a las torturas mentales son conducidos ante el paredón de fusilamiento en los fosos de "La Cabaña"...

lugar tienen que permanecer durante todas las horas del día y la noche sin tener espacio para dormir y moverse.

Constantemente las guardias de milicianos descargan las ametralladoras sobre las cabezas de la población penal para atemorizarlos. En ocasiones el blanco es directo a los cuerpos de las víctimas. Todos son presos políticos. ¿Delito? Oponerse a la sangrienta tiranía comunista que esclaviza a Cuba.

ANTIHUMANO... los presos políticos subsisten milagrosamente en las peores condiciones de salud e higiene. La comida que les arrojan como a perros callejeros, algunos días de la semana, en estado de descomposición. No tienen servicios sanitarios, ni agua corriente, ni ropa, ni camas. Abundan las epidemias que causan la muerte por la falta de medicinas...

—III—

Estas desgarradoras fotografías son similares a los documentales fílmicos de los campos de concentración del hiterismo que el mundo civilizado conoció al finalizar la II Guerra Mundial. La prueba gráfica fué captada dentro de una prisión del "fidelismo".

El ser humano que agoniza fué un patriota cubano que fué bárbaramente torturado por los milicianos y los "técnicos" enviados a Cuba desde los paises comunistas para "elevar el nivel de vida del pueblo", "industrializar a la nación", "desarrollar la economía", "defender la soberanía y la independencia", "la autodeterminación", el principio de no intervención yanki", y todas las mentiras que utilizan los agentes del salvaje imperialismo ruso para engañar a los imbéciles.

—IV—

Los niños.— ninguno tiene más de 15 años — también sufren la crueldad de la tiranía castrocomunista. Fueron condenados por los célebres "tribunales revolucionarios" a penas de 20 y 30 años, acusados, sin pruebas, de "conspirar contra la Revolución Socialista".

Son hijos de trabajadores y familias honestas. No los juzgó un tribunal judicial para menores, ni magistrados responsables de administrar justicia, respetuosos del derecho procesal. Los sacaron violentamente de sus hogares en horas de la madrugada. Los internaron en una celda mezclados con los mayores de edad.

No son reos de delitos comunes. La acusación fué al tipo político. Juzgados sumariamente por un llamado tribunal, compuesto por milicianos analfabetos que desconocen las leyes más humildes.

ALAMBRADAS... cuando llega un cargamento de presos son despojados de la ropa que traen. El dictador Castro niega el permiso a la humanitaria Cruz Roja Internacional para que salve la vida de más de 80,000 presos políticos que sufren los horrores de las cárceles castrocomunistas...

NIÑOS:.. ninguno tiene más de 15 años. También sufren las crueldades del marxismo-leninismo. Los condenó un "tribunal revolucionario" a 20 y 30 años de prisión por "conspirar contra la Revolución Socialista". Son hijos de trabajadores y familias humildes. Sus nombres, de izquierda a derecha de frente: Nicolás Montalbán Naranjo, Fernando Guardado Carballo, José Antonio García Vera; de espaldas sentado: Eddy Miralles.

UN ENANO...hasta los anormales — imposibilitados físicamente de utilizar sus manos —, son encarcelados bajo acusaciones de "sabotaje", "destruir locales del Partido Comunista", hacer "atentados contra la vida del Primer Ministro Castro". Los esbirros comunistas no se detienen ante ningún sentimiento humano. Le temen al pensamiento libre tanto o más que a la acción corporal.

nista que los campesinos que se rebelan contra el despojo de sus pequeños lotes de tierra, que están siendo convertidos en granjas del Estado, funciona, a toda velocidad, en un caserío rural cerca de la villa de Trinidad, llamado "Condado", en las estribaciones de la heroica Sierra Escambray.

—I—

El Teniente González combatió en la Sierra Maestra contra la dictadura de Batista, al frente de la Columna "Antonio Guiteras". Al comprobar la traición de Castro, fundó y fué el primer jefe nacional de acción de la organización anticomunista MOVIMIENTO REVOLUCIONARIO 30 DE NOVIEMBRE.

El jefe de la victoriosa Columna "A.G." fué el comandante Hubert Matos, condenado por un tribunal castrista a 20 años de presidio en Isla de Pinos, por el "delito" de enfrentarse valientemente a la penetración comunista en el Gobierno Revolucionario.

Desde el exilio en Miami, los revolucionarios Joaquín Torres Campos, Jesús Fernández Hernández y Orlando Rodríguez — veteranos del clandestinaje y las luchas obreras y estudiantiles — coordinaron la vía clandestina más segura para extraer de Cuba los negativos, la descripción de las fotos y el informe del bárbaro régimen carcelario que padecen los presos políticos en la Cuba de Castro, Guevara, Blas Roca, Lázaro Peña, Juan Marinello, Nikita Khrushchev, Mao Tse-Tung, y toda una constelación de criminales que amenazan con destruir a la humanidad.

Los miles de presos políticos del castrocomunismo no caben en las infernales galeras de las cárceles y campos de concentración.

En la colonial fortaleza de "La Cabaña", frente a la bahía de La Habana, también están repletas las galeras. Los presos son almacenados como bestias en el patio central. En el mismo

"PAN Y LIBERTAD"... prometió Fidel Castro al triunfar la Revolución. Se convirtió en tirano y no cumplió ninguna de las promesas de la Sierra Maestra, excepto el pacto secreto de entregarle la Revolución a los viejos políticos del Partido Comunista. Ahora ni el pueblo cubano, ni estos patriotas anticomunistas encarcelados en "La Cabaña", tienen "pan y libertad". La "P" de las espaldas — ironías del Traidor —, no es de pan, es de presos...

elementales, saturados de odio contra todo el que no acate la "planificación comunista". Se les privó del sagrado derecho a la defensa del letrado.

Ahora se pudren en una miserable mazmorra en "La Cabaña": cárcel predilecta del castrocomunismo, en cuyos fosos, todas las noches, se escuchan las mortíferas descargas del paredón de fusilamientos: santo y seña de la "era fidelista".

— V —

Hasta las personas anormales, como el enano de la foto — imposibilitadas físicamente de utilizar sus manos —, son encarcelados bajo acusaciones de sabotaje, destruir locales del Partido Comunista, hacer atentados contra el Primer Ministro, etc., etc.

Los esbirros comunistas no se detienen ante ningún sentimiento humano. Ellos vigilan y le temen al pensamiento libre de los hombres, tanto o más que a la acción corporal. Todo ente capaz de analizar y discutir imparcialmente las consignas prefabricadas por los ideólogos del marxismo-leninismo, rechazando la obediencia ciega, militante, fanática, es un enemigo potencial.

A tal punto llegan en la evaluación del grado de peligrosidad para los objetivos del régimen socialista-comunista, que no permiten la presencia inanimada de un libro que irradie ideas contrarias, colocado en una estantería, o un disco cuya grabación musical estimule los reflejos eufóricos y el espíritu libre.

Para los "sabios" soviéticos que han perfeccionado el terror y la represión científica, hasta límites que no pueden imaginar quienes no lo han padecido en sus propias carnes, el enemigo gigante no se valoriza por el desarrollo anatómico sino mental. Por eso lo mismo encarcelan a un atleta, un adolescente, o un enano como el de la gráfica, captada clandestinamente dentro de la terrible prisión del litoral habanero.

— VI —

Muchos de estos prisioneros creyeron en las palabras y las promesas de un Líder que la irreflexión y la ignorancia cómplice de la mayoría del pueblo y sus principales capas representativas convirtieron en falso "héroe". No es la primera vez que ocurre en la historia. Otros pueblos también siguieron, fanáticamente, a ídolos modelados con la arcilla de los valores negativos: locura de poder, gloria personal, ambición desmedida, falta de escrúpulos, envidia, odio, sed de sangre, traición a la patria para alcanzar la meta.

Los tres que aparecen en la foto sentados, creyeron en Fidel Castro y lo acompañaron en los episodios del asalto al cuartel Moncada en Santiago de Cuba, y en la expedición del "Gramma" a la Sierra Maestra. Arriesgaron sus vidas peleando por el "ideal" que el traidor Castro utilizó como cebo. Fueron aliados del Castro del 26 de Julio y de la Sierra Maestra, disfrazado de revolucionario. Ahora son cautivos del Castro comunista y asesino. Más víctimas de la causa que defendieron.

— VII —

Los presos políticos en la Cuba Comunista subsisten, milagrosamente, en las peores condiciones de salud e higiene. La comida que le arrojan como a perros callejeros, algunos días de la semana, es incomible: en estado de descomposición, mal oliente y con gusanos.

No tienen los servicios sanitarios suficientes para la numerosa población carcelaria, ni agua corriente, ni camas donde dormir, ni ropas. Abundan las epidemias que causan la muerte por la falta de asistencia médica y medicinas. Los que se enferman sólo les queda el recurso de encomendarse a Dios y a las defensas naturales del organismo.

Son maltratados y golpeados por los verdugos del castrocomunismo. Los familiares de los cautivos han suspendido el

Continúa en la página SUPLEMENTO 5

NEW YORK MIRROR, WEDNESDAY, DECEMBER 20, 1961

CUBA: 3,000 Slain By Castro Regime

Editor's note: The author of the following disclosures escaped from a Cuban prison and is now in the United States. He is an authentic voice of the opposition to the Communist regime in Cuba. For obvious reasons, his identity cannot be disclosed.

(© 1961 by the New York Mirror)

Fidel Castro and his Communist goons have killed more than 3,000 persons since they assumed power in January, 1959, and began their tyranny over the lives of all Cubans.

This figure dwarfs the usually accepted number of 635 executions "officially" announced, but it is accurate. The members of the underground keep the records. They are careful about them. They know the victims. And they know the executioners—for the day of reckoning that will surely come.

Held in Subhuman Conditions

They know as well that about 85,000 other Cubans, opponents and suspected opponents of the regime are in prisons and labor camps under the most vile and subhuman conditions.

They know that Raul Castro, the tyrant's brother, recently ordered and presided over the killing—murder would be a better word—of 13 farmers and peasants in a field in the Escambray Mountains. The victims were riddled by machinegun bullets. They were suspected of giving aid to the resistance.

I know these things, too. I have just come out of Castro's Cuba for the last time. I cannot go back.

Escaped by a 'Miracle'

Previously, I had been in and out of my homeland more than anyone else I know. Each time it became more difficult. At last my comings and goings ended in my arrest as a suspected member of the underground aiding the abortive invasion attempt of last April 17.

Eventually I escaped prison by what seems to me a miracle, but I cannot give details of the flight because they would be a clue to my identity. Some members of my family are still in Cuba.

The Castro tyranny is so sinister that it is hard for Americans who remember Cuba in the days of her freedom and gaiety to understand it.

You have to have been there recently. You have to know of the unannounced murders, the secret imprisonments, and to have experienced the fear that has settled like a noxious miasma

(Continued from Page 3)

on 6,500,000 people, stifling the once irrepressible Cuban spirit.

You have to have witnessed the formation of the Communist "committees" that spy on every phase of your personal life, and to have seen the subversion of the youth.

Torture by Refrigeration

After my arrest I was taken to a G-2 prison and subjected to treatment and interrogation that involved the most modern techniques of brainwashing and cruelty. These methods were brought in by the Soviet Russians and Red Chinese. They employ psychology, starvation, animal-like living conditions and a new torture—refrigeration—to break a man's will.

I was hed 35 or 40 days in a dark, dirty cell, with no toilet. I do not know the exact number of days. You lose track of time. My weight went down by 60 pounds. I was fed never more than one meal a day—usually watery rice and bad meat and a banana. Before interrogations I was staved for as much as 2½ days. In all the time I was never permitted to bathe.

My worst interrogation lasted 11 hours. Nine questioners took part in relays; never less than three, sometimes all nine together.

Never underestimate the precision and skill with which these sweatbox grillings are conducted.

The Questioning Goes On and On

Under the hot, glaring lights, the faces before you become a confused montage. The questions never cease. They come at you from the right, the left, the front. Your resistance begins to crumble. Your throat is parched. Your voice is hoarse. Foam is around your lips.

"Wouldn't you like a cool glass of water?"

The glass was held before me. The question came when I was literally crazed with thirst.

"Gracias, no."

If you said "Si," the water would be refused, and the bitter disappointment would contribute further to the disintegration of your will.

Whenever I thought I was being trapped, I would be very positive in my answers and assume a bold front.

"When you say, 'Absolutamente!' it is when you are trying to cover up and are not sure of your ground," one of my interrogators, a major educated in Prague and Moscow, remarked drily.

I was not refrigerated, but a man I know was. I will call him Dr. Gomez because that is not his name.

For 36 hours he was held in a chamber where the temperature was regulated to just a little above freezing. It was dark as the pit. Imagine what that means to a Cuban, used to tropical conditions, loving the sunshine.

Actually, Gomez knew little of the underground, though his sympathies were with it. Finally, he "confused," hysterically, to things he literally knew nothing about.

I may be low in my figures of the number imprisoned. They are held at various G-2s, at Cabana Fortress in Havana, on the Isle of Pines, at other prisons and camps throughout the Island. Immediately after the invasion attempt, 200,000 were in custody, but many of these have been executed—after trials that at best were drumhead affairs, or no trials at all—and others released under surveillance.

OF HUMAN RIGHTS

FALL 1977

CUBAN PRISONER WRITES TO PRESIDENT CARTER

From an open letter to President Carter from Miguel Groero Morales, who is in prison in Havana, Cuba.

"The emphasis that you and your government have placed on the defense

Betancourt Challenges Castro
OVER 15,000 PRISONERS IN CUBA, SAYS CARTER

New York Times, May 31, 1977
Caracas', Daily Journal, June 16, 1977

President Romulo Betancourt, popularly credited with the development of Venezuelan democracy, told Caracas' El Mundo that "at the present time

120 CONGRESSMEN ASK CASTRO TO RELEASE PRISONER

In two separate letters sent to Fidel Castro shortly after President Carter moved into the White House 120 mem-

House of Representatives
Washington, D. C., Feb. 28, 1977
President Fidel Castro,
Havana, Cuba
Dear Mr. President:

SOVIET-DISSIDENT BUKOVSKY CALLS FOR RELEASE OF MATOS

Less than 48 hours after his own release from a Soviet prison, Vladimir Bukovsky urged "everyone who values the principles of the Universal Declaration of Human Rights ... [to] help two more political prisoners gain their freedom" by supporting the exchange of Huber Matos for the Communist senator, Jorge Montes, a prisoner of the Chilean regime. The

everything you own outside and douse water all over your bed, which normally is thrown from one end of the gallery to the other.

"You also get beat up. When you are taken outside, nude, the milicianas (women guards) stand in the patio and laugh at your nakedness."

At the Isle of Pines prison, the prisoners were welcomed off the ferry boat by "guards on both sides of the gangplank, hitting us as we passed by them, and I mean hitting with clubs and sticking us with their bayonets, just for fun I guess," states one letter.

The prisoners at the Isle of Pines got up at 5a.m. and worked until 6p.m. "cutting weeds, planting trees, picking fruit." "God forbid," reported one former prisoner, "if they should catch you eating a piece of fruit. The guards would make mincemeat out of you with their bayonets."

The prisoners were subjected to daily beatings, according to the smuggled documents. "There was seldom a month in the island when they did not kill one or two prisoners in the work camp, or cut them up, crippling them of something," charges an affidavit.

The documents give detailed descriptions of the prisons, enclose typical menus and name some of the most brutal guards... ■
The Washington Post, September 7, 1974

THE BONIATO MASSACRE: WHAT REALLY HAPPENED?

The Miami Herald, May 24, 1976.

CUBAN PRISONERS SAID "RESENTENCED" BEFORE TERMS END

by Terrie Shaw
The Washington Post
June 1, 1975

DOC. 9-28

OF HUMAN RIGHTS

JANUARY 1977

LETTER FROM A HAVANA PRISON

*The New York Times
November 17, 1975*

Maj. Huber Matos, a leader in the Cuban Revolution and former military chief of Camaguey Province, in

EXECUTIONS AND TORTURE IN CUBAN PRISONS REPORTED

*John Maclean
Chicago Tribune Press Service
June 7, 1976*

DISSIDENT WRITERS IN CUBA

Almost eighteen years after coming to power the Cuban government's intellectual policy continues to reflect "Che" Guevara's dictum: "We have no mercy for those who take weapons against us; it does not matter if they are weapons of destruction or ideological weapons." For a selection of poetry smuggled out of Cuban prisons and workcamps

One would be surprised how much a human can endure under such conditions if he has the faith and the courage of his convictions. The will to fight for a moral cause gives an individual super resistance powers that he never knew he possessed. It is the survival of those determined and willing to sacrifice all to resist the plague of Communism.

[*In 1970, Mr. Emmick was transferred to a prison in Guanajay, about 25 miles from Havana.*]

On June 10, 1973, though suffering from the heart condition angina pectoris, I was transferred to the second floor of a building that obliged me to climb 40 stairs to reach my cell. Climbing steps for an aging patient is often fatal, but my objections were ignored.

Eleven days later, I had a severe heart attack. Injections for pain administered by my fellow prisoners saved my life, because I had to wait nine and a half hours before I was finally transferred to a military hospital in Havana. By then, I had double pneumonia as well. It was touch and go for three days. In December we were transferred to La Cabaña again. Conditions did not improve. I didn't receive any mail from my family. None of my letters had been received since 1970.

During the 1976 Presidential campaign, conditions improved immensely. However, an enormous shortage of medicine persisted and expired medicines were re-dated or no medication at all was dispensed.

When President Carter was elected, there was jubilation among the prisons' administrative officers. They bent over backwards to be good to us and then, suddenly on Dec. 9, 1977, we were transferred to a new model prison in a convoy escorted by thousands of officers and troops.

From the outside the buildings look modern and attractive. With a combination of lively colors, they do not look like prison buildings. But once inside, it was a horrendous castle of isolation and mental torture.

I've attempted to give you but a few of the true facts of my 14 years, three months and 18 days' imprisonment on the island, encircled by the barbed wire of Fidel Castro and his Communist masters. ■

The Cuba that Congressmen Don't See

WASHINGTON—In the last couple of years, the baronetcy of the American liberalism has trooped to Castro's Cuba to be feted by El Supremo himself. George McGovern and Jack Javits, Barbara Walters and Dan Rather.

On Jan. 2 of this year, there returned an American who had spent not 14 days on a Potemkin tour, but 14 years in Castro's prisons. His name is Frank Emmick. In 1963 he was falsely charged with being station chief of the CIA. What preceded and followed his trial is a tale that calls forth the talent of a Solzhenitsyn.

*Patrick J. Buchanan
N.Y. Daily News
April 12, 1978*

Just weeks after Ike ruptured relations with Cuba, Emmick was assaulted in his garage by five of Fidel's thugs. Constant harrassment and intermittent jailing followed until, in 1964, he was tried and told he would face a firing squad.

Instead, at age 49, he was sentenced to 30 years. For more than 14 years he was shuttled back and forth among the most horrid dungeons in the hemisphere. At one time he faced the day and night interrogation made popular by Stalin's NKVD. At another, a Cuban guard bayoneted him in the side for being an American. Others placed him almost naked for days in a near-freezing cell. At other prisons, he and hundreds of Cubans were stuffed in cell blocks designed for a handful of prisoners. By the hundreds, he watched his Cuban comrades marched out to be shot, years after Castro's revolution was consolidated.

•

Emmick suffered two separate heart attacks in prison. Following this, he was usually placed on the upper floors of the prison so that the daily climbs might finish the political murder. By chance, last year Emmick suffered an almost fatal heart seizure in front of two visiting U.S. congressmen, one of whom was Fred Richmond of Brooklyn, former New York City commissioner of human rights.

Not wanting an American corpse on his hands, Castro magnanimously consented to ship Emmick home to die in the United States. Ten days after he arrived, Emmick suffered a third heart attack. But he did not die. He lived. And after weeks of convalescence, he came to Washington to fulfill a promise made to fellow political prisoners—by his count, four Americans and 40,000 Cubans—to tell America the truth about the criminal inhumanity of Cuba.

The Cuban liaison office in Washington was not amused. They were, in fact, hysterical. They transmitted that hysteria to Fred Richmond, who called Frank Emmick at his home in Toledo.

Reminded by Emmick that the 63-year-old was still recovering from a third attack, the former commissioner of human rights said, by Emmick's account, that he didn't care "about your heart . . . keep your mouth shut." Other correspondents who called Richmond to verify the report describe similar reactions. Why this astonishing conduct by an American congressman?

As Richmond's staff explains it, Richmond feels himself responsible for Emmick's freedom and that Emmick's revelations would bollix efforts to return the four other Americans to their families. He sees Emmick as a torpedo directed at the fragile bark of U.S.-Cuban relations.

Following the Emmick incident, the Cuban liaison office in Washington should be shut down, its occupants booted out. Emmick should be invited to tell his entire story to committees of both houses of Congress. ■

DOC. 9-29

OF HUMAN RIGHTS

VOL. 2, NO. 1   SPRING 1978

Castro's Ex-Comrade Calls To Us

While Cuba's troops get headlines for bolstering the repressive Ethiopian regime in Africa, the world doesn't pay much attention to Cuba's own repressive regime. The United States keeps flirting with "normalizing" its relationship to Cuba but not while Cuba is adventuring abroad; the U.S. also ought to be given pause by what

The Christian Science Monitor
Editorial
March 30, 1978

Cuba is doing at home. Thousands of political prisoners should not remain out of mind just because they are out of sight.

And it is not the U.S. which ought to be concerned, as we are pitifully reminded by one of Premier Castro's former revolutionary comrades, Huber Matos—who did not want to go communist and who has been in prison for almost 20 years on what appear to have been trumped-up charges.

"No arbitrariness or vileness of Castro and his system can surprise me," he wrote, as quoted recently in the Times of London. "I am more than used to suffering, to my own flesh and spirit, mistreatments and vexations in these forgotten and tortuous paths of offence to the human race that are called Castro's jails, but there is something I cannot understand: why isn't this denounced, loud and clear, day after day in the streets of Caracas, in the universities of Mexico, in the pulpits of churches in Scotland, on French television, in the Canadian press, in the UN?..."

Senators Ask Cuba To Free 3 Prisoners

The Washington Star
December 23, 1977

Forty-seven U.S. senators have signed a petition to President Fidel Castro of Cuba asking him to release three of his most prominent political prisoners, including a former military ally of Castro, Huber Matos.

The bipartisan group includes both conservatives such as Sens. Paul Laxalt, R-Nev., and Strom Thurmond, R-S.C., and liberals such as Sens. George McGovern, D-S.D., and Dick Clark, D-Iowa. In a letter to Castro, the 47 signers said they were acting out of concern for the medical condition of the prisoners.

The prisoners who the senators want Castro to set free include former rebel army commander Matos, who became disenchanted with his leader's Marxism but refused to flee; Angel Cuadra, a poet who served nine years in prison and then was rearrested for continuing to write poetry considered subversive by the Havana regime; and Armando Valladares, another poet who has been in jail since 1960.

The senators said Matos is almost blind and has lost the use of his arm, while Valladares is suffering from heart disease and is an invalid. They pointed out that Amnesty International, a private human rights organization, also has expressed its concern for these three Cubans and has adopted them as "prisoners of conscience."

The letter was sent to Havana Dec. 21 and was initiated by Sens. Henry Jackson, D-Wash.; Clifford Case, R-N.J.; Hubert H. Humphrey, D-Minn.; Robert Dole, R-Kan.; Sam Nunn, D-Ga., and Edward Brooke, R-Mass.

Prisoner of Conscience:

Angel Cuadra Landrove

Señor Angel Cuadra Landrove is a Cuban lawyer well known in his native country as a poet.

He went on trial in May, 1967, before a military tribunal, charged with "activities against the state," and was sentenced to 15 years' jail. It is believed that he is now held in the Guanajay political prison.

David Watts
The Times (London)
August 22, 1977

At the time of his arrest he was legal adviser to the Cuban Institute for Musicians, Authors, Actors and Writers, and had spent several years involved in theatrical activities in Havana.

At the time of the Cuban revolution in 1959, Señor Cuadra was a supporter of Dr. Fidel Castro. But he became disillusioned when he saw that the revolution, which he had thought

(continued on p. 2)

SEVENTEEN YEARS LATER:
STILL THOUSANDS OF POLITICAL PRISONERS IN CUBA

Where Prisoners Are Confined In Cuba

1
...Seventeen years after the revolution, Cuba's jails still bulge with political prisoners. Premier Fidel Castro says 5,000 still are held from the revolution's first six years. Most neutral observers agree. But they add perhaps 15,000 prisoners taken since

A two part report by Frank Greeve and Miguel Perez, staff writers for the Miami Herald.
May 23 and 24, 1976

Cuba didn't respond to Herald

The Herald has concluded many mistreatment allegations appeared to be true. Two corroborating, detailed confirmations from neutral or pro-Castro sources were required when reports of mistreatment came from ardent anti-Castroites.

Among the strongly verified alle-

DOC. 9-30

Cuban teacher jailed by revolution he supported

(NEW YORK TEACHER, September 1, 1986)

Ariel Hidalgo

Amnesty International Reports On Cuba

MAY 1986

AMNESTY INTERNATIONAL

Vol. 133   WASHINGTON, WEDNESDAY, MARCH 25, 1987   No. 48

Congressional Record

CUBAN PRISONER ANDRES JOSE SOLARES TESEIRO

HON. GUS YATRON
OF PENNSYLVANIA
IN THE HOUSE OF REPRESENTATIVES
Wednesday, March 25, 1987

Mr. YATRON. Mr. Speaker, I would like to bring to your attention, and to the attention of my fellow colleagues, an article that appeared in the current issue of Amnesty International Newsletter, concerning the plight of Andres Jose Solares Teseiro. Mr. Solares is a prisoner of conscience, presently serving an 8-year prison term. He is one of many innocent Cubans who have been arrested because of their political beliefs. Mr. Solares detention and the continued detention of his fellow Cubans is a violation of the United Nations Universal Declaration of Human Rights.

I commend the article to the attention of my fellow Members of Congress.

The information follows:

[From Amnesty International Newsletter, March 1987]

CAMPAIGN FOR PRISONERS OF THE MONTH

Each of the people whose story is told below is a prisoner of conscience. Each has been arrested because of his or her religious or political beliefs, colour, sex, ethnic origin or language. None has used or advocated violence. Their continuing detention is a violation of the United Nations Universal Declaration of Human Rights. International appeals can help to secure the release of these prisoners or to improve their detention conditions. In the interest of the prisoners, letters to the authorities should be worded carefully and courteously. You should stress that your concern for human rights is in no way politically partisan. In no circumstances should communications be sent to the prisoner.

CUBA

Andres José Solares Teseiro: a 40-year-old civil engineer, he is serving an eight-year prison term on charges of "enemy propaganda".

Andrés Solares was arrested on 5 November 1981. He was accused of planning to organize a political party, the Cuban Revolutionary Party, in opposition to the Cuban Communist Party, and of drafting several letters (which were not sent) about his plans to people such as Francois Mitterand and Edward Kennedy, seeking their advice.

A letter to his cousin in the USA, in which he apparently criticized the Cuban social system, was also reportedly intercepted by the authorities.

The court considered that his actions constituted incitement against the social order and the socialist state. The letters, which appear to have been the only evidence against him, were burned after the trial.

Andrés Solares is held in Combinado del Este Prison in Havana. In late 1984, he was reportedly accused of trying to provoke a riot with other prisoners and was held in a punishment cell for one year.

Since October 1985 he has been back in the main part of the prison where he is reportedly permitted only one visit every six months and no correspondence.

Andrés Solares studied engineering at the University of Havana and went on to work for the government as a civil engineer. In the early 1970s he studied in the UK on a UNESCO scholarship. However, after returning to Cuba, he reportedly complained about not being allowed to travel to the UK to obtain his doctorate and as a result of this and of having later publicly criticized aspects of Cuban society, he was reportedly questioned several times by the State Security Police.

Please send courteous letters appealing for his release to S.E. Comandante en Jefe Fidel Castro Ruz/Presidente de la Republica/Ciudad di la Habana/Cuba.

Carta de Cuba
La escritura de la libertad

DESDE LA PRISION

Prisión La Caoba
abril de 1996

A todos los hombres honrados de la tierra:

Esta carta es un llamado de auxilio si logro sobrevivir sus resultados. De lo contrario, será mi testamento político. Y no por ello dejará de tener valor para los que como yo sufren prisión en los campos de exterminio que la tiranía ha creado a todo lo largo de la isla, con el fin de ahogar en el silencio y las crueldades las voces de los cubanos que claman por la libertad.

Soy culpable de levantar mi voz para pedir libertad para Cuba, por querer un gobierno civil postulado y elegido por el pueblo, dentro de un surtido conjunto de corrientes políticas, de anhelar para los cubanos la propiedad, tenencia y disfrute de lo que el esfuerzo individual sea capaz de crear, sin renunciar al goce colectivo de lo que la amada tierra nos brinde como fruto de una gobernación libre de perpetuas pretensiones de poder, porque quiero que nada ni nadie minimice el derecho de los cubanos a compartir con visitantes extranjeros las bondades de nuestro clima, naturaleza e instalaciones, porque me duele la visión de mi pueblo que sufre de una caprichosa y absurda administración que nos sume cada vez más en la miseria, rindiendo al extranjero lo que nos pertenece sin importarle que nos estamos quedando además sin patria.

Por estas cosas y muchas que avalan el inescrupuloso afán de exterminar de la tiranía, por mi oposición a ellas, soy culpable, sancionado, desterrado, privado del derecho de ver a mis seres queridos, de recibir ayuda de todo tipo, de poder mantener comunicación por correspondencia, de recibir la asistencia médica adecuada, y hasta se me niega la ayuda de Dios, prohibiéndome llegar los oficios de la Iglesia. No se reconoce mi condición de preso político, y se me obliga a convivir con presos comunes que son alentados a la agresión. Y todo matizado con los abusos y humillaciones que de obra y palabra sufro.

A ustedes y a Dios apelo

Licenciado Juan Carlos Castillo Pasto,

preso plantado.
Cumple 8 años por
propaganda enemiga, en la cárcel
La Caoba, Santiago de Cuba.

Prisión de Boniato
abril 16 de 1996.

Hermanos de Concilio Cubano:

Les escribo en condiciones muy difíciles de iluminación. Apenas veo lo que escribo. Tengo confianza y seguridad en la responsabilidad que nos ha tocado cumplir por la causa de la libertad, el derecho y la justicia. Creo más en la verdad que en la fortuna. La fortuna depende del azar. La verdad se cultiva y crece con las dificultades, y está relacionada intrínsecamente con las personas. Confiémos pués en la virtud que tienen los pueblos de renunciar a todo menos a la libertad, porque esto es una aspiración natural del hombre. Todo pueblo bajo la represión se atonta, pero en el silencio esconde el rencor contra aquellos que lo atacan y menguan su espíritu.

Aquí en Boniato la represión ha aumentado, los alimentos son cada día peores. La autoagresión es casi diaria por parte de los presos comunes, que se cortan las venas, se puncionan el estómago, se inyectan petróleo, y por último ahora se pinchan los ojos hasta quedar totalmente ciegos. Y sobre todo esto una atención médica deficiente, al extremo que el preso Alberto Vice Taureaux, que en el distrito José Martí, edificio D1, apartamento 2, se encuentra en huelga de hambre desde el 4 de abril, exigiendo atención médica por una afección de la piel (hongos).

Saludos para todos los miembros de Concilio Cubano y otros valientes cubanos que se exponen cada día defendiendo su derecho. Y eso en esta tiranía es tan honroso como peligroso.

Nuestra libertad, nuestros derechos, deben conquistarse.

Con mucho afecto,

José Antonio Frandín Cribe,

preso político de Boniato.
Destacamento 10.
Condenado a 12 años por
un presunto delito de rebelión.

THE PLIGHT OF WOMEN POLITICAL PRISONERS IN CUBA

This Report, "The Situation of Women in the Political Prison System of Cuba," was delivered to the Organization of American States at its June 1976 general assembly meeting. The fifth of the Reports on Cuba since the Commission became active in 1960, it refers to cases of abuse denounced since 1970.

The chronological account of violations of the American Declaration of the Rights and Duties of Man was preceded by a "Summary" and a "Resolution," which appeared in Of Human Rights in the January 1977 issue. Below are excerpts from the Report.

In the "Report on the situation of the political prisoners and their families in Cuba", published in May 1963, the Commission examined specifically the problem of women in the political prison system of that country, and noted that, as stated in the denunciations, the female political prisoners in Cuba have suffered "extremely humiliating treatment, designed to break down their moral resistance and to degrade their dignity as women."

Since that time, the Commission has continued to receive communications and complaints that make special mention of the situation of women in the receive visits or letters. They remain there, in a state of confusion, for weeks at a time."

2. In part of the memorandum dated April 16, the following denunciation is made

"Let us begin with a chronological outline account of two known female political prisoners, whose names and addresses will be provided at the end of this report in the event that His Excellency the Chairman of this Commission, or the members of the Commission would like to hear evidence personally from them...."

Report of the Inter-American Commission on Human Rights

Suddenly the noise stopped, and for three days I could still hear it in my mind. Now, the silence, in the same way, prevented us from sleeping. It was an experience that shattered the nerves. The noise had become implanted in our brains....

'On April 18 they took us out of Guanajay because they needed more space for the men for whom there was no longer room in other prisons, and they kept us in Guanabacoa jail before taking us to the Concentration Camp ironically named "Free America." There were about 400 of us women prisoners, with hardly enough space to move, shut up in the galley for a whole month....

'We had no warm clothing at all. Only two uniforms of light tweed and two undergarments and a sheet to cover us. We tried to obtain old newspapers and put them between our clothes and

---

El Comité Cubano Pro Derechos Humanos es una organización clandestina que vigila y denuncia las violaciones de los Derechos Humanos en Cuba. Fundado en 1982 en la prisión del Combinado del Este de la Habana, el Comité, según declaran sus dirigentes, no se propone otra cosa que exigir al gobierno cubano el cumplimiento de los 30 artículos que componen la Declaración Universal de Derechos Humanos. Cuba, como signataria de dicha Declaración aprobada y proclamada por la Asamblea General de las Naciones Unidas, debería de respetarla pero, como es bien sabido, desde hace casi treinta años se mantiene entre los países con el mayor número de violaciones de los Derechos Humanos en el mundo.

Para hacer un balance del año 1987, el Comité Cubano Pro Derechos Humanos reunió recientemente a un grupo de sus miembros en La Habana. Dicha reunión, que se llevó a cabo como si fuera un programa radial de preguntas y respuestas, fue grabada en una cinta magnetofónica que pudo sacarse de la isla de manera clandestina. Transcrita en las oficinas de OF HUMAN RIGHTS se publicó en el Diario las Américas, de Miami, Florida, tal como aparece a continuación. Por considerarla de particular interés para la causa de los Derechos Humanos en Cuba, OF HUMAN RIGHTS la ofrece ahora en esta publicación gratuita.

Of Human Rights
es una organización independiente, sin fines de lucro, dedicada a la defensa de los derechos humanos en Cuba.

OF HUMAN RIGHTS
Georgetown University
Box 2160, Hoya Station
Washington, D.C. 20057

DOC. 9-33

Americas Watch
A DIVISION OF HUMAN RIGHTS WATCH

February 25, 1993   Vol. 5 No. 1

CUBA

"Perfecting" the System of Control
Human Rights Violations in Castro's 34th Year

January 1992-February 1993

Cubans are all too familiar with their government's perennial campaigns to "perfect" all aspects of Cuban society. Yet after more than three decades in power, Fidel Castro's government has succeeded in perfecting nothing so much as its pervasive system of control. With the collapse of world communism and the Cuban economy in free fall, this system of control has increased in importance as a foundation for the government's maintenance of power. This report documents the government's increasingly abusive campaign over the last year to retain this system of control.

HUMAN RIGHTS OVERVIEW, 1992

Perennial human rights concerns in Cuba, where civil and political rights are systematically violated in law and in practice, were punctuated in 1992 by increasingly harsh reprisals against those who attempted peaceably to challenge the 34-year government of Fidel Castro. Human rights monitors and peaceful pro-democracy activists, who sought to hold the government accountable for abuses, were among the prime targets.

Political trials, staged in courts lacking independence, invariably ended in convictions and yielded among the stiffest prison sentences for thought crimes in the last ten years. Gangs of thugs and state security police brutally beat dissidents and vandalized their homes in state-directed attacks. Critics of the government were fired

HUMAN RIGHTS OVERVIEW, 1992	1
RIGHTS DENIED IN 1992	7
DISSIDENTS SERVE LONG PRISON TERMS	14
ACADEMICS MUZZLED	18
SOCIAL DEMOCRATS UNDER FIRE	18
SPREADING "ENEMY PROPAGANDA"	19
PRISON CONDITIONS	20
POLICE KILLINGS AND DEATHS IN POLICE CUSTODY	21
ATTACKS AGAINST FOREIGN JOURNALISTS	22
U.S. POLICY	22
THE UNITED NATIONS COMMISSION ON HUMAN RIGHTS	25

AMERICAS WATCH
485 Fifth Avenue New York, N.Y. 10017-6104
(212) 972-8400   Fax: (212) 972-0905
1522 K St. N.W. Suite 910 Washington, D.C. 20005-1202
(202) 371-6592   Fax: (202) 371-0124

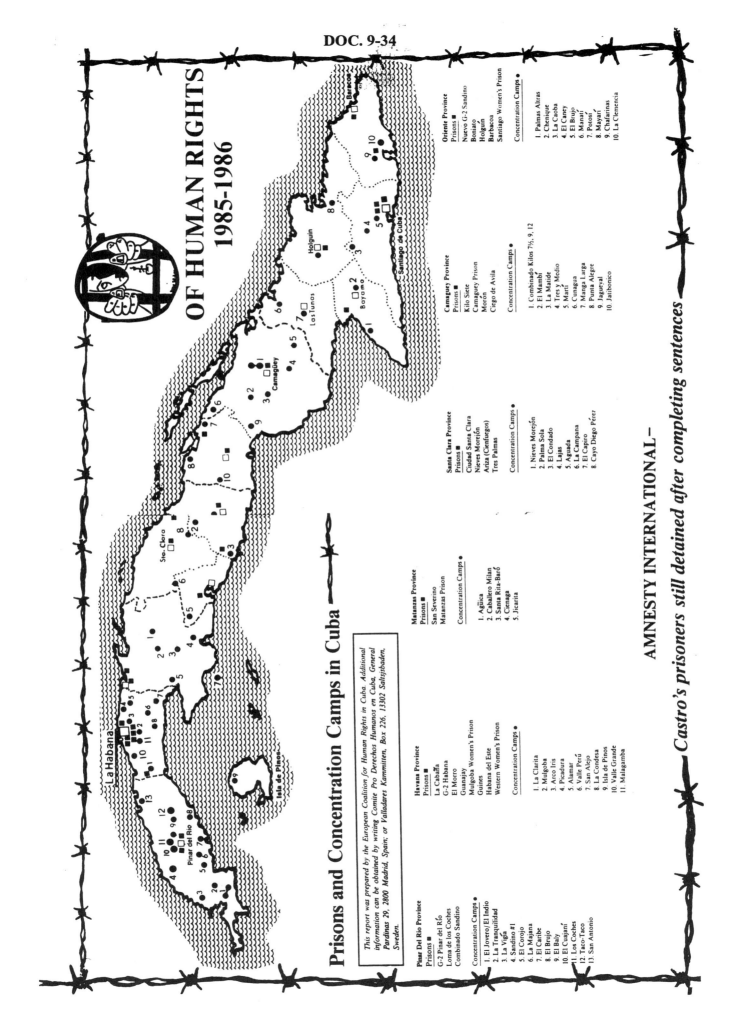

CAPÍTULO 10

17 DE ABRIL DE 1961

Sonó el despertador. Hora de vestirse e ir a trabajar. Encendí el aparato de radio. Oí la esperada noticia, los barcos de los patriotas de la invasión a Cuba estaban frente a las costas de Cuba. Era el 17 de abril de 1961. Salí apresuradamente del Hotel Olcott en la calle 72 en Manhattan, donde vivía, acompañado del Dr. José Antonio Mestre y Sirvén y el Dr. Gustavo Porta y Capote, para llegar cuanto antes a *Bohemia Libre*. El júbilo en aquella oficina tan cubana era extraordinario. Recordé las palabras que a menudo me decía Miguel Ángel Quevedo: "no podemos perder, Alberto, los generales de cuatro estrellas que ganaron la Segunda Guerra Mundial están con nosotros." Como a las once de la mañana, entró en mi oficina Herminia del Portal, esposa de Lino Novás Calvo, que fue la directora de la revista *Vanidades Continental*. Me dijo: "que sonrisa, que contento estás." Le respondí: "Herminia, es un momento único en la historia de Cuba. Estamos presenciando cómo se escribe la historia. Acaba de comenzar la liberación de la patria."

Poco me duró la alegría, al atardecer de aquel día, nuestra euforia desaparecía ante noticias que no podíamos comprender. La aviación de Castro hundía nuestros barcos. Nuestra fuerza aérea no tenía dominio del espacio aéreo. Nuestras tropas carecían de armas y pertrechos porque éstos estaban bajo el mar junto con nuestros barcos. Nuestros compatriotas pedían más armas para guerrear y nada se les enviaba. Nadie podía explicar aquel desastre en el mismo primer día de la invasión tan bien preparada durante tanto tiempo. Los cubanos invasores caían ametrallados, otros eran apresados y torturados. Peleaban en situación de inferioridad con el heroísmo de titanes legendarios. Con el transcurrir del tiempo se descubriría todo. El presidente Kennedy asumió la responsabilidad del gran fracaso. Él era el gran culpable. Con mentalidad de niño que tira la piedra y esconde la mano había desvertebrado, recortado y mutilado el plan militar original. Quedaba probado que no gozaba de la profundidad de visión de los grandes estadistas. Había sido pusilánime, un presidente novato civil que tenía la osadía de cambiar planes de guerra sin oír con cuidado a los curtidos generales de cuatro estrellas de que me hablaba Miguel Ángel Quevedo.

Por órdenes del presidente Kennedy, a los valientes hombres de la fuerza aérea de los patriotas invasores sólo se les permitió bombardear parcialmente las instalaciones aéreas de Castro el día 15 de abril de 1961, y con sólo la mitad de los aviones disponibles. El presidente Kennedy, con candor infantil, pensaba que así podría engañar al mundo haciéndole creer que los pilotos atacantes eran desertores de la fuerza aérea castrista, y que los Estados Unidos no estaban involucrados en la invasión. ¿Se puede comprender tanta ingenuidad en el presidente de la nación más poderosa del mundo? ¿Se puede creer que esa operación no se habría descubierto en breve tiempo? Un gran estadista tiene que ver el futuro más allá de estos pequeños trucos de apariencia. Entre los aviadores del ataque del 15 de abril de 1961 estaba mi amigo el ingeniero y gran navegante aéreo Luis F. Ardois. Yo conozco a Ardois desde la Habana, era uno de los muchos accionistas de las Minas de Matahambre S. A. Entre los combatientes heridos y capturados por Castro estaba otro amigo, el ingeniero de minas Enrique (Harry) Ruiz Williams, último administrador de las Minas de Matahambre al momento de comenzar la confiscación castrista de aquella gran industria netamente cubana. Otros muchos amigos míos murieron o cayeron prisioneros

Castro canjeó a los prisioneros por mercancías. ¿Qué me recuerda esto? Que Hitler ofreció durante la Segunda Guerra Mundial canjear judíos húngaros por camiones. Lo de Hitler fue llamado deleznable. La oferta de Castro fue considerada señal de su bondadoso corazón de benigno guerrero triunfador ¡Ah! ¡Las diferencias de interpretación! ¡Castro era un reformador social bueno y Hitler un criminal! Castro consiguió su canje, pero no envió a todos los combatientes de Playa Girón. Como Castro es vengativo, no los canjeó a todos. Fusiló a algunos, para vengarse. Encerró en prisión a otros por décadas, también por represalia, porque habían sido antiguos amigos, como a Ramón B. Conte, autor de la *Historia Oculta de los Crímenes de Fidel Castro* (que estuvo con Rafael del Pino Siero poco días antes de que lo "suicidaran" en la prisión). El

DOCUMENTO 10-1 es una foto de 3 invasores de Playa Girón que Castro fusiló por odio. Castro no fue bondadoso ni magnánimo con sus prisioneros.

En aquellos inolvidables y amargos meses posteriores a la invasión el profesor José García-Mazás siguió demostrando su valentía y su fervor por nuestra causa publicando en *The New York Times* dos peticiones y protestas en abril 23 y mayo 9 de 1961 en *The New York Times* escritas ambas en inglés y español. La primera titulada "Condemn Them! It Does Not Matter! History Will Absolve Them!" y la segunda "'Cuba in Chains' Clamors Before the United Nations and the Organization of American States." Hombre valiente y de pundonor el profesor García-Mazás, porque, en general, los señores profesores no se atrevían a hablar para defendernos, porque o eran castristas declarados, o filocomunistas o tenían miedo de perder la cátedra, pues estaba mal visto no alabar al "gran reformador, regenerador y redentor de la Cuba corrupta explotada por los mafiosos estadounidenses amigos del dictador Batista." Aquellos profesores tenían *one track mind*. No podían comprender que la Cuba anterior a Castro no fuese la pintada por Herbert Matthews de *The New York Times,* Jules Dubois de *Chicago Tribune* y CBSTV con Ed Sullivan como entrevistador del romántico ángel bueno bajado del cielo.

Pequeñas causas traen grandes consecuencias. Los tijeretazos de un presidente civil bisoño, sin experiencia, a los planes de sus asesores salvaron y consolidaron a Castro y cambiaron la historia del mundo. Y se perdió el concepto de invencibilidad de la nación más generosa y poderosa del mundo. Y se le perdió el respeto a los Estados Unidos. Y los ambiciosos audaces se atrevieron a provocar a la nación que había sabido ganar las dos grandes guerras mundiales.

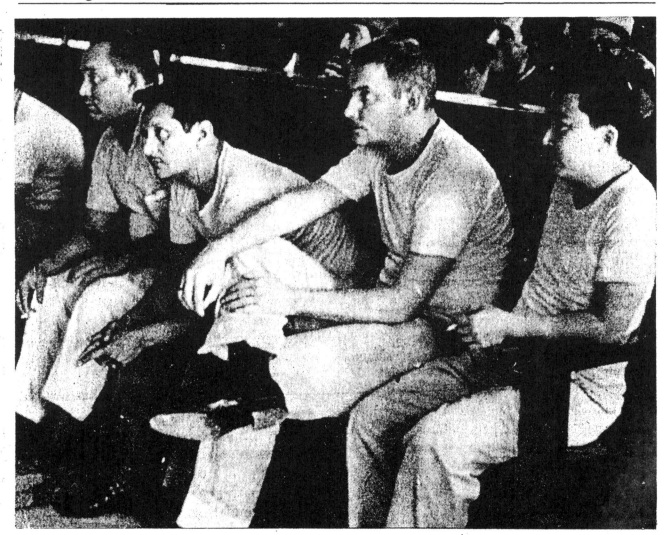

Sometidos a juicio en septiembre 10, 1961, por la invasión en Cuba de Bahía de Cochinos en abril 17, 1961. Tres de estos hombres (izq.) Antonio Padron Cárdenas, (el tercero de izq.) Ramón Calviño Inzua y Jorge King Yun, fueron fusilados 2 horas después de tomada esta fotografía.

30 Años Después de la Traición de Playa Girón

CAPÍTULO 11

MISILES ATÓMICOS EN CUBA

Nikita Sergeyevithc Khrushchev, el tirano de la Unión de Repúblicas Socialistas Soviéticas, era un hombre ducho en las confrontaciones políticas. Inmediatamente se percató de que el presidente Kennedy era un orador elocuente pero que carecía de experiencia en las lides internacionales y era un mandatario dubitativo. La Invasión de Playa Girón fue prueba suficientemente ilustrativa para él. Entonces, de acuerdo con Castro, erizó la isla de Cuba con misiles atómicos y otros poderosos armamentos. Los desterrados cubanos, los servicios de inteligencia de los Estados Unidos, y muy destacadamente el senador republicano por el estado de New York Kenneth B. Keating, advirtieron reiteradamente el peligro. Recuerdo bien aquellos meses de grave tensión.

Nestor Carbonell Cortina señala en su libro *And the Russians Stayed* (New York: William Morrow & Co. 1989) que desde el 31 de agosto hasta el 12 de octubre de 1962 el senador Keating pronunció diez discursos en el Senado e hizo catorce declaraciones públicas en otros lugares revelando la alarmante situación (215). Pero el indeciso presidente Kennedy no se atrevía a actuar. Kennedy no podía comprender esta audacia del dictador comunista. Al fin, el presidente Kennedy se vio forzado a decidir enérgicamente y se produjo la crisis atómica más grande que ha existido en el mundo. Parecía que Kennedy había ganado esta partida de ajedrez mundial, pero la historia muestra que Khrushchev consiguió grandes ventajas permanentes. Khrushvech maniobró hábilmente y consiguió protección total para el tirano Castro y que los Estados Unidos desmantelaran sus misiles de Turquía. Castro recibió la protección de los Estados Unidos al comprometerse Kennedy a no atacar a Castro ni permitir que los desterrados cubanos lo hostigaran militarmente. Con este compromiso, el presidente Kennedy consolidó a Castro en el poder. Desde entonces, los cubanos están impedidos de guerrear contra Castro desde playas estadounidenses, sus barcos y armamentos son confiscados. Si son sorprendidos en operaciones militares contra Castro, pueden ser sancionados. Y son vigilados continuamente. A esto se le llama el Pacto Kennedy-Khrushchev. Los triunfadores fueron Castro y Khushchev. El perdedor fue Kennedy (por segunda vez), y con su derrota arrastró a los cubanos, igual que sucedió en la Invasión de Playa Giron.

Recuerdo muy bien la crisis de aquella confrontación atómica en New York, blanco perfecto para producir gran destrucción. En *Bohemia Libre* seguíamos cuidadosamente el proceso y manteníamos contacto con todas la fuentes de información. Estábamos convencidos de que esta vez Castro sería vencido definitivamente. Los rusos no podían enfrentarse al poderío de los Estados Unidos. No obstante, obedecimos todas las precauciones recomendadas por las autoridades. Llenamos las bañaderas de agua, almacenamos víveres. Los cubanos estaban listos para ir a pelear a Cuba y soportar lo que fuese por la libertad de la patria.

De pronto llegó la gran noticia, parecía un gran triunfo, no sabíamos que habíamos vuelto a perder. Desde 1962, sufrimos el Pacto Kennedy-Khrushvech. Y Khrushvech declaró más tarde que él había conseguido lo que quería. La indecisión característica del presidente Kennedy en cuanto a Castro me recuerda a uno de los grandes genios de la humanidad, Johan Wolfgang Goethe, quien afirmó: "No hay nada en el mundo más penoso que un hombre irresoluto, oscilando entre dos sentimientos que quisiera unir, y que no se da cuenta que nada puede unirlos." Kennedy quería derrocar a Castro sin que el mundo se enterara, y como eso era imposible, en vez de coger al toro por los cuernos acabó consolidando al tirano, y todavía no hemos podido librarnos de sus errores. Desde 1962 Castro está protegido militarmente por los Estados Unidos, que no permite que los cubanos libres lo ataquen.

CAPÍTULO 12

CUBANOS VOLUNTARIOS DEL EXILIO LUCHANDO EN ÁFRICA CONTRA ERNESTO GUEVARA Y LOS COMUNISTAS. LUIS F. ARDOIS. EL MITO DEL "CHE" GUERRILLERO

Ante el bochorno del caos provocado por la invasión truncada, un buen número de voluntarios cubanos de la invasión ingresó en el ejército de los Estados Unidos. Lo hicieron con la esperanza de volver a luchar por la libertad en Cuba. Algunos combatieron contra los comunistas en Vietnam. Otros fueron a pelear en otros frentes contra el comunismo. Luis F. Ardois fue a África.

LUIS F. ARDOIS. AVIADOR EN LA INVASIÓN Y EN ÁFRICA.

Castro defendía a los comunistas en África. Allí volvió a cumplir su deber patriótico mi buen amigo Luis F. Ardois. De Luis F. Ardois, que había sido miembro del escuadrón de B-26 de la Invasión de Playa Girón, afirma el capitán Eduardo Ferrer en su libro *Operación Puma* (4ta edición, 1993, s.e.,s.l.) que como navegante era uno de los más capaces (163). Aquellos cubanos que integraron la fuerza de la invasión eran hombres rectos, sin ambiciones, dispuestos al sacrificio por la causa de la libertad en contra de la tiranía comunista. Por eso, Luis F. Ardois fue a África. Presento como **DOCUMENTO Nº 12-1** dos certificaciones del general en jefe de las fuerzas armadas de la República Democrática del Congo (se llama ahora Zaire) J. D. Mobutu, que acreditan que Luis F. Ardois entró a servir en aquel ejército como piloto. Recuérdese que en aquella fecha existían dos ejércitos en guerra en el Congo, uno de los congoleses libres y otro de los comunistas.

Ardois sirvió ininterrumpidamente con las fuerzas de los hombres libres africanos desde noviembre 10 de 1964 hasta octubre 16 de 1965. En el **DOCUMENTO Nº 12-2**, incluyo una foto de Luis F. Ardois desmontándose de un avión B-26 K al regresar a la base de Stanleyville (nombre congolés Kisangani), en África, después de una misión militar; otra de un grupo de pilotos voluntarios cubanos en la rampa de Stanleyville, de izquierda a derecha aparecen Oscar Cordolugo, Francisco Álvarez, Luis F. Ardois, Gastón Bernal y Castor Cereceda.; y una tercera foto de una formación de tres T-28 C en misión de reconocimiento, de izquierda a derecha los pilotos eran: ala del avión 476, René Travieso (muerto); avión 485 Luis F. Ardois; avión 516, Santiago Méndez (muerto).

EL MITO DE ERNESTO GUEVARA EL MEJOR GUERRILLERO.

¿Y quién estaba en África precisamente en 1965 ayudando a los comunistas? Ernesto Guevara. Guevara fue totalmente derrotado en África y huyó secretamente a Cuba. Alrededor del "che" Guevara los castristas y los comunistas han creado un mito de guerrillero invencible que, como todos los mitos, es una fábula, una ficción, una falsedad. Guevara fue tan estúpido que creyó en su propio mito. La historia prueba que como guerrillero era una nulidad. He aquí los hechos. En 1964, Guevara trató de sublevar a la Argentina con su guerrilla. Fue ignominiosamente derrotado. Casi todos sus hombres fueron muertos o capturados. Huyó y regresó secretamente a Cuba. En 1965 fue a África. Vencido otra vez, huyó y volvió a Cuba. En 1966, Guevara entró en Bolivia. Allí fracasó por tercera vez, su guerrilla destruida y él muerto.

¿Y en Cuba? En Cuba, Batista había desorganizado y destruido al verdadero ejército. Batista no era un militar de academia; no conocía táctica militar. Batista era taquígrafo del ejército cuando con la Revolución de 1933 ascendió al poder. Un golpe de suerte, no de destreza militar. Su ejército era inepto, estaba corrompido y no peleaba. Si Castro y el "che" Guevara se hubiesen enfrentado a ejércitos como los que pelearon contra Guevara en Argentina, África y Bolivia, hubieran sido capturados o muertos en muy poco tiempo. La fama de Castro y Guevara como guerrilleros es un mito tan irreal como los de la mitología griega. Si después del desembarco del barco Granma en Cuba, Castro y Guevara hubiesen sido perseguidos sin tregua ni reposo por un ejército con voluntad de triunfar, sólo hubieran durado vivos pocos días. El ejército del dictador Batista los dejó escapar sin acosarlos. Batista era un político corrompido, no un militar de carrera, y su actuación demuestra que no era un estadista porque no tuvo visión del peligro y del futuro.

El **DOCUMENTO 12-3** concierne a la creación y sostenimiento del mito del "che" Guevara como gran estratega y guerrillero. Es una foto de la primera plana de *Granma,* el periódico de Castro, (Año 3, número 101, de 20 de abril de 1967). Copio parte de los cintillos para que se vea como se fomentaba y alimentaba el mito del "che" Guevara guerrillero invencible, que todavía persiste, especialmente entre los jóvenes izquierdistas de todas partes del orbe.

"Si de verdad los imperialistas quieren preservar la salud de sus boinas verdes, que procuren no encontrarse con el Che."
"En todos los pueblos del mundo habrá muchos "boinas rojas" para combatir a los imperialistas."
"Noticia de interés: posible apertura de un nuevo frente guerrillero en Bolivia."

El **DOCUMENTO 12-4** es parte de la página 7 del mismo ejemplar de *Granma,* donde aparece un kilométrico discurso de Castro en que nos presenta al argentino Guevara como el guerrero invencible, el más grande y temible del mundo. Todos los cubanos libres (que no tenemos el "cerebro lavado"), sabemos perfectamente que esa jactancia, esas baladronadas de Castro tuvieron su origen en la incapacidad de un gobernante que no supo capturar a los tres o cuatro expedicionarios del *Granma* que quedaron vivos después del desembarco. ¿Qué hicieron las "terribles" fuerzas de Castro cuando se encontraron con tropas de verdad en la liberación de Granada por el presidente Reagan? Se rindieron. ¿Y el indomable e invulnerable argentino en Bolivia? Destrozado, vencido, muerto y enterrado en Bolivia. Los mitos no sobreviven la potente luz de la verdad de la realidad.

Ernesto ("che") Guevara es un mito embalsamado en una matriz de burda propaganda castrista y comunista y de ignorancia general pública. La historia ya lo tiene catalogado como un necio que nada logró en la vida y que murió por su propia ilusa torpeza.

DOC. 12-1

RÉPUBLIQUE DÉMOCRATIQUE DU CONGO
MINISTERE DE LA DEFENSE NATIONALE
QUARTIER GENERAL
DE L'ARMEE NATIONALE CONGOLAISE
COMMANDEMENT

ATTESTATION

Le Commandant en Chef de l'Armée Nationale Congolaise atteste par la présente que le nommé FERNANDEZ ARDOIS, Luis, né à CUBA le 24 novembre 1928 et porteur du Permis de Réentrée nº A.12.412.906 est au service de l'Armée Nationale Congolaise et qu'il peut être appelé à se déplacer sur l'entièreté du Territoire de la République.

Fait à Léopoldville, le 26 Nov 64.

Le Commandant en Chef
MOBUTU, J.D.
Général-Major

République Démocratique du CONGO

ATTESTATION

Le soussigné atteste par la présente que le nommé L. Ardois Fdez, porteur du passeport Cubain
no .... Nationalité Cubain .... est au service de l'Armée Nationale Congolaise. (A. N. C.) Pilote
Il a droit d'accès dans toutes les installations Militaires, à travers tout le Congo, pour des raisons EXCLUSIVES de service.
Prière aux autorités civiles et militaires, de lui accorder toute l'assistance possible quant à l'accomplissement de sa mission.
Fait à Léopoldville, le 1 Juillet 1965
Le Commandant en Chef
MOBUTU J.D.
Général-Major

DOC. 12-2

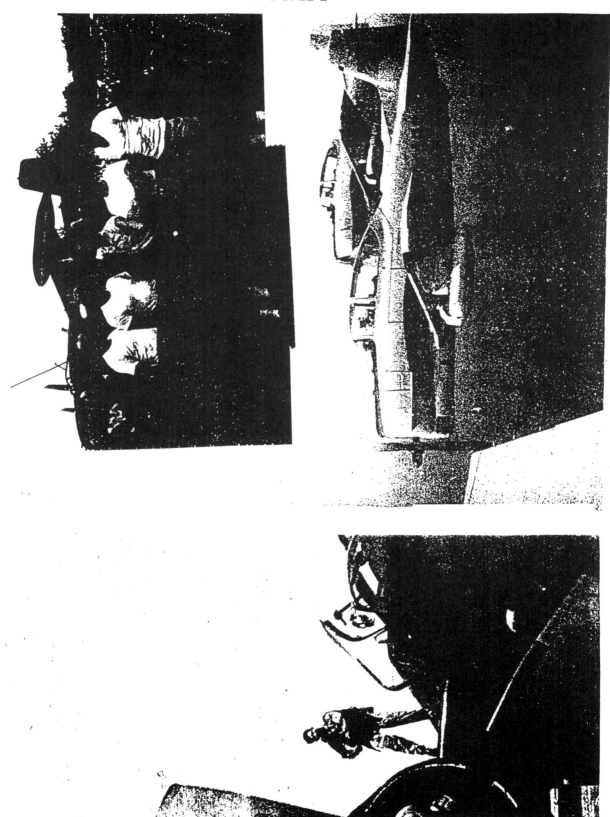

DOC. 12-3 | EDICION UNICA | La Habana, jueves 20 de abril de 1967 / Año del Viet Nam Heroico / Año 3 / Número 101 / Precio: 5 centavos / Cierre 5:00 a.m. | ORGANO OFICIAL DEL COMITE CENTRAL DEL PARTIDO COMUNISTA DE CUBA

FIDEL en el acto por el Sexto Aniversario de Girón

LA HUMANIDAD ANTES QUE LA PATRIA

UN SOLO CAMINO PARA LA LIBERACION: LA LUCHA ARMADA

Si de verdad los imperialistas quieren preservar la salud de sus boinas verdes, que procuren no encontrarse con el Che

> En todos los pueblos del mundo habrá muchos "boinas rojas" para combatir a los imperialistas

> Todos los autores están de acuerdo en que fue un fracaso la reunión de Punta del Este

EL PUEBLO NORTEAMERICANO ABRIRA MAS LOS OJOS A MEDIDA QUE CREZCA LA LUCHA REVOLUCIONARIA

> Noticia de interés: posible apertura de un nuevo frente guerrillero en Bolivia

LO OCURRIDO A LA DELEGACION DE LA OCLAE EN VIET NAM DEMUESTRA LA FEROCIDAD DE LOS BOMBARDEOS YANQUIS

TIENE ESTE PUEBLO SON DE DIGNIDAD REVOLUCIONARIA

Así se creó el mito del "che" Guevara invicto guerrero. El gobierno de Castro fabrica pancartas con la efigie del argentino Guevara y obliga a los empleados gubernamentales a desfilar en manifestaciones públicas con esa propaganda para que parezca expontánea manifestación popular. Y Castro ensalza a Guevara como héroe de los guerrilleros "boinas rojas" triunfadores en batallas en América, África y Asia contra los "boinas verdes imperialistas yankis." (Léase la columna de la derecha).

Y locutores, periodistas y profesores al servicio de Castro repiten la misma sandez como papagallos. ¿Cuál es la verdad?

Guevara fue tan estúpido que creyó en su propio mito y fracasó en todas partes. Derrotado en Argentina, huyó a Cuba. Derrotado en África, huyó a Cuba. Derrotado en Bolivia, no pudo huir y allí está enterrado.

Castro, más precavido, siempre se ha cuidado de no exponerse a un tiro. Él ordena a los otros a pelear y cuida bien que no le perforen su tegumento.

Así lo hizo
en el asalto al Cuartel Moncada.
Así lo hizo
escondido en la Sierra Maestra.
Así sigue haciéndolo ahora.

...itud de su intervención en Bolivia. Hablaron de aviones que llegaron con armas y de instructores que llegaron allí en virtud de acuerdos que existían antes de que surgiera el movimiento guerrillero; pero es lo cierto que en aviones han llevado las armas y por distintas vías han trasladado cerca de mil miembros de las fuerzas especiales a Bolivia.

Esto demuestra el pánico de los imperialistas, la desesperación de los imperialistas, el temor de los imperialistas y el callejón sin salida de los imperialistas. Porque encima de los cientos de miles de soldados que ya tienen en Viet Nam, de los miles de soldados que todavía ocupan el territorio dominicano, se ven ya obligados a movilizar más y más soldados a los distintos frentes guerrilleros de América Latina, en una intervención descarada, que es —como es lógico suponer— la forma en que comienzan esas aventuras imperialistas.

Desde luego que no tendrán muchos expertos, porque los vietnamitas han liquidado a muchos de esos expertos "boinas verdes" (APLAUSOS). Y si los imperialistas envían cada vez más y más "boinas verdes" contra los movimientos guerrilleros, ¡peor para los "boinas verdes"!: no sólo porque los revolucionarios van a dar cuenta de ellos, sino también porque esto acelerará e incrementará la solidaridad de los pueblos, ¡y por cada "boina verde" que los imperialistas envíen a reprimir al movimiento revolucionario, habrá en todos los pueblos del mundo muchos "boinas rojas" dispuestos a combatir junto a los revolucionarios! (APLAUSOS).

El alcance y el contenido de esta lucha, el alcance y el contenido internacionalista de esta lucha, los explica el Che con hermosas palabras en su mensaje; esta lucha de los revolucionarios de todos los pueblos contra los imperialistas yankis, que constituyen su enemigo.

La conciencia crece. Las tesis revolucionarias ganan terreno, cada vez tienen más y más apoyo, cada vez tienen más y más adeptos; mientras que las tesis conformistas, reformistas, claudicantes y seudorrevolucionarias, están cada vez más y más aisladas, cada vez más y más débiles.

Nosotros no tenemos la menor duda de que es una simple cuestión de tiempo, que los vacilantes, los claudicantes y los seudorrevolucionarios serán barridos en esta lucha. A medida que la verdad de los pueblos se abra paso, no quedará nadie que le haga caso a ningún charlatán que le esté hablando al oído de doblar el cuello para que le pongan el yugo. Eso está claro. Los pueblos de este continente cada vez más y más van descubriendo su verdad.

● Para los imperialistas el documento de Che debe haber sido "traumatizante"

Para el movimiento revolucionario en todo el mundo, para los que se enfrentan al imperialismo en Asia, en África y en América Latina, el mensaje del comandante Ernesto Guevara (APLAUSOS) ha constituido un acontecimiento trascendental. No vamos a hablar ya de nosotros los cubanos; nadie creyó aquí nunca en las intrigas, en las mentirillas, en las fábulas del imperialismo. Aquí nos conocemos todos y las verdades las sabemos, porque las oímos o las adivinamos.

En el mundo los imperialistas trataron de sembrar la confusión y la mentira. Presentaron al Che en numerosos sitios, lo mataron docenas de veces. Para los imperialistas, en primer término, este documento tiene que haber sido traumatizante; esta "resurrección" del Che, esta presencia del Che, tiene que haber sido para ellos profundamente desalentadora y preocupante. Este Che sin barba y con barba, con barba que no se sabe si vieja o si nueva (APLAUSOS), y con esta boina que parece simbolizar algo así como una especie de "boina roja" (APLAUSOS), tiene que haber producido honda preocupación a los imperialistas yankis.

Este Che en magníficas condiciones de salud, con inigualable entusiasmo y con más experiencia que nunca en materia de lucha armada guerrillera tiene que constituir una preocupación para los imperialistas, como constituye un aliento para los revolucionarios.

¿Dónde está el Che, se preguntan los imperialistas. ¿Organizando movimientos de liberación, o combatiendo en alguno de los frentes de liberación? ¡Qué dieran los imperialistas por saber esto! Pero aunque lo supieran, no harían más que satisfacer una simple curiosidad, porque si de verdad quieren preservar la salud de sus "boinas verdes" que procuren no encontrarse con el Che (APLAUSOS PROLONGADOS).

CAPÍTULO 13

GUERRILLAS DE PATRIOTAS

Es un dolor mencionar a los guerrilleros cubanos que han peleado contra Castro. Han guerreado como héroes, siempre en condiciones de inferioridad. Unos han muerto como machos, con el arma en la mano, combatiendo por la libertad. Esto es correcto, es la guerra del bien contra el mal. Lo que es un crimen, una forma del genocidio por odio, es que los que eran capturados heridos o vivos eran rematados, asesinados en el lugar por órdenes de Castro, que dispuso que todos fueran exterminados, de cualquier manera posible. Castro puso todas sus milicias y todo su ejército, armado por la Union de Repúblicas Socialistas Soviéticas, en persecución de aquellos patriotas.

Al principio, la Central Intelligence Agency (CIA) propocionaba a los aviadores cubanos del exilio que estaban en Guatemala para hacer la invasión, pertrechos para dejárselos caer a los guerrilleros en las montañas en la época anterior a la invasión de Playa Girón. Nuestro aviadores llegaban al punto designado y casi nunca localizaban a los guerrilleros. No coincidían. El sistema era primitivo. Los guerrilleros debían estar en tierra y configurar con linternas una letra "L" para indicarle al aviador dónde estaban. Los pilotos regresaban a menudo a su base en Guatemala sin haber podido dejar caer el cargamento. No se veía luz de linternas, no se veía la "L." El capitán Eduardo Ferrer, que voló en misiones de este tipo, cuenta la odisea en su libro *Operación Puma*, que ya va por la cuarta edición en español y la segunda en inglés. ¿Por qué no se empleaban medios de comunicación más técnicos, más avanzados, más modernos, entre guerrilleros y pilotos? Era la época del presidente Kennedy, y éste quería ocultar la ayuda estadounidense. Ingenua ilusión de un presidente que no era un estadista de experiencia.

Aunque la Invasión de Playa Girón fue un desastre, las guerrillas continuaron con un arrojo de titanes. Castro tenía todo de Rusia, los guerrilleros carecían de todo. Enrique Encinosa, en su libro *Cuba en Guerra* (El Fondo de Estudios Cubanos de la Fundación Nacional Cubano Americana, 1994) presenta datos fidedignos de las guerrillas cubanas que mantuvieron en jaque a Castro por largos años. Por supuesto, la señorita a que me refiero en la "Explicación Liminar" y la juventud cubana no fueron informadas de esa lucha heroica en que tantos cubanos ofrecieron la vida por la libertad que ellos no conocían, porque Castro denominaba a los guerrilleros "bandidos."

Norberto Fuentes, escritor castrista y corresponsal de guerra gubernamental durante estas campañas guerrilleras anticastristas, a pesar de sus estrechas relaciones con el régimen de la tiranía, ha escrito dos libros de narraciones en las que se descubre la valentía de los guerrilleros y la feroz criminalidad de las fuerzas comunistas. El título de ambos libros ilustra suficientemente los conceptos expresados: *Cazabandido* y *Condenados de Condado*. O sea, los "bandidos" estaban anticipadamente "condenados" a muerte por Fidel Castro. El aparato de difusión de mentiras de la tiranía nunca informaba de las guerrillas de la libertad sino de la persecución de "bandoleros" que se robaban vacas en las montañas. Otro aspecto del genocidio de Castro.

Así fueron asesinados todos los guerrilleros durante muchos años en tierras cubanas, sin recibir pertrechos de guerra, ni refuerzos, y sin que se permitiera a los proscriptos realizar otras operaciones de guerra que distrajeran la inmensa concentración de fuerzas de Castro en el cerco a los patriotas. Los campesinos eran desalojados de las tierras. Las siembras y el ganado eran destruidos para que no sirvieran de alimento a los guerrilleros. Castro concentró a miles de tropas en las operaciones denominadas "peines." Sin recursos y abandonados por los que habían sido nuestros aliados, todos los guerrilleros libres perecieron. El general español Valeriano Weyler no llegó nunca a crueldades semejantes a las de Castro con su reconcentración. Otro aspecto del genocidio permanente de Castro.

A los llamados "contras" en la guerra para extirpar la tiranía sandinista comunista, el presidente Reagan envió todo lo que pudo tratando de evadir la orden restrictiva del congreso. Ésta fue la función de Olie North. Los afganistanos que lucharon contra la Unión de Repúblicas Socialistas Soviéticas recibieron (en el otro extremo del mundo) de todo, hasta cohetes "Stinger" para derribar aviones. Jonas Sanvimbi, en África, recibió ayuda imponderable, año tras año. Ni los "contras," ni los afganistanos, ni los guerrilleros de Jonas Sanvimbi hubiesen sobrevivido sin la poderosa ayuda exterior. Pero los cubanos que luchaban por la libertad a sólo 90 millas de los Estados Unidos fueron olvidados, desconocidos y abandonados en virtud del Pacto Kennedy-Kruschev. Y el holocausto de patriotas aumentó con miles de vidas de valientes guerrilleros que no recibieron ayuda. Castro alimenta su odio con su genocidio, sin interferencias del exterior.

Los **DOCUMENTOS 13- 1 y 2** son breves pruebas de la veracidad de lo afirmado. Véanse las fechas, de 1961 y 1970. Léanse muchas más en *Guerra en Cuba*, el muy informativo libro de Encinosa. Así se ha desangrado a los cubanos libres, que han tenido que luchar sin cesar, sin ayuda de las democracias, contra un tirano nativo armado con todos los recursos necesarios por la poderosa Unión de Repúblicas Socialistas Soviéticas.

DOC. 13-1

EL DIARIO

Fracasa Primera Ofensiva De Fidel Castro Contra Guerrillas Rebeldes Del Escampray

Por ADOLFO GUASCH
(Exlusivo para EL DIARIO DE NUEVA YORK)

Doscientos milicianos han muerto en las primeras acciones de la anunciada ofensiva de Fidel Castro contra las guerrillas de El Escambray, ello sin contar con que el número de heridos pasa de los 600. Con tal motivo, se ha decretado en toda la provincia de Las Villas una requisa de médicos, los cuales han sido convocados con toda urgencia a los cuarteles, para atender a los moribundos. Un pelotón de milicias que intentó una ... replegaban ... desorden hacia las de...

EL DIARIO DE NUEVA YORK — Domingo, 19 de Febrero de 1961.

Combates en Todo Oriente Entre Guerrillas y Fuerzas Fidelistas

Por ADOLFO GUASCH

Un apoyo indirecto pero necesario recibieron las guerrillas anticomunistas del Escambray, al producirse en las últimas horas fuertes acciones armadas en distintos poblados de la provincia de Oriente, donde más de 800 alzados, ya agrupados y con un plan de acción, están poniendo en jaque a las guarniciones militares de esa zona oriental de la isla.

Al mando de las milicias en Oriente está el comandante William Gálvet, según informes recibidos por este periodista. Aunque la acción en la región oriental no luce coordinada por el momento, todo parece indicar que dentro de breves días podrán registrarse allí serios combates que distraigan la atención de los gruesos contingentes de milicias que se envían con toda urgencia al foco del Escambray.

En Las Villas, por ejemplo, las guerrillas al mando del misterioso y ya legendario Francisco, del heroico "Antolín", a quien se iguala con el libertador cubano Antonio Maceo y el comandante Evelio Duque, están desarrollando un plan perfecto al decir de los entendidos en la materia.

De manera exclusiva, EL DIARIO ofrece hoy para sus lectores el tipo de programa táctico y estratégico de los guerrilleros anticomunistas, programa que hasta este momento se impone por su sincronización y efectividad, causando centenares de bajas a las milicias, lanzadas ya, según parece, a una ofensiva crucial.

Un informante cuyo nombre no se puede revelar, fue entrevistado por el periodista, en torno al particular, y le explicó que la lucha en Las Villas está ganada por las guerrillas, "de todos modos..."

El plan que se desarrolla, con las variaciones tácticas momentáneas, es el siguiente, expresó:

(a) Profundos focos de resistencia en forma circular en la Sierra del Escambray. Una zona secundaria de defensa y un sistema de reservas localizado en las cercanías de importantes enclaves que llevan a los puntos montañosos por la vía más corta.

(b) Las posiciones defensivas a la retaguardia están localizadas en las cumbres o zonas militares, donde la comandancia dirige las operaciones.

Todas estas posiciones vitales están defendidas por artillería y fuego de mortero. Los valles con intercomunicación están "bloqueados" por armas antitanques y por personal de minas y "cubiertos" por fuego cruzado. Una especial atención se está prestando a esas zonas llanas entre los valles, que pudieran servir de paso al paso de carros blindados enemigos. En todos estos sectores, la artillería anti-tanque está situada a lo largo y a profundidad para repeler sucesivas olas de ataques blindados.

(c) Como en otras formas de defensa, prosigue, el contraataque constituye un elemento decisivo en la lucha de montañas. La fuerza de contraataque la constituyen predominantemente fuerzas de infantería. Los contraataques parten siempre de las montañas o zonas de retaguardia, en dirección a los valles, en forma de zig-zag o directa, según convenga. Las fuerzas de contraataque tienen la misión de repeler los ataques en formación de las milicias, en el momento preciso en que éstas se organicen. Estos contraataques se efectúan casi siempre sin apoyo blindado o artillero, de acuerdo con la zona o topografía de la región.

(d) Creciente atención se presta al empleo de artillería antiaerea, debido a las restricciones del terreno que ofrecen un buen campo al enemigo para hacer blanco en el movimiento hacia los llanos o en las concentraciones de equipos.

(e) Finalmente, y esto también ha tenido exito, la artillería y el fuego de mortero, hasta el momento se han impuesto sobre todas las infiltraciones milicianas. Se cuida también con una fuerza de reserva, la eventualidad de infiltración aérea por medio de paracaidistas.

Se nos dijo finalmente que este sistema de combate es conocido del propio Fidel Castro, quien lo aprendió en los manuales militares rusos, tales como el "Polyevoy Ustav" y el "Boyevoy Ustav", con los cuales combatió contra las fuerzas de Batista, triunfando en numerosos combates.

Fidel Castro y sus milicias se encuentran ante un enorme dilema. Sus tácticas no pueden aplicarlas, porque solamente supieron pelear en guerrillas contra Batista y ahora están confrontando el mismo problema de aquel. Las milicias, desorientadas, llevadas en pelotones como divisiones de infantería de un Ejército Regular, están siendo diezmadas y comienzan ya a desertar en masa.

ULTIMOS SUCESOS DEL ESCAMBRAY

En las últimas horas, y aseverando todo lo anteriormente expuesto las guerrillas irrumpieron sobre Santi Spiritus por segunda vez en menos de una semana y destrozaron una concentración de milicianos. Esta vez, sin embargo, los mismos opusieron resistencia, con bajas para las guerrillas.

El movimiento de ataques por sorpresa, continuaba teniendo éxito. Por lo menos dos veces al día, guerrillas cortaban carreteras vitales, volaban puentes o destruían vías férreas, tiroteando sin cesar a las tropas milicianas, que tratan de avanzar, cueste lo que cueste, para poder liquidar el poderoso foco guerrillero de El Escambray.

La Radio Libre informaba de fuertes encuentros en las últimas horas, pero las bajas eran a razon de 10 a 1 contra las milicias fidelistas. Se calcula que en caso de que los 2,000 guerrilleros que operan en El Escambray sean destrozados, las bajas fidelistas lleguen a más de 10,000, riesgo que la Comandancia Militar de la Provincia parece no querer correr, pese a que se ha obligado a más de 200 médicos

(Pasa a la Página 28)

y enfermeros a reportarse a los Cuarteles, como un anuncio de que se dispone a continuar la ofensiva sin importarle el número de bajas.

EN ORIENTE

La situación en Oriente, lugar por donde se han infiltrado nú-...

Castro Sustaining Heavy Casualties

HAVANA, Feb. 17 (AP). — All-out battle against rebel forces in the Escambray Mountains reportedly is giving Fidel Castro's militiamen heavy casualties and indecisive results.

Eleven militiamen were slain in a clash near the Las Villas province town of Trinidad, and 300 wounded jammed a hospital elsewhere in south central Cuba, one source said yesterday.

The informant reported some 50,000 militiamen, well armed but inexperienced, and 4,000 national policemen are trying to clean out 1,000 rebels.

Unconfirmed reports in Havana said insurgents made new landings, putting small groups ashore on the northern coast of Las Villas Province and on both coasts of Oriente Province in the east.

All roads into the rebel-infested mountains have been closed.

MIAMI, Feb. 17 (AP).—Russian technicians supervising construction of a secret naval base on a key south of the Cuban city of Cienfuegos, the Miami News said today.

The newspaper's Latin America editor said a report on the base was smuggled out on microfilm by Cubans who work there.

Report More Rebels Land In South Cuba

HAVANA, Feb. 16 (AP).—More anti-Castro rebels have landed on Cuba's southern coast in Ariente province, unconfirmed reports said today.

An undetermined number of insurgents landed in the isolated Pilon region where the foothills of the Sierra Maestra Mountains extend down to the sea, these reports said.

The Sierra Maestras long have been a trouble spot for Prime Minister Fidel Castro. From 1,000 to 3,000 rebels reportedly landed in the area recently.

It was rumored in Havana that rebels in westernmost Cuba moved against the government's San Julian air base. Small bands of rebels have been operating in the area for some time, despite the capture and execution of some of their leaders.

REPORT 73 CAPTURED

Travelers arriving from Guantanamo City in Oriente said Castro officials there claim to have captured 73 counter-revolutionaries, including the city's former police chief. Some of the captured rebels landed on the sea coast from outside Cuba, they said.

The travelers also related reports that a group of anti-Castro Cubans approached the main gate of the U. S. Navy Base of Guantanamo Bay recently, shouting:

"We want revolution. Give us arms."

The Cubans were turned away by U. S. guards, the reports said, and disappeared into the hills near Guantanamo.

Government sources in Havana said they had no information concerning these reports.

...ial-American, Sun., Feb. 19, 1961

GUERILLAS MAUL HIS ROOKIES

Castro Rushes To Battle Area

HAVANA, Feb. 18 (UPI).—Premier Fidel Castro has rushed to Central Cuba, where a band of insurgents in the Escambray Mountains are inflicting heavy casualties on his inexperienced militia, a high army source said today.

The source said Castro left last night for Santa Clara with his field commanders after Maj. Dermidio Escalona reported he was "gravely concerned" because his militiamen were suffering between 20 and 30 casualties daily in guerilla fighting.

REBELS STIFFENING

Reliable sources have estimated 2,000 guerillas are holding out in Las Villas Province against about 30,000 recently recruited militiamen. But insurgent resistance was reported stiffening.

Most of the government casualties were reported in the Trinidad - Sanci Spiritus Fomento triangle where the insurgents were reported to have repulsed several attempts to dislodge them from their well-protected mountain positions.

Cuban army commanders also were portrayed as dismayed over a lack of cooperation from peasants in the area, compounding the government's problem of finding food and housing for its far-flung units.

POLITICAL RIFT

Government sources also admitted "political differences" existed in Camaguey in eastern Cuba where "over-conservative" police officials have been unable to adapt themselves to the Castro revolutionary program.

They confirmed that the police chief, in feuding with the local Castro army commander, emptied the jail of political prisoners.

The reports of mounting casualties appeared to be supported by the fact that scores of Havanna doctors have been summoned to field hospitals throughout the front area and a number of wounded have been returned to Havana.

Government as well as opposition sources in Havana discount reports of large-scale invasions in Oriente Province. They said bands of several hundred rebels are operating in the Guantanamo - Baracao area and recently fought government troops with losses on both sides.

Castro Sustaining Heavy Casualties

HAVANA, Feb. 17 (AP). — All-out battle against rebel forces in the Escambray Mountains reportedly is giving Fidel Castro's militiamen heavy casualties and indecisive results.

Eleven militiamen were slain in a clash near the Las Villas province town of Trinidad, and 300 wounded jammed a hospital elsewhere in south central Cuba, one source said yesterday.

The informant reported some 50,000 militiamen, well armed but inexperienced, and 4,000 national policemen are trying to clean out 1,000 rebels.

Unconfirmed reports in Havana said insurgents made new landings, putting small groups ashore on the northern coast of Las Villas Province and on both coasts of Oriente Province in the east.

All roads into the rebel-infested mountains have been closed.

MIAMI, Feb. 17 (AP).—Russian technicians supervising construction of a secret naval base on a key south of the Cuban city of Cienfuegos, the Miami News said today.

The newspaper's Latin America editor said a report on the base was smuggled out on microfilm by Cubans who work there.

Hard Fighting Reported in Cuba As Army Bears Down on Rebels

Both Sides Said to Suffer Heavy Casualties—Castro Again Assails U. S.

By R. HART PHILLIPS
Special to The New York Times.

HAVANA, Feb. 12—Intense fighting was reported yesterday in the Escambray Mountains of central Cuba as Government forces pressed their drive against the rebels there.

The New York Times — Feb. 13, 1961
Militiamen fought rebels close to Trinidad (cross).

The fighting was said to have gone on for hours. Heavy casualties on both sides were reported. The fighting took place between the city of Trinidad and Topes de Collantes peak in Las Villas Province.

The Government is using a tuberculosis hospital on Topes de Collantes as a field hospital. Most of the former patients have been removed, it was said, and for several months prisoners also have been kept there.

Premier Fidel Castro's regime has more than 40,000 militiamen in addition to regular troops surrounding the Escambray Mountains, where the rebels are operating.

Dr. Castro has declared that these troops will remain there until "not a single counter-revolutionary remains in the mountains." He also has said that the rebels will be "exterminated without mercy."

The precise number of anti-Castro rebels is not known. Recent reports filtering into Havana have put the number at about 4,000.

The encirclement of the rebels is said to prevent supplies from reaching them overland. The Government also has removed all owners of small farms from the mountains to cut off rebel food supplies.

Premier Castro charged in a speech last night that the rebels were being supplied with arms and food by planes from the United States. "We have captured thousands of these arms," the Premier said.

It is considered doubtful that the rebels are receiving many

Continued on Page 13, Column 1

THE NEW YORK TIMES, MONDAY, FEBRUARY 13, 1961.

INTENSE FIGHTING REPORTED IN CUBA

Continued From Page 1, Col. 5

shipments by air. Their supplies of arms and ammunition are running low, according to reports.

Observers here believe the force Dr. Castro has thrown against the rebels may be able to wipe them out within the next two or three weeks.

The concentration of militia in the Escambray Mountains and along the coast has contributed greatly to the shortage of labor available to cut and process the sugar crop. Although Premier Castro contended last night that the mills were making more sugar each day than last year, the Government is still calling for volunteer cane cutters.

The Premier spoke last night to members of workers' advisory councils, which have just been organized in all nationalized industries.

In the speech, Dr. Castro threatened to export the Cuban revolution to Latin America if the United States continued to "promote a counter-revolution" here.

The Premier also threatened to support the Puerto Rican nationalists, who are seeking independence, as well as "all exiled revolutionaries in the whole of America."

Dr. Castro again attacked the Roman Catholic Church as an enemy of his revolution. He declared that his regime was not afraid of the international influence of the Catholic Church.

In renewing the regime's criticism of the Catholic schools, the Premier declared the revolution "will not permit the enemies of the country to create future counter-revolutionaries." He said he did not want to have to use military courts and firing squads again ten or twelve years from now.

In another development, Premier Castro, President Osvaldo Dorticós Torrado and members of the Cabinet cut cane as an example for the people today at the former Hershey sugar mill about forty miles from Havana.

According to Dr. Castro, 100,000 men and women in Havana have volunteered to cut cane on week-ends. These workers are not paid.

U. S. Plans Broadcasts

WASHINGTON, Feb. 12 (AP)—The Voice of America announced today that it would beam a series of anti-Castro broadcasts into the Caribbean and Central and South America starting with a special documentary Saturday.

The announcement came a day after Premier Castro declared that his Government was building a big radio station to broadcast what he caleld revolutionary "truths to the four corners of the world."

The Voice of America's one-hour documentary is entitled "The Anatomy of a Broken Promise." It recites Dr. Castro's promises to bring free elections, a free press and democratization of labor and tells "how these pledges were broken one by one."

Participating in the United States short-wave propaganda program are five prominent Cubans who will tell why they turned against Dr. Castro.

They are Dr. Andres Valdestino, former Havana University law professor; Sergio Rojas Santamaria, former Cuban Ambassador to Britain; Dr. Teresa Casuso, former Cuban delegate to the United Nations; Amadeo Barletta Jr., associate publisher of El Mundo in Exile, and Ulyases Carbo, associate publisher of La Prensa Libre.

REBELS PLAN 'SI...

Spanish - Portugue... Maps Strateg...

Special to The New ...

RIO DE JANE... Prof. Carlos Jun... ber of the grou... Portuguese lin... last month, sa... next operatio... Portuguese ... ganization ... more surpr...

Professo... iard, call... operation ... drama."

Mean... also a ... Eloy ... "comp... plans

DOC. 13-2

GUERRILLERO DE LA LIBERTAD
26 de Julio 1970

17 de Abril de 1970, un grupo de guerrilleros cubanos desembarcan en las costas de Baracoa, Oriente. Al frente de la expedición el Comandante Vicente Mendez, campesino de Manicaragua, que se había destacado en la lucha de guerrillas en las montañas del Escambray.

Su lagarteniente: Luis Aurelio Nazario, de 24 años de edad, había salido al exilio aún adolescente.

La expedición, que contaba con un total de 16 hombres, se interna rapidamente en las montañas, donde gracias a la ayuda de algunos campesinos logran mantenerse brevemente.

Contra aquellos 16 hombres, el régimen moviliza 60,000 soldados, aviones y helicopteros; y el tirano en persona se pone al frente de las tropas.

Poco después, sin recibir ayuda del exterior, caía en combate Vicente Mendez. Luis Aurelio, herido y ya sin parque era capturado. Antes de partir, en carta profética a su madre había escrito: "No todas las generaciones gozan del privilegio de luchar y defender su patria. Pero nosotros, la presente generación, hemos recibido ese privilegio de Dios..."

Sin permitirsele defenderse era fusilado el 26 de Julio de 1970. Aquel 26 de Julio, hace cinco años, Luis Aurelio se convertía para siempre en guerrillero de la libertad.

26 de Julio de 1975

No todas las generaciones gozan del privilegio de luchar y defender su patria. Pero nosotros, la presente generación, hemos recibido ese privilegio de Dios, y seremos nosotros los que bajo el grito de Libertad o Muerte iniciaremos la guerra contra la injusticia y crueldad que hoy impera en nuestra Patria.

Luis Aurelio Nazario
24 años
Segundo jefe de un grupo guerrillero que se enfrentó a la tiranía en la provincia de Oriente. Herido y capturado fue fusilado el 26 de Julio de 1970.

Asociación de Estudiantes Cubanos de la Universidad de Georgetown.

CAPÍTULO 14

LA PRENSA Y LA TELEVISIÓN. LOS MEDIOS DE INFORMACIÓN. LOS PROFESORES DE HARVARD UNIVERSITY. CONTESTACIONES DEL CONSEJO REVOLUCIONARIO DE CUBA Y DE LOS PROFESORES UNIVERSITARIOS CUBANOS. EL PROFESOR C. WRIGHT MILLS DE COLUMBIA UNIVERSITY. EL PROFESOR JORGE I. DOMÍNGUEZ DE HARVARD UNIVERSITY Y EL ESCRITOR CARLOS ALBERTO MONTANER.

Fidel Castro era un desconocido, un gángster que había surgido en las aulas de la Universidad de la Habana en la época política tormentosa posterior a la Revolución de 1933. Después del desembarco de los expedicionarios del Granma, nadie sabía en Cuba si Castro había sido matado por las tropas del dictador Batista o si se hallaba oculto en la Sierra Maestra. Herbert Mathews, de *The New York Times,* lo dio a conocer y lo convirtió en un Robin Hood, en un Garibaldi, en un semidios redentor de los oprimidos.

Desde entonces hasta el presente, Castro ha sido la niña bonita de la prensa, la televisión y la radio mundiales, y de un buen número de intelectuales y miembros del mundo académico que consideran que apoyar a Càstro es demostrar que se tiene gran cacumen cerebral de libertador de los pueblos oprimidos del tercer mundo, y que esto los puede ayudar a avanzar en el campo profesional. En ese heterogéneo conjunto, muchos profesan ideas marxistas o filomarxistas. En general, ese amor por Castro tiene dos fuentes nutricias principales que no se deben olvidar: una es los principios socialistas y marxistas que adornan a muchos miembros de esos grupos citados. Otra es que Castro agasaja y paga secreta y espléndidamente a los que le sirven.

Si Hitler hubiese tenido esa publicidad tan favorable y constante, la historia se habría escrito en otra forma. En relación con lo minúscula que es la isla de Cuba en comparación con la poderosa Alemania, los crímenes de Castro espeluznan tanto como los de Hitler por la injusticia y la fría falta de compasión humana. Muchos se asombrarán de esta aseveración, pero es porque los crímenes de Hitler se reiteran cotidianamente. A más de medio siglo de los hechos, el holocausto de Hitler es tema de continuas disertaciones, y se le ha dedicado un gran museo en Washington D.C.

¿Y del genocidio de Castro? Poco se oye o se ve. ¿Conoce usted cuántos cubanos ha asesinado Castro? ¿300,000, 200,000, 100,000, 50,000, 40,000? ¿Conoce usted que en ciertas épocas Castro ha tenido más de 200,000 cubanos presos? ¿Conoce usted que en las cárceles y campos de concentración de Castro siempre hay miles de prisioneros políticos? ¿Conoce usted que en el año que escribo esto, 1996, Castro tiene encarcelados a los miembros del Concilio Cubano, que es un reducido grupo de ciudadanos cívicos que sólo aspira a que existan en Cuba los más elementales derechos y libertades de reunión, petición, libre expresión, etc? ¿Conoce usted que desde hace casi 40 años (cerca de medio siglo) todas las libertades han sido suprimidas en Cuba? ¿Conoce usted que muchos familiares y amigos míos han sufrido prisión o han sido fusilados o asesinados por Castro? No lo sabe porque, en general, la prensa, la televisión y los intelectuales no tienen interés en este tema. Ellos prefieren hablar o escribir de cuan carismático es Castro o de que es el "príncipe" de los guerrilleros o de sus "logros." ¿Qué "logros"? En 40 años con libertad (sin Castro) hubiésemos tenido muchos y mejores logros los cubanos demócratas.

¿Conoce usted que Cuba tiene tierras muy fértiles, ricos yacimientos de minerales, más de 2000 millas de playas y paisajes bellísimos utilizables para el turismo nativo y extranjero, un clima ideal y recursos naturales suficientes para ser (como era) un país próspero de rápido progreso que puede alimentar fácilmente a su población y exportar? ¿Conoce usted que Castro la ha convertido en uno de los países más pobres de las Américas? ¿Conoce usted que Cuba se está acercando a Haití en pobreza? Éste es un "logro" de Castro. En 40 años con libertad (sin Castro) los cubanos demócratas hubiésemos convertido a Cuba en la nación más rica de Hispanoamérica porque en 1959 ya era el tercer país más próspero y adelantado, a pesar de no ser de los territorios más extensos.

Los crímenes de Hitler fueron cometidos hace más de cincuenta años, pero no se permite que se olviden. Esto está correcto, para que no se repitan esas barbaridades. En Cuba existe terrorismo de estado y Castro viene asesinando, torturando y encarcelando cubanos desde 1959 hasta el presente, y ha arruinado al país, y no existe libertad de ningún tipo, pero esto no se divulga, es casi un secreto inviolable. ¿Amnesia favorable a Castro? ¿Favoritismo con Castro? Lector, juzgue por sí mismo.

¿Conoce usted que en 1932 y 1933 murieron millones de ucranianos asesinados, desterrados, hambreados por el tirano comunista José Stalin? ¿Conoce usted que Stalin ordenó el exterminio de todos los *kulaks* (campesinos prósperos)? ¿Ha leído usted artículos u oído disertaciones sobre los crímenes del tirano comunista rumano Ceausescu? ¿Qué conoce usted sobre los crímenes de los comunistas de Khmer Rouge (dirigido por Pol Pot), que desarraigaron por la fuerza a todos los vecinos de las ciudades de Camboya (inglés Cambodia), los llevaron a trabajar en el campo, y allí asesinaron más de un millón de camboyanos? ¿Por qué se silencian o se olvidan los crímenes de los comunistas? ¿Han logrado los comunistas (incluyendo a Castro) "lavarle el cerebro" a los voceros de los medios de comunicación y de los mundos intelectuales y académicos? ¿No fueron todos aquellos tiranos comunistas tan crueles como Hitler o más? ¿Mutismo preferencial para los comunistas? Lector, juzgue por sí mismo.

En la celebración de los cincuenta años de fundada la ONU en New York en octubre de 1995, Fidel Castro recibió más aplausos después de su discurso que todos los otros jefes de estado, incluyendo al presidente Clinton, al presidente de Francia, al presidente de Rusia y todos los otros mandatarios mundiales. ¿Qué significa esto? ¿Qué en la ONU no se han enterado de los crímenes de Castro? ¿Qué los miembros de la ONU no leen sus propios dictámenes sobre las reiteradas violaciones de los derechos humanos en Cuba? ¿Qué la ONU semeja una cáfila en donde el rebaño sigue a un líder sin saber a dónde lo dirigen? ¿Qué esos señores y países son unos grandes hipócritas que fingen ser demócratas, disimulan su envidia y su odio a los Estados Unidos, y apoyan al terrorista Fidel Castro para atacar indirectamente a los Estados Unidos? ¿No fueron contradictorios aquellos encumbrados jefes de estado? ¿Por qué esta sinrazón? ¿No es todo esto una incomprensible política mundial digna del teatro del absurdo?

La propaganda a favor de Castro es sutil. Por ejemplo, ni la prensa ni la radio ni la televisión, ni los señores profesores lo califican de tirano o dictador. Siempre lo llaman muy respetuosamente el "presidente Castro," el "presidente de Cuba." Algunas veces lo llaman "comandante." ¿Por qué no le dicen "el tirano Castro"? Leo en *The New York Times* de julio 27 de 1996, p. 3 de la Sección A, "A militia opposed to Somalia self-proclaimed President, Mohammed Farah Aidid." ¿Por que no se llama a Castro "self-proclaimed president"? Castro lleva 37 años mandando totalitariamente en Cuba sin elecciones de ninguna clase, sin vestigio de democracia, sin libertad, sostenido por su ballonetas. ¿Quién le otorgó el titulo de "presidente"? ¿El pueblo? ¡No! Castro se nombró el mismo "presidente" por la fuerza de sus armas, lo mismo que ha hecho Mohammed Farah Aidid. Por tanto es "self-procalimed." En cambio, el general Augusto Pinochet de Chile siempre es nombrado por los medios de comunicación *"extreme right-wing dictator"* o, en el mejor de los casos, "dictador." ¿No conoce la prensa que Pinochet mandó en Chile menos de la mitad del tiempo que Castro lleva ejerciendo su tiranía, y que celebró un plebiscito legal, perdió, y dejó el poder? ¿Por qué esa diferenciación a favor de Castro si éste ha ejercido el poder dictatorial 20 años más que Pinochet? ¿Hipocresía socialistoide? ¿Los millones que gasta Castro en engrasar su maquinaria de propaganda mundial? Tal parece que para buen número de comentaristas, escritores, intelectuales y profesores, los dictadores de "derecha" son "bestias temibles," y los de "izquierda comunista" son invisibles. Ellos no los reconocen, no los ven, no saben que existen. Tristísimo caso de cataratas avanzadísimas que deben ser operadas sin dilación si el orbe no quiere quedar ciego.

En general, los medios de comunicación se han inclinado favorablemente a Castro a partir del "descubrimiento" de Herbert Mathews, y han sido indiferentes a la interminable lucha de los *freedom fighters* cubanos desde los años sesenta. El único periódico (que yo conozca) que desde aquellos principios hasta el presente ha publicado constantemente artículos en defensa de la libertad y la democracia en Cuba, y editoriales que manifiestan la verdad de la situación cubana, ha sido el *Diario Las Américas,* fundado el 4 de julio de 1953 en la ciudad de Miami, en la Florida, en los Estados Unidos por el Dr. Horacio Aguirre, ilustre nicaragüense de inflexibles principios democráticos. Los cubanos le debemos eterno agradecimiento al Dr. Aguirre y su gran rotativo. Contrario al *Diario Las Américas,* desde 1960 hasta el presente, la mayoría de la prensa ha halagado, ensalzado y glorificado a Castro como un revolucionario redentor, y ha hecho omisión de sus crímenes. Además, las organizaciones comunistas, acompañadas por los "tontos útiles," han pagado costosas proclamas a favor de Castro. Presento al gran demócrata Aguirre en el **DOCUMENTO 14-1**. Junto a él, el líder obrero cubano libre Facundo Pomar, que vive desterrado por Castro en New York City.

CARTA AL PRESIDENTE KENNEDY DE LOS PROFESORES DE HARVARD UNIVERSITY.

El 10 de mayo de 1961, un nutrido grupo de profesores de la Universidad de Harvard, acompañados por otros de diversas universidades de los Estados Unidos, publicó una extensa carta abierta al presidente Kennedy en *The New York Times* a favor del tirano Castro (p. 49 L+). Toda la especiosa argumentación que presentan sólo busca ayudar a Castro, pero encubierta por engañosas razones eruditas. Esta carta pública, divulgada en el periódico más famoso de los Estados Unidos a menos de un mes de la trágica Invasión de Playa de Girón en abril 17 de 1961, no tiene ni una sola palabra a favor de los presos de guerra capturados por Castro en dicha invasión, ni de compasión por ellos y los más de 200,000 cubanos inocentes que Castro encerró en cárceles, teatros y coliseos en aquellos tiempos. Estos profesores universitarios me recordaron al poeta Ramón de Campoamor cuando escribió:

> En este mundo traidor,
> nada es verdad ni mentira,
> todo es según el color
> del cristal con que se mira.

Los ilustres profesores veían todo a favor de Castro y no se percataban (porque no querían), de los asesinatos, las torturas, los encarcelamientos y la destrucción total del régimen de derecho por Castro. Aquellos profesores utilizaban un bello lente rosado para mirar a Castro y otro negro para el resto de la población, los invasores y los desterrados. ¿Dónde estaban la justicia y el derecho? ¿Dónde estaba la verdad del maestro? ¿No era el deber de esos señores profesores impartir luz y sabiduría desde la cátedra? Aquellos profesores ignoraban el apotegma de José de la Luz y Caballero que afirma: "Sólo la verdad nos pondrá la toga viril." Fotocopio dicha página en el **DOCUMENTO Nº 14-2**.

CONTESTACIÓN DEL CONSEJO REVOLUCIONARIO DE CUBA.

Ocho días después, el 18 de mayo de 1961, salió publicada en la página L+29 de *The New York Times* la contestación del Consejo Revolucionario Cubano, firmada por José Miró Cardona, Manuel A. de Varona, Justo Carrillo, Antonio Maceo, Manuel Ray y Carlos Hevia. La argumentación del Consejo Revolucionario es impecable, iluminadora y termina con estas palabras: *"The fear of war, the destruction of humanity, can only be avoided when there are no transactions between good and evil."* Ese concepto tiene plena vigencia en el presente, después de treinta y siete años de la misma tiranía castrista. No puede haber transacción entre el mal (Castro) y el bien (la libertad, la democracia, y la felicidad total del pueblo cubano). Véase la susodicha página en el **DOCUMENTO Nº 14-3**.

CONTESTACIÓN DE LOS PROFESORES CUBANOS UNIVERSITARIOS EXPULSADOS Y DESTERRADOS POR CASTRO.

En mi oficina de *Bohemia Libre* comenzó la preparación de la respuesta que le darían a los profesores de Harvard los profesores de la bicentenaria Universidad de la Habana que habían sido expulsados de sus cátedras por Castro, y los de las Universidades de Villanueva, de la Salle y de Oriente que constituían la diáspora profesoral cubana. Esta contestación demoró más porque fue necesario consultar su texto con cada profesor. Muchos no residían en New York. Por ejemplo, Fernando Freyre de Andrade trabajaba en New Orleans. Alberto Blanco, Roberto Agramonte, Jorge Mañach, Efrén Córdova, Pedro Vicente Aja y Agustín Aguirre enseñaban en Puerto Rico. Herminio Portell Vilá estaba en Washington D. C. Otros vivían en Miami, en la Florida, como José Ignacio Rasco, Mercedes y Rosaura García-Tudurí, Inés Segura Bustamante, etc. En New York firmaron Rosario Rexach, Humberto Piñera, Alfredo Crucet Bernal, Andrés Valdespino, etc. Recogimos 77 firmas de profesores cubanos dispersos por el mundo. Los firmantes norteamericanos de Harvard sólo habían conseguido 70 firmas.

Se publicó la contestación de nuestros compatriotas el 24 de mayo de 1961 en la página L+ 33 de *The New York Times*. ¡Qué alegría sentí cuando vi en mi mesa de trabajo las 77 firmas de los profesores cubanos! Los argumentos eran diferentes de los excelentes aportados por el Consejo Revolucionario de Cuba. Ambas respuestas cubanas se complementaban. Con las dos contestaciones, los perínclitos profesores de Harvard y sus colegas de otras universidades, quedaban en ridículo. Estábamos en disposición de seguir la polémica pública porque la verdad resplandecería a nuestro favor y se divulgarían los crímenes de Castro, pero ante las dos brillantes réplicas extraordinariamente bien razonadas y fundamentadas de los desterrados cubanos, los profesores de Harvard hicieron mutis por el foro. Estaban vencidos por la verdad y la justicia. Esta experiencia prueba que los castristas no pueden ganarnos en un debate público. El **DOCUMENTO N° 14-4** es fotocopia de *The New York Times*.

FIRMAS ORIGINALES DE TODOS LOS PROFESORES CUBANOS EXILIADOS.

Los DOCUMENTOS 14-5 al **9** son fotocopias de todas las firmas originales de los 77 profesores desterrados que recogimos y que conservo con cuidado y amor. Muchos de ellos ya han muerto. Entre ellos mis grandes maestros de la Escuela de Derecho de la Universidad de la Habana, Alberto Blanco y Roberto Agramonte, que luego fueron grandes amigos. Todos se portaron como patriotas sin miedo, ninguno tuvo ni un segundo de vacilación. Ninguno titubeó porque tenía familiares en Cuba. El civismo era una virtud de los profesores que Castro rechazó, y que por eso los expulsó.

GALERADA DE LA CONTESTACIÓN PROFESORAL CUBANA.

El **DOCUMENTO 14-10** es una prueba de galera de *The New York Times* del escrito de los profesores cubanos que se corrigió en mi oficina. *The New York Times* había omitido a los profesores Gerardo Canet y Ernesto E. Blanco y en nuestra corrección aparecen añadidos, y había otros pequeños errores que también corregimos. En 1961 todavía se hacían galeras. Pero han pasado casi 40 años de tiranía de Castro, y Cuba, en vez de progresar se ha retrasado, pero el mundo sigue adelantando, sin Castro, la historia lo ha dejado atrás, y ahora en el mundo moderno no se corrigen galeradas sino limpias páginas de *typesetting*. ¿Y en Cuba? Petrificada por Castro, navega en una arcaica galera de remos con el mismo mensaje: "socialismo o muerte." Y como el socialismo ha fracasado, Cuba muere de hambre, silencio terrífico y ergástulas.

PAGO A *THE NEW YORK TIMES* POR LA CONTESTACIÓN PROFESORAL.

Publicar la contestación de los profesores cubanos costó $2856.00. Aquí presento el recibo de dicho pago, que se hizo por medio de la firma de *advertising* de New York City, Max Berking Inc., situada en 50 East 42nd St. Las operaciones de anuncios en los grandes periódicos de New York se hacen siempre por medio de agencias especializadas de publicidad. La susodicha suma era altísima para 1961, sería ahora el equivalente de unos $25,000.00 por el mismo anuncio. **DOCUMENTO 14-11.**

VENTAJA PUBLICITARIA DE CASTRO.

Castro tiene ventaja publicitaria. Cuando lo entrevistan, le dan la oportunidad de que él conteste con sofismas, falsedades e inexactitudes que los incultos o malintencionados entrevistadores no saben rebatir o no quieren replicar. Estas entrevistas casi siempre están preparadas para favorecer a Castro. Él las paga. Después de ser electo el presidente Clinton, un entrevistador norteamericano le preguntó a Castro: "¿Qué le parece la señora Clinton?" Y el tirano, con mirada y gesto de picaresco conquistador, le respondió: "Es muy linda. Se pondrá celoso el presidente Clinton por mis palabras." ¿Puede concebirse una pregunta más tontuna y una respuesta más estúpida del Don Juan Castro? Nadie se hubiese atrevido a preguntarle esa malintencionada sandez (para favorecer a Castro) a Hitler o a Stalin.

Con motivo de la celebración del cincuentenario de la ONU en octubre de 1995 en New York, el periodista Bernard Shaw del canal de televisión CNN, le preguntó a Castro: "¿Qué equipo cree usted que ganará el campeonato de *baseball* este año?" El tirano le contestó: "Por mi amistad con Ted Turner espero que gane el Atlanta." ¿Se le pregunta esa idiotez a un tirano sanguinario? Por supuesto, con esta contestación de Castro quedó visible la trama interior de la entrevista del señor Shaw. Se hacía transparente que había sido preparada por el amigo de Castro, que es el dueño de CNN y esposo de Jane Fonda (la cual fue a Vietnam del Norte durante la guerra y allí habló por radio y televisión en contra de los Estados Unidos). ¿Por qué se formulan preguntas tan inocuas, ingenuas, inocentes y simplistas a Castro? La respuesta es obvia, no se quiere sacar a la luz sus crímenes y sus fracasos. A Hitler o a los afrikáneres del Apartheid en África del Sur no se les trataba con esa delicadeza.

JULIO DE 1996. VACACIONES DE DAN RATHER CON CASTRO.

Casos como los citados y peores se han repetido durante casi cuarenta años. He visto y oído a muchos de los que se suponen que son "grandes" de la televisión en entrevistas con Castro, incluso al propio Ted Turner. Aparentemente, ninguno sabía nada de la historia de Cuba, ni de los crímenes y destrucciones de Castro (por lo menos, no lo dijeron ni lo demostraron ante las cámaras). Todos parecían viejos y entrañables amigos de Castro. El viernes 19 de julio de 1996, Dan Rather, del Canal ABC de New York, presentó en dicho canal una entrevista con Castro. En puridad no fue una entrevista sino unas vacaciones de varios días con con el tirano. No puedo decir que lo entrevistó porque fue un gran paseo de lujo con Castro como anfitrión regio. Fueron a la Sierra Maestra, a Playa Girón, etc. Castro llevaba a Rather en uno de sus Mercedes Benz. Rather no le hizo ninguna pregunta "peligrosa" a Castro. No lo lastimó ni (como se dice vulgarmente) con el pétalo de una rosa. Rather presentó los triunfos y las glorias de su invitador: el "gran guerrillero," el "guerrero indomable," triunfador en las montañas de la Sierra Maestra y en las playas de Bahía de Cochinos. Ambos deambularon felizmente por los territorios que han visto las batallas de Castro. También apareció en la pantalla el Museo de Playa Girón. ¿Y de la debacle total que es la Cuba de Castro? ¿Y de la sangre que mancha las manos de Castro? A Rather no le interesan esas minucias. Como una limosna nos dejó ver (un instante) una prostituta y una vista relampagueante de las casas deterioradas del Malecón. Rather estaba feliz con su amigo. Castro lo invitaría a langostas y cangrejos moros rociados con abundantes bebidas. Había paseado por la isla en uno de los Mercedes Benz de Castro, había gozado las vistas del Pico Turquino y bajado a las llanuras de la Ciénaga de Zapata. Espléndidas vacaciones pagadas por Cuba. El programa de una hora (exhibido en lo que llaman "prime time") se tituló "The Last Revolutionary."

Los que no saben de la historia de Castro (la mayoría de la población), deben haber pensado que Castro es un gran ciudadano. Ése parece ser el propósito de Rather y de CBS, es decir, crear una visión de Castro que ayude a modificar la Ley Helms-Burton o a que no se complemente totalmente. Pero los que conocen de las mentiras de Castro comprendieron inmediatamente la pantomima de Rather. En *The Washington Times* (National Weekly Edition) de septiembre 1 de 1996, página 38, Charles B. Dickens publicó un artículo intitulado "Fidel Castro and the KGB," en el que desenmascara a Rather y su bella pintura de Castro. El trabajo de Dickens está muy bien documentado pero por ser algo extenso, sólo cito lo siguiente.

> CBS aired on July 18 a Dan Rather interview with the Cuban dictator, Fidel Castro. Although attemping to show some balance, the interview was more a glorification of Mr. Castro than an objective piece.
> In the interview, the old canard surfaced, that Fidel Castro had been driven into the Soviet camp by U.S. actions to depose him. Mr. Rather let Mr. Castro get away with his statement: "We would have made no alliance with anyone if others had not tried to destroy us. It was then that I declared the socialist character of our revolution."
> Mr. Rather had to know that on Feb. 13, 1960, more than a year before the Bay of Pigs invasion, the Soviets, through First Deputy Prime Minister Anastas Mikoyan, committed the Soviet Union to the defense of Cuba.

Una de las torturas que hemos tenido que sufrir los proscriptos en los Estados Unidos es ver programas como el citado o leer los panegíricos al excelso revolucionario. Georgie Anne Geyer es una excelente escritora, seria, inteligentísima, bien informada, y no es filocomunista. Pero, ¿cuál es el título de su biografía del tirano? *Castro: Prince of Guerrillas*. ¿Se enamoró del tirano y equivocó el título? No importa que en su libro Geyer diga verdades, el título de su obra empieza por confundir al lector.

Esporádicamente la verdad se abre paso, especialmente cuando los viajeros o los periodistas no son invitados de Castro y viajan como simples turistas que tienen que enfrentar la situación cubana. En la revista *Forbes* apareció un artículo de James Kingston titulado *"Havana Journal"* que pinta la realidad sin los velos de Dan Rather. En una revista de México apareció un artículo titulado "Viaje a la Habana" escrito por Eduardo Vázquez Martí que también presenta el caos que es Cuba hoy. Y en la revista *Rolling Stone* (July 11-25, 1996, p. 57-64, 102, 104-5) aparece un relato del viaje privado de P. J. O´Rourke titulado *"Cubanomics."* Este extenso relato de O'Rourke no sólo cuenta verdades sino que las escribe en un estilo satírico que es una delicia. O"Rourke es un maestro de la mordacidad mortal, escrita con un arte ligero, ingenioso, al estilo inglés.

PROFESOR C. WRIGHT MILLS DE COLUMBIA UNIVERSITY. *"LISTEN YANKEE!" THE CUBAN CASE AGAINST THE U.S.*

Los desterrados en tierras estadounidenses venimos sufriendo el fuego graneado de los panegiristas de Castro y su revolución desde hace casi cuatro décadas. Recuerdo uno de los primeros casos de escándalo profesoral en New York City. El profesor de sociología de la famosa Columbia University (en el centro de Mahattan), C. Wright Mills, fue a Cuba en agosto de

1960. Allí estuvo tres largos días de 18 horas grabando conversaciones con Castro. Además, habló con muchos funcionarios "revolucionarios castristas." En pocos días (con lo que le contaron y lo que no estudió), se convirtió en un "especialista" de la historia, la economía y la sociología cubanas (posiblemente el primer "cubanólogo," tipo nuevo de estudioso que casi siempre trata de justificar a Castro). Sin perder tiempo escribió su libro *"Listen Yankee!" The Cuban Case Against the U.S.* En diciembre de 1960 salió un artículo condensado del libro en *Harper's Magazine,* véase el **DOCUMENTO 14-12.** Si no se nos volvió carbón el hígado a los cubanos neoyorkinos con aquella anticipación del mamotreto del profesor fue porque el desterrado cubano tiene una resistencia extraordinaria para los males. El "brillante especialista" demuestra su desconocimiento de Cuba aceptando y transcribiendo aseveraciones como las siguientes:

> But in the old Havana, organized sin meant big money for the few, and every filthy practice of the brothel for girls, twelve and fourteen years old, fresh from the *bohíos,* the huts where they lived with their families.....(p.33)
> Our country, our Cuba, it *was* simply a political colony of the United States.....(p. 35)
> Our Cuba, our country, it *was* simply an economic colony of the U. S. corporations until our revolution.
> And all the time, Cuba was a place of misery and filth, iliteracy and explotation and sloth—a caricature of a place for human habitation. (**Between 1902 and 1958 only one new school was built in Havana**).....(p-35) (énfasis en letra negrita puesto por mí).

Tal vez, el profesor C. Wright Mills ganó mucho dinero con sus citados libro y artículo, pero su prestigio profesoral quedó a la altura del betún de sus zapatos. Insultar a todos los cubanos avalando con su prestigio profesoral la afirmación de que Cuba era un lupanar de meretrices de 12 y 14 años, y rebajar la educación con la afirmación que he enfatizado en letra negrita en la cita precedente, es un error craso.

En relación a la educación, la Dra. Marta de la Portilla me ha regalado un trabajo del profesor Edward D. Fitchen, del Departamento de Historia de la Universidad Católica de Puerto Rico, donde se relacionan datos fidedignos de la colosal reorganización y expansión de la educación pública cubana a partir del cese de la dominación colonial. La administración de la intervención provisional de los Estados Unidos en Cuba, al terminar la guerra con España, envió a la isla en septiembre de 1899 a Alexis Everett Frye con el cargo de superintendente de escuelas de Cuba. Frye era bien conocido como educador y geógrafo. Frye redactó inmediatamente una ley para el establecimiento de 3,500 escuelas públicas gratuitas con capacidad para cerca de 150,000 alumnos. Para ayudar a los nuevos maestros, Frye escribió también, en español, un *Manual para maestros.*

Existían pocas escuelas normales en la isla, por lo que el supertintendente Frye preparó todo lo necesario para llevar a estudiar gratuitamente a Harvard University, en Boston, a 1300 de los mejores maestros cubanos durante el verano de 1900. El sociólogo C. Wright Mills, que no era especialista en educación en Cuba, parece que desconocía este brillante comienzo que llevó a Cuba a ser una de las naciones más adelantadas en educación en toda la América meridional, central y del Caribe, incluyendo a México en el norte. Y tanto fue el amor y la dedicación de Frye a la educación en Cuba, que terminó casándose con una de las maestras que llevó a Harvard University, la señorita María Teresa Arruebarrena y Pérez.

Aquí presento fotos que confirman lo escrito, **DOCUMENTOS 14-13 al 15.** Obsérvese en la foto de Frye con un grupo de maestras la belleza, la elegancia y la distinción de todas las cubanas. Por ningún lado aparece la prostitución que el profesor C. Wright Mills y su amigo Castro imputaron a los cubanos. El gran educador y presidente de Argentina Domingo Faustino Sarmiento llevó a su país un gran número de maestras estadounidenses a mediados del siglo XIX, y tuvo un gran éxito renovando la educación en Argentina. El superintendente Frye ideó un plan diferente y llevó a los maestros cubanos a estudiar en Harvard University, y también alcanzó un triunfo educativo definitivo. Obsérvese las aulas limpias, ordenadas, con todos los requisitos necesarios para enseñar bien en los principios de la república que el profesor C. Wright Mills dice eran inexistentes. Obsérvese en una de ellas a la maestra, la señorita Micaela Bolaños y Santamarina con todos sus alumnos, todos limpios, pulcramente vestidos y de diversas razas. Tuve el gusto de conocer muy bien a dicha maestra, que se casó con el Dr. Alfredo Porta y Capote, tío de mi esposa, y conversar largamente con ella sobre la eficiente educación cubana en las escuelas de la república que el profesor C. Wright Mills y Castro denigran. El Dr. Alfredo Porta falleció desterrado en Venezuela, su esposa murió posteriormente en Wilton, Connecticut, a muy avanzada edad, en casa de su hijo el Dr. Aníbal Porta y Bolaños, rodeada de su hijo Aníbal, su nuera, Angelita, y sus nietas Micaela y Gabriela Porta y Bolaños, dos exponentes más de la juventud perdida por Cuba a causa de la destrucción de Castro. Doy todos estos datos para que se vea que no escribo suponiendo hechos, sino con conocimiento irrebatible de la verdad.

El profesor Leví Marrero, en su libro *Cuba: La forja de un pueblo* (Puerto Rico: Editorial San Juan, 1971) afirma con el conocimiento que lo ha llenado de gloria como uno de los más eximios historiadores de Cuba:

¿Cual era la situación real de la educación cubana en la década de 1950? Cuba había logrado echar las bases de un sistema de educación moderno en 1901, cuando bajo la dirección del benemérito Enrique José Varona y con la colaboración de los educadores norteamericanos Alexis Frye y Mathew Hanna se sustituyó la anarquía de la educación encomendada en la época colonial a los municipios sin recursos, por una dirección educativa a cargo de la Secretaría de Instrucción Pública y Bellas Artes, más tarde Ministerio de Educación (p. 55-6).

En 1940, como lo reconocía la UNESCO en 1960, todos los maestros cubanos, en los niveles primario y secundario, poseían títulos normales o universitarios. **Era el único país latinoamericano que había alcanzado tal logro** (énfasis con letra negrita mío).

Cincuenta mil mujeres y hombres eran educadores graduados, miembros de los Colegios Profesionales establecidos por la ley.

Funcionaban en Cuba 30,000 aulas primarias con más de 34,000 maestros. La matrícula ascendía a 1,300,000 alumnos.

La educación privada, representada por más de mil escuelas, servía a más de 200,000 alumnos, bajo la orientación oficial del estado.

La calidad de los textos preparados por autores cubanos y editados en Cuba, era reconocida en toda Latinoamérica, donde eran utilizados en los niveles primario, secundario y universitario. En 1959 el Ministro de Economía reconocía públicamente que el aporte en divisas de las exportaciones de libros cubanos ascendía ya a $10,000,000 anuales (p.56).

El Dr. Leví Marrero aporta más amplia información, pero no es necesario insistir para demostrar la falta de estudio del tema por un profesor de una de las más ilustres universidades estadounidenses, o la mala fe. Debería haber sido expulsado de Columbia University por cualquiera de los dos motivos.

DEBATE ENTRE EL PROFESOR JORGE I. DOMÍNGUEZ DE HARVARD UNIVERSITY Y EL ESCRITOR CARLOS ALBERTO MONTANER.

Jorge I. Domínguez es un exiliado cubano. Se ha educado en los Estados Unidos. Es profesor de Harvard University. Para llegar a profesor de dicha prestigiosa universidad hay que ser inteligente y estudioso. *Reunión* era una revista que se publicaba en España hace unos veinte años por el distinguido escritor y autor de los libros *Bibliografía de Félix Varela, Religión y Revolución en Cuba, Exilio y Esperanza, Las Calles de la Habana Intramuros,* Manuel Fernández y Santalices. *Reunión* cesó de publicarse hace años, no existe.

En el número 101-102 de septiembre-octubre de 1977 de *Reunión,* el profesor de Harvard University Jorge I. Domínguez escribió un artículo titulado "Sobre los 'derechos humanos'" (p.1-3) donde alega el cumplimiento de los derechos humanos por Castro. En el mismo número, Manuel Fernández Santalices, editor de *Reunión,* comentó sobre el tema de Domínguez con atinadísimas reflexiones en un artículo intitulado "Derechos humanos formales y reales," pero sin rebatir directamene a Domínguez (p.3). Carlos Alberto Montaner, una de las mentes jóvenes de este exilio de mayor potencia y arte polémico, salió a la palestra a refutar abiertamente a Domínguez con su artículo "Cuba, los derechos humanos y Jorge Domínguez," publicado en *Reunión,* número 103-104 de noviembre-diciembre de 1977, p.1 y 2. El señor profesor se vio obligado a rectificar explicando lo que había querido decir—floja posición para un profesor—en su artículo "Todos los derechos deben ser respetados," que apareció en el número 107-108 de marzo-abril de 1978, p. 1 y 8. Domínguez, para defender su tesis, terminó planteándole una interrogación a Montaner que le sirvió a éste para acabar de destruir las malhadadas conclusiones del profesor de Harvard. Montaner es un polemista temible, como José Antonio Saco, y aprovechó la pregunta del profesor para silenciar definitivamente a Domínguez en su segunda contestación, titulada "Los logros y los crímenes," que vio la luz en *Reunión,* número 113-114 de septiembre-diciembre de 1978, p. 1 y 8. Así terminó el debate, el profesor Domínguez, vencido, hizo mutis por el foro igual que los otros profesores de Harvard en 1961 ante las irrebatibles contestaciones del Consejo Revolucionario de Cuba y de los profesores cubanos expulsados por Castro. La verdad siempre resplandece, y el sofisma queda destruido. Presento los artículos de este debate como **DOCUMENTOS 14-16 a 20.**

PROFESOR JACK FRUCHTMAN JR. DE TOWSON STATE UNIVERSITY. SE REITERA LA FALTA DE INFORMACIÓN PROFESORAL.

La lucha contra la información errónea que todavía prevalece en los Estados Unidos es desesperante. Se ha publicado el hecho de que Castro ordenó a sus consejeros económicos que no hablaran nada de préstamos o de dinero, ni aceptaran tratar programas o proyectos de ayuda económica cuando hizo su primera visita a los Estados Unidos en 1959. Este hecho ya debería ser bien conocido, pero todavía hay periodistas y profesores que no se han enterado de esto. Ejemplo: en *The New York Times* de agosto 1 de 1996, p.A 26, el profesor de ciencia política Jack Fruchtman Jr. de Towson State University, en Maryland, escribe: "Mr. Castro started political life as a nationalist...turned to Communism only after the **United States refused to help reconstruct his country....he was forced to forge a relationship with the Soviet Union.**" (énfasis con letra negrita mío).

A casi 40 años de los hechos, ¿cómo se puede insistir en el error? Cito a Nestor Carbonell Cortina en su libro *And the Russians Stayed*, p. 63.

Castro went to Washington with a full-fledged economic team: Rufo López Fresquet, Minister of Finance; Felipe Pazos, president of the National Bank; and Regino Boti, Minister of the Economy. They were prepared to discuss economic aid programs and to submit supporting documentation for the loans they required. However, just before leaving Havana and during their stay in Washington, **Castro instructed them not to request or accept any financial support**. (énfasis con letra negrita, mío).

Two years later, in exile, López Fresquet disclosed what happened.

When I accompanied Fidel to this country in April 1959, the Prime Minister warned me as we left Havana not to take up Cuban economic matters with the authorities, bankers, or investors of the North. At various times during the trip, he repeated the warning. That is why, when I visited the then Secretary of the Treasury, Robert B. Anderson, I did not respond to the American official's indications that the United States was favorably disposed toward aiding our country. Also for this reason, during our stay in Washington, when I exchanged views with Assistant Secretary of State for Latin American Affairs Roy Rubottom, I feigned polite aloofness to his concrete statement that the U. S. Government wished to know how and in what form it could cooperate with the Cuban Government in the solution of the most pressing economics needs.

Felipe Pazos went through the same experience at the International Monetary Fund.

La declaración de López Fresquet citada por Nestor Carbonell Cortina, apareció en *Times of Havana* de Miami, Florida, en septiembre 15-17 de 1961. El libro de Carbonell Cortina es de 1989. Consecuentemente, el profesor Fruchtman Jr. podría tener mejor información si como profesor especializado estuviese interesado en poner al día su retrasado conocimiento de la cuestión cubana para poder divulgar los hechos con más veracidad y exactitud. Un profesor no debe hacer declaraciones públicas, especialmente en un periódico tan importante y de tan amplio radio de distribución como *The New York Times*, sin tener una información irrebatible.

Es un deber profesional iluminar a los estudiantes, a los lectores y al pueblo con la verdad. No, confundirlos con datos equivocados o interpretaciones insostenibles.

DOC. 14-1

Dr. Horacio Aguirre, Facundo Pomar y Alberto Gutiérrez de la Solana

AN OPEN LETTER TO PRESIDENT KENNEDY:

THE STRUGGLE against Communism in the Western Hemisphere will not be won by brandishing the Big Stick. None of us approves the Castro regime's repression of civil liberties within Cuba, nor its dependence on the Communist bloc. But we believe the United States' attempt to destroy Castro fails to come to grips with the meaning of the recent Cuban experience, and seriously endangers the pursuit of our most vital interests in world affairs.

It is now a matter of record that the attempt at counter-revolution was planned, organized, and directed by an agency of the United States Government. This agency, acting in secret and deceiving both the American people and the Cuban rebels—particularly the most democratic among those rebels—has blundered in an inexcusable and almost inconceivable manner. But this was more than a failure of *technique*; it was a failure of *policy* itself.

THE MAJOR PREMISE of U. S. Cuban policy for at least a year has been that we must crush Castro. Indeed, when certain of today's rebel leaders were still members of the Castro government, the United States had already demonstrated its disenchantment with the Cuban Revolution. Our enormous economic power, which might have been wielded to further Cuban democracy, was wasted in a fruitless effort to weaken and undermine the new regime. Whether from aversion to evolution, or from fear of expropriation of American property, our government acted so as to encourage those tendencies towards dictatorship and anti-Americanism latent in any Latin American social upheaval. The United States' determination to isolate Cuba made the Soviet bloc Castro's only support of military and economic support. This resulted, as has happened so often before, in a sharp increase in the power of the local Communist party.

Today, Castro may well, in fact, represent a threat to the security of the Americas. But this is not primarily a military threat. The danger Castro poses is clear: that by subversion or example his particular brand of social revolution will spread through Latin America. The burden, then, is on us. It requires a vastly greater effort than we have yet made to demonstrate that genuine social reform is compatible with democratic institutions.

Meanwhile, any further effort to destroy Castro would serve only to intensify terror within Cuba. A more formidable American-inspired rebel invasion, or the sending of American troops would, we believe, have still more disastrous consequences greater damage to ourselves than to international Communism. We would have established anti-Americanism as the central theme of Latin-American politics for decades to come.

Already, Mr. President, in the view of such cautious and responsible journals as the *Manchester Guardian* and the *Observer*, the CIA fiasco has undone much of the good your administration has achieved in the world arena, and substantially weakened Ambassador Adlai Stevenson's effectiveness in the United Nations. Your threat to impose our will in the Caribbean, whatever the wishes of the other American states, and in violation of inter-American agreements, has created widespread suspicion that the United States will reorient its foreign policy in the direction of Soviet-style power politics. Further intervention in Cuba will give the lie to our professions of respect for treaty obligations, and will make it much more difficult for us to persuade the peoples of Asia, Africa and Latin America that we will act towards them with understanding.

We, therefore, endorse the resolution adopted by the Cuba Protest Meeting held at Harvard University on April 26, 1961:

RESOLVED: that the United States Government should:
1. reverse the present drift towards American military intervention in Cuba;
2. give no further support for the invasion of Cuba by exile groups;
3. seek instead to detach the Castro regime from the Communist bloc by working for a diplomatic detente and a resumption of trade relations; and
4. concentrate its constructive efforts on eliminating in other parts of Latin America the social conditions on which totalitarian nationalism feeds.

We are distressed that there has been so little public discussion of the alternatives to present U. S. Cuban policy. With a few notable exceptions, debate has centered on the varieties of intervention rather than on the decision to intervene. In the press, consideration has been circumscribed by an uncritical acceptance of the early decision to overthrow Castro and, more recently, by an equally uncritical acquiescence in the call for national unity. We believe that there *are* alternatives, that debate *is* necessary—though it would be foolish to suggest that the alternatives can be seized without courage and patience. The first imperative is a cooling-off period, and an announcement of our willingness to test the sincerity of the

DOC. 14-2B

quences. "Victory" by American intervention would require bloody war and prolonged occupation. Can anyone believe that a free Cuban government would emerge from these circumstances? More important, even if we did succeed, by such means, in replacing Castro, we would still have done far Cuban offer to negotiate differences.

WE REGARD this issue as a crucial and revealing measure of our desire to assume responsibility for new directions in foreign affairs. Surely we have confidence enough in the ways of freedom to accept this challenge.

JAMES LUTHER ADAMS, Lamont Professor of Divinity, Harvard
GORDON ALLPORT, Professor of Psychology, Harvard
ERIC BENTLEY, Charles Eliot Norton Professor of Poetry, Harvard
REUBEN A. BROWER, Professor of English, Harvard
ALLAN KNIGHT CHALMERS, Professor of Applied Christianity, Boston University
SERGE CHERMAYEFF, Professor of Architecture, Harvard
NOAM CHOMSKY, Associate Professor of Modern Languages, M.I.T.
WENDELL CLAUSEN, Professor of Greek and Latin, Harvard
ALBERT SPRAGUE COOLIDGE, Lecturer on Chemistry, Harvard
JOHN P. DAWSON, Professor of Law, Harvard
GIORGIO deSANTILLANA, Professor of Humanities, M.I.T.
L. HAROLD DE WOLF, President of the Faculty, B.U. School of Theology
JOHN T. EDSALL, Professor of Biological Chemistry, Harvard
RUPERT EMERSON, Professor of Government, Harvard
MONROE ENGEL, Lecturer on English, Harvard
JACOB FINE, Professor of Surgery, Harvard Medical School
RODERICK FIRTH, Professor of Philosophy, Harvard
DONALD FLEMING, Professor of History, Harvard
CALEB FOOTE, Walter Meyer Visiting Research Professor of Law, Harvard
JOHN N. GAUS, Professor of Government, Harvard
EDWARD GEARY, Assoc. Professor of Romance Languages, Harvard
STEPHEN GILMAN, Professor of Romance Languages, Harvard
ALBERT GUERRARD, Professor of English, Harvard

ERIC HAVELOCK, Professor of Greek and Latin, Harvard
LILLIAN HELLMAN, Visiting Lecturer on English, Harvard
HANS HOFMANN, Associate Professor of Theology, Harvard
H. STUART HUGHES, Professor of History, Harvard
REGINALD ISAACS, Charles Dyer Norton Professor of Regional Planning, Harvard
WILLIAM JENCKS, Associate Professor of Biochemistry, Brandeis
PAUL E. JOHNSON, Professor of Psychology, Boston University
MARTIN KAMEN, Professor of Biochemistry, Brandeis
NATHAN KAPLAN, Professor of Biochemistry, Brandeis
TIMOTHY LEARY, Lecturer on Clinical Psychology, Harvard
PAUL T. LEHMANN, Lamont Professor of Divinity, Harvard
HARRY T. LEVIN, Irving Babbitt Professor of Comparative Literature, Harvard
LAURENCE LEVINE, Associate Professor of Biochemistry, Brandeis
ERICH LINDEMANN, Professor of Psychiatry, Harvard Medical School
SALVADOR LURIA, Professor of Biology, M.I.T.
KEVIN LYNCH, Associate Professor of City Planning, M.I.T.
KENNETH S. LYNN, Associate Professor of English, Harvard
BORIS MAGASANIK, Professor of Biology, M.I.T.
FRANK E. MANUAL, Professor of History, Brandeis
HERBERT MARCUSE, Professor of Politics and Philosophy, Brandeis
BARRINGTON MOORE, JR., Senior Fellow, Russian Research Center, Harvard
WALTER MUELDER, Dean of the School of Theology, Boston University
LEWIS MUMFORD
DAVID OWEN, Gurney Professor of History and Political Science, Harvard

E. S. PATTULLO, Assistant Dean of the Faculty of Arts and Sciences, Harvard
ROBERT O. PREYER, Associate Professor of English, Brandeis
JOHN RAWLS, Professor of Philosophy, M.I.T.
I. A. RICHARDS, University Professor, Harvard
DAVID RIESMAN, Henry Ford II Professor of Social Science, Harvard
LLOYD RODWIN, Professor of Land Economics, M.I.T.
SYLVAN SCHWEBER, Professor of Physics, Brandeis
JOSE LUIS SERT, Dean Graduate School of Design, Harvard
HARLOW SHAPLEY, Paine Professor of Astronomy, Emeritus, Harvard
IRVING SINGER, Associate Professor of Philosophy, M.I.T.
HUSTON SMITH, Professor of Philosophy M.I.T.
MAURICE R. STEIN, Associate Professor of Sociology, Brandeis
WALTER TOMAN, Associate Professor of Pychology, Brandeis
JOHN VAN DOREN, Associate Professor of English, Brandeis
E. V. WALTER, Associate Professor of Politics, Brandeis
ROBERT W. WHITE, Professor of Clinical Psychology, Harvard
JOHN W. M. WHITING, Bigelow Professor of Education and Director, Laboratory of Human Development, Harvard
CEDRIC WHITMAN, Professor of Greek and Latin, Harvard
NORBERT WIENER, Institute Professor of Mathematics, M.I.T.
AMOS WILDER, Hollis Professor of Divinity, Harvard
EDMUND WILSON
KURT H. WOLF, Professor of Sociology, Brandeis
LAURENCE WYLIE, C. Douglas Dillon Professor of the Civilization of France, Harvard

Partial list

This statement, drafted by members of the Harvard faculty, was circulated informally among scholars and intellectuals in the Boston area. Its publication was financed by those listed above, and other interested persons in the academic community. The advertisement is an independent response to the Cuban crisis, and has no connection with any existing organization. Statement on Cuba, 4 Humboldt St., Cambridge 38, Mass.

DOC. 14-3A

AN OPEN LETTER
TO THE PROFESSORS OF HARVARD
who wrote to President Kennedy about Cuba

Gentlemen:

Recently you addressed an open letter to the President of the United States. Permit us to present our opinions on the contents of this letter, in which you suggest the adoption of certain measures as a solution of the in the relations between the governments of Cuba and the United States.

The under-signed constitute the Cuban Revolutionary Council.

We believe it to be our privilege and obligation to express our opinions concerning this matter. We do so because after all we are the parties directly affected. You, members of the faculty of Harvard University, are professors of a cultural institution which has, over the years, earned an international reputation and, therefore, any opinion emanating from you, even though subscribed to by only a small minority of the faculty, reaches beyond the confines of the University.

In short, your opinions will undoubtedly have a potential effect on the national conscience. Your arguments, therefore, must be met by equally persuasive arguments so that the American public will not be misled.

DISAPPROVAL IS A PALLID WORD

You open your argument by saying that none of you approve of the repression of civil liberties within Cuba by the Castro regime. Nor do you approve of its dependence on the Communist bloc. This is no time for caveats. With due respect we believe that you have gone beyond the bounds of teachers to whom has been confided the intellectual and moral formation of a portion of the youth of your country.

Those who embrace the teaching profession, we believe, are compelled to speak out in forthright terms when they comment on a system of government—whether it is to be condemned or not. Instead you have deigned to quibble concerning the destiny of Cuba, condemning its present repression of civil liberties, but insisting that there is still another way out.

Your thought is good. Your expression is weak, and certainly is unworthy of men we believe should be aware of the dramatic situation in Cuba today. It seems unconscionable to us that you should speak from within the enclosure of a pneumatic bell so far from ear-shot of the live voices of the desperately protesting people.

You have reduced conditions in Cuba to the mere repression of civil liberties. This is an unconscionable over-simplification of reality. How you can reduce to a simple phrase, "suppression of civil liberties" what has happened in Cuba today, is inconceivable to us. What you should have said was there has been a complete destruction of the judiciary, denial of freedom of teaching, silencing of the press, roughshod trampling of students, abolition of free workers' unions and forced submission of all professionals to the State. Citizens have been dispossessed of their properties. Persecution of the faith is rampant, defilement of the memory of our founding fathers has dug deeply into the hearts of all of us. The atmosphere in Cuba today is one of living death—summary executions, imprisonment, concentration camps, mysterious suicides, unexplainable disappearances. Today, spying, informing, calumny and libel have been raised to the rank of patriotic conduct. All of this has been done in order to impose a way of life, the directives of which emanate from a totalitarian state situated morally and physically many thousands of miles away.

Today Cuba stands as a country denied the essence of Democracy, the right to disagree with its government. The tyrant who rules announced publicly that he will not permit the people who are descendants of José Marti to vote.

YOU CAN NOT IGNORE THE SIGNIFICANCE OF CUBA'S POSITION IN THE WESTERN HEMISPHERE.

In the letter you wrote to the President of the United States you speak of the Cuban social phenomena as a revolution which was forced to seek the support of the U.S.S.R. to further its social reforms, because, as you put it, the hostility of the United States toward the revolution required such action. Again you refer broadly to the reasons which prompted the United States action, as aversion to evolution or fear of expropriation of American property.

This glib statement has been repeated too frequently by supporters of

The Cuban people, as a result of these violations, were left totally without defense. When the citizenry has no means of exercising their rights, nor judges to enforce the Constitution and laws of a nation, the state of law is transformed into a tyranny. This is what has happened in Cuba.

THE TRUTH CONCERNING THE REFORMS

The so-called agrarian reform has been converted into state control of the farms, which are managed by public employees. There is no longer any talk of distribution of land to the farmers, nor of cooperatives. Instead they speak of collective farms—a facade permitting the Government to perpetrate the most colossal fraud of all times against the farm workers who have been degraded into peons paid by the state. At this stage the Government has done away with unions and collective bargaining.

The salaries of the workers in the cities, the sugar mills and the mines have been reduced and they have been forced to contribute "voluntarily" for the purchase of Soviet arms and planes which terrorize the population and kill their fellow Cubans. Their unions and factories have been taken over and delivered to Communist leaders who were always repudiated by Cuban labor.

The prisons are filled with those laborers and farm workers who refused to submit to betrayal. Thousands have been forced to take the path of exile. Terror and death stalk the fields and cities.

The universities are persecuted with fury; there is no freedom to teach and the professors must choose between resigning or submitting to Communist mandates and the intellectual guidance of the only party—the Communist. More than 75% of these professors have had to abandon their seats. The Student's Directorate has been turned over to students in uniform with pistols on their hips, of Communist affiliation or subservient to the dictates of Communism. It is sad to think that knowing all these facts, there are university professors who align themselves directly or indirectly, on the side of Castroism.

Finally, the regime has dedicated its energies to the persecution of the church, especially the Catholic Church, which is the faith of the great majority of the Cuban people. It has humiliated, imprisoned or expelled the clergy and established a National Church at the service of the Government.

AMERICAN INTERVENTION OR SOVIET EXPANSION?

As hunger increases with the same rhythm as terror, the Government finds it necessary to distract public attention, especially that of the Hemisphere by extolling a false nationalism—it is under this guise of false nationalism that Cuba has been delivered to a foreign power, the USSR. They speak of aggressions and North-American invasions simply because Russia sees in the United States its most formidable adversary in her stubborn zeal for world domination.

It is evident, therefore, that in order to further its plans for Sovietizing Cuba, the Castro regime must depict the United States as the Goliath of the North overpowering a Cuban David. David exists—the unarmed Cuban people, struggling against the powerful Soviet empire, whose Commissar in Cuba is Fidel Castro. This tremendous difference in strength has not weakened the resolute determination of the Cubans to fight for liberty until they have attained it, or to perish in the struggle.

There are many who have not paused to examine objectively these facts. They fall too readily into the trap schemingly laid by International Communism based on distorted propaganda.

The United States and all Latin America must take action in support of the Cuban patriots, because this Soviet expansion directly affects each and every one of the American Republics.

THE PRINCIPLES OF SELF-DETERMINATION

Members of the present government of Cuba affirm—and others repeat it—that Castro has the support of the people. If this were true, the prisons would not be filled; the exodus of Cubans to more hospitable shores would not have occurred; the infamous execution wall would not exist; the people would not have to be dominated by perennial threats. With such forms of action and the outlawing of elections, the right of free determination is

217

Castroism. It should be carefully examined in the light of the facts.

True, Cuba was in desperate need of social and economic reform when Castro took over.

When the Revolutionary Council was formed we specifically outlined our plans for the future of Cuba. We distinctly explained that past wrongs must be corrected and that we would carry out the program of social and economic reform which was betrayed by Castro.

When Castro took over, Cuba was not an underdeveloped country. There is no question that so far as farm lands were concerned there is a definite need for reform which Castro has not corrected.

Certainly, you, the illustrious professors of Harvard, steeped in learning, should have explored the statistical facts in this situation before making such irresponsible statements.

In the 1940 Constitution, reforms for the rural areas were prescribed and that Constitution was freely adopted by the people of Cuba. Unfortunately, the previous dictatorship put a sharp end to the evolution which was taking place within the framework of that Constitution. It was the Cuban people's belief that the triumphant revolution, which has been so sadly betrayed, would reignite that process of evolution.

Some groups—Cubans and North Americans—vigorously opposed the Agrarian Reform Law—some because they were directly affected, others because of the radicalism of its application, and still others becuse it fundamentally contradicted what Castro himself had promised in the Sierra Maestra.

It is a well established fact that all violent changes of law bring damage to vested interests. However, the need for agrarian reform was so deeply imbedded in the hearts of the people of Cuba that they overwhelmingly supported it as they did the other reforms so long overdue.

This was the basis for the support which was given the Cuban Revolution. That revolution had the support of the great majority of the country.

Men of the Revolution fought for these principles and dedicated themselves to making them effective.

Moreover, financial support could have been obtained from international institutions for the achievement of these reforms. The Castro regime refused to undertake negotiations along these lines.

Concerning the economic aid of Russia to Cuba which you mention in your letter, let's get this fact straight: What has actually happened is that Cuba has been the contributor to the development and economic advantage of the Soviet Union.

We would be happy to discuss this question in a public forum televised from coast to coast in which members of your Harvard Professor group and our representatives would participate.

HOW TOTALITARIANISM MOVED IN

In due course, little by little, the principles of freedom, justice, progress and social well-being were forgotten, denied and betrayed by the men in whom the people had placed their trust.

Control of the press, radio and television, practically depriving the people of their legitimate right to express their convictions, was the first step. Members of the Government, themselves, or their spokesmen, insulted and defamed those who disagreed with "the Leader," without being permitted to defend their honor.

Through continuous purging, the civil courts were deprived of the right to administer justice. This function was turned over to the military "tribunals," whose verdicts were not subject to revision, not even by the Supreme Court.

The right of *habeas corpus* disappeared, and these "tribunals" were authorized to order the confiscation of property belonging to those condemned for political crimes.

The inviolate right of the sanctity of the home was profaned. In short, all civil rights have been abolished except the "right" to applaud the tyranny in power.

in Cuba, an illusion. To flaunt the principle of self-determination as a reason for denying assistance to Cuban patriots, is ironic.

THE INTER-AMERICAN SYSTEM AND INTERNATIONAL TREATIES

The Governments of all the American nations are faced with a most complex problem. This problem is aggravated by the tenacious decision of the Communist-Castro regime to export "its" system of government to the rest of the continent. Serving as Castro does the imperialistic designs of Moscow, the nations of the Western Hemisphere are faced with a tremendous dilemma.

They have two alternatives, either they consider that the entire matter is reduced to "differences" between Cuba and the United States in which they should mediate "in order to test the sincerity of the Cuban offer to negotiate differences", as suggested by you, the Harvard professors, or on the contrary, courageously and honorably to assume the obligations arising from the Inter-American Treaties such as: the Reciprocal Assistance of Rio de Janeiro (September 1947), Arts. 6 and 8; the Declarations of Caracas (March 1954), Santiago de Chile (August 1959), of San Jose de Costa Rica (August 1960) which bind the free states of this Hemisphere to take effective action when confronted with the intervention of an extra-Hemispheric power in American affairs and to act immediately in defense of our democratic institutions—the foundation of representative democracy in this Hemisphere.

If the juridical system which protects the security of this Hemisphere failed because of lack of action, the Hemisphere would be easy prey to the empire whose capital is Moscow and which gives back all types of arms to its followers with the tacit approval and complacency of certain self-anointed neutrals. The subjection of only one of our Republics to the Moscow-Peiping Axis would not constitute a hypothetic threat to the others; it would be the destruction of our nationalities, including, naturally, the United States of America.

TRADE RELATIONS

Consequently, to attempt "peaceful coexistence" between Castroism and the Inter-American system is simply to tear up morally the pacts and treaties which assure the peace of this Hemisphere just as Fidel Castro did in his dramatic circus exhibitions some time ago.

To propose as you do, the resumption of trade relations with Cuba is equivalent to proclaiming the supremacy of material factors over spiritual values and to reduce the tremendous problem of all America to a matter of dollars and cents.

The alternative, therefore, can not be evaded: either we set to work with courage and decision in favor of the cause of freedom, social progress and justice, represented by the Cuban people struggling against tyranny, or we lend support to the consolidation of Communism represented in America by Castro's regime, giving him the aid he will use to invest—as he has previously done—in fomenting "revolutions" of his type in the other countries of America.

Either we condemn—without beating about the bush—the destruction of freedom by Soviet tyranny, or we remove the mask and choose the road of solidarity with crime and oppression.

President Kennedy has said that Communism in America cannot be negotiated. We add, neither can freedom.

Faced today with the violation of the treaties on the part of the Cuban Government; the denial of all human rights, the respect of which is imposed on all the nations of the world; with barbarianism in our Hemisphere all the Americas have at their disposal more powerful arms than even the nuclear weapons with which to conquer. These weapons are hemispheric solidarity as a collective guarantee for the respect of these same treaties, which constitute international law; the unyielding determination to enforce their compliance, and the courage to inspire faith in those who are weak in spirit.

The fear of war, the destruction of humanity, can only be avoided when there are no transactions between good and evil.

THE CUBAN REVOLUTIONARY COUNCIL

Dr. Jose Miro Cardona,
President

Dr. Manuel A. de Varona
Dr. Justo Carrillo
Dr. Antonio Maceo

Ing. Manuel Ray
Ing. Carlos Hevia

This advertisement has been paid for by contributions of Cubans in exile and by friends of Free Cuba.

CUBAN REVOLUTIONARY COUNCIL, 1034 Michigan Avenue, Miami Beach, Fla.

TO THE HARVARD PROFESSORS

And Members Of Other Faculties who signed the Statement on Cuba which appeared in the New York Times on May 10, 1961

Twenty-three years after MUNICH, the same policy of appeasement followed toward Hitler, which led to war and destruction, is being now advocated toward totalitarian communism by a group of North American professors.

The history of the post-war period shows that it is just as disastrous to appease totalitarian communism as it was to appease totalitarian Nazism. Due to this policy of appeasement toward Russia, democracy and freedom suffered the loss of Eastern Europe. Due to the policy of appeasement and enticement toward those whom some distinguished North American specialists labeled "agrarian reformers" China was lost. On the other hand, if there still is a present and a future for democracy and freedom in Greece, South Korea, the Philippines and Lebanon, **it is because in these countries communist aggression was met with firmness.**

The learned professors from Boston arrive at their recommendation for appeasement through certain misconceptions and oversights.

1. First of all, nowhere do they refer to Fidel Castro's regime as communistic. They mention his "particular brand of social revolution" and they endorse the fourth recommendation of the resolution adopted by the Cuba Protest Meeting held at Harvard University on April 26, 1961, which apparently describes it as a "totalitarian nationalism." However, the economic, social and political structure of Castro's Cuba closely follows the Marxist-Leninist pattern of communization. Mister Fidel Castro, Major Ernesto Guevara and the Cuban ambassador to Russia, Mister Faure Chomon, have been explicit enough: Mister Castro has recently declared that his regime is the first socialist republic of America; Mister Guevara more than a year ago described the Cuban revolution as Marxist; Mister Faure Chomon has precisely defined it as communism. The Cuban leaders say that their revolution is communism and its structure and functioning bear them out. **THE BOSTON PROFESSORS DO NOT SEEM TO BELIEVE WHAT THE CUBAN LEADERS HAVE PUBLICLY STATED.**

2. Secondly, although they do not call Castro's regime communistic, they accept its dependence on the communist bloc. But this dependency is attributed to the mistaken policy followed by the Government of the United States. Thus their supposed American economic aggression is blamed for the communist orientation followed by Castro. This is not so.

The anti-Americanism of Castro's communism was shown in the very beginning at the Sierra Maestra by their insulting expressions and the kidnapping of American citizens. As of the first of January, 1959, the day Batista fled Cuba, violently anti-American mimeographed literature was used for the indoctrination of the civilian section of the 26th of July Movement.

Economically, contrary to what the distinguished American professors seem to state, the United States continued to provide for Cuba the necessary merchandise and services, even though payments were not forthcoming. This continued for a year and a half. The Cubans owed then more than 200 million dollars to the United States. Yet the United States continued to buy Cuban sugar at preferential prices. **The distinguished American professors should be informed that the total owed in merchandise received and not paid for, added to the amount paid to Cuba for its sugar** Under a cloak of pseudo-democratic verbiage, the communizing process of Cuba proceeded speedily and deceitfully. Mr. Blas Roca, the traditional leader of Cuban communism, has called this process "revolutionary cunning, historical cunning, the people's cunning".

4. The North American professors seem to forget the fact that communist countries do not abandon communism just because they might establish or maintain commercial relations with nations of the free world, i.e., China and Yugoslavia. They also seem to forget that although it may be true that communism feeds on unjust social conditions, just like any other form of radicalism, **it is historically inexact to postulate that communism comes to power merely because of those conditions.** Social injustice, always exploited by communism, has usually contributed in Latin America to the rise of non-communist leftist popular movements, such as the Cuban Revolutionary Party (Auténticos) and the Cuban People's Party (Ortodoxos), but never to a popular triumph of communism. Fidel Castro is communizing Cuba after taking over all the sources of power, with an absolute control of force, propaganda and economy, against the will of the Cuban people. Cubans fought the Batista dictatorship in search of representative democracy, freedom, justice, the 1940 Constitution and even greater socio-economic progress. **Regardless of exploitation and underdevelopment, in no country of the world has communism attained power by the will of the people, but forcibly by a minority, allegedly acting in the name of the people and by force of arms.** Even after more than two years of all-out communist propaganda, Castro is so convinced he does not have the majority of the Cuban people with him that he has officially ruled out elections.

It is not true to state that the way to avoid the establishment of a communist dictatorship or to bring about its downfall is by teaching the people that social reforms are compatible with democratic institutions. There are examples of such compatibility in many countries of the Free World, which enjoy an advanced social justice and representative democratic regimes, and these teachings have not arrested the world-wide expansion of communism. **Leninism is essentially the doctrine of taking and maintaining power by means of force and once a communist party attains it or is in the process of taking over, it can only be contained by force. A force, needless to say, that would be at the service of Law, Social Justice with Liberty and Progress. But we must not forget that Law, Justice and Liberty cannot bring about the downfall of communism already in a position of power merely through their prestige.**

5. International Law currently ruling the Western Hemisphere, and more specifically, the Charter of the Organization of American States of 1948, the Inter-American Treaty of Mutual Assistance or Rio de Janeiro Treaty of 1947, the 1954 Declaration of Caracas and the Declarations of Chile and San José of 1959 and 1960, respectively, **not only make possible but rather demand the joint action of the American countries against communist regimes such as Cuba's.** It is perhaps to protect their Munich-like conclusions that the American professors avoid the label of communist for Castro's regime.

6. By the very use of force, which so repels the American professors, Castro has suppressed the rights and freedoms of Cubans; he has expelled most of the members of the Supreme Court and of the Judicial Administration; he has totally suppressed the freedom of thought and expression, controlling the press, radio and television; he has taken over all private enter-

219

DOC. 14-4B

above the world market price amounted to more than 400 million dollars. This amount, practically donated to Castro, can hardly be called economic aggression. **IT WOULD RATHER SEEM THAT THE UNITED STATES FINANCED THE CUBAN REVOLUTION WITH A GIFT IN EXCESS OF 400 MILLION DOLLARS.**

Furthermore, the malicious and unfounded accusations and world-wide libelous propaganda campaign against the United States, blaming this country for the explosion of the ship "La Coubre" and for the so-called "bombardment" of Havana, as well as the numerous expropriations without any compensation of American properties, preceded the first American measure against Castro's interests: The suppression of the preferential sugar quota, a suppression that was practically requested by the then president of the National Bank of Cuba, Major Ernesto Guevara, who said the quota was a means of oppression and servitude used by "Yankee imperialism".

3. Fidel Castro and part of the core of the 26th of July Movement were communists to begin with. Some of the non-communist Cuban revolutionaries who served in the government for a certain time were under the mistaken notion that Fidel Castro himself was not communistic in his thinking, while others, like the distinguished American professors, believed Fidel Castro would rectify his ways and give up communism. Needless to say, this has hardly been the case. There are several reasons for this confusion about Castro's communist affiliation. It is well known that not all communists are card-carrying, notorious members of the official party. Then there are different shades of communism: Stalin's, Khrushchev's, Mao's, Tito's, etc. There are no fundamental differences of ideology, but rather of tactics.

prises with the exception of minor undertakings; he persecutes religion, jailing and expelling priests, and leaving thousands of persons in large areas without spiritual assistance; **he has executed more than a thousand Cubans and continues to do so;** he has incarcerated under unbelievable conditions more than 100,000 persons; he has taken over all schools and institutions of learning, using them for a systematic brain-washing; he has violated the autonomy of the official Universities and has taken over all public and private universities, including the prestigious and bicentenary University of Havana; he has expelled practically all the professors, taking away their university positions because they were not willing to submit their independence of thought and follow the government line; he has suppressed the freedom of labor unions and has done away with the social conquests of the workers, who today find themselves at the mercy of an only and all-powerful master, the State; he has enslaved the peasants, forcing them into comunes under military rule; he has deprived the Cubans of their rights to self-determination by suppressing elections. He is denying Cubans the traditional American rights, the right to life, freedom and the pursuit of happiness. **DO THE DISTINGUISHED PROFESSORS ASK OF THE AMERICAN GOVERNMENT THAT IT ACT WITH UNDERSTANDING TOWARD ALL THESE HORRORS?**

It is rather depressing to see that the internal use of force by Fidel Castro, as executor of the armed fist of International Communism, has not deserved the condemnation of the distinguished American professors, who have written neither an open nor a closed letter to Mr. Castro asking of him a minimum of respect for the rights and dignity of man.

May 17th, 1961.

ROBERTO AGRAMONTE
Professor of Sociology
School of Law, University of Havana

PEDRO VICENTE AJA
Assistant Professor Summer School
University of Havana

LUIS AGUILAR LEON
Professor of Philosophy
University of Oriente

AGUSTIN AGUIRRE
Professor of Mortgage Law
School of Law, University of Havana

OLGA AGUIRRE
Professor of Radiology
School of Medicine
University of Havana

JOSE R. ALVAREZ DIAZ
Professor of Economics
Former Dean of the Faculty of Economics and of the Faculty of Commercial Science
University of Havana

M. ALVAREZ MIARI
Adjunct Professor of Urology
University of Havana

ANTONIO ALVAREZ PEDROSO
Assistant Professor of History of America and Modern History
University of Havana

JORGE ANDRES
Professor of Mathematics
University of Havana

RAFAEL J. BALLESTERO, M. D.
Professor of Pharmacology
School of Medicine
University of Havana

LUIS A. BARALT
Dean, Faculty of Philosophy
University of Havana

RAUL E. BERTRAN
Instructor of Otolaryngology
University of Havana

JORGE A. BETANCOURT, ENG.
Professor of Sugar Machinery
University of Havana

AMAURY P. BETANCOURT
Assistant Dean Faculty of Banking
University of de la Salle

ALBERTO BLANCO
Professor of Civil Law
School of Law, University of Havana

ANDRES BLANCO
Professor of the Faculty of Education
University of Havana

ERNESTO E. BLANCO
Head of Department
Mechanical Engineering
University of Vilanova, Havana

ARACELI CALDERIN
Professor of Botany
University of Havana

ALVARO C. CARRERAS
Professor of Strength of Materials
University of Vilanova, Havana, Cuba

MARTHA DE CASTRO
Professor of History of Art
Faculty of Philosophy
University of Havana

JOSE J. CENTURION, M. D.
Professor and Chairman in Medicine
University of Havana
Member of the Executive Board
School of Medicine
Former Governor and Fellow of American College of Physicians

LILIA CERVERA
Professor of Community Organization
Institute of Social Work
University of Havana

EFREN CORDOVA
Professor of Labor Legislation
School of Law, University of Havana

MANUEL J. COYA
Professor of Economics
University of Vilanova, Havana

ALFREDO CRUCET BERNAL
Professor of Surgery
Medical School
University of Havana

GUSTAVO CUERVO RUBIO, M. D.
Professor of Gynecology
University of Havana

MARIANO DIAZ
Professor of Obstetrics
University of Havana

CRISTOBAL DIAZ AYALA
Professor of Social Sciences
University of Havana

TOMAS DURAN-QUEVEDO
Professor of Physiology
School of Medicine
University of Vilanova, Havana, Cuba

RAUL ECHENIQUE, M. D.
Professor of Pharmacology
School of Medicine
University of Havana

ESTRELLA FAJARDO
Professor of Psychology
University of Las Villas

RAFAEL FONT
Professor of Statistics
School of Business
University of Vilanova, Havana

FERNANDO FREYRE DE ANDRADE
Professor of Civil Procedure
School of Law, University of Havana

MERCEDES GARCIA TUDURI
Professor of Philosophy
University of Vilanova, Havana, Cuba

ROSAURA GARCIA TUDURI
Professor of Aesthetics
University of Vilanova, Havana, Cuba

CARLOS E. GASTON
Professor of Cooperatives
Institute of Social Science
University of Vilanova, Havana, Cuba

MARIO O. GONZALEZ
Professor of Mathematics
University of Havana

JOSE M. GUTIERREZ
Former Dean of School of Education
University of Havana

ROBERTO E. HERNANDEZ MORALES
Professor of Mercantile Law
School of Business Administration
University of La Salle

JOSE M. ILLAN
Professor of Public Finance
School of Commercial Sciences
University of La Salle

JOSE R. LASTRA, M. D
Associate Professor of Surgery
University of Havana
Fellow of the American College of Surgeons

JORGE MANACH
Professor of Philosophy History
School of Philosophy
University of Havana

EDILBERTO MARBAN
Professor of History
University of Havana

BERNARDO MARISTANY
Professor of Metallurgy
University of Vilanova, Havana, Cuba

RAUL MENA, M. D., D. D. S.
Dean of Dental School
Professor of Oral Hygiene
University of Havana

EDUARDO R. MORENO
Dean Business School
Vilanova University

V. PARDO CASTELLO
Professor of Dermatology
Medical School
University of Havana

FERMIN F. PEINADO
Political Theory Professor at
The University of Oriente

DRA. ISABEL PEREZ FARFANTE
Professor of Natural Sciences
School of Sciences
University of Havana

LUIS F. PEREZ MARTINEZ, M. D.
Professor of Ophthalmology
University of Havana

HUMBERTO PINERA LLERA
Professor of Logic
and Theory of Knowledge
Faculty of Philosophy
University of Havana

DR. HERMINO PORTELL VILLA
Professor of History
School of Philosophy
University of Havana

JOSE PORTUONDO Y DE CASTRO
Professor of Criminal Procedure
School of Law, University of Havana
Judge of the Supreme Court

JUAN M. PORTUONDO, M. D.
Professor of Medicine
Former President of the University
Hospital Board
Member of the Economic Council of the University
University of Havana

NICOLAS PUENTE DUANY
Professor of Pathology
Director of Radium Institute
Cancer Center, Medical School
University of Havana

JOSE I. RASCO
Professor of History
University of Vilanova, Havana

AGUSTIN A. RECIO
Professor of Electric Machinery
University of Havana

ROSARIO REXACH
Professor of Sociology
University of Havana

ANTONIO C. RIUS
Assistant Professor
School of Medicine
University of Havana

RAMIRO DE LA RIVA
Professor of Physiology
School of Medicine
University of Havana

ROBERTO G. RIVERA
Professor of Sugar Technology
School of Agricultural and Chemical Engineering, University of Havana

HECTOR ROCAMORA, M. D.
Professor of Obstetrics and Gynecology
University of Havana

L. F. RODRIGUEZ MOLINA
Professor of Urology
University of Havana

OSCAR ROMERO JORDAN
Instructor of Dermatology
School of Medicine
University of Havana

MARGARITA RODRIGUEZ ORMAZA
Professor of Mathematics
University of Havana

FRANCISCO SALA
Professor of Business Mathematics and Statistics, Business Faculty of the University of Vilanova, Havana, Cuba

RICARDO B. SARDINA
Professor of Sugar Law
Summer School
University of Havana

INES SEGURA BUSTAMANTE
Professor of Psychology
University of Havana

JOSE SUST
Professor of Highways
School of Engineering
University of Havana

OFELIA TABARES
Professor of Principles of Economics
University of Vilanova, Havana, Cuba

ROGELIO DE LA TORRE
Professor of Civil Procedure
School of Law, University of Havana

ARMANDO TRIANA
Professor of Publicity
University of Las Villas

ANDRES VALDESPINO
Professor of Criminal Procedure
School of Law, University of Havana

RUBEN DE VELASCO, M. D.
Professor of Physiology
School of Medicine
University of Havana

ANGEL VIETA, M. D.
Professor of Histology & Embryology
Former Dean, School of Medicine
University of Havana

FERNANDO A. ZAYAS
Professor of Analytical Chemistry
University of Havana

GERARDO CANET
Professor of Geography
School of Philosophy
University of Havana

This advertisement has been paid for by voluntary contributions
University of Havana Faculty Members In Exile
Huntington Medical Building (Apt. 209), Miami, Fla.

DOC. 14-5

— Profesores de la Universidad de La Habana actualmente profesando en la Universidad de Puerto Rico — Para el anuncio del "New York Times" en respuesta a los profs. de Harvard

Dr. Jorge Mañach,
Prof. Historia de la Filosofía,
Universidad de la Habana

Dr. Alberto Blanco,
Prof. de Derecho Civil, Universidad de la Habana.

Dr. Efrena Córdova,
Prof. de Derecho Laboral
Universidad de la Habana.

Dr. Roberto Agramonte,
Prof. de Sociología, Universidad Habana.

Dr. Pedro Vicente Aja,
Prof. Asistente Escuela de Verano, Universidad de la Habana.

Dr. Agustín Aguirre,
Ex-Decano, Facultad de Derecho,
Universidad de la Habana.

JOSE J. CENTURION, M.D.
Professor and Chairman in Medicine
University of Havana
Member of the Executive Board
School of Medicine
Former Governor and Fellow of the
American College of Physicians

ROGELIO DE LA TORRE
Professor of Civil Procedure
University of Havana

FERMIN F. PEINADO
Political Theory Professor at
the University of Oriente

JOSE M. GUTIERREZ
Former Dean of School of Education
University of Havana

RICARDO R. SARDIÑA
Professor of Sugar Law.
Summer Schoold.-
University of Havana

OFELIA TABARES
Professor of Principles of Economics
University of Vilanova.- Havana, Cuba.

ROBERTO E. HERNANDEZ MORALES
Professor of Mercantile Law
School of Business Administrarion
University of La Salle

C.P. JOSE M. ILLAN
Professor of Public Finance
School of Commercial Sciences
University of La Salle

FERNANDO A. ZAYAS
Professor of Analytical Chemistry
University of Havana

JORGE A. BETANCOURT, ENG.
Professor of Sugar Machinery
University of Havana

DOC. 14-6

ANTONIO ALVAREZ PEDROSO
Assistant Professor of
History of America and
Modern History
University of Havana

NICOLAS PUENTE DUANY
Professor of Pathology
Director of Radium Institute
Cancer Center
Medical School   University of Havana

TOMAS DURAN-QUEVEDO
Professor of Physiology
School of Medicine
University of Havana

ROBERTO G. RIVERA
Professor of Sugar Technology
School of Agricultural and Chemical
Engineering.- University of Havana

Rubén de Velasco
Professor of Physiology
School of Medicine
University of Havana

JOSE R. ALVAREZ DIAZ
Professor of Economics
Former Dean of the Faculty of
Economics and of the Faculty of
Commercial Science
University of Havana

MARIANO DIAZ
Professor of Obstetrics
University of Havana

MERCEDES GARCIA TUDURI
Professor of Philosophy
University of Vilanova, Havana, Cuba.

ROSAURA GARCIA TUDURI
Professor of Aesthetics
University of Vilanova,
Havana, Cuba

AMAURY P. BETANCOURT
Assistant Dean Faculty of Banking
University de La Salle

OSCAR ROMERO JORDAN
Instructor of Dermatholy
School of Medicine
University of Havana

BERNARDO MARISTANY, ENG.
PROFESSOR OF METALLURGY
UNIVERSITY OF VILANOVA
HAVANA, CUBA

FRANCISCO SALA
PROFESSOR OF BUSINESS MATHEMATICS AND
STATISTICS.- BUSINESS FACULTY OF THE
UNIVERSITY OF VILANOVA.- HAVANA, CUBA

ANDRES BLANCO
PROFESSOR OF THE FACULTY OF EDUCATION
UNIVERSITY OF HAVANA

ANTONIO C. RIUS
ASSISTANT PROFESSOR
SCHOOL OF MEDICINE
UNIVERSITY OF HAVANA

RAUL E. BERTRAN
INSTRUCTOR OF OTOLARYNGOLOGY
UNIVERSITY OF HAVANA

DOC. 14-7

ANGEL VIETA, M.D.
Professor of Histology and Embriology
Former Dean, School of Medicine
University of Havana

GUSTAVO CUERVO RUBIO, M.D.
Professor of Ginecology
University of Havana

HECTOR ROCAMORA, M.D.
Professor Obstetric and Ginecology
University of Havana

JUAN M. PORTUONDO, M.D.
PROFESSOR OF MEDICINE
FORMER PRESIDENT OF THE UNIVERSITY HOSPITAL BOARD.
MEMBER OF THE ECONOMIC COUNCIL OF THE UNIVERSITY.

JOSE PORTUONDO Y DE CASTRO
PROFESSOR OF CRIMINAL PROCEDURE
JUDGE OF THE SUPREME COURT

RAFAEL J. BALLESTERO, M.D.
Professor of Pharmacology
School of Medicine
University of Havana

RAMIRO DE LA RIVA
Professor of Physiology
School of Medicine
University of Havana

V. PARDO CASTELLO
Professor of Dermatology
Medical School
University of Havana

LILIA CERVERA
Professor of Community Organisation
Institute of Social Work,
University of Havana

JOSE S. LASTRA, M.D.
Associate Professor of Surgery,
University of Havana
Fellow of the American College of Surgeons.

JOSE SUST
Professor of Highways
University of Havana

AGUSTIN A. RECIO, E.E.
Professor of Electric Machinery
University of Havana

RAUL MENA, M.D. D.D.S.
Dean of Dental School
Professor of Oral Hygiene
University of Havana

LUIS F. PEREZ MARTINEZ, M.D.
Professor of Ophthalmology
University of Havana

M. ALVAREZ MIARI
Adjunct Professor of Urology
University of Havana

DOC. 14-8

CARLOS E. GASTON
Professor of Cooperatives
Institute of Social Science
University of Vilanova, Havana, Cuba.

ALVARO C. CARRERAS
Professor of Strength of Materials
University of Vilanova, Havana, CUBA

MARTHA DE CASTRO
PROFESSOR OF HISTORY OF ART
FACULTY OF PHILOSOPHY
UNIVERSITY OF HAVANA

LUIS AGUILAR LEON
PROFESSOR OF PHILOSOPHY
UNIVERSITY OF ORIENTE

L. F. RODRIGUEZ MOLINA
PROFESSOR OF UROLOGY
UNIVERSITY OF HAVANA

MANUEL J. COYA
PROFESSOR OF ECONOMICS
UNIVERSITY OF VILANOVA, HAVANA

JOSE I. RASCO
PROFESSOR OF HISTORY
UNIVERSITY OF VILANOVA, HAVANA

MARGARITA RODRIGUEZ ORMAZA
PROFESSOR OF MATHEMATICS
UNIVERSITY OF HAVANA

INES SEGURA BUSTAMANTE
PROFESSOR OF PSICHOLOGY
UNIVERSITY OF HAVANA

ARMANDO TRIANA
PROFESSOR OF PUBLICITY
UNIVERSITY OF LAS VILLAS

ESTRELLA FAJARDO
PROFESSOR OF PSICHOLOGY
UNIVERSITY OF LAS VILLAS

CRISTOBAL DIAZ AYALA
PROFESSOR OF SOCIAL SCIENCES
UNIVERSITY OF HAVANA

MARIO O. GONZALEZ
PROFESSOR OF MATHEMATICS
UNIVERSITY OF HAVANA

ARACELI CALDERIN
PROFESSOR OF BOTANY
UNIVERSITY OF HAVANA

JORGE ANDRES
PROFESSOR OF MATHEMATICS
UNIVERSITY OF HAVANA

EDILBERTO MARBAN
PROFESSOR OF HISTORY
UNIVERSITY OF HAVANA

DOC. 14-9

TOMAS DURAN-QUEVEDO
Professor of Physiology
School of Medicine
University of Havana

Rubén de Velasco
Professor of Physiology
School of Medicine
University of Havana

MARIANO DIAZ
Professor of Obstetrics
University of Havana

OSCAR ROMERO JORDAN
Instructor of Dermatholy
School of Medicine
University of Havana

RAUL ECHENIQUE, M.D.
PROFESSOR OF PHARMACOLOGY
SCHOOL OF MEDICINE
UNIVERSITY OF HAVANA

ROSARIO REXACH
Professor of Sociology
School of Philosophy
UNIVERSITY OF HAVANA

ROBERTO G. RIVERA
Professor of Sugar Technology
School of Agricultural and Chemical
Engineering - University of Havana

JOSE R. ALVAREZ DIAZ
Professor of Economics
Former Dean of the Faculty of
Economics and of the Faculty of
Commercial Science
University of Havana

BERNARDO MARISTANY, ENG.
PROFESSOR OF METALLURGY
UNIVERSITY OF VILANOVA
HAVANA, CUBA

DOCTORS HOSPITAL
EAST END AVENUE AT 87TH STREET
NEW YORK 28, N. Y.

Dr Alfredo Crucet Bernal.-
Profesor Instructor de la Cátedra
de Cirujía de la Universidad
de la Habana.-

SHELF 509—5-6-7-8 COL.   DOC. 14-10

AN OPEN LETTER

TO THE HARVARD PROFESSORS

And Members Of Other Faculties who signed the Statement on Cuba which appeared in the New York Times on May 10, 1961

Twenty-three years after MUNICH, the same policy of appeasement followed toward Hitler, which led to war and destruction, is being now advocated toward totalitarian communism by a group of North American professors.

The history of the post-war *period* amply shows that it is just as disastrous to appease totalitarian communism as it was to appease totalitarian Nazism. Due to this policy of appeasement toward Russia, democracy and freedom suffered the loss of Eastern Europe. Due to the policy of appeasement and enticement toward those whom some distinguished North American specialists labeled "agrarian reformers" China was lost. On the other hand, if there still is a present and a future for democracy and freedom in Greece, South Korea, the Philippines and Lebanon, it is because in these countries communist aggression was met with firmness.

The learned professors from Boston arrive at their recommendation for appeasement through certain misconceptions and oversights.

1. First of all, nowhere do they refer to Fidel Castro's regime as communistic. They mention his "particular brand of social revolution" and they endorse the fourth recommendation of the resolution adopted by the Cuba Protest Meeting held at Harvard University on April 26, 1961, which apparently describes it as a "totalitarian nationalism." However, the economic, social and political structure of Castro's Cuba closely follows the Marxist-Leninist pattern of communization. Mister Fidel Castro, Major Ernesto Guevara and the Cuban ambassador to Russia, Mister Faure Chomon, have been explicit enough: Mister Castro has recently declared that his regime is the first socialist republic of America; Mister Guevara more than a year ago described the Cuban revolution as Marxist; Mister Faure Chomon has precisely defined it as communism. The Cuban leaders say that their revolution is communism and its structure and functioning bear them out. THE BOSTON PROFESSORS DO NOT SEEM TO BELIEVE WHAT THE CUBAN LEADERS HAVE PUBLICLY STATED.

2. Secondly, although they do not call Castro's regime communistic, they accept its dependence on the communist bloc. But this dependency is attributed to the mistaken policy followed by the Government of the United States. Thus their supposed American economic aggression is blamed for the communist orientation followed by Castro. This is not so.

The anti-Americanism of Castro's communism was shown in the very beginning of the Sierra Maestra by their insulting expressions and the kidnapping of American citizens. As of the first of January, 1959, the day Batista fled Cuba, violently anti-American mimeographed literature was used for the indoctrination of the civilian section of the 26th of July Movement.

Economically, contrary to what the distinguished American professors seem to state, the United States continued to provide for Cuba the necessary merchandise and services, even though payments were not forthcoming. This continued for a year and a half. The Cubans owed then more than 200 million dollars to the United States. Yet the United States continued to buy Cuban sugar at preferential prices. The distinguished American professors should be informed that the total owed in merchandise received and not paid for, added to the amount paid to Cuba for its sugar above the world market price amounted to more than 400 million dollars. This amount, practically donated to Castro, can hardly be called economic aggression. IT WOULD RATHER SEEM THAT, THE UNITED STATES FINANCED THE CUBAN REVOLUTION WITH A GIFT IN EXCESS OF 400 MILLION DOLLARS.

Furthermore, the malicious and unfounded accusations and world-wide libelous propaganda campaign against the United States, blaming this country for the explosion of the ship "La Coubre" and for the so-called "bombardment" of Havana, as well as the numerous expropriations without any compensation of American properties, preceded the first American measure against Castro's interests. The suppression of the preferential sugar quota, a suppression that was practically requested by the then president of the National Bank of Cuba, Major Ernesto Guevara, who said the quota was a means of oppression and servitude used by "Yankee imperialism".

3. Fidel Castro and part of the core of the 26th of July Movement were communists to begin with. Some of the non-communist Cuban revolutionaries who served in the government for a certain time were under the mistaken notion that Fidel Castro himself was not communistic in his thinking, while others, like the distinguished American professors, believed Fidel Castro would rectify his ways and give up communism. Needless to say, this has hardly been the case. There are several reasons for this confusion about Castro's communist affiliation. It is well known that not all communists are card-carrying, notorious members of the official party. Then there are different shades of communism: Stalin's, Khrushchev's, Mao's, Tito's, etc. There are no fundamental differences of ideology, but rather of tactics.

Under a cloak of pseudo-democratic verbiage, the communizing process of Cuba proceeded speedily and deceitfully. Mr. Blas Roca, the traditional leader of Cuban communism, has called this process "revolutionary cunning, historical cunning, the people's cunning".

4. The North American professors seem to forget the fact that communist countries do not abandon communism just because they might establish or maintain commercial relations with nations of the free world, i.e., China and Yugoslavia. They also seem to forget that although it may be true that communism feeds on unjust social conditions, just like any other form of radicalism, it is historically inexact to postulate that communism comes to power merely because of those conditions. Social injustice, always exploited by communism, has usually contributed in Latin America to the rise of non-communist leftist popular movements, such as the Cuban Revolutionary Party (Auténticos) and the Cuban People's Party (Ortodoxos), but never to a popular triumph of communism. Fidel Castro is communizing Cuba after taking over all the sources of power, with an absolute control of force, propaganda and economy, against the will of the Cuban people. Cubans fought the Batista dictatorship in search of representative democracy, freedom, justice, the 1940 Constitution and even greater socio-economic progress. Regardless of exploitation and underdevelopment, in no country of the world has communism attained power by the will of the people, but forcibly by a minority, allegedly acting in the name of the people and by force of arms. Even after more than two years of all-out communist propaganda, Castro is so convinced he does not have the majority of the Cuban people with him that he has officially ruled out elections.

It is not true to state that the way to avoid the establishment of a communist dictatorship or to bring about its downfall is by teaching the people that social reforms are compatible with democratic institutions. There are examples of such compatibility in many countries of the Free World, which enjoy an advanced social justice and representative democratic regimes, and these teachings have not arrested the world-wide expansion of communism. Leninism is essentially the doctrine of taking and maintaining power by means of force and once a communist party attains it or is in the process of taking over, it can only be contained by force. A force, needless to say, that would be at the service of Law, Social Justice with Liberty and Progress. But we must not forget that Law, Justice and Liberty cannot bring about the downfall of communism already in a position of power merely through their prestige.

5. International Law currently ruling the Western Hemisphere, and more specifically, the Charter of the Organization of American States of 1948, the Inter-American Treaty of Mutual Assistance or Rio de Janeiro Treaty of 1947, the 1954 Declaration of Caracas and the Declarations of Chile and San José of 1959 and 1960, respectively, not only make possible but rather demand the joint action of the American countries against communist regimes such as Cuba's. It is perhaps to protect their Munich-like conclusions that the American professors avoid the label of communist for Castro's regime.

6. By the very use of force, which so repels the American professors, Castro has suppressed the rights and freedoms of Cubans: he has expelled most of the members of the Supreme Court and of the Judicial Administration; he has totally suppressed the freedom of thought and expression, controlling the press, radio and television; he has taken over all private enterprises with the exception of minor undertakings; he persecutes religion, jailing and expelling priests, and leaving thousands of persons in large areas without spiritual assistance; he has executed more than a thousand Cubans and continues to do so; he has incarcerated under unbelievable conditions more than 100,000 persons; he has taken over all schools and institutions of learning, using them for a systematic brain-washing; he has violated the autonomy of the official Universities and has taken over all public and private universities, including the prestigious and bicentenary University of Havana. He has expelled practically all the professors, taking away their university positions because they were not willing to submit their independence of thought and follow the government line; he has suppressed the freedom of labor unions and has done away with the vocal conquests of the workers, who today find themselves at the mercy of an only and all-powerful master, the State; he has enslaved the peasants, forcing them into communes under military rule; he has deprived the Cubans of their rights to self-determination by suppressing elections. He is denying Cubans the traditional American rights, the right to life, freedom and the pursuit of happiness. DO THE DISTINGUISHED PROFESSORS ASK OF THE AMERICAN GOVERNMENT THAT IT ACT WITH UNDERSTANDING TOWARD ALL THESE HORRORS?

It is rather depressing to see that the internal use of force by Fidel Castro, as executor of the armed fist of International Communism, has not deserved the condemnation of the distinguished American professors, who have written neither an open nor a closed letter to Mr. Castro asking of him a minimum of respect for the rights and dignity of man.

May 17th, 1961.

ROBERTO AGRAMONTE, Professor of Sociology, School of Law, University of Havana
PEDRO VICENTE AJA, Assistant Professor Summer School, University of Havana
LUIS AGUILAR LEON, Professor of Philosophy, University of Oriente
AGUSTIN AGUIRRE, Professor of Mortgage Law, School of Law, University of Havana
OLGA AGUIRRE, Professor of Radiology, University of Havana
JOSE R. ALVAREZ DIAZ, Professor of Economics, Former Dean of the Faculty of Economics and of the Faculty of Commercial Science, University of Havana
M. ALVAREZ MIARI, Adjunct Professor of Urology, University of Havana
ANTONIO ALVAREZ PEDROSO, Assistant Professor of History of America and Modern History, University of Havana
JORGE ANDRES, Professor of Mathematics, University of Havana
RAFAEL J. BALLESTEROS, M. D., Professor of Pharmacology, University of Havana
LUIS A. BARALT, Dean, Faculty of Philosophy, University of Havana
RAUL E. BERTRAN, Instructor of Otolaryngology, University of Havana
JORGE A. BETANCOURT, ENG., School of Agricultural Machinery, University of Havana
AMAURY F. BETANCOURT, Assistant Prof. Faculty of Banking, University de La Salle
ALBERTO BLANCO, Professor of Civil Law, School of Law, University of Havana
ANDRES BLANCO, Professor of the Faculty of Education, University of Havana

ARACELI CALDERIN, Professor of Botany, University of Havana
ALVARO C. CARRERAS, Professor of Strength of Materials, University of Villanova, Havana, Cuba
MARTHA DE CASTRO, Professor of History of Art, Faculty of Philosophy
JOSE J. CENTURION, M. D., Professor and Chairman in Medicine, University of Havana, Member of the Executive Board, School of Medicine, Former Governor and Fellow of American College of Physicians
LILIA CERVERA, Professor of Community Organization, Institute of Social Work, University of Havana
EFREN COPDOVA, Professor of Labor Legislation, School of Law, University of Havana
MANUEL J. COYA, Professor of Economics, University of Villanova, Havana
ALFREDO CRUCET BERNAL, Professor of Surgery, Medical School
GUSTAVO CUERVO RUBIO, M. D., Professor of Gynecology, University of Havana
MARIANO DIAZ, Professor of Obstetrics
CRISTOBAL DIAZ AYALA, Professor of Social Science, University of Havana
TOMAS DURAN-QUEVEDO, Professor of Physiology, School of Medicine, University of Havana
RAUL ESCHENIQUE M. D., Professor of Pharmacology, School of Medicine, University de La Salle
ESTRELLA FAJARDO, Professor of Psychology, University of Las Villas
RAFAEL FONT, Professor of Statistics, School of Business, University of Villanova, Havana

FERNANDO FREYRE DE ANDRADE, Professor of Civil Procedure, School of Law, University of Havana
MERCEDES GARCIA TUDURI, Professor of Philosophy, University of Villanova, Havana, Cuba
ROSAURA GARCIA TUDURI, Professor of Aesthetics, University of Villanova, Havana, Cuba
CARLOS E. GASTON, Professor of Cooperatives, Institute of Social Science, University of Villanova, Havana, Cuba
MARIO O. GONZALEZ, Professor of Mathematics, University of Havana
JOSE M. GUTIERREZ, Former Dean of School of Education, University of Havana
ROBERTO E. HERNANDEZ MORALES, Professor of Mercantile Law, School of Business Administration, University of La Salle
JOSE M. ILLAN, Professor of Public Finance, School of Commercial Sciences, University of La Salle
JOSE S. LASTRA, M. D., Associate Professor of Surgery, University of Havana, Fellow of the American College of Surgeons
JORGE MAÑACH, Professor of Philosophy History, School of Philosophy
EDILBERTO MARBAN, Professor of History
BERNARDO MARISTANY, Professor of Metallurgy, University of Villanova, Havana, Cuba
RAUL MENA M. D., D. D. S., Dean of Dental School, Professor of Oral Hygiene, University of Havana
EDUARDO R. MORENO, Dean Business School, Villanova University
V. PARDO CASTELLO, Professor of Dermatology, Medical School
RAMIRO DE LA RIVA, Professor of Physiology, School of Medicine, University of Havana

FERMIN F. PEINADO, Political Theory Professor at School of Law, University of Oriente
DRA. ISABEL PEREZ FARFANTE, Professor of Natural Sciences, School of Sciences, University of Havana
LUIS F. PEREZ MARTINEZ, M. D., Professor of Ophthalmology, University of Havana
HUMBERTO PIÑERA LLERA, Professor of Logic and Theory of Knowledge, Faculty of Philosophy, University of Havana
DR. HERMINO PORTELL VILA, Professor of History, School of Philosophy, University of Havana
JOSE PORTUONDO Y DE CASTRO, Professor of Criminal Procedure, School of Law, University of Havana, Judge of the Supreme Court
JUAN M. PORTUONDO, M. D., Professor of Medicine, Former President of the University Hospital Board, Member of the Economic Council of the University
NICOLAS PUENTE DUANY, Professor of Pathology, Director of Radium Institute, Cancer Center, Medical School
JOSE I. RASCO, Professor of History, University of Villanova, Havana
AGUSTIN A. RECIO, Professor of Electric Machinery, University of Villanova, Havana, Cuba
ROSARIO REXACH, Professor of Sociology, School of Medicine, University of Havana
ANTONIO C. RIUS, Professor of Medicine, School of Medicine, University of Havana

ROBERTO G. RIVERA, Professor of Sugar Technology, School of Law, University of Oriente
HECTOR ROCAMORA, M. D., Professor of Obstetrics and Gynecology, University of Havana
L. F. RODRIGUEZ MOLINA, Professor of Urology, University of Havana
OSCAR ROMERO JORDAN, Instructor of Dermatology, School of Medicine, University of Havana
MARGARITA RODRIGUEZ ORMAZA, Professor of Mathematics, University of Havana
FRANCISCO SALA, Professor of Business Mathematics and Statistics, Business Faculty of the University of Villanova, Havana, Cuba
RICARDO R. SARDIÑA, Professor of Sugar Law, University of Havana
INES SEGURA BUSTAMANTE, Professor of Psychology, University of Havana
JOSE SUNT, Professor of Highways, School of Engineering, University of Havana
OFELIA TARAFES, Professor of Principles of Economics, University of Villanova, Havana, Cuba
ROGELIO DE LA TORRE, Professor of Civil Procedure, University of Havana
ARMANDO TRIANA, Professor of Publicity, University of Las Villas
ANDRES VALDESPINO, Professor of Criminal Procedure, School of Law, University of Havana
RUBEN DE VELASCO, M. D., Professor of Physiology, School of Medicine, University of Havana
ANGEL VIETA, M. D., Professor of Histology & Embryology, Former Dean, School of Medicine, University of Havana
FERNANDO A. ZAYAS, Professor of Analytical Chemistry, University of Havana

CUBAN REVOLUTIONARY COUNCIL, 1034 Michigan Avenue, Miami Beach, Fla.

Ernesto E. Blanco
Head of Department of
Mechanical Engineering
University of Vilanova, Havana

226

Gerardo Canet
Professor of Geography
School of Philosophy
University of Havana

DOC. 14-11

MAX BERKING INC.

ADVERTISING MARKETING 50 EAST 42ND STREET NEW YORK 17, NEW YORK OXFORD 7-7140

Received from
Mr. William Munder*
the sum of $2856 (two
thousand eight hundred
and fifty-six dollars)
for the N Y Times ad on
May 18 1961

Max Berking
May 17 1961

* representing the Cuban Revolutionary Council

DOC. 14-12

Harper's MAGAZINE

"LISTEN, YANKEE"
The Cuban Case Against the United States

C. WRIGHT MILLS

C. Wright Mills, Professor of Sociology at Columbia University, and author of such books as *The Power Elite* and *The Sociological Imagination*, visited Cuba last August and made an intensive study of its revolution. Using a wire-recorder, he spent three eighteen-hour days with Fidel Castro, interviewed many of the principal government officials, and spoke to hundreds of Cubans while traveling the length of the island. The article which follows draws on these conversations and attempts to present a composite viewpoint of the Cuban revolutionary. (It will be included in Mr. Mills' book entitled *Listen, Yankee* to be published shortly by McGraw-Hill and Ballantine.) The message Mr. Mills puts in the mouth of the Cubans is, in effect, a piece of propaganda—uncritical, emotional, oblivious of the faults of the Castro regime. But, while criticism of that regime is widely published in America, the revolutionary élan which brought it into power and supports it is little understood; and it is something we must confront if we are to deal responsibly with Cuba and Latin America.

THIS article reflects the mood and the contents of my discussions with revolutionaries in Cuba during August. But it is about more than Cuba. For Cuba's voice today is a voice of the hungry-nation bloc, and the Cuban revolutionary is now speaking—most effectively—in the name of many people in that bloc. In Asia, in Africa, as well as in Latin America, the people behind this voice are becoming articulate; they are becoming strong in a kind of fury they've never known before. As nations, they are young. To them, the world is new.

No matter what you may think of it, no matter what I think of it—Cuba's voice is a voice that must be heard in the United States of America. Yet it has not been heard. It must now be heard because the United States is too powerful, its responsibilities to the world and to itself are too great, for its people not to be able to listen to every voice of the hungry world.

If we do not listen to them, if we do not hear them well, we face all the perils of ignorance—and with these, the perils of disastrous mistakes. Some of the mistakes of ignorance have already been made, in our name, by the United States government—and with disastrous consequences everywhere in the world, for the image and for the future of the United States. But perhaps it is not too late for us to listen—and to act.

My major aim is to present the voice of the Cuban revolutionary; I have taken up this aim because of its absurd absence from the news of Cuba available in the United States today. You will not find here *The Whole Truth About Cuba*, nor "an objective appraisal of the Cuban revolution." I do not believe it is possible for anyone to carry out such an appraisal today. The true story of the Cuban revolution, in all its meaning, will have to wait until some Cuban, who has been part of it all, finds the universal

Copyright © 1960 by C. Wright Mills

228

DOC. 14-13

Cuando el superintendente Frye y la señorita Arruebarrena anunciaron su compromiso, muchos lo consideraron un símbolo de los beneficios de la escuela de verano y del intercambio cultural entre los dos pueblos

Aunque muchos de los maestros deseaban quedarse en los Estados Unidos, todos retornaron a Cuba para divulgar los beneficios de la escuela de verano

Un grupo de maestras cubanas con el superintendente Frye

Maestros cubanos de Matanzas y Santiago de Cuba

DOC. 14-14

1.300 MAESTROS CUBANOS EN BOSTON

EDWARD D. FITCHEN

EN EL AÑO DE 1900, con la llegada del verano, 1.300 maestros cubanos emprendieron viaje a los Estados Unidos para estudiar en la Universidad de Harvard y visitar la región nordeste del país. En un momento en que los dirigentes cubanos y los norteamericanos estaban empeñados en la tarea de establecer lo que habrían de ser las relaciones permanentes entre ambas naciones, tal escuela de verano en Harvard contribuyó grandemente al fomento de la amistad que habría de ligarlas.

Este experimento, único en la historia de las relaciones culturales interamericanas, se vio realizado con el mejor éxito, gracias al interés de los propios maestros y los funcionarios educacionales cubanos bajo la orientación de Alexis Everett Frye, superintendente de Escuelas de Cuba. El presidente de Harvard, Charles W. Eliot y el pueblo norteamericano recibieron a los cubanos con los brazos abiertos y aquel evento se convirtió en uno de los más importantes de la historia social de Boston.

Frye, bien conocido geógrafo y educador, había sido enviado a Cuba como parte del empeño de organizar un sistema escolar que pusiera fin a la caótica situación en que se encontraba la educación en la isla al terminar su guerra con España. En efecto, durante cuatro siglos de dominación hispánica, varias leyes habían puesto en vigor en la colonia los códigos educacionales de la península, pero no habían fructificado en el establecimiento de un sistema de escuelas públicas. Por otra parte, durante los primeros años de la intervención militar de los Estados Unidos en Cuba, los funcionarios norteamericanos y cubanos, antes de emprender re-

Alexis Everett Frye, superintendente de escuelas de Cuba, concibió la idea de una escuela cubana de verano en Harvard, proyecto que él mismo llevó a cabo

Charles William Eliot, presidente de la Universidad de Harvard durante cuarenta años, se encargó del hospedaje y atención de los maestros cubanos durante su estadía en Boston

13

DOC. 14-15

Aula de la escuela de El Pocito, una de las 3,500 establecidas bajo la superintendencia de Frye

Una típica escuela para niñas en La Playa, barriada de La Habana

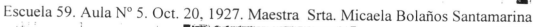

Escuela 59. Aula Nº 5. Oct. 20, 1927. Maestra Srta. Micaela Bolaños Santamarina

DOC. 14-16A

REUNION
Boletín del Instituto de Estudios Cubanos

N.° 101-102   Septiembre-Octubre de 1977

Sobre los «derechos humanos»
Por Jorge I. DOMINGUEZ

Durante los últimos meses, ha habido un aumento del volumen de discusión sobre el tema de los derechos humanos. Sin embargo, las características de esta discusión siguen siendo las mismas. Primero, es una discusión con alto contenido ideológico, en que cada participante en el debate parece siempre insistir en "su" definición preferida, a exclusión de otras. Segundo, es una discusión cuyos fines son frecuentemente el insulto y el desprestigio del opositor más que un compromiso de tratar de mejorar la condición de los derechos humanos en determinados países. Tanto en el caso de la administración del Presidente Carter en los EE.UU., como en las respuestas de los gobiernos víctimas de sus críticas, se comprueban estas observaciones. Y se comprueban específicamente en el caso de Cuba.

La administración norteamericana actual, como sus predecesores, insiste que en Cuba hay una amplia violación de los derechos humanos, que son definidos exclusivamente en términos de libertades públicas de democracias liberales, tales como libertad de prensa, ausencia de presos políticos, libertad de formar grupos opositores de manera efectiva, y temas similares. El gobierno cubano responde que es el único que ha cumplido con los derechos humanos, garantizándole a los ciudadanos la posibilidad de vivir decentemente y trabajar: se arguye no sólo que gobiernos anteriores cubanos no cumplieron con estos requisitos fundamentales, sino también que los Estados Unidos actualmente no los cumplen por las grandes desigualdades económicas, sociales y raciales que existen. Aquellos voceros de la emigración cubana que a veces participan en este diálogo entre sordos normalmente subrayan la

- La administración norteamericana actual, como sus predecesores, insiste que en Cuba hay una amplia violación de los derechos humanos, que son definidos exclusivamente en términos de libertades públicas de democracias liberales.

- Es inútil, imprudente y sin base internacional el adoptar una definición de derechos humanos que excluya a una gran proporción de valores reconocidos como tal en muchos países.

- Los estudios que he hecho sobre Cuba me llevan a la conclusión que el gobierno actualmente —aunque no en años anteriores— satisface prácticamente todos los requisitos de un gobierno que cumple con aquellos valores que yo personalmente considero más importantes dentro del esquema amplio que uso para estudiar los derechos humanos.

misma posición del actual gobierno norteamericano en estos temas.

Curiosamente, el único documento de aceptación más o menos general sobre el tema de los derechos humanos incluye tanto los que se pueden llamar derechos civiles y políticos, como los que se pueden llamar derechos económicos y sociales. La Declaración Universal sobre los Derechos Humanos de las Naciones Unidas no excluye ni lo uno ni lo otro. Dentro de la experiencia cubana, es importante notar la gran similitud de contenido formal entre las partes doctrinarias de las Constituciones de 1940 y de 1976 sobre muchos de estos temas. Específicamente, los llamados derechos económicos y sociales son parte de ambas. Aunque la Constitución de 1976 limita la aplicación de los llamados derechos civiles y políticos porque entroniza al partido comunista en el texto constitucional, hay sin embargo un extenso catálogo de esos derechos dentro de estas limitaciones formales y, desde luego, también de hecho.

Otra de las características de las discusiones sobre los derechos humanos es la montaña de libros y artículos inútiles No conozco ningún otro tipo de tema sobre el que se haya escrito tanto sin decir nada. Uno de los más recientes contribuyentes a esta producción intelectualmente estéril he sido yo, y me permito un anuncio comercial de un libro que está por publicarse por McGraw-Hill Book Co. en New York, patrocinado por el "1980s Project" del "Council on Foreign Relations". El libro (*Human Rights and International Relations*) tiene por lo menos la ventaja de que la mayoría de los trabajos —incluyendo el mío— fueron escritos antes de la inauguración del Pre-

Editor: Manuel Fernández, Augusto González Besada, 24, bajo C, Madrid-30, España.

DOC. 14-16B

Sobre los "derechos humanos"

sidente Carter. Hay cuatro trabajos. El mío discute las fórmulas alternativas de pensar sobre el tema, y presenta un esquema, basado en la Declaración Universal, que permita codificar y analizar la experiencia concreta de cada país sobre todos los derechos humanos que se identifican; se aplica entonces ese esquema a dos países (Cuba y México) y a cuatro problemas en un conjunto de unas tres docenas de países en todos los continentes (mortalidad infantil, esclavitud, tortura y prisión por motivos políticos). Otro trabajo, de Nigel Rodley, que trabaja con "Amnesty International", propone nuevos métodos para mejorar las instituciones internacionales que se dedican a vigilar por estos derechos. Ben Whitaker, del "Minority Rights Groups", escribe sobre regímenes de discriminación y terror, y examina la posibilidad de intervención internacional contra ellos. Finalmente, el Profesor Richard Falk, de la Universidad de Princeton, concluye con ciertas prescripciones. La finalidad

* El gobierno cubano sigue mereciendo la crítica por la violación de otros derechos humanos, sobre todo los llamados derechos civiles y políticos.

del libro, por lo tanto, no es el debatir aspectos legales o diplomáticos sobre los derechos humanos, sino analizar formas concretas de evaluar la situación de los derechos humanos, y de mejorar las instituciones que existen y que se podrían crear.

Quiero concluir con dos observaciones sacadas de mi propio trabajo. Primero, me parece necesario recalcar una vez más que es inútil, imprudente y sin base internacional el adoptar una definición de derechos humanos que excluya a una gran proporción de valores reconocidos como tal en muchos países. Es por ello que disiento de la política del gobierno de Carter que evidentemente le da más valor al derecho de la libertad de prensa, por ejemplo, mientras que no reconoce dentro del marco de "derecho humano" el derecho a comer. Por ello el esquema con el cual he trabajado utiliza una definición amplia y no excluyente de esos derechos. Sin embargo, todos tenemos nuestras jerarquías de valores, y yo tengo la mía. Yo considero más importantes aquellos derechos humanos ligados directamente a la vida de la persona. Me impresiona por ello un gobierno que sea capaz no sólo de reducir la mortalidad infantil sino también que no torture ni fusile. Ciertos derechos humanos, como la distribución más o menos equitativa de oportunidades y de resultados, o como el derecho de crear partidos políticos de oposición, son para mí menos importante que los primeros, aunque no estoy dispuesto a eximir de la crítica a un gobierno que no respete a estos derechos humanos, aunque no sean los derechos más fundamentales.

Segundo, los estudios que he hecho sobre Cuba me llevan a la conclusión que el gobierno actualmente —aunque no en años anteriores— satisface prácticamente todos los requisitos de un gobierno que cumple con aquellos valores que yo personalmente considero más importantes dentro del esquema amplio que uso para estudiar los derechos humanos. Aparte de la salvedad histórica, siguen habiendo sin embargo ciertos problemas contemporáneos. Aunque ya no hay datos convincentes de tortura —la aplicación sistemática y rutinaria del dolor extremo para obtener información o forzar un cambio de actitud y de comportamiento— siguen habiendo reportes verídicos de muy malas condiciones en las prisiones cubanas, y de casos de brutalidad en las relaciones entre guardias y prisioneros. Además, los procedimientos usados en la llamada "rehabilitación" de prisioneros en algunos casos se aproximan a la definición de tortura psicológica. Estos casos parecen ser aislados, y no parte de una política gubernamental. Finalmente, de más está repetir de nuevo que el gobierno cubano, creo yo, sigue mereciendo la crítica por la violación

* Sería una gran tragedia si el nuevo volumen de la crítica —en muchos casos polémica, partidaria y a veces ignorante— interrumpiera o retardara los cambios beneficiosos que han estado ocurriendo en Cuba en los últimos años.

de otros derechos humanos, sobre todo los llamados derechos civiles y políticos. Los resultados en Cuba sobre algunas investigaciones sobre el número de los presos políticos, por ejemplo, indican que la duración de la prisión política en Cuba es extraordinaria a nivel comparativo —mucho peor no sólo que en la experiencia del Brasil o Chile en los últimos años, sino peor también que la experiencia de varios países de Europa oriental. A pesar de estas críticas, por necesarias que sean, termino anotando la curiosa contradicción —quizás no tan curiosa— que las críticas contra el gobierno cubano por su política sobre derechos humanos han aumentado precisamente cuando los resultados en Cuba han mejorado, no sólo en términos sociales y económicos, sino también en términos de derechos civiles y políticos (aunque mucho falta por hacer). Sería una gran tragedia si el nuevo volumen de la crítica —en muchos casos, polémica, partidaria, y a veces ignorante— interrumpiera o retardara los cambios beneficiosos que han estado ocurriendo en Cuba en los últimos años.

DOC. 14-17
Derechos humanos formales y reales

Por Manuel FERNANDEZ

El artículo de Jorge Domínguez "Sobre los 'derechos humanos'" incita a la reflexión y, como en ocasión anterior, a que sea completado su razonamiento. He aquí las consideraciones que a mí me ha sugerido:

1.º Hay una instancia suprema para dirimir las disputas: los *derechos humanos* mismos, independientemente de su formulación en tal o cual documento o declaración, o de su contexto en una doctrina política determinada. Está demostrado que liberales y marxistas de buena fe pueden llegar a estar de acuerdo en una serie de *derechos humanos* fundamentales para la convivencia armónica.

2.º Es inútil centrar el debate en si las leyes escritas reconocen o no esos *derechos*; lo importante es saber si en la realidad cotidiana son respetados. Ciertamente hay muchos libros y artículos inútiles sobre el tema; pero es porque se limitan a un tratamiento "académico". Lo que no es inútil son los testimonios que cada día conocemos de las personas y colectividades víctimas de la falta de *derechos humanos* fundamentales, porque ellos estimulan nuestra solidaridad y la lucha a su favor. No sólo hay que discutir en abstracto sobre este tema: hay que exigir que se cumplan esos *derechos* en cada caso concreto en que sean ignorados.

3.º Los *derechos humanos* no son intercambiables; están estrechamente interrelacionados y no se podría separar alguno de ellos sin dejarlos inermes. Ciertamente hay *derechos* que atañen a cuestiones vitales de la existencia como son la comida, el vestido y la habitación; pero ¿cómo salvaguardar esos *derechos* si no existe a la vez el *derecho* a la denuncia pública de su falta mediante la libertad de expresión? Y ¿cómo un gobierno sabrá cuáles son las necesidades reales si no hay canales de participación democrática en la gestión pública? No hay administración tan inmaculada que no caiga en corrupciones que merezcan ser denunciadas y combatidas. Y no hay gobernante tan eficaz y probo que no deba ser sustituido.

4.º El momento en que la situación de Cuba haya mejorado en cuanto a la satisfacción de las mínimas exigencias vitales, hará sólo crecer el apremio de reclamar las restantes, no menos valiosas, porque sería monstruoso reducir las necesidades del ser humano a las de simple supervivencia y productividad, como si fuese un vegetal.

5.º No es cierto que las críticas al régimen cubano tengan siempre por objeto interrumpir el proceso revolucionario. Al contrario, se ha demostrado que la falta de crítica interna no ha hecho más que propiciar la comisión de graves errores que han retrasado el proceso económico-social emprendido. En cambio, es evidente que algunos críticos autorizados desde el exterior (Dumont, Karol, por ejemplo) han provocado importantes rectificaciones positivas, aunque esto no se haya reconocido explícitamente.

6.º No se sabe aún si la actitud en favor de los *derechos humanos* de la Administración Carter tendrá efectos favorables. Pero está claro que no hay que bajar la guardia en la reclamación de esos *derechos*, sea en Rhodesia o Mozambique; en Rusia o Irlanda; en Filipinas o Vietnam; en el Líbano o Bangladesh; en EE.UU. o Haití; en Chile o en Cuba. Con todas sus consecuencias.

REUNION
Boletín del Instituto de Estudios Cubanos

N.º 103-104   Noviembre-Diciembre de 1977

Cuba, los derechos humanos y Jorge Domínguez

Por Carlos Alberto MONTANER

En el número 101-102 de *Reunión* el profesor Domínguez anota dos sorprendentes observaciones que me permito resumir: **primero**, rechaza por "inútil e imprudente" cualquier definición de los Derechos Humanos, como la que aporta el Gobierno de Carter, que excluya los derechos "sociales y económicos" en beneficio de los "políticos y civiles". La definición de los D. H. concebida por Carter "le da más valor a la libertad de prensa (que al) derecho a comer" (sic). **Segundo**, Domínguez asegura que el Gobierno de Cuba "actualmente satisface prácticamente todos los requisitos de un gobierno que cumple con aquellos valores que yo —él— considero más importantes dentro del esquema amplio que uso para estudiar los Derechos Humanos". Y luego equilibra el extraño hallazgo con una serie de lo que llama "problemas contemporáneos", como maltratos a los prisioneros, torturas sicológicas, condenas desproporcionadas; pero, al cabo, teme que "el nuevo volumen de la crítica" sobre la violación a los Derechos Humanos en Cuba, pueda interrumpir o retardar los cambios beneficiosos que —según él— han estado ocurriendo en Cuba en los últimos años.

Me parece evidente que el profesor de Harvard ha caído en la trampa de suponer que el dudoso acatamiento de los "Derechos Sociales y Económicos", de alguna manera no explicada, mitiga el incumplimiento de los "Civiles y Políticos". Y es curioso que Domínguez llegue a estas conclusiones cuando ese razonamiento ha sido definitivamente desacreditado no sólo por el pensamiento liberal, sino por una buena parte del pensamiento marxista: los eurocomunistas. Un preso político machacado, es un preso político machacado en Praga, La Habana o Santiago de Chile, y no hay escuela, hospital o puesto de trabajo que le sirva de coartada. Y esto no lo digo yo, sino Berlinguer, Carrillo, Marchais más todo el pensamiento liberal de Occidente. Resulta paradójico que en medio de la desestalinización del marxismo occidental, el liberalismo asuma los sofismas estalinistas.

Es probable que en las denuncias de Carter, Amnesty o la Comisión de Derechos Humanos de la OEA se ponga el acento sobre los Derechos Humanos "políticos y civiles", pero en modo alguno eso invalida la monstruosidad de las violaciones y la necesidad de que se corrijan. Con toda seguridad una denuncia norteamericana sobre la violación del "Derecho a Comer" (sic) de los chilenos no va a aumentar el régimen calórico de ese pueblo, pero esa misma denuncia sobre los Derechos Humanos "políticos y civiles" puede servir para desmantelar la DINA y vaciar las cárceles. Esas "inútiles e imprudentes" denuncias

---

• Resulta paradójico que en medio de la desestalinización del marxismo occidental, el liberalismo asuma los sofismas estalinistas.

• Es probable que en las denuncias de Carter, Amnesty o la Comisión de Derechos Humanos de la OEA se ponga el acento sobre los Derechos Humanos "políticos y civiles", pero en modo alguno eso invalida la monstruosidad de las violaciones y la necesidad de que se corrijan.

• En Cuba hay tantas violaciones de los Derechos Humanos como necesita la dictadura para mantenerse en el poder. Si en el principio hubo más fusilamientos, abusos y maltratos, fue porque la resistencia resultó más vigorosa.

• No estoy muy convencido de la eficacia de la crítica para forzar la mano del régimen, pero si no podemos evitar los crímenes, por lo menos denunciémoslos a voz en cuello.

Editor: Manuel Fernández, Augusto González Besada, 24, bajo C, Madrid-30, España.

—entre otros factores— pueden conseguir el gobierno de la mayoría negra en Rodesia y la salvación de numerosas vidas.

Me sorprende, además, que el Profesor Domínguez dé por válida y por valiosa la existencia en Cuba del vidrioso "Derecho al Trabajo", cuando lo que efectivamente existe es la **obligación de trabajar**, so pena de encarcelamiento, en el lugar que determine el Estado, por el tiempo que éste disponga y por el sueldo que unilateralmente fije. ¿Pudiera el profesor Domínguez explicarnos, en la próxima entrega de **Reunión**, cómo diablos se le puede llamar "derecho" a esas relaciones laborales?

La segunda afirmación de Domínguez también me resulta pasmosamente ingenua. Decir que en Cuba se respetan los Derechos Humanos y luego dar una lista impresionante de horrorosas "excepciones" casi me parece una broma macabra. En Cuba hay tantas violaciones de los Derechos Humanos como necesita la dictadura para mantenerse en el poder. Si en el principio hubo más fusilamientos, abusos y maltratos, fue porque en el principio la resistencia resultó más vigorosa. Esa trayectoria hacia el respeto a los Derechos Humanos que cree detectar el señor Domínguez está en relación directa con la obediencia, la sumisión y el fatalista acatamiento a un régimen que ha resultado implacable e inconmovible. No hacía falta diseñar una complicada *tabla-de-cumplimiento-de-los-Derechos-Humanos* —un dictadurómetro, supongo— para llegar a la fatigada conclusión de que las dictaduras ceden en su rigor con los años y con el afianzamiento. No era lo mismo Stalin en 1935 que en 1952, ni Franco en 1940 que en 1975, ni Pinochet en 1973 que en 1977, ni Fidel Castro, por supuesto, en 1961 que en 1977. Hay menos fusilamientos, cárceles y maltratos, porque el pueblo cubano obedece callado y temeroso. ¿Para qué maltratar al que obedece? Sería cruelmente absurdo que el régimen continuara hostigando a una población inerme y silenciosa. Esas "excepciones" que Domínguez llama "problemas contemporáneos" —la brutalidad de los guardias, la tortura sicológica, la condición inhumana de las prisiones— no son realmente "excepciones", sino vivas reminiscencias del trato que ha merecido la oposición; claros y despiadados ejemplos de cómo enfrenta el régimen a los que no se someten. Si hoy las violaciones a los Derechos Humanos son menos, es porque la oposición ha sido diezmada. Estoy convencido de que si el profesor Domínguez aplicara su *tabla-para-medir-respeto-a-los-Derechos-Humanos* a la sociedad dominicana de 1961, encontraría un régimen seráfico, tranquilo, con elecciones y tribunales, y con "sólo" algunos crímenes excepcionales. ¿Valida la sumisión dominicana de 1961 la intrínseca barbarie del trujillismo? En Cuba, dentro de diez o veinte años, cuando hayan muerto los últimos presidiarios, cuando el régimen haya barrido con cualquier forma de disidencia, estoy melancólicamente convencido que el dictadurómetro del profesor Domínguez reflejará una inalterable quietud, sin percatarse de que lo que mide no es el respeto del gobierno a los Derechos Humanos, y ni siquiera el rigor que éste ejerce, sino la patética sujeción de los gobernados.

Tampoco —y por último— me parece lógico el temor de Domínguez a que la crítica interrumpa o retarde los "cambios benéficos". No estoy muy convencido de la eficacia de la crítica para forzar la mano del régimen, pero si no podemos evitar los crímenes, por lo menos denunciémoslos a voz en cuello. Sería el colmo prestar nuestro silencio a esas reiteradas canalladas.

REUNION
Boletín del Instituto de Estudios Cubanos

N.º 107-108 — Marzo-Abril de 1978

Todos los derechos deben ser respetados
(RESPUESTA A CARLOS ALBERTO MONTANER)
Por Jorge I. DOMINGUEZ

En el número 103-104 de *Reunión*, Carlos Alberto Montaner, con su usual brío y elocuencia, asevera que yo pude haber caído en el estalinismo. Montaner dice que yo he caído "en la trampa de suponer que el dudoso acatamiento de los 'derechos sociales y económicos', de alguna manera no explicada, mitiga el incumplimiento de los 'civiles y políticos' ".

Yo dije precisamente lo contrario. Dije, creía claramente, que "me impresiona un gobierno que sea capaz no sólo de reducir la mortalidad infantil sino también que no torture ni fusile". Lo uno no mitiga a lo otro; ambos son necesarios para que un gobierno "me impresione". Añadía más adelante que ciertos derechos humanos, tanto económicos y sociales relacionados con la distribución de los recursos como algunos derechos civiles y políticos, tenían en mi opinión menor importancia que los relacionados directamente con el derecho a la vida. Pero subrayaba inmediatamente que "no estoy dispuesto a eximir de la crítica a un gobierno que no respete estos derechos humanos, aunque no sean los derechos fundamentales".

Comentando específicamente el caso cubano, anotaba la diferencia necesaria entre lo que ocurrió a principios de la década pasada y lo que ocurre ahora. Pensando que alguien no entendiera bien, recalqué de nuevo: "Finalmente, de más está repetir de nuevo que el gobierno cubano, creo yo, sigue mereciendo la crítica por la violación de otros derechos humanos, sobre todo los llamados civiles y políticos". Espero que quede claro —si no estaba ya— que la realización de ciertos derechos no justifica ni el incumplimiento ni la violación de otros, cualesquiera que fueren los unos y los otros.

Dejando de lado la lectura quizás un poco rápida que Montaner le dio a mi

****

- La realización de ciertos derechos no justifica ni el incumplimiento ni la violación de otros.

- En Cuba existe un régimen político autoritario, con el cual yo tengo una serie de desacuerdos fundamentales.

- ¿Debemos denunciar lo que no nos gusta y callarnos cuando ocurre algo que no requiere ser denunciado?

- El gobierno cubano actual ha logrado satisfacer ciertos derechos fundamentales en una forma impresionante.

****

artículo anterior, hay, sin embargo, un tema más interesante a discutir. Yo creo que Montaner y yo estamos de acuerdo sobre muchas cosas. Espero que él esté dispuesto a admitir que a mí no me agrada que a nadie le saquen las uñas. Yo sé que él tiene un compromiso importante a favor de mantener y mejorar las condiciones sociales y económicas donde eso sea necesario. Partiendo, por lo tanto, de un acuerdo mínimo, y creo que de un respeto mutuo, podemos discutir un tema específico.

Yo no encuentro ninguna contradicción en la coexistencia de dos aspectos de la realidad cubana. Uno es que en Cuba existe un régimen político autoritario, con el cual yo tengo una serie de desacuerdos fundamentales, algunos de los cuales mencioné brevísimamente en mi artículo anterior. El otro aspecto de esa misma y compleja realidad es que este régimen político ha logrado una serie de cosas las cuales merecen mi aplauso. Yo creo que Montaner está en desacuerdo con lo último, y sería interesante que él estuviese dispuesto a continuar esta discusión. ¿Cuál es el deber de un intelectual? ¿Debemos denunciar lo que no nos gusta y callarnos cuando ocurre algo que no requiere ser denunciado? ¿Debe un intelectual identificar también lo loable?

Tampoco encuentro ninguna contradicción entre decir que en Cuba se respetan ciertos derechos humanos fundamentales, mientras que se violan otros. Eso no creo sea señal de ingenuidad sino que refleja una realidad compleja, en que ocurren ambas cosas. Montaner pone entre comillas la palabra "excepciones" cuando se refiere a mi discusión de los aspectos autoritarios del régimen actual en Cuba. Yo no usé esa palabra, ni creo tampoco que los aspectos políticos autoritarios en el sistema

(Pasa a la página 8)

Editor: Manuel Fernández, Augusto González Besada, 24, bajo C, Madrid-30, España.

TODOS LOS DERECHOS DEBEN SER RESPETADOS
(Viene de la página 1)

político cubano sean una excepción. Son por el contrario, una parte esencial de ese sistema político. Sí dije —y repito— que ha habido un cambio en la práctica de la tortura, definida como la aplicación sistemática y rutinaria del dolor extremo para obtener información o forzar un cambio de actitud y de comportamiento. Los casos de tortura que ocurren aún —condenables, como lo son indudablemente— "parecen ser aislados, y no parte de una política gubernamental".

En resumen, la primera diferencia que identificó Montaner no existe. El pensaba que yo justificaría la violación de los derechos civiles y políticos si se cumplen otros derechos sociales y económicos. Indique entonces, y lo he repetido ahora, que lo uno no justifica a lo otro, ni exime de la crítica a un gobierno que proceda a violar los derechos humanos. Y vale la pena señalar que, sobre el tema de los prisioneros políticos, creo que mis "denuncias" para usar la palabra de Montaner, no han sido menos que las suyas.

La segunda diferencia sí creo que es real. Yo considero parte de mi deber como intelectual señalar lo que me guste y lo que no me guste: en concreto, aunque tengo más diferencias que convergencias con el gobierno cubano actual, creo que cierta honradez intelectual requiere que indique que este gobierno ha logrado satisfacer ciertos derechos humanos fundamentales en una forma impresionante. La posición de Montaner parece ser que un gobierno que haya violado ciertos derechos humanos no debe recibir ningún aplauso bajo ninguna circunstancia, aunque lo merezca, aunque los hechos sean ciertos.

REUNION
Boletín del Instituto de Estudios Cubanos

Núm. 113-114 — Septiembre-Octubre de 1978

LOS LOGROS Y LOS CRIMENES

Por Carlos Alberto MONTANER

Con un imperdonable retraso regreso a la polémica con Jorge Domínguez, con el único objeto de puntualizar algo que me parece importante: ¿debe, un intelectual honesto, ignorar los logros de la revolución cubana a la hora de enjuiciar lo que allí ocurre? La pregunta me la hizo el admirado Domínguez en un número reciente de **Reunión.**

La respuesta no es fácil porque los *logros* de la revolución (admitamos que se han eliminado los pordioseros y que han aumentado notablemente las escuelas y hospitales) son siempre las coartadas que el régimen esgrime para justificar la represión, los abusos y la implantación de la dictadura. Los "logros" son el *"sí, pero"* de la revolución. El chantaje moral para justificarlo todo.

¿Debe un intelectual honesto, ignorar los logros del nacional socialismo a la hora de enjuiciar el período alemán de 1931 a 1939? ¿Debe, un intelectual honesto, ignorar los logros del trujillismo (el que conozca la historia dominicana no le sorprenderá saber que *sí* hubo logros) a la hora de enjuiciar la satrapía de ese caballero?

A mí se me hace evidente, amigo Domínguez, que los logros del castrismo pesan muchísimo menos que sus faltas. A fin de cuentas Costa Rica, Uruguay, Argentina, Chile, Trinidad, Puerto Rico, Barbados, Jamaica, también educan a sus niños o cuidan a sus enfermos, y a nadie se le ocurre formular un juicio general sobre los estados libres asociados, las democracias representativas, las dictaduras militares o las simples colonias, por ese dato. El juicio ético discurre por otras latitudes.

En otras palabras: no dudo que la educación de los niños o la salud de todos sean una constante preocupación del gobierno (casi no hay estado responsable en que no ocurra esto). Pero escolarización y salud se han convertido en las cortinas de humo que tiende La Habana para ocultar la naturaleza represiva del régimen. Hagamos, pues, la pregunta de otra forma: ¿Debe un intelectual honesto, hacerle el juego a Hitler subrayando el fin de la inflación alemana, a Trujillo recalcando que dio origen al surgimiento de unas clases medias, o a Franco acreditándole la paz y el impresionante progreso de España durante sus cuarenta años? Es un problema de foco: ¿dónde se hurga, qué se mira a la hora de pasar balance? Sí: en Cuba hay logros, pero esos logros no deben distraer la atención de los crímenes.

"Mire a la derecha, tome otro tabaco; y vea nuestra magnífica nueva escuela..."

Editor: Manuel Fernández, Augusto González Besada, 24, bajo C, Madrid-30, España.

CAPÍTULO 15

LA PROSTITUCIÓN

Por medio de la prensa y otros sistemas de divulgación pública o académica se ha reiterado *in aeternum* las mentiras que Castro ha propagado con el fin de justificar sus acciones. Una de ellas es que Cuba era un perverso centro de prostitución. El profesor de sociología de Columbia University, C. Wright Mills, autor de *"Listen Yankee!" The Cuban Case Against the U. S.*, afirma en su artículo de *Harper's Magazine* que en Cuba todas las mujeres de 13 a 14 años de edad en adelante eran putas. Esta afirmación del susodicho profesor es prueba fehaciente de su ignorancia de nuevo "converso" a la "teología" castrista. Cualquier ciudadano de buena fe que haya conocido la Cuba anterior a Castro sabe que la prostitución en la Habana no era un escándalo público. Los periodistas o profesores que escriben sobre Cuba conocen perfectamente que la prostitución es universal, que no fue inventada en la Cuba precastrista ni que era una lacra cubana. Entonces, ¿por qué insultar a todos los cubanos propagando las mentiras castristas? Para ayudar a Castro, para justificar sus crímenes.

En algunos países europeos la prostitución está legalizada y regulada por el gobierno. En Cuba estaba prohibida, y las mujeres no acostumbraban a buscar negocios en las calles. En general, las rameras recibían a sus clientes en sus casas. En la Habana eran conocidas dos casas que se dedicaban a este negocio. Una de ellas estaba en la calle Crespo Nº 33, otra era la de una señora conocida con el nombre de Marina. El volumen del negocio ilícito de mujeres en Cuba no era grande. Yo he visto más prostitutas en las calles de París, la capital de Francia, o en New York, donde he residido más de un tercio de siglo, que en la Habana, donde nací y viví toda mi vida hasta que Castro me obligó al destierro. Una tarde yo estaba sentado en mi automóvil enfrente de la famosa tienda Bloomingdale's, en Manhattan, esperando a mi esposa, y una hetaira vino a ofrecerme sus servicios. Todos los escritores y comentaristas que favorecen a Castro conocen esto y mucho más, pero no lo dicen y reiteran *ad nauseam* la falsedad propagada por el tirano.

¿Por qué no se divulga que en la Cuba de Castro la prostitución se ha centuplicado y que a esas infelices mujeres forzadas por Castro a ese negocio por el hambre que él ha generalizado en todo el país se les llama ahora "jineteras"? ¿Por qué no se acusa a Castro de haber creado esta lamentable situación? ¿Por qué no se reprueba que los hombres de negocios de España, México, Canadá y otros países que hacen extraños tratos mercantiles e industriales con Castro a base de la explotación de los obreros cubanos son los que se aprovechan de esas desamparadas "jineteras" por migajas de comida? ¿Por qué no se denuncia y reprocha a Castro que uno de los alicientes secretos que su tiranía ofrece a sus selectos amigos "capitalistas" y a los turistas son las jóvenes "jineteras" que su tiranía ha creado? Pero la verdad empieza a abrirse paso. Tengo a la vista un artículo de 1995 de la revista *Cambio 16* de Madrid, España, sobre las "jineteras" castristas, que parece que subyugan a los "respetables" inversionistas de la península.

Aseverar que la Cuba anterior a Castro era un lupanar y que la de Castro es un modelo de virtudes es un engaño. Horrorizarse de que hubiese prostitución en Cuba antes de Castro es una hipocresía o una incultura que se puede subsanar recomendándole al que así piense o escriba que estudie el tema en un buen tratado. En todos los países y en todos los pueblos ha habido meretrices siempre. La legislación sobre la materia es universal y extensísima. Por ejemplo, ¿conocen esos ignorantes que defienden a Castro en esta materia que desde 1657 existía en Edo (que ahora se llama Tokío), en Japón, un distrito imperial de prostitución que se llamaba Yoshiwara, o sea, "zona de placer," con licencia del gobierno? ¿Y que ese distrito estaba amurallado y era famosísimo en los siglos XVII y XVIII, y era visitado por altos personajes, y que era amplio, lujoso, espléndido, con grandes paseos, luces y adornos? Ese distrito sobrevivió en las afueras de Tokío, aunque empobrecido y muy disminuido en prestigio, hasta el 9 de marzo de 1945 en que quedó destruido por las bombas incendiarias de los aviones estadounidenses durante la Segunda Guerra Mundial.

Es un insulto a los proscriptos exagerar la prostitución en Cuba antes de Castro. A esos mal intencionados o incultos les recomiendo que lean los siguientes libros. *The History of Prostitution from Antiquity to the Present Day* (1954) por G. R. Scott. *The Second Oldest Profession* (1931) por B. L. Reitman. *Prostitution in Europe* (1914) por Abraham Flexner. *Prostitution in the United States* (1921) por H. B. Woolston. *Materials Concerning Prostitution and Its Control in Japan* (1957) del Ministerio de Justicia del Japón. La Cuba anterior a Castro no fue nunca un país visitado específicamente por los turistas por su prostitución. En el presente existe más prostitución en Cuba que antes de Castro, y ha sido provocada por las escaseces de todo género creadas por su tiranía.

CAPÍTULO 16

LA ECONOMÍA. LA EXPLOTACIÓN DE LOS TRABAJADORES. LOS PIONEROS. JOSÉ ÁLVAREZ-DÍAZ. JOSÉ A. MESTRE. LUIS V. MANRARA. SERAFÍN G. MENOCAL.

Otra falsedad que se itera por los medios de comunicación y algunos intelectuales desde que Castro usurpó el gobierno es que en Cuba se explotaba a los trabajadores, que los salarios eran de miseria, que el país era una colonia explotada bellacamente, ruinmente por los Estados Unidos, que Cuba era una factoría de los norteamericanos, que la nación era paupérrima, etc. La verdad es que Cuba, a pesar de haber comenzado como república libre en 1902, medio siglo después, cuando Castro capturó el poder, había progresado en sólo 56 años más que todas las colonias de Hispanoamérica que se convirtieron en naciones libres casi un siglo antes, alrededor de 1820.

En Cuba teníamos las leyes obreras y sociales más avanzadas de las Américas—incluyendo a los Estados Unidos. Recordemos la ley del 50% de empleos exclusivamente para los cubanos, la de la jornada de no más de 8 horas, la de descanso retribuido, la de maternidad obrera, la de inamovilidad en el empleo, la del seguro de accidentes del trabajo, la concerniente al trabajo y aprendizaje de menores, la de permanencia rural para los campesinos y aparceros, las de salarios mínimos, la de los salarios de los trabajadores de la industria azucarera que se fijaban y fluctuaban de acuerdo con el precio del azúcar en el mercado mundial (era como si los trabajadores estuviesen asociados con los dueños), la del derecho a la huelga, la del derecho a la libre organización sindical, la relativa a la contratación colectiva. Los derechos de libre reunión, de libre asociación, de libre movimiento, de entrar y salir del país, etc. Esos derechos y leyes se fundamentaban en la constitución cubana. Se necesitaba suspender las garantías constitucionales para restringir los derechos de los ciudadanos..

Además, existían leyes de fondos de pensiones por industrias que se llamaban "Retiros." Por ejemplo, el Retiro Tabacalero, el Retiro Ferroviario, el Retiro Azucarero, etc. Era una forma de *Social Security* por industrias. También tenían sus fondos de jubilación (retiros) los profesionales: los abogados, los notarios, los médicos etc. Los miembros de la administración de justicia tenían su Ley de Jubilaciones y Pensiones del Poder Judicial. También se promulgó la ley de la moneda nacional, la del Banco Nacional, la del Banco de Fomento Agrícola e Industrial (BANFAIC), las de tarifas arancelarias, la del voto de la mujer, la de divorcio con disolución del vínculo matrimonial etc. Y se consiguió diplomáticamente la derogación de la Enmienda Platt.

La salubridad cubana era de las más avanzadas de toda la América de origen español o portugués. Cuba gozaba de abundantes hospitales, camas, médicos y enfermeras. Cuba había creado un sistema médico mutualista privado baratísimo y excepcional (véase el Capítulo 1, Asociación Médico-Quirúrgica El Sagrado Corazón). Sus tasas de enfermedades contagiosas eran mínimas.

La educación cubana se podía comparar con la de los más adelantados de los países de la América no anglosajona, como Argentina y Uruguay. Cuba tenía abundantes y famosas universidades, 21 Institutos de Segunda Enseñanza, 19 Escuelas Normales, 16 Escuelas del Hogar, 7 Escuelas de Artes Plásticas, 20 Escuelas de Comercio, la famosa Escuela de Pintura de San Alejandro. La educación pública era gratis. Además, existían excelentes colegios privados, como los de los jesuitas, de los hermanos De La Salle, los Salesianos, los Maristas, el Colegio Montori, el Colegio Baldor, el Colegio Alemán, Mercy Academy, el Colegio Teresiano, el Colegio de las Ursulinas, el Colegio del Sagrado Corazón, el Colegio La Luz, etc. La educación, la salubridad, los sistemas de transportes, los ferrocarriles, las carreteras, la aviación, la gran cantidad de periódicos de primera clase, la profusión de radios, televisores, automóviles, teléfonos, etc. eran de los mejores y más numerosos de la América luso-hispana. Y todo ello era parte de una economía pujante y en continuo progreso ascendente.

Las patrañas propagadas por Castro respecto a la economía, la educación, la salubridad, la pobreza, la prostitución, el gansterismo, la maffia y la injusticia social cubanas han sido elevadas a verdad inconcusa, incontrovertible e inconmovible por personeros de la prensa, la televisión y la intelectualidad académica que no quieren investigar, o que repiten las mentiras de Castro a tontas y a ciegas, o que les interesa desconocer el pasado de Cuba por razones particulares. ¿Por qué esta pereza periodística e intelectual? ¿Vagancia, hipocresía, marxismo-leninismo, el oro de Castro, o todo junto?

JOSÉ R. ÁLVAREZ-DÍAZ. UN ESTUDIO SOBRE CUBA.

Los cubanos han demostrado fehacientemente cuál era la situación económica de Cuba antes de Castro y la participación mayoritaria de los nativos en el progreso y la riqueza industrial y agrícola de la nación. José R. Álvarez-Díaz, fue profesor de la Universidad de la Habana y Ministro de Hacienda de la Cuba libre, y dirigió en el exilio un erudito estudio económico como Presidente del Grupo Cubano de Investigaciones Económicas de la Universidad de Miami, Miami, la Florida. Estúdiese ese exhaustivo trabajo académico, científico, de especialistas universitarios de primera clase que no basan sus conclusiones en 54 relampagueantes horas grabadas de conversaciones en tres días con Castro, como hizo el profesor C. Wright Mills de Columbia University, que no era economista sino sociólogo, en su libro *"Listen Yankee!" The Cuban Case Against U. S.*

Pero no se estudian los trabajos serios. En general, los comentaristas emplean estadísticas adulteradas por Castro. Examínese la *Gaceta de la República de Cuba* (periódico oficial donde se publicaban todas las leyes) para comprobar lo avanzada que estaba la legislación obrera y social en Cuba. Revísese la amplísima jurisprudencia obrera emanada de los recursos de alzada ante el presidente de la república y de los de apelación ante el Tribunal Supremo de Cuba en materia de legislación obrera y social. Cuba tenía ley de divorcio con disolución del vínculo matrimonial en 1918 (a los 16 años de fundada la república libre e independiente), mucho antes que la América no sajona y España se atreviesen a abordar ese problema. Tal parece que sólo se examinan los ucases de Castro y sus tergiversadas estadísticas, y que la república de Cuba no existía antes de Castro. Colecciones muy completas de la *Gaceta de la República de Cuba* existen en varias bibliotecas de los Estados Unidos y también en los grandes bufetes de la ciudad de New York.

Las leyes y la economía de la Cuba precastrista atestiguan que la república libre progresaba a un ritmo superior al de las otras naciones de origen español en América, y que Cuba era una de las tres más productoras y ricas. La república cubana avanzaba a pasos más ágiles que la vetusta España. Cuba había obtenido esos grandes logros en sólo 56 años de república independiente. Intelectualmente, Cuba no quedaba a la zaga de ninguna otra nación de lengua castellana. ¿Por qué maligno designio se pinta a la Cuba anterior a Castro como una nación de empobrecidos cafres que vivían de la prostitución y de los gángsters de los Estados Unidos?

El inusitado progreso de Cuba se debía a que se invertía y se manufacturaba con técnicas estadounidenses en el mundo de los negocios, que teníamos una legislación justa, que las leyes se cumplían, y que el cubano es inteligente, laborioso y emprendedor. Prueba: todos los cubanos que Castro ha desterrado han triunfado económica, artística o intelectualmente en los Estados Unidos y en todo el mundo. Esos exiliados remiten más de seiscientos millones de dólares al año a Cuba para auxiliar a familiares y amigos que se mueren de hambre en el "paraíso" de Castro. Lógicamente, ¿no debería ser al revés? ¿No deberían los cubanos "enriquecidos en el paraíso castrista" enviar su auxilio a los "infelices exiliados"? Si Castro no hubiese usurpado el poder hace 37 años, Cuba sería hoy el país más rico y progresista de la América de habla española.

JOSÉ A. MESTRE Y SIRVÉN. LA CUBA QUE CASTRO DESTRUYÓ.

En septiembre de 1961, el Dr. José Antonio Mestre y Sirvén publicó en New York, el primer estudio sobre la riqueza económica de Cuba antes de la llegada de Castro al poder. Lo tituló *The Cuba that Castro Destroyed* (ediciones en inglés y en español). Es un documento breve, veraz y exacto sobre la situación económica cubana antes del primero de enero de 1959. El Dr. Mestre prueba fehacientemente la riqueza que Castro destruyó. Los investigadores de la economía cubana que sólo oyen los cantos de sirena de Castro deberían examinar concienzuda e imparcialmente este estudio pionero del Dr. Mestre para conocer lo que Castró se robó y desbarató. Castro interrumpió y paralizó una economía en vuelo ascendente vertical hacia la plena riqueza nacional cubana.

LUIS V. MANRARA. THE TRUTH ABOUT CUBA COMMITEE.

Luis V. Manrara fundó en junio de 1961 The Truth About Cuba Committe Inc. que trabajó incansablemente durante una década para trasmitir y facilitar información fidedigna sobre Cuba. Este comité tenia corresponsales en 19 países y 22 capítulos en los Estados Unidos y Puerto Rico. Manrara publicó muchos trabajos sólidamente documentados, entre ellos, el libro *Betrayal Opened the Door to Russian Missiles in Red Cuba* (2da edición, marzo 1968 s.e. s.l.) y *Cuba Disproves the Myth that Poverty is the Cause of Communism.* (En el **DOCUMENTO 4-23** del Capítulo 4 he presentado un cuadro de The Truth About Cuba Commitee concerniente a estadísticas cubanas y prisiones y campos de concentración creados por Castro).

SERAFÍN G. MENOCAL. THE LESSONS THAT UNITED STATES CAN LEARN FROM CUBA.

El ingeniero Serafín.G. Menocal preparó un excelente trabajo titulado *The Lessons the United States Can Learn from Cuba,* y recorrió los Estados Unidos divulgando la verdad en los años de la década de 1960. Menocal presenta datos económicos fidedignos así como las tácticas de Castro para robarse una economía que no era de tercer mundo.

El mito de Castro no resiste las estadísticas verídicas, la legislación publicada en la *Gaceta de la República de Cuba*, la profundización en los estudios de nuestro régimen constitucional y de derecho, y el deseo de no dejarse engañar.

CAPÍTULO 17

LOS NEGROS. LA DISCRIMINACIÓN RACIAL.
ESTUDIO DE ARIEL REMOS.

La prensa, los socialistas, los tontos útiles y los bien pagados propagandistas de Castro también han proclamado que Castro ha implantado en Cuba la igualdad racial. Eso es una mentira tan voluminosa como la de la prostitución, la de la explotación obrera y la de Cuba como colonia exprimida por los estadounidenses. Los hechos fehacientes prueban lo contrario. La constitución y todas las leyes cubanas anteriores a Castro daban igualdad de derecho a todos los cubanos, sin distingo de razas, origen o religión. Y esas leyes se cumplían y se practicaban honrada y complacidamente en Cuba cuando en los Estados Unidos existían asientos separados en los ómnibus, servicios separados de inodoros y lavabos en las estaciones de trenes y ómnibus, escuelas diferentes para negros y para blancos, y se mantenía una rígida separación en todo de acuerdo con la raza.

En la república libre de Cuba nunca triunfó la discriminación racial porque el patriota Carlos Manuel de Céspedes comenzó la Guerra de los Diez Años en 1868 dando la libertad a todos los esclavos. Desde aquel entonces, los cubanos, negros y blancos, pelearon valientemente, hombro con hombro, por la libertad y la independencia, y ascendieron en las filas de guerra sin discriminación, sólo por méritos y coraje. Al triunfar la Guerra de Independencia en 1898, esa igualdad de compañeros de cargas al machete que arriesgaron la vida juntos bajo el fuego de la formidable fusilería de las corajudas tropas españolas no se olvidó. Esto contribuyó desde el inicio a que la alevosa serpiente de la discriminación no levantara cabeza en la Cuba republicana.

La historia, las leyes y los hechos desmienten a Castro y sus panegiristas. Yo tuve compañeros y amigos de estudios en el Instituto de Segunda Enseñanza de la Habana y en la Universidad de la Habana que eran negros o mulatos, esto nunca llamó mi atención, para mí eran simplemente estudiantes cubanos igual que yo. Y en este exilio, cuando me encuentro con amigos o con desconocidos negros cubanos en los actos y las manifestaciones en contra de la tiranía castrista me abrazo con ellos agradeciendo su fervor patriótico. No les veo ningún color, les veo el alma de patriotas cubanos, y lo mismo le sucede a todos los que luchan contra Castro. Los cubanos no tenemos color, somos anticastristas o castristas. En esto no puede haber medias tintas. El que trate un camino neutral, en puridad está ayudando a Castro, y la historia lo despreciará.

Me siento feliz y orgulloso cada vez que coincido en New York o New Jersey en alguna manifestación o acto contra Castro con Facundo Pomar. Facundo Pomar ocupó el alto cargo de Secretario General de la Confederación de Trabajadores de Cuba (CTC) de la Cuba libre. Es un fornido negro de 83 años, que marcha y nos acompaña por horas y horas sin debilidades. Pomar es un gran orador, me deleito oyendo sus discursos, patrióticos y vigorosos, que levantan el espíritu. Facundo Pomar es un símbolo vivo de nuestra Cuba democrática, libre, independiente, con libre empresa capitalista y trabajadores también libres que podían sindicalizarse, firmar contratos colectivos, pedir reivindicaciones laborales e ir a la huelga si votaban a favor de ello democráticamente, sin discriminación racial o de cualquier otro tipo Ésa era la Cuba sin colores que Castro destruyó. El **DOCUMENTO Nº 17-1** retrata a dos negros cubanos que son motivo de orgullo de todos los proscriptos, el líder sindical Facundo Pomar y el segundo jefe de las fuerzas de la Invasión de Playa Girón, el comandante Eneido Oliva.

ESTUDIO DE ARIEL REMOS.

Tengo muchos datos que había compilado sobre el gran aporte de los negros al progreso armónico de la república libre cubana, pero no los presentaré aquí porque el erudito Dr. Ariel Remos publicó un estudio mejor que sintetiza admirablemente la verdad de la igualdad de las razas en Cuba antes de Castro. Su trabajo es el **DOCUMENTO Nº 17-2**

DOC. 17-1

La Discriminación en Cuba

Por Ariel Remos

La revolución de Castro se formó sobre mitos y grandes mentiras. Sirvió, sí, para que el resentimiento de todo aquel que tuvo algún agravio, encontrara eco en la violencia y la "iconoclastia" a que dio lugar. Las revoluciones suelen no tener fronteras sobre todo cuando obedecen a intereses espurios manipulados. Cuando la fuerza y la violencia se vuelven incontrolables, todo se disloca. Y lo más importante es que cuando la dislocación es apadrinada por los grandes medios de comunicación como una necesidad y un acierto, se abren las puertas para que reine la mentira sobre la verdad, el bien sobre el mal, la injusticia sobre la justicia, pero lavados y justificados en las aguas lustrales de la nueva "justicia revolucionaria", por una opinión pública confundida.

Una de las grandes mentiras que consagró la revolución de Castro y propagó la propaganda marxista y su caja de resonancia internacional, fue la dimensión de la discriminación que existía en Cuba contra los negros. La discriminación es un fenómeno que ha existido siempre y en todas partes. Aun en Cuba, los propios negros se discriminaban, igual que los blancos, al establecer círculos privados al que sólo podían pertenecer grupos escogidos entre ellos. Las clases altas negras en La Habana tenían el elegante Club Atenas, al que no podía pertenecer "todo el mundo". Pero lo esencial que queremos en este artículo, aparte de señalar lo relativo del concepto discriminación, es destacar un número no completo de personas de color que descollaron en la política y ocuparon posiciones en el gobierno y en las Fuerzas Armadas durante la República, compartiendo los privilegios de la democracia con los blancos. Cuba fue posiblemente una de las naciones en las que la discriminación contra el negro no pasó la línea divisoria entre lo humano y lo inhumano. Tengo a mano una lista que en una oportunidad me suministró el inolvidable Tony Varona, y me ayudó a completar para este artículo, mi admirado amigo el Dr. Orestes Ferrer. En ella aparecen nombres de negros ilustres - a muchos de los cuales tuve el honor de conocer - que se destacaron en posiciones gubernamentales - sin contar con los que fulguraron en las artes y otras actividades. Como muestra, van los siguientes, en los cargos que desempeñaron:

Constituyentista de 1901: Juan Gualberto Gómez; de 1940: Blas Roca y Salvador García Aguero..

Senadores: Juan Gualberto Gómez; coronel Martín Morúa Delgado (que presidió el Senado), Dr. Silvano Herrera, Salvador García Aguero, Félix Ayón, Aniceto Cabezas, Marcelino Garriga, Manuel Capestany, Aquilino Lombard, Prisciliano Piedra, Ramón Vasconcelos.

Representantes a la Cámara: Antonio Bravo Correoso, Daniel Morcate, Eladio González, Sánchez Figueras, Abelardo Mola, Martín Antonio Iglesias, Antonio Bravo Acosta, Pedro Chibás, Esperanza Sánchez Mastrapa, Blas Roca, Prisciliano Piedra, Marcelino Garriga (que presidió la Cámara), Alfonso Marquet, Raúl Navarrete, Fidel Núñez Carrión, Américo Portuondo, Pedro Díaz, Pedro Alomá Kessel, Armando André, Francisco Campos Marquetti, Alberto Cruz, Orestes Arenal, Francisco Cancañón, Romérico Cordero, José Maceo.

Ministro de Justicia: Dr. Miguel Angel Céspedes.
Ministro de Comunicaciones: Alberto Cruz.
Ministro de Agricultura: General Manuel Delgado.
Ministro sin Cartera: General Generoso Campos Marquetti.
Ministros del Trabajo: José Pérez y Francisco Benítez.
Ministro de Gobernación: Dr. José Manuel Casado.
Magistrados del Tribunal Supremo: Dr. Carlos Manuel Piedra, Pedro Cantero.
Gobernador y Alcalde de Santiago de Cuba: Justo Salas.
Secretarios de Trabajo: José Pérez, Francisco Benítez.

(Pase a la página 16)

DOC. 17-2b

La Discriminación en Cuba

Viene de la Página 4

Ministro de Gobernación: Dr. José Manuel Casado (que fue también Consejero Provincial de la Habana).

Consejeros provinciales: Andrés delgado, Rafael Surí Guerra, José F. Espinosa, José M. Cuesta, Antonio Madan, Dr. José Manuel Casado.

Ejército: General Gregorio Querejeta, Jefe del Estado Mayor; Coronel Silvano Herrera; Coronel Hernández Nardo, Jefe de la Policía Nacional; Comandante Antolín Falcón, Jefe de Investigaciones de la Policía Nacional; Dr. Silva, Auditor de la Policía Nacional y Comandante Massip, Jefe de la Policía de Marianao;

Secretario General de la C.T.C. (Confederación de Trabajadores de Cuba): Secretario General, Lázaro Peña, Facundo Pomar, e infinidad de líderes de sindicatos, como Gilberto Goliath, Pablo Balbuena, Sandalio Junco, Jesús Menéndez, Aracelio Iglesias.

Jefe de Impuestos del Municipio de La Habana: Angel Bertemary García.

Jefe del departamento de Urbanismo del Municipio de La Habana: Angel Suárez Rocabruna.

Concejales del Municipio de La Habana: Juan Borrell, Dr. Gustavo Blaín, Gerardo Borroto, Raúl Grillo, Juan Antonio Bistuer, Manuel Bucho Herrera, Dr. Miguel Arce García.

Esta, como es lógico suponer, es una lista parcial, pero es de por sí explicativa del tipo de relación que existía entre las dos razas, en lo que no hay que perder de vista que el negro peleó hombro con hombro con el blanco en las guerras de independencia, y en ellas sobresalió sobre unos y otros, la gigantesca figura del Lugarteniente General Antonio Maceo.

Hoy, lamentablemente, el negro en Cuba ha progresado como ficha demográfica, pero no figura como durante la República, en altas posiciones gubernamentales y es evidentemente víctima de una patente discriminación en las altas esferas del gobierno.

CAPÍTULO 18

LOS QUE HUYEN DE CUBA.
JUAN Y ACELIA GUTIÉRREZ DE LA SOLANA.

Hace 37 años que los cubanos huyen de Cuba. Huyen los pobres y los que antes eran ricos—ya Castro redujo a todos a pobres, menos a sus paniaguados obedientes. ¿No es esto prueba suficiente de que la Cuba de Castro es un infierno manejado por un criminal que hay que destruir? Pero la prensa no lo dice, la radio no lo dice, la televisión no lo dice, la ONU no lo dice, la OEA no lo dice, las naciones de Europa no lo dicen, las naciones de Asia no lo dicen, las naciones de África no lo dicen, los ínclitos profesores no lo dicen, los sesudos intelectuales no lo dicen. Sólo lo dicen los cubanos, que hablan con los pies, que hablan huyendo.

¿No indica nada que todos los cubanos quieren fugarse de la isla-prisión? El crimen y el terrorismo reinan en toda la isla de Cuba y el mundo no quiere reconocerlo, ni verlo, ni oírlo, ni mencionarlo. Ni tampoco la ONU y la OEA, conjunto de hipócritas que pretenden guiar a las naciones civilizadas con normas jurídicas. ¿No es peor el hipócrita cuando pretende ser un santo? Esas organizaciones defienden el derecho del tirano Castro a la autodeterminación, y proclaman una falsa no ingerencia extraña. Pero, el pueblo cubano no tiene autodeterminación. Esas organizaciones sólo protegen la autodeterminación del tirano, y el pueblo no tiene ni voz ni voto, sólo fusilamientos, atropellos y cárceles si se atreve a abrir la boca. ¿Y cómo fue que aprobaron el bloqueo de África del Sur y de Haití, y finalmente la invasión de la patria de Toussaint L'Ouverture? ¿Por qué no se reconoce el derecho inalienable del pueblo cubano a autodeterminarse sin la balloneta al cuello? ¿Por qué no se reconoce el derecho de los cubanos a celebrar elecciones libres fiscalizadas por autoridades y organismos imparciales extranjeros? Los cubanos que huyen de Castro, ¿no dicen nada con su conducta de refugiados políticos que escapan cada vez que pueden?

Huir de Cuba es muy difícil. Si fuese fácil, la isla estaría deshabitada. Hay que tener valor, coraje para lanzarse al turbulento mar tropical lleno de tiburones en cualquier cosa que flote. Pero los cubanos de todas las posiciones sociales sueñan con escaparse. Porque, ¿qué es la vida? Es ser libre. El aire de Cuba está tan enrarecido por la falta de libertad que la ciudadanía se ahoga como un pez sacado del agua. Ha habido fugas espectaculares, todas prueban que el hombre se arriesga a morir sin pensar en el peligro con tal de ser libre. Yo pude huir de Cuba mediante un truco legal a finales de 1960. Era más fácil entonces.

Pero un hermano mío, Juan Gutiérrez de la Solana y Pérez, doctor en medicina, especialista del corazón, no podía escaparse. Los médicos eran más vigilados porque Castro no quería perder a los buenos médicos de la época anterior. Mi hermano intentó huir dos veces y las dos veces el plan fracasó instantes antes de lanzarse al mar. La tercera vez tuvo éxito. Él y sus compañeros estuvieron escondidos con el bote tres días sin poder salir por lo borrascoso que estaba el mar. Al tercer día, por la noche, votaron para decidir qué hacían, pues el viento no amainaba. Unánimemente acordaron jugarse la vida en el mar porque en Cuba no había vida. Él y su esposa, Acelia, por poco mueren en la aventura. En un esquife de 18 pies de largo huyeron 22 personas. Estuvieron perdidos y a la deriva durante cinco días en el Golfo de México. El pequeño motor se había roto por la violencia del mar, habían perdido la brújula y los remos. Habían consumido los escasos terrones de azúcar que mi hermano había podido llevar. El sol los achicharraba durante el día. Las grandes olas pasaban por arriba de la barquichuela y los empapaban. No podían moverse porque podían hacer zozobrar la estrecha embarcación. Los tiburones los seguían contínuamente. La esposa de mi hermano no sabe nadar. Ella me ha contado la odisea, que yo he esquematizado aquí. Un día más y hubiesen muerto todos, pero Dios los ayudó, un barco de carga mexicano vio el reflejo del sol en un pequeño espejo de cartera de una mujer y avisó a los guardacostas de los Estados Unidos. La marina americana los salvó, les dio ropa seca de marineros a todos, hombres y mujeres, los médicos los inyectaron, los alimentaron, los trajeron a la vida, casi los resucitaron, la vida que se les escapaba les volvió, traída por la marina estadounidense. Desde entonces, mi cuñada le tiene terror al mar. Quise que ellos escribieran aquella experiencia con lujo de detalles para que se comprenda cómo por la libertad el hombre arriesga la vida y todo lo que posee, pero ellos se negaron. No quieren hablar de aquello.

Lo que he escrito es un pálido reflejo de aquella experiencia única en la vida, que miles y miles de cubanos han experimentado. ¿Queda duda de que la libertad vale más que la vida. Que sin libertad no hay vida. Y que en Cuba no existe libertad ni vida? Dios ayudó a mi hermano y sus compañeros, pero miles de cubanos han muerto en tan riesgosa empresa. ¿No son estas fugas forzosas signo indubitable de la tiranía de Castro?

Acompaño como **DOCUMENTO 18-1** fotos donde aparecen mi hermano y su esposa al ser rescatados de la muerte. Nada escribiré del éxodo en masa de 125,000 cubanos en el año 1980, ni de los cerca de 50,000 cubanos que salieron anualmente de la isla-prisión por medio de los llamados "Vuelos de la Libertad" mediante acuerdo entre Washington y Castro desde diciembre de 1965, ni de las miles de tragedias de los que huyen y mueren en el intento. Necesitaría escribir otro libro. Sólo agregaré dos testimonios de The Truth About Cuba Committee. Léase el breve escrito de Luis V. Manrara, que no necesita comentarios. **DOCUMENTOS 18-2 y 3.**

Stories Run Sunday On Two Aspiring Men	MIAMI BEACH **DAILY☀SUN**
What sort of men are the two major candidates running for mayor of Miami Beach? For a full profile article by Ted Crail on Mayor Mel Richard and Elliott Roosevelt, see Sunday's Daily Sun.	VOL. 36, NO. 157 JE 4-2181 FRIDAY, MAY 7, 1965 • MIAMI BEACH, FLORIDA PRICE 5 CENTS 20 PAGES

Coast Guard Brings 21 to Base

CUBAN REFUGEES REACH BEACH IN FLIMSY BOAT

Plywood Craft Made At Secret Cuba Cove

By FRAN SNIDER

A flimsy, homemade, plywood boat with 21 Cuban refugees aboard drifted helplessly in the Gulf Stream yesterday after an escape from Cuba.

They were picked up by the Campeche, a Mexican ship, after they lost the four oars they started with, the Coast Guard transferred them and brought them to Miami Beach.

A U.S. GUARDSMAN, watching the grey, plywood boat being secured at the Coast Guard station on the MacArthur Causeway, grimaced at the boat's construction and said, "Well, it got 'em here — I guess that's all that counts."

The refugees built the boat in a "private place," according to George Hernandez, 18, one of the refugees.

"We built it far, far away from the city," he said. He refused to tell the name of the city in Cuba because some of his friends were still there and wanted to escape.

THE BOAT TOOK about 15 days to build. It was about 18-feet long.

"It must have been fairly densed milk and candy bars on the trip.

He tried to answer questions as immigration officers gave instructions.

"I came because I didn't want to go into the Cuban military or work in the sugar cane fields for seven dollars a day. month.

"THERE IS A great deal of terrorism," he said. "People want to get rid of Castro."

Sylvia Pique, one of the six women aboard the tiny vessel, agreed with Hernandez, but she said there isn't too much underground opposition to Castro.

"It gets more difficult ev-

DOC. 18-2

TAX EXEMPT
All Donations are Fully Tax Deductible.

U. S. Post Office Requires Zip Code On All Correspondence. Please Inform Us of Yours.

THE TRUTH ABOUT CUBA COMMITTEE, INC.
953 S.W. FIRST ST., SUITE 2 • MIAMI, FLA. 33130 • TEL. 379-6879

GIVE ME LIBERTY OR GIVE ME DEATH !!

Two truck inner tubes and seven small boards tied together with a piece of rope make up the rickety raft used by the two young Cubans pictured seating on it aboard the vessel that saved them from a horrible death at sea. (Exclusive Photo AIP).

DOC. 18-3

Through newspaper and magazine articles, by word of mouth and by perfidious film documentaries such as the two distributed by the NATIONAL EDUCATIONAL TELEVISION (NET) named "Three Faces of Cuba" (1965) and "Report from Cuba," (1967/1968), the good American people are constantly being deliberately deceived about Cuba.

A few platitudes are told about conditions in Cuba. Just enough to ensnare the public into believing that the information is "objective" since it purports to tell "the two sides of the story." But the one common denominator of all this insidious propaganda about Cuba is the complete blackout of the terror under which the unfortunate Cubans live.

Approximately 50,000 Cubans flee Red Cuba every year since December 1st., 1965, through the airlift agreed between Washington and Havana. Reliable sources estimate that about ONE MILLION have filed petitions to leave the Island "legally" through this airlift, facing untold persecution by the communist regime, abuse and hunger.

But what is generally unknown, because the mass communications media carefully avoids giving it much publicity, is that an average of ONE HUNDRED Cubans arrive every month at the United States escaping in row boats, rafts and anything that floats. How many are massacred by the communists and how many die drowned, devoured by sharks, or from thirst, starvation and exposure, in their desperate search for freedom will never be known. But we have reasons to believe the figure is high.

Only last May Juan W. Espinosa was picked up floating at sea half dead. He was the only survivor of EIGHT persons who took to sea in a rudimentary raft, using truck inner tubes as floaters. The same type of deadly contraption pictured on the other side of this report.

If conditions are so good in Cuba as those articles and documentaries would have us believe, why are so many people so desperate that they take to sea, knowing full well they have to brave the Gulf of Mexico strong current and the treacherous Straights of Florida, if they survive the communist murderous guards ?

The American people are constantly being spoon-fed the atrocities committed by the Nazis a quarter of a century ago. But the atrocities that the communists are doing TODAY are hardly ever reported. Why ? There must be a reason. There IS a reason ! The only thing the socialist/communist conspiracy is afraid of is that the generous and courageous American people wake up on time and fully realize what communism really is.

For the sake of God and freedom. For the preservation of the great American Republic. For the salvation of the ONE BILLION people suffering under the communist atheistic tyranny, help us divulge the truth about communism.

Luis V. Manrara
President

Miami, Florida
July 12, 1968

CAPÍTULO 19

LA IGLESIA

Gran número de jóvenes patriotas fusilados por Castro han muerto valientemente, llenos de fe, gritando "Viva Cristo Rey." En el Capítulo 9 he presentado cartas de Alberto Tapia Ruano y Virgilio Campanería que prueban este hecho. El comunismo es ateo e intrínsecamente maligno, y lo abarca todo. Castro atacó a la iglesia. Ésta se defendió, rechazó las acusaciones que Castro había hecho en un mitín en la escalinata de la Universidad de la Habana, y pidió respetuosa y firmemente rectificaciones en una carta abierta de diciembre 4 de 1960 firmada por el Cardenal Manuel Arteaga y todos los obispos. Ver el **DOCUMENTO Nº 19-1**. Para Castro, este tipo de civismo era "contrarevolucionario," inaceptable e intolerable. Comenzó la expulsión de todos los religiosos. El Cardenal Arteaga era un camagüeyano valiente, de la tierra de Ignacio Agramonte.

OBISPO EDUARDO BOZA MASVIDAL. UNIÓN DE CUBANOS EN EL EXILIO (UCE).

Uno de los grandes sacerdotes de la desigual lucha contra Castro es el que fue Obispo Auxiliar de la Habana, Monseñor Eduardo Boza Masvidal. Este cura nativo cubano, de prosapia mambisa, se portó en la Cuba castrista como un hombre, un patriota y un santo, y fue el último rector de la Universidad de Villanueva (católica), que fue llamada "universidad de Yankilandia" por Castro en un mitin en la Universidad de la Habana. La Universidad de Villanueva fue clausurada por Castro, y Boza Masvidal fue expulsado de Cuba. Castro sabía que no lo podría doblegar. En el destierro (está en Venezuela) no ha claudicado. Fundó en New York y dirige la Unión de Cubanos en el Exilio (UCE). A la UCE han dedicado su vida en esta ciudad dos patriotas cubanos de mérito extraordinario: Serafín e Hilda Vilariño. Este matrimonio, dirigido por el Obispo Boza Masvidal, que nos visita en New York, ha hecho el bien a los deserrados cubanos neoyorkinos, ha mantenido la fe en Dios y en la resurrección de la patria, y en esta empresa dio su vida a Dios no hace mucho Hilda Vilariño, con cuya amistad me honré. La viril sabiduría y santidad del obispo expulsado por Castro sigue iluminando nuestro camino en el destierro. Castro puede matar, aherrojar y expulsar los cuerpos, pero no las almas, y por eso será vencido. Castro no contó con la reciedumbre del alma cubana mambisa.

En el foro católico y patriótico de la UCE han participado muchos sacerdotes, entre ellos, los padres Comesaña, del Valle, Villaronga y el fundador, Boza Masvidal (todos expulsados de Cuba por Castro), y gran número de disertantes que han presentado temas literarios, históricos o patrióticos cubanos, como Rosario Rexach, Andrés Valdespino, Oscar Fernández de la Vega, Enildo A. García, Julio Hernández Miyares, Eduardo Lolo, Elio Alba-Buffill, Dolores Martí de Cid, Onilda Jiménez, etc. Los **DOCUMENTOS 19-2 y 3** presentan fotos y programa que me enorgullecen de tres de las repetidas veces que he tenido el honor de hablar a nuestros compatriotas en la UCE.

EXPULSIÓN EN MASA DE RELIGIOSOS Y EDUCADORES.

Los **DOCUMENTOS 19-4 y 5** son páginas de *Bohemia Libre* (Nº 52, octubre 1, 1961, p. 37) donde informamos la expulsión del Obispo Boza Masvidal junto con más de cien religiosos y reprodujimos (p.36) el último artículo del susodicho obispo en la revista *La Quincena* de la Habana antes de su destierro. El **DOCUMENTO 19-6** está tomado de la *Bohemia* castrista (la que Castro le robó a Quevedo) donde se afirma la falsedad de que el Obispo Boza Masvidal es el "sacerdote de las pastorales y la dinamita." Lo primero es cierto, lo segundo mentira para presentar al obispo expulsado como terrorista. La prensa del año 1961 dio la noticia de las expulsiones en masa de los religiosos ordenadas por Castro. El **DOCUMENTO 19-7** presenta dos reportajes del periódico *Avance* de junio 30 de 1961, p. 17 y 20, donde se informa la llegada de monjas cubanas expulsadas a Puerto Rico y a Miami. *The New York Times* de mayo 8 de 1961 tiene un reportaje donde informa.

> All church schools were reported to have been closed and seized by the authorities. From all parts of the island, the priests and nuns were reported to be moving to Havana to leave the country.
> A radio broadcast said 300 were leaving on the Spanish liner Covadonga. It did not especify how many were priests and how many were nuns.
> Premier Castro has assailed the priests violently and repeatedly as agents of Generalísimo Francisco Franco of Spain and of Francis Cardenal Spellman of New York.
> The government controlled radio quoted Dr. Castro Friday as having said that "the word priest is intolerable to the people."

HERMANO VICTORINO DEL COLEGIO DE LA SALLE. LOS COLEGIOS CLAUSURADOS.

Los hermanos de La Salle también fueron expulsados de Cuba. Castro no permitió más escuelas de religiosos. El **DOCUMENTO 19-8** es la página 46 del periódico *Avance* de septiembre 1 de 1961 donde se informa la llegada a Puerto Rico de algunos de los hermanos de La Salle expulsados por Castro. Mis hijos estudiaban en el colegio de Miramar, Marianao, de estos educadores. Entre los expulsados estaba el Hermano Victorino, que había nacido en Francia. Este hermano, uno de los fundadores del colegio, había llegado a Cuba en 1905, cuando comenzaba la república libre e independiente, y se dedicó por completo a educar almas cubanas toda su vida hasta que en 1961 Castro lo expulsó. Castro ha cerrado todos los centros de enseñanza privada. Han desaparecido los Colegios de la Salle, de los Jesuitas, de los Salesianos, de los Maristas, de las Dominicas americanas, de las Dominicas francesas, de la orden del Sagrado Corazón, de las Teresianas, la Escuela de Artes y Oficios de Belén, etc. En esos colegios se enseñaba a los estudiantes que podían pagar (lo cual no significa que fuesen ricos) y también a los que no tenían recursos para hacerlo. Es decir, no eran colegios exclusivos para ricos, como alegó Castro en su discurso en la Universidad de la Habana, donde dijo que eran "colegios de los privilegiados." Pero la clausura de colegios no fue solamente de los regidos por religiosos, todos los colegios privados fueron abolidos, el Colegio Baldor, el Colegio Montori, el Colegio La Luz, Mercy Academy, el Colegio Alemán, etc. Todos los educadores, sin excepción, fueron expulsados y sus colegios abolidos. También fueron expulsadas órdenes de monjas que sólo hacían caridad, como las Siervas de María y las Hermanitas de los Ancianos Desamparados. Todo el que creyera en Jesucristo, era considerado "contrarrevolucionario" y, por tanto, enemigo de Castro.

Mi esposa y yo tuvimos la suerte de encontrarnos con el Hermano Victorino en New York, invitarlo a nuestro hogar y mantenernos en contacto con él. Nosotros tratábamos de quitarle su tristeza de desterrado y él agradecía el calor de un hogar cubano que podía visitar en el frío New York. El Hermano Victorino había vivido casi toda su vida, ininterrumpidamente, en Cuba. Había sido fundador de la Juventud Católica y de Acción Católica en Cuba. Había recibido la Cruz Carlos Manuel de Céspedes del gobierno de Cuba en 1948, y la Legión de Honor de Francia en 1953. Murió el Hermano Victorino en el exilio en la República Dominicana en 1966. En su libretica personal de teléfonos encontraron escrita detras de una estampita de la patrona de Cuba, la Virgen de la Caridad del Cobre, la oración a la Virgen que aquí reproduzco, junto con carta de él y otros recuerdos de aquel religioso que dedicó su vida a Cuba y su juventud. Véanse los **DOCUMENTOS 19- 9 y 10**. Este francés "aplatanado" se dedicó a instruir niños y a dar almas de hombres rectos a Dios y a la patria hasta que Fidel Castro truncó su misión y su vida.

LA IGLESIA CATÓLICA MUTILADA. LA IGLESIA CIEGA, SORDA , MUDA Y ARRODILLADA.

La iglesia católica, expulsada de la isla, quedó casi destruida por Castro. Sin sacerdotes, monjas y hermanos, sin valimiento, en estado de orfandad, y sometida al terror de Castro. La iglesia, con su tradición de milenios, ha ahincado sus raíces en la tierra y ha soportado el ciclón castrista como un bambú, que se inclina bajo la fuerza del viento, pero no se deja desarraigar. Pero para lograr esto, la iglesia cerró los ojos, no fue testigo de nada, no oyó nada y se volvió muda. Ninguna estructura cubana de ningún tipo ha sobrevivido el huracán de Castro. Cuando Castro desaparezca, dentro de poco tiempo, la iglesia cristiana cubana (católica y protestante) será la única organización precastrista viva. Pero, ¿qué influencia podrá tener una iglesia ciega, sorda y muda? El ataque contra el clero también se ha realizado contra sus templos, véase el **DOCUMENTO 19-11**.

¿Qué se pensará de la iglesia católica a la caída de Castro? Luis Aguilar León en su libro *Reflexiones sobre Cuba y su futuro* afirma:

> Tampoco ha sido, hasta ahora, la Iglesia Católica capaz de realmente brindar un refugio y una postura que permita aglutinar el fervor religioso y el descontento de las masas. Débil antes de Castro, y más debilitada aún por la represión religiosa del régimen, y por la inicial conducta vacilante cuando no sumisa (sobre todo bajo la influencia de monseñor Cesare Zachi) del Vaticano frente a la Revolución, la iglesia ha vivido sobreviviendo en Cuba (126).

No tengo suficiente información para emitir un juicio. He oído sobre el comportamiento de monseñor Cesare Zachi. Parece ser que la actitud del embajador de Roma, Cesare Zachi, ha sido más que sumisa (el término empleado por Luis Aguilar León), ha sido colaboracionista. He leído en el periódico *Abdala* que el señor Zachi ha declarado que "Castro es un cristiano ético." Si Castro es un "cristiano ético," ¿quién no es "cristiano ético" en el universo? Castro es ateo. ¿Significa esto que los tiranos Hitler, Lenin, Stalin, Ceausescu y Pol Pot eran también "cristianos éticos"? ¿No es la ética la parte de la filosofía que trata de la moral y de las obligaciones del hombre? ¿Es ético fusilar (asesinar) a los que piensan diferente? ¿Es ético fusilar a todo el que Castro llame "contrarrevolucionario"? ¿Es ético fusilar o dejar pudrir en la cárcel a todo el que se oponga a Castro? ¿Por qué el señor Zachi no aplica ese concepto en su Italia? ¿Por qué lo que no es permisible en Italia deber ser permisible en Cuba? ¿Cuál es la diferencia entre los asesinatos de los tiranos citados y los de Castro? Todos ellos tenían su "teoría de cómo arreglar el mundo y acallar a los disidentes robando, matando, torturando y encarcelando." Todos tenían su "programa político para beneficio del pueblo," igual que Castro. ¿Aplica Zachi esa amplísima definición de "cristiano ético" a todos los tiranos? Parece que el concepto de "cristiano ético" de Zachi no significa lo mismo en su italiano que en nuestro español.

He leído una carta pública del cardenal Roger Etchegaray (enviado de Roma) de fecha 19 de noviembre de 1994, después de su tercera visita a Cuba (Boletín N° 343, diciembre de 1994, p. 4, de la *Unión de Cubanos en el Exilio*). En los párrafos segundo y séptimo dice:

> Tus llagas son muy profundas, agravadas por medidas que desde el exterior no cesan de agobiar tu vida cotidiana. Sin embargo, si bien todo escasea, hay un esfuerzo por compartir con dignidad y solidaridad. (párrafo 2°).

> Agradezco vivamente al Señor Presidente de la República, a las Más Altas Autoridades del Gobierno y a la Responsable de la Oficina de Asuntos Religiosos, la acogida que me han brindado como a un viejo amigo de Cuba. (párrafo 7°).

Si en 1932 o 1933, un cardenal enviado por Roma hubiese escrito esos "vivos agradecimientos" (párrafo 7°) al Presidente electo Gerardo Machado y Morales, la oposición hubiese puesto el grito en el cielo y aseverado que era una deleznable "guataquería" al "egregio" que no podía ser aceptada por Cuba por ser una intromisión del Vaticano en los asuntos internos de la República de Cuba. ¿No es una guataquería y una intromisión a favor de Castro ahora? Y no olvidemos que no hay posible comparación de maldad entre Castro y todos sus antecesores juntos. Y el "vivo agradecimiento" de guataquería de Etchegaray se extiende a todos los castristas de la tiranía, sin olvidar a la "Responsable."

Es conveniente recordar que en materias humanas políticas, no concernientes a los dogmas católicos, la iglesia no es infalible y yerra porque sus voceros son hombres mortales y falibles como todos los seres humanos. Zachi y Etchegaray han desarrollado su política a favor de Castro como simples hombres, a pesar de sus altas jerarquías eclesiásticas. Una cosa son las declaraciones políticas (obra de hombres falibles) y otra el rango religioso. Roma acaba de reconocer no hace mucho tiempo que se equivocó y que Galileo tenía razón cuando afirmaba que la Tierra se movía. Una rectificación después de siglos de silencio que ilustra el caso. Pero no podemos esperar otros 500 años para que la iglesia rectifique los errores de Zachi y Etchegaray. Lo más saludable para la libertad en Cuba es que se queden en Roma. No los necesitamos en Cuba. Ellos no permiten que los sacerdotes cubanos nativos empiecen a hablar y traten de resolver la tragedia cubana entre cubanos.

Respecto al párrafo segundo, ¿no es una declaración en contra del embargo de los Estados Unidos? Si el cardenal Etchegaray tiene voz para atacar el embargo—asunto político— ¿por qué no la tiene para denunciar los asesinatos y pedir clemencia para los prisioneros y el cese de las violaciones de todos los derechos humanos? ¿Por qué no dice nada de los disidentes presos o apaleados por las "Brigadas de Respuesta Rápida"? Además, ¿no es una hipocresía manifestar que las escaseces se comparten con dignidad y solidaridad? ¿Comparten Castro y sus secuaces las escaseces con el pueblo? ¡No! ¿Hacen cola

Castro y sus compinches con una libreta de racionamiento? ¡No! Entonces, ¿a qué se refiere la "dignidad y la solidaridad"? Palabras vanas, palabras vacuas para complacer al tirano.

No lo comprendo. Esos extranjeros venidos de Italia dan la impresión de servidumbre ante el tirano como si fuese inmortal y no fuera a desaparecer nunca. ¿Era obligatorio doblar el lomo y besarle los pies a Castro? ¿Por qué esos cortesanos extranjeros tienen que comportarse como obsequiosos y rendidos sirvientes de Castro? ¿Ha pasado a la historia la iglesia del Cardenal Arteaga y del Obispo Boza Masvidal? Los hechos parecen indicar que son perjudiciales al pueblo de Cuba y su libertad las directrices de los extranjeros Cesare Zachi y Roger Etchegaray.

Por supuesto, yo puedo estar equivocado por no tener todos los antecedentes y datos necesarios, pero hombres que han vivido en Cuba luengos años en las prisiones de Castro (que yo no he vivido), han expresado públicamente sus opiniones. El Dr. Andrés Vargas Gómez, nieto del Generalísimo Máximo Gómez, en un artículo titulado "Cuba y el Silencio Pastoral," publicado en 1995 en *El Herald en Español,* en la ciudad de Miami, manifiesta:

> En 21 años que estuve en prisión nunca vi un sacerdote que, en nombre de la Iglesia, se acercara a las alambradas en que vivíamos para consolarnos o estimular nuestra fe. Al principio, en Isla de Pinos, conocí a tres o cuatro clérigos que fueron rescatados en seguida. Después, durante 10 años, y por su cuenta y riesgo, sólo escuchábamos la voz del padre Loredo, tan aislado y abandonado como nosotros, hasta que un día se decidieron a hacer algo por él a pesar de que se sabía que era inocente de los cargos que se le imputaban.

Y al reflexionar con tristeza y asombro sobre las palabras del nieto del Generalísimo Máximo Gómez, hombre verídico e intachable, me he dicho, que misterioso es que nuestros curas cubanos nativos se hayan comportado con esa falta de amor fraternal y de compasión con sus hermanos feligreses cubanos en las prisiones de Castro. ¿El terror de Castro ha sido más fuerte que la voz de Jesucristo? ¿Pueden nuestros curas cubanos nativos haber olvidado la palabra del Maestro en **San Mateo, 25:36,** cuando dijo "**estuve enfermo y vinistéis a cuidarme, encarcelado y vinisteis a verme y consolarme**"? Porque es verdad incontrovertible que los presos han estado enfermos o que han muerto en las cárceles y campamentos de concentración de Castro sin auxilio médico de las autoridades castristas y espiritual de los representantes de la iglesia (Pedro Luis Boitel, Rafael del Pino, Andrés Vargas Gómez, Armando Valladares y muchos más). Y llegué a la conclusión de que esa impropia conducta de un cura cubano nativo sólo podía explicarse por las rígidas directrices de hombres extranjeros como Cesare Zachi y Roger Etchegaray, para quienes los presos cubanos son sólo peones de un tablero de ajedrez mundial que ellos mueven sin compasión, y no como sacerdotes, sino como políticos. No obstante, esto no excusa la conducta incongruente de un cura cubano nativo que sea discípulo de Jesucristo y sea un hombre. Porque el hecho de ser sacerdote no es óbice para ser también un hombre cívico.

Tal vez la explicación de este misterio está en las palabras de un ministro protestante que también estuvo preso en las cárceles de Castro, quien informa que a la iglesia no le es permitido darle servicios espirituales a los presos. El pastor protestante Walter Thomas White, al llegar de Cuba después de sufrir prisión bajo Castro por ejercer su misión apostólica en Cuba, dio una conferencia de prensa en Washington D. C. en octubre 30 de 1980 en el National Press Building donde afirmó (*Of Human Rights*, V.4, N°1, Winter 1981, p. 9):

> One of the highest moments during my time in prison was attending a Church service held by Cuban political prisoners. The Cuban prisoners maintain their Christian services because no Church either in Cuba or from abroad is permitted to minister to them. Their hymns, repeatedly confiscated, are handcopied on cigarrete package paper. Their pulpit was a bed sheet draped over a board. They were led by a protestant and a Catholic: Noble Alexander and Andrés Vargas Gómez. Noble is a minister who has numerous escars on his back resulting from shots fired by the guards to disperse his Church services.
>
> Andres Vargas Gomez, in his sixties, has been in prison since 1960. He is a writer and attorney. He suffers from asthma and is very weak, and even then he gave me his egg ration when I was sick. (Véase el **DOCUMENTO 19-15** al final del capítulo).

Recordé nuevamente al Obispo Monseñor Eduardo Boza Masvidal, y releí su artículo titulado "La cultura de la muerte en Cuba," publicado en *Unión de Cubanos en el Exilio,* Boletín 352, Año XXXIII, enero de 1996, donde proclama las verdades sin miedo, como lo hizo antes de ser expulsado por Castro, afirmando que en la Habana de Castro se calcula que hay alrededor de 35,000 prostitutas, forzadas por la miseria creada por Castro, y que **la Cuba de Castro tiene el nivel más alto de suicidios de todo el hemisferio en que vivimos.** ¡Qué dolor que Monseñor Boza Masvidal no sea Obispo o Cardenal en la Habana! Véase el **DOCUMENTO 19-12.**

SURGE UNA POTENTE VOZ. JOSÉ CONRADO RODRÍGUEZ.

Pero Cuba es singular por la aparición en momentos graves de su historia de hombres que sobresalen muy por arriba de la medianía y se elevan a alturas insólitas para proclamar la verdad y la justicia a voz en cuello sin temor de represalias y de perder la vida. En el siglo XIX, los cubanos tuvimos un cura que fue un patriota viril: Félix Varela. En el presente ha aparecido un descendiente de Félix Varela que se llama José Conrado Rodríguez. Es presbítero de la Iglesia del Rosario de Palma Soriano, en Oriente, Cuba. El 8 de septiembre de 1994, día de la Virgen de la Caridad del Cobre, patrona de Cuba, ese valiente sacerdote arriesgó su vida y su libertad leyendo públicamente a sus feligreses una carta abierta dirigida a Fidel Castro desde el púlpito de su humilde iglesia. Esa carta es un modelo de razonamiento lógico, sinceridad, verdad, concisión y patriotismo. Transcribo la susodicha carta.

CARTA PASTORAL DEL PRESBÍTERO JOSÉ CONRADO RODRÍGUEZ

Sr. **Fidel Castro Ruz**
Presidente de la República de Cuba

Estimado Sr. Presidente:

Una profunda preocupación por la situación que atraviesa nuestro pueblo me mueve a escribirle con la esperanza de que usted ponga atención a mis razones y les dé adecuada respuesta.

Aunque mucha gente sencilla lo disculpa a usted diciendo que no conoce la verdad de lo que está pasando, yo no comparto esa opinión. Pienso que usted conoce la desgraciada situación en que hoy viven los casi 11 millones de cubanos que están en la isla. No pretendo, pues, hacerle descubrir lo que ya usted conoce, sino tratar de que vea desde nuevas perspectivas las mismas realidades.

Por más de 30 años nuestro país suscribió un tipo de política cuya piedra singular era la violencia. Se justificaba esta política en la presencia a sólo 90 millas de un poderoso y tenaz enemigo, los Estados Unidos de Norteamérica. La forma de hacer frente a ese poderoso enemigo fue ponernos bajo la égida de la potencia que por años se le enfrentó—la Unión Soviética—pasando a formar parte de la órbita de países que configuraban el bloque socialista, liderado por aquella superpotencia

Mientras la Unión Soviética ayudaba masiva y sostenidamente nuestra economía y apoyaba decisivamente nuestra carrera de armamento, Cuba fue cayendo en un estado de violencia interna y de profunda represión. Fuera de nuestro país nos vimos envueltos en una serie de enfrentamientos globales que nos colocaban en el vórtice de la violencia planetaria. A través de la guerra y la propaganda nos volvimos maestros y protagonistas del enfrentamiento en diversas partes del mundo. Pero esa política quedó sin vigencia, sin eficacia, con la desaparición de la Unión Soviética y el bloque socialista. Por bastante tiempo aquella pareció una política eficaz, pero en realidad resultó una política equivocada.

El utilizar dentro y fuera de nuestro país el odio, la división y la violencia y la sospecha y la enemistad ha sido la causa principal de nuestras pasadas y presentes desgracias.

Ahora es cuando lo vemos más claro. La hipertrofia del estado cada vez más poderoso dejó a nuestro pueblo en la indefensión y el silencio. La ausencia e inexistencia de espacios de libertad para que surgieran críticas serias y criterios alternativos nos hizo rodar por la riesgosa cuesta del volitismo político y la intolerancia social. Sus frutos fueron la hipocresía y el disimulo, la insinceridad y la mentira, y un estado general de amedrentamiento que afectaba a todos en la isla.

Este tipo de política dio al traste con nuestra economía. Perdimos el sentido de lo que valen las cosas y lo que es peor, las personas. El desprecio por la vida humana es el resultado de la violencia y la represión. Nos acostumbramos a no ganar el pan con el sudor de nuestra frente y a vivir en la mayor dependencia respecto de la ayuda que nos daban los demás. Hemos vivido en la mentira, engañando y engañándonos. Hemos hecho el mal y ese mal se ha volcado contra nosotros, sobre nosotros.

Todos somos responsables, pero nadie lo es en mayor proporción que usted. He oído decir muchas veces que aun los más cercanos a usted le tienen miedo. He oído decir que incluso sus propios hijos han sido rechazados por usted cuando han intentado decirle estas verdades.

Yo sé que los obispos católicos de Cuba, al menos han tratado de razonar con usted sobre estas cuestiones sin ser escuchados. Yo no quiero ni puedo en conciencia permanecer por más tiempo en silencio y por eso le hablo, porque pienso que todavía se podría rectificar el rumbo y salvar—como usted tantas veces proclama ser sus deseos—a la Patria.

En estos momentos, si usted quisiera podría existir la posibilidad de lograr un arreglo pacífico y negociado en el seno de nuestro país a través de un diálogo nacional que tenga en cuenta las distintas tendencias dentro del Partido Comunista, los grupos disidentes dentro de la isla e incluidos también los cubanos de la diáspora, podríamos dar paso a una consulta popular—libre y democrática—que en un clima de respeto y tolerancia permitiera oír la voz de todo nuestro pueblo. Si usted encabezara ese proceso, respetando plenamente la pureza del juego democrático, evitaría el baño de sangre que las actuales circunstancias auguran y presagian, y—desgraciadamente—harán inevitables.

Aquellos compatriotas nuestros que todavía lo siguen a usted no se negarán a participar y preservar ese proceso si usted es quien lo apoya.

Estoy seguro que todos los políticos del mundo, incluso sus actuales adversarios, más aún, estoy seguro que todos los hombres de buena voluntad, dentro y fuera de Cuba, apoyarán ese paso. Me temo, sin embargo, que si usted no toma una decisión rápida y en este sentido quedará usted en la memoria de nuestro pueblo—aun de los que por tantos años han sido sus seguidores—como el más funesto gobernante de la historia de Cuba.

Por otra parte, el pueblo de Cuba es bondadoso y sabe ser generoso, y sabrá reconocer y agradecerle que usted lo haya librado de los horrores de la guerra civil o de la prolongación innecesaria del actual desesperado estado de la nación, olvidando quizás todos los agravios anteriores.

Hace mucho tiempo, otro sacerdote cubano, el Padre Félix Varela, escribió estas sabias y valientes palabras que hago plenamente mías: "Cuando la Patria peligra y la indolencia insensible de algunos y la execrable perfidia de otros hace que el pueblo duerma y vaya aproximándose a pasos gigantes a un precipicio, ¿es imprudente levantar la voz y advertir el peligro? Ésa es la prudencia de los débiles, mi corazón la desconoce."

Pidiéndole al Señor por usted y encomendándolo a la Virgen de la Caridad del Cobre le ruego acepte las humildes sugerencias de un pobre sacerdote que comparte con su pueblo sus actuales angustias y sus futuras esperanzas.

Servidor de Cristo y de Cuba,

José Conrado Rodríguez
Iglesia del Rosario
Presbítero de Palma Soriano

Este cura me recuerda al Cardenal Obando y Bravo de Nicaragua, que no le tuvo miedo nunca a los sandinistas comunistas, y que éstos no pudieron doblegar ni vencer. La voz de este sacerdote rural desde el fondo de la lejana Palma Soriano ha sido tan singular, tan sonora, tan única en la iglesia católica ciega, sorda y muda, que fue citada en la edición de marzo 29 de 1995 del famoso periódico *The Wall Street Journal,* de New York, con el título "Notable & Quotable," donde se transcriben varios párrafos de su carta traducidos al inglés.

Por supuesto, no se puede olvidar que la iglesia católica ha sido infiltrada por los comunistas en todo el orbe. La iglesia católica ha tenido que luchar abiertamente contra la "teología de la liberación," pero hay otra penetración más sutil que persiste y que es muy dañina. Puede ser que el virus comunista haya estado infiltrado en las directrices que llegan a Cuba de Italia o de la América meridional. Interpretaciones muy difíciles de comprender han surgido en el mundo católico contemporáneo. Por ejemplo, Plinio Correa de Oliveira en su artículo "Compassion is Also a Part of Civil Rights," pone el dedo en la llaga magistralmente rebatiendo el acuerdo oficial de la Conferencia de Obispos Católicos que se reunió en Sud América, y que tomó acuerdos favorables al sostenimiento de la tiranía de Castro. La línea de pensamiento de esos obispos es tan equivocada como la de Zachi y Etchegaray. Léase el **DOCUMENTO 19-13** para que se vean las falacias de la referida Conferencia de Obispos Católicos, cuyos pronunciamientos son incomprensibles en hombres que se llaman católicos y que deberían tener compasión y oponerse a los fusilamientos, asesinatos y encarcelamientos, y a la extirpación de todos los derechos en la Cuba de Castro—sobre lo cual no emiten ni una palabra. Se manifiestan esos obispos como políticos contemporáneos socialistas o filocomunistas, no como discípulos de Cristo.

Otra prueba de la infiltración comunista de la iglesia católica: el Consejo Episcopal Latinoamericano (CELAM), inaugurado en Bogotá en el mes de agosto de 1968 por su Santidad Paulo VI, es una organización netamente marxista. Pero esta afirmación no la hago yo, sino la prestigiosa Academia Colombiana de Historia Eclesiástica. Léase la docta palabra de Eudocio Ravines sobre este asunto en su artículo "CELAM, Organización Netamente Marxista," que presento como **DOCUMENTO 19-14**.

LA IGLESIA CRISTIANA PROTESTANTE TAMBIÉN ES ATACADA, PERO SOBREVIVE. MINISTROS PROTESTANTES WALTER THOMAS WHITE Y HUMBERTO NOBLE ALEXANDER.

La iglesia critiana protestante en Cuba no tenía grandes catedrales e iglesias como la católica, pero estaba bien arraigada y tenía una feligresía numerosa que rezaba, leía las Sagradas Escrituras, cantaba himnos religiosos y se reunía en edificios más modestos para el culto del cristianismo. Castro también ha perseguido a sus pastores y ha destruido sus casas de oración. Y ese ataque continuado no ha cesado nunca y sigue en la actualidad. Aquí presento pruebas que verifican esta afirmación de diversas fechas: 1981, 1984, 1993 y agosto de 1996. **DOCUMENTOS 19-15 a 21.**

Pero la iglesia cristiana cubana, tanto católica como protestante, sobrevivirá la destrucción del castrismo simplemente porque el infierno (Castro) no puede prevalecer contra Dios porque está claramente asegurado por Jesuscristo en el Evangelio de San Mateo, 16:18.

Y Yo te digo que tú eres Pedro, y sobre esta piedra edificaré mi Iglesia; y las puertas del infierno no prevalecerán contra ella.

Si Dios está con nosotros, ¿quién puede vencernos? No un anciano mortal esquizofrénico llamado Fidel Castro, por muchos cañones y ballonetas que tenga y toda la ayuda de Mefistófeles. Véase la efigie del viejo diablo maquinando crímenes y maldades en el **DOCUMENTO 19-22.**

DOC. 19-1A

Carta abierta del Episcopado al Sr. Primer Ministro Dr. Fidel Castro

La Habana, 4 de Diciembre de 1960.

Dr. Fidel Castro Ruz,
Primer Ministro de la República.
Habana.

Señor:

Graves sucesos ocurridos en los últimos tiempos nos han decidido a dirigirnos colectivamente a Ud. para tratarle acerca de la situación de la Iglesia en nuestro país.

No habíamos querido escribirle antes oficialmente sobre estos temas, porque la Iglesia, que es y se siente madre de todos los cubanos, sea cual fuere su filiación política, no deseaba que ningún documento suyo pudiese ser interpretado como expresión de una actitud partidarista, que no cuadraría bien con su misión, esencialmente religiosa y sobrenatural; pero, dado el giro que van tomando las cosas en Cuba en relación con la Iglesia, nuestro deber de pastores nos obliga a exponerle públicamente una serie de hechos, que nos han producido un profundo pesar.

Ya en el pasado año tuvo la Iglesia, en distintos momentos, serios motivos de preocupación, como cuando, a pesar de las reiteradas declaraciones de Ud. en que sostenía el carácter no comunista del Gobierno, supimos que en los textos de adoctrinamiento revolucionario se enfocaban diversos problemas históricos y filosóficos con un criterio netamente marxista, y que numerosos profesores encargados de dicho adoctrinamiento aprovechaban sus conferencias para defender abiertamente las ideas comunistas y para denigrar las doctrinas y la obra de la Iglesia.

Estas preocupaciones vinieron a agravarse cuando publicamos el pasado mes de Agosto una Circular Colectiva, en que se alababan las medidas tomadas por el Gobierno Revolucionario en beneficio de los humildes, pero se señalaba el peligro que representaba para nuestra Patria el auge de la ideología comunista.

El mismo día que fue publicada, se detuvo a varios sacerdotes, por el delito de haberle dado lectura en las iglesias, y se amenazó a otros con represalias populares si se atrevían a leerla.

Si antes había habido más bien ataques aislados a los obispos, sacerdotes y organizaciones católicas, a partir de este momento puede decirse que comenzó una campaña antirreligiosa de dimensiones nacionales, que cada día se ha ido haciendo más virulenta.

Se han organizado mítines en muchos pueblos, en que se ha insultado y vejado a los sacerdotes, a ciencia y paciencia de las autoridades locales.

Han sido clausuradas casi todas las horas católicas de radio y televisión.

Se ha injuriado y calumniado a los obispos y a prestigiosas instituciones católicas por medio de los periódicos y las estaciones de radio, hoy casi totalmente bajo el control del Gobierno, y al mismo tiempo se ha impedido la publicación o difusión de los documentos que en defensa de la Iglesia han suscrito las organizaciones seglares católicas, así como las últimas pastorales del Sr. Arzobispo de Santiago de Cuba.

Se han formado, con la simpatía y el calor de las autoridades, asociaciones llamadas católicas, que parece que tienen como fin, no el propagar la doctrina de la Iglesia, sino el combatir a la Jerarquía.

Agentes provocadores han interrumpido en muchas ocasiones los actos religiosos en nuestros templos, sin que haya caído ninguna sanción sobre ellos.

Destacados voceros del Gobierno han declarado públicamente, en distintos momentos, que ser contrario al comunismo equivale a ser contrarrevolucionario, y no ha habido jamás una refutación oficial de esta tesis.

Todos estos hechos, y otros más que no enumeramos por no hacer demasiado largo este documento, podían acaso ser atribuidos, tratando de echar las cosas a buena parte, a criterios personales de ciertos funcionarios, o a consignas de ciertos grupos políticos, y no al Gobierno mismo.

En días pasados fuimos, sin embargo, dolorosamente sorprendidos por las palabras pronunciadas por Ud., en su condición de Jefe del Gobierno, desde la escalinata de la Universidad de La Habana.

Podemos, desde luego, suponer que las críticas que allí se hicieron contra los "colegios de los privilegiados", no se dirigían a las escuelas católicas, ya que en ellas reciben educación y enseñanza miles y miles de niños y jóvenes de familias modestísimas, como lo prueba el hecho de ser muchas de ellas gratuitas o semi-gratuitas, y de existir en todas las demás un elevadísimo porcentaje de alumnos que disfrutan de becas totales o parciales. Con más razón todavía tenemos que pensar que tampoco se atacó a nuestros colegios cuando se habló de "esos centros" en que se predica el odio contra la Patria y el odio contra el obrero y el campesino, porque nos costaría mucho trabajo creer que ningún miembro del Gobierno sea capaz de lanzar gratuitamente una calumnia tan burda.

Pero no podemos pasar por alto las críticas que allí se dirigieron a nuestros heroicos curas de campo y a la Universidad de Villanueva.

Villanueva no es, como se ha afirmado el otro día, "una universidad de Yankilandia", sino una universidad católica y cubana, una obra de la Iglesia cuyo profesorado está formado casi íntegramente por cubanos, y en que el aporte extranjero se halla representado por un grupo reducidísimo de padres agustinos, que no vinieron a este país a lucrar con su trabajo, sino a servir a Cuba y a invertir en ella el dinero que les habían donado en otros países.

Más grave todavía para el prestigio de la Iglesia es que, con frase injustamente hiriente, se llame "botelleros" a abnegados sacerdotes que desempeñan una ejemplar labor espiritual y social en los ingenios, por causa de las retribuciones que recibían de ciertas empresas, para su propio sostenimiento, para sus trabajos de apostolado y para sus obras de caridad, porque quien esto afirme está sosteniendo públicamente la inutilidad de la religión, al considerar la actividad de los sacerdotes equivalente a la de quienes inmoralmente recibían dinero sin trabajar. No conocemos, por otra parte, un solo caso de un capellán de un central que hubiera actuado como instrumento de explotación de los obreros, y sí de muchos casos en que los capellanes defendieron los derechos de los trabajadores, poniéndose inclusive al frente de ellos en momentos de huelga.

Cuando se nos atacó personalmente a nosotros pudimos callar, porque, si como hombres teníamos el derecho a exigir una reparación, como obispos teníamos el deber de perdonar. Pero cuando se lastima y hiere a nuestros hijos espirituales, no actuaríamos como legítimos pastores de la grey que nos ha sido confiada si no saliéramos en defensa de sus derechos y de su honra.

Queremos también insistir aquí en la grave injusticia con que, en varios momentos, se nos ha acusado públicamente de estar a las órdenes de fuerzas internacionales o potencias extranjeras, cuando es, por el contrario, bien sabido de todos que la Iglesia ha defendido siempre sin vacilaciones, en público y en privado, el derecho del pueblo de Cuba a su saberanía política y al pleno desenvolvimiento de sus capacidades económicas, y que el Episcopado no ha tenido jamás otra meta en sus actuaciones que el servicio de la Iglesia y de Cuba.

Es innecesario recordarle, Señor Primer Ministro, que la Iglesia ha enseñado siempre como norma fundamental de la conducta humana, la primacía de los valores del espíritu sobre todos los intereses de orden material, y por ello la jerarquía eclesiástica cubana, siguiendo el ejemplo de los cristianos de todos los tiempos, está dispuesta a sacrificarse sin temor alguno y a perderlo todo antes que claudicar en sus principios.

Por lo demás, los Obispos de la Iglesia Católica tenemos por norma inquebrantable tratar siempre con el máximo respeto y con cristiana caridad a todos, amigos o adversarios, y aun a nuestros gratuitos detractores; y cuando defendemos, aunque sea con la mayor energía, nuestros principios, sabemos guardar la debida consideración a las personas que no piensen como nosotros.

Esperando, pues, que por parte del Gobierno se tomen las medidas necesarias a fin de que cesen los repetidos ataques de que se está haciendo objeto a los católicos, queremos reiterarle, Señor Primer Ministro, la seguridad de nuestras continuas oraciones para que el Señor le ilumine, de modo que los pasos que dé el Gobierno que usted preside vayan encaminados al bien de esta Patria cubana, a cuyo pleno engrandecimiento hemos consagrado todos nuestros esfuerzos, sacrificios y desvelos.

Atentamente,

† Manuel, Cardenal Arteaga, Arzobispo de La Habana.
† Enrique, Arzobispo de Santiago de Cuba.
† Evelio, Arzobispo Coadjutor y Adiministrador Apostólico de La Habana.
† Carlos, Obispo de Camagüey.
† Manuel, Obispo de Pinar del Río.
† Alfredo, Administrador Apostólico de Cienfuegos.
† José, Obispo Auxiliar de La Habana.
† Eduardo, Obispo Auxiliar de La Habana.
  Manuel, Vicario Capitular de la Diócesis de Matanzas.

DOC. 19-2

Unión de Cubanos en el Exilio

Comité Catolico Cubano
P.O. Box 2721 Grand Central Station
New York, New York 10163

BOLETIN No. 238
Año XXIII
Marzo de 1984

MONS. EDUARDO BOZA
FUNDADOR Y ASESOR ESPIRITUAL

1
1959 Son Absueltos los pilotos de la FAC en Santiago de Cuba, pero un nuevo juicio violatorio del Derecho Greco-Romano, son condenados a 30 años cada uno.

19
1960 Confiscado el Biltmore Yatch and Country Club de La Habana. Incendió provocado destruye los campos del Central España, arrasando varias colonias.

26
1962 Anibal Escalante, figura prominente de la vieja guardia del partido Comunista Cubano, es purgado por la nueva clase dominante.

FECHAS PARA RECORDAR
Marzo 5, 1933 - Muerte de Juan Gualberto Gómez
" 11, 1969 - Muerte de Agustín Acosta, Miami. Fla.
" 13, 1957 - Muerte de Jose A. Echevarría
" 15, 1878 - Protesta de Baraguá - El General A. Maceo rechaza el Pacto del Zanjón
20, 1963 - Muerte del Cardenal Manuel Arteaga
24, 1983 - Muerte del escritor Lino Novás Calvo
25, 1895 - El Manifiesto de Montecristi es firmado José Martí y Máximo Gómez
30, 1962 - Publicación del Boletín No. 1

-000-

MISA Y REUNION MENSUAL

Domingo, 25 de Marzo de 1984

2:15 p.m. - MISA: Intención General - En Acción de Gracias por los 40 años de sacerdocio de Mons. Eduardo Boza
Intención Especial - Por Ramón Fernández (epd) y por los benefactores de esta obra.

3:30 p.m. - ACTO PATRIOTICO-CULTURAL

CHARLA: En Memoria de un Creador Singular: Lino Novás Calvo
Prof. Alberto Gutiérrez de la Solana - N.Y.U.

Lino Novás Calvo, destacado escritor cubano, murió el 24 de marzo de 1983. Fue Profesor de Syracuse Univ., Escuela Normal de La Habana y Sub-Director de la Revista Bohemia y de Bohemia Libre.

La Cuaresma comenzará el día tradicionalmente denominado Miércoles de Ceniza. No olvides que eres polvo y que en polvo te convertirás, pero un polvo al que Dios, Padre y Creador, infundió un alma inmortal

LA MISA Y LA CHARLA tendrán lugar en el Centro Parroquial de la Iglesia San Pablo Apóstol situado en 124 Oeste, Calle 60, (cerca de Columbus Circle) Manhattan. N.Y.

Merienda: Café y Galleticas - Les esperamos con los brazos abiertos.
o-o-o-o-o-o-o-o-o-o-o-o-o-o-o-o-o-o-o-o-o-o-o-o-o-o-o-o-o-o-o-o-o-o-o-o-o-o-o-o-o-o-o-o-o- *Año Santo*

RETIRO DE CUARESMA - Abril 8, de 1 a 6 p.m. dirigido por el Padre Otto García, Canciller de la Diócesis de Brooklyn, N.Y.
Lugar: Centro Parroquial de la Iglesia San Pablo Apóstol, 124 Oeste Calle 60, Manhattan, N.Y.

Necesario llamar para reservar, ya que se necesita arreglar el lugar de acuerdo con el número de asistentes y además, hay la probabilidad de que haya que cambiar el lugar.
Reservaciones: Sra. Vallín (335-9885) y Sra. López (361-8358). Habrá café y galleticas

Para prepararnos a conmemorar el 1950 Aniversario de la Redención nada más apropiado que tener una tarde de reflexión y de oración. El Padre-Obispo nos recordaba en uno de sus mensajes recientes que el Santo Padre nos pedía en este año "abriéramos las puertas a Cristo" y que abrir las puertas a Cristo requiere nuestra conversión profunda al Señor, descubrir el pecado en nuestras vidas y acudir a la misericordia de Dios Padre de todos para que Cristo llene de paz nuestra vida.

BOZA MASVIDAL:
EL OBISPO EXPULSADO

Poco después del mediodía del 17 de Septiembre, un hombre de mediana edad vestido con una sencilla sotana blanca, subía por la pasarela al barco español "Covadonga". Los pasajeros a bordo comenzaron a aplaudirlo y vitorearlo. Y abajo, en los muelles, una multitud despedía al viajero agitando sus blancos pañuelos. Al llegar al final de la pasarela, el sacerdote se volvió hacia la multitud y levantando la mano derecha hizo en el aire la señal de la Cruz. Era Monseñor Eduardo Boza Masvidal, Obispo Auxiliar de La Habana, que expulsado de Cuba por el Régimen comunista de Castro, bendecía a su pueblo al momento de partir.

Pero no era sólo un pueblo entristecido lo que dejaba atrás el Obispo expulsado. Dejaba también un ejemplar expediente al servicio de la Patria, de la Iglesia y de las clases humildes de su país. Designado Párroco de Nuestra Señora de la Caridad en el año 1947, el Padre Boza no dejó su parroquia, en la cual vivía en una modesta habitación al fondo de la vieja iglesia, ni aún después de haber sido elevado a la dignidad episcopal en Abril de 1960. Pastor de almas en una parroquia humilde, dedicó sus mejores esfuerzos a la causa de los pobres. Fundó una escuela gratuita, con clases diurnas para niños y nocturnas para adultos, en la que cientos de cubanos sin recursos económicos recibieron educación ejemplar. Organizó los servicios de Asistencia Social para atender las necesidades de los menesterosos. Enclavada su parroquia cerca del barrio chino de La Habana, el abnegado sacerdote extendió sus labores apostólicas a predicar el Evangelio a sus feligreses chinos, y atender las necesidades espirituales de la numerosa población asiática, organizó cursos especiales para niños y adultos con la ayuda de sacerdotes chinos de la orden franciscana, y cada año celebraba misiones en lengua oriental con la asistencia de misioneros de la Misión de Anking. Y aún en medio de sus innumerables deberes parroquiales encontraba siempre tiempo para la dirección espiritual de los Boy Scouts, de cuya organización cívica era Capellán Nacional.

Durante los años de la dictadura de Batista, la Iglesia de La Caridad fue frecuentemente calificada por aquel Régimen de centro "revolucionario". Más de un miembro de los movimientos clandestinos salvó su vida gracias a la protección de Monseñor Boza. En su iglesia se celebraban con frecuencia Misas por la Paz de Cuba, que la dictadura consideraba "subversivas". Y desde el púlpito, el Párroco de prosapia mambisa defendía con fervor patriótico el ideal de libertad y abogaba con profundo sentimiento cristiano por el respeto a los derechos humanos.

Al caer aquel Régimen y surgir dificultades entre el Rector de la Universidad de Villanueva y el Gobierno Revolucionario, Monseñor Boza fue designado por la Jerarquía Eclesiástica para asumir la rectoría de esa institución docente. Y en Abril fue nombrado por la Santa Sede, Obispo Auxiliar de La Habana.

Con la misma entereza conque había defendido los principios cristianos frente a los atropellos de la dictadura de Batista, Monseñor Boza denunció lo que al principio parecían desviaciones o excesos del proceso revolucionario y más tarde resultaron pruebas evidentes de la entrega de Cuba al comunismo totalitario y ateo. Al ser designado Rector de la Universidad de Villanueva en Abril de 1959 formuló unas declaraciones pidiendo que cesaran los fusilamientos y demandando del Gobierno respeto por las opiniones ajenas. En la hoja parroquial que editaba periódicamente defendía, a la luz de los principios cristianos, los valores morales que el Régimen se empeñaba en destruir. Y en la Revista "La Quincena" publicó varios artículos censurando las prácticas totalitarias del sistema y condenando la progresiva comunización de nuestra Patria. A raíz de la invasión de Abril, fue detenido y sometido a vejámenes y maltratos. Numerosas personas, temiendo por su vida, le aconsejaron que saliera de Cuba. Pero se negó enérgicamente. Su puesto, afirmaba, estaba entre los suyos. Y sólo lo dejaría si lo mataban, lo encarcelaban o lo sacaban a la fuerza del país. Los sucesos del 10 de Septiembre dieron pretexto al Régimen para deshacerse de tan "peligroso enemigo". Y después de mantenerlo durante varios días incomunicado, lo expulsaron de Cuba con más de cien sacerdotes.

Para justificar su expulsión, el Régimen fabricará sus habituales calumnias. Pero el pueblo cubano sabe cual es la verdad: Monseñor Eduardo Boza Masvidal, Obispo Auxiliar de La Habana, cubano de pura cepa, sacerdote ejemplar con una vida de sacrificios en favor de los humildes, fue expulsado de su Patria por defender los genuinos ideales de una Revolución traicionada por la entrega al comunismo totalitario y ateo.

LA PATRIA que SOÑÓ MARTI

por Mons. Eduardo Boza Masvidal

¿Cómo sería la patria que soñó Martí? Sin duda sería una patria donde hubiera entre todos los cubanos una sana igualdad, sin absurdas discriminaciones raciales; donde todos tuvieran derecho al trabajo y no carecieran de lo necesario para la vida; donde la cultura llegara a todos los rincones y se erradicara el analfabetismo. Pero estaría muy lejos de realizarse el sueño de Martí si no fuera también una patria hecha "con todos y para todos" sin exclusivismos de clase, y en que todos fueran entera y verdaderamente libres, sin que el Estado convertido en pulpo que extiende sus tentáculos, fuera absorbiendo cada vez más con voracidad insaciable los derechos y las libertades individuales. En un artículo titulado "La futura esclavitud" Martí se expresa de esta manera: "El hombre que quiera ahora que el Estado cuide de él, para no tener que cuidar él de sí, tendría que trabajar entonces en la medida, por el tiempo y en la labor que pluguiese al Estado asignarle, puesto que a éste, sobre quien caerían todos los deberes, se darían naturalmente todas las facultades necesarias para recabar los medios de cumplir aquellos. De siervo de sí mismo, pasaría el hombre a ser siervo del Estado. De ser esclavo de los capitalistas, como se llama ahora, iría a ser esclavo de los funcionarios. Esclavo es todo aquel que trabaja para otro que tiene dominio sobre él; y en ese sistema socialista dominaría la comunidad al hombre, que a la comunidad entregaría todo su trabajo".

Hoy Cuba está viviendo momentos de intensa lucha ideológica, y es porque el pueblo cubano, que tiene muy hondamente arraigados su cristianismo y su amor a la libertad, se niega a dejarse someter por el comunismo materialista y totalitario.

Una intensísima y constante campaña de prensa trata inútilmente de dar otras explicaciones a esa lucha y de presen-

> Este artículo, con el que BOHEMIA LIBRE honra hoy sus páginas, fue el último de los publicados en la Revista católica "La Quincena", en Cuba, por el Obispo Auxiliar de La Habana, Monseñor Eduardo Boza Masvidal, expulsado ahora por el Régimen comunista de Castro. Fue escrito en los momentos en que era más intensa la persecución contra la Iglesia, y el mismo revela no sólo la valentía de quien desafió con su pluma y su palabra el terror implacable del castrismo, sino las profundas raíces cristianas y cubanas de la lucha ideológica que está viviendo nuestra Patria.

tarla como el esfuerzo de batistianos y afectados al servicio del imperialismo yanqui. Y especialmente se emplean con diabólica malicia las armas más refinadas de la difamación y la calumnia contra la Iglesia Católica, a la que se buscó y se alabó en el tiempo de la Revolución y se quiso que enviara capellanes y se bajó de la Sierra con rosarios al cuello, para después echarla a un lado como quien se despoja de una careta cuando ya se ha conseguido lo que se pretendía. Pero nadie cree estas campañas ni estas falsas explicaciones al momento actual de Cuba.

Pero la realidad es otra y el pueblo lo sabe muy bien; y es que se luchó por unos ideales que se expusieron y afirmaron repetidas veces en discursos, entrevistas y declaraciones antes y después del triunfo y que no son los que hoy se quieren implantar. Se luchó por la patria que soñó Martí, "con todos y para todos", sin odios ni luchas de clases; sin que se matara a los cubanos por las calles como en tiempos de Batista y sin que se les llevara para matarlos ante un paredón. Se luchó por la patria que soñó Martí en que hubiera verdadera libertad para que cada cual pudiera exponer sus ideas en periódicos que reflejaran distintas tendencias; para que nadie fuera echado de su cátedra de la Universidad o de su centro de trabajo por el delito de pensar con su propia cabeza; para que nadie tuviera que firmar declaraciones que están contra su conciencia porque el no hacerlo puede significarle por lo menos la pérdida del trabajo, cuando no el ser vigilado y atacado; se luchó por una patria en que desapareciera para siempre la figura triste del delator, siempre pronto a entregar a su hermano. En una palabra, se luchó por una Cuba libre, democrática y cristiana y el comunismo quiere arrebatar al pueblo todas estas cosas.

Ahora se ha dicho que ser anticomunista es ser contrarrevolucionario porque es dividir, como lo sería ser anticatólico, pero esto es falso: se han hecho últimamente en Cuba muchas campañas anticatólicas sin que nadie haya llamado contrarrevolucionarios a sus autores ni hayan tenido la menor dificultad, antes al contrario, han estado para ellos plenamente abiertas las páginas de los periódicos y los espacios radiales y han encontrado franca simpatía y apoyo en los ambientes oficiales, quedando reservados todos los insultos y ataques para los que han cometido el pecado mortal de defender sus ideas cristianas y democráticas y la osadía de oponerse a la invasión de un sistema extranjerizante, totalitario y ateo. Por este estado de cosas el pueblo de Cuba no está dispuesto a pasar, y cuando un pueblo no puede ser sometido si no es a fuerza de cañones y de fusilamientos, es mejor aprender la lección de la historia y rectificar.

Queremos la patria que soñó Martí sin latifundios y sin explotadores, con igualdad, con pan y con justicia para todos los cubanos, sin odios ni venganzas para nadie y con verdadera libertad. Construyamos esa patria y estaremos tributando el homenaje que hace falta a aquel hombre bueno, de corazón sin hiel, que por hacer realidad su sueño murió como él quería, de cara al sol.

DESTRUIDA LA GUSANERA DEL M.R.P.

EL 95 POR CIENTO DEL CLERO AYUDA A LA CONTRARREVOLUCION

Boza Masvidal: el cura de las pastorales y la dinamita.

Americana aquí, el contacto era con los propios americanos, o sea, no existían casi agentes cubanos, sino los propios americanos...

—En concreto, recuerdo a un tal De Witt o De Will, o algo así, uno de los americanos con mayor influencia para conseguir los equipos y demás cuestiones de la organización. Pero, después que la Embajada Americana se fué de Cuba, ellos utilizaron a una serie de agentes cubanos, entrenados en los campamentos de Guatemala y de la Florida, los que vinieron a Cuba con facilidades para conseguir visas cuando estaba aquí la embajada americana; para sacar de la isla correspondencia, documentos o dinero. Para todo eso se ha recibido ayuda de las

DOC. 19-7

Religiosas de Cuba refugiadas en Puerto Rico Establecerán dos Asilos para Ancianos

Llegan a San Juan 45 pertenecientes a las S. de María

(De nuestra Redacción en Puerto Rico)

Por la vía aérea, vía Miami, arribaron en horas de la noche a San Juan de Puerto Rico 45 religiosas, pertenecientes a las órdenes religiosas Siervas de María y Hermanitas de los Ancianos Desamparados, quienes sufrieron vejaciones y maltratos de la turba comunista que gobierna en Cuba. Las religiosas, cuyo grupo es el último en salir de Cuba comunista, fueron expatriadas por el Departamento de Estado de los Estados Unidos, habiendo hecho el viaje de La Habana a Miami, en Clippers de Pan American. En la terminal de Isla Verde fueron recibidas por familiares, amistades, y otras religiosas.

Muchas de las religiosas rompieron a llorar tan pronto desembarcaron del "jet" y poner pie en tierra libre puertorriqueña. La mayoría de las Madres son de nacionalidad puertorriqueña, y para ellas ésta era la primera vez que volvían a su tierra natal después de muchos años de ausencia. Treinta y una de ellas pertenecen a la congregación Hermanitas de los Ancianos Desamparados, y las otras son de la congregación Siervas de María.

—Una escena emocionante en el aeropuerto de San Juan se produjo cuando la Madre Superior Luisa Angel Nieves, miembro destacado de los Caballeros de Colón de San Juan, y persona conocida en los círculos de negocios, se adelantó a recibir a su hermana, la Madre Superior Luisa Santa Isabel de Hungría Nieves, a quien no veía hacía 17 años.

Ninguna de las religiosas pudo traer equipaje, pues no se le permitieron los agentes de la policía comunista. Solamente pequeños maletines, con algunos efectos personales. Todas traían sus rosarios y venían rezando.

La llegada de las sufridas Hermanitas marca virtualmente el fin de esa Orden religiosa en Cuba, donde en un tiempo sostenían 17 casas para el cuidado y atención de unos 3,000 ancianos desvalidos.

El régimen comunista declaró cínicamente que "ahora el gobierno se hará cargo de los ancianos", aunque nadie sabe en qué forma podrán cuidar, alimentar y atender a esos pobres hombres en el ocaso de sus vidas.

"La pérdida de popularidad de Castro en la América Latina puede compararse a una hemorragia", ha dicho don Eudocio Ravines.

Con un inconveniente decisivo: el de que no hay transfusión de sangre posible para ella.

La gráfica capta a algunas Hermanitas de los Ancianos Desamparados y Siervas de María, a su llegada a Puerto Rico, procedentes de La Habana vía Miami, huyendo de la persecución religiosa en Cuba. El único delito de estas nobles y generosas Hermanitas ha sido dedicarse durante más de 25 años a cuidar ancianos desvalidos en Cuba. Pero el comunismo y el castrismo no admiten acciones piadosas ni tienen sentimientos cristianos para ningún semejante. La ola de ateísmo estrangula a nuestra pobre Patria. (FOTO Cortesía del "San Juan Star").

Humanitaria labor de las Hermanitas

Texto de Benjamín de la Vega
Fotos de Alberto Coya

La terrible marejada roja que destruye a Cuba, ha desarraigado del suelo patrio a lo mejor y más útil de la nación. Entre el variado conglomerado del exilio se destacan las dulces y bondadosas monjitas de la Congregación de los Ancianos Desamparados, que aún sin adaptarse a la difícil y nueva situación, comienzan a distribuir lo que es razón vital de su existencia: bondad y misericordia entre los que han dado todo ya a la vida y a la sociedad, mediante la creación de dos asilos de ancianos en los que tendrán cabida los viejitos de todas las razas, nacionalidades y credos.

ORDEN BENEMERITA

Las primeras siete hermanitas de la Congregación de Ancianos Desamparados asiladas recibieron el más cálido apoyo del Obispo de la ciudad, monseñor Coleman, quien les notificó la cesión de los terrenos y casas adecuadas para la instalación de los dos primeros asilos para ancianos que tendrá la Comunidad de religiosas en territorio norteamericano.

Hace 75 años que las beneméritas religiosas comenzaron a derramar bondad sobre Cuba. El primer Asilo que constituyeron fué en Santiago de Cuba en 1886, y llevó por nombre el que todavía conserva "San José". Dos años más tarde, en 1888, constituyeron en La Habana su segunda casa, la que con el tiempo cosechó bien ganada fama de organización y altruísmo, el conocidísimo "Asilo Santovenia". Después a golpes de sacrificios y de bondísima labor humana crearon 15 instituciones benéficas más, lo que hace un total de 17 Asilos de Ancianos Desamparados que funcionaban en Cuba con la bendición y el apoyo de todas las clases sociales.

PERSECUCION

Las primeras beneméritas casas de misericordia laboraban 302 Hermanitas de la Congregación. Su abnegada labor fué interrumpida por las hordas comunistas que han invadido asilos, templos y conventos en miserable tarea de rapiña y atropello.

El éxodo de las Hermanitas de la Congregación de Ancianos Desamparados ha comenzado ya. Sus primeras siete asiladas han empezado a sembrar su bondad en Miami. Todas son menuditas y sonrientes. La dulzura que irradian sus rostros generosos tienen un vivificador mensaje de esperanza. Una de las madres superioras, sencilla y expresiva, dirige el diálogo de las siete religiosas con el reportero de AVANCE.

—Estamos muy agradecidas de la generosa acogida que hemos recibido en Miami, en especial del señor Obispo, monseñor Coleman. Su generosa ayuda permitirá establecer los dos primeros asilos de la Congregación en territorio norteamericano.

PUERTAS ABIERTAS

Indagamos sobre la organización que tendrán las beneméritas casas de Cristo y una respuesta adecuada a su espíritu pleno de bondad, nos da la Madre Superiora:

—Las puertas de los dos asilos estarán abiertas para todos los ancianitos. No se limitarán nacionalidades credos ni razas. El único pasaporte que les servirá, será la miseria y el abandono que sufran.

Cerrando la breve charla añade Sor María Blanco:

—Ahora estamos en las tareas de organización. Tan pronto vengan de Cuba el resto de nuestras Hermanas decidiremos otros importantes aspectos de la nueva tarea que iniciamos en Miami. Nos sentimos muy satisfechas de poder continuar en Miami la tarea de misericordia que el Señor nos ha encomendado. Estamos seguras que nuestra tarea en Cuba habrá de reiniciarse con la firma del Todopoderoso y la firme voluntad del pueblo cubano, que para ser libre hará todas las cosas la libertad.

* * *

El Gobierno castrista nombró un interventor para el Mercado Unico y éste ordenó que sacaran de allí todos los timbiriches instalados caprichosamente por sus dueños.

Pero esa fué su única orden, porque al día siguiente amaneció con 57 puñaladas por todo el cuerpo.

Cerca de él, pastaba tranquilamente una yegua con dos letreros: uno que decía: "Esta es la madre del Caballo" y otro: "Paredón para el Caballo".

Como se sabe, en Cuba el pueblo llama "Caballo" a Fidel Castro.

* * *

ANTIPUEBLO
Por Niko

NO CELEBRAREMOS ELECCIONES HASTA QUE NO ADOCTRINEMOS A TODOS LOS PUEBLOS DE AMERICA
OTRA DEMAGOGIA

DOC. 19-8

A TODOS LOS CUBANOS, LATINOAMERICANOS Y CATOLICOS EN GENERAL:

El próximo 8 de septiembre, se efectuará la solemnidad de la Vírgen de la Caridad, Patrona de Cuba, a ese efecto, prescindiendo de todo sectarismo político, que sería mezquino en un acto como este, se llevará a efecto un Homenaje Nacional a Nuestra Patrona, el día 10 de septiembre (domingo) en esta ciudad de New York.

El panegírico de la Virgen será ofrecido por el Rvdo. P. Jaime de Aldeaseca que tantas pruebas ha dado de amor a nuestra patria. Así como la misa será oficiada por un digno Prelado cubano asistido por sacerdotes cubanos los que se anunciarán oportunamente.

Hemos de demostrarle a la hiena comunista de Cuba, que si él logra por medio del terror gran concentración de masas, la fuerza espiritual de los cubanos simbolizada por su excelsa Patrona aglutina en su derredor aún mayor número de cubanos.

Haciéndose público que cualquier donativo que se recogiera en el mismo será ofrecido integramente a la comisión de familiares de presos de Playa Girón al objeto de que adquieran tractores a cambio de la libertad de nuestros compatriotas.

Con entereza de espíritu no debe faltar un solo cubano a rendir homenaje a rogar por nuestra sufrida Cuba a la Smma. Virgen de la Caridad del Cobre.

New York, agosto 10 de 1961.
JUVENTUD CATOLICA CUBANA EN EL EXILIO

SITUADAS YA LAS RELIGIOSAS SALESIANAS

NEWTON, Nueva Jersey, agosto 11 (NC).—Se encuentran ya en sus nuevos destinos de otros países latinoamericanos más de 70 de las 103 religiosas salesianas que llegaron aquí desde mayo expulsadas de Cuba. Sirven ahora en Ecuador, Venezuela, República Dominicana, Haití, Chile, Costa Rica y Puerto Rico. Las treinta restantes realizan un curso de inglés antes de partir para Latinoamérica.

Hermanos de La Salle expulsados de Cuba, en Puerto Rico

SAN JUAN, P. R. Agosto.— Víctimas de la implacable persecución atea en Cuba, como todas las órdenes y congregaciones religiosas, llegaron a Puerto Rico estos hermanos del Colegio De La Salle, expulsados por el gobierno comunista de Kastro. La congregación De La Salle tenía en Cuba 135 hermanos distribuidos en 13 colegios, en La Habana, Sancti Spíritus, Manzanillo, Guantánamo, San Vicente y Santiago de Cuba. Generaciones enteras de cubanos desfilaron por sus aulas, haciéndose hombres de provecho para la Patria, con sólidos principios morales y religiosos, que luego se dedicaron a distintas profesiones y actividades.

La Salle sufrió la misma suerte que los demás colegios religiosos establecidos en Cuba: expulsados por el odio acérrimo del régimen comunista a todo lo que signifique Dios, Patria y Hogar.

Siete de ellos, que aparecen en la gráfica, han sido destinados a Puerto Rico, donde abrirán en Septiembre una escuela parroquial en Vega Baja, tan pronto como las circunstancias los permitan, abrirán otra escuela en San Juan, contando con la ayuda del Obispo de Arecibo, Monseñor Alfredo Méndez, y del Arzobispo de San Juan, Monseñor Jaime P. Davis.

En la foto aparecen, de pie, de izquierda a derecha: Hermano Andrés, Hermano Víctor, Hermano Enrique, Hermano Benjamín y Hermano Regis. Sentados, de izquierda a derecha, Hermano Luis, Padre Wadi Alvarez, miembro de la Junta de Directores del periódico católico El Debate; Padre Rodolfo Mari, Párroco de Vega Baja, y Hermano Alfredo Joaquín, Visitador de las Antillas, que residirá en Puerto Rico.

Numerosos cubanos, al conocer la noticia de la llegada de los Hermanos De La Salle, acuden a visitarlos y saludarlos. En su inmensa mayoría son antiguos alumnos De La Salle, hoy exilados en esta hospitalaria Isla de Borinquen.

(Foto cortesía "El Debate")

Nuevo ataque contra Castro hace el Dr. L. Iraci Fedeli en Bologna

La más importante de las revistas de política y de cultura de Bologna, Italia, "Il Mulino", acaba de dar a la estampa, en su último número, un nuevo panfleto anticastrista del batallador polemista doctor Leone Iraci Fedeli, titulado "Controrivoluzione o nuova resistenza", en el que examina los factores democráticos que justifican por qué todo el pueblo de Cuba es en estos momentos opositor del régimen comunista de Fidel Castro.

Como ya saben nuestros lectores, el ilustre maestro Iraci Fedeli es un propagandista desinteresado y tenaz de la causa democrática cubana, habiendo sido hasta ahora el hombre público y autor literario que más se ha distinguido en la península itálica denunciando las atrocidades rojas del régimen castro-comunista.

Muy agradecidos al envío de este ejemplar de "Il Mulino".

AVANCE - Septiembre 1 - 1961

DOC. 19-9

Alberto y Ester María:

Muchas gracias por su Tarjeta, portadora de su felicitación y de sus recuerdos. Yo tampoco los olvido, y parece que el tiempo y las separaciones acrecientan esos afectos nacidos del alma, y que no pueden morir.

Me alegro mucho de que estén bien y que el exilio no los ha "tumbado". Muy al contrario... Me alegro también del progreso de sus hijos en el Colegio.

No me olviden, pues cuando me siento algo más triste y caído, el recuerdo de personas queridas, como Vds. me reanima.

Póngame de vez en cuando, algunas líneas, aunque sé que el tiempo es poco para escribir.

Estuve en Miami unas semanas... Ojalá pudiera ir a N. York en Mayo — y reanudar contactos de amistad.

Feliz Año a todos. Cariños para sus hijos, y Vds. reciban un afectuoso abrazo de quien nunca los puede olvidar.

H. Victoria

DOC. 19-10

1913 - 8 de Sept. - 1963
Bodas de Oro
de
Profesión Religiosa
del
Rdo. Hno. Victorino
Homenaje
de afecto y gratitud
Que en unión de los
Hermanos E. C.
ofrecen dos Generaciones
Al Querido Mentor y Educador

Antiguos Alumnos y Familiares
Juventudes Católicas Cubanas
Acción Católica Cubana
Movimiento Familiar Cristiano
Amistades . . .
en Cuba y en el exilio.

Dios   Patria   Hogar

R. H. Victorino
F. S. C.
en Cuba desde 1905
"Desde mi juventud, Señor, os he dado almas" . . .

1905 — Llegada a Cuba, fundación.

1913 — Profesión religiosa

1928 — Fundación Juventud Católica.

1943 — Acción Católica Cubana.

1948 — Cruz "Carlos M. de Céspedes".

1951 — Doctorado "in honoris causa", Univ. de Villanueva.

1953 — Legión de Honor de Francia — Cruz "Pro Ecclesia et Pontifice".

1961 — Exilio.

CUBAN DE LA SALLE ALUMNI ASSOC.
Mayo 15, 1966

Amada Virgen de la Caridad,
Madre de los Cubanos,
yo Te veo llorar por cuanto
sufren y han sufrido tus hijos.
Madre querida,
la prueba es dura y larga.
Basta ya de penas, de lágrimas,
de separaciones . . .
Ten compasión de tu pueblo
que tanto te quiere.
Oye nuestras súplicas.
Aplasta pronto la cabeza de la
serpiente roja que atormenta a
la Patria, y te prometemos hacerla mejor y más cristiana.

                                Hno. Victorino

Esta oración se encontró en la libretica personal de teléfonos del Hno., escrita de su puño y letra en la parte posterior de una estampita de la Sma. Virgen de la Caridad del Cobre.

Abril 16, 1966

DOC. 19-11

ABRIL-MAYO 1961
PERSECUCION RELIGIOSA

...FANACION DE TEMPLOS Y SAGRARIOS.
...esta Iglesia fué profanado, robados los vasos sagrados por el suelo. Obsérvese en la fotografía la puerta del ...artida en dos y violentado todo el altar.

PROFANACION DE SAGRARIOS
Espantosa ha sido la profanación de los Sagrarios en las Iglesias de la Soledad y de los Padres Carmelitas. La fotografía es reveladora de la saña brutal con que fué violentada la puerta del Sagrado Tabernáculo, sobre la que se entretuvieron en disparar con pistolas.

ASALTO A LOS LOCALES DE ACCION CATOLICA.
Por el suelo yacen esparcidos los muebles rotos, las banderas desgarradas y los libros destrozados.

PROFANACIONES, EN LA CIUDAD DE CAMAGÜEY-CUBA
El Sagrario de la Iglesia de los Carmelitas fué arrancado de su lugar. En la parte alta del mismo, a la izquierda se ve la perforación causada por un impacto. Los manteles desgarrados y los candelabros tirados sobre el altar. Algunas Capillas de los Colegios Católicos confiscados, han sido convertidos en salones de baile.

ASALTOS Y PROFANACIONES DE TEMPLOS EN CAMAGÜEY-CUBA
Celda del Convento de las Mercedes. Obsérvese la puerta descerrajada, los hábitos rotos y esparcidos por el suelo, así como los libros e imágenes. Varias Iglesias a lo largo de la Isla han sido convertidas en almacenes de azúcar.

La cultura de la muerte en Cuba

Unión de Cubanos en el Exilio

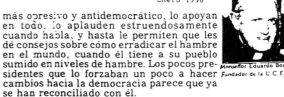

BOLETIN No. 352
AÑO XXXIII
Enero 1996

Por Mons. Eduardo Boza Masvidal

Un aspecto sumamente doloroso de la actual situación de Cuba es el que se refiere a la vida naciente. El pasado mes de julio pudo al fin visitar Cuba el Padre Paul Marx, fundador de "Vida Humana Internacional". Al salir hizo este comentario que tomo del Boletín de esa organización: "Estoy tentado de desear no haber visto nunca este desastre En verdad, como dice el poeta": "El dolor es tan profundo que no alcanzan las lágrimas".

La promiscuidad de adolescentes y jóvenes que promueve el gobierno les hacer perder el sentido de moralidad y respeto mutuo. El aborto fue legalizado en 1965 y se practica ampliamente con todo el apoyo del gobierno. Un tercio de las muchachas jóvenes entre 15 y 19 años han tenido por lo menos un aborto. En total, de cada diez bebitos por nacer, seis son abortados. Esta proporción es la mayor en el hemisferio y quizás sea la mayor en el mundo entero. Cuba tiene el menor número de nacimientos entre los países de América Latina. En vista de esto no hay que sorprenderse de que Cuba sea el primer país del mundo que utilizó el tejido cerebral de bebés abortados para hacer trasplantes a enfermos de "Alzheimer".. y actualmente decenas de pacientes extranjeros pagan miles de dólares al gobierno cubano para hacerse esos trasplantes.

En La Habana solamente se calcula que hay alrededor de 35,000 prostitutas. Creo que no hay que culparlas tanto a ellas, sino al gobierno que además de destruir los valores morales ha creado una situación en que para conseguir dólares que es la moneda que sirve para algo hoy en Cuba, muchas no encuentran otro camino que ése, convirtiendo a Cuba en el paraíso sexual del turismo. Para el gobierno, si entran dólares, bienvenidos sean, aunque sea a costa de la dignidad de la mujer cubana. Cuba tiene también el más alto nivel de suicidios en el hemisferio.

Esto es sólo un aspecto, como un botón de muestra, de la situación tan dramática que vive Cuba en muchos otros aspectos, y ante esto sentimos la gran soledad en que está el pueblo cubano en su lucha por la vida y la libertad. Parece que es el único pueblo en nuestra América que no tiene derecho a a ser libre y para el cual no existe el tan mencionado respeto a la autodeterminación de los pueblos. A nivel de gobiernos, Cuba está sola o casi sola. Por eso es difícil entender a los presidentes latinoamericanos por la incoherencia entre lo que dicen y lo que hacen. Hablan mucho de democracia y celebran reuniones para promoverla en todo el continente, y a la vez reciben con todos los honores al gobernante del régimen más opresivo y antidemocrático, lo apoyan en todo, lo aplauden estruendosamente cuando habla, y hasta le permiten que les dé consejos sobre cómo erradicar el hambre en el mundo, cuando él tiene a su pueblo sumido en niveles de hambre. Los pocos presidentes que lo forzaban un poco a hacer cambios hacia la democracia parece que ya se han reconciliado con él.

Monseñor Eduardo Boza Fundador de la U.C.E.

Algo parecido ha pasado en la reciente reunión de Jefes de Estado de todo el mundo por los 50 años de la ONU. Creo que el famoso embargo norteamericano ha sido muy bien aprovechado por el gobernante cubano y que le ha traído más beneficio que perjuicio, pues gracias a él ha encontrado un chivo expiatorio a quien echar la culpa de todo el desastre, y le ha servido para captar la simpatía de casi todos los países presentándose como víctima, un pueblo pequeño y débil oprimido por un poderoso. Si este señor no fuera ateo, yo diría que estaría rezando a todos los santos para que no se lo quiten.

En Cuba han pasado cosas nunca vistas que debieran haber bastado para manifestar al mundo la desesperación del pueblo cubano, como los diez mil que se metieron en un día en la Embajada de Perú, la salida masiva por el puerto de Mariel; la crisis de los balseros, etc., etc. pero parece que nada es suficiente, y no sólo a nivel de gobiernos, sino aún a nivel de pueblo son muchos los que aún no comprenden nada de la situación. Otra parte, la solución no está en que la gente se vaya de Cuba, sino en que pueda vivir en Cuba dignamente. Sin embargo, los cubanos seguimos luchando con fe y con esperanza. No queremos odio ni violencia sino el cambio pacífico que es indispensable, haciendo lo que está de nuestra parte. Con respecto al problema de la vida que mencionaba al principio de este artículo, la Iglesia está haciendo cuanto puede y con la visita del Padre Paul Marx se ha fundado en La Habana la Organización Nacional Pro-Vida en Cuba, con representantes en todas las diócesis. Nosotros podemos ayudarlos desde fuera con la oración, el sacrificio y la ayuda económica para enviar materiales educativos y preparar agentes pro-vida. Esto se puede hacer a través de Vida Humana Internacional de Miami.

Con respecto a la libertad, nada nos debe desanimar. Sigamos trabajando a pesar de la falta de apoyo de las naciones que llamamos hermanas y los organismos internacionales. Nuestra lucha por la libertad y por la reconstrucción moral y material de nuestra patria está por encima del tiempo y los obstáculos. Luchamos con amor y con fe en Dios y en la Virgen de la Caridad.

DOC. 19-13A

TAX EXEMPT
All Donations are Fully Tax Deductible.

U. S. Post Office Requires Zip Code On All Correspondence. Please Inform Us of Yours.

THE TRUTH ABOUT CUBA COMMITTEE, INC.
(COMITE LA VERDAD SOBRE CUBA)

P.O.BOX No. 571, MIAMI, FLA. 33101

COMPASSION IS ALSO A PART OF CIVIL RIGHTS

Plinio Correa de Oliveira

A recent official statement of the Catholic Bishops' Conference requested an end to the Cuban economic blockade. The main argument of this religious body was that although the blockade was a political measure, its effects should not be measured simply by political considerations, but by the shortages and suffering it causes. I read this statement in "Informations Catholiques Internationales" of last July 15th. On that same date this magazine had another news item about Catholic leader Luis Boitel, who had broken his original allegiance with Fidel Castro and after ten years in prison was, in 1970, "invited" to accept a "marxist rehabilitation course." When he refused, he was the object of "cultural excercises" (torture) which caused his death.

Naturally, I compared both news items. And from them a doubt arose that questions the validity of the stand taken by the Catholic Bishops' Conference: Is the blockade of Cuba really increasing the suffering of the people in Cuba?

The Communist regime of Cuba brought about the loss of Cuban sovereignty to the Soviet Union. It also brought about the loss of the most elemental freedoms, including the previous freedom of the Church. It brought insecurity, torture and death. It brought hunger to all. And all of this happened because it always goes hand in hand and is a part of marxist domination. The Boitel case is nothing more than an individual tragedy identical to the over-all national tragedy.

So in reality the only way to alleviate the suffering of the Cuban people is by overthrowing communism. The blockade is a means to that end. In effect it does not increase the suffering of the Cubans, but, as some necessary cures, it just aggravates a sick condition prior to recovery.

I wonder if any of these thoughts ever occurred to the leaders of the Catholic Bishops' Conference?

To that effect it brought to my mind what I had read in the British magazine "Antenie" published in London (No. 109 of April 1972). In the village of Brudzowice, Poland, it so happened that the townspeople wanted to build in the local cementary a hall to hold wakes. The people obtained the necessary construction material. But the Religious Affairs Bureau prohibited its construction, fearful that the building would be used as a chapel. This is why the party officials of the Bureau ordered the destruction of the warehouse that held the construction materials.

DOC. 13-B

On a certain morning, 50 military trucks appeared at the village, paddy wagons, ambulances, automobiles equipped with loud speakers and two bulldozers. Realizing what was going to take place, some of the local women courageously blocked the road to the warehouse. Brutally, armed militia men pushed them aside.

The convoy got to the warehouse. Tear gas was thrown in against the people who had managed to get inside. All those who resisted and did not flee were taken away in the paddy wagons.

Demolition started promptly. In three hours everything had been leveled.

During this whole period the women cried and in an heroic protest sang religious hymns. That was their only way of showing indignation at this affront to their Faith.

I ask: Why doesn't the Catholic Bishops' Conference have one word of protest against this type of heinous crime that continually occurs in Lithuania, in the Ukraine? Why is the Cuban political issue of stopping the blockade uppermost in their minds?

I insist: Why?

I hope that the insistence on this question is not taken as an impertinent attempt to meddle in the thinking of the leaders of the U.S. Catholic Bishops' Conference. If I insist, it is for a reason.

Yes, it is purely and simply an imperative thirst for knowledge that inspires me to ask that question. Because I believe the problem underlying it is of the most serious nature.

Let me explain myself. This contradiction does not only apply in part to the Catholic Bishops' Conference, it doesn't even apply only to the more extensive circle of left wing clergy (or left of center clergy) that you find here, there and everywhere. Generically speaking, with the classic and necessary exceptions, these days the feeling of compassion seems to be forcefully directed to the left. Even with parties that are in no way left-leaning, the preference when the theme is compassion is heavily weighted towards the wrong side. So, for example, in a shootout between subversives and the police, many are those who feel more compassion for the wounded terrorist than for the similarly wounded policeman. Why is this? In a shouting match between an insolent student and an affronted teacher in which each one in some way exceeds himself, compassion is much more on the side of the student ("pobrecito!") than for the teacher. And hundreds more examples could be cited.

How much the ever-increasing wave of anarchy gains ground because of this is not hard to see. Also, how much society loses. How do you correct this? I believe a high principle has been forgotten.

Today when we speak so much about civil rights, shouldn't the right of expressing compassion be equally administered?

Translation by: Ing. Jose D. Salazar
From: Diario Las Américas - October 7, 1972, Page 5   Pub. 553 - 11-72 - 2.000

TAX EXEMPT
All Donations are Fully Tax Deductible.

U. S. Post Office Requires Zip Code On All Correspondence. Please Inform Us of Yours.

THE TRUTH ABOUT CUBA COMMITTEE, INC.
(COMITE LA VERDAD SOBRE CUBA)

P.O. BOX No. 571, MIAMI, FLA. 33101

CELAM, Organización Netamente Marxista

Por Eudocio Ravines

MARTES 5 DE DICIEMBRE DE 1972.

En el mes de agosto de 1968, el Papa Paulo VI inauguró en Bogotá, durante la visita que el Pontífice hiciera a Colombia, el Consejo Episcopal Latino Americano —CELAM— integrado por clérigos de los diversos países latinoamericanos.

Desde el día de su solemne inauguración, hasta nuestros días, el CELAM, ha demostrado ser una organización de curas tercer-mundistas, perniciosamente infiltrados por ideas marxistas y por métodos de colaboración con los propósitos y los planes comunistas, para América Latina.

CELAM es la organización que agrupa sacerdotes que se mueven dentro de la órbita ideológica de personajes como Don Helder Cámara, obispo de Olinda y Recife, en Brasil; como Raúl Zambrano Camader, Arzobispo colombiano; Sergio Méndez Arceo, obispo de Cuernavaca. O sea que se trata de una cofradía que promueve el cisma dentro de la Iglesia Católica en América Latina, actuando conforme a las normas de la estrategia y táctica de Moscú respecto de los católicos.

CELAM está dirigida actualmente por el obispo brasilero Avelar Brandao Videla, quien es discípulo de Helder Cámara. Como quiera que ha llegado a su término la presidencia de Brandao al frente de CELAM, los delegados de la organización van a reunirse en un concilio que se realizará en la ciudad de Santa Cruz, Bolivia, para elegir una nueva directiva y, sin duda alguna, para ratificar las posiciones doctrinarias pro-comunistas y crypto-comunistas que cultiva la organización.

La Secretaría permanente de CELAM funciona en la ciudad de Bogotá, desde que se fundara con ocasión de celebrarse en Bogotá el Congreso Eucarístico Internacional que fuera presidido por el Papa Paulo VI.

Coincidiendo con la próxima reunión de CELAM en Santa Cruz, la **Academia Colombiana de Historia Eclesiástica**, organización que goza de muy amplio crédito religioso y de gran autoridad teológica y moral, acaba de publicar un enjuiciamiento en el que se acusa directa y categóricamente al "Consejo Episcopal Latino Americano —CELAM— de ser una **organización netamente marxista**".

La acusación ha sobrevenido como secuencia de un estudio encargado a la Academia de Historia por CELAM, para que realizara una recopilación de trabajos sobre "Historia de la Religión en América Latina".

El encargo demuestra el reconocimiento por parte de los altos dirigentes de CELAM, de la capacidad y de la autoridad de la Academia Colombiana de Historia Eclesiástica, en materia de Religión, Teología, Etica e Historia Eclesiástica. La investigación se realizó bajo la presidencia del laico y filósofo católico argentino, doctor Enrique Lucel.

Al dar cuenta del encargo que se le había confiado, la Academia, en reunión plenaria, calificó a CELAM como "organización netamente marxista", calificación que ha conmovido profundamente a todo el clero católico latinoamericano. Los dirigentes de CELAM han negado constantemente, a pesar de las evidencias, su enfeudamiento con la ideología marxista.

La Academia Colombiana de Historia Eclesiástica refuta a CELAM, y afirma que "CELAM es una organización netamente marxista, empeñada en provocar cambios inconvenientes en la Iglesia Católica Latinoamericana y en crear un malestar progresivo, a base de la lucha de clases".

Pub. 561 - 3-73

La acusación es demasiado dura, pero ella refleja fielmente la realidad. La acción de CELAM en sus breves cuatro años de existencia, ha sido eminentemente subversiva. Sus posturas, sus críticas sociales, sus iniciativas, estuvieron siempre animadas por ideas traspasadas por ostensible infiltración comunista.

CELAM so pretexto de promover la justicia social, la distribución equitativa de la riqueza, la actividad contra la alienación del ser humano, ha favorecido y continúa favoreciendo, a regímenes como los que imperan en Cuba, en Chile y en otros países latinoamericanos, donde los niveles de existencia de las masas populares han llegado a niveles escandalosamente insoportables.

CELAM en nombre de Cristo, de la Religión y de la Iglesia Católica, se ha hecho el empresario de dictaduras y de operaciones políticas que han conducido a los pueblos a regímenes de racionamiento, a situaciones incubadoras del peligro de guerra civil.

Está demostrado en la vida real que ninguna de las iniciativas, ninguna de las recetas de CELAM conduce a nada que resulte efectivamente favorable o beneficioso para la situación de los pobres, de los marginados, de los desafortunados de América Latina. Bien al contrario: cada una de sus directivas ha desembocado ostensiblemente en la frustración y en el agravamiento de crisis espirituales, económicas, sociales y políticas.

No hay país alguno donde se hayan impuesto las orientaciones dictadas por CELAM, que no esté sumido en crisis que no cesan de ahondarse, y de deteriorar más y más los pobres niveles de existencia de las masas populares. No es caritativo, en forma alguna, persistir empecinadamente en el error, no obstante que la realidad está demostrando que las tesis, los caminos, las doctrinas de CELAM, están radicalmente equivocados, ya que, lejos de beneficiar, perjudican dolorosamente a las masas.

Lo cristiano sería rectificar el error e ingresar por la vía de un humilde arrepentimiento. Pero, a ello se opone de modo invencible, la vanidad enfermiza de los curas tercer-mundistas, ya que temen que su reconocimiento del error los vuelva a hundir en el pobre anonimato de donde salieron para adquirir renombre de demagogos.

OF HUMAN RIGHTS

VOL. 4, NO. 1 — *WINTER 1981*

A Joint Communique From Havana

The Ordeal of Two American Missionaries in Cuba

Melvin Lee Bailey and Walter Thomas White, both Americans, are serving 24-year prison sentences at Combinado del Este Prison, Havana, Cuba, for distributing Christian literature. They are from Newport News, Va., and Glendale, Calif., respectively. Their letter, written by White, was dated Nov. 26, 1979. It was obtained from Of Human Rights, a Washington-based human rights group associated with Georgetown University.

IN CASTRO'S PRISONS

Statement by Walter Thomas White at Washington press conference, October 30, 1980, National Press Building, Washington, D.C.

The Combinado del Este Prison, where we spent 14 months, is a Soviet-type prison. Just like in the Soviet Union many sentences are open-ended based on the prisoner's acceptance of the regime's ideology. From the underwear to our bunkbeds USSR was stamped on everything. We were guarded by Russian guns with Russian bullets.

One of the highest moments during my time in prison was attending a Church service held by Cuban political prisoners. The Cuban prisoners maintain their Christian services because no Church either in Cuba or from abroad is permitted to minister to them. Their hymns, repeatedly confiscated, are handcopied on cigarette package paper. Their pulpit was a bed sheet draped over a board. They were led by a protestant and a Catholic: Noble Alexander and Andres Vargas Gomez. Noble is a minister who has numerous scars on his back resulting from shots fired by the guards to disperse his Church services.

Andres Vargas Gomez, in his sixties, has been in prison since 1960. He is a writer and attorney. He suffers from asthma and is very weak, and even then he gave me his egg ration when I was sick.

I was in the hospital for two months with Armando Valladares, the Cuban poet. His legs are paralyzed as a result of prison mistreatment. His therapy equipment, donated by Amnesty International, was thrown by the authorities in a corner of his room like a pile of junk, where it lies now. He is given no treatment. As of a week ago, Dr. Puentes ordered that the protein diet he had been permitted be discontinued. He is not allowed letters or visits. His family photos were taken away.

During my time in Castro's prisons sixteen "lancheros" (those wanting to leave Cuba) were beaten with iron pipes, steel cables, machetes, and clubs. One we know died. These were beatings by officials—including lieutenants Salcinas and Calzada. I saw Mario Chanes, the revolutionary leader who fought against the Batista dictatorship, brutally beaten by a guard in the hospital. Early this year, I saw a young man dive off the fourth floor, committing suicide. The same day in building two, another Cuban dived off the fourth floor, crashing on the concrete patio.

Our prison, which Fidel emptied during Mariel, is rapidly filling up again. Castro, as of now, classifies every prisoner as a common prisoner. Common, political and religious prisoners are all mixed.

Walter Thomas White is shown as he appeared in a prison photo taken in 1979:
'The idea that love and compassion motivated us to make this trip was totally foreign to them, as they were immersed in their philosophy of Marxist hatred.'

How two Americans were sentenced to 24 years in a Cuban prison for distributing religious leaflets over Cuban territory. Walter Thomas White, below, describes their imprisonment.

Walter Thomas White has written a book about his imprisonment in Cuba. *Missiles Over Cuba* describes his 7-year career as an evangelist to Cuba, his trial and imprisonment, and the activities of the Cuban church behind bars. [The paperback sells for $2.95. Uplift Books, 1677 Cliffbranch Drive, Diamond Bar, CA 91765.]

We went on trial on October 25 after five months of interrogation and imprisonment. Our lady lawyer whom we never met walked over to Captain Santos and straightened his coat, saluting him affectionately. She asked us four questions: "How old are you? Are you married? Do you have children? What is your occupation?" That was our entire defense. Then the prosecutor and G-2 Captain Santos had the next hour or so. The five judges relaxed; two of them actually dozed—incredible. This was not a comedy. It was real. A real joke.

DOC. 19-16

CHRISTMAS IN A CUBAN PRISON

A conversation with
Humberto Noble Alexander
*Christian pastor
and former political prisoner
in Cuba*

COPLEY FORMAL LOUNGE
THURSDAY, NOVEMBER 29, 1984
8 P.M.

sponsored by
Georgetown University Cuban American Student Association
G.U. Lecture Fund

The New York Times
June 30, 1984

70 Innings of Baseball, Then Freedom

By JOEL BRINKLEY

WASHINGTON, June 29 — Just before the Rev. Jesse Jackson came to visit the Cuban prison this week, officials reportedly hastily painted the cellblock walls.

They swept the streets and collected the garbage, one of the released prisoners recalled. They even dressed some convicts in brand new baseball uniforms and staged a baseball game for Mr. Jackson, as if the prisoners played the game all the time. The prisoners played about 70 innings of baseball until Mr. Jackson and his entourage showed up.

"They put on a show," one of the Cuban political prisoners who was released said today.

Most of the 48 Cuban and American prisoners who arrived in the United States with the Rev. Jesse Jackson late Thursday night rejoined friends and family members today...

Jail Quickly Painted

One of them, the Rev. Humberto Noble Alexander, who said he was imprisoned in 1962 for "preaching the Gospel" recalled that a guard stood in front of their cell block at the Combinado del Este prison near Havana Wednesday night, called all 26 of their names, then told them they were to be released because the Cuban Government "was doing it for humanitarian reasons."

Earlier this week, Mr. Noble said, the guards had quickly painted and cleaned the prison in preparation for Mr. Jackson's delegation.

Ordered to Play Baseball

On Wednesday, the day of Mr. Jackson's visit, Mr. Noble said, "they called people out early in the morning to play baseball." He added, "We are never allowed to play baseball, except when visitors come. We call it 'the visitors' team.'"

Prisoners were hastily assembled on a field and given new uniforms and shoes, which they quickly donned while surrounded by guards carrying machetes, Mr. Noble said.

"They said they had to play right now," he said. But the Jackson delegation did not arrive until after 1 p.m., so "I think they played 70 innings." When the last car in Mr. Jackson's delegation left, "the guards said, 'That's enough.'" Mr. Noble said the guards took the uniforms and the players went back to their cells.

That evening, guards told the 26 prisoners they would be released, and many of them were allowed to wear a shirt for the first time in nearly two decades, Mr. Noble said.

THE VOICE OF THE MARTYRS, Inc.
Servants of the Persecuted Church
A Tax-Exempt Non-Profit Missionary Organization

DECEMBER 1995
Pastor Richard and Sabina Wurmbrand—Founders
Mr. Tom White USA Director
MEMBER OF THE INTERNATIONAL CHRISTIAN ASSOCIATION

DOC. 19-17

Pastor Orson Vila (now imprisoned) during a visit with his wife.

Thousands of Cuban Christians gather outside the courthouse where Pastor Vila is being held, *remembering him in bonds...*

Behind the Sugar Cane Curtain
A courier report...

We traveled over 1,000 miles visiting about 20 churches. All the churches we visited were in need of Bibles. Many Cuban Christians we met have never had the pleasure of reading their own Bible. Because of the number of churches we visited, we were unable to leave large quantities with any one church. All the Christians received us as if we were angels sent from heaven. Many had never had an outside visitor, let alone one carrying Bibles!

dedication to the Lord under such extreme circumstances. We were learning what it meant to carry your cross, or to give thanks in every situation. Remembering what our Cuban brothers and sisters had been through, and the hardships that continue, are sobering thoughts for us Americans.

"Communist paradise"

A house meeting viewing a Christian video we delivered.

(Committee for the Defense of the Revolution, which boasts of three million members), and any Cubans who complain are attacked and beaten by the government's "rapid response mobs." The church is also in need of Bibles

...and Cuba?

For twenty-two years The Voice of the Martyrs has consistently led a Gospel invasion of Cuba. Using lobster boats, sailboats, cargo ships, single and twin engine aircraft, "tourists," nine-foot high helium-filled balloons, and radio broadcasts, we have continually searched for the most effective ways to reach the ten million captives of this "one man" ruled island. True government does not belong to him. Isaiah 9:6 states that it belongs to Jesus Christ.

400—Two-volume sets of Children's Bible lessons
12—Flannelgraphs
6—Reference study Bibles
100—New Testaments
12—Spanish/English New Testaments
32—Bibles
2—Guitars
8—Guitar strings
4—Harmonicas

These Cuban young people joyfully read the first Bibles they have ever owned. This joy is <u>yours</u>, made possible by your gifts.

CUBAN CRISIS

In the Absence of church buildings, Cuban Christians take the Word of God into the streets, refusing to lie down in the face of persecution.

Our contacts in Cuba have recently reported that the government has stepped up the attack against house churches. Several church buildings throughout the province of Holguin have been systematically torn down. Stories continue to pour in from pastors, confirming Castro's heavy-handed attack.

In the ancient north coast village of Gibara, the old house used for Bible study was closed. The congregation was threatened. A short distance away in Cuatro Caminos, believers saw their new church destroyed just as they were preparing to put the roof on. Pressing on, they are now meeting in small groups in homes. In the village of Moa, after authorities closed down the church, they threatened the pastor with arrest if he didn't leave the area. Many such threats against Christians are taking place in Cuba right now. Believers in Moa refused to be intimidated, demanding that their pastor be allowed to stay. They were told "If you continue to protest, we will take you to jail or we will shoot you!"

This latest form of persecution is producing a stronger, more determined Christianity. Most of these church buildings, considered threatening to the government, were nothing more than old, deteriorating houses. Hardly a cathedral worthy of such attention, they were put together with sparse supplies. A few boards and corrugated zinc made up the structure itself, the inside often "furnished" with benches of bricks and boards. One congregation had only bird dung and wood for its construction. Although the structures have been closed or destroyed, what was being "built" on the inside continues to thrive.

With oppression comes a greater determination. The house church movement in Cuba is growing in size and in a deeper understanding of the Christian life. The destruction of these churches has resulted in smaller groups meeting to avoid further suspicion. However, their voice does not go unheard, as many times when a church is closed, Christians take to the street, protesting in front of the police station. These believers sieze every opportunity to share Christ, often witnessing to the police who confront them. As officers respond to the salvation message, government officials warn Christians to stop evangelizing the police!

While living in a land of deprivation under the iron fist of Fidel Castro, the church in Cuba perseveres, wearing the armor of God. They ask only for our prayers, that they will continue to be strengthened in the love of Jesus Christ.

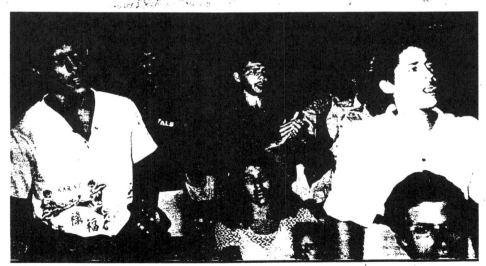

"Having nothing, yet possessing everything" (II Cor. 6:10) - House church Christians continue to sing in spite of their "light afflictions."

DOC. 19-19

Remembering those in bonds (Heb 13:3). Medicine, Christian books, and other aid is shipped to Cuba. Cuban Christians enrich our lives, although they also suffer with an average income of three dollars and thirty cents a month.

100% of any gift sent for "Cuba" will be used for persecuted Christians in Cuba.

Pray for these "closed" churches and their pastors.

MOA Pastor Leonel Cana	EL DAJAO LINDERO CRUZ Pastor Armando Pina Santo
FLORO PEREZ. Pastor David de Fuente	GUABINELLON Pastor Edel Rodriguez
GIBARA Pastor Ramon Irade	CANADON BANES Pastor Jose Marino
CUATRO CAMINOS Pastor Enrique Gomez	RETRETE Pastor Ciro Ordone

BUENA VENTURA

The Voice of the Martyrs
Servants of the persecuted church

Destroyed house church at Cuatro Caminos - Cuba

Castro fails to destroy the "Church"

IN THIS ISSUE

Pastor Richard Wurmbrand writes:

Blessing from Mourning

SEE PAGE TWO

The Cuban government steps up its attacks on Cuban house churches. In the province of Holguin, several church buildings have been systematically torn down. Believers there continue to spread the Gospel "taking it to the streets" in the absence of buildings.

SEE PAGE SEVEN

The house church movement: How will it impact China's future?

SEE PAGE TEN

AUGUST 1996

Behind the Sugar Cane Curtain

A courier report...

A house meeting viewing a Christian video we delivered. We have purchased house churches and much needed bicycles (no gasoline) for pastors.

We traveled over 1,000 miles visiting about 20 churches. All the churches we visited were in need of Bibles. Many Cuban Christians we met have never had the pleasure of reading their own Bible. Because of the number of churches we visited, we were unable to leave large quantities with any one church. All the Christians received us as if we were angels sent from heaven. Many had never had an outside visitor, let alone one carrying Bibles!

The first stop was that of a pastor named José with whom two of the couriers had made contact on their last trip. He was a young pastor with two small children and a rapidly growing church. He also spoke some English which was a real blessing because we didn't speak Spanish. José traveled with us a few days to assist locating the churches on our itinerary.

José's church was to be my first introduction to a typical Cuban church. It was located about five miles away from the center of the village in a cluster of sugar cane fields. For many years, the Communist government in Cuba did not allow the building of new churches or the repair of most existing ones. Such was the case with José's. The building was falling apart from lack of upkeep and was undersized for the size of his congregation. Most of the structure was rotting wood covered with a thatched roof which served to keep out the rain—sometimes.

Because the church was away from the village, they needed a generator to run lights for the evening services. My next pleasure was to meet the faithful brother whose job it was to keep the 30-year-old generator working—which in this case kept him busy during almost every service. Parts for such a generator were unheard of in Cuba. To top it off, the faithful brother who dedicated his time and expertise was blind.

It seems like every church we visited had its own unique situation that showed God's faithfulness. We had come to bless the Christians in Cuba but were soon receiving more blessing from them as we witnessed their dedication to the Lord under such extreme circumstances. We were learning what it meant to carry your cross, or to give thanks in every situation. Remembering what our Cuban brothers and sisters had been through, and the hardships that continue, are sobering thoughts for us Americans.

"Communist paradise"

Today the Cuban church has more freedom than in previous years. Because of cut-backs from the Soviet Union, Castro is forced to win the confidence of the people as never before. Fear of demonstrations, such as was seen in Romania, must be ever present in his mind. Due to lack of food, oil, soap and other basic day-to-day necessities, Castro has turned to the church as one of his last efforts to save his "Communist paradise." Many promises have been made to the church, but we were to learn that few are being carried out. They are thankful for the release of most religious prisoners and freedoms to meet when they choose; however they are still concerned over the fact that many church buildings cannot be repaired, and permission is needed to build a new church or addition (which is next to impossible to obtain). Christians are also still spied on by the CDR (Committee for the Defense of the Revolution, which boasts of three million members), and any Cubans who complain are attacked and beaten by the government's "rapid response mobs." The church is also in need of Bibles and Sunday School literature, the printing of such being still prohibited in Cuba.

Cuban Christians not forgotten

These thoughts continued to plague our minds as we met with our brothers and sisters. We were also overwhelmed by the hospitality and gratitude they showed to us. Some families insisted on fixing a large meal for us which, because of strict rations, would mean their family going without such items for a few days or possibly a month (as is the case for meat).

As we gave them Bibles, children's materials and household necessities, I couldn't help but think of the ease in obtaining such items in America. How many more Cuban churches are waiting and praying for God to bring them Christian material and to know they are not forgotten.

A women's prison in central Cuba

Cuban State Security forces violently suppressed a peaceful demonstration of Cuban women, jailing five, including Hilda Cabrera and Paula Valiente. The women had gathered by the seaside in Havana to pray for freedom for Cuba and a return of religious faith to the island. Ms. Valiente was beaten by security agents and dragged by her hair into a police car.

DOC. 19-22

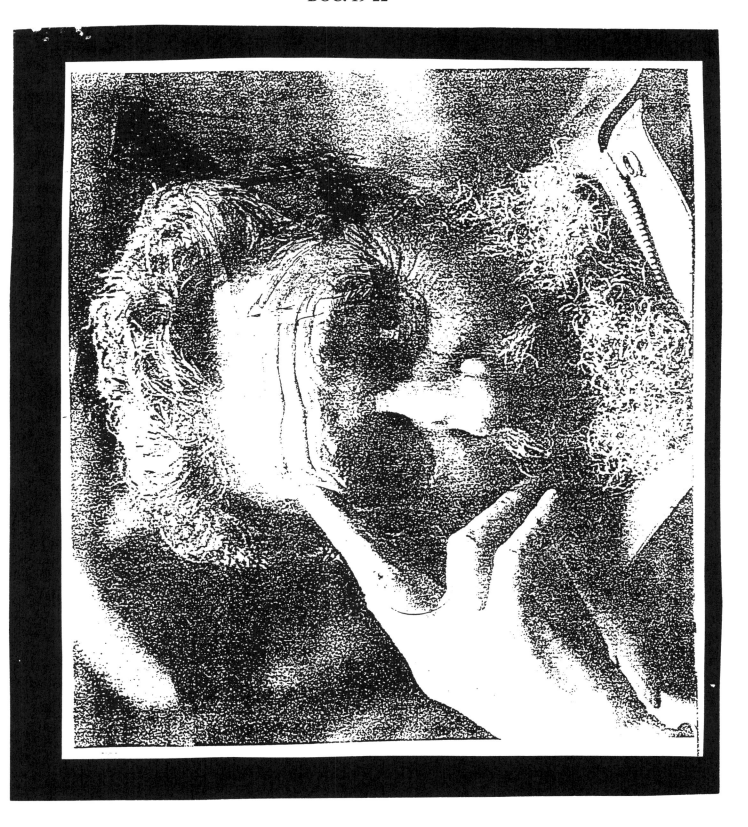

CAPÍTULO 20

EL PENSAMIENTO, EXPULSADO DE CUBA, FLORECE EN EL DESTIERRO Y COMBATE A CASTRO CON LA PLUMA Y EL VERBO

Los hombres de pensamiento que manejaban la pluma: novelistas, cuentistas, ensayistas, historiadores, investigadores, críticos, periodistas, profesores, directores de periódicos, etc. han sido empujados por Castro fuera de Cuba. Es lógico. El intelectual debe buscar la verdad, y Castro los teme. Desde 1959 se hizo evidente que la libertad de expresión se estaba cohartando en la Cuba castrista. No se podía escribir ningún juicio crítico del nuevo "amo" y su "revolución." Sólo se aceptaban alabanzas al césar de rayos tronantes. No hubo dudas oficiales. Castro, en su discurso a los intelectuales, dijo con claridad meridiana: "con la revolución todo, contra la revolución nada." ¿Qué significó esto? La mordaza o la cárcel o el fusilamiento. Salimos de un dictador vulgar y caímos en manos de un asesino total, que es mucho peor que meramente tiránico.

Escaparon Lino Novás Calvo, Enrique Labrador Ruiz, Lydia Cabrera, Herminio Portell Vilá, Jorge Mañach, Rosario Rexach, Dolores Martí de Cid, José Cid Pérez, Guillermo Cabrera Infante, Reinaldo Arenas, Octavio R. Costa, Juan J. Remos, Gastón Baquero, Leví Marrero, Luis A. Baralt, Calixto C. Masó, Jorge Luis Martí, Anita Arroyo, Carlos Alberto Montaner, Rafael Esténger, Manuel Hernández, Carlos Márquez Sterling, Fermín Peraza Sarausa, Hilda Perera, Ana Rosa Núñez, Matías Montes Huidobro, Carlos M. Raggi, Luis Aguilar León, Inés Segura Bustamante, Alberto Blanco, Roberto Agramonte, Mercedes y Rosaura García Tudurí, Rogelio de la Torre, José Olivio Jiménez, Oscar Fernández de la Vega, Aurelio Baldor, Humberto Piñera, Emilio Martínez Paula, Luis Ángel Casas, Heberto Padilla, Leopoldo Barroso, José Ignacio Lasaga, José Ignacio Rasco, Andrés Valdespino, Humberto Medrano, Jorge Zayas, José Ignacio Rivero, Sergio Carbó, Miguel Ángel Quevedo, Guillermo de Zéndegui, Armando Álvarez Bravo, Guillermo Cabrera Leiva, Guillermo Martínez Márquez, Luis Aguilar León, José Luis Massó, Agustín Tamargo, Daniel Serrá-Badué, Nestor Carbonell Cortina, Miguel F. Márquez de la Serna, Arturo Alfonso Roselló, Álvaro de Villa, Mario Villar Roces, Ana María Perera, Edilberto Marbán, Arístides Sosa de Quesada, José López Isa, Modesto Maidique, Claudio Benedí Beruff, Rubén Darío Rumbaut, Ángel Cuadra, etc. Es imposible mencionar aquí a todos, se puede llenar un libro. Al correr de la escritura, me han venido a la memoria los mencionados, pero podría agregar muchos más. Una relación completa comprendería a casi todos los hombres de pensamiento cubanos.

Si el hombre de letras no puede usarlas, ¿cómo puede vivir? Los hombres de pensamiento fueron obligados a huir. No querían irse, les impusieron la fuga o la sumisión al caudillo dueño de las centellas. Sólo permanecieron en Cuba unos pocos que no pudieron huir y los que aceptaron la mordaza y el yugo, y de éstos, los que se atrevieron a escribir dentro de la isla se convirtieron en papagallos y cotorras que repitieron obedientemente las consignas de Castro, y siguen repitiéndolas. La historia de las letras cubanas los despreciará, los olvidará, los enterrará en el fango de la putrefacción en que viven.

Los escritores que huyeron no eran ricos, no poseían industrias ni latifundios. No explotaban a obreros. No esclavizaban a nadie. No eran mercenarios de Wall Street. No le habían vendido la isla a los inversionistas estadounidenses. No eran lacayos de Washington D. C. Pero Castro los forzó a abandonar la isla para que no expusieran al pueblo la verdad. "Cambiar de dueño no es ser libre," afirmó José Martí, pero Castro no quería que se lo informaran al pueblo. Y el nuevo amo era muchísimo peor que el anterior, que era un enano al lado de él. Castro no conocía (ni conoce) más ley que su ambición y su capricho, pero esto no se le podía informar al pueblo, ofuscado y engañado con su retórica revolucionaria. No era lícito ilustrar a la juventud. No era permitido defender la ley, la libertad, la justicia, la democracia y especialmene la libertad de expresión. Desaparecieron todos los periódicos libres, independientes, todos fueron confiscados. Por tanto, los que manejaban la pluma no tenían donde escribir, y fueron expulsados al igual que los sacerdotes, las monjas, los industriales, los mercaderes, los comerciantes, los jueces, los abogados, los ingenieros, los médicos, los educadores, los políticos, los idealistas, los predicadores, los banqueros, los economistas, etc. Les dieron un puntapié .como a todos los demás.

Y todos ellos renovaron sus laureles en tierras extrañas, a pesar de que estaban con las raíces al aire, empobrecidos y con el alma dolorida. Y dieron al mundo mucho más y mejor que los pocos que se doblegaron bajo la bota del tirano. Y renovaron el fervor cubano por Martí con obras estelares sobre el Apóstol.

También recibieron el puntapié muchos niños y jóvenes que después han brillado con la pluma en el extranjero. Y otros no tan jóvenes que en el destierro renovaron o adquirieron el amor a la pluma. Ya forman legiones que escriben con maestría en español e inglés, y que han alcanzado merecidos triunfos. Con el transcurrir de 37 años de destierro, la mayoría de aquellos faros de nuestras letras han muerto y sus huesos reposan en tierras no cubanas. Pero en sus sitiales brillan ahora los pinos nuevos, que ya no son tan jóvenes, como Rosario Hiriart, Pablo Medina, Nedda G. de Anhalt, G. Alberto Yanuzzi, Enildo A. García, Gustavo J. Godoy, Orlando Gómez Gil, Antonio A. Acosta, Beatriz Varela Zequeira, Eduardo Manet, Orlando Edreira, Carolina Hospital, José Sánchez Boudy, Esther Sánchez-Grey, Elio Alba Buffill, Octavio de la Suarée, Uva de Aragón, Onilda Jiménez, Luis Mario, Ariel Remos, Eduardo Zayas Bazán, José A. Madrigal, Manuel Márquez Sterling, Zenaida Gutiérrez Vega, Rita Geada, Ada Rosette, Alberto Guigou, Carlos Ripoll, Luis Ricardo Alonso, Alberto Andino, Leonardo Fernández Marcané, Celedonio González, Humberto López Morales, Manuel Cobo Sausa, Francisco Chao Hermida, Omar Pérez Remond, Salvador Díaz Versón, Raoul A. Fowler, Ramiro Gómez Kemp, Manuel Linares, Julio Matas, Olga Santoyo Matamoros, Severo Sarduy, Nivaria Tejera, Oscar Gómez Vidal, Luis F. González Cruz, Josefina Inclán, Maya Islas, Iraida Iturralde, Silvia Martínez Dacosta, Esther P. Mocega González, Ana Rosa Núñez, Luisa M. Perdigó, Orlando Rodríguez Sardiña, Gladys Zaldívar, Antolín y Luis González del Valle, Francisco E. Feito, Raimundo y Magali Fernández Bonilla, Concepción Alzola, Manuel Fernández Santalices, Ignacio R. M. Galbis, Florencio García Cisneros, Julio Hernández Miyares, y cientos más de proscriptos que llenarían un libro y que vivifican las letras cubanas principalmente en los Estados Unidos, lo cual ratifica las posibilidades que ofrece la plena democracia capitalista de esta gran nación que nos ha acogido con generosidad sin límites. Baste decir que tanto los viejos robles como los nuevos pinos que han echado raíces en playas extrañas honran a la Cuba libre con sus éxitos en el destierro. El pensamiento libre cubano no se ha dejado aherrojar por Castro. Por supuesto, los "lamebotas" siguen lamiéndolas, en donde quiera que estén, dentro y fuera de Cuba.

Cuando llegaron los exiliados españoles que huyeron de España por la Guerra Civil a New York, y empezaron a enseñar en las universidades, establecieron magníficos cursos sobre literatura de la península. Eso fue muy saludable y dio prestigio a los estudios de esa literatura en dicha gran ciudad. Pero nada se enseñaba sobre la literatura de la América de origen español. Yo he sido testigo y parte de una renovación que ha llevado la literatura hispanoamericana (y con ella la cubana) a una divulgación y a un auge que no existía. Eso sucedió por la llegada de la ola de intelectuales y profesores cubanos expulsados por Castro. Es decir, los estudios españoles tuvieron su impulso con los desterrados de España, y los de la América indo-negra-hispana con la llegada de los proscriptos cubanos. El profesor Humberto Piñera y yo fuimos los primeros en enseñar cursos sobre Rubén Darío en New York University en los albores de la década de 1960, en los campus de Heights y de Washington Square. Y las letras cubanas se han estudiado en los Estados Unidos por la influencia de los desterrados cubanos.

1973 (DICIEMBRE), NEW YORK CITY. "PRIMER CONGRESO DE LITERATURA CUBANA DEL EXTERIOR."

Parte de la divulgación cultural promovida por los proscriptos cubanos se ha desarrollado mediante congresos y libros. Al presentar la cultura cubana escrita en el destierro, implícitamente estábamos proclamando el caso cubano político. El enfoque fue en la pujante literatura de la diáspora cubana. El primer congreso en los Estados Unidos que estudió y presentó la totalidad de la nueva literatura cubana en el destierro respecto a poesía, teatro, cuento y novela fue organizado en New York City por Julio Hernández Miyares, Oscar Fernández de la Vega y el que esto escribe (profesores), e Iván Acosta, Omar Torres y otro jóvenes patriotas que fundaron y mantuvieron con gran éxito durante muchos años el Centro Cultural Cubano en New York City. El congreso se celebró desde el 14 hasta el 16 diciembre de 1973 en el Synod Hall de la monumental Cathedral Church of Saint John the Divine, en 1047 Amsterdam Avenue en New York City, y las sesiones públicas tuvieron gran éxito y muchos asistentes, profesores y estudiantes durante los tres días de conferencias y estudios, a pesar de que era en invierno y hubo nevadas y heladas en esos días. De Miami vinieron muchos escritores cubanos desterrados allí. Escogimos un nombre que demostraba que no se trataba de la literatura de los castristas: "Primer Congreso de Literatura Cubana del Exterior." Véase el **DOCUMENTOS 20-1.**

1976 (JUNIO), UNIVERSITY OF MIAMI, MIAMI, FLORIDA. "REENCUENTRO CUBANO."

Desde el 25 de junio hasta el 30 de 1976 se celebró con gran éxito un congreso en la Universidad de Miami que tuvo por nombre "Reencuentro Cubano." Recuerdo el infatigable trabajo de Ana Rosa Núñez, excelente poetisa e ilustre bibliotecaria de aquella universidad. Abarcó todos los géneros literarios y, además, materias sociales, económicas y políticas. Fueron seis días de intensa y productiva actividad cultural cubana en el exilio. Mi ponencia en dicho congreso fue "La Novela Cubana en el Exilio." Véase el **DOCUMENTO 20-2**. En gran número de congresos, mi énfasis ha sido demostrar la pujanza y valía de la obra de los proscriptos. Es decir, lo que Cuba perdió por culpa de Castro. En 1973-74, en *Anales de la Literatura Hispanoamericana* de la Universidad Complutense, de Madrid, publicaron otro estudio mío titulado "La Novela Cubana Escrita Fuera de Cuba." En el XVI Congreso del Instituto Internacional de Literatura Iberoamericana celebrado en la Universidad de Michigan en 1975, mi ponencia fue "La Crítica y la Investigación Literaria de la Diáspora Cubana" (no incluía lo escrito en Cuba antes o después de Castro). Sobre Lino Novás Calvo, uno de los mejores cuentistas cubanos, que tuvo que pedir asilo político para salvarse de Castro, he escrito mucho, aquí presento un estudio de 1975 publicado en *Symposium*, revista literaria de Syracuse University, en New York, que titulé "Novás Calvo: Precursor y Renovador." Muchos de mis trabajos como los que aquí señalo tenían un doble fin, probar la productividad y el valor de los intelectuales expulsados en el destierro y, consecuentemente, demostrar la falta de libertad de expresión en la Cuba castrista. Véase el **DOCUMENTO 20-3**.

Yo he escrito un libro titulado *Investigación y Crítica Literaria y Lingüística Cubana* (New York: Eliseo Torres & Sons, 1978) donde por primera vez se recogió todo lo producido por los desterrados en el extranjero (no lo que habían escrito antes en Cuba). Es una bibliografía extensísima a pesar de que eran sólo 18 años de escritura en el exilio. Después, otros autores han continuado ese tipo de investigación. ¿Qué prueba esto? La laboriosidad y la reciedumbre de la escritura de los intelectuales que Castro expulsó. Véase el **DOCUMENTO 20-3**.

1976 (NOVIEMBRE), FLORIDA INTERNATIONAL UNIVERSITY, MIAMI. "CONGRESO DE LITERATURA AFRO-AMERICANA. HOMENAJE A LYDIA CABRERA."

Lydia Cabrera nos honró en el exilio con su presencia anticastrista y su claro genio de escritora de temas afrocubanos, los cuales siguió creando protegida por la libertad estadounidense. Cuando la tuvimos en los Estados Unidos, se le rindió un homenaje monumental en noviembre 19 y 20 de 1976 en Florida International University, en Miami, al cual concurrieron no solamente gran número de profesores y estudiosos de su literatura afrocubana radicados aquí sino también en distintas ciudades del mundo. Por ejemplo, el poeta español Francisco Gordo-Guarinos vino de Europa y presentó una ponencia titulada "El negrismo de Lydia Cabrera visto con perspectiva de España." Tore Hakansson, de la Universidad de Estocolmo, leyó una ponencia intitulada "Rumba folk and Blues folk." Luis Sáinz de Medrano, de la Universidad de Madrid, habló sobre "El tema del negro en el *Periquillo Sarniento*." Mi ponencia versó sobre "*La Piel*, novela antirracista psicológica." Los profesores de los Estados Unidos concurrieron en número extraordinario, entre ellos recuerdo a la doctora Rosario Hiriart, de Iona College, en New York, que abordó el tema "El tiempo y los símbolos en los *Cuentos negros de Cuba.*" Fue una monumental demostración de admiración para la sin par escritora negrista que había recobrado su libertad de creación coartada en Cuba. Véase el **DOCUMENTO 20-4**.

1979 (NOVIEMBRE), FLORIDA INTERNATIONAL UNIVERSITY, MIAMI."CONGRESO DE LITERATURA CUBANA. HOMENAJE A ENRIQUE LABRADOR RUIZ."

Este congreso fue excelente y reunió a gran número de profesores, estudiantes y público interesado en la literatura cubana escrita en el destierro. Como fue en homenaje a Enrique Labrador Ruiz en Florida International University, concurrieron muchos escritores amigos de él que vinieron expresamente a darle la bienvenida a la libertad, pues no hacía mucho que había logrado salir de la isla-prisión. Yo seguí insistiendo en el estudio de la labor de los desterrados con una ponencia titulada "Unicidad de la novelística de José Sánchez-Boudy," que luego integró un libro sobre este escritor exiliado. Allí le rendimos a Labrador Ruiz los honores que se merecía y le dimos un poco de la felicidad que le habían robado en la Cuba de Castro. Después de ese congreso, Labrador Ruiz nos visitaba en New York casi todos los años y participaba en los congresos de invierno del Círculo de Cultura Panamericano. Véase el **DOCUMENTO 20-2**, que reproduce el frente del programa de ese congreso. El **DOCUMENTO 20-5** es foto de un congreso del CCP en New York University con Labrador Ruiz. Los **DOCUMENTOS 20-6** y **7** conciernen al homenaje a Labrador Ruiz celebrado en la Libreria Lectorum de New York City.

1979, PARÍS. "PRIMER CONGRESO DE INTELECTUALES DISIDENTES."
1980, NEW YORK CITY, COLUMBIA UNIVERSITY. "SEGUNDO CONGRESO DE INTELECTUALES DISIDENTES."

Los intelectuales desterrados han celebrado varios congresos donde se han estudiado temas de literatura del exilio y de política. El primero fue en 1979 en París, Francia. El segundo en 1980 en Columbia University de New York City. Véase el **DOCUMENTO 20-2.** En este congreso participó Reinaldo Arenas, que acababa de salir de Cuba por el Mariel, puerto por donde dejaron el infierno cubano más de 125,000 cubanos en un éxodo espectacular relampagueante que asombró al mundo. Véase el **DOCUMENTO 20-8,** donde Arenas aparece joven y fuerte conmigo en el susodicho congreso. Muchos años después enfermó con el SIDA y murió trágicamente en New York City. Siempre se portó como un valiente gladiador en el destierro defendiendo la libertad en Cuba. No le tuvo miedo a ninguna persona o institución que favoreciera a Castro y él tuviese que combatir. El tercer congreso de los intelectuales disidentes fue en Washington y el cuarto en Venezuela

HERMINIO PORTELL VILÁ.

El gran historiador Herminio Portell Vilá batalló con su pluma constantemente para desvirtuar las falsedades de la propaganda castrista que invadían a los Estados Unidos por medio de los medios de comunicaciones y los profesores universitarios. A mitad del año 1961, Portell Vilá tenía preparado el proyecto de un libro muy bueno y conveniente titulado "Cuba in Chains." Hablamos para publicarlo. Interesé a la firma de New York McGraw-Hill. El problema fue difícil porque las editoriales estadounidenses someten los manuscritos a la opinión de uno o más editores que casi nunca dominan el tema con la profundidad de conocimientos del autor, especialmente un especialista como Portell Vilá. Véase la queja (con razón) de Portell Vilá sobre esa práctica estadounidense en el **DOCUMENTO 20-9.**

DULCE MARÍA LOYNAZ.

Algunas grandes plumas quedaron trabadas en el derrumbe provocado por el terremoto de Castro. Viven sufriendo en una cárcel física y mental. Léase lo que dice Dulce María Loynaz en la carta de 8 de noviembre de 1977 que presento como **DOCUMENTO Nº 20-10.** No puede escribir con plena libertad, tiene miedo, pero en forma sutil lo dice todo. Comienza: "Su carta parece venir de otro planeta. ¿Quién habla aquí de derechos de autor?" ¡Qué sufrimientos los de esta poetisa de temperamento tan delicado, la hija de un patriota libertador!

NEW YORK CITY. "CENTRO CULTURAL CUBANO."

La juventud cubana que creció en New York City no olvidó a su patria. Ha mantenido sus raíces hundidas en la cultura cubana y ha creado obras admirables aquí. Recuerdo con admiración y cariño a los jóvenes que formaron el Centro Cultural Cubano. Fue un centro pariótico y cultural que conquistó merecidos triunfos y mantuvo encendida la llama patriótica. Ese centro fue el que propició el Primer Congreso de Literatura Cubana del Exterior (antes mencionado), e innumerables actos de teatro, poesía, narraciones, ensayos y conferencias cubanos. Las dos figuras principales que llevaban sobre sus juveniles hombros aquella titánica labor fueron mis jóvenes amigos Iván Acosta y Omar Torres. Ellos dirigían, actuaban, creaban (escribieron poesía, cuentos, novelas, teatro) y promovieron el arte en todas sus formas, la pintura, la escultura, etc. Doy una pálida muestra con el **DOCUMENTO 20-11.**

1970. UNIVERSIDAD DE TORONTO, CANADÁ. "XIV CONGRESO DEL INSTITUTO INTERNACIONAL DE LITERATURA IBEROAMERICANA." ANDRÉS VALDESPINO DESENMASCARA PÚBLICAMENTE AL COMUNISTA JOSÉ ANTONIO PORTUONDO.

Andrés Valdespino y yo participamos en 1970 en el congreso en la universidad canadiense de Toronto del prestigioso Instituto Internacional de Literatura Iberoamericana. Hicimos el viaje juntos en mi automóvil, acompañados de nuestras respectivas esposas. Valdespino presentó una ponencia muy bien estudiada sobre José María Heredia. La mía se tituló "En torno a Fernando Ortiz, lo afrocubano y otros ensayos." Todo se desarrolló de acuerdo con el programa hasta el día en que teníamos una sesión plenaria en que participaban todos los profesores con preguntas y respuestas. Allí estaba José A. Portuondo, viejo comunista cubano de partido (desde antes de Castro) y buen crítico literario. Un congresista le preguntó si en Cuba había libertad de publicar todo, cualquier tipo de obra, aunque tuviese contenido político. Portuondo, con gran aplomo, le contestó que en Cuba se podía publicar todo, sin restricciones de ninguna clase. Esto era una mentira. Para levantarse a hablar, era requisito imprescindible pedir permiso y turno a la mesa que presidía la sesión. Pero al oír esa montruosa falsedad, Andrés Valdespino saltó como con un resorte, se puso de pie y desmintió a Portuondo. El presidente de la sesión, el ilustre mexicano Francisco Monterde, quería sentar y callar a Valdespino, pero éste no hacía caso. Después de unos minutos, el presidente se dio por vencido y dejó que Valdespino y Portuondo dirimieran el asunto sin sus restricciones.

Valdespino, como la verdad estaba de su lado, acorraló y derrotó a Portuondo. Valdespino le dijo a Portuondo, "cíteme una obra que pruebe que en Cuba hay libertad de publicar." Portuondo citó *Paradiso* de Lezama Lima. Valdespino demostró que era una novela sin contenido político, y que Portuondo mentía. Éste, vencido, insultó a Valdespino, le dijo que estaba enfermo del hígado y que sólo estaba expulsando la sucia bilis que llenaba su cuerpo. Entonces, humillado y enfurecido, gritó a voz en cuello: "En Cuba seguimos a Fidel Castro, se puede publicar, con la revolución todo, contra la revolución, nada."

Yo estaba entusiasmado con nuestro triunfo público que nos había dado la oportunidad de probar la falta de libertad en Cuba, y propuse darle un café de honor a Valdespino, pero éste se negó a aceptarlo. Los Valdespino y nosotros teníamos habitaciones colindantes que se podían comunicar si se quería. Esa noche nos dieron las cuatro de la mañana todos reunidos comentando la cuestión cubana. La prensa de Toronto no había publicado nada de nuestro congreso, aunque allí había periodistas observadores. Después del gran debate airado entre Valdespino y Portuondo, los periódicos de Toronto dieron noticia del enfrentamiento entre los cubanos castristas y anticastristas. Valdespino era un hombre joven y alegre que cantaba muy bien. Los viajes de ida y vuelta a Toronto, Valdespino nos deleitó muy a menudo cantando mientras conducía el coche. Alternábamos la función de chofer. Fue una gran pérdida para nosotros, sus amigos, y para Cuba, perder a Valdespino en el destierro en New York cuando acababa de llegar a los cincuenta años (nació en 1924, murió en 1974), y poco después a Hilda, su joven y bella esposa. Recordar este destierro, es recordar un dolor tras otro, al pensar en familiares y amigos a quienes hemos tenido que enterrar para que les caigan las nieves y el hielo de New York. Y a otros muchos las lluvias de Miami, como a mi hermano, el Dr. Domingo Gutiérrez de la Solana y Pérez, que falleció en el mismo año que Valdespino, y que en vida fue como un padre para mí porque yo soy huérfano de padre desde los tres años. Dos grandes e irreparables pérdidas en el mismo año.

CARLOS MÁRQUEZ STERLING, INTELECTUAL Y PATRIOTA SIN TACHA.

Llegó la noticia a New York City del airado debate con José A. Portuondo en la Universidad de Toronto, y Carlos Márquez Sterling, gran patriota que siempre estaba al día en todo lo relacionado a Cuba, me escribió enseguida pidiéndome los datos necesarios para un artículo que publicó. Aquí presento como **DOCUMENTO 20-12** la referida carta y una tarjeta de él sobre datos que quería para otro artículo en el *Diario Las Américas*. Carlos Márquez Sterling era un cubano que nos honraba con su actividad intelectual y su intachable civismo. Para prueba adicional de su fervor cubano, presento como **DOCUMENTO 20-13** la extensa serie de artículos que publicó en *Diario Las Américas* comentando el Primer Congreso de Literatura Cubana del Exterior (antes relacionado) donde él nos honró con su participación. Sentí mucho la pérdida en el destierro de este excelente cubano, que debió haber sido electo nuestro presidente en 1959 en vez del candidato que impuso el dictador Batista.

1971. UNIVERSIDAD NACIONAL MAYOR DE SAN MARCOS, LIMA, PERÚ. "XV CONGRESO DEL INSTITUTO INTERNACIONAL DE LITERATURA IBEROAMERICANA." INSULTOS Y MENTIRAS DE LOS COMUNISTAS JOSÉ ANTONIO PORTUONDO Y ÁNGEL RAMA EN PÚBLICO.

Del 9 al 14 de agosto de 1971 se celebró el XV Congreso del Instituto de Literatura Iberoamericana en la Universidad Mayor de San Marcos, en Lima, Perú. Allí volví a tropezar con el delegado que venía de Cuba: José A. Portuondo. Es conveniente resaltar que Castro no permite a todos sus intelectuales salir a congresos en el extranjero por temor a que pidan asilo político. Los intelectuales que obtienen permiso para salir de la isla son considerados fieles castristas. En el antes citado congreso de Toronto, Ángel Bueno remitió una ponencia sobre la novelística de Alejo Carpentier que fue aceptada, pero a última hora se recibió información de que no le habían concedido permiso para salir. El único que asistió a congresos donde yo también participé fue José A. Portuondo, porque es un viejo comunista que no se fuga.

En 1971, en Lima, mi trabajo fue sobre tema cubano. En sesiones sobre literatura cubana, coincidí en la mesa presidida por Portuondo. Ivan Schulman, profesor de University of California, leyó una ponencia sobre la literatura concerniente a la revolución castrista escrita dentro y fuera de la isla. Schulman, especialista en esa literatura, presentó un trabajo concienzudo e imparcial. Pero fue atacado ferozmente por Portuondo y Ángel Rama. Al profesor suramericano Ángel Rama le correspondía hacer la crítica de la ponencia, pero como era comunista, perdió la altura profesoral y entre otros insultos le dijo a Schulman que las novelas cubanas escritas en el exilio eran el detritus de la literatura. Portuondo le espetó a Schulman que las novelas por él estudiadas eran "el tacho de la basura." Portuondo se enfadó tanto, que no esperó la respuesta de Schulman y abandonó la sala del debate. Prácticamernte pusieron a Schulman como un agenta de la CIA. Ambos, Portuondo y Rama, fueron groseros, perdieron la compostura profesoral, y demostraron su alma de comunistas que no pueden comprender ni aceptar criterios y juicios que digan la verdad sobre el castrismo. La actitud de Portuondo se explica por dos razones, primero, que es comunista de corazón, y segundo, porque todos los intelectuales cubanos que salen al exterior son espiados. Si no se portan como castristas rabiosos caen en desgracia. Ángel Rama no tenía esa excusa porque era uruguayo.

La actitud de ambos fue la de patanes disfrazados de intelectuales. El escándalo fue mayúsculo, y la prensa lo comentó.

En otra sesión, a Portuondo se le preguntó sobre el "caso Padilla." Mintió descaradamente, al igual que en Toronto, y dijo que Padilla no había sido puesto en prisión por su poesía sino porque era espía. También en este caso hubo escándalo y la prensa lo comentó.

Presento como prueba el **DOCUMENTO 20-14,** que son fotos de dos sesiones en que participé en mesas presididas por Portuondo. Obsérvese al mofletudo con una gran papada en el centro, ese es el castrista José Antonio Portuondo. En Cuba, el pueblo necesita una libreta de racionamiento para conseguir (cuando las hay) escasas raciones semanales o mensuales. Pero los castristas de las altas querarquías, como Portuondo, viven como reyes y reciben de todo en exceso. A eso, Castro lo llama "justicia distributiva castrista." Al que lo ayuda a mantener su tiranía, él lo retribuye bien. Los **DOCUMENTOS 20-15 y 16** reproducen artículos del periódico *La Prensa* de Lima, Perú, de agosto 12 y 14 de 1971 en que se comentan las aseveraciones de Portuondo y Rama contra el profesor Schulman, y las mentiras de Portuondo sobre la prisión del poeta Heberto Padilla.

GUILLERMO CABRERA INFANTE. UNA DE LAS MÁS ÁGILES PLUMAS DEL EXILIO. OPOSITOR SIN MIEDO DESDE INGLATERRA Y EUROPA DEL CASTRISMO MENDAZ.

Los castristas odian a Guillermo Cabrera Infante porque es una voz a favor de la causa de la libertad cubana que ha llegado a alcanzar fama internacional. Cabrera Infante conoció al monstruo en sus entrañas y lo delató, y sigue criticándolo sin temor ni pelos en la lengua, desde Inglaterra, donde vive, o Europa. Nos conviene mucho esta potente verdad de un escritor de renombre universal. Cabrera Infante ha proclamado sin temor que la cultura está cautiva en Cuba. Y no participa en ninguno de esos concilios que están de moda ahora donde los delegados de Cuba logran siempre que se hagan declaraciones a favor de Castro, como el levantamiento del embargo, y los exiliados no consiguen poner ni una palabra a favor de plenas libertades en Cuba y la necesidad perentoria de que Castro desaparezca de la escena política cubana. Véase en el **DOCUMENTO 20-17** la portada de un largo escrito de Cabrera Infante desde la prestigiosa *London Review of Books.*

Lo relacionado concierne a actividades profesorales, pero en cualquier campo intelectual los proscriptos han mantenido el mismo énfasis en el estudio y la recordación de lo cubano. El **DOCUMENTO 20-18** es una página del periódico del Colegio Nacional de Periodistas donde se informa de las elecciones en 1995 en la Delegación de New York y New Jersey. Obsérvese el lema de la candidatura presidida por el Dr. Antonio A. Acosta, un escritor que pone la libertad de Cuba antes que nada, "Cuba Siempre." El **DOCUMENTO 20-19** capta la presentación en la Librería Las Américas, de New York City, de un libro titulado *Festchrift José Cid Pérez*. El dramaturgo Cid Pérez falleció en 1995 en New York City.

No hay espacio para relacionar aquí el mundo de belleza, de estudio, de arte, de erudición, de patriotismo, de invención y de trabajo de los intelectuales proscriptos por Castro. Como mínima muestra véanse los **DOCUMENTOS 20-20 a 22,** donde fotografio las portadas de algunos libros básicos sobre la tragedia de la Cuba que vive en cadenas sin que el mundo se dé por enterado y se disponga a solicitar que ese tétrico y sangrante panorama cambie. Como estos libros, los proscriptos han publicado copiosas cantidades.

Los intelectuales son expulsados, los estudiantes democráticos son asesinados, sólo pueden disfrutar de la enseñanza los comunistas incondicionales, pero la Universidad de Puebla, en México, le acaba de conceder en 1995 el título de Doctor Honoris Causa a Castro por sus esfuerzos en pro de la educación. ¿Puede concebirse más podredumbre y más corrupción intelectual? Véase el **DOCUMENTO 20-23,** donde se puede leer que sólo los estudiantes revolucionarios, es decir, los que Castro escoja, pueden asistir a la universidad en Cuba, y el informe viene de la Associated Press en México. Tal parece que el señor decano de la Universidad de Puebla honra a Castro por sus esfuerzos en pro de la educación marxista y la eliminación de los estudiantes que no sean fieles esclavos de su tiranía.

DOC. 20-1

PRIMER CONGRESO DE LITERATURA CUBANA EN EL EXTERIOR

14-16 de diciembre de 1973

Synod Hall   Cathedral Church of St. John the Divine
1047 Amsterdam Ave., New York

Viernes 14 de diciembre de 1973, 7:30 P.M.

POESÍA

Ponente:
  Dr. MATÍAS MONTES HUIDOBRO
  University Of Hawaii

Moderadora:
  Dra. ROSARIO REXACH
  Universidad de La Habana

Panelistas:
  Dr. ORLANDO EDREIRA
  Newark State University

  Dr. JORGE GUITART
  University of Massachussetts

  Dr. LUIS GONZÁLEZ DEL VALLE
  Kansas State University

  Dr. ORLANDO RODRÍGUEZ-SARDIÑAS
  University of Wisconsin

  Dra. HORTENSIA RUIZ DEL VIZO
  University of North Carolina

Participantes:
  RAFAEL CATALÁ
  RITA GEADA
  JOSÉ KOZER
  DOLORES PRIDA
  MIREYA ROBLES
  ISRAEL RODRÍGUEZ

Sábado 15 de diciembre de 1973, 2:00 P.M.

CUENTO

Ponente:
  Dr. JULIO HERNANDEZ MIYARES
  C.U.N.Y. at Kingsborough Community College

Moderador:
  Dr. LEONARDO FERNÁNDEZ MARCANÉ
  S.U.N.Y. at New Paltz

Panelistas:
  Dr. ALBERTO ANDINO
  Drury College

  Dr. GASTÓN FERNÁNDEZ DE LA TORRIENTE
  University of Arkansas

  Dr. JULIO GARCERÁN
  Mont Pleasant High School

  Dr. CARLOS MARQUEZ STERLING
  C. W. Post University

Participantes:
  Alberto Acosta
  Andrés Candelario
  Angel Castro
  Lourdes Casal
  Celedonio González
  Alberto Romero
  Uva Clavijo

INTERMEDIO

Sábado 15 de diciembre de 1973, 5:30 P.M.

TEATRO

POSIBILIDADES DE UN TEATRO CUBANO FUERA DE CUBA
(Coloquio)

Moderador:
  MIGUEL LLAO

Panelistas:
  IVÁN ACOSTA
  AUGUSTO BORGES
  JOSÉ CID PEREZ
  MATÍAS MONTES HUIDOBRO
  MARIO PEÑA
  MIGUEL PONCE
  OMAR TORRES

INTERMEDIO

Sábado 15 de diciembre, 7:30 P.M.

Lectura de diversas escenas de tres obras de teatro.

1). NO ME SACARÉ LOS OJOS PARA NO VER NI ME AHORCARÉ PARA OLVIDAR QUE HE VISTO
   por
   Matías Montes Huidobro
2). PROPAGANDA Y LAS APARIENCIAS
   por
   Augusto Borges
3). CUMBANCHA CUBICHE
   por
   Omar Torres

Domingo 16 de diciembre de 1973, 2:00 P.M.

NOVELA

Ponente:
  Dr. ALBERTO GUTIERREZ DE LA SOLANA
  New York University

Moderador:
  Dr. CARLOS M. RAGGI
  Russell Sage College

Panelistas:
  ALICIA G. R. ALDAYA
  Louisiana State University in New Orleans

  Dra. ROSA M. CABRERA
  State University College at New Paltz

  Dr. LEONEL DE LA CUESTA
  C.U.N.Y. at City College of New York

  Dra. ZENAIDA GUTIÉRREZ VEGA
  C.U.N.Y. at Hunter College

  HIMILCE NOVÁS

Participantes:
  ANGEL CASTRO
  CELEDONIO GONZÁLEZ
  HILDA PERERA
  HUMBERTO J. PEÑA
  JOSÉ SANCHEZ BOUDY

INTERMEDIO

Domingo 16 de diciembre de 1973, 5:30 P.M.

ENTREGA DE DIPLOMAS DE RECONOCIMIENTO A:

  EUGENIO FLORIT
  LYDIA CABRERA
  LINO NOVÁS CALVO
  AGUSTÍN ACOSTA
  CARLOS MONTENEGRO
  MERCEDES GARCÍA TUDURÍ
  RAFAEL ESTENGER
  MARCELO SALINAS

* * * *

La exhibición de libros ha estado a cargo de:

LIBRERÍA LAS AMÉRICAS, NEW YORK
LIBRERÍA LA NUEVA ATLÁNTIDA, NEW YORK
ELISEO TORRES, NEW YORK
LIBRERIA UNIVERSAL, MIAMI, FLORIDA

* * * *

El Centro Cultural Cubano desea expresar su mas sincero agradecimiento a las siguientes personas: Dr. Julio Hernandez Miyares, Dr. Oscar Fernandez de la Vega y al Dr. Alberto Gutierrez de la Solana cuya ayuda y sabios consejos han sido indispensables para lograr llevar a cabo este congreso.

El Centro Cultural Cubano de Nueva York es una organización sin fin lucrativo, creada por un pequeño grupo de artistas e intelectuales cubanos con el propósito de divulgar la cultura cubana fuera de Cuba, y de brindar ayuda a cubanos dentro del campo de las artes y de las ciencias.

IVÁN ACOSTA
Presidente
  OMAR TORRES
Vice presidente
  MANUEL RODULFO TARDO
Secretario
  PAUL ECHÁNIZ
Tesorero
GERARDO GARCIA
Director de Ciencias
  JOSÉ LOPEZ VILLALTA
Contralor
LULA SANTOS
Relaciones Sociales
  JOSÉ MARROZOS
  FRANCISCO OLARTECOECHEA
  MARGARITA DE MENA
  Relaciones Públicas
JOSE MIGUEL SANJUÁN
Prensa

CCC Catedral San Juan el Divino, 1047 Amsterdam Ave., New York, New York 10025

DOC. 20-2

Congreso de Literatura Cubana:
Homenaje a Enrique Labrador Ruiz

Congress on Cuban Literature:
Homage to Enrique Labrador Ruiz

November 15, 16, 17, 1979

Directors:
Reinaldo Sánchez
Florida International University

José A. Madrigal
Auburn University

Consultant:
José A. Sánchez Boudy
University of North Carolina, Greensboro

Sponsored by:
Department of Modern Languages
Florida International University
Department of Foreign Languages
Auburn University
Department of Conferences & Short Courses
Florida International University
Student Government Association
Florida International University

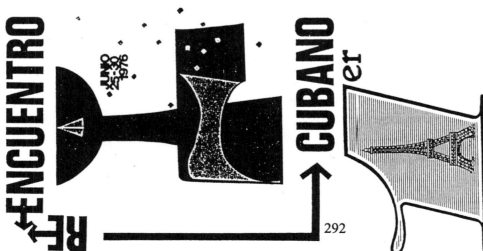

Paris, 1979

292

DOC. 20-3

XVI CONGRESO DEL INSTITUTO INTERNACIONAL

DE

LITERATURA IBEROAMERICANA
1975
MICHIGAN STATE UNIVERSITY
LATIN AMERICAN STUDIES CENTER
U.S.A.

LA CRITICA Y LA INVESTIGACION LITERARIA DE LA DIASPORA CUBANA

Alberto Gutiérrez de la Solana
New York University

La revolución cubana ha trascendido de los límites de la isla de Cuba, y ha tenido más influencia internacional y ha sido más divulgada que ninguna otra revolución hispanoamericana. Al igual que sucedió con los españoles y la Guerra Civil, dicha revolución ha traído, entre otras consecuencias, el peregrinaje de un gran número de cubanos que viven fuera de Cuba. Las múltiples repercusiones de esta revolución, entre ellas la diáspora cubana, han sido y siguen siendo estudiadas con máximo interés en relación con muy variadas esferas del saber humano y desde diferentes puntos de vista. A los efectos de esta ponencia sólo nos interesa la literatura.

Existe un buen número de investigaciones y publicaciones que han estudiado la narrativa cubana dentro y fuera de Cuba.[1] También hay diversos libros y estudios sobre el teatro en Cuba, sobre la poesía en la isla y en el exterior, y sobre las publicaciones periódicas de los exiliados.[2] Pero no existe (que yo sepa) ninguna exploración crítica sobre las publicaciones de crítica y de investigación literaria de los expatriados cubanos. Para llenar esa laguna hice una extensa investigación que me permitió llegar a compilar las fichas bibliográficas de más de cien autores que han publicado más de un centenar de libros, algunos folletos y muchísimos ensayos, artículos y recensiones en revistas y periódicos.

Esta ponencia se limita a los expatriados cubanos y a sus trabajos de crítica y de investigación literaria publicados entre 1959 y los principios de 1973. Consecuentemente, no están comprendidas aquí las publicaciones de aquellos cubanos que salieron de Cuba antes de 1959, como Eugenio Florit, Otto Olivera, Margueritte C. Suárez Murias, José Juan Arrom, Enrique Noble, Susana Redondo, etc. También quedan fuera de esta investigación por razón de la materia la narrativa, la poesía y el teatro como creación, no así como objeto o materia de estudio del crítico o del investigador. Por tanto, cualquier libro podrá ser objeto de este trabajo si del mismo se puede desprender un aporte a la crítica o a la investigación literaria, o a ambas, cualquiera que sea el género que se estudie. No hay espacio ni tiempo para analizar y comentar en esta ponencia la cuantiosa producción antes citada; por tanto, me limitaré a señalar y comentar algunos de los libros de mayor originalidad, utilidad y valor. Dividiré los libros en tres categorías: de tema cubano, de tema hispanoamericano y de tema peninsular.

Dentro de la temática cubana hay unos cuantos libros sobre José Martí que son de incontrovertible mérito. Uno de ellos es *Martí y su concepción del mundo* (Puerto Rico, 1971) por Roberto Agramonte. Pudiera pensarse que por su título y su contenido este libro debe quedar fuera del ámbito privativo de esta ponencia (además de que la crítica biográfica de Sainte-Beuve y la determinista de Taine no son los tipos de crítica más en boga en la actualidad), pero estimo que corresponde incluirlo en esta investigación porque tiene muchas secciones relacionadas con la personalidad, los gustos, las lecturas, las

LA NOVELA CUBANA ESCRITA FUERA DE CUBA

ALBERTO GUTIERREZ DE LA SOLANA
New York University (EE. UU.)

Separata de
ANALES DE LITERATURA HISPANOAMERICANA
Núm. 2-3 - Madrid, 1973-74

Alberto Gutiérrez de la Solana
INVESTIGACIÓN Y CRÍTICA
LITERARIA
Y LINGÜÍSTICA CUBANA

senda nueva de ediciones

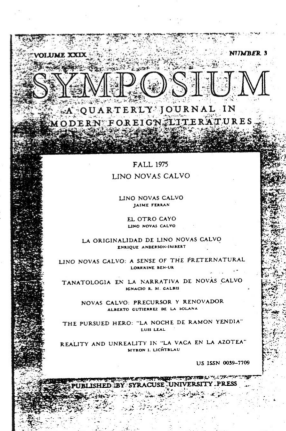

VOLUME XXIX   NUMBER 3

SYMPOSIUM
A QUARTERLY JOURNAL IN MODERN FOREIGN LITERATURES

FALL 1975
LINO NOVÁS CALVO

LINO NOVÁS CALVO
JAIME FERRAN

EL OTRO CAYO
LINO NOVÁS CALVO

LA ORIGINALIDAD DE LINO NOVÁS CALVO
ENRIQUE ANDERSON-IMBERT

LINO NOVÁS CALVO: A SENSE OF THE PRETERNATURAL
LORRAINE BEN-UR

TANATOLOGIA EN LA NARRATIVA DE NOVÁS CALVO
IGNACIO R. M. GALBIS

NOVÁS CALVO: PRECURSOR Y RENOVADOR
ALBERTO GUTIERREZ DE LA SOLANA

THE PURSUED HERO: "LA NOCHE DE RAMON YENDIA"
LUIS LEAL

REALITY AND UNREALITY IN "LA VACA EN LA AZOTEA"
MYRON I. LICHTBLAU

US ISSN 0039-7709

PUBLISHED BY SYRACUSE UNIVERSITY PRESS

293

DOC. 20-4

CONGRESO DE LITERATURA
AFRO-AMERICANA:
HOMENAJE A LYDIA CABRERA

Congress On Afro-American Literature:
Homage to Lydia Cabrera

NOVEMBER 19, 20, 1976

Sponsored by:

Department of Modern Languages
  Florida International University
Division of Continuing Education and Special Programs
  Florida International University
Department of Foreign Languages
  Auburn University

DOC. 20-6

LABRADOR RUIZ EN LA LIBRERIA LECTORUM

Noticias de Arte/ Diciembre de 1980/7

Vista parcial del selectísimo grupo de intelectuales que se reunió en la librería LECTORUM en ágape cordial al escritor cubano Enrique Labrador Ruiz, de espaldas a la cámara: el disertante invitado del acto, Dr. Alberto Gutiérrez de la Solana es escuchado por: Labrador Ruiz, Eugenio Florit, Pedro Yanes, Agustín Tamargo, el profesor Dixon A. Guigou, y Jesús Fernández, la esposa de Labrador Ruiz y la señora Utrera.

De izquierda a derecha aparecen en esta fotografía tomada en el acto que se celebró en la LIBRERIA LECTORUM, el profesor, Elio Alba Buffill, la señora anfitriona, Teresa Mlauver y el profesor, Alberto Gutiérrez de la Solana, que disertó sobre el homenajeado.

DOC. 20-7

De izquierda a derecha, parcialmente escondida, la Dra. Rosario Rexach, profesora y novelista cubana, el señor José Sobrino, de EFE, el Dr. Agustín Tamargo, destacadísimo periodista cubano, que ha realizado gran labor en Cuba, Venezuela y Estados Unidos, y la señora Mlauer, esposa del gerente de LECTORUM.

Otro interesante grupo junto al escritor festejado, Enrique Labrador Ruiz, acompañado, de izquierda a derecha, por Alberto Romo, de LECTORUM, Gutiérrez de la Solana, el queridísimo poeta, Eugenio Florit, delante del profesor Dixon, la señora Mlauer, Labrador Ruiz, Alba Buffill y el distinguido poeta puertorriqueño, Don Juan Avilés.

297

DOC. 20-8

Raquel Romeu, Reinaldo Arenas y Alberto Gutiérrez de la Solana

5431 Connecticut Avenue, N. W. (204) EMerson 2-6124
Washington 15, D. C., julio 30, 1961

Sr. Alberto G. de la Solana,
Nueva York.

Mi estimado amigo:

Hace días que le debo respuesta a su carta acerca del proyecto de libro sobre Cuba del cual le habló la Srta. Casanova. Algo me había dicho ella misma cuando mi último viaje a Nueva York.

Veo ahora que se trata de McGraw-Hill y esto me extraña, porque la información que yo tengo es la de que esa casa editora le tiene un santo horror al tema de Cuba por la demanda de Amadeo Barletta, ascendente a un millón de pesos de indemnización por calumnias e injurias en un libro sobre Cuba publicado por ellos.

Ahora bien, soy por convicción contrario al libro sobre Cuba a base de simposium de distintos autores. Ya le rechacé a Mr. Theodore Draper esa clase de libro, hace seis meses, cuando éramos tres nada más los que íbamos a formar el "team". Es en extremo difícil, casi imposible, encontrar el común denominador en que varias personas colaboren con una cierta unidad en un tema tan complejo como el de Cuba. No creo que yo pueda coordinar ese trabajo hecho por otros, cada uno de los cuales tendrá su punto de vista y se aferrará al mismo.

Después de firmado un contrato importante con la United States Information Agency de Edward R. Murrow, para un libro sobre Cuba, me ví precisado a rescindirlo cuando se me informó que Mr. Fulano tenía que leer el manuscrito y aprobarlo antes de ser publicado. Los criterios editoriales de aquí son muy curiosos y un señor cualquiera puede en un momento dado anular todo lo que ha trabajado el especialista por cualquier objeción.

Tengo hecho en inglés el libro "Cuba in Chains", el cual propuse a Espasa-Calpe, de Madrid, en español, sin obtener respuesta a pesar de que habían publicado otra obra mía. El libro que hace falta para contestar DE MANERA EFECTIVA las mentiras circulantes no debe pasar de 250 páginas. La USIA lo quería de 400 páginas, que no sirve para el gran público.

El editor que se interesa por publicarlo me tiene a su disposición y estoy dispuesto a aceptar objeciones razonadas acerca del "libel" y la injuria; pero no en cuanto a la tesis de hechos y críticas. Es posible que esta actitud mía pueda parecer equivocada; pero la experiencia me ha enseñado que debo mantenerla para evitar que un buen libro se convierta en un buñuelo de viento. Le ruego encarecidamente que no me crea tozudo y caprichoso, porque esto responde a la realidad imperante aquí: o me publican el libro que se necesita, o no no me lo publican. Hasta ahora lo segundo es lo que ha ocurrido, muy a pesar mío; pero sigo firme.

Saludos a doña Mirta y a los demás amigos y es cordialmente suyo

¿Pudiera entregarle la nota adjunta a Jorge Saralegui? Gracias

La Habana 8 de Nov. 1977

A Felicia Guerra García.

Muy señora mía:

Su carta parece venir de otro planeta. ¿Quién habla aquí de derechos de autor, quién habla de ellos en alguna parte del mundo?

En una ocasión me hicieron esa misma pregunta desde Suiza y yo pedí un frasco de nescafé. Me enviaron el frasco y en efecto, me lo confiscaron. Como si fuera el brillante Gran Mogol.—

Por otra parte yo no le puedo mandar nada mío pues existe una legislación que prohibe entrar o salir del país cualquier cosa publicada antes de 1959. Y como precisamente todo lo publicado por mí, es anterior a ese año, tendrá Vd. que arreglarse para conseguir lo que quiere por otro país, tal vez España, pero creo que ya allí tampoco me recuerda nadie.

Le agradezco su interés pero debe comprender que al cabo de todo lo que yo he pasado, nada de eso significa nada para mí. Estoy, puede creerlo, muy cansada, y lo único que deseo es que me dejen terminar mis días en paz.

Perdone la concisión de mi actitud respecto a lo que hago, porque en otros aspectos tenga Vd. todo mi interés

[margin: Dulce María Loynaz]

DOC. 20-11

Henry Street Settlement's
NEW FEDERAL THEATRE
WOODY KING JR. — DICK WILLIAMS — IVAN ACOSTA

PRESENTA

ABDALA
JOSE MARTI

El Patriota - El Poeta - El Revolucionario

Adaptación Dramática de:
IVAN ACOSTA y OMAR TORRES

Dirigida por:
IVAN ACOSTA

For Henry Street Settlement:
Bertram Beck, Executive Director
Atkins Preston, Asso. Executive Director.

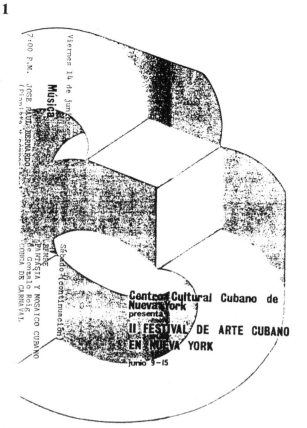

Centro Cultural Cubano de Nueva York
presenta
II FESTIVAL DE ARTE CUBANO EN NUEVA YORK
junio 9 – 15

ANTES DEL VUELO Y LA PALABRA
homenaje a eugenio florit

selección de poemas, versión teatral y música por
OMAR TORRES
dirección
IVAN ACOSTA

con
JUAN AGUERO
ILKA TANYA PAYAN
OMAR TORRES
MANUEL YESCKAS
ACOMPAÑAMIENTO MUSICAL
rené ray
LUMINOTECNIA
pedro aguerre
VESTUARIO
manuel peña

sab. 9 y dom. 10 de octubre de 1976, 8 pm
este programa ha sido patrocinado en parte por el new york state council of the arts

CENTRO CULTURAL CUBANO, 601 W. 51 ST., NEW YORK. TEL. 586-8564

IVAN ACOSTA
(Director)

Nació en Santiago de Cuba. En 1969 se graduó en el Instituto de Cinematografía de la N. Y. U., donde también cursó estudios de Drama Moderno.

OMAR TORRES
(actor)

Nació en Cuba, en las postrimerías del 45. Reside en Nueva York desde 1964. Cursó estudios de literatura y Bellas Artes en Queens College.

Dr. Carlos Marquez Sterling

355 EAST 72 STREET ● APT. 14-C ● NEW YORK, N.Y.

Enero 26 de 1970.

Sr. Alberto Gutierrez de la Solana.
640 W. 231 St.
Riverdale N. Y. 10463.

Estimados Alberto y Esther Maria:

Muchas gracias por la relacion que nos envias de los cuentos de Cata, que nos va a ser utilisima.

Quedas debiendonos los datos del Congreso a que asististe en Canada donde zurraron a Jose A. Portuondo, comunista de salon, que son quizas los mas dañinos...

La descripcion que me haces de la portatil Singer me ha llenado de pena, pero no habia otro camino que tirarla a la basura. Esos "discontinuos" que hacen aqui son un ataque inconsiderado a los bolsillos de los que no pueden suplirlo facilmente.

Uva y yo les mandamos a ustedes nuestros mejores deseos por el Año Nuevo. Ojala que el 70 ponga el remache donde todos queremos verlo.

Cariñosos saludos.
Carlos Marquez Sterling.

Nueva York, Feb/25/968.

DOC. 20-13A

Actualidades

Nuestro Primer Congreso de Literatura Cubana en Nueva York

Por Carlos Márquez Sterling

I

El Centro Cultural Cubano de Nueva York es una organización sin fines lucrativos, preocupado por nuestros antecedentes literarios y patrióticos. Creado por un grupo de escritores y artistas cubanos, sus propósitos son divulgar la literatura cubana, en el destierro y en el extranjero, y brindar ayuda a nuestros compatriotas, dentro del campo de las artes y de las letras, y también de las ciencias.

Iván Acosta es su Presidente; Omar Torres, su Vice; Manuel Rodulfo Tardo, su Secretario, y Paul Echániz, su Tesorero. El resto de sus componentes son: Gerardo García, José López Villalta, Luis Santos, José Marrozos, Francisco Olartecoechea, Margarita de Mena y José Miguel San Juan.

Este conjunto meritísimo de compatriotas, organizaron el primer "Congreso Cubano de Literatura". Tuvo efecto, en Synod Hall, Cathedral Church of St. John the Divine, en 1047 Amsterdan Avenue, en Nueva York, los días 14, 15 y 16 de diciembre, y se apuntaron un gran éxito, no solamente, por el brillantísimo aporte de la mayor parte de nuestros intelectuales, sino por la cantidad de público que asistió a las sesiones, y tomó parte en ellas; forma demostrativa de la preparacion de los cubanos, en las actividades de las letras, artes y ciencias.

II

Este primer Congreso de Literatura, al cual tuve la honra de pertenecer se dividió en cuatro paneles: Poesía, Cuento, Teatro y Literatura.

Ponente del Panel de Poesía lo fue Matías Montes Huidobro: leyó una magnífica exposición, en relación con nuestros poetas del exilio. Actuó de Moderadora Rosario Rexach, con la maestría, elegancia y sabiduría, a que nos tiene acostumbrados. Integraron el Panel: Orlando Edreira, Jorge Guitart, Luis González del Valle, Orlando Rodríguez Sardiñas y Hortensia Ruiz del Vizo. Todos, dictan cátedras de Literatura en universidades de Newark, Massachussetts, Kansas, Wisconsin y North Carolina, respectivamente, demostrando una vez más las calidades de los cubanos, para abrirse paso, en los medios norteamericanos, y triunfar. Tomaron parte como panelistas: Rafael Catalá, Rita Yadea, José Kozer, Dolores Prida, Mireya Robles, Isael Rodríguez, y parte del público con preguntas muy atinadas, lamentando no recordar los nombres, para hacerlos figurar en esta relación, que escribo con el mayor entusiasmo.

III

El sábado 15, es decir, al siguiente día, se efectuó el panel del Cuento. Su ponente fue el Dr. Julio Hernández Miyares; leyó una documentada ponencia; actuó de moderador, el Dr. Leonardo Fernandez Marcané, con verdadero acierto. Integramos dicho Panel los doctores Alberto Andino, Gastón Fernandez de la Torriente, y el que estas lineas escribe, profesores respectivamente de las Universidades de Drury, Arkansas y Long Island. Figuraba también entre los panelistas el Dr. Julio Garcerán, ex Magistrado de nuestro Tribunal Supremo. Pero a última hora no pudo asistir, cosa que lamentamos sus colegas; mucho nos hubiera gustado reunirnos con él aquella tarde. Fueron además participantes, los cuentistas Alberto Acosta, Andrés Candelario, Angel Castro, Lourdes Casal, Celedonio González, Alberto Romero y Uva Clavijo. He de ofrecer a mis lectores un trabajo detallando las actividades de esta sección del Congreso, que vengo reseñando.

En la noche de aquel mismo día 15, tuvo efecto la celebración del Panel dedicado al Teatro. Resultó muy movido e interesante. Se titulaba: "Posibilidades de un teatro cubano fuera de Cuba". Carecía de ponente. No había grandes actividades que reseñar. En realidad, este sector de nuestra Literatura es el más flojo de cuantos componen nuestro "parnaso". Y es lástima. El teatro cubano, en el Destierro, tiene un campo enorme donde triunfar. Solamente con recoger los hechos ocurridos en nuestra amada tierra, de 1958 a la fecha, haríamos un teatro estupendo, y además, un teatro que no necesita ser político, sino simplemente demostrativo, vendría a constituir un exponente de propaganda formidable en favor de las ideas de libertad, democracia e Independencia. Este aspecto fue apuntado por uno de los jóvenes del público. Analizó el tema felizmente, y tuvo una frase acertadísima: "Es necesario que no le tengamos miedo a la política". "Entiendo por política -agregó dicho joven-, la defensa de nuestra ideología, en oposición al comunismo". Es verdad. Si el comunismo toma el vehículo de las artes teatrales para hacer propaganda a su ideología absolutista, nosotros los demócratas debemos contestar con argumentos donde la democracia y la libertad resplandezcan, en toda su luminosidad. Despues, de todo, la razón está de parte nuestra y algún día será reconocida.

Por cierto, en Washington, con motivo del aniversario de la caída de Maceo, en San Pedro, se llevó a escena este año una obra de teatro, escrita por Uva Clavijo, en colaboración con el joven Siro del Castillo, escenificada por jóvenes aficionados, que resultó de éxito memorable, y que ahora tratan sus organizadores, de llevar su presentación a Miami. Uva Clavijo, seguramente ha de referirse, en su seccion del DIARIO LAS AMERICAS, al impacto patriótico que produjo en el público, sobre todo la constante alusión a "Los Pinos Nuevos", aquel maravilloso discurso de José Martí, llamando a las juventudes a la lucha de la revolución del 95, felizmente lograda, y con ella la Independencia y soberanía que ahora está entre las nieblas de la tiranía siberiana que abate a Cuba.

El Panel del Teatro tuvo a Miguel Llao de Moderador. Y de panelistas a Iván Acosta, Augusto Borges, José Cid Pérez, Matías Montes Huidobro, Mario Peña, Miguel Ponce y Omar Torres.

De todas maneras, es decir, a pesar de no ser muy amplia la labor de los autores teatrales, se le dió lectura a escenas de tres obras de teatro:

1) No me sacaré los ojos para no ver, ni me ahorcaré para olvidar lo que he visto, por Montes Huidobro.

2) La Propaganda y las Apariencias, por Augusto Borges; y

3) Cumbancha cubiche, por Omar Torres.

IV

Hemos dejado para el final de este modesto trabajo, el Panel dedicado a la Novela, porque pensamos dedicar un trabajo en especial, como también al del Cuento, cuando tengamos a la mano y en orden todos los datos dignos de mencionarse.

Digamos simplemente, como anticipo, algunos de sus detalles. El Ponente de la novela fue el Dr. Alberto Gutiérrez de la Solana, profesor de Literatura en la New York University. El Moderador debió serlo M. Raggi, pero no pudo asistir. Actuó brillantemente Ricardo Florit, profesor en Columbia University. Los panelistas eran Alicia G.R. Aldaya de la Universidad del Estado de Louisiana, Rosa Cabrera, del State University de New York, en New York, el Dr. Leonel de la Cuesta, del City College de New York y la doctora Zenaida Gutiérrez Vega del Hunter College, que asistía con su querido padre, muy amigo nuestro, y al que no veíamos hacía años. Participantes: Angel Castro, Celedonio Gonzalez, Hilda Perera, Humberto J. Peña y José Sánchez Boudy.

Antes de seguir adelante, digamos que en esta sesión, leyó un brillantísimo discurso, como suyo, el profesor Oscar Fernández de la Vega, catedrático del Hunter College, maestro de varias generaciones de cubanos, que en el análisis del exilio estuvo muy feliz, apuntando anomalías, en párrafos sutiles y llenos de sustancia, que merecen tenerse muy en cuenta por todos nuestros compatriotas.

El campo de la novela ha sido el más cultivado en el exilio por los cubanos. Pero como este sector merece un comentario más amplio, y ese lo realizo de manera espléndida el Dr. Gutiérrez de la Solana, lo aplazamos para un posterior trabajo.

(CONTINUARA)

V

El panel relativo a la novela cubana en el exilio, trabajó a conciencia. Comenzó su lectura el doctor Alberto Gutiérrez de la Solana. Se trata de un trabajo verdaderamente notable y hace honor a su autor.

Empezó sosteniendo la tesis de que la Revolución Cubana ha trascendido los límites de la Isla. Unos, los comunistas, naturalmente, han hecho grandes elogios de ella. Otros, la han sacudido bajo el peso de formidables argumentos. Estos últimos han tropezado con el hecho propagandístico. El comunismo domina la propaganda. Nosotros, los demócratas, sufrimos la campaña del silencio. Nuestros libros, nuestras novelas, nuestros cuentos, nuestra poesía, casi no se comentan más que por nosotros mismos. De ahí la utilidad de este congreso que entra en liza con la verdad en la mano. Por mucho silencio que nos hagan, la Revolución Cubana es una mancha en el panorama de America Libre. Un baldón. Una afrenta a los derechos todos. Desde los que rigen a las personas, a la familia y a la cultura, hasta los que regulan y estructuran los regimenes.

Cuba, en realidad, bajo el dominio de Fidel Castro, no tiene régimen. Ni siquiera se ha elaborado una Constitución Comunista. Lo que se conoce es un miserable papelucho, escrito y promulgado, bajo la presión del Déspota. Nunca se ha consultado al Pueblo. Esta actitud castrista, nos recuerda un episodio de la Historia de Bolivia, cuando Melgarejo se apoderó del Gobierno, dándole muerte, con sus propias manos, al presidente Belzú. "La Constitución que regía - dijo - ya no está en vigor. Y esta de ahora me la he metido en el bolsillo". La Constitución de Cuba, actualmente, solo existe, en los desafueros de Castro. Podríamos decir, que el "fuero castro-comunista es el desafuero fidelista". Cuba, hace quince años, vive como se vive en un campamento. Al toque de queda. Nunca más apropósito aquella frase de Martí: "Un pueblo no se funda como se manda un campamento". En Cuba no hay pueblo comunista, hay un pueblo sometido por el crimen y la sangre, que nunca podrá pensar en comunismo. Nuestra tarea es salvarlo de continuar en esa terrible desgracia e infortunio.

VI

Dada la situación, no es raro, que la novela, que es donde más se inspira el corazón humano, en su lucha contra la razón-irrazonable, haya tenido tanta acogida entre nuestros compatriotas. El Dr. Gutierrez de la Solana, en su ponencia-informe, ha contado 37 novelas, y las ha comentado y reseñado todas.

Para mayor claridad, nos dice; "he dividido la novelística cubana del exilio, en dos grupos bien definidos, a saber: a) novelas de tema o asuntos pertinentes a la revolución; y b) novelas de otros temas. Conforme al primer tipo, Gutiérrez empezó por mencionar a un cubano valiosísimo: Miguel [illegible] y de la Cerra. La novela se titula [illegible] Cantó. Cree Márquez de la Cerra, dictamina el ponente -, que el problema cubano no es más que un acto de la tragedia universal, de la que Cuba es un punto candente, y que dicho tema es un capítulo de lo que Ortega Gasset, escogió como meditación para tesis y título de uno de sus más profundos ensayos: El Tema de Nuestro Tiempo".

Nosotros, no hemos leído la novela de Márquez y de la Cerra. Su autor no nos la ha obsequiado, y por otra parte, no la hemos encontrado en librerías. Si mi proyecto de libros cubanos hubiera prosperado, cientos de compatriotas la tendrían. Pero nuestro proyecto requería la formación de una Editorial al estilo de la de Trópico, en Cuba, y nunca pudimos reunir el número suficiente de socios, para echarla a andar. Un fracaso más del exilio, en beneficio de la emigración. El exilio sufre. La emigración se divierte. Ahora, el Congreso de Literatura ha servido para dar a conocer muchos libros, que nosotros, no obstante nuestras grandes preocupaciones, no hemos podido leer y comentar, como hacemos de vez en cuando desde las columnas del acogedor DIARIO LAS AMERICAS.

VII

Francisco Chao y Hermida, con su novela Un Obrero de Vanguardia, es presentado por Gutiérrez de la Solana con elogios y detalles. Sigue en orden de exposición En las Garras de la Paloma, que nosotros tuvimos la satisfacción de comentar, hace tiempo, en nuestra sección, como la de Chao tambien. "Las Garras" dice Gutierrez de la Solana pinta— con vivacidad y mediante amplios cuadros restrospectivos la vida del protagonista y su familia en el pasado y también su tragedia después de la llegada de Castro al Poder".

Mucho lucho y trabajo, Raúl Fowler, autor de esta novela, antes citada, por traducirla al inglés. Conciente de que la misma era un documental formidable, estuvo en Nueva York, donde nos reunimos, algunas veces, sin lograr sus objetivos. Las editoriales norteamericanas que publican, y han publicado tantas mentiras sobre Cuba, falseando no tan solo su historia, sino tambien la imaginacion de sus escritores y poetas, no han sido justicieras al cerrar las puertas a la literatura Anti-castrista, que sin hacer política, ha expuesto las miserias del régimen, como contra-partida de una propaganda que no mira hacia Cuba, donde el mal tiene patente de corso, y no puede ser peor, sino al interior de Estados Unidos, [illegible] y se sitúa al lado de los que quieren destruir la historia de Washington, de Lincoln, de Jefferson, de los Adams, y de todos, aquellos grandes del pasado que han construido esta admirable nación, que por mucho que traten de empequeñecerla no lo logran, y que está solventado su crisis, en la actualidad, como demostración de que la democracia es el mejor sistema hasta ahora conocido, y sus males son defectos, mientras que los del comunismo, y mucho más los del castrismo, son crímenes, imposibles de justifica, si no es falseándolo todo.

VIII.

En su ponencia, Gutiérrez de la Solana, engarza a sus frases de justificados encomios, un nombre muy conocido, entre los cubanos: el de Alvaro de Villa, autor de "El Olor de la muerte que viene" Esta novela de 427 páginas ganó el premio Ciudad de Oviedo, en 1967. Dejamos la palabra a Gutiérrez de la Solana: "La trama va avanzando al mismo tiempo que la crisis mundial, provocada por la instalación de proyectiles dirigidos atómicos....Mientras el mundo contempla estremecido el enfrentamiento de las dos grandes potencias nucleares, los cubanos, unos, en el bando castrista; otros en contra, sostienen una lucha a muerte dentro de Cuba, con su secuela de persecuciones, torturas, prisiones y fusilamientos"....Pero el final de la obra es universal y optimista. "Cuba y la humanidad aguardan por los jovenes, y éstos deben promover la solidaridad humana para que los hombres aprendan a llamarse hombres"....

Después de este análisis, sobre el libro de Alvaro de Villa, Gutiérrez de la Solana, pasa a destacar la novela Los Ferrández, y su autor Manuel Linares. Es una familia que lo pierde todo. Son Campesinos. Y la Revolucion los confisca. Sí. Porque la revolución castrista confiscó indiscriminadamente, lo mismo a los potentados, que a los medianos, que a los que a fuerza de trabajo, llegaron a poseer una finquita, o una casita. Y no crean los que no conocen el fondo del castrismo que lo hacía para darlo a otros. En la ciudad, Castro se convirtió en el dueño de toda la propiedad urbana. En el campo de toda la propiedad rústica cultivada. Y todavía hay quien duda de que Fidel Castro es el hombre más rico del mundo. Tiene una Isla, más grande que Inglaterra, a su entera disposición.

IX

Cuando Gutiérrez de la Solana mencionó a Hilda Perera, el público aplaudió [illegible] a ponerse de pie, y saludar a la autora de una excelente novela, El [illegible] cubana, ejemplar, fue finalista del Premio Planeta [illegible] Hilda, —dice G. de la Solana—, y dice bien: "Escribe con la fluidez de los grandes maestros, y conduce fácilmente al lector, con su prosa tersa salpicada de cubanismos debidamente intercalados a través de las vidas entrecruzadas de los diversos personajes, hasta la muerte, el destierro o la separación familiar".

Escuchando a la señora Perera, vino a mi memoria la figura de su padre, José F. Perera, magistrado que fue de nuestro Tribunal Supremo, en años inigualables de nuestra justicia, cuando aquel poder constitucional estaba integrado por lo mejor de nuestra judicatura. Y aprovecho la ocasión, para referir esta anécdota. Tenía yo un recurso de Casación, del cual era ponente Perera. Yo había tenido la paciencia de hacer un tarjetero de las sentencias del Supremo, y otro de las colaboraciones de casi todos nuestros juristas, en periódicos, revistas, y folletos [illegible]

[illegible] encontraba jurisprudencia, fui al tarjetero de las revistas, y hallé un artículo de Perera, publicado en la Revista de Derecho en 1927, que dirigía ese gran jurisconsulto cubano Alberto Blanco, hoy profesor de Derecho Civil, en la Universidad de Puerto Rico. La vista de mi recurso tenía efecto, en 1950, o tal vez, mas adelante. Cuando cité el trabajo que coincidía con mi tesis, comprendí que a Perera le había hecho efecto. Al terminarse la vista, me mandó a llamar con uno de los ujieres del Tribunal. "Márquez, ¿tiene Ud. a mano ese artículo? Sí, aquí lo tiene Ud.". Sonrió Perera. A los pocos días, me notificaban la sentencia, declarando con lugar mi recurso. Tiempo después, al encontrarme con Perera, en el Supremo, me dijo: "Aunque no hubiera sido más que por la búsqueda, merecía Ud. ganar ese recurso. Pero dígame, ¿cómo se acordó Ud. de ese trabajo? Le expliqué mi sistema de tarjetas, y comprendió que no sólo era memoria. Por cierto, en mi despacho de abogado, que tanto extraño, mis socios solían discutir conmigo, diciéndome: "A menos que tú no tengas una tarjetica que diga lo contrario..."

X.

Y continúo con la ponencia de Gutiérrez de la Solana. Dice: "Si Hilda Perera nos ha dado El Sitio de Nadie, frase que por sí sóla nos ofrece el mejor resumen posible de su novela. Pedro Entenza nos brinda su novela "No hay aceras", otro título que sintetiza el pensamiento del autor. Esta obra, que tuvimos la satisfacción de leer, calentita, acabadita de publicar, ganó el premio Villa de Torelló. Lástima que su autor fuera muerto, al atravesar el Rock-Arick de Washington, por unos estúpidos o malvados, que le arrojaron desde lo alto de un monte unos bloques de cemento que cayendo encima de su automóvil le aplastaron materialmente. Dueño de una fantasía y amenidad, Entenza hubiera dado frutos más sazonados, en sus libros, pero el destino dispuso otra cosa.

Luis Ricardo Alonso, a quién conocimos y tratamos mucho en Cuba, casado con una sobrina nuestra muy talentosa, premio Dolz, se ha revelado en el exilio, como un buen autor de novelas. No he tenido la oportunidad de conseguir estos libros, y no puedo hacer un juicio de ellos. Pero según Gutiérrez de la Solana, esas novelas son tres: Territorio Libre. Relato de una maestra comunista que delata a su esposo y de un niño - uno de sus discípulos - que la delata a ella. [illegible] la Solana, [illegible] Libre, el estilo directo, [illegible] coloquial en los diálogos [illegible] certidumbre del lector a todo lo largo de sus obras. Destaca, con elogios G. de la Solana que Luis Ricardo ha escrito, con técnica diferente En los Dioses Ajenos y El Candidato. Esta finalizó en el premio Nadal de 1969. Según G. de la Solana, esta novela presenta aspectos de la vida norteamericana y entre ellos la segregación racial y los métodos de propaganda electoral.

Pero como nos hemos extendido, y aún faltan muchas novelas, dejamos los comentarios de G. de la Solana para posteriores trabajos.

Continuará.

Nueva york, diciembre 1973.

Pág. 6 - DIARIO LAS AMERICAS

DOMINGO 13 DE ENERO DE 1974.

XI

Después del examen de la obra novelística de Luis Ricardo Alonso. G. de la Solana presentó la novela "De buena Cepa" escrita por René G. Landa. "El argumento es muy original, la acción movida y la lectura apasionante".

Dadas mis inclinaciones a la anécdota, que tanto gustan a mi querido amigo Celedonio González, no queremos dejarnos en el tintero, unos comentarios acerca de la familia Landa. Este joven autor, es hijo de Gabrielito Landa, mendietista cien por cien, representante a la Cámara, y ministro de Hacienda en el gabinete del Solitario de Cunagua. La chispa de Gabrielito era el terror de sus compañeros de hemiciclo. Sentado, en su escaño, sus interrupciones eran abrumadoras, y sus interpelaciones verdaderas cargas al machete. Había heredado de su padre, Don Manuel Landa, esas salidas repentistas que destruyen un discurso, con unas cuantas palabras.

Don Manuel Landa presidía la Sala de lo Civil, de la Audiencia de La Habana. Era muy aficionado a las carreras de caballos, y andaba siempre, con su bastón, su jipi, y su programa en busca de un "tip". Naturalmente, como las carreras comenzaban a las tres, Don Manuel abría a la una las sesiones de la Sala de lo Civil, y a las dos las cerraba, y se iba para el Oriental Park.

Un día, se apareció en estrados, Don Mariano Aramburo, gran civilista, a mantener un recurso. Comenzó su informe que prometía una gran erudición, con esta frase: "Era un Shah de Persia"... Don Manuel, lleno de nervios, porque perdía las carreras aquel día, agarró la campanilla y dirigiéndose a Don Mariano exclamó: "A la Sala no le interesa lo que pasó en Persia"... Y cuentan que don Mariano terminó su discurso ahí mismo, y más nunca pisó las salas de Audiencia...

Con estos antecedentes es muy natural que el joven René Landa haya escrito una novela excelente. "Describe en ella la situación de Cuba, la política de Estados Unidos, el panorama mundial y el comunismo internacional". Es autor lleno de promesas.

XII

La novela El cielo será Nuestro de Manuel Cobo es, según G. de la Solana la más documentada de todas las novelas examinadas. Aparece en ella la CIA y el gobierno de Estados Unidos. A veces, —anota el ponente— la ficción queda a un lado para dar paso a la Historia. Nosotros hemos tenido oportunidad de leerla. Encontramos en ella una defensa vibrante de nuestra patria. Una suprema amargura que compartimos ante las enormes dificultades puestas a los cubanos para luchar por nuestra liberación.

A partir de esta novela, Gutiérrez de la Solana entra en una visión panorámica de la novelística. Ayer sin mañana, de Pablo A. López; Julián Pérez por Benjamín Castillo, escrita por Carlos Ripoll. Se trata de una invención, de una "falsificación" —dice G. de la Solana— que hace creer al lector que está [illegible] López; Julián Pérez por Benjamín Castillo, escrita por Carlos Ripoll. Se trata de una invención, de una "falsificación" —dice G. de la Solana— que hace creer al lector que está leyendo el Premio Casa de las Américas del cuento de 1970. otorgado en La Habana por un Jurado Internacional"; Los Cruzados de la Aurora de José Sánchez Boudy, finalista en el premio Planeta de 1971, en el que el protagonista es Miguel Servet, teólogo y médico que descubrió la circulación de la sangre en los pulmones y fue quemado vivo por órdenes de Calvino.

No hay dudas de que Pepito Sánchez Boudy es uno de nuestros escritores, poetas y novelistas más distinguidos. Según G. de la Solana, Sánchez Boudy rompe los moldes de la novelística tradicional así como los de la contemporánea para darnos un "libro para ser entendido más que leído". A nosotros, Pepito nos gusta mucho como poeta y novelista. Hay, en él una variedad de matices extraordinarios; excelente, en muchas actividades. Posee un poderoso cerebro, y cuando atenúe la vivacidad de su raro y múltiple talento, nos ha de dar obras muy acabadas que le situarán en lugares privilegiados.

XIII

Nuestra simpatía personal por Carlos Alberto Montaner, que marcha a la cabeza de su generación, comparte, en un todo, el juicio de G. de la Solana, sobre la magnífica novela Perromundo. Y pasamos simplemente a copiar lo expuesto por el Ponente: "Carlos Alberto Montaner se enfrenta con un tema de máxima actualidad: el terrorismo. El protagonista, un revolucionario terrorista, cae preso y tiene que elegir entre la delación y la abyección o la muerte. En la cárcel, torturado y vejado, mientras su mundo ideológico se resquebraja, se abroquela con sus principios, que le sirven para mantener una rebeldía suicida que en definitiva lo lleva a la muerte, casi inconscientemente, sin saber cual es la fuerza que le permite mantener esa resistencia, esa rebeldía sistemática e increíble." Aunque no se dice —añade Gutierrez de la Solana— hay suficientes elementos de juicio que permiten reconocer que la acción transcurre en Cuba en la época actual, pero la imagen, el estudio y la visión de la personalidad del terrorista podrían extenderse a otras latitudes, tienen dimensiones universales".

En toda la novela, decimos nosotros, flota un ambiente de misterio del más alla, como buscando, en lo íntimo de nuestras mentes, de donde brota esa semilla incongruente de rebeldías eternas, que tiene su contra-partida en el terror con que se combate al terrorismo, que nos va sumiendo en el infierno de una violencia cada día más dueña del mundo actual. Perromundo es la pregunta estupenda a esa violencia inverosímil de todas las partes.

XIV

Durante las sesiones de este primer congreso de Literatura, nos encontramos muchos amigos, que hacía tiempo no veíamos. Uno de esos amigos, fue Celedonio González, autor de Los Primos que tantos elogios ha merecido de la crítica. Celedonio, panelista, en la sección, estaba acompañado de Angelito Castro, también panelista. En los intermedios, o sea en los entreactos, nos dimos un abrazo triple. "Doctor, —nos preguntó Celedonio— se acuerda de la Ortodoxia?

Celedonio es un cubano cien por cien, sencillo, sincerote, habla como piensa y piensa como habla. No se le queda nada de labios para dentro, y todo lo examina con una eficacia de juicio que nos sirve, en casos inexplorados, de orientación práctica. Hablar con él es como estar leyendo uno de sus libros. Además de Los Primos, ha publicado una segunda novela Los Cuatro Embajadores. Ha merecido este juicio de G. de la Solana: "Los diálogos entre los primos sirven para exponer sus ideas, según las cuales, Cuba ha quedado convertida en un peón de ajedrez".

Como yo estoy resumiendo, se me hace necesario recortar. Menciona laudatoriamente G. de la Solana a Angelito Castro y sus REFUGIADOS; a Ramiro Gómez Kemp y Los Desposeídos, Premio Café Gijón 1972, en que pinta los problemas del exilio y sus transplantes; y Alberto Baeza Flores, que no necesita presentación, en La muerte en el Paraíso, donde presenta a aquellos jóvenes que habían luchado contra el Gobierno de Batista, descubren después del triunfo como no se cumplen las promesas de la revolución, y regresan formando la Brigada 2506.

Y con estas novelas, G. de la Solana, termina su ponencia relativa a las novelas de tema revolucionario, o con ocasión de la revolución cubana.

XV

Las novelas que no tratan de la revolución ni del destierro cubano son muchas y existen entre ellas una gran variedad de asuntos, temas y estilos.

Cita en primer término G. de la Solana Tres tristes tigres, de Guillermo Cabrera Infante, que obtuvo el premio Biblioteca Breve en 1964, y que es calificada por el ponente de ser una de las más ingeniosas y más cubanas de todas las novelas cubanas de todos los tiempos.

Pasa de seguida, G. de la Solana a analizar las novelas de Arturo Alfonso Roselló, El Pantano en la Cima y Las Tres Dimensiones. Aunque el ponente las sitúa, en este apartado, las novelas de Arturo Alfonso, de mi querido y fraterno amigo [illegible] las novelas de Arturo Alfonso [illegible] Pantano en la Cima y Las Tres Dimensiones. Aunque el ponente las sitúa, en este apartado, las novelas de Arturo Alfonso, de mi querido y fraterno amigo Arturo Alfonso, discípulo ambos, él y yo, de Don Manuel Márquez Sterling, podrían figurar en el primer apartado, porque están inspiradas, en el drama actual de Cuba. El estilo de Arturo, siempre fresco y vibrante se advierte en esas dos novelas, pero también es cierto que "traen a la memoria del lector, como dice G. de la Solana, la ficción y el enjuiciamiento y la crítica de la vida y las costumbres públicas y privadas de Cuba en aquella época.

Gómez Kemp, además de Los Desposeídos, dice G. de la Solana, ha publicado tres novelas más. Los años verdes, autobiográfica, La Garra y la Carne, y El Turpial. De las brillantísimas condiciones intelectuales de este cubano distinguido no hay que hablar. Gómez Kemp es una institución entre nosotros, y ha de dar muchos más frutos de su talento y condiciones excepcionales.

Menciona en su ponencia G. de la Solana La Atenas de los Dioses, de Olga Santoyo de Matamoros, con estas palabras: "La autora conoce bien la historia y las costumbres de la Grecia Antigua y pinta con deleite el ambiente de Atenas en la epoca republicana.

Nosotros somos amigos de Olga Santoyo, y esperábamos verla en el Congreso. Pero ella, profesora de la Universidasd Inter-Americana de Puerto Rico, no pudo asistir. Bueno es agregar que Olga ha sido muy celebrada por la crítica de Europa y de America. Los principales críticos españoles han elogiado esta novela, y otra de sus obras: Fantasía Oriental. El Ministerio de Educación de España, adquirió cientos de ejemplares de La Atenas de los Dioses para su distribución en bibliotecas e instituciones.

XVI

Severo Sarduy, residente en París, ha escrito tres novelas: Gestos, De Donde son los cantantes y Cobra. Le han dado fama internacional. Y la última novela que menciona G. de la Solana es Sonámbulo del Sol, por Nivaria Tejera, Premio Biblioteca Breve de 1971. Novela netamente cubana, de la vida de un hombre que deambula por las calles de La Habana...

A Juicio de Gutiérrez de la Solana, muy aplaudido al terminar su informe - ponencia, puede afirmarse que la novelística cubana del destierro ofrece a los lectores una visión muy amplia, y en muchos casos, muy precisa, de la Revolución Cubana. Ella sirve en el presente y servirá en el futuro como testimonio literario de ese período histórico.

Nueva York, Diciembre, 1973

DOC. 20-14

Ponencia Sobre Libros Cubanos Suscitó Polémica en Congreso

La presentación por un catedrático norteamericano de una ponencia sobre los diversos tipos de novelas que se han escrito hasta ahora sobre la revolución cubana, suscitó ayer en el seno del XV Congreso de Literatura Iberoamericana más de una reacción airada.

El profesor Seymour Menton, de la Universidad de California, habló tanto de las novelas que tratan sobre "los momentos gloriosos de la revolución" y de los autores que llegaron inclusive a comparar a Fidel Castro con Jesucristo, como las escritas por cubanos exilados cuyo tema principal es que Fidel Castro ha traicionado la revolución al transformar la isla en un estado comunista totalitario.

El profesor Angel Rama, quien tuvo a su cargo la crítica de la ponencia de Menton, señaló que este había tocado novelas comparables sólo con el detritus. Más tarde, el cubano José Antonio Portuondo, Director de un Centro de Investigaciones Literarias en su país, dijo que su institución conocía todo lo que se había escrito sobre la revolución cubana, pero que después de escuchar a Menton reconocía un defecto: "No hemos revisado el tacho de la basura, y él nos ha ahorrado ese trabajo".

Tras hacer este comentario el profesor Portuondo abandonó la sala en que se realizaba el debate, sin esperar la réplica de Menton.

Mentón había señalado tras la crítica de Rama y de otro participante que lo calificó de "ingenuo", que lamentaba mucho tener cara de gringo.

"Es muy natural —dijo Menton con ironía— que cuando un gringo habla de Cuba todo el mundo sospecha que es un miembro de la CIA y que está hablando de mala fe. Expresó que naturalmente también, requiere un gran esfuerzo el mantenerse objetivo cuando se habla de Cuba.

Ampliando su afirmación de que algunos escritores llegaron a comparar a Fidel con Jesucristo, Menton afirmó que inclusive alguien le dijo cierta vez que Fidel estaba ansioso de que pasara el año 60, porque el pueblo cubano, al creerlo redentor como Jesús, temía que muriera como él a los 33 años. Hubo risas en el auditorio.

En su ponencia Menton había dicho que después de las novelas antibatistianas de 1959-62 la única novela norteamericana sobre Cuba es "Topacio" (1967) de León M. Uris, a la que calificó de "un gran éxito comercial tanto en las librerías como en la pantalla".

Esta sola mención provocó, al parecer, las reacciones de quienes intervinieron en el posterior debate. Rama calificó a "Topacio" de "vergonzozo producto que merece el tacho de desperdicios"; otros, de "Sub-literatura".

Menton dijo al respecto estar de acuerdo con el hecho de que "Topacio" es sub-literatura, pero que su trabajo era temático y no tendiente a establecer valores estéticos.

Otra de las afirmaciones de profesor Menton fue de que entre 1959 y principios de 1971 Cuba quiso hacerse el epicentro cultural del continente, en un esfuerzo por buscarse aliados políticos y culturales en los otros países latinoamericanos, que apoyaran la revolución socialista que realizaba "en un hemisferio dominado por los Estados Unidos".

Dijo también que, según lo que el sabe, no se ha publicado ninguna novela extranjera (a Cuba) sobre la revolución cubana desde 1959, y que la producción novelística en Cuba también ha bajado mucho en este último bienio.

Atribuyó esto "al agotamiento natural del tema, a una mayor presión sobre los literatos cubanos para que se identifiquen más positivamente con la Revolución, y a la reacción de la mayoría de los literatos hispanoamericanos frente al caso Padilla".

(Heberto Padilla, poeta cubano detenido por el régimen castrista por "actividades contrarrevolucionarias", escribió en prisión una "autocrítica" en la que se autoacusaba de fatuidad intelectual, personalismo, etc. Destacados intelectuales izquierdistas (Jean Paul Sartre, Alain Resnais, Simone de Beauvier, Carlos Fuentes, Mario Vargas Llosa y otros 60 más) dijeron que esa auto-crítica fue conseguida por el gobierno cubano bajo presión de tipo stalliniano. Después de su autocrítica Padilla recobró la libertad).

Quienes respondieron a Menton negaron que Cuba pretendiera eregirse en epicentro cultural del continente, porque ello es cuestión de voluntades, y que si la producción novelística sobre Cuba ha disminuido se ha ido descentralizando. Ninguno hizo mención al caso Padilla ni a la autocrítica que, en su momento, recibió la más amplia difusión por parte del régimen de Castro.

LA PRENSA, Lima Jueves 12 de Agosto de 1971

LA PRENSA, Lima Sábado 14 de Agosto de 1971

Opinan Congreso de Literatos Ha Superado las Expectativas

El Rector de la Universidad Nacional Mayor de San Marcos, Dr. Juan de Dios Guevara, dijo anoche al clausurar el XV Congreso de Literatura Iberoamericana que sus resultados han rebasado largamente las expectativas que dicho centro de estudios tuvo al asumir la sede del evento.

Guevara dijo también que las profundas disensiones que pudieran haberse suscitado durante los debates, como producto de la conjunción intelectual de todos los matices políticos, no pueden interpretarse como una situación de beligerancia literaria "sino como un episódico proceso de apreciación y de razonamiento, propios de la esencia humana".

El acto de clausura se cumplió en la vieja casona sanmarquina, bajo la artística bóveda de la antigua Capilla de Ejercicios del extinguido Convictorio de San Carlos, como hizo notar Guevara a los delegados visitantes.

Temprano, en el Centro Vacacional de Huampaní, se había realizado la sesión plenaria final en la que se eligió como sedes de las dos reuniones de que constará el XVI Congreso, a las Universidades de Valdivia (Chile) y de Michigan (Estados Unidos). Las reuniones serán en enero y agosto de 1973, respectivamente.

Presidente del Instituto Internacional de Literatura Iberoamericana, que organiza cada dos años los Congresos, fue elegido en la misma reunión el profesor norteamericano Donald Yates.

Tanto en la plenaria final como en la sesión de clausura hizo uso de la palabra el Presidente de la Mesa Directiva, Dr. Augusto Tamayo Vargas, quien destacó el alto nivel académico de las ponencias presentadas y el elevado nivel de diálogo en que fueron debatidas.

Los delegados participantes en el Congreso aprobaron por aclamación un voto de aplauso para la Mesa Directiva. Esta a su vez, hizo pública su satisfacción por los logros obtenidos.

Escritor Cubano Explicó Ayer La Situación del Poeta Padilla

El Director del Centro de Investigaciones Literarias de la Universidad de La Habana, Cuba, Dr. José Antonio Portuondo, negó ante el XV Congreso de Literatura Iberoamericana que el poeta Heberto Padilla hubiera sido apresado por el régimen castrista por su actuación como literato. Su detención, dijo, estuvo motivada por haberse comprobado que realizaba "labor de espionaje".

Portuondo, al ser preguntado durante una de las sesiones de comisiones del Congreso, antier, respecto al Caso Padilla dijo que para Cuba no había tal "Caso" sino más bien un incidente judicial que implicó la detención de Padilla "por suministrar información al enemigo".

El intelectual cubano, un día antes había calificado de "basura" a una serie de novelas sobre la revolución cubana, traídas a colación por un catedrático norteamericano durante la exposición de una ponencia.

En su exposición, el catedrático Seymour Menton, de la Universidad de California, había señalado que, entre otros factores, el Caso Padilla había contribuido a desalentar a los escritores latinoamericanos en la producción de nuevas novelas sobre la revolución cubana.

Portuondo, en una fugaz y airada intervención, ese día, dio a entender que el trabajo de Menton se había basado en novelas sacadas del tacho de desperdicios, y se retiró de la sala sin esperar su réplica.

En la sesión de antier, tras haber sustentado una ponencia sobre "Literatura de la Emancipación y Emancipación de la Literatura", Portuondo fue abordado sobre el Caso Padilla por los asistentes a la reunión.

Dijo entonces que el caso de espionaje protagonizado por Padilla no había sido único, pues hubo otro, aún más peligroso, de un científico que también suministraba información al enemigo, y para quien no hubo la defensa internacional que se hizo con Padilla.

Portuondo dijo que esto le llamaba la atención y se preguntó al respecto si cuando una persona está traicionando la revolución no se le puede detener sólo por el hecho de ser escritor.

Afirmó también que Padilla siguió siendo, tras su detención y posterior "autocrítica", un funcionario público. Trabaja, dijo, en el Instituto del Libro y su mujer continúa siendo redactora de "La Gaceta".

Nuestros Periodistas de New Jersey

PAPEL PERIODICO

En la presente tenemos de pie comenzando por la izquierda Esteban Pamiés, Pedro Martínez, Alberto Yannuzzi, Marcos Jiménez y Enrique Padrón. En el mismo orden pero sentados Alberto Gutiérrez de la Solana, Gladys Campanería, Antonio A. Acosta, Margarita Amigó y Ernestina Bertot, también aparece la niña Alexis Laserna, nieta de Pablo Laserna.

En esta foto tenemos de pie de izquierda a derecha: Pablo Laserna, Omar Pérez Remond, Esteban Pamiés, Antonio A. Acosta, Alberto Yannuzzi, Julio Cárdenas y la señorita Pamiés, hija del Sr. Esteban Pamiés. Sentados y en el mismo orden Alberto Gutiérrez de la Solana, Ernestina Bertoto Titi Pérez Remond, Esther María Gutiérrez de la Solana, Julieta Jiménez, Ana Cueto-Acosta y Alexis Laserna, nieta del señor Laserna.

Colegio Nacional de Periodistas de la República de Cuba (E.)Deleg.. N.J. - N.Y.
(Activo el C. N. D. P. en New Jersey)

Candidatura "Cuba Siempre"

PRESIDENTE
Antonio A. Acosta

1er. Vice
Margarita Amigó

2do. Vice
Alberto Yannuzzi

Secretaría
Ernestina Bertot

Vice-Secretaria
Gladys Campanería

Tesorero
Esteban Pamiés

Vice-Tesorero
Francis Durán E.A.

Secretario de Prensa
Emilio García

Vice
Albia Pérez Mestre

DIPUTADOS

1er Diputado
Rafael Ferrer Luque

2do Diputado
Pedro Martínez

3er Diputado
Gerardo González

4to Diputado
Roberto Barros

5to Diputado
Pupi Hurtado

6to Diputado
Siomara Sánchez

7mo Diputado
Norberto Abreu

8vo Diputado
Julio Cárdenas

9no Diputado
Julieta Jiménez

10mo Diputado
Idelfonso Blasco

Libro-homenaje

El doctor José Cid Pérez, se dirige a la concurrencia durante el acto que se llevó a cabo con motivo de la edición de su libro homenaje, en la Librería de las Américas. Junto a él, los profesores Alberto Gutiérrez de la Solana, Harvey L. Johnson, de Houston, Texas y de pie, el profesor Elio Alva, editor del libro.

Editan libro-homenaje como tributo a literato cubano

En la Librería Las Américas se llevó a cabo la presentación del libro homenaje al profesor José Cid Pérez, Catedrático Emérito de la universidad de Purdue, como tributo a los años dedicados a la enseñanza y la crítica teatral en Hispanoamérica.

El homenaje, de carácter internacional, proviene de profesores y escritores residentes en Estados Unidos, donde Cid Pérez ha sido catedrático durante las dos últimas décadas.

Por la originalidad, la profundidad y la diversión temática de los estudios y ensayos que componen el libro-homenaje en honor del doctor Cid Pérez, el volumen es una obra valiosísima de investigación y de consulta, especialmente sobre la literatura hispanoamericana y la española.

Este libro dedicado a su homenaje está dividido siguiendo un criterio temático, en siete secciones. La primera contiene ocho sugerentes ensayos sobre la obra de Cid Pérez.

Las otras seis abarcan destacados estudios sobre teatro, poesía, narrativa, ensayo, lingüística e historia. Las secciones hispanoamericana, española y universal.

José Cid Pérez nació en la ciudad de Guanabacoa, Cuba, el 12 de noviembre de 1906. Cursó estudios en la Universidad de La Habana, donde se graduó en las carreras de Filosofía y Letras y Ciencias Políticas Sociales y Económicas. Posteriormente realizó estudios post-graduados en la Universidad de Columbia, Nueva York.

DOC. 20-20

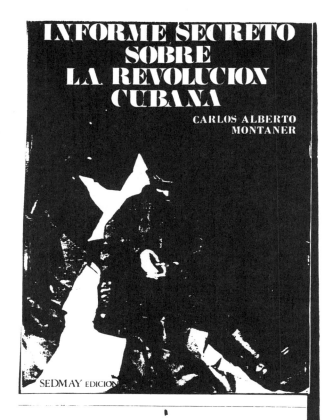

The Hungarian
Situation
and
the Rule of Law

INTERNATIONAL COMMISSION OF JURISTS
THE HAGUE
1957

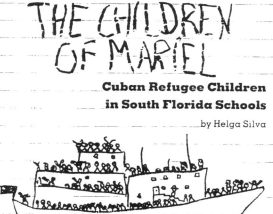

DOC. 20-21

DOC. 20-22

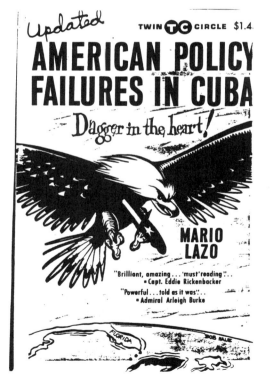

DOC. 20-23

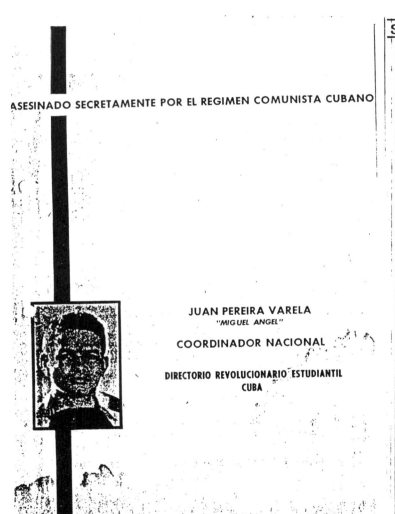

ASESINADO SECRETAMENTE POR EL REGIMEN COMUNISTA CUBANO

JUAN PEREIRA VARELA
"MIGUEL ANGEL"

COORDINADOR NACIONAL

DIRECTORIO REVOLUCIONARIO ESTUDIANTIL
CUBA

LA INFORMACION

Septiembre 9, a Septiembre 15, 1994   PAGINA 3

Solo Estudiantes Revolucionarios Podrán Ir a la Universidad en Cuba

MEXICO, (AP) - El gobierno cubano decidió que sólo los estudiantes que demuestren ser defensores de la revolución «en las ideas y en la calle», serán admitidos en las universidad de Cuba.

Se afirmó también que el ingreso a las universidades se limitará hasta que la economía se recupere para evitar mantener ociosos a los nuevos profesionales.

El ministro de Educación Superior de Cuba, Fernando Vecino Alegret, hizo sus declaraciones al semanario «Trabajadores» que apareció hoy en La Habana, de acuerdo con una versión distribuida aquí por la agencia noticiosa gubernamental mexicana Notimex.

«Sí», respondió tajante Vecino Alegret cuando su entrevistador le preguntó si sólo los partidarios de la revolución ingresarían a la universidad.

Añadió que a los estudiantes becarios extranjeros no se les exige lo mismo «pero sí que respeten la obra de la revolución, nuestras tradiciones, nuestra ideología».

Vecino Alegret confirmó también un descenso en la matrícula universitaria, que este año sólo admitió a 150.000 estudiantes, en contraste con los 310.000 del período 1986-87.

CAPÍTULO 21

PARALELO. MAMBISES Y GUSANOS.
REAL DECRETO DE LA REINA MARÍA CRISTINA DE ESPAÑA
DE 1º DE JUNIO DE 1898.

En los comienzos de la Guerra de los Diez Años, los cubanos insurgentes, con Carlos Manuel de Céspedes a la cabeza, proclamaron la libertad de todos los esclavos. Los negros y los blancos integraron el Ejército Libertador y guerrearon heroicamente, hombro con hombro, para quitarse el yugo colonial.

Los enemigos de los patriotas cubanos trataron de desprestigiarlos calificando a blancos y negros, como si todos fuesen negros rebeldes, cimarrones. En la zona de Bayamo, los guerreros cubanos fueron llamados "hijos de monos," "hijos de auras tiñosas," "bijiritas," y "pitirres." Estos epítetos peyorativos no prosperaron porque el pueblo los olvidó pronto. Pero en la región de Guatánamo, donde operaban crueles escuadras de traidores guerrilleros cubanos y de voluntarios españoles, les aplicaron a los patriotas cubanos el apelativo de "mambí." Este nombre quedó grabado en la memoria popular y los patriotas cubanos, de cualquier raza, se convirtieron orgullosamente en "mambises."

La palabra "mambí" es de origen congo, y se había hecho común en el lenguaje corriente de Cuba. En África se designaba mambí al rebelde que desacataba al jefe de la tribu y combatía su autoridad. En Cuba se llamaba mambí habitualmente al negro "cimarrón" que huía al "monte" en busca de libertad. Los colonialistas en Cuba nombraban despectivamente mambí a todos los patriotas cubanos, tanto blancos como negros. Y los guerreros y patriotas cubanos convirtieron con su heroica lucha dicha palabra en un timbre de cubano valiente, libre e independentista que no se sometía al despotismo del imperio español.

El tirano Castro llamó desde 1959 "gusanos" a todos los cubanos que tienen el "atrevimiento" de pensar con su cabeza, es decir, que no se someten servilmente a sus mandatos. Y los vilipendió, los denigró, los atacó para que el pueblo los odiara. Y comenzó un sistema de abominación y rencor que le servía a él para que el pueblo cultivara el aborrecimiento, la envidia y el resentimiento y aceptara voluntariamente los asesinatos, los fusilamientos, las prisiones y el ostracismo de los "gusanos." Y Castro logró crear una antipatía, una enemistad, una malquerencia, una inquina y una odiosidad que todavía existe y que contribuye a sostener la "muralla invisible" que separa a cubanos buenos que de no existir el odio implantado por Castro se querrían como hermanos cubanos iguales en el ideal de libertad. La señorita que menciono en "Palabras liminares" es una víctima inconsciente del "odio" creado y alimentado por Castro para sostener su "terrorismo" como si fuese "justicia." Según este sistema, la persecución de los "gusanos" es "justicia distributiva" al estilo de Castro. También los colonialistas del siglo XIX proclamaban que la persecución y muerte de los "mambises" era "justicia."

Los despreciados "mambises" triunfaron en 1898. Los odiados "gusanos" venceremos a las fuerzas del mal y de la tenebrosidad asesina antes de que termine el siglo XX. El paralelo es evidente. Los "mambises" conquistan la libertad al finalizar el siglo decimonono, los "gusanos" seremos libres antes de que termine el vigésimo. España iba contra la historia y lo mismo le sucede al septuagenario Castro. Pero la monarquía era una institución, y Castro es un mortal de 70 años, y el Mal de Parkinson ya ha prendido en su cuerpo. Castro no podrá vencer a la historia y al tiempo. Y dice un dicharacho de los "gusanos" que "nunca se ha visto a un caballo comer gusanos, pero sí a los gusanos comerse a los caballos." (A Castro lo llamaban "el caballo.")

En el siglo XIX los mambises tuvieron en su contra a cubanos guerrilleros, traidores al servicio del imperio. En el XX, también existen cubanos que proclaman que Castro es invencible y que, consecuentemente, es necesario pactar con él para que nos "permita" y nos "regale" un minúsculo pedacito del pastel político de su propiedad. Ellos lo llaman "un espacio." Esos hombres caerán con Castro al igual que le sucedió a los guerrilleros. La suerte está echada. La estrella de Castro ya está enterrada.en el lodo más hediondo de la historia de Cuba.

Esos pusilámines que quieren armonizar con Castro para obtener un bocadito de regalo, olvidan que el imperio español era poderosísimo, y que los mambises no claudicaron en su constante ideal de libertad total. Los guerreros españoles lo tenían todo. Los mambises no tenían armas. Los embarques que se preparaban desde los Estados Unidos caían casi siempre en manos de las autoridades estadounidenses o de los españoles. Contra la temible fusilería española los mambises tenían que cargar "al machete." ¿Conoce el lector el valor que hay que tener para cargar con arma blanca contra una posición artillada o una fusilería emboscada o bien protegida? Ese tipo de ataque es de los más riesgosos. En los tratados de guerra se admite la peligrosidad y la muerte casi segura de los asaltantes con espadas o ballonetas (machetes en Cuba) contra la fusilería. Pues bien, así tenían que pelear los mambises. Y no por eso quisieron armonizar con el imperio español para que les regalara un "mendruguito" del "pastel político," como quieren ahora algunos que viven fuera de Cuba. Los mambises sustituían la falta de rifles y municiones con las cargas al machete contra los cerrados cuadros de rifleros españoles. El general Luque, uno de los jefes de la infantería española, que tuvo que resistir muchas veces a pie firme las embestidas de la caballería cubana "al machete," dijo que ésta atacaba "al aire libre los terribles machetes de los orientales famosos" (La Enciclopedia de Cuba (1492-1973). Medellín: Editorial Bedout, 1974, 5:131). Los cubanos guerreaban primordialmente con el machete porque era un apero de las labores campesinas y abundaba. Pero escaseaban las armas de fuego, que tenían que venir de los desterrados cubanos en los Estados Unidos.

¿Y el imperio español? Tenía de todo, y muchas balas. Como las que mataron a Martí, a Maceo, a Juan Bruno Zayas, a Agramonte, a Carlos Manuel de Céspedes y a miles y miles de mambises. Presento como **DOCUMENTO Nº 21-1** El Decreto Real firmado por la Reina María Cristina, regenta de España por la minoría de su hijo Alfonso XIII, refrendado por su Ministro de Guerra, Miguel Correa, de fecha 1º de junio 1898, donde ordena comprar diez mil dólares de cartuchería estadounidense Winchester para la guerra en Cuba. Esos diez mil dólares de hace un siglo representan ahora millones de dólares—este documento no se había publicado nunca. Pero los mambises no pedían "arreglarse" con los colonialistas, "un espacito" en Cuba, a pesar de que tenían que vencer el fuego graneado de los españoles. Y es bien sabido que los soldados españoles siempre han sido de los más fieros del mundo. Los "gusanos" tenemos que ganar totalmente ahora, al igual que lo hicieron los "mambises." "Gusano" será un timbre de orgullo, como "mambí." Los verdaderos "gusanos," al igual que los "mambises," no se someten. Los que se rinden o transigen con el tirano, son mercaderes o son traidores.

DOC. 21-1

Con arreglo á lo que determina la excepción séptima del artículo sexto del Real decreto de veintisiete de febrero de mil ochocientos cincuenta y dos, de conformidad con el dictamen emitido por la Junta Consultiva de Guerra, á propuesta del Ministro de la Guerra y de acuerdo con el Consejo de Ministros, en nombre de Mi Augusto Hijo el Rey Don Alfonso XIII y como Reina Regente del Reino, Vengo en decretar lo siguiente: Artículo primero. Se autoriza la compra por gestión directa y sin las formalidades de subasta, tanto en el Reino como en el estranjero, de toda la cartuchería Remington que se considere necesaria mientras duren las actuales campañas. Artículo segundo. Estas adquisiciones se efectuarán por el Museo de Artillería. Artículo tercero. Serán costeadas con cargo á los créditos de caracter ordinario ó extraordinario, que para las necesidades de la campaña se hayan arbitrado ó se arbitren con cargo á los presupuestos de la Península, Cuba, Puerto Rico y Filipinas, y en cada caso de compra se determinará el crédito y presupuesto que ha de sufragarla y la casa que ha de facilitar la cartuchería. Dado en Palacio á primero de junio de mil ochocientos noventa y ocho.

María Cristina

El Ministro de la Guerra,
Miguel Correa

CAPÍTULO 22

PASAN LOS AÑOS

Han pasado los años, los lustros, las décadas y más de un tercio de siglo, y Castro se aferra al poder tiránico por medio de la muerte y el terror de estado sin límites. Es el usurpador hispanoamericano que más tiempo ha detentado el poder y más crímenes ha cometido. Pero los desterrados cubanos no han cejado nunca en su lucha. Estamos en condiciones de inferioridad porque gobiernos hipócritas y la ONU apañan y protegen a Castro. Mas los exiliados cubanos dispersos por el orbe siguen sin doblegarse. Con el éxito económico que han tenido los proscriptos, Castro pensó que se olvidarían de él, pero no ha sido así. Este destierro cubano no se olvida de su deber ciudadano. Los exiliados han sufrido toda clase de desdichas y han fallecido en tierras extrañas, los héroes y los mártires se han inmolado, los combatientes han muerto peleando, pero la lucha sigue, no cederemos, no nos rendiremos. Castro tiene que desaparecer de Cuba ya sea en posición vertical u horizontal, como dijo el ilustre senador por el estado de North Carolina Jesse Helms en el hemiciclo del senado de los Estados Unidos. Con el largo decursar del tiempo, la ciudad de Miami, en la Florida, se ha convertido en el centro máximo de concentración de cubanos y sus organizaciones. Allí vibran cientos de miles de almas con alegría o dolor según los acontecimientos, pero en New York o New Jersey respondemos con el mismo vigor de los principios de la década de los años sesenta a todas las circunstancias que demandan acción.

José Martí dijo:

La libertad cuesta muy cara, y es necesario, o resignarse a vivir sin ella, o decidirse a comprarla por su precio

Los proscriptos y todos los cubanos de buena fe, tanto en Cuba como en tierras extrañas, estamos decididos a pagar con sangre, sudor y tiempo el precio que la historia requiera. Y la historia está de nuestro lado, la libertad siempre termina ganando. Y el tiempo está de nuestro lado, porque Castro es un anciano mortal y nosotros tenemos de nuestro lado a una juventud cubana formada por los mejores cachorros de león del mundo. Y la política está de nuestro lado, porque el marxismo-leninismo ha fracasado totalmente en todo el orbe. Y la verdad está con nosotros, porque ya Castro ha agotado todo su caudal de falsedades y nadie lo cree. Y la luz nos ilumina, porque ya no le quedan sofismas a Castro y nadie cree en "socialismo o muerte." Y la fuerza está de nuestro lado, porque nuestra ideología se funda en José Martí y Félix Varela. Y la iglesia católica está con nosotros porque ya Conrado Rodríguez ha levantado una voz que no puede ser apagada o desconocida por los Zachi y los Etchegaray venidos de la caduca Europa. Y la voluntad está de nuestro lado, porque no nos ha flaqueado en casi cuatro décadas. Y nuestros héroes de antaño nos acompañan, porque, al igual que ellos, triunfaremos antes de que termine el siglo. Y la integridad nos respalda, porque no necesitamos de la hipocresía del mundo. Y la beligerancia está de nuestro lado, porque tenemos la persistencia que nos enseñaron nuestros héroes durante todo el siglo pasado. Y la inteligencia está de nuestro lado, porque nuestro pensamiento es libre y no reconoce amo. Y la humildad está de nuestro lado porque no aspiramos a ser los amos individuales de Cuba como Castro. Y la ley es nuestra columna vertebral porque siempre la defendimos y la cumplimos en la Cuba libre. Y la lealtad es nuestra porque Castro se apoderó e hizo suya toda la traición. Y la opresión no nos asusta porque ya la hemos sufrido toda y no le tenemos miedo y Castro no nos ha vencido. Y el progreso está de nuestro lado porque Castro no lo conoce y no puede ya asimilarlo. Y la agilidad está de nuestro lado porque no estamos hipertrofiados por la ambición de poder como Castro y aceptamos la movilidad que significa progreso con el cambio democrático evolutivo. Y no tememos la adversidad porque ya la hemos conocido toda y no nos ha doblegado. Y la aflicción es una compañera a la que no le tenemos miedo porque ya la hemos sufrido toda. Y no tememos la apatía porque no la hemos dejado florecer en el destierro y huye de nosotros. Y el ateísmo ya no tiene influencia y lo hemos vencido porque es un argumento vacuo e inútil del comunismo de Castro y nadie cree en Castro y sus fracasadas doctrinas. Y la avaricia de poder político absolutista no nos afecta porque la desconocemos y Castro se la robó completa. Y la calumnia no nos hace daño porque ya Castró la agotó toda y nadie lo cree. Y la fortitud está con nosotros porque hemos resistido todos los embates de Castro durante casi 40 años y no no hemos arrodillado. Y el trabajo no nos asusta porque es nuestro fiel compañero de exilio y con él nos levantamos y rehicimos la vida en el destierro arruinado a que nos condenó Castro, que nunca ha laborado para ganarse el sustento. Y el honor está con nosotros porque ha sido nuestra coraza durante toda la vida, y Castro no lo ha conocido nunca. Y la esperanza está de nuestro lado porque la aurora de la resurrección de la patria asoma con el brillo de un nuevo amanecer. Y Dios está con nosotros porque Dios siempre está con los que buscan libertad y justicia.

Y la lucha que empezó en 1959, sigue desde aquel remoto entonces, y continuará hasta vencer totalmente a la tiranía, porque tenemos el ejemplo de nuestros mambises que pelearon todo el siglo XIX. En New York y New Jersey no hemos cejado, ni vamos a inmovilizarnos (no se paralizarán los proscriptos en ningún lugar o país). Señalo aquí algunas manifestaciones recientes en New York y New Jersey en las cuales he participado.

1992 (ENERO 25). 50,000 MANIFESTANTES EN NEW YORK CITY PARA PROTESTAR LA AYUDA MASIVA A CASTRO QUE PREPARABAN LOS COMUNISTAS. DERROTA TOTAL DE LOS CASTRISTAS.

En enero de 1992 los comunistas estadounidenses en conjunción con los agentes de Castro prepararon una congregación extraordinaria en el Javis Convention Center situado en 34th St. y 11th Ave. en New York City. Los comunistas llenaron New York con anuncios del gran evento que ellos caracterizaban como caritativo y humanitario porque los Estados Unidos estaban estrangulando a Cuba con el embargo. El fin era recolectar dinero para enviarle un buque lleno de petroleo y otro de mercancias a Castro y hacer propaganda para que se levantara el embargo. Había que pagar la entrada, ellos aspiraban a llenar el inmenso Javis Center. Para atraer ingenuos y público general, en su programa prometían que estarían presentes como invitados de honor las siguientes "personalidades" que vendrían de Cuba, todos cubanos:

Alicia Alonso, Director, National Ballet of Cuba
Teófilo Stevenson, Olympic Gold Medal Boxer
Reverendo Raúl Suárez, Director, Martin Luther King Jr. Center
Eusebio Leal, Director, Restoration of Old Havana
Ramón Pérez Ferro, Deputy, National Peoples Power Assembly
Carmen Rosa Baez, President, Cuban National Federation of University Students
Además, las siguientes "cumbres" extranjeras y norteamericanas: Hortensia Allende, Frei Betto, Jane Fonda, Ramsey Clark, Kris Kristofferson, Margot Kidde, Congressman Major Owens, Luis Ignacio, Lula da Silva, Manno Charlemagne y otros.

Los cubanos proscriptos del noreste de los Estados Unidos no podíamos permitir que los comunistas cubanos y estadounidenses nos ganaran esa batalla política en el exilio (nuestro patio) y en el corazón de New York City. Todas las organizaciones de lucha que tenemos en los Estados Unidos acordaron hacer una manifestación contraria el mismo día y concentrarnos frente al Javits Center para destruir los planes de nuestros enemigos. Fuimos miles de miles de los estados de New York, New Jersey y Connecticut. Vinieron a ayudarnos compatriotas de Washington D.C., de Filadelfia, de California y de otros estados y ciudades, y especialmente de la ciudad de Miami, en la Florida. Llegaron muchos en ómnibus directamente contratados que salieron de diferentes ciudades.

Aquel día 25 de enero de 1992, el tiempo estaba contra nosotros. La temperatura se mantuvo bajo cero todo el día, el gélido aire congelaba cualquier parte de la cara o del cuerpo que estuviese descubierta. Los que vivimos en el norte estamos preparados para estas situaciones, tenemos ropa interior larga, gorros que nos cubren las orejas y casi toda la cara, guantes, bufandas y fuertes abrigos de muchos tamaños, y ese día sacamos todo. Los que vinieron del sur tuvieron la ayuda de sus amigos y familiares del norte. Y todos comenzamos la concentración en Times Square alrededor de las diez de la mañana. Aquello fue imponente. Llenamos toda aquella plaza. No había espacio que no estuviese ocupado por un cubano bien abrigado por fuera y lleno interiormente de la calefacción que nos daba el patriotismo. Cantábamos el himno nacional, desplegábamos banderas cubanas, y enarbolábamos toda clase de telas, pancartas y letreros alusivos. Había miles de policías neoyorkinos en motocicletas, a caballo y a pie. Querían evitar que nos enfrentáramos a los castristas, a quienes pudiéramos haber destruido con facilidad porque nosotros éramos muchos más que ellos.

El gran evento de los castristas comenzaba en el Javis Center a las dos de la tarde, y las puertas se abrían a la una. A esa hora llegarían en sus autos las "personalidades" comunistas "famosas." Nosotros comenzamos nuestra marcha masiva (50,000 cubanos patriotas) alrededor de las doce del día. Partimos de Times Square por toda la Oncena Avenida hasta llegar a la calle 34, donde está la entrada principal del Javis Center. Allí, la policía nos concentró por la Oncena Avenida y nos impidió situarnos a la entrada del Javis Center para evitar que atacáramos a los que iban al acto castrista.

Todo el día estuvimos a pie firme rodeando el Javis Center, menos la entrada principal, a la cual la policía no nos dejaba llegar. Mientras nosotros estábamos a la intemperie congelante, los comunistas ensalzaban a Castro dentro del monumental edificio bajo la protección de la policia. Los castristas nos tenían miedo. Unos pocos exiliados, haciéndose pasar por concurrentes al acto, lograron penetrar en el Javis Center. Trataron de interrumpir la celebración castrista y fueron expulsados a la fuerza por policias. En la Oncena Avenida, los desterrados pudieron oír a todos los líderes de las organizaciones de lucha decir las verdades. También estuvieron con nosotros destacados políticos estadounidenses, como el senador neoyorkino Alphonse D´Amato, que en su discurso le dijo a Castro, en español, "Váyase al diablo." Robert (Bob) Menéndez, Robert (Bob) Torricelli, el representante de New Jersey que presentó la ley de fortalecimiento del embargo que se conoce por su nombre, Lincoln Díaz Balart, y otros muchos.

El Dr. Aníbal Porta (primo de mi mujer) y su esposa Angelita, mi cónyuge y yo, y las hijas de Porta, Micaela y Gabriela, nos retiramos de la Oncena Avenida cuando ya oscurecía. Yo había estado sentado en mi silla de ruedas todo el día, sin poder cambiar de posición, a la intemperie en la calle. Había hecho todo el recorrido desde Times Square ayudado por Porta, que me empujaba para avanzar junto con la multitud en la silla de ruedas. Cuando pretendí entrar en mi auto, no pude moverme, tenía las piernas paralizadas por el frío y las más de ocho horas inmovilizado. Pero no me importaba, me sentía feliz porque los cubanos libres habíamos triturado el complot castrista. Los comunistas no pudieron enviar los dos barcos llenos de petroleo, computadoras y mercancias que Castro necesitaba. También me alegraba que de los cientos de amigos a quienes llamé para que vinieran a la gran manifestación anticastrista, todos estaban allí, llenos de entusiasmo y patriotismo. Abracé como hermanos a todos los que pude. Entre todos, habíamos puesto, una vez más, otro grano de arena en contra del mal que mata a la patria y habíamos proclamado a la vista del mundo, desde New York City, los crímenes de Castro, y habíamos demostrado, sufriendo temperaturas congelantes durante todo un día, que nuestra voluntad de derrotar a Castro no conocía límites ni obstáculos.

¿Cuántos cubanos concurrimos aquel memorable 25 de enero de 1992 y llenamos Times Square y toda la Oncena Avenida de New York City? Yo estuve con aquella multitud todo el día. Vi todo Times Square lleno hasta la última pulgada, vi la Oncena Avenida repleta de hombres y mujeres desde un extremo a otro. A mí me pareció que éramos unos 50.000. Ariel Remos, de *Diario Las Américas,* estimó que alcanzábamos a más de 40,000. El semanario *Avance* estimó que éramos más de 25,000. *The Hudson Dispatch* y *New York Newsday* calcularon 15,000. *The New York Times* informó de 10,000 manifestantes marchando en contra de Castro. Otros periódicos calcularon 35,000 o 30,000. No importan los diversos cálculos, no cambian los factores 10,000 cubanos más o menos, el hecho es que paralizamos el complot castrista y que le dijimos a New York y a todo el mundo que no aceptaremos componendas de ninguna clase para ayudar a sostener la tiranía de Castro. Que el problema es Castro y que Castro tiene que desaparecer, y que no cejaremos hasta vencer.

En el **DOCUMENTO 22-1** (fotocopiado del semanario *Avance)* aparece el Dr. Aníbal Porta empujando mi silla de ruedas en la cual estuve todo el día con mi pancarta que decía "Castro is worse than Stalin." Porta es un buen patriota que me acompañó, y en su brazo me apoyé, en manifestaciones en New York City en los años sesenta (véase el **DOCUMENTO 6-4** en el Capítulo 6). En aquella época yo caminaba ayudado con un bastón, y en las manifestaciones me apoyaba en el brazo de algún amigo. Le agradezco al Dr. Porta su cariño y colaboración en todos los actos en que lo he necesitado. En ese documento 22-1, se ven dos vistas que dan una expresión incompleta de los 50,000 cubanos que dijimos presente por la libertad de Cuba. Las hijas de Porta (mujeres jóvenes que son parte de la juventud que Cuba ha perdido por causa de Castro) estuvieron allí con nosotros todo el día. Nacieron en los Estados Unidos, son norteamericanas de nacimiento, pero sienten el amor a una Cuba libre inculcado en el hogar. Así sucede en todos los hogares de desterrados cubanos. No hemos olvidado. No olvidaremos hasta vencer al cáncer que destruye a la patria. Presento gráficas de aquel acto monumental en los **DOCUMENTOS 22-1 al 8.**

1995 (OCTUBRE 22). CONCENTRACIÓN FRENTE A LA "ORGANIZACIÓN DE LAS NACIONES UNIDAS" (ONU) PARA PROTESTAR LA PRESENCIA DE CASTRO.

Fue un insulto a la civilidad que Castro fuese invitado a participar en la conmemoración en New York City de los 50 años de fundada la organización denominada Naciones Unidas en octubre de 1995. Y el insulto se transformó en verguenza cuando aquella asamblea de naciones aplaudió estruendosamente y más que a ningún otro mandatario a Castro como su héroe máximo. La única explicación es que forman parte de esa organización naciones subdesarrolladas que por su incapacidad e inestabilidad políticas no han sabido aprovechar sus recursos naturales ni constituir regímenes democráticos y que por eso envidian el poderío de los Estados Unidos. Ante esa indignidad de la ONU, el alcalde de New York City, Rudolph Giuliani, se portó como un ciudadano cívico y sincero y no invitó a Castro a la comida de gala que ofreció a los miembros que concurrieron a la celebración de los inútiles 50 años de ineficiencia y malgasto de dinero de ese cuerpo internacional.

Algún lector podría pensar que soy un crítico demasiado severo de la ONU. Voy a poner sólo un ejemplo reciente de la falta de honor de ese cuerpo colectivo que es un monstruo amorfo sin espina dorsal de civismo. A fines de febrero de 1996, Castro ordenó derribar dos avionetas Cessna civiles, desarmadas, que estaban en aguas y cielos internacionales, tripuladas por cuatro jóvenes cubano-americanos. Los aviones de guerra Migs de Castro las destruyeron en un segundo, las avionetas y sus cuatro viajeros desaparecieron en un instante, pulverizados. Quedó probado en la ONU, y así se vio obligado ese cuerpo internacional a reconocerlo, que las avionetas estaban en espacio internacional. Este asesinato internacional sin razón ni causa no fue sancionado por la ONU, a pesar de que los Estados Unidos lo pidieron oficialmente. Los hipócritas miembros de la ONU no se atrevieron a enfrentarse con Castro. Y éste siguió riéndose de la ONU y de las naciones que la integran. ¿Quién puede creer en esa ONU? Nadie. Y frente a ese cónclave de miembros de todo el mundo protestamos miles de cubanos todo el día 22 de octubre de 1995 mientras Castro era honrado en el hemiciclo de la ONU.

El 22 de octubre de 1995, los cubanos libres nos congregamos desde temprano frente al edificio de la ONU. Éramos muchos miles. Allí estaba un camión rastra que representaba la masacre del remolcador "13 de marzo." Allí estaba nuestro amigo el congresista por el estado de New Jersey Robert (Bob) Menéndez, y otros muchos hombres públicos que vinieron de distintas ciudades, como Bob Janiszewski, Ejecutivo de Hudson County, Albio Sirés, alcalde de West New York y Raúl (Rudy) García, asambleísta de New Jersey. Allí estaba Néstor Carbonell Cortina con Rosa, su esposa, y sus sobrinas, Regina y Elena Acosta Carbonell (dos mujeres jóvenes que forman parte de la juventud que Cuba ha perdido por culpa de Castro), el profesor Manuel Gómez Reinoso, Juan Gutiérrez y su esposa Marta con pancartas que decían "No Castro, no problem," y su hermano Jorge (a quienes menciono en "Palabras Liminares" y me facilitaron fotos que aparecen aquí), y Millie G. Mendoza de Ferrer (véase a esos cubanos en las fotos que siguen). Esther Asteínza (que me regaló fotos que aquí presento) también estuvo todo el día allí, y Remberto Pérez, representante de la Fundacion Nacional Cubano-Americana en New Jersey, y Aníbal y Angelita Porta, y el gran líder obrero Facundo Pomar. También pasaron el día allí a pie firme compañeros periodistas queridos como G. Alberto Yannuzzi, Antonio A. Acosta, Pablo Laserna y Omar Pérez Remond, todos miembros ilustres del Colegio Nacional de Periodistas (Zona New York-New Jersey). Igualmente vi allí a Armando Valladares (el poeta preso que escribió desde su silla de ruedas), al profesor Sinesio Fernández, a Rafael Cabrera (joven que he visto crecer desde que nació en New York, y es parte de la juventud que Cuba ha perdido), al ortodoncista José Manuel Delgado y su esposa Norma, y a muchos amigos más, y miles y miles de compatriotas. Tuve la satisfacción de que los muchos patriotas amigos a quienes llamé para notificarles la fecha y lugar exactos de la cita de honor frente a la ONU, allí se personaron y se mantuvieron a pie firme todo el día integrando el gran frente multitudinario de oposición y repudio a Castro. Pero la persona que más atención cautivó fue Alina Fernández, la hija de Castro. La saludé y noté la congoja que la embarga. Su vida es una tragedia por el padre que tiene. Alina Fernández estuvo con nosotros, los cubanos libres, todo el día, y nos dio ánimo para continuar la lucha. Su hermandad nos elevó el espíritu. Yo le dije "Que Dios te bendiga," y ella me dio las gracias con visible tristeza en su bello y fino rostro, y la admiré aún más por su civismo, su patriotismo y su dolor. Ver **DOCUMENTOS 22-9 a 13**.

Después que estuvimos con nuestra demostación frente a la ONU todo el día, marchamos por las calles de Manhattan hasta la casa de la delegación castrista ante la ONU. Allí nos concentramos y gritamos con frenesí contra Castro. Él no podía vernos. Ni oírnos claramente, porque la policía no nos permitió llegar al frente del edificio, para seguridad de Castro. Allí estuvimos hasta la noche, y con la rastra inmensa alegórica de la masacre del "Remolcador 13 de marzo." Esa rastra está preparada con aparatos sonoros, sus sonidos deben haber llegado al edificio donde Castro estaba guarecido

El edificio de la misión castrista ante la ONU está permanentemente protegido por la policia desde que hace muchos años, poco después que Castro lo compró, porque los cubanos libres le pusieron una bomba en una ventana que destruyó ventana y pared. Desde entonces, Castro tapió todas las ventanas y la policía impide caminar por las dos aceras que constituyen la esquina propiedad de Castro. Castro ha convertido el edificio en una fortaleza. Allí se hace una vigilia semanal de cubanos que se concentran para protestar la tiranía de Castro. Los castristas dentro no se atreven a asomarse ni por las ventanas de los pisos superiores, pero los patriotas los molestan con gritos y cantos con altavoces y megáfonos.

MANIFESTACIONES EN NEW JERSEY TODOS LOS 20 DE MAYO. 1995.

Los patriotas desterrados no olvidan la república destruida por Castro y sueñan con su reconstrucción democrática para bien y felicidad de todos. Por eso, todos los 20 de mayo miles de cubanos marchan por toda la Avenida Bergen Line, en New Jersey, que atraviesa varias ciudades, con letreros en contra de Castro, banderas, música y altavoces. Nos acompañan siempre altos funcionarios y figuras públicas estadounidenses que nos apoyan en nuestras aspiraciones de traer la libertad a Cuba. El **DOCUMENTO 22-14** está tomado del periódico La Razón, que dirige el excelente patriota, periodista y amigo

Nibio Martínez, y corresponde a la manifestación de 1995. En una de las fotos aparece el profesor G. Alberto Yannuzzi empujando mi silla de ruedas, al lado mi esposa con una pancarta que dice "Castro has blood on his hands," y al lado de Yannuzzi el patriota y amigo Julio Fernández León. Agradezco mucho la ayuda de Yannuzzi ese día, pues el recorrido fue de unas 50 cuadras. En estas marchas, no sólo concurren cubanos de New Jersey sino también de New York, como Yanuzzi, que vive en ese estado. De ese mismo 20 de mayo de 1995 presento un recorte de lo que publicó el periódico *Estado Jardín News* (**DOCUMENTO 22-15**), dirigido por un patriota joven educado en los Estados Unidos que forma parte de las generaciones de la juventud que Cuba ha perdido por causa de Castro, el Dr. Yodalio Cabaleiro. En una de la fotos aparece el congresista Dan Burton, patrocinador de la Ley Helms-Burton, que nos acompañó todo ese día. En la otra, el professor Yannuzzi sigue empujando mi silla de ruedas y nos acompaña la compañera periodista Vilma Planas.

1996. De la marcha del año 1996, presento como prueba el **DOCUMENTO 22-16** donde se puede ver a Juan Gutiérrez (nombrado en la "Explicación Liminar") empujando mi silla de ruedas y al lado a Bret Schundler alcalde de Jersey City. Y en otra foto a la Gobernadora del Estado de New Jersey, Christine Todd Whitman, dándome la mano al final de la larga marcha de horas, en la cual ella participó. Obsérvese que la gobernadora tiene puesta, al igual que yo, una bandera cubana. Esa gobernadora es bella, es inteligente, es simpática, es eficiente, es honrada, y nos apoya en la lucha por la libertad de Cuba. Estas conmemoraciones demuestran que desde 1960 hasta el presente año 1996, los cubanos no hemos dejado de luchar por todos los medios posibles por la libertad de Cuba, que sólo se logrará con la desaparición de Castro. No es necesario cansar al lector presentando prueba gráfica de todos los años. Se ha luchado desde 1960 hasta hoy, día a día, años tras año, y se seguirá luchando.

Para terminar esta brevísima revisión final presento como **DOCUMENTO 22-17** foto con el congresista de New Jersey Bob Menéndez, que es parte de la juventud cubana que Cuba no ha podido aprovechar. Menéndez, hijo de cubanos, es uno de nuestros más fuertes puntales en el congreso de los Estados Unidos en defensa de la libertad de Cuba. Es un amigo fiel de nuestra causa y un congresista muy eficiente y honrado. El **DOCUMENTO 22-18** es una foto de un acto patriótico en New Jersey en el que nos acompañó Horacio Aguirre, el director del periódico *Diario Las Américas* de la ciudad de Miami, Florida, que viajó expresamente a ese efecto. Aparecen Fidel y Justa González, Elio y Esther Alba, y José Julio Morales.

1994. CARTA ABIERTA AL PRESIDENTE CLINTON.

Ya hemos visto a lo largo de este libro que la lucha contra Castro no ha sido solamente en las calles. Como prueba adicional fotografío aquí la carta abierta al Presidente Clinton que se publicó el 26 de septiembre de 1994 en *The New York Times*. No necesita comentarios porque la petición y el texto son clarísimos. Ver el **DOCUMENTO 22-19**. Y los panfletos, escritos periodísticos y hojas sueltas se podrían contar por millones. Escogidos por tenerlos a la mano presento dos de ellos como **DOCUMENTO 22-20**.

DOC. 22-1

EL SEMANARIO DEL HOGAR HISPANO — 35 Cts.

avance

ENERO 30, 1992
AÑO XXIV   Nro. 1013

¡FUERA CASTRO!
GRITAN CUBANOS Y HERMANOS DE AMERICA EN NEW YORK

Más de 25,000 cubanos y amigos de la libertad, desfilaron desde Times Square hasta el Centro Jacob Javits, en la Octava Avenida y calle 36, en Nueva York el pasado sábado, en un acto de solidaridad por la libertad de Cuba. Miles de cubanos viajaron desde la Florida, y otros estados para asistir al mas importante acto de repudio al régimen comunista en 33 años de exilio. (Foto AVANCE).

Alberto Gutiérrez de la Solana, residente del Bronx, se unió a sus compatriotas cubanos para manifestar su repudio al dictador, que como dice su pancarta es "peor que Stalin". Ningún obstáculo, ni aún el frío intenso, pudo detener a este patriota cubano de unirse a la manifestación del sábado. Su ejemplo pone de manifiesto el sentir del exilio cubano. (Reportaje gráfico págs. 10 a 15) (Fotos AVANCE)

DOC. 22-2

LA VOZ

VOCERO HISPANO DE NEW JERSEY — AÑO XXI — ENERO 30, 1992

Multitudinaria Demostración
Por la Libertad en Cuba

Dijo Presente el Exilio, en N.York

NUEVA YORK, N.Y.-(SELV).- La masiva demostración de los cubanos exiliados el pasado sábado 25, en Manhattan, para denunciar las violaciones de derechos humanos en Cuba, la intransigencia de Fidel Castro por mantenerse en el poder y protestar contra sus amigos de aca quienes pretendían recaudar fondos mediante un evento llevado a cabo el mismo día en el Jacob Javits Center de la misma ciudad con el fin de enviárselos al gobierno cubano. Entre 40 y 50 mil personas en su mayoría cubanos y centenares de latinoamericanos y

(Pasa a la Pág. 8)

Marcos Samundo, representante del gobierno de Angola, de UNITA. Dijo: "Castro mandó más de 300 mil hombres a mi país para también intentar subyugar mi patria y no lo logró. Juntos los hombres libres del mundo lucharemos para erradicar los Castros de la faz de la tierra".

Coronel. Thomas Burch, Jr., presidente de la Coalición Nacional de Veteranos de Vietnam dijo que estaba allí con los cubanos para una vez más desenmascarar a los Jane Fonda que se encontraban dentro del Jacob Javits intentando repetir la traición contra los amantes de la libertad.

Claudio Benedi, líder de la Junta Patriótica Cubana.

Facundo Pomar, líder sindical anticomunista dijo que la hora de Cuba ha llegado.

Alphonse D'Amato, congresista por N.Y. y fuerte defensor de las libertades democráticas dijo que la hora de Castro ya ha llegado, "que se vaya al diablo".

"Si los nicaragüenses y los salvadoreños han tenido la beligerencia de poder luchar contra el enemigo en su patria, así también deben los cubanos tener ese beligerancia", dijo Lincoln. Diaz-Balart senador estatal por la Florida.

El congresista de N.J., Robert G. Torricelli: "Ha llegado el momento de actuar para poner fin a la situación imperante en Cuba."

Robert Menéndez, senador estatal de N.J. y alcalde de Union City, demandamos junto a nuestros presos fusilados y el dolor de nuestro pueblo, a que no haya componenda alguna con el tirano.

--Nazario Sargent, líder de la Agrupación Alpha 66.

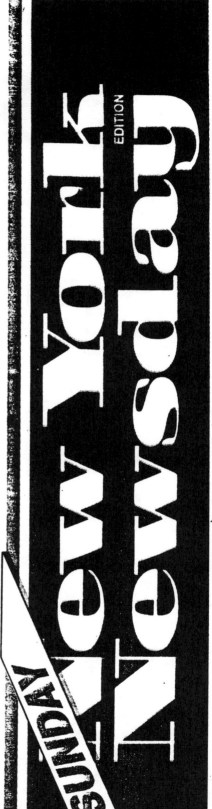

15,000 March Against Castro in Manhattan

Outnumber 'Peace for Cuba' Advocates / Page 3

SUNDAY New York Newsday EDITION

SUNDAY, JAN. 26, 1992 • ONE DOLLAR

LA RAZON

AÑO 6 • Nº 235   NEW JERSEY, NEW YORK ¢25   FEB. 1 AL 7, 1992

No decimos que tenemos razón, pero nos asiste LA RAZON para creerlo

DOC. 22-3

MARCHA DE LIBERTAD DEL EXILIO CUBANO

Anti-Castro demonstrators yell at people attending a Peace for Cuba rally at the Jacob Javits Center in Manhattan Saturday. An estimated 20,000 people marched from Times Square to the Javits Center to oppose the rally, which called for an end to U.S. pressure against Cuba.

15,000 rally against Castro

Angry protesters demand continued U.S. sanctions

By Pete Donohue
Journal staff writer

North Hudson
Hoboken
Bergen

THE HUDSON DISPATCH
THE JERSEY JOURNAL
EDITION

125th Year — No. 230 ***   Monday, January 27, 1992   35¢   Home Deli   DOC. 22-3

DIARIO LAS AMERICAS

Fundado el 4 de Julio de 1953 — Miembro de la Sociedad Interamericana de Prensa

Por la Libertad, la Cultura y la Solidaridad Hemisférica.

AÑO XXXIX | NUMERO 174 | MIAMI, FLA., MARTES 28 DE ENERO DE 1992 | EDICION DE 22 PAGINAS — 2 SECCIONES | 35 CENTAVOS EN MIAMI

DOC. 22-4

Descomunal demostración cubana

Por ARIEL REMOS
(Enviado especial de DIARIO LAS AMERICAS)

A 33 años de exilio y desafiando temperaturas bajo cero, más de 40,000 exiliados cubanos efectuaron una descomunal demostración, posiblemente sin precedentes en demostraciones de ese tipo en los anales de New York.

> Veintinueve organizaciones encabezadas por la Junta Patriótica Cubana y la Federación de Ex Presos Políticos Cubanos, con el apoyo de la Fundación Nacional Cubano-Americana, Alpha 66, el CID, el Movimiento 30 de Noviembre, la Brigada 2506 — por sólo citar unas pocas— unieron sus fuerzas para dar la demostración más grande que recuerda el exilio en estos 33 años. También desfiló una nutrida representación de exiliados nicaragüenses en solidaridad con los cubanos.

PROTESTA DE CUBANOS EXILIADOS

La Federación de Masones Cubanos Exiliados desea informar a la comunidad cubana e hispanos en general que desean coordinar los esfuerzos para contrarrestar el acto que se llevará a efecto el 25 de Enero de 1992 por el comité denominado "Paz por Cuba" en el Jacob Jevits Center en Nueva York. Este comité lo presiden Harry Belafonte, Ted Turner, Jane Fonda y Fray Betto y el acto será un telemaratón para recaudar fondos y comprar petróleo para Cuba. Por la importancia de este proyecto y lo que significa para los cubanos del exilio es que la federación pide a la comunidad cooperación para organizar una gran manifestación en contra del mismo. Las personas interesadas pueden llamar a los Masones Cubanos al teléfono (201) 865-6286.

DAILY NEWS

Sunday, January 26, 1992

11th Ave. becomes anti-Castro rally site

DOC. 22-5

THE NEW YORK TIMES METRO SUNDAY, JANUARY 26, 1992

10,000 Marchers Protest Manhattan Rally to Ease Cuba Policy

Asbury Park Press/Sunday, January 26, 1992

Thousands march in New York against Castro

NEW YORK NEWSDAY, SUNDAY, JANUARY 26, 1992

Counterattack: 'Cuba Si, Castro No'

el diario

El campeón de los hispanos

LA PRENSA

$1.00

EDICION METROPOLITANA — NUEVA YORK, DOMINGO 26 DE ENERO DE 1992

TENSION POR LAS MANIFESTACIONES EN PRO Y EN CONTRA DEL GOBIERNO CUBANO

DOC. 22-6

Paz para Cuba sin comunismo

LA TRIBUNA • Febrero 8 de 1992 • Página 13

DOC. 22-7

Organizaciones Cubanas Unidas, Zona Norte
United Cuban Organizations, North Zone
4300 Bergenline Avenue, segundo piso Tel. (201) 867-6200

Contacto: Rigoberto Peguero (201) 465-1626
Olga Gomez (212) 238-6440

Para Divulgación Inmediata

Cubano,
Devuélvele la estrella a tu bandera.
No dejes que se te muera
Encadenada en tus manos.

Manifestación y Marcha Internacional Por la Libertad de Cuba
Sábado 25 de Enero, 11:30 a.m. en Times Square

Los cubanos amante a la libertad del área metropolitana de Nueva York y New Jersey hacen un llamado a sus hermanos Latinos y Norteaméricanos a unirse a una "Manifestación y Marcha Internacional por la Libertad de Cuba" el Sábado 25 de Enero comenzando a las 11:30 a.m. en Times Square.

La manifestación conmemorará el 139 aniversario del natalicio del patriota cubano Jose Marti, quien vivió y pelió por la liberación de Cuba en Nueva York hace 100 años. La marcha procederá hasta el Centro de Convenciones Jacob Javits, donde algunos de los pocos defensores de los 33 años de la tiranía de Fidel Castro auspiciarán un acto para recaudar fondos para ayudar a mantener a Castro en el poder.

En estos tiempos que el sistema comunista se ha desintegrado hasta en la Union Sovietica, cuando Europa Oriental está disfrutando su recién conquistada libertad, cuando la democracia reina por gran parte de Latinoamérica, los cubanos marcharán para recordarle al mundo que su patria todavía sufre la represión de un régimen Marxista-Stalinista.

Apoyamos:

- Un gobierno democrático - con todas las preciosas libertades que garantiza.
- Respeto a los mas fundamentales derechos humanos - libertad de expresión, prensa, religión, empresa y desarrollo económico.
- Elecciones libres - el derecho del pueblo cubano a escoger sus propios líderes y determinar su propio destino.
- Libertad inmediata para los presos políticos Cubanos.
- El embargo de los Estados Unidos contra Cuba y nuevas leyes para prevenir a compañías americanas basadas en el extranjero que negocien con Cuba.
- Aprobación de la Resolución Sym, la cual levantaría sanciones de los EE.UU. contra cubanos que luchan por liberar su patria desde aquí.

Condenamos:

- La dictadura comunista de 33 años de Fidel Castro en Cuba.
- Mas militarización de la isla y represión del pueblo cubano.
- La encarcelación de miles de artistas, escritores, víctimas del SIDA y disidentes.
- Las violaciones de los derechos humanos del pueblo cubano.
- El narco-trafico de Castro para financiar una revolución fracasada y un sistema político en bancarrota.
- Las democracias Latinoaméricanas que todavía negocian con la dictadura mas antigua del continente.
- Aquellos que piensan que es posible "dialogar" con el Stalin de América Latina.

Organizaciones Cubanas Unidas, Zona Norte

25 de enero, 1992

Marcha por la Dignidad de Cuba

.- contra la tiranía castrista

.- contra la dictadura marxista-leninista

.- contra los opresores del pueblo cubano

.- contra los que fingen acreditar que el comunismo ha muerto

por una Cuba auténtica y cristiana!

¡VIVA CUBA LIBRE!
¡VIVA LA VIRGEN DE LA CARIDAD DEL COBRE!

Todos en Times Square a las 11 de la mañana, para acompañar a la Virgen de La Caridad hasta el local de la manifestación contra los que quieren el hambre y la esclavitud del pueblo cubano mantenido en la Isla-prisión para sus experiencias sociales en pro del "hombre nuevo".

¿Quién es Fray Betto, O.P., el "director espiritual" de Castro?

Algunas informaciones reproducidas del libro "Hasta Cuándo las Américas tolerarán al dictador Castro, el implacable stalinista...? -- Dos décadas de progresivo acercamiento comuno-católico en la isla-presidio del Caribe"

Ambos se conocen en Managua el 19 de julio de 1980 como convidados oficiales del gobierno sandinista por ocasión del primer aniversario de su subida al poder. El sacerdote dominico brasileño tendrá oportunidad de conversar durante dos horas con el tirano de Cuba.

Castro, encantado por la izquierdización que se observaba en las filas católicas de los países latinoamericanos, especialmente por el papel del 'progresismo' católico en la ascensión del sandinismo, oye de Fray Betto un completo 'examen de conciencia' revolucionario sobre los pasados errores estratégicos del castrismo hacia los creyentes y propone un método de enmienda para perfeccionar su 'política religiosa'.

El fraile dominico, que ya fue terrorista urbano en la ciudad de São Paulo durante la década del 60, propone a Fidel: "ayudar a la iglesia marginada a que se integre en el proceso de construcción de la sociedad socialista". Este es el 'plan pastoral' para Cuba de uno de los máximos exponentes de la teología de la liberación en América. Y según cuenta el propio Fray Betto en su libro "Fidel y la Religión", el dictador cubano "con la sinceridad (sic) que lo caracteriza, dijo que yo tenía razón, y que precisábamos agilizar ese proceso...".

La revista comunista 'Prisma Latinoamericano' consigna que la primera visita de Fray Betto a la Isla-presidio fue en septiembre de 1981 con el pretexto de asistir al 'Primer congreso de intelectuales por la soberanía de los pueblos de nuestra América', ocasión en la que pronunció una serie de charlas sobre la Iglesia y religión en América Latina. Fray Betto declaró a la revista marxista brasileña 'Teoría e Debate': "Hablé con el Nuncio y con el Presidente de la Conferencia Episcopal Cubana, y ambos concordaron" en que volviese a la Isla para analizar con los teóricos comunistas cubanos la cuestión Iglesia-religión en América Latina. En febrero de 1983 asiste en La Habana a una reunión con todos los Obispos, y el Nuncio Apostólico".

En enero de 1985, una delegación de la Conferencia Episcopal norteamericana visita durante cinco días La Habana. Castro, al 'confesarse' con Fray Betto le dice: "Estaban deseosos de lograr un mayor acercamiento y un mejor entendimiento entre la Iglesia y la Revolución". El 31 de enero de este mismo año se monta en La Habana la "Oficina de Asuntos Eclesiásticos", para la que se nombra a José Felipe Carneado, especializado desde 1961 en la persecución a los católicos.

Los interesados en conocer lo restante de esta biografía de uno de los principales promotores del vergonzoso acto autotitulado 'paz para Cuba', pueden solicitar el libro "¿Hasta Cuándo...?" al P.O. Box 544 - ARMONK, NY 10504, adjuntando un cheque o 'money order' a nombre de "Cubanos Desterrados".

DOC. 22-9

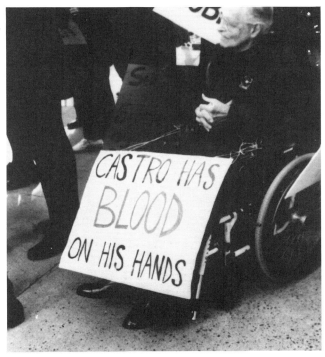

DOC. 22-10

DOC. 22-11

DOC. 22-12

ESTADO JARDIN NEWS

MILES DE CUBANOS PROTESTAN FRENTE A ONU

REPORTAJE GRAFICO: ROSAENZ

Algunas de los demostradores "No Castro, No problemas" dice uno de los letreros. Cientos de banderas repudiando al tirano desfilaron en Nueva York.

Mostrando el Luto que ha traido Castro a toda las familias cubanas, las damas descubren las credenciales de Castro "El abuso impresionante de los derechos humanos".

El Ejecutivo del Condado de Hudson Bob Janiszewski se unió a la causa cubana y habló en contra del tirano frente a miles de personas.

El Alcalde de West New York Albio Sires, criticó enérgicamente la participación del único animal que no le quita el absurdo comunismo a su pueblo.

El Congresista Bob Menendez, una vez más criticó al tirano, su régimen, e insistió en la importancia de embargo.

El Asambleista Estatal Raul "Rudy" García se dirige al público y condenó la visita del dirigente cubano.

El Canal 9 de la televisión entrevista al Congresista Robert Menendez durante una de las protestas. Menendez una vez más defendió sus raices.

Remberto Perez, luchador incansable por la libertad de su patria observa la gigantesca Bandera donde aparecen nombres de fusilados, o personas que han muerto en balsa, etc.

En honor a los que murieron 13 de Marzo miemtras trataban de abandonar la Isla y su barco fue hundido por las bestias de la Perla de las Antillas.

Una de las tantas organizaciones que dijeron "Presente" en las protestas que se llevaron a cabo.

DOC. 22-13

HONRAR   HONRA

EL DÍA 13 DE JULIO DE 1995
TENDRÁ LUGAR A LAS 4:30 DE LA TARDE
EN MANHATTAN
MARCHA SOLEMNE EN MEMORIA
DE LAS VICTIMAS DE

LA MASACRE DEL REMOLCADOR
"13 DE MARZO"

TE ESPERAMOS
COMO
CUBANO

COMO
HERMANO

DERECHOS HUMANOS PARA CUBA

LA MARCHA PARTIRÁ A LAS 5:30 P.M. DESDE LA ESTATUA A JOSÉ MARTÍ EN CENTRAL PARK SOUTH Y LA SEXTA AVENIDA (AVENUE OF THE AMERICAS) HACIA LA MISIÓN CUBANA EN LEXINGTON AVENUE Y CALLE 38 EN MANHATTAN.

MOVILIZACION NACIONAL DEL EXILIO CUBANO

EN REPUDIO AL TIRANO CASTRO POR SU VISITA A LA O.N.U.

WE DEMAND
1) Internationalization of the Embargo to the Communist Government of Castro.
2) To condemn the "Dictator" Fidel Castro for Violation of the Human Rights in Cuba.

...A DAY FOR CUBA...
PARTICIPATE

DEMOCRACY NOW
NO CASTRO, NO PROBLEM

DEMANDAMOS:
1) Internacionalización del Embargo al Gobierno Comunista de Fidel Castro.
2) Se aplique la Condena al "Dictador Fidel Castro" por la Violación de los Derechos Humanos en Cuba.

...UN DÍA PARA CUBA...
PARTICIPE

DEMOCRACIA AHORA
CASTRO ES EL PROBLEMA

Un solo pueblo
con un solo destino:
"LIBERTAD"

22 DE OCTUBRE 1995 - 12:00 M - 8:00 PM
FRENTE A LAS NACIONES UNIDAS
Calle 47 y 1ra. Avenida, New York, NY

ORGANIZACIONES CUBANAS UNIDAS
ZONA NORTE

UNITED CUBAN ORGANIZATIONS
NORTH ZONE

DOC. 22-14

• AÑO 11 • No. 374 • NEW JERSEY • NEW YORK • 25¢ • MAYO 26 • JUNIO 2 / 1995 •

No decimos que tenemos razón, pero nos asiste LA RAZON para creerlo.

20 DE MAYO
IMPRESIONANTE DEMOSTRACION DE UNION Y FERVOR CUBANOS

DOC. 22-15

ESTADO JARDIN NEWS

MILES DE PERSONAS DESFILAN A LO LARGO Y ANCHO DE BERGENLINE... DEPENDENCIA DE CUBA

El excelente columnista de esta publicación Alberto Gutierrez de la Solana, desfiló en su silla de ruedas con el letrero que sin lugar a dudas, resumía la situación en pocas palabras. Lo acompañan familiares y amigos (Foto: Rosaenz)

Jesús " Manito " Pérez, propietario de las Mueblerías Casa Manito, junto al Congresista Dan Burton, su ayudante Raymond Molina, y el Presidente de los Kiwanis Latinoamericanos, Mid Hudson, Luisito Alamo. (Foto: Rosaenz)

Mayo de

DOC. 22-16

DOC. 22-17

DOC. 22-18

THE NEW YORK TIMES, MONDAY, SEPTEMBER 26, 1994

An Open Letter to the President of the United States:

CASTRO'S DAYS ARE NUMBERED
DON'T BAIL OUT A FAILED DICTATOR!

Dear Mr. President:

Although we all hope that Haiti's ruthless military rule will soon be over, the Caribbean remains a dangerous place. And it will <u>remain</u> dangerous, so long as Castro's dictatorship maintains its stranglehold on Cuba.

Castro Reigns By Terror And Deceit

Those who are calling for an accommodation with Castro must have forgotten that he has reneged on every promise of free elections and respect for human rights, seized U.S. properties in Cuba valued in 1960 at close to $2 billion, and systematically vilified the United States and its leaders.

Protected by the Soviet Union, <u>Castro established, and still maintains, the most repressive totalitarian state in the Americas.</u> Thousands have been tortured, executed or imprisoned, and more than 1.5 million have been uprooted and forced into exile.

As a Communist agitator, Castro made every effort to disrupt peace and undermine U.S. foreign policy in three continents. He turned Cuba into a launching pad for subversion, military adventurism, nuclear blackmail, terrorism, and drug trafficking.

Castro Has Failed And Wants The U.S. To Save Him

Without the Soviet Union to sustain him, Castro is bankrupt. And after maligning the United States for so long, he now adds insult to injury by demanding that we lift the embargo, pour dollars into his decrepit government and save him.

Beware, Mr. President, of Castro's ploys to force a premature change of U.S. policy toward Cuba. We must not allow Castro's seeming concession on the exodus of refugees, or his empty promises of an opening in Cuba, to divert us from the ultimate goal of ending his 35-year Stalinist regime.

<u>In the absence of irreversible reforms guaranteeing freedom in Cuba, we must maintain the pressure of the embargo. And we must do in Cuba what we did so successfully when Communism was collapsing behind the Iron Curtain: encourage democratic forces for change, and not bail out failed dictators.</u>

The Truth About The U.S. Embargo

Castro and his sympathizers have painted the embargo as the source of all misery in Cuba. Here are the <u>facts</u>:

> <u>The root cause of the suffering in Cuba is not the U.S. embargo, but Castro's own blockade on the Cuban people</u>, which suppresses human rights, stifles political freedom, and bars entrepreneurship. The thousands who are fleeing Cuba are not saying "lift the embargo", but rather "we want freedom" and "Castro must go."

> <u>Castro's goal is to replace his lost Soviet subsidies with new U.S. credits and loans.</u> No longer able to depend on Russia's economic support, he wants U.S. taxpayers to bail out his failed regime.

> <u>Castro is eager to attract affluent U.S. tourists, but only to maintain his abhorrent apartheid system</u> that denies Cubans free access to the capitalist enclaves reserved for foreigners.

> <u>U.S. corporations are not missing out on business opportunities in Cuba today.</u> The country is in ruins. There is no independent legal or judicial system, no private economy (other than the black market), and no property rights. Most foreign investors currently face incalculable risks and major frustrations.

> <u>Broad or staged negotiations with Castro, absent fundamental changes in Cuba, are fraught with danger.</u> No other living ruler matches his uncanny ability to distort and defraud, as eight previous U.S. administrations concluded for themselves. Any concessions to Castro, while he still wields absolute power, would only embolden this dictator and demoralize his victims.

> <u>Castro's current ploy, in return for the lifting or easing of the embargo, is to trumpet token concessions</u>, like reinstating the so-called free farmers' markets, releasing some political prisoners, and opening a dialogue with hand-picked opponents. But this he does without dismantling his totalitarian apparatus, disbanding his repressive forces, or

>**Broad or staged negotiations with Castro, absent fundamental changes in Cuba, are fraught with danger.** No other living ruler matches his uncanny ability to distort and defraud, as eight previous U.S. administrations concluded for themselves. Any concessions to Castro, while he still wields absolute power, would only embolden this dictator and demoralize his victims.

>**Castro's current ploy, in return for the lifting or easing of the embargo, is to trumpet token concessions,** like reinstating the so-called free farmers' markets, releasing some political prisoners, and opening a dialogue with hand-picked opponents. But this he does without dismantling his totalitarian apparatus, disbanding his repressive forces, or guaranteeing individual freedoms.

What To Do Now?

Mr. President, Castro's days are numbered. We urge you **not** to make any policy changes that would prolong his despotic rule.

Despite continued repression, the Cuban people are replacing fear with anger, as evidenced by recent demonstrations. Most Cubans yearn today for a democratic and prosperous country without Castro. Give them some encouragement, and they will stay on the island and crusade for freedom.

To achieve this goal, we urge you to take the following steps:

>**Intensify broadcasts to Cuba** of Radio and TV Martí, and other channels of communication, to inform and uplift the people.

>**Mobilize world public opinion to condemn Castro for blatant human rights violations,** including the repugnant tourism apartheid system he has established in Cuba.

>**Exert strong pressure on the governments of Spain, Canada, Mexico, Brazil, Colombia,** and other countries, to stop providing vital economic assistance to the Castro regime.

>**Encourage and support all those who favor a genuine democratic transition in Cuba, including dissident and exile groups.** (Poland's "Solidarity" surged as a powerful opposition force due, in large part, to the massive help it received from the West.)

>**Lay the groundwork for tougher sanctions,** should Castro continue to exploit the refugee situation and deny Cubans the right to self-determination.

>**Pledge significant U.S. aid and trade, not to foster cosmetic, easily reversible changes in Cuba, but to accelerate the establishment of a multi-party, free-market democracy,** with no lingering military attachments, based on the rule of law, and validated by free elections under international supervision.

The Price Of Freedom

Mr. President, we are at a critical crossroads on Cuba. We urge you to continue the path of firmness in support of democracy, and not to take the course of appeasement that would prolong tyranny.

Our commitment on Cuba, as laid out in the 1962 U.S. Joint Resolution, is to work with "*freedom-loving Cubans to support the aspirations of the Cuban people for self-determination*".

If you fulfill this pledge, reinforced by the 1992 Cuba Democracy Act, you will play a decisive and historic role, not only in ending the refugee nightmare, but in ushering in the long-awaited dawn of freedom in Cuba.

Sincerely yours,

Citizens For A Free Cuba*

Former President of Costa Rica
Hon. Luis Alberto Monge

Former U.S. Cabinet Officers
Hon. Jeane Kirkpatrick -- *Ambassador to the United Nations*
Hon. William Clark -- *National Security Adviser*
Hon. Jack Kemp -- *Secretary of Housing and Urban Development*

Former U.S. Ambassadors and Officials
Hon. Elliott Abrams (*Assistant Secretary of State for Latin America*)
Hon. Everett Ellis Briggs (*Ambassador to Portugal, Panama, Honduras*)
Hon. Richard N. Holwill (*Ambassador to Ecuador*)
Hon. John Gavin (*Ambassador to Mexico*)
Hon. David Jordan (*Ambassador to Peru*)
Hon. George Landau (*Ambassador to Venezuela, Chile, Paraguay*)
Hon. Alberto Martínez Piedra (*Ambassador to Guatemala*)
Hon. Otto Reich (*Ambassador to Venezuela*)
Hon. Mauricio Solaún (*Ambassador to Nicaragua*)
Hon. Jose Sorzano (*Deputy U.S. Ambassador to the U.N.*)
Hon. Armando Valladares (*Ambassador to the U.N. Human Rights Commission*)
Hon. Curtin Winsor, Jr. (*Ambassador to Costa Rica*)

Dr. Roberto Agramonte • Dr. Horacio Aguirre • Prof. Elio Alba-Buffill • José A. Arandia, M.D. • Eddy Arango • Agustín & Teté Arellano • Eduardo R. Arellano • Marianne & José M. Arellano • José Arriola • Anita Arroyo • Gastón Baquero • José Basulto • Virgilio I. Beato, M.D. • Francisco E. Blanco • Dr. Luis J. Botifoll • Frank Calzón • Eddy Camejo • José Cancela • Andrés Candela, M.D. • Rosa & Néstor Carbonell Cortina • Maitá Carbonell Acosta • Josefina de Cardenas Arellano • Alvaro L. Carta • Rogelio Cisnero • Prof. Juan Clark • Lisette & Willy Chirino • Humberto Cortina • Dr. Octavio R. Costa • Gemma & Eduardo Crews • Jose M. Cubas • José Luis Cuevas • Manuel Jorge Cutillas • Eugene M. Desverrine • Remedios & Fausto Diaz Oliver • Elena Diaz Versón Amos • Salvador Diaz Versón, Jr. • Lcdo. Erasmo Don Zabala • Alfredo Estrada • Julio Estrella • Enrique C. Falla • Johnny Fanjul • Armando Fleites, M.D. • Victor J. Galán • Teresita Gamba de del Valle • Dr. Tomas J. Gamba • Msgr. Angel Gaztelú • Consuelo & Virgilio Guma • Juan Grau • Enrique Gonzalez Novo • Emilio Guede • Prof. Alberto Gutierrez de la Solana • Raul Gutierrez, Jr. • Alfred C. Heitkoenig • Ismael Hernández, M.D. • Prof. Julio E. Hernandez-Miyares • Dr. Enrique Huertas • Sylvia G. Iriondo • Prof. Antonio Jorge • Tirso del Junco, M.D. • Efraim Kier • Gerardo Larrea • José Antonio Llama • Sergio A. Leiseca, Esq. • León J. de León • Lcdo. Salomón Levis • José Lopez Isa • Col. Juan R. Lopez • Modesto Maidique • Nunzio Mainieri, M.D. • Prof. Manuel Marquez Sterling • Dr. Levi Marrero • Carlos Migoya • Edwin H. Nielsen • César Odio • Margarita de Orellana • Hector Pages • Leslie V. Pantin • Silvia K. Pendás • Sergio Pino • Bernardo Portí • Juan Prado • Ramon Puig • Eddy Quirch • Dr. Ariel Remos • Dra. Rosario Rexach • Angelberto Reyes • Alberto Ruy-Sanchez • Alvaro J. Silva • Dolores Smithies • Enrique J. Sosa • Roberto Suarez • Elia Tarafa • Eduardo Tarajano • José A. Valdés • Aurelio de la Vega • Rosa C. Villalonga • Eduardo Zayas-Bazan • Dr. Guillermo de Zendegui • Tere & Octavio Zubizarreta

*Citizens For A Free Cuba consists of men and women from all walks of life who believe that U.S. policy toward Cuba should support democratic forces for change, and not reward, rescue, or otherwise prolong Castro's failed dictatorship. If you agree, we ask that you make your views known to President Clinton and to your elected representatives. If you wish to support this non-partisan, non-profit effort to communicate facts about the Cuban situation, please send your contribution to: Citizens for a Free Cuba, P.O. Box 014259 Miami, FL 33101.

September 20, 1994

ADVERTENCIA

A los Traidores del Pueblo Cubano

Todo aquel que defiende o simpatiza con una tiranía y sus crímenes se convierte en su cómplice, entonces, debe ser juzgado...

El pueblo cubano espera con paciencia su victoria, su redención y aplicará la justicia a los traidores...

EL QUE A HIERRO MATA A HIERRO MUERE

LIBERTAD O MUERTE...

Tarde o temprano la victoria será del pueblo...

¡MUERTO EL TIRANO PARA QUE VIVA EL CUBANO!

TODOS UNIDOS EN ESTA LUCHA

¡MUERTE ó LIBERTAD!

ESTO LO PIDEN LA DEMOCRACIA Y LOS VALIENTES CUBANOS.

ATRÁS LOS COBARDES, HABLADORES Y CHISMOSOS QUE LO ÚNICO QUE HACEN ES RETENER LA CAÍDA DEL COBARDE ASESINO, TIRANO DE NUESTRO PUEBLO.

¡ABAJO LAS LIMOSNAS QUE ENVIAN LOS QUE NO QUIEREN VER LA PATRIA LIBRE!

FUERA LAS COMPONENDAS Y LOS TRAIDORES, LUCHEMOS CON FLORES Y DEMOCRACIA.

¡NO CRITIQUES! ¡NO DISCUTAS! ESAS IDEAS PATRIÓTICAS, COOPERA CON LO QUE ES FUNDAMENTAL EN ESTE MOMENTO PARA LA BATALLA FINAL.

CUBANO CON VERGÜENZA, POR EL AMOR A NUESTRA PATRIA DEBEMOS UNIDOS LUCHAR POR ESE PEDAZO DE TIERRA DONDE NACIMOS Y NOS HICIMOS HOMBRES DE BIEN Y CON DECORO, SIEMPRE RECORDANDO LAS PALABRAS DE NUESTRO

JOSÉ MARTÍ...

R.E.

¡Morir por la Patria es vivir!

ULTÍLOGO

No debí escribir "Ultílogo" porque esta historia no tiene fin. Mientras Castro siga usurpando el poder, no se puede escribir el capítulo final de esta tragedia. Pero.....¿habré escrito lo suficiente para que la juventud cubana encarcelada en la Cuba castrista, con el "cerebro lavado," conozca que nunca hemos cesado de luchar en todos los campos de la vida y desde todas partes del globo terráqueo por la libertad y la democracia que ellos no conocen y que nosotros añoramos y queremos ayudar a conseguirla? ¿Queda claro que no nos fuimos de Cuba sino que Castro nos persiguió, nos encarceló, nos torturó, nos fusiló a familiares y amigos, y nos expulso por diferentes medios? Le regalaré un ejemplar de este libro a mi compatriota de la "Explicación" para que me informe si alguna luz, por pequeña que sea, he podido dirigir para resquebrajar la muralla intelectual y psicológica creada por Castro en la isla-prisión.

Este libro se puede empezar a leer por cualquier parte. Todo está relacionado. Por ejemplo, los 6 casos que expongo en el Capítulo 1 tienen por objeto demostrar que Castro desde el primer momento se propuso robarse toda la isla. En los años 1959 y 1960 Castro no se había declarado todavía oficialmente comunista, lo ocultaba, pero su propósito era extirpar de raíz la propiedad privada y la libre empresa. No tenía todavía leyes suyas que lo autorizaran a hacerlo, pero inventaba pretextos como las resoluciones y argumentaciones que presento documentalmente en dicho capítulo. Castro se robó nuestras fuentes de trabajo, nuestros medios de vida, nuestras perspectivas de futuro, nuestras leyes, nuestro sistema constitucional y jurídico, nuestras iglesias, nuestros sacerdotes, monjas y hermanos, nuestros profesores, nuestras escuelas y universidades, nuestra enseñanza libre, nuestros medios de comunicación, nuestras esperanzas, nuestras ilusiones, nuestras familias (que eran obligadas a comunizarse). En resumen, todo en la vida, y destruyó las fuerzas destinadas a proteger las leyes y la población.

Los exiliados no se fueron alegremente sin luchar, fueron expulsados a fuerza de persecuciones, amenazas, robos, cárceles, asesinatos, terror físico, moral, intelectual, psicológico y espiritual. Terror de que los hijos se volvieran comunistas, y nos odiaran y los perdiéramos para siempre. Los desterrados fueron **tácticamente forzardos** a escapar de la **cárcel**, del **fusilamiento** o de la ceguera, la sordez y la mudez absolutas por vida sin ser ciegos, ni sordos ni mudos físicamente..

Pero no nos hemos rendido a Castro. Hemos guerreado constantemente. ¿Quiénes destruyeron la famosa tienda "El Encanto" en el centro de la Habana y tantas otras instalaciones? ¿Quiénes invadieron la isla llenos de buena fe sin saber que el presidente Kennedy había desvertebrado el plan original completo? Los cubanos del destierro han regresado llevando armas y pertrechos de guerra. Las guerrillas fueron durante largos años una realidad de los campos de Cuba. Los asaltos desde el exterior nunca han cesado. La lucha por los caminos del mundo ha llevado a los proscriptos a las prisiones del orbe libre. ¿Por qué han estado tantos cubanos en las cárceles del mundo? ¿Por qué los hermanos Guillermo e Ignacio Novo y Alvin Ross han sufrido largos años de cárcel en los Estados Unidos? ¿Por qué el Dr. Orlando Bosch ha vegetado en las cárceles de Venezuela y los Estados Unidos?

Alea jacta est. La suerte está echada. Castro tiene que desaparecer. No queda otro remedio. La tenacidad de los desterrados ha de continuar hasta derrotarlo. Castro no tiene otro camino que dejar a Cuba libre. Y entonces todos los cubanos se atreverán a proclamar que no querían a Castro, y que el terror les había tapiado la boca y les había amarrado los brazos. Pero para que eso acabe de cristalizar, es imprescindible que la juventud cubana (y los viejos) que sufren en la isla aprendan a pensar libremente otra vez. ¡Cubano, **no tengas miedo a pensar con tu cerebro**! ¡No permitas que el loco Fidel Castro que ha hundido totalmente tu isla, piense por ti! Y no te dejes engañar por los que rodean a Castro, son unos habladores tan perniciosos como él porque todos viven como reyes a costa del pueblo cubano. ¡Cubano, **aviva el seso** y **despierta**!

El gran limeño Manuel González Prada escribió un trabajo titulado "El tiranicidio" donde expresa reflexiones profundas. He aquí alguna de ellas.

La sangre nos horroriza; pero si ha de verterse alguna, que se vierta la del malvado. Un prejuicio inveterado nos

induce a execrar la supresión del tirano por medio del revólver, el puñal o la dinamita y a no condenar el derrocamiento de ese mismo tirano merced a una revolución devastadora y sangrienta.
El tiranicidio debe sustituir a la revolución.
Que se concrete, que se personifique el castigo en los culpables. Esa es la equidad. (*Bajo el oprobio, París, 1933*).

González Prada escribió esas sabias palabras hace 63 años. En el año 1996 es muy difícil el tiranicidio (que no es un pecado mortal) porque los métodos de protección modernos son muy superiores a los de 1933. No obstante, su fórmula es válida ahora como en 1933. El problema de Cuba se resolverá con la salida de Castro de la isla o su asesinato o una revolución "devastadora y sangrienta" como escribe González Prada. Cualquiera de los tres métodos es aceptable para traer la paz y la felicidad a los cubanos. No hay otra solución. Hay que terminar la tragedia, aunque sea en la forma trágica en que las resolvían los grandes dramaturgos clásicos de la Grecia inmortal.
Que se vaya Castro o que lo maten, como dice Luis Mario en el siguiente poema.

Romance del adiós a Fidel Castro

Por Luis Mario

Las palmas te dicen vete.
Vete, repite la tierra.
Te rechazan los bohíos
y los ríos te desprecian.
Cuando vas al campo, llora
hasta el verdor de la yerba,
y los jardines se enlutan
con dolor de rosas negras.

Las aves te dicen vete
y hay un vete hasta en las piedras.
Los paisajes de la patria,
-de inapelable belleza-
se retuercen cuando cruzas
y hacen un coro de muecas.

El viento te dice vete.
Vete, recalca la Sierra
y te repudia el silencio
de la guitarra sin cuerdas.

Te dicen vete las playas
con náuseas de sal y arena.
Te dicen vete las lomas.
Vete, sancionan las ceibas.
Te dicen vete las calles.
Vete, gritan las aceras.
Y un vete caritativo
te suplican las iglesias.

Te dice vete el escudo
y, ensangrentada, harapienta,
con el azul despintado
y un rojo que la avergüenza,
en el blanco enflaquecido
de las franjas y la estrella,
Cuba te clava en un vete
con la voz de la bandera.

Y todo te dice vete...
vete... pero tú te quedas.
Si Rusia fue la madrastra,
Cuba fue la Cenicienta.
Y habrá un príncipe martiano
con un zapato en la diestra
que le calzará al futuro
su rosa blanca de fiesta.

Por eso, sigue aferrándote,
como anacrónica fiera,
al surco totalitario
que se pudrió en la cosecha.

Que mientras un aire libre
viste de luz al planeta,
y tú besas a la sombra
erótico de cadenas,
ya no podrás impedir
que una bala justiciera
con su cuño de escarmiento
condecore tu cabeza.

COLECCIÓN *CUBA Y SUS JUECES*
(libros de historia y política publicados por EDICIONES UNIVERSAL):

0359-6	CUBA EN 1830, Jorge J. Beato & Miguel F. Garrido
044-5	LA AGRICULTURA CUBANA (1934-1966), Oscar A. Echevarría Salvat
045-3	LA AYUDA CUBANA A LA LUCHA POR LA INDEPENDENCIA NORTEAMERICANA, Eduardo J. Tejera
046-1	CUBA Y LA CASA DE AUSTRIA, Nicasio Silverio Saínz
047-X	CUBA, UNA ISLA QUE CUBRIERON DE SANGRE, Enrique Cazade
048-8	CUBA, CONCIENCIA Y REVOLUCIÓN, Luis Aguilar León
049-6	TRES VIDAS PARALELAS, Nicasio Silverio Saínz
050-X	HISTORIA DE CUBA, Calixto C. Masó
051-8	RAÍCES DEL ALMA CUBANA, Florinda Alzaga
0-6	MÁXIMO GÓMEZ ¿CAUDILLO O DICTADOR?, Florencio García Cisneros
118-2	EL ARTE EN CUBA, Martha de Castro
119-0	JALONES DE GLORIA MAMBISA, Juan J.E. Casasús
123-9	HISTORIA DEL PARTIDO COMUNISTA DE CUBA, Jorge G.Montes y Antonio Alonso Avila
131-X	EN LA CUBA DE CASTRO (APUNTES DE UN TESTIGO), Nicasio Silverio Saínz
1336-2	ANTECEDENTES DESCONOCIDOS DEL 9 DE ABRIL, Ángel Aparicio Laurencio
136-0	EL CASO PADILLA: LITERATURA Y REVOLUCIÓN EN CUBA Lourdes Casal
139-5	JOAQUÍN ALBARRÁN, ENSAYO BIOGRÁFICO, Raoul García
157-3	VIAJANDO POR LA CUBA QUE FUE LIBRE, Josefina Inclán
165-4	VIDAS CUBANAS - CUBAN LIVES.- VOL. I., José Ignacio Lasaga
205-7	VIGENCIA POLÍTICA Y LIT. DE MARTÍN MORÚA DELGADO, Aleyda T. Portuondo
205-7	CUBA, TODOS CULPABLES, Raul Acosta Rubio
207-3	MEMORIAS DE UN DESMEMORIADO-Leña para fuego hist. uba, José R. García Pedrosa
211-1	HOMENAJE A FÉLIX VARELA, Sociedad Cubana de Filosofía
212-X	EL OJO DEL CICLÓN, Carlos Alberto Montaner
220-0	ÍNDICE DE LOS DOCUMENTOS Y MANUSCRITOS DELMONTINOS, Enildo A. García
240-5	AMÉRICA EN EL HORIZONTE. UNA PERSPECTIVA CULTURAL, Ernesto Ardura
243-X	LOS ESCLAVOS Y LA VIRGEN DEL COBRE, Leví Marrero
262-6	NOBLES MEMORIAS, Manuel Sanguily
274-X	JACQUES MARITAIN Y LA DEMOCRACIA CRISTIANA, José Ignacio Rasco
283-9	CUBA ENTRE DOS EXTREMOS, Alberto Muller
298-7	CRITICA AL PODER POLÍTICO, Carlos M. Méndez
293-6	HISTORIA DE LA ODONTOLOGÍA EN CUBA. VOL.I: (1492-1898), César A. Mena
310-X	HISTORIA DE LA ODONTOLOGÍA EN CUBA VOL.II: (1899-1940), César A. Mena
311-8	HISTORIA DE LA ODONTOLOGÍA EN CUBA VOL.III:(1940-1958), César A. Mena
344-4	HISTORIA DE LA ODONTOLOGÍA EN CUBA VOL IV:(1959-1983), César A. Mena
3122-0	RELIGIÓN Y POLÍTICA EN CUBA DEL SIGLO XIX(OBISPO ESPADA), Miguel Figueroa
313-4	EL MANIFIESTO DEMÓCRATA, Carlos M. Méndez
314-2	UNA NOTA DE DERECHO PENAL, Eduardo de Acha
328-2	OCHO AÑOS DE LUCHA - MEMORIAS, Gerardo Machado y Morales
340-1	PESIMISMO, Eduardo de Acha
347-9	EL PADRE VARELA.(Biografía forjador de la conciencia cubana) Antonio Hernández-Travieso
353-3	LA GUERRA DE MARTÍ (La lucha de los cubanos por la independencia), Pedro Roig
361-4	EL MAGNETISMO DE JOSÉ MARTÍ, Fidel Aguirre
364-9	MARXISMO Y DERECHO, Eduardo de Acha
367-3	¿HACIA DONDE VAMOS? (Radiografía del presente cubano, Tulio Díaz Rivera
368-1	LAS PALMAS YA NO SON VERDES (Testimonios de la tragedia cubana), Juan Efe Noya
374-6	GRAU: ESTADISTA Y POLÍTICO (Cincuenta años de la Historia de Cuba), Antonio Lancís
376-2	CINCUENTA AÑOS DE PERIODISMO, Francisco Meluzá Otero
379-7	HISTORIA DE FAMILIAS CUBANAS (VOLS.I-VI) Francisco Xavier de Santa Cruz y Mallén
380-0	HISTORIA DE FAMILIAS CUBANAS. VOL. VII, Francisco Xavier de Santa Cruz y Mallén

408-4	HISTORIA DE FAMILIAS CUBANAS. VOL. VIII, Francisco Xavier de Santa Cruz y Mallén
409-2	HISTORIA DE FAMILIAS CUBANAS. VOL. IX, Francisco Xavier de Santa Cruz y Mallén
383-5	CUBA: DESTINY AS CHOICE, Wifredo del Prado
387-8	UN AZUL DESESPERADO, Tula Martí
403-3	APUNTES PARA HIST.RADIO,TELEVISIÓN,FARÁNDULA CUBA..., Enrique Betancourt
407-6	VIDAS CUBANAS II/CUBAN LIVES II, José Ignacio Lasaga
411-4	LOS ABUELOS: HISTORIA ORAL CUBANA, José B. Fernández
413-0	ELEMENTOS DE HISTORIA DE CUBA, Rolando Espinosa
414-9	SÍMBOLOS - FECHAS - BIOGRAFÍAS, Rolando Espinosa
418-1	HECHOS Y LIGITIMIDADES CUBANAS. UN PLANTEAMIENTO Tulio Díaz Rivera
425-4	A LA INGERENCIA EXTRAÑA LA VIRTUD DOMÉSTICA, Carlos Márquez Sterling
426-2	BIOGRAFÍA DE UNA EMOCIÓN POPULAR: EL DR. GRAU Miguel Hernández-Bauzá
428-9	THE EVOLUTION OF THE CUBAN MILITARY (1492-1986), Rafael Fermoselle
431-9	MIS RELACIONES CON MÁXIMO GÓMEZ, Orestes Ferrara
436-X	ALGUNOS ANÁLISIS(EL TERRORISMO.DERECHO INTERNACIONAL), Eduardo de Acha
437-8	HISTORIA DE MI VIDA, Agustín Castellanos
443-2	EN POS DE LA DEMOCRACIA ECONÓMICA, Varios
450-5	VARIACIONES EN TORNO A DIOS,TIEMPO,MUERTE Y OTROS, Octavio R. Costa
451-3	LA ULTIMA NOCHE QUE PASÉ CONTIGO(40 años de farándula cubana), Bobby Collazo
458-0	CUBA: LITERATURA CLANDESTINA, José Carreño
459-9	50 TESTIMONIOS URGENTES, José Carreño y otros
461-0	HISPANIDAD Y CUBANIDAD, José Ignacio Rasco
466-1	CUBAN LEADERSHIP AFTER CASTRO, Rafael Fermoselle
479-3	HABLA EL CORONEL ORLANDO PIEDRA, Daniel Efraín Raimundo
483-1	JOSÉ ANTONIO SACO , Anita Arroyo
490-4	HISTORIOLOGÍA CUBANA I (1492-1998), José Duarte Oropesa
2580-8	HISTORIOLOGÍA CUBANA II (1998-1944), José Duarte Oropesa
2582-4	HISTORIOLOGÍA CUBANA III (1944-1959), José Duarte Oropesa
502-1	MAS ALLÁ DE MIS FUERZAS, William Arbelo
508-0	LA REVOLUCIÓN, Eduardo de Acha
510-2	GENEALOGÍA, HERÁLDICA E HIST.DE NUESTRAS FAMILIAS, Fernando R. de Castro
514-5	EL LEÓN DE SANTA RITA, Florencio García Cisneros
516-1	EL PERFIL PASTORAL DE FÉLIX VARELA, Felipe J. Estévez
518-8	CUBA Y SU DESTINO HISTÓRICO. Ernesto Ardura
520-X	APUNTES DESDE EL DESTIERRO, Teresa Fernández Soneira
524-2	OPERACIÓN ESTRELLA, Melvin Mañón
532-3	MANUEL SANGUILY. HISTORIA DE UN CIUDADANO, Octavio R. Costa
538-2	DESPUÉS DEL SILENCIO, Fray Miguel Angel Loredo
540-4	FUSILADOS, Eduardo de Acha
551-X	¿QUIEN MANDA EN CUBA? LAS ESTRUCTURAS DE PODER.LA ÉLITE.,Manuel Sánchez
553-6	EL TRABAJADOR CUBANO EN EL EST. DE OBREROS Y CAMPESINOS,Efrén Córdova
558-7	JOSÉ ANTONIO SACO Y LA CUBA DE HOY, Ángel Aparicio
7886-3	MEMORIAS DE CUBA, Oscar de San Emilio
566-8	SIN TIEMPO NI DISTANCIA, Isabel Rodríguez
569-2	ELENA MEDEROS (Una mujer con perfil para la historia), María Luisa Guerrero
577-3	ENRIQUE JOSÉ VARONA Y CUBA, José Sánchez Boudy
586-2	SEIS DÍAS DE NOVIEMBRE, Byron Miguel
588-9	CONVICTO, Francisco Navarrete
589-7	DE EMBAJADORA A PRISIONERA POLÍTICA:ALBERTINA O'FARRILL, Víctor Pino
590-0	REFLEXIONES SOBRE CUBA Y SU FUTURO, Luis Aguilar León
592-7	DOS FIGURAS CUBANAS Y UNA SOLA ACTITUD, Rosario Rexach
598-6	II ANTOLOGÍA DE INSTANTÁNEAS, Octavio R. Costa
600-1	DON PEPE MORA Y SU FAMILIA, Octavio R. Costa
603-6	DISCURSOS BREVES, Eduardo de Acha
606-0	CRISIS DE LA ALTA CULTURA EN CUBA-INDAGACIÓN DEL CHOTEO, Jorge Mañach
608-7	VIDA Y MILAGROS DE LA FARÁNDULA DE CUBA, Rosendo Rosell

617-6	EL PODER JUDICIAL EN CUBA, Vicente Viñuela
620-6	TODOS SOMOS CULPABLES, Guillermo de Zéndegui
621-4	LUCHA OBRERA DE CUBA, Efrén Naranjo
623-0	HISTORIOLOGÍA CUBANA IV, José Duarte Oropesa
624-9	HISTORIA DE LA MEDICINA EN CUBA I:, César A. Mena y Armando F. Cobelo
626-5	LA MÁSCARA Y EL MARAÑÓN (IDENTIDAD NACIONAL CUBANA), Lucrecia Artalejo
639-7	EL HOMBRE MEDIO, Eduardo de Acha
645-1	FÉLIX VARELA: ANÁLISIS DE SUS IDEAS POLÍTICAS, Juan P. Esteve
646-X	HISTORIA DE LA MEDICINA EN CUBA II, César A. Mena
647-8	REFLEXIONES SOBRE CUBA Y SU FUTURO, (2da.edc.aumentada), Luis Aguilar León
648-6	DEMOCRACIA INTEGRAL, Instituto de Solidaridad Cristiana
652-4	ANTIRREFLEXIONES, Juan Alborná-Salado
664-8	UN PASO AL FRENTE, Eduardo de Acha
668-0	VIDA Y MILAGROS DE LA FARÁNDULA DE CUBA II, Rosendo Rosell
676-1	EL CAIMÁN ANTE EL ESPEJO(ensayo de interpretación de lo cubano), Uva de Aragón Clavijo
679-6	LOS SEIS GRANDES ERRORES DE MARTÍ, Daniel Román
680-X	¿POR QUÉ FRACASÓ LA DEMOCRACIA EN CUBA?, Luis Fernández-Caubí
682-6	IMAGEN Y TRAYECTORIA DEL CUBANO EN LA HISTORIA I (1492-1902),Octavio Costa
689-3	A CUBA LE TOCÓ PERDER, Justo Carrillo
690-7	CUBA Y SU CULTURA, Raúl M. Shelton
702-4	NI CAÍDA, NI CAMBIOS, Eduardo de Acha
703-2	MÚSICA CUBANA: DEL AREYTO A LA NUEVA TROVA, Cristóbal Díaz Ayala
706-7	BLAS HERNÁNDEZ Y LA REVOLUCIÓN CUBANA DE 1933, Ángel Aparicio
713-X	DISIDENCIA, Ariel Hidalgo
715-6	MEMORIAS DE UN TAQUÍGRAFO, Angel V. Fernández
716-4	EL ESTADO DE DERECHO, Eduardo de Acha
718-0	CUBA POR DENTRO (EL MININT), Juan Antonio Rodríguez Menier
719-9	DETRÁS DEL GENERALÍSIMO(Biografía Bernarda Toro de Gómez«Manana»),Ena Curnow
721-0	CUBA CANTA Y BAILA (Discografía cubana), Cristóbal Díaz Ayala
723-7	YO,EL MEJOR DE TODOS(Biografía no autorizada del Che Guevara),Roberto Luque Escalona
727-X	MEMORIAS DEL PRIMER CONGRESO PRESIDIO POLÍTICO CUBANO,Manuel Pozo
730-X	CUBA: JUSTICIA Y TERROR, Luis Fernández-Caubí
737-7	CHISTES DE CUBA, Arly
738-5	PLAYA GIRÓN: LA HISTORIA VERDADERA, Enrique Ros
740-7	CUBA: VIAJE AL PASADO, Roberto A. Solera
743-1	MARTA ABREU, UNA MUJER COMPRENDIDA Pánfilo D. Camacho
745-8	CUBA: ENTRE LA INDEPENDENCIA Y LA LIBERTAD, Armando P. Ribas
746-8	A LA OFENSIVA, Eduardo de Acha
747-4	LA HONDA DE DAVID, Mario Llerena
752-0	24 DE FEBRERO DE 1895: UN PROGRAMA VIGENTE, Jorge Castellanos
754-7	VIDA Y MILAGROS DE LA FARÁNDULA DE CUBA III, Rosendo Rosell
756-3	LA SANGRE DE SANTA ÁGUEDA (ANGIOLILLO, BETANCES Y CÁNOVAS), Frank Fernández
760-1	ASÍ ERA CUBA (COMO HABLÁBAMOS, SENTÍAMOS Y ACTUÁBAMOS), Daniel Román
753-9	CUBA: ARQUITECTURA Y URBANISMO, Felipe J. Préstamo (edit.)
765-2	CLASE TRABAJADORA Y MOVIMIENTO SINDICAL EN CUBA I(1819-1959), Efrén Córdova
766-0	CLASE TRABAJADORA Y MOVIMIENTO SINDICAL EN CUBA II(1959-1996), Efrén Córdova
768-7	LA INOCENCIA DE LOS BALSEROS, Eduardo de Acha
773-3	DE GIRÓN A LA CRISIS DE LOS COHETES: LA SEGUNDA DERROTA, Enrique Ros
779-2	ALPHA 66 Y SU HISTÓRICA TAREA, Miguel L. Talleda
786-5	POR LA LIBERTAD DE CUBA (RESISTENCIA, EXILIO Y REGRESO), Néstor Carbonell Cortina
792-X	CRONOLOGÍA MARTIANA, Delfín Rodríguez Silva
794-6	CUBA HOY (la lente muerte del castrismo), Carlos Alberto Montaner
795-4	LA LOCURA DE FIDEL CASTRO, Gustavo Adolfo Marín
796-2	MI INFANCIA EN CUBA: LO VISTO Y LO VIVIDO POR UNA NIÑA CUBANA DE DOCE AÑOS, Cosette Alves Carballosa
798-9	APUNTES SOBRE LA NACIONALIDAD CUBANA, Luis Fernández-Caubí

803-9	AMANECER. HISTORIAS DEL CLANDESTINAJE (LA LUCHA DE LA RESISTENCIA CONTRA CASTRO DENTRO DE CUBA, Rafael A. Aguirre Rencurrell
804-7	EL CARÁCTER CUBANO (Apuntes para un ensayo de Psicología Social), Calixto Masó y Vázquez
805-5	MODESTO M. MORA, M.D. LA GESTA DE UN MÉDICO, Octavio R. Costa
808-X	RAZÓN Y PASÍON (Veinticinco años de estudios cubanos), Instituto de Estudios Cubanos
814-4	AÑOS CRÍTICOS: DEL CAMINO DE LA ACCIÓN AL CAMINO DEL ENTENDIMIENTO, Enrique Ros
820-9	VIDA Y MILAGROS DE LA FARÁNDULA CUBANA. Tomo IV, Rosendo Rosell
823-3	JOSÉ VARELA ZEQUEIRA(1854-1939);SU OBRA CIENTÍFICO-LITERARIA, Beatriz Varela
828-4	BALSEROS: HISTORIA ORAL DEL ÉXODO CUBANO DEL '94 / ORAL HISTORY OF THE CUBAN EXODUS OF '94, Felicia Guerra y Tamara Álvarez-Detrell
831-4	CONVERSANDO CON UN MÁRTIR CUBANO: CARLOS GONZÁLEZ VIDAL, Mario Pombo Matamoros
832-2	TODO TIENE SU TIEMPO, Luis Aguilar León
838-1	8-A: LA REALIDAD INVISIBLE, Orlando Jiménez-Leal
840-3	HISTORIA ÍNTIMA DE LA REVOLUCIÓN CUBANA, Ángel Pérez Vidal
841-1	VIDA Y MILAGROS DE LA FARÁNDULA CUBANA / Tomo V, Rosendo Rosell
848-9	PÁGINAS CUBANAS tomo I, Hortensia Ruiz del Vizo
849-7	PÁGINAS CUBANAS tomo II, Hortensia Ruiz del Vizo
851-2	APUNTES DOCUMENTADOS DE LA LUCHA POR LA LIBERTAD DE CUBA, Alberto Gutiérrez de la Solana
860-8	VIAJEROS EN CUBA (1800-1850), Otto Olivera
861-6	GOBIERNO DEL PUEBLO: OPCIÓN PARA UN NUEVO SIGLO, Gerardo E. Martínez-Solanas